Hey - Lehnert
Lehrbuch Abgabenordnung

Zusätzliche digitale Inhalte für Sie!

Dieses Buch bietet Ihnen mehr als nur eine gedruckte Version! Nutzen Sie die folgenden Möglichkeiten, die Ihnen für dieses Produkt in der NWB Datenbank zur Verfügung stehen.

Frag das Buch!

Mit **„Frag das Buch!" & „Frag den Kommentar!"** wird Ihre Online-Bibliothek interaktiv! Nutzen Sie die intelligente Unterstützung von NWB KIRA direkt in Ihren Online-Büchern und -Kommentaren. Stellen Sie gezielte Fragen und Sie erhalten punktgenaue Antworten. So wird Fachwissen noch schneller und einfacher zugänglich. Probieren Sie es aus und erleben Sie, wie smart Recherche heute sein kann.

@ Online-Version

Sie haben das gedruckte Exemplar Ihres Buches nicht zur Hand oder möchten etwas schnell recherchieren? Dann nutzen Sie die Online-Version Ihres Buches. Diese steht Ihnen nach Eingabe des folgenden Freischaltcodes direkt zur Verfügung.

Schalten Sie sich Ihre digitalen Mehrwerte direkt frei:

Scannen Sie den QR-Code **oder** rufen Sie die Seite www.nwb.de auf.
Geben Sie den Freischaltcode ein und folgen Sie dem Anmeldedialog. Fertig!

Ihr Freischaltcode

BNCS-YPCT-XSLH-XOBC-EZHX-KK

www.nwb.de

Steuerfachkurs · Lehrbuch

Lehrbuch Abgabenordnung

Mit Finanzgerichtsordnung

Von

Regierungsdirektorin Uta Hey

Dozentin an der Hochschule für den öffentlichen Dienst in Bayern, Herrsching, Fachbereich Finanzwesen

Regierungsdirektor Christian Lehnert

Dozent an der Hochschule für den öffentlichen Dienst in Bayern, Herrsching, Fachbereich Finanzwesen

24., überarbeitete Auflage

nwb AUSBILDUNG

Bildnachweis des Buchumschlag: © George Doyle/Stockbyte via Getty Images

ISBN 978-3-482-**67514**-0

24., überarbeitete Auflage 2026

NWB Verlag GmbH & Co. KG
Eschstr. 22
44629 Herne
service@nwb.de

Satz: PMGi Agentur für intelligente Medien GmbH, Hamm
Druck: CPI books, Leck

Um eine gute Lesbarkeit zu gewährleisten, verwenden wir in Fachtexten in der Regel geschlechtsspezifische Personenbezeichnungen. Selbstverständlich sind damit alle Menschen gleichermaßen gemeint.

VORWORT

Die Abgabenordnung ist das „Grundgesetz“ des Steuerrechts. In über 400 Paragraphen regelt sie das Verfahrensrecht für alle öffentlich-rechtlichen, durch die Finanzbehörden verwalteten Abgaben. Seit Inkrafttreten zum 1.1.1977 ist die Abgabenordnung inzwischen durch mehr als 190 Gesetze geändert worden. Die letzten größeren Änderungen fanden durch das Gesetz zur Umsetzung der sog. DAC 7-Richtlinie vom 22.3.2021 (BGBl 2022 I S. 2730) zur Beschleunigung und Modernisierung der Außenprüfung sowie zur Anpassung des Gesetzes zur Modernisierung des Personengesellschaftsrechts (MoPeG) vom 22.12.2023 (BGBl. 2023 I Nr. 411) statt. Der Anwendungserlass regelt und die höchstrichterliche Rechtsprechung überwacht die Anwendung des Gesetzes. Das Abgabenrecht ist somit ein grundlegendes und umfassendes Gebiet, das zu beherrschen für den angehenden Steuerprofi – Steuerberater, Steuerinspektor oder Steuerfachwirt – unverzichtbar ist.

Das vorliegende Lehrbuch enthält den kompletten Lehrstoff zur Abgabenordnung (mit Finanzgerichtsordnung). Zahlreiche Beispiele dienen der Erläuterung und erleichtern so das Verständnis der nicht immer einfachen Materie. Dank seines Aufbaus ist das Werk gleichermaßen sowohl für das Selbststudium als auch als begleitende Lektüre zum Unterricht oder Lehrgang geeignet.

Für Hinweise und Anregungen sind wir Ihnen dankbar. Senden Sie uns hierfür gerne eine E-Mail an „Steuerrecht-Ausbildung@nwb.de“.

Rechtsstand dieser Auflage ist der 1.1.2026.

Herrsching/Herne, im März 2026 *Verfasser und Verlag*

INHALTSVERZEICHNIS

LITERATURHINWEISE

Lehrbücher

Große/Melchior/Lotz/Ziegler, Abgabenordnung und Finanzgerichtsordnung, 23. Aufl., Stuttgart 2024

Scheel, Brehm, Holzner, Abgabenordnung und FGO, 18. Aufl., Achim 2026

Fallsammlungen

Hey/Lehnert, Fallsammlung Abgabenordnung, 19. Aufl., Herne 2023

Kommentare

König, Abgabenordnung, 6. Aufl., München 2026

Hübschmann/Hepp/Spitaler, Kommentar zur AO und FGO, Loseblatt Köln

Klein, Kommentar zur AO, 19. Aufl., München 2025

Kühn/von Wedelstädt, Kommentar zur AO und FGO, 23. Aufl., Stuttgart 2023

Leopold/Madle/Rader, Praktikerkommentar zur AO, letzte Änderung Oktober 2025 München

Tipke/Kruse, Kommentar zur AO und FGO, 186. Aufl. Loseblatt Köln 2025

Zugmaier/Nöcker, Kommentar zur AO, online

Textausgaben

Wichtige Steuergesetze, NWB-Textausgabe (mit AO), 77. Aufl., Herne 2025

ABKÜRZUNGSVERZEICHNIS

A

Abs.	Absatz
Abschn.	Abschnitt
a. E.	am Ende
a.F.	alte Fassung des Gesetzes
AEAO	Anwendungserlass zur AO
AktG	Aktiengesetz
AO	Abgabenordnung
Art.	Artikel
AStG	Außensteuergesetz

B

BayVerf	Verfassung des Freistaates Bayern
BewG	Bewertungsgesetz
BFH	Bundesfinanzhof
BFH/NV	Sammlung nicht veröffentlichter Entscheidungen des Bundesfinanzhofes (Zeitschrift)
BGB	Bürgerliches Gesetzbuch
BGH	Bundesgerichtshof
BMF	Bundesministerium der Finanzen
BpO	Betriebsprüfungsordnung 2000
Bsp.	Beispiel
BStBl	Bundessteuerblatt
BVerfG	Bundesverfassungsgericht
BVerfGG	Bundesverfassungsgerichtsgesetz

E

EigZulG	Eigenheimzulagegesetz
ErbStG	Erbschaft- und Schenkungsteuergesetz
ESt	Einkommensteuer
EStDV	Einkommensteuerdurchführungsverordnung
EStG	Einkommensteuergesetz
EStR	Einkommensteuer-Richtlinien
etc.	et cetera
EuGH	Europäischer Gerichtshof
EW	Einheitswert

F

FA	Finanzamt
FAGO	Geschäftsordnung für Finanzämter

f./ff.	folgend / fortfolgend
FGO	Finanzgerichtsordnung
FVG	Finanzverwaltungsgesetz

G

GbR	Gesellschaft bürgerlichen Rechts
gem.	gemäß
GewSt	Gewerbesteuer
GewStG	Gewerbesteuergesetz
GG	Grundgesetz
GKG	Gerichtskostengesetz
GmbH	Gesellschaft mit beschränkter Haftung
GmbHG	Gesetz betreffend die Gesellschaften mit beschränkter Haftung
GrdSt	Grundsteuer
GrdStG	Grundsteuergesetz
GrESt	Grunderwerbsteuer
GrEStG	Grunderwerbsteuergesetz
GVG	Gerichtsverfassungsgesetz

H

HFR	Höchstrichterliche Finanzrechtsprechung (Zeitschrift)
HGB	Handelsgesetzbuch
h. M.	herrschende Meinung

I

i. H.v.	in Höhe von
InsO	Insolvenzordnung
i. S. d.	im Sinne des
i. S. v.	im Sinne von
i.V. m.	in Verbindung mit
InvZulG	Investionszulagengesetz

J

JGG	Jugendgerichtsgesetz

K

KapESt	Kapitalertragsteuer
KBV	Kleinbetragsverordnung
Kfz	Kraftfahrzeug
KG	Kommanditgesellschaft
KiSt	Kirchensteuer
KraftStG	Kraftfahrzeugsteuergesetz

KSt	Körperschaftsteuer
KStG	Körperschaftsteuergesetz
KStR	Körperschaftsteuer-Richtlinien

L

LSt	Lohnsteuer
LStR	Lohnsteuerrichtlinien

M

MoPeG	Gesetz zur Modernisierung des Personengesellschaftsrechts
m. w. N.	mit weiteren Nachweisen

N

n. F.	neue Fassung des Gesetzes
Nr.	Nummer

O

OFD	Oberfinanzdirektion
OHG	Offene Handelsgesellschaft
OWiG	Ordnungswidrigkeitengesetz

P

PartG	Partnerschaftsgesellschaft
PartGG	Partnerschaftsgesellschaftsgesetz

R

Rdn.	Randnummer

S

StBerG	Steuerberatungsgesetz
StGB	Strafgesetzbuch
Stpfl.	Steuerpflichtiger
StPO	Strafprozessordnung
str.	strittig

T

Tz.	Textziffer

U

USt	Umsatzsteuer
UStG	Umsatzsteuergesetz

V

VermBG	Vermögensbildungsgesetz
vgl.	vergleiche
VwVfG	Verwaltungsverfahrensgesetz
VwZG	Verwaltungszustellungsgesetz

W

WoPG	Wohnungsbauprämiengesetz

Z

z. B.	zum Beispiel
ZK	Zollkodex
ZPO	Zivilprozessordnung
ZVG	Zwangsversteigerungsgesetz

KAPITEL 1: EINFÜHRUNG

Kapitel 1: Einführung

1.1 Die Abgabenordnung

1 Die Abgabenordnung (AO) nimmt als steuerliches Grundgesetz eine Sonderstellung im gesamten Steuerrecht ein. Sie ist die gemeinsame Grundlage für die Verwaltung aller Steuern. Alles, was der Gesetzgeber für alle Steuern gleichartig geregelt haben wollte, klammerte er aus den Einzelsteuergesetzen aus und fasste es in der AO zusammen.

So enthält die AO in erster Linie die Regeln des **Verfahrensrechts** (§§ 30 ff. Steuergeheimnis, §§ 78 – 117 Verfahrensgrundsätze, §§ 118 – 133 Verwaltungsakte). Sie ist für das Verwaltungsverfahren in Steuersachen lex specialis zum Verwaltungsverfahrensgesetz (VwVfG).

Daneben enthält die AO aber auch Bestimmungen des **materiellen** Rechts, z. B. Definitionen §§ 3 – 15, die Vorschriften zum Steuerschuldrecht §§ 33 – 77, Regelungen über die Haftung §§ 69 – 77 und die Steuerstraf- und Bußgeldvorschriften §§ 369 – 384. Während der Vorgänger der AO, die Reichsabgabenordnung von 1923, darum bemüht war, das gesamte Verfahrensrecht zu vereinigen – auch soweit es nur eine einzelne Steuer betraf – geht die AO einen anderen Weg. Bestimmungen, die nur für einzelne Steuern gelten, finden sich in den Einzelsteuergesetzen.

BEISPIEL: Die Entstehung des Einkommensteueranspruchs ist in § 36 Abs. 1 EStG, die des Umsatzsteueranspruchs in § 13 UStG geregelt.

Schaubild 1

Übersicht über die Abgabenordnung als

Verfahrensrecht **und** **materielles Recht**

Verfahrensrecht

► **Allgemeiner Teil**

= allg. Grundsätze des Verwaltungshandels, die für alle Verfahrensstadien gelten

- Verarbeitung geschützter Daten und
- Steuergeheimnis, §§ 29b – 31c AO
- Haftungsbeschränkung für Amtsträger, § 32 AO
- Rechte betroffene Personen, Datenschutzrecht § 32a – 32j AO
- allgemeine Verfahrensgrundsätze, §§ 78 – 117c AO
  (Verfahrensbeteiligte, Amtsträger, Besteuerungsgrundsätze, Beweismittel, Fristen, Termine, Rechts-, Amtshilfe)
- Verwaltungsakte, §§ 118 – 133 AO
  als wichtigste Rechtsform des Verwaltungshandelns (behandelt werden Definition, Form, Inhalt, Bekanntgabe, Fehler und Folgen, Berichtigung, Rücknahme und Widerruf)

► **Besonderer Teil**

- Besteuerungsverfahren

= befasst sich mit Ermittlung, Konkretisierung und Durchsetzung des materiellrechtlichen entstandenen Anspruchs aus dem Steuerschuldverhältnis

- Zuständigkeit, §§ 16 – 29a AO, EinzelsteuerG, FVG
- einzelne, abgegrenzte Verfahrensstufen, §§ 134 – 368 AO
  - Ermittlungsverfahren, §§ 134 – 154, 193 – 217 AO
    Ermittlung von Sachverhalten, die mat. Steuertatbestände erfüllen und damit eine Steuerschuld begründen
  - Festsetzungs- und Feststellungsverfahren, §§ 155 – 192 AO
    Besonderheiten ggü. allgemeinen Regelungen für bestimmte VA
    (wie Steuerbescheid, Feststellungsbescheid)
  - Erhebungsverfahren, §§ 218 – 248 AO
    befasst sich mit der Erfüllung des durch entsprechenden VA titulierten Anspruchs
  - Vollstreckungsverfahren, §§ 249 – 346 AO
    zwangsweise Durchsetzung des auf eine Geldleistung gerichteten, titulierten und fälligen Anspruchs bzw. eine durch VA geregelte Handlung, Duldung oder Unterlassung (§§ 328 – 335 AO)
  - außergerichtliches Rechtsbehelfsverfahren, §§ 347 – 368 AO förmliches Verfahren als Rechtsschutz für den Bürger, auf dessen Initiative hin ein VA duch die erlassende Behörde in vollem Umfang überprüft wird (Selbstkontrolle der Verwaltung).
- Steuerstrafverfahren, §§ 385 – 408 AO (+ StPO)
- Bußgeldverfahren, §§ 409 – 412 AO (+ OWiG, StPO)

Literaturhinweis: Lehrbuch Abgabenordnung, Rdn. 1

materielles Recht

► **Definitionen**, §§ 3 – 15 AO
Begriffsbestimmungen, die für das gesamte Steuerrecht verbindlich sind

► **Steuerschuldrecht**, §§ 33 – 77 AO

- *Steuerpflichtverhältnis*, §§ 33 – 36 AO
  und allgemeiner Teil zum Entstehen, Inhalt und Erlöschen von Ansprüchen aus dem Steuerschuldverhältnis (§§ 37 – 50 AO).
  Der besondere Teil ist in den Einzelsteuergesetzen geregelt. Sie enthalten die Tatbestandsvoraussetzungen, um den SteuerA der Höhe nach bestimmen zu können oder modifizieren den Entstehungszeitpunkt der Steuer nach § 38 AO (z. B. § 30 UStG, § 18 GewStG, § 9 ErbStG) bzw. bestimmen den Steuerschuldner; § 43 AO i. V. m. z. B. § 13 GrEStG, § 1 EStG, § 13a, 13b UStG
- *Tatbestände* des steuerlichen Haftungsrechts „materielle Haftungsnormen", §§ 69 – 77 AO
- allg. Begriffsbestimmungen und Grundsätze des *Gemeinnützigkeitsrechts*, §§ 51 – 68 AO

► **Steuerstrafrecht**, §§ 369 – 376 AO
materielle Strafvorschriften

► **Steuerordnungswidrigkeitenrecht**, §§ 377 – 384 AO
materielle Bußgeldvorschriften

1.2 Andere Rechtsgrundlagen des allgemeinen Steuerrechts

2 Neben der AO gibt es noch einige andere Gesetze, in denen bestimmte Teile des Abgabenrechts geregelt sind:

1. Das **Grundgesetz** regelt im Abschnitt „Finanzwesen“ (Art. 104a – 115 GG) die Gesetzgebungs-, Ertrags- und Verwaltungshoheit und die Grundlagen des Haushaltsrechts.
2. Das **Finanzverwaltungsgesetz** (FVG) bestimmt den Aufbau der Finanzverwaltung in Bund und Ländern und die sachliche Zuständigkeit der Finanzbehörden.
3. Die **Finanzgerichtsordnung** (FGO) regelt das gerichtliche Verfahren.
4. Das **Verwaltungszustellungsgesetz** (VwZG) behandelt die Art und Weise von Zustellungen; darunter versteht man die förmliche Bekanntgabe von Verwaltungsakten.
5. Das **Steuerberatungsgesetz** (StBerG) enthält Bestimmungen über die Ausbildung, Prüfung und die Berufspflichten der Steuerberater.

1.3 Geltungsbereich der Abgabenordnung

3 § 1 AO grenzt den Geltungsbereich der AO gegenüber anderen Verfahrensgesetzen (z. B. Verwaltungsverfahrensgesetz oder Verwaltungsgerichtsordnung) ab. Soweit das Finanzamt Steuern verwaltet, geschieht dies immer nach der AO, weil das Finanzamt eine Landesfinanzbehörde ist (§ 2 Abs. 1 Nr. 4 FVG) und die Steuern bundesrechtlich geregelt sind. Soweit dem Finanzamt andere Aufgaben übertragen sind, ist die AO nicht anwendbar.

Bei den Realsteuern (GewSt und GrSt, § 3 Abs. 2 AO) teilen sich Finanzamt und Gemeinde die Verwaltungsarbeit. § 1 Abs. 2 AO stellt klar, dass insoweit auch die Gemeindebehörden die wesentlichen Bestimmungen der AO anwenden müssen.

1.4 Steuern

4 Das Wort „Steuer“ kommt aus dem althochdeutschen „stiura“ und wurde über „stuira“ zur heutigen „Steuer“. Es bedeutete ursprünglich etwa Beihilfe oder Unterstützung, die der Landesherr von seinen Untertanen zur Verwaltung des Gemeinwesens in Anspruch nahm. Die Steuern sind die wichtigsten Einnahmen des Staates; die anderen Geldquellen wie z. B. Gebühren, Beiträge, Anleihen, Strafen und Spenden haben daneben keine Bedeutung, wie ein Blick in den Haushaltsplan zeigt.

5 Die Abgrenzung der Steuern von den übrigen Einnahmen des Staates wird in § 3 AO vorgenommen. Danach müssen sechs Tatbestandsmerkmale vorliegen, damit der Steuerbegriff erfüllt ist:

1. Es muss sich um eine **Geldleistung** handeln; damit scheiden alle Naturalleistungen aus.

BEISPIEL: Die Hand- und Spanndienste, die eine Gemeinde ihren Bürgern auferlegen kann, oder der Wehrdienst sind keine Steuern.

2. Es darf sich um **keine Gegenleistung** für eine besondere Leistung handeln. Damit scheiden die Gebühren und Beiträge aus. Beiden ist gemeinsam, dass sie als Entgelt für besondere Leistungen oder Einrichtungen der öffentlichen Hand erhoben werden. Der Unterschied liegt darin, dass die **Gebühr** eine tatsächliche Inanspruchnahme der öffentlichen Leistungen voraussetzt, während die **Beiträge** auch bei bloßer Bereitstellung besonderer Einrichtungen von vorzugsweise Begünstigten gefordert werden können.

BEISPIEL: Gebühren sind demnach die Vollstreckungs- (§ 337 AO) und Schreibgebühren, mit denen die Unkosten von Sonderleistungen der Steuerverwaltung gedeckt werden sollen.

Beiträge werden von den Finanzämtern nicht erhoben. Beispiele wären etwa Kurtaxen, Straßenanliegerbeiträge und die Beiträge an die Sozialversicherung.

Weil die Beiträge und Gebühren genauso wie die Steuern ihre Rechtsgrundlagen im öffentlichen Recht haben, fasst man diese drei Geldleistungen unter dem **Sammelbegriff „öffentlich-rechtliche Abgaben"** zusammen.

3. Die Steuer muss von einem öffentlich-rechtlichen Gemeinwesen auferlegt sein. Unter **öffentlich-rechtlichem Gemeinwesen** versteht man die Gebietskörperschaften des öffentlichen Rechts; das sind Körperschaften, denen durch Verfassung oder Gesetz ein bestimmter Teil des Staatsgebietes zur Selbstverwaltung zugeteilt ist, nämlich

   a) der Bund,

   b) die Länder,

   c) die Regierungsbezirke,

   d) die Landkreise,

   e) die Gemeinden.

   Schließlich gehören hierher auch die **Religionsgemeinschaften,** soweit sie nach Landesrecht Körperschaften des öffentlichen Rechts sind (z. B. die Evangelische Kirche, die Römisch-katholische Kirche, die Altkatholische Kirche und die Jüdische Kultusgemeinde).

   Andere Körperschaften des öffentlichen Rechts, wie z. B. der Rundfunk oder ein Zweckverband, können nicht Steuergläubiger sein; sie dürfen nur Gebühren oder Beiträge erheben.

4. „Auferlegt" bedeutet hier, dass die Leistungsverpflichtung nicht vom Willen des Zahlenden abhängen darf, sondern **einseitig** von dem Gemeinwesen nach dessen wirtschaftlichen Bedürfnissen **bestimmt** sein muss. Freiwillige Zahlungen aller Art gehören deshalb nicht zu den Steuern.

BEISPIEL: Eine Spende ist eine freiwillige Zahlung. Der Kaufpreis für Holz aus dem Gemeindewald oder die Miete für eine Wohnung in einem staatseigenen Haus beruhen zwar auf vertraglicher Verpflichtung; dieser Vertrag wurde aber von den Beteiligten freiwillig abgeschlossen, so dass die darauf beruhenden Leistungen keine Steuern sind (abgesehen davon, dass es sich hierbei auch um Gegenleistungen handelt).

5. Die Steuer muss zur **Erzielung von Einnahmen** erhoben werden. Die Absicht, dem Gemeinwesen Mittel zu beschaffen, braucht aber nicht das einzige Motiv für die Erhebung der Steuer zu sein. Wirtschaftspolitische Beweggründe (wie z. B. bei den Zöllen) oder andere Absichten (wie z. B. Konsumlenkung bei der Tabak- und der Branntweinsteuer) dürfen mitbestimmend gewesen sein. Die Erzielung von Einnahmen darf aber nicht zu einer bloßen Folge herabsinken, sonst verliert die Leistung ihre Steuereigenschaft (§ 3 Abs. 1 2. Halbsatz AO).

BEISPIEL: **Geldstrafen** werden nur dazu verhängt, einen Verstoß gegen die Gesetze mit wirtschaftlichen Mitteln zu sühnen.

Ähnlich verhält es sich mit den **Säumniszuschlägen, Verspätungszuschlägen, Verzögerungs-** und **Zwangsgeldern**, die als Folgen von Ungehorsam und als Druck- oder Erziehungsmittel anfallen oder festgesetzt werden; die Absicht, Einnahmen zu erzielen, ist hier nicht ausschlaggebend.

6. Die Steuer muss allen, bei denen der Tatbestand zutrifft, auferlegt sein; es gilt der Grundsatz **der Tatbestandsmäßigkeit und der Gleichmäßigkeit der Besteuerung** als grundlegende Prinzipien des Besteuerungsverfahrens (vgl. Rdn. 159 f.).

Nur wenn alle sechs vorgenannten Tatbestandsmerkmale erfüllt sind, handelt es sich bei einer Leistung um eine Steuer nach § 3 Abs. 1 AO. Wenn das Gesetz den Begriff der „Steuer" verwendet, sind daher andere Leistungen nicht gemeint.

BEISPIEL:

1. Der Betriebsübernehmer haftet im Falle des § 75 AO für „Steuern", also nicht für steuerliche Nebenleistungen nach § 3 Abs. 4 AO wie z. B. Säumniszuschläge und Zwangsgelder.
2. Die §§ 155 ff. AO gelten unmittelbar nur für Steuern. Sollen sie auch für andere Leistungen gelten, bedarf es eines Verweises, z. B. § 239 Abs. 1 Satz 1 AO.

6 Wo die AO nicht nur Steuern, sondern auch andere Leistungen in eine Regelung einbezieht, gebraucht sie die Bezeichnung **„Ansprüche aus dem Steuerschuldverhältnis"** (definiert in § 37 AO).

BEISPIEL: §§ 218, 226–228, 233 AO

Steuerliche Nebenleistungen sind die Verzögerungsgelder, Verspätungszuschläge, Zuschläge, Zinsen, Säumniszuschläge, Zwangsgelder und Kosten (§ 3 Abs. 4 AO). Dieser Sammelbegriff dient der Vereinfachung bei Aufzählungen.

1.5 Einteilung der Steuern

Schaubild 2

Einteilung der Steuern

... nach der Steuerhoheit hinsichtlich

	Gesetzgebung	Ertrag	Verwaltung
Bund	(Recht, Steuergesetze zu erlassen, Art. 105 GG) *ausschließlich* über Zölle, Finanzmonopole (z. B. Branntwein) *konkurrierend* sofern ihm Aufkommen ganz oder z. T. zusteht (ESt, KSt, USt) bzw. Bedürfnis nach bundeseinheitlicher Regelung (Erb-, Kfz-, Gew-, GrSt), Art. 72 Abs. 2 GG	(Recht am Steueraufkommen – Gläubiger des SteuerA, Art. 106 GG) Zölle, Finanzmonopole, Verbrauchsteuern (z. B. Mineralöl-, Strom-, Tabaksteuer), KapVerkSt, VersSt, Solizuschlag, Abgaben im Rahmen der Europäischen Gemeinschaften *Bundessteuern* Art. 106 Abs. 1 GG	(Recht zur Durchführung des Besteuerungsverfahrens, Art. 108 GG) Zölle, Finanzmonopole, bundesgesetzlich geregelte Verbrauchsteuern, EUSt, Abgaben im Rahmen der Europäischen Gemeinschaften
Land	ausschließlich über örtliche Verbrauch- und Aufwandsteuern – sofern nicht bundesgesetzlich geregelte Steuern gleichartig (Hunde-, Getränke-, Vergnügungssteuer – sofern nicht den Gemeinden eingeräumt) – sofern Bund keinen Gebrauch von Gesetzgebungsrecht macht, zusammen mit öffentlich-rechtlichen Religionsgemeinschaften KiSt, Art. 140 GG, Art. 37 Weimarer Verfassung	Erb-, Gr-, Bier-, Rennwett-, Lotteriesteuer, Feuerschutz-, Spielbankabgabe *Landessteuern* Art. 106 Abs. 2 GG **Bund und Ländern:** nach gesetzlich geregelter Verteilung LSt, ESt, KSt, USt einschl. EUSt *Gemeinschaftsteuern* Art. 106 Abs. 3 GG für Kfz-St Art. 106b GG	übrige Steuern – örtliche Verbrauchsteuern – Besitz- und Verkehrsteuern (soweit sie dem Bund ganz oder teilweise zufließen, werden sie im Auftrag des Bundes tätig)
Gemeinde	grundsätzlich keine; nur Festsetzung Hebesätze Art. 106 Abs. 6 Satz 2 GG	Gew-, GrSt (= Realsteuern § 3 Abs. 2 AO), örtliche Verbrauchsteuern *Gemeindesteuern* Art. 106 Abs. 6 GG (außerdem Anteile am Aufkommen der LSt, USt, veranlagte ESt)	

den örtlichen Religionsgemeinschaften (ev, rk, ak-Kirche, jüdische Kultusgemeinde) steht KiSt zu

... nach dem Gegenstand

Zölle:	knüpfen an Grenzübertritt einer Ware an
Verbrauchsteuern:	knüpfen an Beschaffung von Verbrauchsgütern an (z. B. Tabak-, Mineralöl-, Strom-, Biersteuer)
Besitzsteuern:	knüpfen an Einkommen, Ertrag bzw. Vermögen an (ESt, KSt, KiSt, ErbSt, GewSt, GrSt)
Verkehrsteuern:	knüpfen an Akte oder Vorgänge rechtlicher oder wirtschaftlicher Art an (KSt, GrESt, VersSt, KfzSt)

... nach den Einwirkungen auf das Vermögen

Zufluss:	ESt, KSt, KiSt, Solizuschlag, Gewerbeertrag, ErbSt
Bestand:	GrSt
Verwendung:	USt, GrESt, KapVerkSt, Verbrauchsteuern

... nach den Verhältnissen, Auswirkungen hinsichtlich des Steuerschuldners

Subjektsteuer:	persönliche Verhältnisse beeinflussen Steuerhöhe (z. B. ESt, KiSt, ErbSt)
Objektsteuer:	maßgebend ist nur der Gegenstand der Besteuerung (z. B. Verbrauchsteuern, USt, RealSt)
direkte Steuer:	Steuerschuldner und Steuerträger sind identisch (z. B. ESt, KSt, GewSt, GrSt)
indirekte Steuer:	die wirtschaftliche Belastung wird vom Steuerschuldner auf den Steuerträger überwälzt (z. B. USt, Verbrauchsteuern)

... nach dem Verwaltungsverfahren

Veranlagungssteuern:	werden von der Verwaltung durch StB bzw. durch Steueranmeldung (§ 168 AO) festgesetzt und unmittelbar beim Steuerschuldner erhoben (z. B. ESt, KSt, GewSt, USt)
Abzugsteuern:	erfolgt durch Verpflichtung Dritter, die entsprechende Steuer einzubehalten und an das FA abzuführen (z. B. KapESt, LSt)

Literaturhinweis: Lehrbuch Abgabenordnung, Rdn. 7-13

7 Man kann die Steuern nach mannigfaltigen Gesichtspunkten einteilen. Hier sollen nur die Einteilungen erwähnt werden, die für die Praxis Bedeutung haben, weil Gesetze oder Verwaltungsanweisungen daran anknüpfen.

1.5.1 Ertragshoheit

8 Unter Ertragshoheit versteht man das Recht eines bestimmten Gemeinwesens, das Aufkommen einer Steuer für seine Zwecke zu beanspruchen (wem steht der Anspruch aus dem Steuerschuldverhältnis zu, „wer ist Gläubiger"). Dem kommt daher im Steuerschuldrecht, insbesondere bei der Aufrechnung Bedeutung zu (vgl. § 226 Abs. 1 AO i. V. m. § 387 Abs. 1 BGB.

Die Ertragshoheit ist allgemein in Art. 106 GG geregelt, wo das Aufkommen zwischen Bund und Ländern verteilt ist. Dort wird bereits den Gemeinden ein gewisses Mindestaufkommen garantiert, nämlich die Realsteuern; darüber hinaus bleibt es den Landesverfassungen oder anderen Bestimmungen des Landesrechts überlassen, den Gemeinden, Kreisen und Bezirken einen Teil ihrer Ertragshoheit abzutreten.

Nach der Ertragshoheit unterscheidet man:

a) Bundessteuern, vgl. Art. 106 Abs. 1 GG;

b) Landessteuern, vgl. Art. 106 Abs. 2 GG;

c) Gemeinschaftsteuern, vgl. Art. 106 Abs. 3 GG;

d) Gemeindesteuern, vgl. Art. 106 Abs. 6 GG und die Landesverfassungen;

e) Kirchensteuern, vgl. Art. 140 GG, Art. 137 Abs. 6 Weimarer Verfassung, sowie die landesrechtlichen Kirchensteuergesetze und die Rechtsnormen der jeweiligen Kirchen.

Der Ertrag der Zinsen folgt der Ertragshoheit der dazugehörigen Steuer; das Aufkommen der übrigen Nebenleistungen bestimmt sich nach der Verwaltungshoheit (§ 3 Abs. 5 AO).

1.5.2 Verwaltungshoheit

9 Verwaltungshoheit ist das Recht und die Pflicht einer bestimmten Gebietskörperschaft, eine Steuer festzusetzen, zu erheben, beizutreiben usw. (wer erlässt die entsprechenden Verwaltungsakte bzw. sonstigen Maßnahmen).

Die Verwaltungshoheit ist in Art. 108 Abs. 1 bis Abs. 3 GG zwischen Bund und Ländern aufgeteilt. Dabei werden die Steuern nicht einzeln aufgezählt, sondern als Gruppen angesprochen. Nach Art. 108 Abs. 1 GG werden „Zölle, Finanzmonopole, bundesgesetzlich geregelte Verbrauchsteuern einschließlich der Einfuhrumsatzsteuer und die Abgaben im Rahmen der Europäischen Gemeinschaften durch Bundesfinanzbehörden verwaltet"; während die Länder die übrigen Steuern, die sog. „Besitz- und Verkehrsteuern" verwalten (vgl. hierzu auch § 8a Abs. 2 FVG, der den Aufbau einer OFD regelt).

Es ist deshalb erforderlich, die folgenden Begriffe zu kennen:

a) **Zölle** sind Steuern, deren Entstehung an den Grenzübertritt einer Ware anknüpft (z. B. Einfuhr- und Ausfuhrzölle);

b) **Verbrauchsteuern** sind Steuern, deren Entstehung an den Verbrauch eines Gegenstandes anknüpft (z. B. Tabak-, Kaffeesteuer, Mineralölsteuer, Energiesteuer);

c) **Besitzsteuern** sind Steuern, die an den Besitz (Vermögen) oder den Erwerb (Einkommen) anknüpfen (z. B. Einkommensteuer, Körperschaftsteuer, Erbschaftsteuer);

d) **Verkehrsteuern** knüpfen an Rechtsgeschäfte an (z. B. Umsatzsteuer, Grunderwerbsteuer).

Die Unterscheidung zwischen **Besitz- und Verkehrsteuern** ist zwar bei manchen Steuerarten schwierig, hat aber für die Frage ihrer Verwaltung keine praktische Bedeutung.

BEISPIEL: Wenn die ErbSt den Übergang des Vermögens vom Erblasser auf den Erben besteuert, ist sie eine Verkehrsteuer; geht man aber davon aus, dass das Vermögen anlässlich des Todes einer zusätzlichen Besteuerung unterworfen wird, ist sie bei den Besitzsteuern einzureihen. Unabhängig davon wird die ErbSt von den Ländern verwaltet.

1.5.3 Auswirkung beim Steuerschuldner

Es gibt Steuern, die den Steuerschuldner als Adressaten des Bescheides (§ 43 AO) auch 10
wirtschaftlich belasten. Andere Steuern zahlt der Steuerschuldner aus Mitteln, die er sich von anderen (meist seinen Kunden) beschafft hat; die Steuer wird „überwälzt".

Demgemäß unterscheidet man:

a) direkte Steuern
also solche, bei denen Steuerschuldner und Steuerträger identisch sind. Unter einem Steuerträger ist derjenige zu verstehen, der die Steuer wirtschaftlich trägt; und

b) indirekte Steuern
bei denen Steuerschuldner und Steuerträger verschiedene Personen sind, wie dies bei den Verbrauchsteuern immer der Fall ist.

BEISPIELE:

1. A ist als Alleinerbe Adressat eines ErbSt-Bescheides. Er muss die dort festgesetzte Steuer aus seinen eigenen Mitteln bezahlen – direkte Steuer.
2. Gegen einen Sektfabrikanten wird Schaumweinsteuer festgesetzt. Er erhöht den Preis seiner Ware entsprechend und bezahlt die von ihm geschuldete Steuer aus den Mitteln, die von den Verbrauchern aufgebracht wurden – indirekte Steuer.
3. Zu den indirekten Steuern gehört auch die USt, weil sie zwar vom Unternehmer geschuldet, aber wirtschaftlich vom Endverbraucher getragen wird.

1.5.4 Personen- und Sachsteuern

1.5.4.1 Personensteuern

11 Das sind solche Steuern, die an die Leistungsfähigkeit eines bestimmten Steuersubjekts anknüpfen. Hierzu gehören die Einkommensteuer, Körperschaftsteuer, Erbschaftsteuer und die Kirchensteuer.

1.5.4.2 Sachsteuern

12 Sie knüpfen objektiv an einen Gegenstand oder einen Verkehrsvorgang an. Dazu gehören alle nicht unter Rdn. 11 genannten Steuern.

1.5.5 Realsteuern

13 Dieser historische Begriff bezeichnet die Gewerbe- und die Grundsteuer, vgl. § 3 Abs. 2 AO.

1.6 Steuerrecht

1.6.1 Grundlagen

14 Unter Steuerrecht wird die Gesamtheit der Rechtsvorschriften verstanden, die sich mit der Steuerverwaltung befassen. Es handelt sich dabei um **öffentliches Recht**. Außerdem haben Vorschriften des Privatrechts Bedeutung für das öffentliche Recht, sofern auf sie verwiesen wird oder es sich um allgemeine Grundsätze handelt.

BEISPIEL:

1. § 242 BGB als allgemeiner Rechtsgrundsatz gilt uneingeschränkt auch im Steuerrecht; die Auslegung von Willenserklärungen nach § 133 BGB gilt entsprechend auch für die Auslegung verfahrensrechtlicher Erklärungen.
2. In § 108 AO wird für die Berechnung der Fristen auf die entsprechende Anwendung der §§ 187 bis 193 BGB verwiesen; § 79 AO bezieht sich auf die zivilrechtliche Geschäftsfähigkeit. Damit lässt sich die wörtliche Wiederholung von Vorschriften aus anderen Gesetzen vermeiden.

Im Bereich des öffentlichen Rechts ist das Steuerrecht z. T. Staatsrecht, nämlich das Recht der Finanzverfassung und der Steuergesetzgebung; z. T. ist es Strafrecht, soweit es sich um die steuerlichen Straftatbestände und deren Verfolgung handelt. Der weitaus überwiegende Teil gehört allerdings zum Verwaltungsrecht.

1.6.2 Rechtsnormen

15 Quellen des Steuerrechts sind die Rechtsnormen. Unter Rechtsnormen versteht man die Gesamtheit der staatlich garantierten Normen, die menschliches Verhalten regeln. Sie sind nahezu ausschließlich staatlich gesetzt (positives Recht) und beruhen nur in

Ausnahmefällen auf langjähriger Übung (Gewohnheitsrecht). Als Rechtsquellen unterscheiden sie sich aber von anderen Regelungen menschlichen Verhaltens (wie etwa Sitte und Moral). Nicht zu den Rechtsnormen gehören außerdem Verträge, Verwaltungsakte und Urteile, da sie nur zwischen den jeweiligen Beteiligten Rechte und Pflichten erzeugen.

Die AO definiert den Begriff des Gesetzes als jede Rechtsnorm, § 4 AO. Darunter fallen:

a) die **Verfassung**, und zwar sowohl das Grundgesetz als auch die Landesverfassungen;

b) die **förmlichen Gesetze**. Darunter versteht man die Gesetzesbeschlüsse einer Volksvertretung (Legislative), die auf eine bestimmte, in der Verfassung vorgesehene Art und Weise zustande gekommen und veröffentlicht sind (vgl. für Bundesgesetze Art. 76 ff. GG);

c) die **Rechtsverordnungen**. Das sind für alle Beteiligten verbindliche Regelungen, die von den Organen der vollziehenden Gewalt (Exekutive) erlassen werden, sofern sie vom Parlament in einem Gesetz hierzu ermächtigt wurden (Art. 80 GG). Sie sind zwar keine Gesetze im formellen, sondern nur im materiellen Sinn, aber genauso allgemein verbindlich;

d) das **Gewohnheitsrecht** als ungeschriebenes Recht, das durch ständige von Rechtsüberzeugung getragene Übung zur Rechtsnorm erstarkt ist. Das Gewohnheitsrecht hat heute keine große praktische Bedeutung mehr, weil es durch geschriebenes Recht weitgehend verdrängt wurde. Im Bereich des Steuerrechts ist es jedenfalls nicht in der Lage, Steuertatbestände zu begründen.

Keine Rechtsnormen sind die **Verwaltungsanweisungen** einer bestimmten Dienststelle 16
der Steuerverwaltung (z. B. das Ministerium, die OFD oder der Leiter eines Finanzamtes) im Rahmen ihrer Anordnungsbefugnis. Sie enthalten Anweisungen zur Anwendung und Auslegung der Gesetze, typisieren (z. B. durch AfA-Tabellen) und vereinfachen damit die Anwendung unbestimmter Rechtsbegriffe (z. B. Nutzungsdauer eines Wirtschaftsgutes) oder regeln die Anwendung des den Behörden eingeräumten Ermessens. Ihnen kommt daher entscheidende Bedeutung für die Gleichmäßigkeit des Verwaltungshandelns und damit der Gleichmäßigkeit der Besteuerung zu.

Zum Erlass der **allgemeinen Verwaltungsvorschriften**, die im Steuerrecht meist Richtlinien heißen (z. B. EStR, KStR, LStR usw.), ist die Bundesregierung befugt, auch wenn die Steuern im Übrigen von den Landesbehörden verwaltet werden (Art. 108 Abs. 7 GG). So hat der Bundesminister der Finanzen Zweifelsfragen zur Abgabenordnung im Anwendungserlass zur AO (BStBl 2014 I S. 290 zuletzt geändert durch BMF v. 1.9.2025, BStBl 2025 I S. 1650) geregelt.

Die **Verwaltungsanordnungen** binden als Anweisungen eines Dienstvorgesetzten kraft Beamtenrechts alle nachgeordneten Dienststellen und Beamten. Der Veranlagungsbeamte darf also nicht gegen die Richtlinien oder die für den speziellen Fall einschlägigen Weisungen der OFD oder eines Sachgebietsleiters tätig werden.

Die Gerichte sind jedoch an die Verwaltungsanordnungen nicht gebunden, sondern in 17
der Auslegung des Gesetzestextes unabhängig. Ihnen steht insoweit ein umfassendes

Nachprüfungsrecht zu. Typisierte Anweisungen werden dagegen auch von den Gerichten im Interesse der Gleichbehandlung als bindend angesehen, sofern dies nicht im Einzelfall zu offenbar unzutreffenden Steuern führt.

Im Rahmen des Ermessens überprüfen die Gerichte nur, ob die Grenzen des Ermessens eingehalten wurden oder vom Ermessen in einer dem Zweck der Ermächtigung widersprechenden Weise Gebrauch gemacht wurde.

Der Bürger hat einen Anspruch darauf, dass er nach Maßgabe der Ermessensrichtlinien oder Erlasse behandelt wird (Selbstbindung der Verwaltung).

1.7 Die Finanzbehörden

1.7.1 Überblick

18 § 6 AO zählt auf, welche Behörden unter diese Bezeichnung fallen. Diese Finanzbehörden haben die Steuern zu verwalten und bestimmte, andere ihnen übertragene Arbeiten zu erledigen. Welche Behörde im Einzelfall zuständig ist, regeln die Verfassung, das FVG und die AO.

Die grundsätzliche Teilung der Verwaltungsaufgaben ist in Art. 108 GG geregelt. Danach werden die Zölle, Monopole und Verbrauchsteuern durch Bundesfinanzbehörden verwaltet, die übrigen Steuern, also alle Besitz- und Verkehrsteuern dagegen durch die Landesfinanzbehörden.

Bundesfinanzbehörden sind: Hauptzollämter und ihre Dienststellen (Zoll- und Zollfahndungsämter) als örtliche Behörden, die Bundesfinanzdirektionen und das Zollkriminalamt als Mittelbehörden, neben anderen das Bundeszentralamt für Steuern als Oberbehörde und das Bundesministerium der Finanzen als oberste Behörde (§ 1 FVG)

Landesfinanzbehörden sind die Finanzämter als örtliche Behörden, die Oberfinanzdirektionen (bzw. die Landesämter für Steuern, vgl. § 6 Abs. 2 Nr. 4a AO) als Mittel- bzw. Oberbehörden (§ 2 Abs. 1 Nr. 2 und Nr. 3 FVG) und der Landesfinanzminister (bzw. -senator), der die oberste Leitung innehat (§ 2 FVG).

1.7.2 Das Finanzamt

19 Organisation und Aufgaben der Finanzämter werden in § 17 FVG behandelt. Hauptaufgabe der Finanzämter ist danach die **Verwaltung der Besitz- und Verkehrsteuern**. Soweit der Ertrag dieser Steuern teilweise dem Bund zusteht (Einkommensteuer, Körperschaftsteuer, Umsatzsteuer), werden die Finanzämter im Auftrag des Bundes tätig (sog. Auftragsverwaltung, Art. 108 Abs. 3 GG). Außerdem sind die Finanzämter wesentlich an der Verwaltung der Realsteuern beteiligt, weil sie die Gewerbe- und Grundsteuermessbeträge festsetzen; den Gemeinden verbleibt es nur noch, auf diese Messbeträge ihren Hebesatz anzuwenden. Daneben sind den Finanzämtern durch Vorschriften des Landesrechts häufig noch verschiedene Aufgaben im Bereich der staatlichen Ver-

mögens- und Liegenschaftsverwaltung zugewiesen. Schließlich ist das Finanzamt nach § 367 AO berufen, über die Einsprüche gegen seine Bescheide zu entscheiden.

Sitz und Bezirk der Finanzämter werden durch das Ministerium bestimmt (§ 17 Abs. 1 FVG). Dieses hat auch die Möglichkeit zum Zweck der Rationalisierung bei einem Finanzamt, gleichartige Aufgaben für mehrere Amtsbezirke zusammenzufassen (§ 17 Abs. 2 Satz 3 FVG); als Beispiel sei hier auf die zentralisierten Erbschaftsteuerstellen, gemeinsame Bußgeld- und Strafsachen-, Betriebsprüfungs-, Körperschaftsteuerstellen usw. hingewiesen. Das Finanzamt wird durch den Amtsleiter bzw. Vorsteher geleitet. Ihm steht die organisatorische und sachliche Leitung aller Geschäfte zu. Er trägt die Verantwortung für alle Entscheidungen, die deshalb auch in seinem Namen ergehen; alle anderen Amtsträger unterzeichnen „In Vertretung" bzw. „Im Auftrag" des Vorstehers. 20

1.7.3 Oberfinanzdirektion

Die OFD bzw. die nach Landesrecht eingerichtete Landesfinanzbehörde ist nach §§ 2 und 8a FVG **Landesbehörde**. Als **Mittelbehörde** muss sie im Wesentlichen die Aufgaben einer Aufsichtsbehörde erledigen. So überwacht sie die Geschäftsführung der nachgeordneten Dienststellen im Einzelfall auf Anregung oder stichprobenweise durch Geschäftsprüfungen bei den Finanzämtern. Diese Behörden können ein Finanzamt auch zu bestimmtem Verhalten anweisen; allerdings muss den entsprechenden Verwaltungsakt das sachlich zuständige Finanzamt erlassen. 21

1.7.4 Das Ministerium

Den Ministerien obliegt die oberste Leitung für ihren Bereich (§ 3 FVG). Dort werden die maßgeblichen Organisations- und Personalangelegenheiten entschieden, und durch Verwaltungsanweisungen wirkt der Minister auch auf die sachliche Anwendung der Steuergesetze ein. Schließlich stellt er den Haushaltsplan auf und hat meist auch noch die oberste Leitung auf dem Gebiet der Vermögensverwaltung. Wenn er Rechtsverordnungen erlässt, wirkt der Minister bei der Rechtsetzung mit (vgl. Art. 80 GG i. V. m. § 156 AO oder § 51 EStG). 22

(Einstweilen frei) 23–25

1.8 Kontrollfragen

FRAGEN

		Rdn.
1.	Handelt es sich bei den §§ 11, 31b, 44, 193 Abs. 2, 370, 411 AO um Vorschriften des Verfahrens- oder materiellen Rechts?	1

2. Welches sind die wesentlichen Merkmale einer Steuer? 4 - 6
3. Was sind steuerliche Nebenleistungen? 6
4. Wie lassen sich Steuern einteilen? 8 - 10
5. Nach welchen Kriterien lässt sich die Einkommensteuer einteilen? 8 ff.
6. Handelt es sich beim Anwendungserlass zur AO um ein Gesetz nach § 4 AO? 14 - 17

DOWNLOAD

Lösungen zu den Kontrollfragen s. online-Version.

KAPITEL 2: ANWENDUNG DER GESETZE

Kapitel 2: Anwendung der Gesetze

26 Versucht man, die Anwendung einer Gesetzesvorschrift am praktischen Fall zu analysieren, ergeben sich vier aufeinander folgende Arbeitsschritte:

- Ermittlung des Sachverhaltes
- Ermittlung der Norm
- Subsumtion
- Schlussfolgerung

2.1 Ermittlung des Sachverhaltes

27 Es handelt sich hierbei um die Feststellung der **tatsächlichen Vorgänge** des Wirtschaftslebens und des Rechtsverkehrs, die für die Besteuerung von Interesse sind. Als Grundlage dient dem zuständigen Bearbeiter der Inhalt von Steuererklärungen, deren Vollständigkeit er prüft (§ 88 AO). Er kann aber auch auf andere Weise von steuerlich erheblichen Vorgängen erfahren (Informationen anderer Behörden, Anzeigen Dritter etc.) und muss dann von sich aus dem Sachverhalt ermitteln.

BEISPIEL: Ein Kaufmann zahlt laufend Zinsen an den privaten Darlehensgeber D. Durch eine Kontrollmitteilung (§ 194 Abs. 3 AO) erfährt das für D zuständige FA davon.

Das FA hat den Sachverhalt zu ermitteln. Dazu gehört insbesondere der Inhalt des Darlehensvertrages, die Höhe der Zinsen und deren Zufluss, die mit den Zinsen in Zusammenhang stehenden Ausgaben und die persönlichen Verhältnisse von D.

2.2 Ermittlung der Norm

28 Nach der Ermittlung des Sachverhaltes muss geprüft werden, ob der ermittelte Sachverhalt steuerliche Konsequenzen hat. Es ist daher nach entsprechenden Steuergesetzen zu suchen, welche die gewünschte Rechtsfolge enthalten.

BEISPIEL: Im vorhergehenden Fall kommt das EStG in Betracht, insbesondere die Vorschriften über die Einkünfte aus Kapitalvermögen (§§ 2 Abs. 1 Nr. 5, 20 Abs. 1 Nr. 7 EStG).

Um entscheiden zu können, ob die gefundene Norm für den gegebenen Sachverhalt tatsächlich zutrifft, sind die Tatbestandsmerkmale herauszuarbeiten und hinsichtlich ihrer Bedeutung auszulegen, sofern der Wortlaut des Gesetzes unklar oder mehrdeutig ist.

Neben den klassischen **Auslegungsmethoden** (grammatikalisch, systematisch, historisch und teleologisch) ist im Steuerrecht, das meist an wirtschaftliche Vorgänge anknüpft, die **wirtschaftliche Betrachtungsweise** als Auslegungshilfe von Bedeutung. Alle diese Methoden schließen sich nicht gegenseitig aus, sondern ergänzen einander und sind je nach dem auszulegenden Gesetz unterschiedlich heranzuziehen.

2.2.1 Die grammatikalische Methode (Auslegung nach dem Wortsinn)

Unter Beachtung der Regeln der Grammatik und des Sprachgebrauches ist der Wortlaut der Vorschrift klarzustellen. 29

BEISPIEL: Nach § 361 Abs. 2 AO soll die Finanzbehörde auf Antrag die Vollziehung aussetzen, wenn **ernstliche Zweifel** an der Rechtmäßigkeit des angefochtenen Verwaltungsaktes bestehen.

In seinen Entscheidungen greift der BFH auf „Deutsche Wörterbücher" zurück, um die Begriffe „Zweifel" und „ernstliche" zu klären. Danach liegen ernstliche Zweifel vor, wenn bei der Überprüfung des angefochtenen Verwaltungsaktes in rechtlicher oder tatsächlicher Hinsicht neben für die Rechtmäßigkeit sprechenden Umständen, gewichtige gegen die Rechtmäßigkeit sprechende Gründe vorliegen, die Unsicherheit in der Beurteilung der Rechtsfragen oder Unklarheiten in der Beurteilung von Tatfragen bewirken.

2.2.2 Die logisch-systematische Methode (Auslegung nach dem System des Gesetzes)

Diese Methode versucht, den Zusammenhang von Rechtsvorschriften und Rechtsbegriffen zu klären. Sie betrachtet dabei den Aufbau des Gesetzes, die Überschrift über den Rechtsvorschriften, die Stellung der Vorschrift im Gesetz und kann damit Aufschluss über die Bedeutung eines Tatbestandsmerkmales gewinnen. 30

BEISPIEL: § 122 Abs. 1 Sätze 3 und 4 AO stellt gegenüber § 80 Abs. 5 Satz 1 AO eine Spezialregelung dar. Zwar geben die Gesetzesmaterialien keine Anhaltspunkte für die Motive des Gesetzgebers (historische Methode, vgl. unten), allerdings ergibt sich aus der Stellung im Gesetz, dass der Gesetzgeber für die Bekanntgabe von Verwaltungsakten besondere Regelungen schaffen wollte. Demnach gebührt der Ermessensermächtigung des § 122 Abs. 1 AO Vorrang gegenüber der Regelung des § 80 AO, sich zunächst an den Bevollmächtigten zu wenden.

2.2.3 Die historische Methode (Auslegung nach dem Willen des Gesetzgebers)

Sie betrachtet die Entstehungsgeschichte der Norm und stützt sich auf Gesetzesmaterialien. 31

2.2.4 Die teleologische Methode (Auslegung nach dem Zweck des Gesetzes)

Sie stellt auf den **Zweck der Rechtsvorschrift** ab, geht also davon aus, dass jede Rechtsnorm einem oder mehreren bestimmten Zwecken dient. 32

BEISPIEL: Ehegatten vermieten ein in ihrem Eigentum stehendes Einfamilienhaus. Sie beziehen somit Einkünfte aus Vermietung und Verpachtung (§ 21 Abs. 1 Nr. 1 EStG). Nach §§ 179 Abs. 2 Satz 2, 180 Abs. 1 Nr. 2a AO sind ihre einkommensteuerpflichtigen Einkünfte grundsätzlich einheitlich und gesondert festzustellen. Die Vorschriften über die einheitliche und gesonderte Feststellung von Einkünften haben den Zweck, unterschiedliche Ergebnisse zu vermeiden. Da im vorliegenden Fall unterschiedliche Ergebnisse mit großer Wahrscheinlichkeit ausgeschlossen sind, solange die Ehegatten zusammen veranlagt werden, erübrigt sich eine einheitliche und gesonderte Feststellung (§ 180 Abs. 3 Satz 1 Nr. 2 AO).

2.2.5 Die wirtschaftliche Betrachtungsweise

33 Nach den Steuergesetzen sollen unabhängig von der jeweiligen zivilrechtlichen Gestaltung vergleichbare wirtschaftliche Vorgänge steuerlich gleichbehandelt werden. Diese **wirtschaftliche Betrachtungsweise** verpflichtet zur Prüfung der Frage, welcher wirtschaftliche Sachverhalt hinter den verwendeten Begriffen aus anderen Rechtsgebieten, insbesondere dem bürgerlichen Recht, steckt und damit steuerlich zu erfassen ist.

BEISPIEL: Ein Kfz-Händler verkauft einen Lkw unter Eigentumsvorbehalt bis zur Bezahlung der letzten Rate.

Die Lieferung als Erfüllung des Kaufvertrages heißt zivilrechtlich Übereignung des Lkw, § 929 BGB. Da die Einigung über den Eigentumsübergang als Teil der Übereignung erst mit Zahlung der letzten Kaufpreisrate erfolgt (§ 158 BGB), ist erst dann von einer Erfüllung des Kaufvertrages auszugehen.

Nach der wirtschaftlichen Betrachtungsweise ist die Lieferung bereits mit der Übergabe des Fahrzeugs bewirkt und nicht erst mit der viel späteren bürgerlich-rechtlichen Verschaffung des Eigentums. Die Umsatzsteuer entsteht daher bereits mit Ablauf des Kalendermonats, in dem die Übergabe erfolgt ist (§ 13 Abs. 1 UStG).

Einige Fälle der wirtschaftlichen Betrachtungsweise hat der Gesetzgeber bereits geregelt.

2.2.5.1 Zurechnung von Wirtschaftsgütern

34 Regelmäßig werden Sachen und Rechte dem Eigentümer zugerechnet (§ 39 Abs. 1 AO).

BEISPIEL: Eine Leihbücherei hat am Anfang eines Jahres einen Großteil ihrer Bücher an Kunden ausgeliehen.

Die Bücher werden dem Betriebsvermögen der Bücherei zugerechnet, weil sie Eigentümerin ist (§ 39 Abs. 1 AO).

In anderen Fällen gehen die tatsächlichen wirtschaftlichen Verhältnisse und die Regelung des bürgerlichen Rechtes so weit auseinander, dass das wirtschaftlich orientierte Steuerrecht dem bürgerlichen Recht nicht mehr folgen kann.

So sind Wirtschaftsgüter grundsätzlich demjenigen zuzurechnen, der die tatsächliche Herrschaft darüber in der Weise ausübt, dass andere Personen für die gewöhnliche Nutzungsdauer von der Einwirkung auf das Wirtschaftsgut rechtlich oder tatsächlich ausgeschlossen sind (§ 39 Abs. 2 Nr. 1 AO). Die andere Person darf nicht verfügungsberechtigt sein; auf den Herrschaftswillen des Berechtigten, das Wirtschaftsgut wie ein Eigentümer zu besitzen, kommt es grundsätzlich nicht an (vgl. allerdings Rdn. 38).

BEISPIEL: Ein Unternehmer (Leasingnehmer) hat einen Leasingvertrag auf eine Dauer von 10 Jahren geschlossen. Die betriebsgewöhnliche Nutzungsdauer des Vertragsgegenstandes beträgt ebenfalls 10 Jahre.

Der Leasingnehmer ist in der Lage, den Leasinggeber während der vollen Zeit der betriebsgewöhnlichen Nutzungsdauer von der Einwirkung auf das Leasinggut auszuschließen (§ 39 Abs. 2 Nr. 1 Satz 1 AO). Dies gilt selbst dann, wenn dem Leasingnehmer der Herrschaftswille fehlt. Das Leasinggut ist daher dem Betriebsvermögen des Leasingnehmers zuzurechnen.

In § 39 Abs. 2 Nr. 1 Satz 2 AO sind Fälle aufgezählt, in denen jeweils ein anderer als der rechtliche Eigentümer als wirtschaftlicher Eigentümer zu betrachten ist. Diese Aufzählung kann wegen der Vielgestaltigkeit des Wirtschaftslebens nicht abschließend sein:

2.2.5.1.1 Treuhandverhältnisse

Die Treuhandschaft ist wirtschaftlich betrachtet ein Fall der verdeckten Stellvertretung. 35
Der Treuhänder handelt nach außen hin nicht im fremden, sondern scheinbar im eigenen Namen. Im Innenverhältnis wird der Treuhänder nur im Interesse und für Rechnung des Treugebers tätig. Dieser wirtschaftlichen Betrachtungsweise wird in der Weise Rechnung getragen, dass Wirtschaftsgüter, die treuhänderisch übertragen werden, dennoch dem Treugeber zuzurechnen sind.

BEISPIEL: Die Eheleute Manfred und Else Schmid waren Gesellschafter einer KG. Als die Kommanditistin Else starb, wollte Manfred das Unternehmen als KG fortführen. Er schloss mit Hans einen Treuhandvertrag. Danach trat Hans mit einem Anteil von 1 000 € in die KG ein. Die Gesellschafter beantragen einheitlich und gesonderte Feststellung der Einkünfte.

Eine einheitliche und gesonderte Feststellung kommt nur in Betracht, wenn mehrere an Einkünften beteiligt und die Einkünfte den Beteiligten zuzurechnen sind (§ 179 Abs. 2 Satz 2 i. V. m. § 180 Abs. 1 Nr. 2a AO). Gemäß § 39 Abs. 2 Nr. 1 Satz 2 AO sind der Kommanditanteil und damit die Einkünfte daraus nicht dem Treuhänder, sondern dem Treugeber zuzurechnen. Dies hat zur Folge, dass alle Einkünfte nur einem Rechtssubjekt, nämlich Manfred, zuzurechnen sind. Die Voraussetzungen des § 180 Abs. 1 Nr. 2a AO liegen nicht vor (BFH v. 1.10.1992 IV R 130/90, BStBl II 1993, 574).

2.2.5.1.2 Sicherungseigentum

Das bürgerliche Recht kennt kein **besitzloses Pfandrecht**. Kommt etwa die verpfändete 36
Sache wieder in den Besitz des Eigentümers, so erlischt das Pfandrecht (§§ 1205 Abs. 1, 1253 Abs. 1 BGB). Im modernen Wirtschaftsleben ist daher das Pfandrecht an beweglichen Sachen, wie es im BGB geregelt ist, zu Sicherungszwecken wenig geeignet. Der Kaufmann, der einen Kredit braucht, hat keine Sachen, auf deren Besitz er verzichten kann. Ohne Warenlager, Maschinen usw. kann er seinen Betrieb nicht weiterführen.

Als Ersatz für das mit dem Besitz verbundene Pfandrecht hat sich daher in der Wirt- 37
schaftspraxis das Sicherungseigentum entwickelt. Das Eigentum an einer Sache kann im Unterschied zum Pfandrecht auch ohne Besitzübergabe übertragen werden. Als Ersatz für den Besitzübergang genügt die Einräumung eines Besitzmittlungsverhältnisses (§ 930 BGB). Dieses bedeutet das Recht auf mittelbaren Besitz (z. B. Leihe, Miete usw.), wobei der unmittelbare Besitz bei dem früheren Eigentümer verbleibt. Ist eine derartige Eigentumsübertragung noch von der auflösenden Bedingung der Rückzahlung eines Kredites abhängig, so spricht man von einer **Sicherungsübereignung**. Der Sicherungseigentümer erwirbt dabei vollwertiges Eigentum. Wirtschaftlich betrachtet hat er aber nur ein Befriedigungsrecht aus den übereigneten Sachen für den Fall, dass der Schuldner seinen Kredit nicht zurückzahlen kann.

Gemäß § 39 Abs. 2 Nr. 1 Satz 2 AO werden die nur zur Sicherung übereigneten Gegenstände nach wie vor dem Sicherungsgeber zugerechnet.

BEISPIEL: Ein Kaufmann benötigt einen Kredit. Da er keine anderen Sicherheiten hat, übereignet er seiner Bank seinen gesamten Warenbestand zur Sicherung. Im Sicherungsübereignungsvertrag wird vereinbart, dass der Kaufmann Waren verkaufen darf und vom Erlös beschaffte neue Waren an deren Stelle treten.

Es liegt eine Eigentumsübertragung an die Bank vor. Als Besitzmittlungsverhältnis (§ 930 BGB) wurde ein Verwahrungsvertrag zwischen den Parteien geschlossen. Der Kaufmann verwahrt die Waren als unmittelbarer Besitzer für die Bank. Die Bank ist Eigentümerin und mittelbare Besitzerin. Dennoch wird der gesamte Warenbestand dem Betriebsvermögen des Kaufmanns zugerechnet (§§ 39 Abs. 2 Nr. 1 Satz 2 AO, 95 BewG).

2.2.5.1.3 Eigenbesitz und Eigentumsvorbehalt

38 Das bürgerliche Recht unterscheidet bei Besitzverhältnissen zwischen Eigen- und Fremdbesitz (§ 872 BGB). **Eigenbesitzer** ist, wer eine Sache als **ihm gehörig** besitzt, **Fremdbesitzer** dagegen, wer zwar als Besitzer die tatsächliche Herrschaft über eine Sache ausübt, aber das Eigentumsrecht des anderen anerkennt. Fremd- und Eigenbesitz unterscheiden sich also nur durch die Willensrichtung des Besitzers.

BEISPIELE:

1. Der Mieter einer Wohnung, der Entleiher eines Buches, der Verwahrer in der Gepäckaufbewahrung, der Pächter eines Betriebes sind **Fremdbesitzer**. Sie leiten ihr Besitzrecht vom Eigentümer ab und achten die Grenzen ihrer sich aus dem Besitzverhältnis ergebenden Herrschaftsbefugnisse.
2. Ein Bauunternehmer kauft Anfang 03 einen Kran **unter Eigentumsvorbehalt** (§ 449 BGB). Außerdem kauft er durch notariellen Vertrag (§ 311b BGB) ein Grundstück, das er als Abstellplatz für seine Baufahrzeuge benötigt. Bald nach Abschluss des notariellen Kaufvertrags übernimmt der Unternehmer das Grundstück. Die für den Eigentumsübergang erforderliche Umschreibung im Grundbuch (§ 873 BGB) erfolgt erst 2 Jahre später.

Bürgerlich-rechtliche Eigentümer des Kranes wie auch des Grundstückes sind, solange der Eigentumsvorbehalt besteht bzw. der Eigentumsübergang nicht in das Grundbuch eingetragen ist, die Veräußerer. In beiden Fällen ist der Unternehmer jedoch, wirtschaftlich betrachtet, Eigentümer, da er Kran und Grundstück **als ihm gehörig besitzt**. Dies bedeutet, dass Grundstück und Kran bereits Wirtschaftsgüter des Erwerbers sind (§ 39 Abs. 2 Nr. 1 Satz 2 AO).

2.2.5.1.4 Gesamthandsverhältnisse

39 Das bürgerliche Recht unterscheidet bei der Beteiligung mehrerer Rechtsträger zwischen **Gesamthands-** und **Bruchteilsgemeinschaften**. Bei Letzteren ist jeder Beteiligte berechtigt, über seinen Bruchteil zu verfügen, ihn z. B. selbständig zu veräußern (§ 747 BGB). Die Gesamthandsgemeinschaften sind dagegen so ausgestaltet, dass der Einzelne nicht über seinen Teil verfügen kann, sondern nur alle Beteiligten zusammen über den ganzen Gegenstand.

Durch die gesetzlichen Neuregelungen des MoPeG (Gesetz zur Modernisierung des Personengesellschaftsrechts; BGBl I 2021, 3436) ist das bislang für die Personengesellschaften maßgebliche Gesamthandsprinzip, nach dem ihre Gesellschafter in gesamthänderischer Verbundenheit Träger des Gesellschaftsvermögens sind (§ 719 BGB a. F.), abgeschafft worden.

Zu den Gesamthandsgemeinschaften gehören:

- die Erbengemeinschaft (§ 2032 ff. BGB),
- die eheliche Gütergemeinschaft (§ 1419 ff. BGB) sowie die fortgesetzte Gütergemeinschaft (§ 1483 ff. BGB),
- der Idealverein ohne Rechtspersönlichkeit (§ 54 S. 1 BGB)

§ 39 Abs. 2 Nr. 2 AO bestimmt allerdings, dass Personengesellschaften für Ertragsteuerzwecke als Gesamthand und ihr Vermögen als Gesamthandsvermögen gelten.

Im Ergebnis werden daher zusätzlich – **für** Ertragsteuerzwecke – **„wie" Gesamthandsgemeinschaften behandelt:**

- die Gesellschaft des bürgerlichen Rechtes (§§ 705 ff. BGB),
- die offene Handelsgesellschaft (§§ 105 ff. HGB),
- die Kommanditgesellschaft (§§ 161 ff. HGB) sowie
- die Partnerschaftsgesellschaft (PartGG),

Gesamthandsgemeinschaften sind im Besteuerungsverfahren häufig nicht selbst Steu- 40
erschuldner (z. B. bei der ESt). Sie erfüllen aber den Besteuerungstatbestand (Gewinn aus Gewerbebetrieb). Der gesondert und einheitlich festzustellende Gewinn (§§ 179 Abs. 2, 180 Abs. 1 Nr. 2a AO) wird bei der Besteuerung der Gesellschafter (Gemeinschafter) erfasst. Dazu ist es aber erforderlich, die Gesamthandsgemeinschaften wie Bruchteilsgemeinschaften zu behandeln (§ 39 Abs. 2 Nr. 2 AO). Die Bruchteile, die den einzelnen Gesellschaftern (Gemeinschaftern) zugerechnet werden, bestimmen sich, wenn bürgerlich-rechtliche Vereinbarungen nicht vorliegen, nach der Anzahl der Beteiligten bzw. nach dem **Auseinandersetzungsguthaben**, d. h. den Ansprüchen, die der einzelne Berechtigte im Falle der Auflösung der Gesellschaft (Gemeinschaft) gegen die anderen Beteiligten hätte.

2.2.5.2 Gesetz- oder sittenwidriges Handeln

Nach bürgerlichem Recht sind Rechtsgeschäfte, die gegen ein gesetzliches Verbot ver- 41
stoßen, nichtig (§ 134 BGB).

BEISPIEL: Ein Steuerberater macht sein Honorar von der zu erzielenden Steuerermäßigung abhängig.

Diese Vereinbarung eines so genannten **„Erfolgshonorars"** ist grundsätzlich unzulässig (§ 9a StBerG) und damit nichtig § 134 BGB).

Gleiches gilt für Rechtsgeschäfte, die gegen die guten Sitten verstoßen (§ 138 BGB).

BEISPIEL: Ein Geldverleiher gewährt einem in Not geratenen Ausländer unter Ausnutzung von dessen Unerfahrenheit und Sprachschwierigkeiten ein Darlehen (§ 488 BGB) zu weit überhöhten Zinsen.

Der Darlehensvertrag ist nichtig (§ 138 Abs. 2 BGB).

Das Steuerrecht schließt sich der zivilrechtlichen Folge der Nichtigkeit eines gesetz- oder sittenwidrigen Rechtsgeschäftes **nicht grundsätzlich** an. Es stellt vielmehr auf das wirtschaftliche Ergebnis dieser Rechtsgeschäfte ab und zieht daraus wertneutral die steuerlichen Folgen (§ 40 AO) ohne Berücksichtigung der Verwerflichkeit der ihnen zugrunde liegenden Rechtsgeschäfte.

BEISPIEL: In den oben genannten Fällen haben Steuerberater wie auch Geldverleiher ihre rechts- bzw. sittenwidrigen Einkünfte zu versteuern.

2.2.5.3 Unwirksame Rechtsgeschäfte bzw. Scheingeschäfte

42 Werden die wirtschaftlichen Ergebnisse eines **unwirksamen Rechtsgeschäftes** aufrechterhalten, so sind daraus auch die steuerrechtlichen Folgen zu ziehen (§ 41 Abs. 1 AO).

BEISPIEL: Ein Händler betreibt einen Kiosk neben einer Grundschule und verkauft Getränke und Süßigkeiten auch an noch nicht sieben Jahre alte Kinder.

Obwohl die Willenserklärungen der geschäftsunfähigen Kinder gemäß §§ 105 Abs. 1, 104 Nr. 1 BGB nichtig sind, muss der Händler das wirtschaftliche Ergebnis der Umsatz- bzw. Einkommensteuer unterwerfen.

43 **Scheingeschäfte** sind nach § 117 BGB nichtig und auch für die Besteuerung ohne Bedeutung (§ 41 Abs. 2 Satz 1 AO). Sie liegen vor, wenn die Beteiligten ihre Willenserklärungen nur zum Schein abgegeben haben. Soll durch ein Scheingeschäft ein anderes Rechtsgeschäft verdeckt werden, ist das verdeckte Geschäft für die Besteuerung maßgebend (§ 41 Abs. 2 Satz 2 AO).

BEISPIEL: Ein Vater will seinem Sohn ein Haus schenken. Um die Erbschaftsteuer zu sparen, schließen beide zum Schein einen Kaufvertrag ab. Der entgeltliche Erwerb vom Vater unterliegt nicht der Grunderwerbsteuer (§ 3 Nr. 6 GrEStG). Der Vater erteilt dem Sohn zum Schein eine Quittung über den Kaufpreis.

Hinter dem Scheinkauf steckt tatsächlich eine Schenkung, die der Besteuerung unterliegt (§ 1 Abs. 1 Nr. 2 ErbStG, § 41 Abs. 2 Satz 2 AO).

Das oben Gesagte gilt auch für Scheinhandlungen.

BEISPIEL: Um der inländischen Besteuerung zu entgehen, begründet ein Unternehmer zum Schein einen Wohnsitz im Ausland.

Die Begründung des Scheinwohnsitzes ist steuerrechtlich unbeachtlich (§ 41 Abs. 2 Satz 2 AO).

2.2.5.4 Missbrauch rechtlicher Gestaltungsmöglichkeiten

44 Das Steuerrecht bestimmt in § 42 AO, dass ein Vorgang nach seinem wirtschaftlichen Zweck und Gehalt besteuert wird, auch wenn dieser auf Umwegen herbeigeführt wird, die keinen steuerlichen Tatbestand erfüllen.

2.2.5.4.1 Grundsatz der Vertrags- und Gestaltungsfreiheit

45 Nach der Rechtsordnung kann jeder Bürger seine Verhältnisse so gestalten, wie es ihm zweckmäßig erscheint (Grundsatz der Vertrags- und Gestaltungsfreiheit). Dieser auch im Steuerrecht geltende Grundsatz findet allerdings dort seine Grenze, wo das bürgerliche oder das öffentliche Recht dazu missbraucht wird, die Besteuerung zu umgehen (§ 42 Abs. 1 Satz 1 AO).

2.2.5.4.2 Missbrauchstatbestand

§ 42 AO unterscheidet mehrere Tatbestände. 46

Nach § 42 Abs. 1 Satz 2 AO ist zunächst zu prüfen, ob das im Einzelfall anzuwendende Einzelsteuergesetz für den vorliegenden Sachverhalt eine Regelung enthält, die der Verhinderung von Steuerumgehungen dient. Ob dies der Fall ist, ist nach dem Wortlaut der Regelung und dem Sinnzusammenhang, nach der systematischen Stellung im Gesetz sowie nach der Entstehungsgeschichte der Regelung zu beurteilen. Liegt eine Regelung vor, die der Verhinderung von Steuerumgehungen dient, gilt Folgendes:

- Ist der Tatbestand der Regelung erfüllt, bestimmen sich die Rechtsfolgen allein nach dieser Vorschrift (§ 42 Abs. 1 Satz 2 AO), nicht nach § 42 Abs. 1 Satz 3 AO i. V. m. Abs. 2. In diesem Fall ist es unerheblich, ob auch die Voraussetzungen des Abs. 2 vorliegen.
- Ist der Tatbestand der Regelung nicht erfüllt, ist in einem weiteren Schritt zu prüfen, ob ein Missbrauch i. S. d. § 42 Abs. 2 AO vorliegt. Allein das Vorliegen einer einzelgesetzlichen Regelung, die der Verhinderung von Steuerumgehungen dient, schließt die Anwendung des § 42 Abs. 1 Satz 3 i. V. m. Abs. 2 nicht aus.

Liegt ein Missbrauch i. S. d. § 42 Abs. 2 AO vor, entsteht der Steueranspruch bei allen vom Sachverhalt Betroffenen so, wie er bei einer den wirtschaftlichen Vorgängen angemessenen rechtlichen Gestaltung entsteht (§ 42 Abs. 1 Satz 3 AO). 46/1

Das Gesetz definiert den Missbrauch in § 42 Abs. 2 AO. Ein solcher liegt vor, wenn

- eine rechtliche Gestaltung gewählt wird, die den wirtschaftlichen Vorgängen nicht angemessen ist,
- die gewählte Gestaltung beim Steuerpflichtigen oder einem Dritten im Vergleich zu einer angemessenen Gestaltung zu einem **gesetzlich nicht vorgesehenen** Steuervorteil führt und
- der Steuerpflichtige für die von ihm gewählte Gestaltung keine außersteuerlichen Gründe nachweist, die
- nach dem Gesamtbild der Verhältnisse beachtlich sind.

Ob eine rechtliche Gestaltung unangemessen ist, ist für jede Steuerart gesondert nach den Wertungen des Gesetzgebers, die den jeweiligen maßgeblichen Vorschriften zugrunde liegen, zu beurteilen. Das Bestreben Steuern zu sparen, macht für sich allein eine Gestaltung noch nicht unangemessen. Eine Gestaltung ist aber insbesondere dann auf ihre Angemessenheit zu prüfen, wenn sie ohne Berücksichtigung der beabsichtigten steuerlichen Effekte unwirtschaftlich, umständlich, kompliziert, schwerfällig, gekünstelt, überflüssig, ineffektiv oder widersinnig erscheint. Die Ungewöhnlichkeit einer Gestaltung begründet allein noch keine Unangemessenheit. 46/2

Anhaltspunkte für die Unangemessenheit einer Gestaltung sind beispielsweise:

- die Gestaltung wäre von einem verständigen Dritten in Anbetracht des wirtschaftlichen Sachverhalts und der wirtschaftlichen Zielsetzung ohne den Steuervorteil nicht gewährt worden;
- die Vor- oder Zwischenschaltung von Angehörigen oder anderen nahestehenden Personen oder Gesellschaften war rein steuerlich motiviert;

- die Verlagerung oder Übertragung von Einkünften oder Wirtschaftsgütern auf andere Rechtsträger war rein steuerlich motiviert.

BEISPIELE:

1. Der Bruder möchte seiner Schwester ein Grundstück verkaufen. Bei einem Kaufpreis von 100 000 € würde die Grunderwerbsteuer 3 500 € betragen. Da Grundstücksveräußerungen unter Verwandten in gerader Linie steuerfrei sind (§ 3 Nr. 6 GrEStG), verkauft er zuerst an seinen Vater und dieser an die Tochter.
2. Ein Unternehmer nimmt kurz vor dem Bilanzstichtag größere Entnahmen vor, um den Einheitswert des Betriebsvermögens zu mindern. Kurz nach dem Bilanzstichtag kommt es zu entsprechenden Wiedereinlagen.
3. Das Grundkapital einer GmbH wird herabgesetzt und an die Gesellschafter zurückgezahlt, um Gewinnauszahlungen zu vermeiden.

46/3 Bei einer grenzüberschreitenden Gestaltung ist die Unangemessenheit insbesondere dann anzunehmen, wenn die gewählte Gestaltung rein künstlich ist und nur dazu dient, die Steuerentstehung im Inland zu umgehen (z. B. EuGH v. 12.9.2006, Rs. C-196/04, EuGHE I 2006, 7995, NWB NAAAC-09456)

46/4 Bei der Prüfung, ob die gewählte Gestaltung zu Steuervorteilen führt, sind die steuerlichen Auswirkungen der gewählten Gestaltung mit der hypothetischen steuerlichen Auswirkung einer angemessenen Gestaltung zu vergleichen. Dabei sind auch solche Steuervorteile zu berücksichtigen, die nicht beim handelnden Steuerpflichtigen selbst, sondern bei Dritten eintreten. Dritte i. S. d. § 42 Abs. 2 Satz 1 AO sind nur solche Personen, die in einer gewissen Nähe zum Steuerpflichtigen stehen. Dies ist insbesondere dann anzunehmen, wenn die Beteiligten Angehörige des Steuerpflichtigen (§ 15 AO) oder persönlich oder wirtschaftlich mit ihm verbunden sind (vgl. z. B. § 1 Abs. 2 AStG).

Der in § 42 Abs. 2 AO verwendete Begriff des „gesetzlich nicht vorgesehene Steuervorteils“ ist nicht deckungsgleich mit dem „nicht gerechtfertigten Steuervorteil“ i. S. d. § 370 Abs. 1 AO. Steuervorteile i. S. d. § 42 Abs. 2 AO sind daher nicht nur Steuervergütungen oder Steuererstattungen, sondern auch geringere Steueransprüche.

Der durch die gewählte Gestaltung begründete Steuervorteil ist insbesondere dann gesetzlich vorgesehen, wenn der Tatbestand einer Norm erfüllt ist, mit der der Gesetzgeber ein bestimmtes Verhalten durch steuerliche Anreize fördern wollte.

46/5 Nach § 42 Abs. 2 Satz 2 AO hat der Steuerpflichtige die Möglichkeit, die bei Vorliegen des Tatbestandes des § 42 Abs. 2 Satz 1 AO begründete Annahme eines Missbrauchs durch Nachweis außersteuerlicher Gründe zu entkräften.

Die vom Steuerpflichtigen nachgewiesenen außersteuerlichen Gründe müssen allerdings nach dem Gesamtbild der Verhältnisse beachtlich sein. Sind die nachgewiesenen außersteuerlichen Gründe nach dem Gesamtbild der Verhältnisse im Vergleich zum Ausmaß der Unangemessenheit der Gestaltung und den vom Gesetzgeber nicht vorgesehenen Steuervorteilen nicht wesentlich oder nur von untergeordneter Bedeutung, sind sie nicht beachtlich. In diesem Fall bleibt es bei der Annahme eines Missbrauchs nach § 42 Abs. 2 Satz 1 AO.

Ein Missbrauch von rechtliche Gestaltungsmöglichkeiten nach § 42 AO ist als solcher nicht strafbar.

Eine leichtfertige Steuerverkürzung oder eine Steuerhinterziehung kann aber vorliegen, wenn der Steuerpflichtige pflichtwidrig unrichtige oder unvollständige Angaben macht, um das Vorliegen eine Steuerumgehung zu verschleiern.

2.2.5.4.3 Rechtsfolgen

Im Falle eines Missbrauchs sind die Steuern so zu erheben, wie sie bei einer angemessenen rechtlichen Gestaltung zu erheben wären (§ 42 Abs. 1 Satz 3 AO), sofern nicht Satz 2 greift. 47

BEISPIEL: Hans hat ein Wohnhaus erworben. Kurz vor Ablauf der 10-Jahresfrist (§ 23 Abs. 1 Nr. 1 EStG) will er es verkaufen, um drängende Schulden zu begleichen. Er schenkt es zunächst seiner Frau, die das Grundstück dann veräußert.

Auch hier liegt ein Missbrauch nach § 42 Abs. 2 AO vor. Wer ein Grundstück verkaufen will, schenkt es nicht vorher einem Angehörigen. Die ungewöhnliche Gestaltung führt zur Umgehung der Besteuerung von Einkünften aus dem privaten Veräußerungsgeschäft (§§ 22 Nr. 2, 23 EStG), da die Schenkung des Grundstücks keine Anschaffung im Sinne des § 23 Abs. 1 EStG darstellt. Da die ungewöhnliche Gestaltung nicht durch wirtschaftlich anerkennenswerte Gründe gedeckt ist, liegt ein Gestaltungsmissbrauch nach § 42 AO vor. Ein anerkennenswerter Grund läge z. B. vor, wenn die Schenkung im Rahmen einer scheidungsbedingten Vermögensauseinandersetzung der Ehegatten erfolgt wäre.

Nach § 42 Abs. 1 Satz 3 AO entsteht die Einkommensteuer so, wie sie bei einer den wirtschaftlichen Vorgängen angemessenen rechtlichen Gestaltung entstanden wäre. Daher müsste die Ehefrau von Hans die Einkünfte aus dem privaten Veräußerungsgeschäft versteuern.

Lesenswert auch BFH vom 29.8.2007 IX R 17/07, BStBl II 2008, 502 zur Rechtsgestaltung von Rechtsverhältnissen unter nahen Angehörigen.

2.3 Die Subsumtion

Nach der Ermittlung des Sachverhaltes und der Feststellung des Steuergesetzes folgt die Prüfung, ob der konkrete Lebenssachverhalt alle Tatbestandsmerkmale der abstrakten Gesetzesvorschrift erfüllt. Es handelt sich hier um die Untersuchung, ob sich Sachverhalt und Tatbestand decken. Man bezeichnet diesen Vorgang als **Subsumtion**. 48

2.4 Die rechtliche Schlussfolgerung

Der letzte Schritt der Gesetzesanwendung besteht darin, die vom Gesetzgeber angeordnete Rechtsfolge herbeizuführen. Decken sich Sachverhalt und Rechtsvorschrift nicht, so ist regelmäßig nichts veranlasst. Erfüllt jedoch ein Sachverhalt alle Voraussetzungen des gesetzlichen Tatbestandes, dann erlässt die Finanzbehörde einen Steuerverwaltungsakt, durch den die im Gesetz vorgesehene Rechtsfolge angeordnet wird. 49

BEISPIEL: Im Beispiel zu Rdn. 27 stellt das FA fest, dass es sich beim Zufluss der Zinsen um Einkünfte aus Kapitalvermögen des D handelt.

Lebenssachverhalt und Gesetzesvorschrift (§ 20 EStG) decken sich. Das FA erlässt als Rechtsfolge einen Steuerbescheid gegenüber D, in dem es die Steuer unter Berücksichtigung der Einkünfte aus Kapitalvermögen festsetzt.

Räumt das Gesetz den Finanzbehörden bei der Festlegung der Schlussfolgerung mehrere Möglichkeiten ein, handelt es sich um so genannte Ermessensvorschriften (vgl. Rdn. 209 ff.).

50 *(Einstweilen frei)*

2.5 Kontrollfragen

FRAGEN

		Rdn.
1.	Was versteht man unter wirtschaftlicher Betrachtungsweise?	33 f.
2.	Was versteht man unter Gesamthandverhältnissen und welche verfahrensrechtlichen Folgen ergeben sich daraus?	39 f.
3.	Wie wird ein Missbrauch rechtlicher Gestaltungsmöglichkeiten steuerlich behandelt?	44 - 47

DOWNLOAD

Lösungen zu den Kontrollfragen s. online-Version.

KAPITEL 3: AMTSTRÄGER

Kapitel 3: Amtsträger

3.1 Begriff

51 Mit der Sammelbezeichnung **Amtsträger** erfasst die AO alle Personen, die im Rahmen der Besteuerung hoheitsrechtliche Befugnisse ausüben können. Nach der abschließenden Aufzählung in § 7 AO sind dies:

- Alle **Beamten** und Richter ohne Rücksicht auf Art und Inhalt der ausgeübten Tätigkeit (§ 7 Nr. 1 AO). Darunter fallen auch die ehrenamtlichen Richter eines Finanzgerichtes (§ 11 Abs. 1 Nr. 3 StGB).
- Alle Personen, die, ohne Beamte oder Richter zu sein, in einem öffentlich-rechtlichen **Amtsverhältnis** stehen (§ 7 Nr. 2 AO). Auch in diesen Fällen kommt es nicht auf die Art und den Inhalt der ausgeübten Tätigkeit an. Hierunter fallen etwa Abgeordnete der Parlamente, nichtbeamtete Regierungsmitglieder, Notare sowie andere Personen, die zur Wahrnehmung **hoheitlicher Aufgaben bestellt** sind (§ 7 Nr. 3 AO). Hierzu gehören Behörden**angestellte**, die als Sachbearbeiter, Außenprüfer usw. in den Finanzämtern tätig sind.

Der Begriff der Amtsträgerschaft ist in folgenden Fällen von Bedeutung:

- Amtsträger haben das **Steuergeheimnis** zu wahren (§ 30 AO).
- Kommt es infolge einer Amts- oder **Dienstpflichtverletzung** eines Amtsträgers zu Steuerausfällen, so kann dieser nur in Anspruch genommen werden, wenn die Pflichtverletzung mit einer Strafe bedroht ist (§ 32 AO).
- Amtsträger können unter den in §§ 82 ff. AO genannten Voraussetzungen **ausgeschlossen** bzw. **abgelehnt** werden.
- **Selbstanzeige** nach einer Steuerhinterziehung führt nicht zur Straffreiheit, wenn ein Amtsträger zur Ermittlung einer Steuerstraftat oder Steuerordnungswidrigkeit erschienen ist, §§ 370, 371 Abs. 2 Nr. 1c AO (vgl. auch Rdn. 969).

3.2 Ausschließung und Enthaltung von Amtsträgern

52 Es ist denkbar, dass ein Amtsträger bei der Erfüllung der ihm zugewiesenen Aufgaben nicht unbefangen tätig werden kann, weil seine eigenen Interessen betroffen sind oder weil er aus anderen Gründen persönlich berührt wird. Um dort, wo solche Interessenkollisionen auch nur möglich sind, jeden bösen Anschein zu vermeiden, schließt die AO einen Amtsträger in all den Fällen von der Mitwirkung aus, in denen er selbst, seine Angehörigen oder ihm nahe stehende Personen beteiligt sind (§ 82 AO). Darüber hinaus besteht die Möglichkeit, dass ein Amtsträger sich der Ausübung seines Amtes enthält, wenn er aus anderen Gründen besorgt ist, seine Objektivität könne in Zweifel gestellt werden (§ 83 AO).

3.2.1 Ausschließung von Amtsträgern nach § 82 AO

3.2.1.1 Bedeutung der Ausschließung

Der Amtsträger darf an der gesamten Willensbildung für eine Entscheidung nicht beteiligt sein. Er kann also weder den Entwurf des Verwaltungsaktes fertigen noch an etwaigen Beratungen teilnehmen oder den Verwaltungsakt abschließend zeichnen. Eine Ausnahme gilt nur für unaufschiebbare Maßnahmen bei Gefahr in Verzug (§ 82 Abs. 2 AO). Zu beachten ist, dass die Teilnahme einer ausgeschlossenen Person in den Fällen des § 82 Abs. 1 Satz 1 **Nr. 2 – 6** AO nicht die Nichtigkeit des Verwaltungsaktes zur Folge hat (§ 125 Abs. 3 Nr. 2 AO). Auch die Aufhebung eines Verwaltungsaktes **allein** wegen dieses Verfahrensfehlers kommt bei gebundenen Verwaltungsakten nicht in Betracht, § 127 AO (vgl. auch Rdn. 298 f.). 53

3.2.1.2 Einzelfälle

aa) Ausgeschlossen ist, wer **selbst beteiligt** ist (§ 82 Abs. 1 Nr. 1 AO). Der Amtsträger darf nicht in eigener Steuersache tätig werden. Dies gilt auch, wenn er als Haftungsschuldner herangezogen wird. 54

Ein solcher Verwaltungsakt wäre nichtig, da der Fall des § 82 Abs. 1 Nr. 1 AO nicht in § 125 Abs. 3 Nr. 2 AO erwähnt ist.

BEISPIEL: Der Amtsprüfer setzt die Einkommensteuer 01 gegen sich selbst als Steuerschuldner fest.

bb) Ein Amtsträger darf auch nicht in Steuersachen seiner **Angehörigen** mitwirken (§ 82 Abs. 1 Nr. 2 AO). Wer Angehöriger ist, ergibt sich abschließend aus § 15 AO. Es handelt sich um einen Kreis von Verwandten und anderen dem Amtsträger besonders nahestehenden Personen.

BEISPIEL: Ein Amtsprüfer veranlagt seine von ihm geschiedene Ehefrau zur Einkommensteuer.

Da der Amtsprüfer Angehöriger der Adressatin des ESt-Bescheides ist, durfte er nicht tätig werden. Dies gilt auch, wenn die Ehe geschieden ist (§ 15 Abs. 1 Nr. 2, Abs. 2 Nr. 1 AO).

cc) Ebenfalls ausgeschlossen sind Amtsträger, die als gesetzliche **Vertreter** oder durch Rechtsgeschäft Bevollmächtigte eines Beteiligten i. S. d. § 78 AO sind, z. B. als Vorstand eines Vereins, Bürgermeister oder Vormund (§ 82 Abs. 1 Nr. 3 AO).

dd) Nicht mitwirken darf der Angehörige (§ 15 AO) einer Person, die für einen Beteiligten (§ 78 AO) in diesem Verfahren **Steuerhilfe** leistet (§ 82 Abs. 1 Nr. 4 AO). Das Vertrauen in die Objektivität der Steuerverwaltung wäre erschüttert, wenn etwa in einem Einspruchsverfahren der zuständige Amtsträger und der Steuerberater als Vertreter des Einspruchsführers nahe Angehörige sind.

ee) Ebenso sind **Angestellte**, Beamte und Aufsichtsratsmitglieder der Beteiligten ausgeschlossen (§ 82 Abs. 1 Nr. 5 AO).

ff) Ausgeschlossen ist schließlich, wer außerhalb seiner amtlichen Eigenschaft etwa ein privates Gutachten abgegeben hat. Auch hier bestünde Gefahr, dass der Amtsträger im Besteuerungsverfahren nicht mehr objektiv ist (§ 82 Abs. 1 Nr. 6 AO).

3.2.1.3 Enthaltung wegen Befangenheit

55 Wenn aus anderen als den in § 82 AO genannten Gründen ein Misstrauen gegen die Unbefangenheit des Amtsträgers gerechtfertigt ist, hat sich dieser unter den besonderen Voraussetzungen des § 83 AO der Mitwirkung zu enthalten. Eine Enthaltung kommt nicht nur dann in Betracht, wenn der Amtsträger tatsächlich befangen ist oder sich für befangen hält, sondern bereits dann, wenn ein vernünftiger Grund vorliegt, der einen Beteiligten befürchten lässt, dass in seinem Falle nicht objektiv entschieden wird.

BEISPIELE:

1. Die Ehefrau eines Außenprüfers hat eine Handelsvertretung für Nähmaschinen. Der Außenprüfer soll ein Unternehmen der gleichen Branche prüfen.

   Er wird sich enthalten, um den Anschein der Befangenheit zu vermeiden.

2. Der Sachbearbeiter einer Rechtsbehelfsstelle führt gegen einen Einspruchsführer seit Jahren einen Zivilprozess.

   Der Sachbearbeiter ist befangen und wird im Rahmen der Einspruchsentscheidung nicht tätig werden.

56 Die Entscheidung über die Mitwirkung eines Amtsträgers trifft der Behördenleiter bzw. dessen Beauftragter, gegebenenfalls auch die Aufsichtsbehörde. § 83 AO räumt dem Beteiligten kein eigenes, förmlich mit Rechtsbehelfen durchsetzbares Ablehnungsrecht ein, da es die Gefahr der missbräuchlichen Verschleppung eines Verwaltungsverfahrens mit sich brächte (ständige Rechtsprechung, z. B. BFH v. 29.5.2012 IV B 70/11 (NV), BFH/NV 2012 S. 1412). Allerdings hat der Beteiligte die Möglichkeit, einen Verstoß gegen § 83 AO durch Anfechtung des durch den befangenen Amtsträger erlassenen Verwaltungsaktes überprüfen zu lassen. Bei gebundenen Verwaltungsakten gilt allerdings § 127 AO.

3.3 Das Steuergeheimnis

Schaubild 3

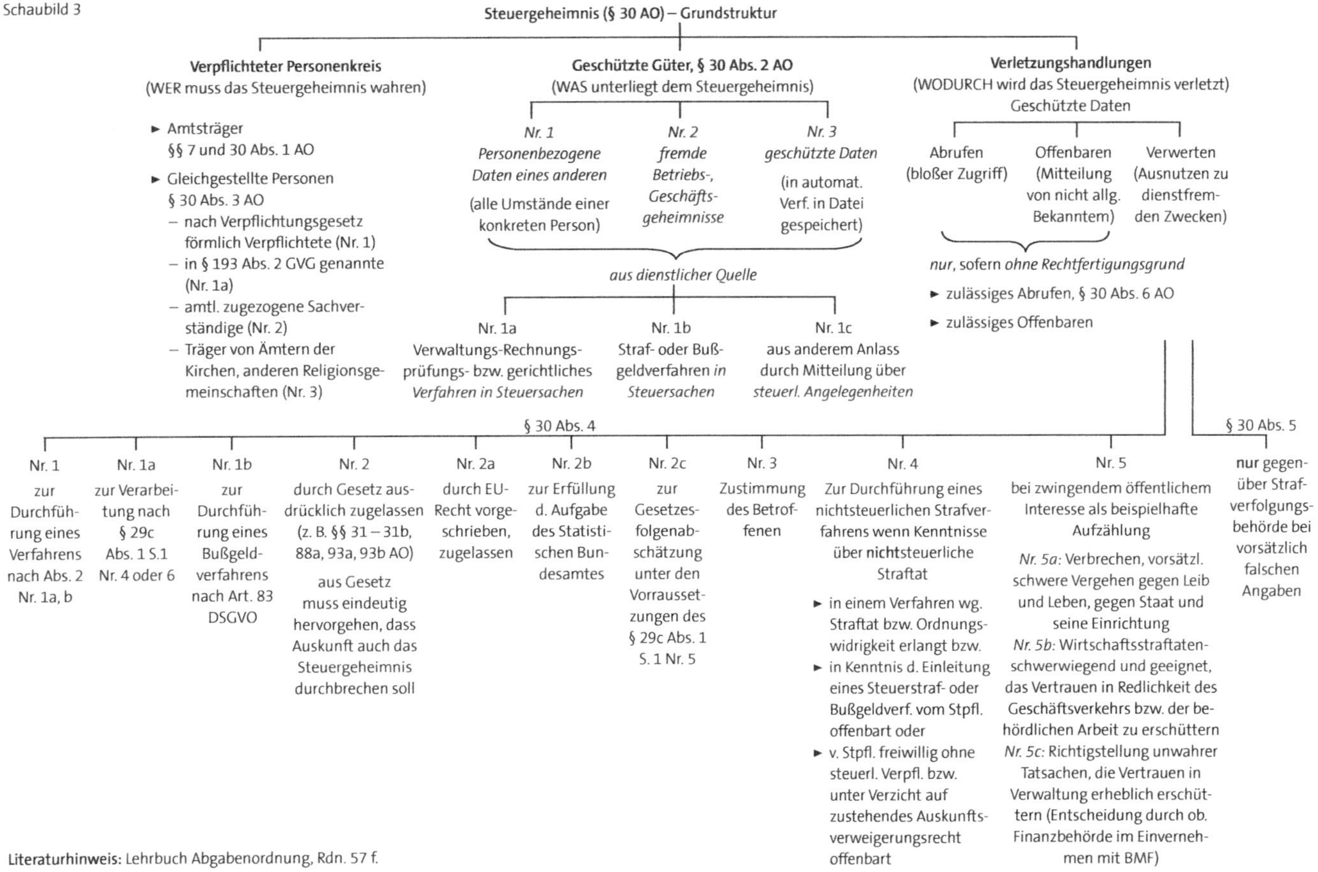

Literaturhinweis: Lehrbuch Abgabenordnung, Rdn. 57 f.

3.3.1 Begriff

57 Im Besteuerungsverfahren muss der Steuerpflichtige den Finanzbehörden über seine wirtschaftlichen, persönlichen und sozialen Verhältnisse vollständige und wahrheitsgemäße Angaben machen, auch wenn er gesetz- oder sittenwidrig gehandelt hat. Entscheidend ist nur, ob das Verhalten den Tatbestand eines Steuergesetzes erfüllt (vgl. § 40 AO, Rdn. 41). Wegen der umfassenden Offenbarungspflicht zur Feststellung des für die Steuerfestsetzung erheblichen Sachverhalts garantiert das Steuergeheimnis dem Steuerpflichtigen, dass diese Tatsachen den Bereich des mit der Sache befassten Amtsträgers nicht verlassen.

Zweck des Steuergeheimnisses ist es, „durch den besonderen Schutz des Vertrauens in die Amtsverschwiegenheit die Bereitschaft zur Offenlegung der steuerlich relevanten Sachverhalte zu fördern, um so das Steuerverfahren zu erleichtern, die Steuerquellen vollständig zu erfassen und eine gesetzmäßige und gleichmäßige Besteuerung sicherzustellen" (BVerfG v. 17.7.1984 2 BvE 11, 15/83, BVerfGE 67,100).

3.3.2 Verpflichteter Personenkreis

58 Zur Wahrung des Steuergeheimnisses verpflichtet sind:

a) **Amtsträger** nach §§ 30 Abs. 1; 7 AO (vgl. Rdn. 51).

b) den **Amtsträgern gleichgestellt**e Personen gemäß § 30 Abs. 3 AO, nämlich:

- **gem. Nr. 1 die für den öffentlichen Dienst besonders Verpflichteten** (§ 11 Abs. 1 Nr. 4 StGB), d. h. Personen, die ohne Amtsträger zu sein, bei einer Behörde beschäftigt und auf die gewissenhafte Erfüllung ihrer Obliegenheit aufgrund eines Gesetzes förmlich verpflichtet sind (§ 1 Verpflichtungsgesetz);

BEISPIEL: Hausmeister, Kraftfahrer, Reinigungskräfte, Schreibkräfte usw.

- **gem. Nr. 1a die in § 193 Abs. 2 des Gerichtsverfassungsgesetztes genannten Personen**;

BEISPIEL: Ausländische Berufsrichter, Staatsanwälte und Anwälte, die einem Gericht zur Ableistung eines Studienaufenthaltes zugewiesen worden sind u. a.

- **gem. Nr. 2 amtlich zugezogene Sachverständige,** sofern sie von einer Finanzbehörde, einem Finanz- oder Strafgericht bzw. von der Staatsanwaltschaft zugezogen wurden;

- **gem. Nr. 3 Träger von Ämtern der Kirchen und anderen öffentlich-rechtlichen Religionsgemeinschaften** (vgl. Rdn. 5).

3.3.3 Gegenstand des Steuergeheimnisses

§ 30 Abs. 2 AO beschreibt, was dem Schutz des Steuergeheimnisses unterliegt. Erfasst 59 werden nur aus dienstlicher Quelle stammende personenbezogene Daten, Geschäftsgeheimnisse und geschützte Daten.

3.3.3.1 Dienstliche Kenntniserlangung

Dem Steuergeheimnis unterliegt nur, was dem Amtsträger **in Ausübung seiner Tätigkeit**, beschrieben in § 30 Abs. 2 Nr. 1a–c AO bekannt geworden ist. Alles, was der verpflichtete Personenkreis außerhalb eines Verwaltungs-, Straf- oder Bußgeldverfahrens in Steuersachen bzw. durch Verwaltungsmitteilung erfährt, unterliegt nicht dem Schutz des Steuergeheimnisses. 60

BEISPIEL: Kenntnisse aus privater Quelle durch Bekannte, Verwandte etc. oder von Kollegen außerhalb des Verwaltungsverfahrens, wie Arbeitsweg, Mittagspause, private Verabredung.

Dennoch wird der Amtsträger auch in diesen Fällen mit der Weitergabe seiner Informationen zurückhaltend sein, um jeden Anschein einer Verletzung des § 30 AO zu vermeiden.

Die Verpflichtung des Amtsträgers sowie der gleichgestellten Personen reicht über ihre Amtszeit hinaus. So können auch in den Ruhestand versetzte Beamte oder aus der Verwaltung ausgeschiedene Angestellte das Steuergeheimnis verletzen.

3.3.3.2 Personenbezogene Daten

Hierunter fallen die gesamten wirtschaftlichen, rechtlichen, öffentlichen und privaten 61 Verhältnisse einer natürlichen oder juristischen Person. Umfasst ist das Verwaltungsverfahren selbst, die Art der Beteiligung daran und Maßnahmen, die der Beteiligte trifft. Geschützt sind die Daten des Steuerpflichtigen, aber auch die Daten **anderer Personen**, etwa derjenigen, die Auskunft zu erteilen haben (§ 93 AO) oder die den Finanzbehörden freiwillig Tatsachen über Steuerpflichtige mitteilen (sog. Anzeigeerstatter).

Für die Zuordnung zum geschützten Personenkreis ist es unerheblich, ob Personen in einem Verfahren auskunftspflichtig sind oder ihre Angaben ohne rechtliche Verpflichtung abgegeben haben. Die Finanzbehörde erhält häufig nur durch Hinweise von Privatpersonen Kenntnis über steuerlich relevante Sachverhalte anderer Personen. Falls die Informanten Gefahr liefen, dass Name und Inhalt ihrer Mitteilung bekannt werden, ließe die Bereitschaft zur Informationserteilung höchstwahrscheinlich erheblich nach. Dabei sind im Einzelfall das allgemeine Persönlichkeitsrecht des Steuerpflichtigen – wie auch das des Informanten – gegen den Zweck des Steuergeheimnisses – die möglichst vollständige Erschließung der Steuerquellen – abzuwägen; dieser Zweck kann es auch erfordern, die Auskunftsbereitschaft Dritter zu erhalten. In der Abwägung des Einzelfalles bedeutet dies, dass dem Informantenschutz dann ein höheres Gewicht als dem Persönlichkeitsrecht des Steuerpflichtigen zukommt, wenn sich die vertraulich mitgeteilten Informationen im Wesentlichen als zutreffend erweisen und zu Steuernachforderungen führen (vgl. BFH v. 7.12.2006, V B 163/05, BStBl II 2007, 275 m. w. N. sowie BMF v. 12.1.2018, Tz. 13, BStBl I 2018, 175).

Die eigenen Verhältnisse sind vom Schutz des Steuergeheimnisses grundsätzlich nicht erfasst.

BEISPIEL: Ein Stpfl. begehrt Einsicht in seine eigenen Akten.

Das Steuergeheimnis dient dem Schutz des Stpfl., es kann nicht **gegen** ihn angewendet werden.

62 *(Einstweilen frei)*

3.3.3.3 Fremde Betriebs- und Geschäftsgeheimnisse

63 Hierbei handelt es sich um Patente, Erfindungen, Rezepte, die Beschaffenheit von Waren, Bezugsquellen, Kundenlisten usw.

3.3.3.4 Geschützte Daten

64 Es werden nur in einem automationsgestützten Dateisystem gespeicherte Daten erfasst.

3.3.4 Verletzung des Steuergeheimnisses

65
- durch Verwerten
  der personenbezogenen Daten, Geschäftsgeheimnisse oder geschützten Daten, d. h. das Ausnutzen der steuerlichen Geheimnisse zu dienstfremden, eigenen Zwecken oder zum Vorteil Dritter. Eine **dienstliche Verwertung** ist von vorneherein nicht unbefugt, eine nicht dienstliche dagegen immer;

BEISPIEL: Ein Außenprüfer lernt bei seiner Tätigkeit ein besonders günstiges, vom Unternehmer geheim gehaltenes, Herstellungsverfahren kennen. Er scheidet aus der Verwaltung aus, gründet einen eigenen Betrieb und benutzt dieses Verfahren im eigenen wirtschaftlichen Interesse.

- durch Offenbaren oder Abrufen ohne Rechtfertigungsgrund;
  nur das **unbefugte** Offenbaren von Geschäftsgeheimnissen oder personenbezogenen Daten anderer bzw. der **unbefugte** Abruf geschützter Daten verletzt das Steuergeheimnis. Befugt ist der Amtsträger, wenn sein Verhalten nach § 30 Abs. 4–6 AO gerechtfertigt ist.

BEISPIEL: Ein Steuerbeamter ruft die ESt-Daten seines Nachbarn ab, um zu erfahren, ob er tatsächlich Unterhaltsverpflichtungen gegenüber einer nichtehelichen Tochter hat.

Hier liegt ein Verstoß gegen § 30 Abs. 2 Nr. 3 AO vor, da der Beamte hierzu nicht befugt war.

3.3.5 Die befugte Offenbarung

Die Zulässigkeit der Offenbarung ist in § 30 Abs. 4 und 5 AO abschließend geregelt. Die Behörde hat bei Vorliegen der Voraussetzungen das Recht, aber nicht die Pflicht zur Offenbarung. 66

In folgenden Fällen kann die Behörde ohne Verletzung des Steuergeheimnisses Verhältnisse anderer oder Geschäftsgeheimnisse offenbaren oder geschützte Daten abrufen:

3.3.5.1 Durchführung der Besteuerung (§ 30 Abs. 4 Nr. 1 AO)

Das Steuergeheimnis soll nicht steuerliche Ermittlungs-, Bußgeld- oder Strafverfahren in Steuersachen verhindern. 67

BEISPIEL: Anlässlich einer Außenprüfung bei einem Kaufmann wird festgestellt, dass der Kaufmann an einen Geschäftsfreund für ein Darlehen Zinsen gezahlt hat.

Das FA kann dem für den Geschäftsfreund zuständigen FA ohne Verletzung des Steuergeheimnisses eine Kontrollmitteilung (§ 194 Abs. 3 AO) über die gezahlten Zinsen übersenden.

3.3.5.2 Gesetzliche Zulässigkeit der Offenbarung (§ 30 Abs. 4 Nr. 2 AO)

Die Zulässigkeit zur Offenbarung kann sich aus der Abgabenordnung oder einem sonstigen Gesetz ergeben. 68

Eine Zusammenstellung der außersteuerlichen Vorschriften findet sich im AEAO zu § 30 Nr. 7.

BEISPIELE FÜR STEUERLICHE VORSCHRIFTEN:

1. § 31 Abs. 1 AO berechtigt die Finanzämter, den Gemeinden die Steuermessbeträge mitzuteilen.
2. § 386 Abs. 4 AO berechtigt die Finanzbehörde, eine Steuerstrafsache an die Staatsanwaltschaft abzugeben.
3. § 4 Abs. 5 Nr. 10 Satz 3 EStG gestattet den Finanzbehörden bei Anfangsverdacht einer Straftat oder Ordnungswidrigkeit Mitteilung von Tatsachen an die Staatsanwaltschaft. Liegen zureichende tatsächliche Anhaltspunkte für eine entsprechende Tat vor, leitet die Finanzbehörde ohne eigene Prüfung, ob eine strafrechtliche Verurteilung in Betracht kommt, die erlangten Kenntnisse an die Strafverfolgungsbehörden weiter. Sie ist nicht verpflichtet eine eventuell eingetretene Strafverfolgungsverjährung bzw. Verwertungs- oder Verwendungsverbote selbst zu prüfen (BFH vom 14.7.2008 VII B 92/08, BStBl II 2008, 850).

3.3.5.3 Zustimmung des Betroffenen (§ 30 Abs. 4 Nr. 3 AO)

Die Zustimmung ist zwar formlos möglich, sollte aber aus Beweissicherungsgründen immer vom Geschützten schriftlich eingeholt werden. 69

BEISPIEL:

1. Ein Kaufmann veräußert sein Unternehmen und gestattet dem Erwerber, sich beim FA über die wirtschaftliche Situation des Unternehmens zu erkundigen.

2. Ein Student benötigt zur Erlangung eines Stipendiums eine Bescheinigung über seine Einkünfte und sein Vermögen.

In beiden Fällen ist die Offenbarung gerechtfertigt.

3.3.5.4 Offenbarung zur Durchführung eines nichtsteuerlichen Strafverfahrens (§ 30 Abs. 4 Nr. 4 AO)

70 Die **Offenbarung** von Verhältnissen **zur Durchführung eines Steuerstrafverfahrens** richtet sich nach § 30 Abs. 4 Nr. 1 AO. Die Offenbarung von Verhältnissen **zur Durchführung anderer Strafverfahren** bemisst sich dagegen nach § 30 Abs. 4 Nr. 4 AO. Danach ist das Finanzamt befugt, Kenntnisse, die es in einem Steuerstrafverfahren oder in einem Bußgeldverfahren wegen einer Steuerordnungswidrigkeit erworben hat, den Strafverfolgungsbehörden mitzuteilen. Dies gilt allerdings nicht, wenn der Steuerpflichtige **in Unkenntnis der Einleitung** des Strafverfahrens oder Bußgeldverfahrens (vgl. hierzu Rdn. 1002 f.) die strafrechtserheblichen Tatsachen offenbart hat (§ 30 Abs. 4 Nr. 4a AO). Eine Mitteilung an andere Behörden zur Durchführung eines Bußgeldverfahrens gestattet diese Vorschrift nicht.

BEISPIEL: Gegen einen Kaufmann wird im Jahre 05 ein Strafverfahren wegen Umsatzsteuerhinterziehung (§ 370 AO), begangen im Kalenderjahr 02, eingeleitet. Dies wird dem Kaufmann nicht mitgeteilt (§ 397 AO). Kurz darauf offenbart der Kaufmann der Strafsachenstelle des FA Tatsachen, aus denen hervorgeht, dass er im Jahre 02 mehrere Geschäftsfreunde betrogen hat (§ 263 StGB).

Die Mitteilungen des Stpfl. erfolgten in Unkenntnis des eingeleiteten Steuerstrafverfahrens; eine Weiterleitung der betrugserheblichen Tatsachen an die Strafverfolgungsbehörden wäre eine Verletzung des Steuergeheimnisses (§ 30 Abs. 4 Nr. 4a 2. Halbsatz AO).

Variante 1: Dem Kaufmann war die Einleitung des Strafverfahrens bekannt und er wurde über sein Aussageverweigerungsrecht gem. §§ 385 Abs. 1 AO, 136 Abs. 1 StPO belehrt.

Der Kaufmann war nicht verpflichtet, in dem Strafverfahren, worüber er ordnungsgemäß belehrt wurde, mitzuwirken. Wenn er dennoch die betrugserheblichen Tatsachen offenbart, steht § 30 Abs. 4 Nr. 4a AO einer Weiterleitung dieser Tatsachen an die Strafverfolgungsbehörden nicht im Weg.

Variante 2: Die betrugserheblichen Tatsachen wurden ohne Mitwirkung des Steuerpflichtigen bei einer Fahndungsprüfung (§ 208 AO) ermittelt.

Die betrugserheblichen Tatsachen können ohne Verletzung des Steuergeheimnisses an die Strafverfolgungsbehörden weitergeleitet werden, gleichgültig ob die Einleitung des Steuerstrafverfahrens dem Kaufmann bekannt war oder nicht. **Er hat die Tatsachen nicht offenbart,** so dass § 30 Abs. 4 Nr. 4a 2. Halbsatz AO nicht in Betracht kommt.

Variante 3: Dem Kaufmann wurde die Einleitung des Strafverfahrens im Juli 05 bekannt gegeben. Bereits im Januar 05 waren die betrugserheblichen Tatsachen ermittelt worden.

Diese Tatsachen sind nicht in einem Steuerstrafverfahren, sondern vorher bekannt geworden. Das Steuergeheimnis muss gewahrt werden (§ 30 Abs. 4 Nr. 4a 2. Halbsatz AO).

Soweit entgegen § 30 Abs. 4 Nr. 4a Halbsatz 2 AO Tatsachen und Beweismittel an die Staatsanwaltschaft weitergeleitet worden sind, dürfen diese in einem Strafverfahren nicht verwertet werden (§ 393 Abs. 2 AO). In einem Verfahren gemäß § 30 Abs. 2 AO erworbene Kenntnisse dürfen auch dann an Strafverfolgungsbehörden weitergeleitet werden, wenn sie ohne steuerliche Verpflichtung bzw. unter Verzicht auf ein Auskunftsverweigerungsrecht bekannt geworden sind (§ 30 Abs. 4 Nr. 4b AO). Dies ist der

Fall, wenn etwa eine dritte Person, ohne vom Finanzamt dazu aufgefordert worden zu sein (§ 93 AO), strafrechtserhebliche Tatsachen bekannt gibt oder ein Angehöriger (§ 15 AO) eines Steuerpflichtigen unter Verzicht auf sein ihm bekanntes Auskunftsverweigerungsrecht (§ 101 AO) solche Tatsachen mitteilt.

Vorsätzlich falsche Angaben eines Betroffenen dürfen **den Strafverfolgungsbehörden** gegenüber nach **§ 30 Abs. 5 AO** offenbart werden.

BEISPIEL: Nachdem ein Kaufmann einen Angestellten entlassen hat, bezichtigt dieser zu Unrecht den Kaufmann beim FA der Steuerhinterziehung (§ 370 AO) sowie des Betruges (§ 263 StGB), um sich für seine Entlassung zu rächen.

In Fällen einer falschen Anschuldigung (§ 165 StGB) verdient die Persönlichkeit des Verdächtigten Schutz. Grundsätzlich **kann** das Finanzamt daher die Strafverfolgungsbehörde unterrichten.

Wenn der Anzeigeerstatter nach Auffassung des Finanzamtes durch vorsätzlich falsche Angaben Straftatbestände (wie z. B. falsche Verdächtigung nach § 165 StGB) verwirklicht hat, verdichtet sich im Hinblick auf den Persönlichkeitsschutz des Verdächtigten das Recht sogar in eine **Pflicht** zur Unterrichtung der Strafverfolgungsbehörde.

Erstattet der Kaufmann bei der zuständigen Staatsanwaltschaft Anzeige wegen falscher Verdächtigung gegen Unbekannt, **muss** das FA im Falle eines Auskunftsersuchens der Strafverfolgungsbehörde nach § 161 StPO Auskunft über den Anzeigeerstatter erteilen, wenn es der Ansicht ist, es liegen vorsätzlich falsche Angaben vor (vgl. auch AEAO zu § 30 Nr. 13.5).

3.3.5.5 Offenbarung aus zwingendem öffentlichen Interesse (§ 30 Abs. 4 Nr. 5 AO)

Ein zwingendes öffentliches Interesse liegt vor, wenn der **Allgemeinheit** – nicht einem 71
Einzelnen – schwerer Schaden zustieße, sofern die Finanzbehörde nicht ihre im Besteuerungsverfahren erlangten Kenntnisse verwertet. Diese Fälle sind in der Praxis selten, da die Rechtsordnung das Interesse an der Bestrafung kleiner Rechtsbrecher grundsätzlich hinter das Steuergeheimnis zurückstellt.

Das Gesetz nennt – nicht abschließend – drei Fallgruppen:

3.3.5.5.1 Verbrechen und schwere Vergehen gegen hochwertige Rechtsgüter (§ 30 Abs. 4 Nr. 5a AO)

Hierunter fallen insbesondere Vergehen und Verbrechen, die nach § 138 StGB ange- 72
zeigt werden müssen, z. B. Mord (§ 211 StGB), Totschlag (§ 212 StGB), Raub und räuberische Erpressung (§ 249 ff. StGB), Geldfälschung (§ 146 StGB), Hochverrat und Landesverrat (§ 81 ff. StGB). Aber auch andere schwerwiegende Vergehen gegen die in dieser Vorschrift genannten Schutzgüter werden erfasst.

3.3.5.5.2 Wirtschaftsstraftaten (§ 30 Abs. 4 Nr. 5b AO)

Diese müssen aufgrund ihrer Begehungsweise und des Umfangs des verursachten 73
Schadens geeignet sein, die wirtschaftliche Ordnung **erheblich** zu stören bzw. das Vertrauen der Allgemeinheit in die ordnungsmäßige Arbeit der Behörden und öffentlichen

Einrichtungen **schwer zu erschüttern**. Vorstellbar wäre dies etwa bei umfangreichen Korruptionsfällen oder Subventionsbetrug in besonders schwerem Ausmaß.

3.3.5.5.3 Offenbarung zur Richtigstellung in der Öffentlichkeit verbreiteter unwahrer Tatsachen (§ 30 Abs. 4 Nr. 5c AO)

74 Eine Offenbarung im Sinne dieser Vorschrift kommt nur in Ausnahmefällen in Betracht. Sie werden von den obersten Finanzbehörden entschieden.

75 Zu weiteren Fällen, in denen ein zwingendes öffentliches Interesse vorliegt vgl. AEAO zu § 30 Nr. 11.3 – 11.13.

3.3.6 Folgen der Verletzung des Steuergeheimnisses

76 Die Verletzung des Steuergeheimnisses kann mit Geld- oder Freiheitsstrafe **bestraft** werden (§ 355 StGB). Sie wird nur auf Antrag des Dienstvorgesetzten oder Verletzten verfolgt. Daneben wird die Verletzung **disziplinarrechtlich geahndet**.

Schließlich kommt eine **Schadensersatzpflicht** in Betracht, wenn die Verletzung des Steuergeheimnisses einen Schaden verursacht hat. Anspruchsgrundlage sind in diesen Fällen in erster Linie § 839 BGB, Art. 34 GG.

LITERATURHINWEIS

Fallsammlung Abgabenordnung, Fall 3 und 4

77–80 *(Einstweilen frei)*

3.4 Kontrollfragen

FRAGEN

		Rdn.
1.	Wer ist Amtsträger und wer ist den Amtsträgern gleichgestellt?	51, 58
2.	Wo ist der Begriff des Amtsträgers von Bedeutung?	51
3.	Was wird durch das Steuergeheimnis geschützt?	59 - 64
4.	Wer hat das Steuergeheimnis zu wahren?	58
5.	Wie müssen die durch das Steuergeheimnis geschützten Kenntnisse erlangt sein?	60
6.	Was versteht die AO in § 30 Abs. 2 Nr. 1 unter „personenbezogene Daten eines anderen"?	61 f.
7.	Wodurch wird das Steuergeheimnis *verletzt*?	65

8. Der pensionierte Oberamtsrat Müller plaudert mit seinem Nachbarn, Steuerberater Seibl, über seine ehemalige Tätigkeit als Außenprüfer im Finanzamt Weilheim und gibt dabei Einzelheiten zur Betriebsstruktur der von ihm geprüften Kerr-OHG bekannt. Seibl erzählt davon seiner Tochter Ines Seibl, die im Finanzamt Weilheim als Schreibkraft beschäftigt ist. Sind die beschriebenen Personen verpflichtet, das Steuergeheimnis zu wahren? 57 ff.

9. Friseurmeister Schnitt vermutet, dass die Lohnsteuerprüfung seines Betriebes aufgrund von Informationen eines seiner Konkurrenten über die bei ihm beschäftigten Personen erfolgt ist. Er verlangt vom Finanzamt den Namen des „Denunzianten". Unterliegt der Name des Informanten dem Steuergeheimnis? 59 - 64

10. Kaufmann Alt will das Einzelunternehmen des Kaufmannes Jung erwerben. Um sicherzugehen, dass er nicht wegen rückständiger betrieblicher Steuern des Unternehmens Jung in Anspruch genommen werden kann, bittet er den für Jung zuständigen Beamten des Finanzamtes um entsprechende Auskunft. Darf der Beamte eine entsprechende Auskunft geben? 62, 66 ff.

11. Während der Schlussbesprechung nach einer Außenprüfung bei der Au und Bach OHG weist der Außenprüfer Miller im Beisein des Gesellschafters Au darauf hin, dass Bach mit einem geänderten Einkommensteuerbescheid rechnen müsse. Es liege dem Finanzamt Kontrollmaterial aus der Durchsuchung einer Filiale der Stadtsparkasse München vor, wonach Bach die Einkünfte aus Kapitalvermögen nicht vollständig erklärt habe. Hat der Finanzbeamte Miller das Steuergeheimnis verletzt? 58 - 65, 67

12. Die Verwaltungsangestellte Schwarz ist Sachbearbeiterin der Veranlagungsstelle eines Finanzamtes. Da sie weiß, dass ihr Kollege Steueramtmann Roth für die Veranlagung eines von ihr verehrten Schauspielers zuständig ist, fragt sie dessen dienstlich gespeicherte Daten aus persönlichem Interesse in der Mittagspause ihres Kollegen ab. Roth hatte seinen PC versehentlich nicht gesperrt und sein Dienstzimmer nicht abgeschlossen. Haben Schwarz und Roth das Steuergeheimnis verletzt? 57 ff.

DOWNLOAD

Lösungen zu den Kontrollfragen s. online-Version.

KAPITEL 4: ZUSTÄNDIGKEIT

Kapitel 4: Zuständigkeit

4.1 Begriff

81 Unter Zuständigkeit versteht man das Recht und die Pflicht einer bestimmten Behörde, genau umrissene Aufgaben zu erledigen. Die Zuständigkeit ist auf die verschiedenen Behörden unter sachlichen und räumlichen (örtlichen) Gesichtspunkten aufgeteilt.

Zuständig im Sinne des Gesetzes ist die Behörde (z. B. das Finanzamt Würzburg), nicht ein bestimmtes Arbeitsgebiet innerhalb der Behörde (z. B. die Grunderwerbsteuerstelle) oder ein bestimmter Beamter, dem durch den Geschäftsverteilungsplan ein behördeninterner „Tätigkeitsbereich" zugewiesen ist. Der Geschäftsverteilungsplan dient nur der innerdienstlichen Arbeitsteilung. Nach außen ergeht jeder Verwaltungsakt als Willenserklärung der Behörde, vertreten durch deren Leiter.

BEISPIEL: Wenn der Sachgebietsleiter der Bußgeld -und Strafsachenstelle im zuständigen Finanzamt Grunderwerbsteuer stundet oder ein Bearbeiter entgegen dem Zeichnungsrecht ohne Mitwirkung des Sachgebietsleiters Regelungen trifft, sind diese Verwaltungsakte nicht mit einem sachlichen Zuständigkeitsmangel behaftet.

4.2 Sachliche Zuständigkeit

4.2.1 Begriff und Regelung

82 Durch die sachliche Zuständigkeit wird der Tätigkeitsbereich einer bestimmten Behörde „der Sache nach" abgegrenzt. Die Abgrenzung erfolgt durch das Grundgesetz und die Landesverfassung. Den einzelnen Verwaltungszweigen werden bestimmte Aufgaben zugewiesen.

BEISPIEL: Den Gesundheitsbehörden obliegt die Vorsorge vor Krankheiten und deren Bekämpfung.

Aufgabe der Arbeitsverwaltung ist die Arbeitsvermittlung.

Die Verkehrsverwaltung ordnet und sichert den Verkehr auf dem Lande, dem Wasser und in der Luft.

Die sachliche Zuständigkeit der Finanzbehörden richtet sich nach dem Finanzverwaltungsgesetz, das durch Bestimmungen der AO ergänzt wird (§ 16 AO). Die Bundesfinanzbehörden (§ 1 FVG) und die Landesfinanzbehörden (§ 2 FVG) haben vor allem die Aufgabe, die Steuern festzusetzen und einzuziehen (vgl. Art. 108 GG; §§ 4, 5, 8, 8a, 17 FVG).

In den Bereich der sachlichen Zuständigkeit gehört auch die Abgrenzung des Tätigkeitsbereiches der Steuergerichte (vgl. §§ 35, 36 FGO). Die Finanzgerichte und der BFH sind keine Behörden der Finanzverwaltung, sondern selbständige Organe der rechtsprechenden Gewalt (vgl. Art. 20 Abs. 3, Art. 92, 95, 97 GG).

Innerhalb eines Verwaltungszweiges werden die Aufgaben auf verschiedene Instanzen verteilt. Man nennt diese Aufgabenwahrnehmung durch Unter-, Mittel- und Oberbehörden „funktionelle Zuständigkeit".

BEISPIEL: Die Finanzämter verwalten die Steuern mit Ausnahme der Kraftfahrzeugsteuer, der sonstigen auf motorisierte Verkehrsmittel bezogenen Verkehrsteuern, der Zölle und der Verbrauchsteuern (§ 17 Abs. 2 FVG).

Die Oberfinanzdirektion (OFD; in Bayern: Landesamt für Steuern) leitet in der Regel die Finanzverwaltung eines (Bundes-) Landes als Mittelbehörde (§ 8a Abs. 1 FVG, § 2 Nr. 3 FVG).

Zu beachten ist, dass die Landesregierung zum Zwecke der Zentralisierung bestimmter Aufgaben durch Rechtsverordnung die sachliche Zuständigkeit einzelner Finanzämter beschränken und Aufgaben auf andere Finanzämter übertragen kann (vgl. § 17 Abs. 2 Satz 3 FVG). Dies geschah insbesondere in der Regel bei der Erbschaftsteuer, der Körperschaftsteuer, der Finanzkasse, der Grunderwerbsteuer, der Betriebsprüfung und der Steuerfahndung.

4.2.2 Die Rechtsfolgen der sachlichen Unzuständigkeit

4.2.2.1 Absolute Unzuständigkeit

Wird statt einer Finanzbehörde eine Behörde eines anderen Verwaltungszweiges tätig, 83
ist deren Verwaltungsakt wegen eines besonders schweren und offenkundigen Fehlers nichtig (§ 125 Abs. 1 AO) und damit unwirksam (§ 124 Abs. 3 AO). Rechtsfolgen treten nicht ein, jedoch kann der Rechtsschein eines unwirksamen Verwaltungsaktes jederzeit beseitigt werden (§§ 125 Abs. 5 AO, 41 Abs. 1 FGO).

BEISPIEL: Der vom Forstamt oder der von der Gemeinde erlassene Einkommensteuerbescheid sind als Verwaltungsakte nichtig und damit unwirksam.

4.2.2.2 Sonstige Fälle der sachlichen Unzuständigkeit

In den anderen Fällen wird der Erlass eines Verwaltungsaktes durch eine sachlich oder 84
funktionell unzuständige Behörde nicht stets als unerträgliche Rechtsverletzung anzusehen sein (BFH v. 23.4.1986 I R 178/82, BStBl II 1986, 880 und v. 30.11.1987 VIII B 3/87, 1988, 183). Soweit sich der Verwaltungsakt nicht als nichtig erweist, ist er rechtswidrig und angreifbar. Ein solcher Verfahrensfehler ist stets beachtlich und kann auch nicht geheilt werden (§§ 126, 127 AO).

Der Betroffene kann die Unzuständigkeit mit dem Einspruch rügen (§ 347 Abs. 1 Nr. 1 AO) und die zuständige Behörde muss den fehlerhaften Verwaltungsakt durch einen rechtmäßigen ersetzen (§ 367 AO). Nach Ablauf der Einspruchsfrist kann der Steuerpflichtige durch einen Korrekturantrag die Rücknahme nach § 130 Abs. 1 bzw. Abs. 2 Nr. 1 AO (vgl. Rdn. 318) bzw. die Aufhebung oder Änderung nach § 172 Abs. 1 Nr. 2b AO (vgl. Rdn. 348 f.) durch die sachlich zuständige Behörde erreichen.

BEISPIELE:

1. Aufgrund einer Rechtsverordnung wird die Zuständigkeit für Körperschaften im Regierungsbezirk O auf das Finanzamt R übertragen. Eine Aktiengesellschaft mit Geschäftsleitung im Regierungsbezirk O erhält noch einen KSt-Bescheid vom FA W.

   Der fehlerhafte KSt-Bescheid wurde mit ordnungsgemäßer Bekanntgabe wirksam; er ist nicht nichtig.

2. Eine OFD erlässt eine Prüfungsanordnung (§ 196 AO).

   Hierfür sind die Finanzämter zuständig (§§ 195 AO, 17 Abs. 2 FVG). Die Prüfungsanordnung ist fehlerhaft, aber nicht nichtig und unwirksam.

3. Ein FA erlässt nach § 227 AO die auf 250 000 € festgesetzte Einkommensteuer 01 in Höhe von 50 000 €, ohne die in einem BMF-Schreiben vorgeschriebene Mitwirkung der OFD.

   Trotz der durch Verwaltungsanweisung angeordneten Mitwirkung von Mittel- bzw. Oberbehörden ist das Finanzamt für den Erlass sachlich zuständig (§ 17 Abs. 2 Satz 1 (FVG) und dieser damit rechtmäßig.

4.3 Örtliche Zuständigkeit

Schaubild 4

Örtliche Zuständigkeit der Finanzämter
(§§ 17 – 29 AO)

Steuern vom Einkommen

Einkommensteuer
§ 19 AO

Abs. 1 i. V. m. §§ 8, 9 AO
„Wohnsitz" FA bzw. bei Stpfl. nach §§ 1, 1a Abs. 2 EStG: FA im Bezirk der zahlenden Kasse

Abs. 2
nach Belegenheit des Vermögens bzw. Ausübung, Verwertung der Tätigkeit

(Abs. 3 – 5, wenn zum Bereich einer Wohnsitz-Gemeinde mehrere FÄ gehören)

Körperschaftsteuer
§ 20 AO

Abs. 1 i. V. m. § 10 AO
FA der Geschäftsleitung

Abs. 2 i. V. m. § 11 AO
FA des Sitzes

Abs. 3
Belegenheit des Vermögens

Abs. 4
Ausübung, Verwertung Tätigkeit

Sonderregelung § 20a
für Steuern vom Einkommen auf Bauleistungen

↑

Feststellung von Einkünften § 18 AO aus

LuF	Abs. 1 Nr. 1	LageFA
Gewerbebetrieb	Abs. 1 Nr. 2	BetriebsFA
freiberufl. Tätigkeit	Abs. 1 Nr. 3	„Tätigkeits"FA
übrige Einkunftsarten	Abs. 1 Nr. 4	„Verwaltungs"FA

Umsatzsteuer

§ 21 AO

Abs. 1
für Unternehmer: FA, von dessen Bezirk Unternehmen betrieben wird

Abs. 2
für Nichtunternehmer: FA, das für Steuern vom Einkommen zuständig ist

Realsteuern

§ 22 AO

Gewerbesteuer ↓ Grundsteuer ↓

Abs. 1 Satz 1
Festsetzung und Zerlegung von Messbeträgen

↑ BetriebsFA § 18 Abs. 1 Nr. 2 ↑ LageFA § 18 Abs. 1 Nr. 1

Abs. 1 Satz 2
Sonderregelung für Bauleistung

Abs. 2
Festsetzung d. Steuern, sofern FA sachlich zuständig

↑

Feststellung von Werten
für Betriebe der LuF, Grundstücke, Betriebsgrundstücke:
§ 18 Abs. 1 Nr. 1 AO, § 138 Abs. 5 Nr. 3 BewG Lage FA

Sonstige Besitz- und Verkehrsteuern

§ 17 AO i. V. m.

§ 41a Abs. 1, § 41 Abs. 2 EStG
für *Lohnsteuer*
„Betriebsstätten"FA
(§ 20a AO Sonderreg. für Bauleistung)

§ 17 GrEStG
Lage der Grdst. maßgebend

§ 35 ErbStG
sinngemäße Anwendung der §§ 19, 20 AO

Allgemeine Zuständigkeitsregeln

Ersatzzuständigkeit
§ 24 AO
sofern keine ausdrückliche Bestimmung über die örtliche Zuständigkeit vorliegt

Mehrfache örtliche Zuständigkeit
§ 25 AO
entw. FA der ersten Befassung oder Einigung der FÄ oder fachlich zuständige Aufsichtsbehörde entscheidet

Zuständigkeitswechsel
§ 26 AO
für den Zeitpunkt des Zuständigkeitswechels sind nicht die objektiven Verhältnisse maßge-bend, sondern die positive Kenntnis der Umstände eines der beteiligten FÄ

Zuständigkeitsvereinbarung
§ 27 AO
ein *nicht* zuständiges FA übernimmt die Besteuerung; erfordert die *Zustimmung* des Betroffenen

Zuständigkeitsstreit
§ 28 AO
Bestimmung der örtlichen Zuständigkeit durch Aufsichtsbehörde bei Kompetenzkonflikten bzw. Zweifelsfällen

Zuständigkeit bei Gefahr im Verzug
§ 29 AO
nur für unaufschiebbare Maßnahmen

Literaturhinweis: Lehrbuch Abgabenordnung, Rdn. 85 ff.

4.3.1 Begriff und Grundlagen

85 Die örtliche Zuständigkeit grenzt den Aufgabenbereich gleichartiger Behörden unter räumlichen Gesichtspunkten ab. Jeder Behörde ist ein so genannter „Amtsbezirk" zugewiesen.

In der AO ist die örtliche Zuständigkeit nur für die Finanzämter geregelt, und zwar in den §§ 17–29 AO und einigen verstreuten Sonderbestimmungen, z. B. §§ 195, 367 Abs. 1, 388 AO. Die Zuständigkeit der OFD und der Landesministerien ergibt sich aus der Zugehörigkeit einer Gruppe von Finanzämtern zu einem Oberfinanzbezirk bzw. zu einem Bundesland.

Die örtliche Zuständigkeit der Finanzgerichte regelt § 38 FGO. Danach ist das Gericht zuständig, in dessen Bezirk die Behörde ihren Sitz hat, gegen die sich die Klage richtet.

Nach der Formulierung in § 17 AO „soweit nichts anderes bestimmt ist" gelten die §§ 18 ff. AO nur subsidiär; Sonderbestimmungen finden sich in den Einzelsteuergesetzen, wie z. B. §§ 35 ErbStG, 17 GrEStG, 152 BewG. Gem. §§ 41a Abs. 1, 41 Abs. 2 EStG ist dasjenige Finanzamt für die Anmeldung und Abführung der Lohnsteuer zuständig, in dessen Amtsbezirk die Betriebsstätte liegt, in der der Arbeitslohn ermittelt wird (Betriebsstättenfinanzamt).

4.3.2 Zuständigkeit für gesonderte Feststellungen

86 Die einzelnen Besteuerungsgrundlagen (§ 199 AO) sind regelmäßig unselbständiger Teil des Steuerbescheides (§ 157 Abs. 2 AO).

Bestimmte Besteuerungsgrundlagen werden jedoch gesondert festgestellt, d. h. in einem besonderen Verfahren werden Einkünfte oder Werte von Gegenständen ermittelt und in einem gesonderten Verwaltungsakt festgestellt, dem sog. Feststellungsbescheid (vgl. Rdn. 229 ff.). Die für diese gesonderten Feststellungen zuständigen Finanzämter ergeben sich aus § 18 AO.

4.3.2.1 Gesonderte Feststellungen für die Einkommensteuer (und die Körperschaftsteuer)

87 Soweit Einkünfte durch Feststellungsbescheide gesondert festgestellt werden (§ 180 Abs. 1 Satz 1 Nr. 2 AO), sind folgende Finanzämter zuständig:

	Für Einkünfte
- das Lage-Finanzamt	aus Land- und Forstwirtschaft (§ 18 Abs. 1 Nr. 1 AO)
- das Betriebs-Finanzamt	aus Gewerbebetrieb (§ 18 Abs. 1 Nr. 2 AO)
- das sog. „Tätigkeits"-Finanzamt	aus selbständiger Arbeit (§ 18 Abs. 1 Nr. 3 AO)

- das sog. „Verwaltungs“-Finanzamt — aus Kapitalvermögen, aus Vermietung und Verpachtung sowie sonstige Einkünfte gem. § 22 EStG (§ 18 Abs. 1 Nr. 4 AO)

4.3.2.2 Gesonderte Feststellungen für die Grundsteuer

Soweit für die Grundsteuer Grundsteuerwerte für den Grundbesitz erforderlich sind (§ 180 Abs. 1 S. 1 Nr. 1 AO, § 219 BewG), ist hierfür das 88

- Lage-Finanzamt — nach § 18 Abs. 1 Nr. 1 AO zuständig.

4.3.2.3 Gesonderte Feststellungen für die Grunderwerb- bzw. Erbschaftsteuer

Soweit für die Grunderwerbsteuer und für die Erbschaftsteuer Grundbesitzwerte erforderlich sind (§ 138, 151 BewG) ist die örtliche Zuständigkeit in §§ 17 AO, 152 BewG geregelt.

4.3.3 Zuständigkeit für die Einkommensteuer

Für die Festsetzung der Einkommensteuer natürlicher Personen ist grundsätzlich das Wohnsitzfinanzamt zuständig (§ 19 Abs. 1 Satz 1 i. V. m. §§ 8, 9 AO). Bei mehrfachem Wohnsitz im Inland ist das Finanzamt zuständig, an dem sich ein lediger Steuerpflichtiger vorwiegend aufhält bzw. an dem sich bei verheirateten Steuerpflichtigen die Familie vorwiegend aufhält (§ 19 Abs. 1 Satz 2 AO). 89

Hat ein Steuerpflichtiger weder einen Wohnsitz (§ 8 AO) noch einen gewöhnlichen Aufenthalt (§ 9 AO), so sind folgende Hilfszuständigkeiten zu prüfen:

a) Bei unbeschränkt einkommensteuerpflichtigen Arbeitnehmern, die im Ausland beschäftigt werden, ist das Finanzamt zuständig, in dessen Bezirk sich die den Lohn auszahlende öffentliche Kasse befindet (§ 19 Abs. 1 Satz 3 AO). 90

BEISPIEL: Botschaftsrat Graf lebt in Madrid. Sein Gehalt wird von der Kasse des Bundesaußenministeriums in Berlin überwiesen.

Für die Einkommensteuer ist das FA Berlin zuständig (§ 19 Abs. 1 Satz 3 AO).

b) Bei beschränkt einkommensteuerpflichtigen Personen ist das Finanzamt örtlich zuständig, in dessen Bezirk sich das Vermögen bzw. der wertvollste Teil des Vermögens des Steuerpflichtigen befindet (§ 19 Abs. 2 Satz 1 AO). 91

BEISPIEL: Scheich Abdulla lebt in Oman. Er hat in Kiel eine Schiffswerft (Betriebsvermögen: 5 Mio. €) und in Fürth eine Reifenfabrik (Betriebsvermögen: 12 Mio. €) aufgekauft.

Zuständig ist das FA Fürth (§ 19 Abs. 2 Satz 1 AO).

92 c) Hat der Steuerpflichtige kein Vermögen im Inland, so kommt es auf den Ort seiner Inlandstätigkeit bzw. den Ort der Verwertung seiner Tätigkeit an. Diese Regelung gilt für Grenzgänger, Künstler und Berufssportler, ferner für im Ausland lebende Personen, die aus dem Inland Einnahmen für die Vergabe von Lizenzen oder Urheberrechten beziehen (§ 19 Abs. 2 Satz 2 AO).

BEISPIELE:

1. Im Bezirk des FA Lindau arbeiten tagsüber Arbeitnehmer, die in Bregenz (Österreich) wohnen und täglich heimkehren.

   Das FA Lindau ist für die Einkommensteuer zuständig.
2. Boxweltmeister C verteidigt seinen Titel in der Dortmunder Westfalenhalle. Nach dem Kampf kehrt er in die USA zurück.

   Das FA Dortmund-Süd besteuert das Einkommen.
3. Ein in der Schweiz lebender Schriftsteller bezieht Vergütungen von einem Wiesbadener Verlag, der die Werke des Schriftstellers in Deutschland verbreitet.

   Das FA Wiesbaden ist zuständig.

4.3.4 Zuständigkeit für die Körperschaftsteuer

93 Für die Veranlagung von Körperschaften, Personenvereinigungen und Vermögensmassen zur Körperschaftsteuer ist nach § 20 AO das Finanzamt örtlich zuständig, in dessen Bezirk sich die Geschäftsleitung (§ 10 AO) befindet („Geschäftsleitungsfinanzamt"). Hilfsweise ist für die Bestimmung der örtlichen Zuständigkeit der Sitz (§ 11 AO), die Lage des (wertvollsten) Vermögens oder der Ort der vorwiegenden Ausübung der Tätigkeit maßgebend (§ 20 Abs. 2 bis 4 AO).

BEISPIEL: Drei Mitarbeiter einer Unternehmensberatungs-AG mit Geschäftsleitung und Sitz in Zürich sind mehrere Wochen in Karlsruhe tätig, um Pläne für den Aufbau einer Erdölraffinerie zu erarbeiten.

Die beschränkt körperschaftsteuerpflichtige Gesellschaft wird vom FA Karlsruhe veranlagt, weil sie im Bezirk des FA Karlsruhe tätig geworden ist (§ 20 Abs. 4 AO).

4.3.5 Zuständigkeit für die Umsatzsteuer

94 Für die Veranlagung zur Umsatzsteuer ist das Finanzamt örtlich zuständig, von dessen Bezirk aus das Unternehmen betrieben wird (§ 21 Abs. 1 Satz 1 AO). Der Unternehmer betreibt sein Unternehmen dort, von wo aus er seine Tätigkeit anbietet, wo er Aufträge entgegennimmt, ihre Ausführungen vorbereitet und die Zahlungen an ihn geleistet werden. Lässt sich ein solcher Ort im Inland nicht feststellen, so ist das Finanzamt zuständig, in dessen Bezirk der Ort der Lieferung (§ 3 Abs. 6 UStG) bzw. der Ort der sonstigen Leistung (§ 3a UStG) liegt.

Da ein Unternehmer zwar mehrere Betriebe, aber nur ein Unternehmen haben kann, ist für den Unternehmer nur eine Umsatzsteuerveranlagung durchzuführen. Bei Unternehmen mit mehreren Betrieben kommt es darauf an, von welchem Finanzamtsbezirk aus das Unternehmen vorwiegend betrieben wird (§ 21 Abs. 1 Satz 2 AO).

Soweit Umsatzsteuer von Steuerpflichtigen zu erheben ist, die nicht Unternehmer i. S. d. § 2 UStG sind (vgl. z. B. §§ 2a, 14 Abs. 3 UStG), ist auch für die Umsatzsteuer das Finanzamt örtlich zuständig, das die Besteuerung nach dem Einkommen durchzuführen hat (§ 21 Abs. 2 AO).

4.3.6 Zuständigkeit für die Gewerbesteuer und die Grundsteuer

Die Verwaltung der Realsteuern (§ 3 Abs. 2 AO) zerfällt in zwei Verfahrensabschnitte 95
(vgl. Rdn. 218 f.). Die Festsetzung der Steuermessbeträge – einschließlich einer bisweilen erforderlichen Zerlegung oder Zuteilung des Messbetrages (§§ 185 bis 190 AO) – obliegt den Finanzämtern; die anschließende Festsetzung, Erhebung und Beitreibung der Realsteuern sind grundsätzlich Sache der Gemeinden (vgl. § 184 Abs. 3 AO).

Der Grundsteuermessbetrag wird durch das Lagefinanzamt festgesetzt (§§ 22 Abs. 1, 18 Abs. 1 Nr. 1 AO).

Der Gewerbesteuermessbescheid wird vom Betriebsstättenfinanzamt erlassen (§§ 22 Abs. 1, 18 Abs. 1 Nr. 2 AO).

In den Stadtstaaten sind die Finanzämter ausnahmsweise auch mit der Festsetzung und Erhebung der Realsteuern befasst. Das örtlich zuständige Finanzamt ist dann nach § 22 Abs. 2 und 3 AO zu bestimmen.

4.3.7 Ersatzzuständigkeit und Zuständigkeit bei Gefahr im Verzug

4.3.7.1 Ersatzzuständigkeit (§ 24 AO)

Ergibt sich für Amtshandlungen weder aus der AO noch aus einem anderen Gesetz, 96
welche Behörde örtlich zuständig ist, so hat die Finanzbehörde tätig zu werden, in deren Bezirk die Amtshandlung veranlasst wird.

BEISPIEL: Das FA Regensburg stellt fest, dass ein in Berlin wohnender Generalbevollmächtigter für hinterzogene Steuerbeträge eines in Regensburg ansässigen Betriebes nach § 69 AO haftet.

In den Steuergesetzen ist nicht geregelt, welches FA für den Erlass von Haftungsbescheiden örtlich zuständig ist. Der Erlass eines Haftungsbescheides (§ 191 Abs. 1 AO) ist im Finanzamtsbezirk Regensburg veranlasst worden. Dort wurden die Steuern festgesetzt, die Vollstreckungsmaßnahmen eingeleitet und die die Haftung begründenden Tatsachen entdeckt. Daher ist das FA Regensburg für den Erlass des Haftungsbescheides gegen den in Berlin wohnenden Bevollmächtigten zuständig.

4.3.7.2 Zuständigkeit bei Gefahr im Verzug (§ 29 AO)

Auch wenn an sich ein anderes Finanzamt örtlich zuständig ist, kann ein Finanzamt un- 97
aufschiebbare Maßnahmen treffen, die in seinem Finanzamtsbezirk veranlasst sind.

4.3.8 Mehrfache örtliche Zuständigkeit und Zuständigkeitsstreit

4.3.8.1 Mehrfache örtliche Zuständigkeit (§ 25 AO)

98 Bisweilen sind aufgrund der gesetzlichen Regelung mehrere Finanzbehörden für die Veranlagung einer bestimmten Steuer eines Steuerpflichtigen zuständig. Hier soll grundsätzlich das Finanzamt entscheiden, das zuerst mit der Sache befasst wurde.

BEISPIEL: Familie Gscheidle bewohnt in München eine Stadtwohnung und besitzt am Chiemsee im Zuständigkeitsbezirk des FA Rosenheim ein Landhaus. Sie benutzt beide Wohnungen gleichermaßen, ein überwiegender Aufenthalt ist nicht feststellbar. Die Ehegatten geben ihre Einkommensteuererklärung 01, in der sie Zusammenveranlagung beantragen, beim Finanzamt Rosenheim ab.

Für die ESt 01 der Eheleute ist sowohl das FA München als auch das FA Rosenheim zuständig (§ 19 Abs. 1 Satz 1 und 2, § 8 AO). Da das FA Rosenheim aufgrund der Erklärungsabgabe zuerst mit der ESt der Eheleute Gscheidle befasst wurde, kann es als örtlich zuständig die Veranlagung der Eheleute vornehmen.

Allerdings können sich die Finanzämter München und Rosenheim auch dahingehend einigen, dass das FA München zuständig ist. Auch könnte die fachlich zuständige Aufsichtsbehörde, hier das Bayerische Landesamt für Steuern (vgl. Rdn. 18), bestimmen, welches FA für die ESt der Familie Gscheidle örtlich zuständig ist.

4.3.8.2 Zuständigkeitsstreit (§ 28 AO)

99 Ebenso entscheidet die gemeinsame fachlich zuständige Aufsichtsbehörde, wenn sich mehrere Finanzämter für zuständig oder für unzuständig halten (§ 28 AO).

BEISPIEL: Ein Unternehmer ist Inhaber von zwei etwa gleich großen Betrieben in Ingolstadt und Regensburg. Zunächst wollen beide Finanzämter die Zuständigkeit für die Umsatzsteuer an sich reißen. Nach näherer Prüfung halten sich beide Finanzämter für unzuständig.

Das Bayerische Landesamt für Steuern bestimmt als die hier gemeinsame fachlich zuständige Aufsichtsbehörde, ob das FA Ingolstadt oder das FA Regensburg für die Umsatzbesteuerung zuständig ist.

4.3.9 Zuständigkeitsvereinbarung (§ 27 AO)

100 Nach § 27 AO sind die gesetzlichen Vorschriften über die örtliche Zuständigkeit nachgiebiges Recht; d. h. wenn eine andere Regelung angemessen erscheint, kann sie von den beteiligten Finanzbehörden mit Zustimmung des Steuerpflichtigen getroffen werden. Eine solche Zuständigkeitsvereinbarung kann von der Verwaltung angeregt werden, häufig wird sie auf Antrag eines Steuerpflichtigen getroffen.

BEISPIEL: B hat in München eine Buchhandlung und wohnt in einem Einfamilienhaus im Bezirk des FA Starnberg. Für die Umsatzsteuer, die Lohnsteuer sowie die Feststellung der Einkünfte ist das FA München zuständig, für die Einkommensteuer das Wohnsitzfinanzamt Starnberg.

B hat nach Starnberg einen viel weiteren Weg als zum FA München, in dessen Nähe er sich wegen seines Geschäftes ohnehin den ganzen Tag aufhält. Er wird anregen, dass das FA München im Einvernehmen mit dem FA Starnberg auch die Zuständigkeit für die Einkommensteuer übernimmt.

4.3.10 Beginn, Ende und Wechsel der Zuständigkeit

4.3.10.1 Beginn und Ende

Die Voraussetzungen der Zuständigkeit müssen immer im Augenblick des Tätigwerdens der Behörde vorliegen. Auf den Zeitpunkt der Entstehung der Steuerschuld oder der Veranlassung der Amtshandlung kommt es nicht an. 101

BEISPIEL: A wohnt bis 02 in Bonn, 03 in Köln und ab 04 in Jülich. Im Jahre 05 findet eine Außenprüfung statt, die zu Steuernachholungen für die Jahre 02–04 führt.

Das FA Jülich ist im Jahre 05 als Wohnsitzfinanzamt (§ 19 Abs. 1 AO) zuständig für die Festsetzung und Einziehung aller nachzufordernden Steuern.

Die Zuständigkeit beginnt grundsätzlich mit dem Zeitpunkt, in dem die sie begründenden Voraussetzungen eingetreten sind und endet mit deren Wegfall.

4.3.10.2 Wechsel der Zuständigkeit (§ 26 AO)

Von einer Änderung der die Zuständigkeit begründenden Voraussetzung, z. B. einem Wohnsitzwechsel, erfahren die beteiligten Finanzämter häufig erst nach Monaten. Hier kommt es für den Beginn und das Ende der Zuständigkeit darauf an, wann eine der beteiligten Finanzbehörden von den Umständen, die den Wechsel der Zuständigkeit begründen, tatsächlich und zweifelsfrei Kenntnis erlangt, beispielsweise ein Schriftstück mit der neuen Anschrift bei dem bisher zuständigen oder dem nun zuständigen Finanzamt eingeht (BFH v. 24.4.2014 IV R 25/11, BStBl II 2014, 819; v. 25.1.1989 X R 158/87, BStBl II 1989, 483). 102

BEISPIEL: B lebt von den Einkünften aus seinem Grundbesitz. Am 1.1.03 verlegt er seinen Wohnsitz von Schleswig nach Flensburg. Am 4.3.03 versendet das FA Schleswig den Einkommensteuerbescheid 01 an B. Am 20.3.03 bittet B um Aufhebung des Bescheides wegen örtlicher Unzuständigkeit.

Das FA Schleswig war am 4.3.03 noch örtlich zuständig. Erst mit Eingang des Schreibens vom 20.3.03 erfährt das FA Schleswig vom Wechsel der Zuständigkeit; erst von da an ist das FA Flensburg örtlich zuständig (§ 26 Satz 1 AO).

Die bisher zuständige Finanzbehörde kann jedoch ein von ihr begonnenes Verfahren zu Ende führen, wenn dies der einfachen und zweckmäßigen Durchführung des Verfahrens dient, die nunmehr zuständige Behörde zustimmt und die Interessen der Beteiligten dadurch nicht beeinträchtigt werden (§ 26 Satz 2 AO). Diese Voraussetzungen werden insbesondere bei der Bearbeitung von Rechtsbehelfen vorliegen. 103

BEISPIEL: Handelsvertreter H hat seinen Wohnsitz von Bremen nach Passau verlegt, was er dem FA Passau im Juli 03 mitteilt. Über seinen Einspruch gegen den Einkommensteuerbescheid 01 ist noch nicht entschieden.

Hier wird es zweckmäßig sein, dass das bisher zuständige FA in Bremen im Einvernehmen mit dem FA Passau noch über den Einspruch entscheidet, weil das Bremer FA mit den örtlichen Gegebenheiten und Gepflogenheiten besser vertraut ist. Allerdings darf diese Verlagerung der Zuständigkeit nicht zu einer Einschränkung der Mitwirkungsrechte des Steuerpflichtigen führen.

4.3.11 Rechtsfolgen der örtlichen Unzuständigkeit

104 Verwaltungsakte einer örtlich unzuständigen Finanzbehörde sind nicht nichtig und unwirksam (§§ 124 Abs. 3 Nr. 1, 125 Abs. 3 Nr. 1 AO), aber fehlerhaft.

Die Rüge allein dieses Fehlers führt aber nicht zur Aufhebung des Verwaltungsaktes, wenn es sich um einen **gebundenen** Verwaltungsakt handelt (vgl. zu diesem Begriff Rdn. 209 ff.). Enthält der gebundene Verwaltungsakt sonst keine Mängel, soll der Steuerpflichtige aus verfahrensökonomischen Gründen eine sachlich zutreffende Entscheidung nicht wegen eines bloßen Verfahrensfehlers angreifen können, § 127 AO.

105 Rügt der Steuerpflichtige jedoch allein die örtliche Unzuständigkeit für einen **Ermessensverwaltungsakt**, so ist dieser Fehler grundsätzlich beachtlich und führt zur Aufhebung des Verwaltungsaktes, denn die Ermessensausübung verschiedener Finanzämter kann zu unterschiedlichen Ergebnissen führen. Die örtlich zuständige Behörde kann nach eigener Ermessensausübung wieder einen Verwaltungsakt erlassen. Der Steuerpflichtige soll durch die Ermessensausübung eines örtlich nicht zuständigen Finanzamtes keine Benachteiligung erfahren.

BEISPIEL: K ist im Mai 04 von Bamberg nach Würzburg umgezogen und hat seine neue Anschrift noch im gleichen Monat dem FA Würzburg bei Abgabe der Einkommensteuererklärung 03 angezeigt. Im Juni 04 geht ihm ein nach § 175 Abs. 1 S. 1 Nr. 1 AO geänderter Einkommensteuerbescheid 01 des FA Bamberg zu. K bittet um Stundung der angeforderten Nachzahlung. Das FA Bamberg lehnt den Stundungsantrag ab. Fristgerecht legt K sowohl gegen den Einkommensteuerbescheid als auch gegen die Ablehnung der Stundung einen im Übrigen zulässigen Einspruch ein und rügt in beiden Fällen nur die örtliche Unzuständigkeit des FA Bamberg.

Da das FA Würzburg im Mai 04 vom Wohnsitzwechsel des K Kenntnis erlangte, war es von diesem Zeitpunkt an für die Besteuerung vom Einkommen zuständig (§§ 19 Abs. 1, 26 Satz 1 AO). Da der geänderte Einkommensteuerbescheid ein gebundener Verwaltungsakt ist, muss trotz des Fehlers der Einspruch vom zuständigen FA Würzburg als unbegründet zurückgewiesen werden (§ 127 AO).

Die vom örtlich unzuständigen FA Bamberg abgelehnte Stundung war rechtswidrig. Da es sich um eine Ermessensentscheidung nach § 222 AO handelte, muss das FA Würzburg nach Rücknahme der Ablehnung gemäß § 130 AO erneut über den Stundungsantrag entscheiden.

106–110 *(Einstweilen frei)*

4.4 Kontrollfragen

FRAGEN

		Rdn
1.	Wonach richtet sich die sachliche Zuständigkeit der Finanzbehörden?	82
2.	Welche Konsequenzen ergeben sich bei einem Verstoß gegen die sachliche Zuständigkeit?	83 f.
3.	Welches Finanzamt ist für die Einkommensbesteuerung natürlicher Personen örtlich zuständig?	89 - 92
4.	Was versteht die AO unter Wohnsitz?	89 - 92

5.	Was ist gewöhnlicher Aufenthalt?	89 - 92
6.	Zwei Steuerberater betreiben in Hamburg eine Kanzlei in der Rechtsform einer GbR. Sie wohnen beide in Kiel. Was ist im Hinblick auf die Einkommensteuer veranlasst und welche FÄ sind hierfür örtlich zuständig?	87, 89 - 92
7.	Zahnarzt Dr. Kupfer wohnt im Bezirk des Finanzamtes Starnberg und betreibt dort auch seine Praxis. Er beschäftigt eine Bürokraft, eine Auszubildende und eine medizinische Assistentin. Alle in Zusammenhang mit den Löhnen seiner Angestellten stehenden Angelegenheiten hat er seinem Steuerberater mit Kanzlei in Weilheim übertragen, wo sich auch ein Finanzamt befindet. Welchem Finanzamt gegenüber sind die lohnsteuerlichen Pflichten zu erfüllen?	85
8.	Die in Leipzig wohnenden und zur Einkommensteuer zusammen zu veranlagenden Ehegatten sind Miteigentümer einer vermieteten Eigentumswohnung in Chemnitz, die von dort aus verwaltet wird. Welche FÄ wären für Besteuerung der Ehegatten örtlich zuständig?	86 f., 89 - 92, 231
9.	Die Huber OHG handelt mit Landmaschinen. Sie leitet ihr Unternehmen von Passau aus, unterhält aber Betriebstätten in Regensburg und Landshut. Die Löhne und Gehälter der bei der OHG beschäftigten Arbeiter und Angestellten werden in der Betriebstätte Landshut ermittelt, da dort die meisten Arbeitnehmer beschäftigt sind. Gesellschafterin Anne Huber wohnt während der Woche allein in Passau, Wochenenden und freie Tage verbringt sie zusammen mit ihrer Familie im eigenen Haus in Landshut. Der Gesellschafter Josef Landau wohnt in Regensburg. In jedem der genannten Orte befindet sich ein Finanzamt. Welche FÄ sind für die Steuern der genannten Personen und Gesellschaften, einschließlich etwaiger Feststellungen örtlich zuständig?	85 f.
10.	Das Bürogebäude, sowie ein Warenlager des Bauunternehmers Kalk befinden sich in Dresden, weitere Warenlager unterhält er in Meißen und Pirna. Welches der in allen angegebenen Orten liegenden Finanzämter ist für die Umsatzsteuer des Unternehmers Kalk zuständig?	94
11.	Wann tritt ein Wechsel der Zuständigkeit gemäß § 26 AO ein?	102 f.
12.	Was unterscheidet § 26 Satz 2 AO von § 27 AO?	100, 102 f.
13.	Frau Dropp führt eine Apotheke im Bezirk des Finanzamtes Augsburg-Land, wo auch die Familie wohnt. Herr Dropp betreibt alleine eine antiquarische Buchhandlung im Bezirk des Finanzamtes Augsburg-Stadt. Wofür wäre das Finanzamt Augsburg-Stadt örtlich zuständig und könnte – ggf. wie – diese Zuständigkeit auf das Finanzamt Augsburg-Land übergehen?	100
14.	Was ist die Folge, wenn Vorschriften über die örtliche Zuständigkeit nicht beachtet werden?	104 f.

DOWNLOAD

Lösungen zu den Kontrollfragen s. online-Version.

KAPITEL 5: FRISTEN UND TERMINE

Kapitel 5: Fristen und Termine

5.1 Der Termin

111 Termin ist ein bestimmter **Zeitpunkt**, an dem eine Handlung vorzunehmen ist oder eine Rechtsfolge eintritt.

BEISPIELE:

1. Im Rahmen seiner Prüfungsanordnung (§ 196 AO) setzt das FA den Zeitpunkt des Beginns der Außenprüfung (§ 197 AO) fest. Der Stpfl. hat zu diesem Zeitpunkt einen Arbeitsplatz, Hilfsmittel und die Unterlagen bereitzuhalten (§ 200 AO).
2. Die vier Mitglieder einer Erbengemeinschaft werden zur gemeinschaftlichen Erörterung am Freitag, dem 14. 7., um 10 Uhr, in das FA gebeten. Hier lässt sich der erstrebte Zweck nur erreichen, wenn alle Miterben zum gleichen Zeitpunkt erscheinen.

Von echten Terminen zu unterscheiden sind die Fälle, in denen nur der letzte Tag einer Frist zur genauen Abgrenzung dieser Frist genannt wird.

BEISPIELE:

1. Das FA droht ein Zwangsgeld von 50 € für den Fall an, dass die ESt-Erklärung für ein bestimmtes Jahr nicht spätestens am 31. 10. abgegeben wird (vgl. §§ 328, 332 AO).
2. Die Zahlungsaufforderung auf dem Steuerbescheid lautet: „Bitte zahlen Sie die rückständigen Beträge spätestens am 1. 4.“

5.2 Die Frist

5.2.1 Begriff

112 Unter einer Frist ist ein abgegrenzter Zeitraum zu verstehen, nach dessen Ablauf eine bestimmte Rechtsfolge eintritt.

BEISPIELE: Verlust des Einspruchs nach Ablauf der Einspruchsfrist (§ 355 AO);

Verlust der Wohnungsbauprämie bei Versäumung der Antragsfrist (§ 4 Abs. 2 WoPG);

Erlöschen der Ansprüche aus dem Steuerschuldverhältnis nach Ablauf der Verjährungsfrist (§§ 47, 169, 228 AO).

5.2.2 Überblick

Schaubild 5

Fristen (§§ 108 – 110 AO)

Definition

Fristen sind abgegrenzte *Zeiträume*, nach deren Ablauf eine bestimmte Rechtsfolge eintritt.

Gegensatz:
Termin, zu dem eine bestimmte Handlung vorgenommen werden muss, nicht früher oder später.

Beachte:
Bei einer Reihe von Fristen wird nur das Ende bestimmt (z. B. § 37 Abs. 1 EStG).

Arten

behördlich
die Finanzbehörde setzt die Frist aufgrund ges. Ermächtigung selbst (z. B. Frist zur Vorlage einer Urkunde)

↑ grundsätzlich *verlängerbar* § 109 AO

gesetzlich
sie werden durch das Gesetz selbst gesetzt (z. B. §§ 9 Satz 2, 110 Abs. 2, 149 Abs. 2, 169, 228, 240 Abs. 3, 355 Abs. 1 AO)

↑ *nur verlängerbar,* wenn im Gesetz ausdrücklich zugelassen (z. B. § 109 Abs. 1 AO gesetzl. Steuererklärungsfristen)

Berechnung

Fristbeginn
§ 108 Abs. 1 AO i. V. m. § 187 BGB bzw. § 108 Abs. 2 AO

Abs. 1 mit Ablauf des Ereignistages
wenn für den Fristbeginn ein Ereignis (z. B. Bekanntgabe des VA, § 355 Abs. 1 AO) maßgebend ist, wird der Tag, auf den das Ereignis fällt, nicht mitgerechnet.

Abs. 2
im Übrigen (auch für die Berechnung des Lebensalters)

Fristende

- bei Fristbeginn nach § 187 Abs. 1 BGB:
  Ende des Tages, der Woche, des Monats, des Jahres, der dem Ereignistag entspricht, § 188 Abs. 2 Alt. 1 BGB
- bei Fristbeginn nach § 187 Abs. 2 BGB endet die Frist am Tag vor dem Beginntag

Beachte bei *Monatsfristen* § 188 Abs. 3 AO
(Fristbeginn mAd. 31.3. → Fristende mAd. 30.4.)

Fällt das Fristende auf einen Samstag, Sonn- oder Feiertag, endet die Frist erst mAd. nächstfolgenden Werktages, § 108 Abs. 3 AO

Folgen der Fristversäumnis

Eintritt der Rechtsfolge, sofern nicht

Fristverlängerung
gewährt wird, auch rückwirkend möglich
§ 109 Abs. 1 Satz 2 AO

Wiedereinsetzung in den vorigen Stand
§ 110 AO
Voraussetzungen:

Versäumung einer gesetzlichen, vom Stpfl. einzuhaltenden, nicht verlängerbaren *Frist*

tatsächliche Verhinderung durch äußere oder persönliche Umstände

kein Verschulden
= Verletzung derjenigen Sorgfalt, die für gewissenhaften, seine Rechte sachgerecht wahrenden Bürger geboten und nach den Umständen des Einzelfalles zumutbar ist.(Gesetzlich geregelter Fall fehlenden Verschuldens, § 126 Abs. 3 AO)

- des Stpfl. selbst
- seines Vertreters selbst
  § 110 Abs. 1 Satz 2 AO

→ jeweils eigenes Verschulden dieser Personen, sofern sie bei Wahrnehmung der Fristen Hilfspersonen eingesetzt und bei deren Auswahl bzw. Überwachung fahrlässig gehandelt haben.

rechtzeitiger Antrag

- innerhalb der WE-Frist, § 110 Abs. 1 Satz 2 AO (ihrerseits wiedereinsetzungsfähig)
- Nachholen der versäumten Handlung § 110 Abs. 2 Satz 3 AO
- Antrag gem. § 110 Abs. 2 Satz 1 aber nach Satz 4 entbehrlich bei Nachholen der versäumten Handlung und Glaubhaftmachen der WE-Gründe
- kein Ablauf der Jahresfrist seit dem Ende der versäumten Frist, § 110 Abs. 3 AO

Glaubhaftmachen
der Umstände für die Fristversäumung
§ 110 Abs. 2 Satz 2 AO

Entscheidung

Rechtsentscheidung (kein Ermessen) durch die Behörde, die über die versäumte Rechtshandlung zu befinden hat. Kein selbständig anfechtbarer VA, sondern im Rahmen der Entscheidung über die Hauptsache. (Über die WE in die versäumte Entscheidungsfrist wird im Rahmen des Einspruchsverfahrens entschieden → Zulässigkeitsvoraussetzung, § 358 AO)

Literaturhinweis: Lehrbuch Abgabenordnung, Rdn. 111 ff.

5.2.2.1 Behördliche Fristen

113 Behördliche Fristen sind solche Fristen, die dem Steuerpflichtigen von einer Behörde gesetzt werden.

BEISPIEL: Frist zur Vorlage von Belegen (§ 97 AO); Stundungsfrist (§ 222 AO); Frist, während der die Vollziehung eines Verwaltungsaktes ausgesetzt ist (§ 361 AO).

Die von Finanzbehörden gesetzten Fristen können durch Verwaltungsakt – auch rückwirkend – verlängert werden (§ 109 Abs. 1 AO). Die Verlängerung kann von einer Sicherheitsleistung oder einer Auflage (vgl. Rdn. 226) abhängig gemacht werden (§ 109 Abs. 3 AO). Wegen der Verlängerbarkeit kommt eine Wiedereinsetzung in den vorigen Stand (§ 110 AO) bei behördlichen Fristen nicht in Betracht.

BEISPIEL: Das FA stundet eine ESt-Vorauszahlung von 8 000 € bis 1. 4. Am 10. 4. beantragt der Stpfl., die Stundung bis 1. 6. zu verlängern.

Das FA kann am 10. 4. die Stundung mit Wirkung ab 1. 4. verlängern und mit der Auflage verbinden, die neue ESt-Erklärung bis zum 15. 5. dem FA vorzulegen (§ 120 Abs. 2 Nr. 4 AO).

5.2.2.2 Gesetzliche Fristen

114 Gesetzliche Fristen sind Fristen, deren Dauer sich aus dem Gesetz, vgl. § 4 AO ergibt (vgl. auch Rdn. 15).

BEISPIELE: Frist für die Abgabe von Steuererklärungen (§ 149 Abs. 2 AO);

Frist für die Abgabe der Lohnsteueranmeldung (§ 41a Abs. 1 EStG);

Frist für die Abgabe der Umsatzsteuervoranmeldung (§ 18 Abs. 1 UStG);

Einspruchsfrist (§ 355 AO);

Wiedereinsetzungsfrist (§ 110 Abs. 2 AO);

Festsetzungsverjährungsfrist (§ 169 Abs. 2 AO);

Zahlungsverjährungsfrist (§ 228 AO).

Gesetzliche Fristen können nur verlängert werden, wenn dies im Gesetz ausdrücklich bestimmt ist, wie z. B. für die Fristen zur Einreichung von Steuererklärungen in § 109 Abs. 1 AO.

Bei gesetzlichen Fristen, die der Steuerpflichtige einzuhalten hat und die nicht verlängert werden können, ist unter den genannten Voraussetzungen **Wiedereinsetzung in den vorigen Stand** nach § 110 AO zu gewähren.

5.3 Berechnung der Fristen

115 Für die Berechnung der Fristen gelten nach § 108 Abs. 1 AO grundsätzlich die §§ 187 bis 193 BGB; § 108 Abs. 2–6 AO enthalten Sonderregelungen. Die Vorschriften dienen der Vereinfachung der Fristberechnung. Es wird mit vollen Tagen gerechnet.

5.3.1 Beginn der Fristen

Fristen beginnen grundsätzlich **mit Ablauf** des Ereignistages (§ 187 Abs. 1 BGB, § 108 Abs. 2 AO). Der Tag, auf den das Ereignis fällt, bleibt also unberücksichtigt. 116

BEISPIEL: Die Einspruchsfrist beginnt nach „Bekanntgabe" des Verwaltungsaktes (§ 355 AO). Erfolgt die Bekanntgabe am 1. 7., gleichgültig ob morgens um 8.30 Uhr oder erst nachmittags um 16.00 Uhr, so beginnt die Frist immer erst mit Ablauf des 1. 7.

Für den Fristbeginn ist auf folgende Besonderheiten zu achten:

a) Werden **schriftliche** Verwaltungsakte durch die Post übermittelt, so gelten sie mit dem vierten Tag nach Aufgabe zur Post als bekannt gegeben, außer sie gehen nicht oder tatsächlich zu einem späteren Zeitpunkt zu (§ 122 Abs. 2 Nr. 1 AO). Demgemäß beginnt die **Einspruchsfrist** grundsätzlich mit Ablauf des vierten Tages nach Aufgabe zur Post (ein tatsächlich früherer Zugang ist dagegen unbeachtlich). Ist dieser vierte Tag allerdings ein Samstag, Sonn- oder Feiertag, verschiebt sich der Bekanntgabetag auf den nächstfolgenden Werktag; § 108 Abs. 3 AO ist entsprechend anzuwenden (BFH v. 14.10.2003 IX R 68/98, BStBl II 2003, 898; vgl. i. Ü. Rdn. 120 ff.).

BEISPIELE:

1. Ein Steuerbescheid wird am Montag zur Post gegeben. Er gilt am Freitag als bekannt gegeben. Die Einspruchsfrist beginnt mit Ablauf des Freitags zu laufen.

   Wenn dem Stpfl. der Bescheid jedoch erst am Samstag übermittelt wurde, beginnt die Einspruchsfrist erst mit Ablauf des Samstag zu laufen.

   Erhält der Steuerpflichtige den Steuerbescheid schon am Dienstag, gilt dennoch der Freitag als Bekanntgabetag.

2. Ein Steuerbescheid wird am Mittwoch zur Post gegeben. Da der vierte Tag ein Sonntag ist, gilt der darauffolgende Montag grundsätzlich als Bekanntgabetag; die Frist beginnt mit Ablauf des Montages.

b) Verjährungsfristen beginnen stets **mit Ablauf** eines Kalenderjahres (§§ 170 Abs. 1, 229 Abs. 1 Satz 1 AO).

c) Bei der Berechnung des **Lebensalters** wird der Tag der Geburt mitgerechnet (§ 187 Abs. 2 Satz 2 BGB).

BEISPIEL: A wurde am 12.4.1990 um 23 Uhr geboren. Er ist mit Ablauf des 11.4.2008 18 Jahre alt.

5.3.2 Dauer der Fristen

Die Fristdauer ist im Gesetz geregelt und bestimmt sich nach 117

- **Jahren** (z. B. 5 Jahre bei der Zahlungsverjährungsfrist, § 228 Satz 2 AO).
- **Monaten** (z. B. 1 Monat bei der Einspruchsfrist, § 355 Abs. 1 und der Wiedereinsetzungsfrist, § 110 Abs. 2 AO)
- **Tagen** (z. B. 3 Tage bei der Schonfrist nach § 240 Abs. 3 AO)

5.3.3 Ende der Fristen

5.3.3.1 Ende der Tagesfristen

118 Tagesfristen enden mit Ablauf des letzten Tages der Frist (§ 108 Abs. 1 AO, § 188 Abs. 1 BGB). Es muss also die Anzahl der Tage abgezählt werden.

BEISPIEL: Die Gutschrift der LSt für Januar geht am 13. 2. beim FA ein (§ 224 Abs. 2 Nr. 2 AO).

Der Arbeitgeber hat die Lohnsteuer am 10. des Folgemonats an das FA abzuführen (§ 41a Abs. 1 Nr. 2 EStG). Da bei Zahlung durch Überweisung Säumniszuschläge bei einer Säumnis von bis zu drei Tagen nicht erhoben werden (§ 240 Abs. 3 AO), fallen bei Gutschrift vor Ablauf des 13. 2. Säumniszuschläge nicht an.

5.3.3.2 Ende der Monatsfristen

119 Monatsfristen enden mit Ablauf des Tages, der die gleiche Zahl trägt wie der **Ereignistag** (§ 108 Abs. 1 AO, § 188 Abs. 2 BGB).

BEISPIEL: Die Ablehnung eines Stundungsantrages wird am 24. 7. bekannt gegeben.

Die einmonatige Einspruchsfrist nach § 355 Abs. 1 AO endet mit Ablauf des 24. 8.

Fehlt in dem Monat, in dem die Frist endet, der Tag, der die gleiche Zahl trägt wie der Ereignistag, dann tritt an seine Stelle der letzte Tag des Monats (§ 108 Abs. 1 AO, § 188 Abs. 3 BGB).

BEISPIEL: Ein Steuerbescheid wird am 31. 1. bekannt gegeben.

Die einmonatige Einspruchsfrist würde mit Ablauf des 31. des Folgemonats enden; dieser Tag fehlt jedoch im Februar. Die Frist endet daher mit Ablauf des 28. 2., in einem Schaltjahr mit Ablauf des 29. 2.

5.3.3.3 Ablaufhemmung nach § 108 Abs. 3 AO

120 Ist der nach den vorstehenden Grundsätzen ermittelte letzte Tag einer Frist ein Samstag, Sonntag oder gesetzlicher Feiertag, dann endet die Frist erst mit Ablauf des nächstfolgenden Werktages (§ 108 Abs. 3 AO).

Diese Vorschrift ist **entsprechend anzuwenden für die Zugangsfiktionen zur Bekanntgabe**, §§ 122 Abs. 2 Nr. 1 und Nr. 2, Abs. 2a, Abs. 4 Satz 3, 122a Abs. 4, 123 Satz 2 AO, § 4 Abs. 2 VwZG.

BEISPIEL: Ein Steuerbescheid wird am 25. 11. bekannt gegeben. Wann endet die Einspruchsfrist, wenn der 1. Weihnachtsfeiertag auf einen Donnerstag fällt?

Die einmonatige Einspruchsfrist würde rechnerisch mit Ablauf des 25. 12. enden. Da es sich bei diesem und den folgenden Tagen aber um Feiertag bzw. das Wochenende handelt, endet die Frist erst mit Ablauf des 29. 12. (Montag).

5.3.4 Beispiel zur Fristberechnung

Jede Fristberechnung muss folgerichtig durchgeführt werden, d. h. Anfang, Dauer und Ende müssen eindeutig erkennbar sein. 121

BEISPIEL: Ein mit zutreffender Rechtsbehelfsbelehrung versehener Steuerbescheid wird am 28. 3. zur Post gegeben. Wann endet die Einspruchsfrist?

Fristbeginn:

Die Einspruchsfrist beginnt mit Ablauf des Bekanntgabetages zu laufen, § 108 Abs. 1 AO, § 187 Abs. 1 BGB. Da der Bescheid durch einfachen Brief übermittelt wurde, gilt nach § 122 Abs. 2 Nr. 1 AO der vierte Tag nach Postaufgabe als Bekanntgabetag, so dass die Frist m. A. d. 1. 4. zu laufen beginnt.

Fristdauer:

Die Einspruchsfrist beträgt wegen der zutreffenden Rechtsbehelfsbelehrung einen Monat, §§ 355 Abs. 1 Satz 1, 356 AO.

Fristende:

Die Einspruchsfrist endet rechnerisch mit Ablauf des 1. 5., § 188 Abs. 2 BGB. Da es sich dabei um einen gesetzlichen Feiertag handelt, wird das Fristende auf den nächstfolgenden Werktag hinausgeschoben, § 193 BGB oder § 108 Abs. 3 AO. Das tatsächliche Fristende tritt daher m. A. d. 2. 5. ein.

5.4 Wiedereinsetzung in den vorigen Stand (§ 110 AO)

5.4.1 Zweck der Vorschrift

Da die meisten gesetzlichen Fristen, die der Steuerpflichtige einzuhalten hat, nicht verlängerbar sind, verliert er durch den Ablauf eine bestimmte Rechtsposition. Zur Vermeidung von Härtefällen wird der Steuerpflichtige durch die **Wiedereinsetzung in den vorigen Stand** so gestellt, als habe er die versäumte Verfahrenshandlung rechtzeitig vorgenommen. Bei Vorliegen aller Voraussetzungen hat der Steuerpflichtige einen Rechtsanspruch auf Wiedereinsetzung. 122

5.4.2 Voraussetzungen der Wiedereinsetzung nach § 110 AO Überblick

- Versäumung einer wiedereinsetzungsfähigen Frist (§ 110 Abs. 1 Satz 1), 123
- tatsächliche Verhinderung an der Fristeinhaltung (§ 110 Abs. 1 Satz 1),
- kein Verschulden des Steuerpflichtigen selbst oder seines Vertreters (§ 110 Abs. 1 Satz 1 und 2),
- Antrag auf Wiedereinsetzung bzw. Nachholung der versäumten Handlung (§ 110 Abs. 2 Satz 3 und 4),
- innerhalb der einmonatigen Wiedereinsetzungsfrist (§ 110 Abs. 2 Satz 1),
- Glaubhaftmachen der Wiedereinsetzungsgründe (§ 110 Abs. 2 Satz 2),
- Wahrung der Jahresfrist nach § 110 Abs. 3.

5.4.2.1 Wiedereinsetzungsfähige Frist

124 Wiedereinsetzungsfähig sind grundsätzlich alle **gesetzlichen, nicht verlängerbaren** Fristen, die der **Steuerpflichtige** einzuhalten hat, insbesondere:

- die Einspruchsfrist (§ 355 Abs. 1 AO);
- die Frist für den Antrag auf Wiedereinsetzung in den vorigen Stand (§ 110 Abs. 2 Satz 1 AO);
- die Frist für die Abgabe des Antrags auf Wohnungsbauprämie (§ 4 Abs. 2 Satz 1 WoPG).

125 **Nicht wiedereinsetzungsfähige** Fristen sind dagegen:

- sog. Ausschlussfristen wie die §§ 110 Abs. 3, 356 Abs. 2 Satz 1 AO.

Nach Ablauf dieser Jahresfristen sollen die formelle Bestandskraft und damit der Rechtsfrieden eintreten;

- Zahlungsfristen wie §§ 41a Abs. 1 Satz 1 Nr. 2 EStG, 18 Abs. 1 Satz 5 UStG.

Hier regelt § 240 AO über das Entstehen der Säumniszuschläge die Folgen verspäteter Zahlung abschließend;

- von den Finanzbehörden zu beachtenden gesetzlichen Fristen wie §§ 169, 228 AO.

Von § 110 AO werden nur verfahrensrechtliche und materiell-rechtliche Fristen, die „einzuhalten“ sind, erfasst, also nur solche, die als Handlungs- oder Erklärungspflichten von Beteiligten bzw. Dritten gegenüber der Behörde beachtet werden müssen (vgl. BFH v. 19.8.1989 III R 57/98, BStBl II 2000, 330);

- verlängerbare gesetzliche Fristen, wie die Steuererklärungsfristen nach § 149 Abs. 2 AO.

Die Rechtsposition des Steuerpflichtigen wird durch die Fristversäumung nicht endgültig verändert, weil die Möglichkeit der auch rückwirkenden Fristverlängerung nach § 109 Abs. 1 AO besteht.

5.4.2.2 Tatsächliche Verhinderung an der Fristeinhaltung

126 Die Wiedereinsetzung kann nur erreichen, wer objektiv an der Fristeinhaltung verhindert war.

Verhindert ist, wer wegen äußerer Umstände oder aus persönlichen Gründen die Frist nicht wahren kann; eine bloße Erschwernis reicht dabei nicht aus.

BEISPIEL: Ein Steuerpflichtiger hat sich den rechten Arm gebrochen. Er trägt für 6 Wochen einen Gipsverband. Er ist als Rechtshänder zwar gehindert, selbst ein Einspruchsschreiben zu verfassen. Da aber die Eigenhändigkeit nicht zwingendes Formerfordernis ist, wäre der StPfl. an der rechtzeitigen Einlegung des Einspruchs nicht gehindert. Er müsste nur fremde Hilfe in Anspruch nehmen oder den Einspruch zur Niederschrift erklären, § 357 Abs. 1 Satz 1 AO.

5.4.2.3 Kein Verschulden an der Fristversäumung

Im Rahmen der Verschuldensprüfung ist zu untersuchen, ob der Bürger die im Rechtsverkehr erforderliche Sorgfalt, die ihm nach seinen persönlichen Verhältnissen zumutbar ist, aufgewendet hat, um die Frist einzuhalten (vgl. § 276 BGB). Wiedereinsetzung wird bereits durch einfache Fahrlässigkeit ausgeschlossen. Eine Fristversäumung ist deshalb nur dann als entschuldigt anzusehen, wenn sie durch äußerste, den Umständen des Falles angemessene und vernünftigerweise zu erwartender Sorgfalt nicht verhindert werden konnte (BFH v. 4.3.1998 XI R 44/97, BFH/NV 1998, 1056). 127

Der Steuerpflichtige hat dabei sein eigenes Verhalten zu verantworten und muss sich das Verhalten seines Vertreters zurechnen lassen, § 110 Abs. 1 Satz 2 AO. Als Vertreter kommen in Betracht:

- **Gesetzliche Vertreter**, die für nicht geschäftsfähige Steuerpflichtige oder Personenvereinigungen deren steuerliche Pflichten zu erfüllen und deren Interessen wahrzunehmen (§ 34 Abs. 1 AO) haben, insbesondere Eltern (§ 1629 BGB), der Vormund (§ 1793 BGB), der GmbH-Geschäftsführer (§ 35 GmbHG) oder der Vorstand der Aktiengesellschaft (§ 78 AktG) und
- **Bevollmächtigte,** durch die sich jeder Steuerpflichtige bei der Erfüllung seiner steuerlichen Pflichten vertreten lassen **kann** (§ 80 Abs. 1 AO), wie z. B. Steuerberater.

BEISPIEL: Ein Vormund vernachlässigt die steuerlichen Angelegenheiten seines Mündels. Der Vormund wird durch einen neuen Vormund ersetzt. Der neue Vormund erhebt nun gegen alle geschätzten Steuerfestsetzungen Einspruch und bittet um Wiedereinsetzung mit der Begründung, sein Mündel treffe kein Verschulden an der Fristversäumung.

Dem Antrag kann nicht entsprochen werden. Zwar kann dem Mündel ein Verschulden nicht vorgeworfen werden, doch das Verschulden des Vormunds gilt als Verschulden des Mündels (§ 110 Abs. 1 Satz 2 AO). Der neue Vormund kann nur im Namen des Mündels privatrechtlich Schadensersatzansprüche gegenüber dem alten Vormund geltend machen.

Setzt der Steuerpflichtige zur Fristwahrung **Hilfspersonen** ein, die **keine Vertreter** sind, handelt der Steuerpflichtige **nur** dann **selbst** schuldhaft, wenn er bei deren Auswahl und Überwachung nicht die erforderliche Sorgfalt aufgewendet hat (ständige Rechtsprechung, vgl. BFH v. 27.7.2010 IX B 174/09 (NV), BFH/NV 2010 S. 2097 m. w. N.). 128

BEISPIELE:

1. Ein Kaufmann bittet seinen fünfjährigen Sohn, auf dem Weg zum Kindergarten einige Briefe, darunter auch ein Einspruchsschreiben, in den nahen Postkasten einzuwerfen. Der Sohn verliert die Briefe. Die Einspruchsfrist wird versäumt.

   Wiedereinsetzung kann nicht gewährt werden. Den Kaufmann trifft ein Auswahlverschulden, weil er eine nicht geeignete Person mit der Aufgabe des Briefes betraut hat.
2. Schulze beauftragt seinen als vertrauenswürdig und gründlich bekannten Buchhalter, im Auftrag der Firma einen Einspruch gegen den Umsatzsteuerbescheid einzulegen. Schulze weist den Buchhalter auf den Fristablauf hin. Trotzdem übersieht der Buchhalter den vorgemerkten Termin und reicht den Einspruch verspätet ein.

   Schulze hat den Buchhalter gut ausgewählt und richtig angeleitet. Ihn trifft daher kein Verschulden. Wiedereinsetzung ist zu gewähren.

Gleiches gilt auch, wenn Vertreter des Steuerpflichtigen sich dritter Personen als **Erfüllungsgehilfen** (vgl. § 278 BGB) bedienen. Auch hier kann nur der Vertreter selbst schuldhaft handeln, wenn er bei Auswahl und Überwachung dieser Personen versagt hat. Dieses schuldhafte Verhalten muss sich wiederum der Steuerpflichtige über § 110 Abs. 1 Satz 2 zurechnen lassen.

129 Für Personen, bei denen die Wahrung von Fristen zu ihrer beruflichen Tätigkeit gehört, z. B. Steuerberater, Rechtsanwälte, kommt es nicht nur darauf an, dass sie ihre Mitarbeiter sorgfältig auswählen und regelmäßig über ihre Pflichten belehren und sie kontrollieren. Sie müssen auch die Organisation ihrer Kanzlei so gestalten, dass Fristen im Regelfall nicht versäumt werden (Kontrolle ein- und ausgehender Schreiben auf einzuhaltende Fristen, Führung entsprechender Überwachungsbücher und schwierige Fristberechnungen ggf. selbst nachprüfen).

BEISPIEL: Ein junger Steuerberater stellt seine erste Bürokraft aufgrund ihrer guten Zeugnisse ein. Er beauftragt sie mit der Fertigung der Reinschrift und der rechtzeitigen Versendung von fristgebundenen Schreiben, bevor er für einige Tage verreist. Aufgrund einer Verwechslung der neuen Bürokraft wird die Einspruchsfrist für einen Zahnarzt versäumt.

Der Steuerberater hat zwar eine grundsätzlich geeignete Person mit der Aufgabe betraut, hätte ihre Arbeit aber jedenfalls in der Anfangszeit genau kontrollieren und auch durch geeignete organisatorische Maßnahmen sicherstellen müssen, dass Fristen nicht versäumt werden. Da er dies versäumt hat, handelte er selbst schuldhaft, was seinem Mandanten als eigenes Verschulden zugerechnet wird. Der Zahnarzt erhält keine Wiedereinsetzung in die versäumte Einspruchsfrist.

Einzelfälle unverschuldeter Verhinderung an der Fristeinhaltung:

(1) **Absendung von fristwahrenden Schreiben**

130 Grundsätzlich darf man die einzuhaltende Frist bis zum letzten Tag ausnutzen, muss aber dafür Sorge tragen, dass der Eingang der Erklärung innerhalb der Frist unter gewöhnlichen Umständen auch gelingt.

Wer einen fristgebundenen Antrag durch die Post befördern lässt, muss den Brief so rechtzeitig aufgeben, dass die Zustellung unter üblichen Bedingungen innerhalb der Frist möglich ist.

Schuldhaftes Verhalten liegt auch vor, wenn der Rechtsbehelf an eine andere als die in der Rechtsbehelfsbelehrung genannte Behörde gerichtet wird.

Dennoch kann im Einzelfall Wiedereinsetzung zu gewähren sein, wenn das fehlgeleitete Schreiben durch ein schuldhaftes Verhalten der Behörde nicht unverzüglich an die zuständige Behörde weitergeleitet wird und es dadurch zu einer verspäteten Einspruchseinlegung kommt.

Die Behörden sind verpflichtet, leicht und einwandfrei als fehlgeleitete fristwahrende Einspruchsschreiben erkennbare Schriftstücke ohne schuldhaftes Zögern weiterzuleiten. Wenn eine Behörde die Weiterleitung aufgrund eines willkürlichen, offenkundig nachlässigen und nachgewiesenen Fehlverhaltens verzögert oder ganz unterlässt, ist trotz fahrlässigen Verhaltens des Steuerpflichtigen Wiedereinsetzung zu gewähren. Dies gebietet Art. 19 Abs. 4 GG, da andernfalls die Beschreitung des Rechtsweges in nicht zumutbarer, aus Sachgründen nicht mehr zu rechtfertigender Weise erschwert würde (vgl. BVerfG v. 2.9.2002, 1 BvR 476/01, BStBl II 2002, 835).

(2) **Empfang von Schreiben**

Wer seinen Briefkasten oder sein Postfach nicht regelmäßig leert oder gar die Annahme von Schreiben verweigert, handelt schuldhaft. 131

BEISPIEL: Ein Steuerberater gibt im Briefkopf seiner Schreiben eine Telefaxnummer an, ohne darauf hinzuweisen, dass ein Dritter Inhaber des Telefaxanschlusses ist.

Der Steuerberater handelt schuldhaft, wenn er nicht sicherstellt, dass Telefaxausdrucke unverzüglich an ihn weitergeleitet werden (vgl. BFH v. 12.12.2012 I R 69/11, BStBl II 2017, 1232 m. w. N.).

Ein der deutschen Sprache nicht mächtiger Ausländer handelt schuldhaft, wenn er sich nicht alsbald darum bemüht, dass ihm der Bescheid und die Rechtsbehelfsbelehrung übersetzt werden (vgl. auch § 87 AO).

(3) **Arbeitsüberlastung**

Die durch Arbeitsüberlastung verursachte Versäumung einer Frist entschuldigt grundsätzlich nicht, da an die Form von Einsprüchen und fristwahrenden Anträgen nur geringe Anforderungen gestellt werden, die jeder ohne großen Zeitaufwand erfüllen kann. Auch persönliche Schwierigkeiten und besondere Lebensumstände ändern daran nichts. Etwas anderes gilt, wenn es dem Steuerpflichtigen **am letzten Tag der Frist** aufgrund einer plötzlich eingetretenen schweren seelischen Belastung (z. B. Unterrichtung über den plötzlichen Unfalltod des Vaters) nicht möglich war, für den Eingang des fristwahrenden Schreibens zu sorgen. 132

(4) **Abwesenheit wegen Urlaubs- und Geschäftsreise**

Bei einer vorübergehenden Abwesenheit von seiner Wohnung muss der Bürger wegen der möglichen Bekanntgabe von Bescheiden keine besonderen Vorkehrungen treffen. Als „vorübergehend" gilt eine Frist von höchstens sechs Wochen. Wer hingegen häufiger abwesend ist, handelt schuldhaft, wenn er keine fristwahrenden Vorkehrungen trifft, hinsichtlich in seiner Abwesenheit zugehender Schreiben. 133

Geschäftsleute (Geschäftsführer etc.) müssen bei längerer Abwesenheit durch geeignete Maßnahmen stets dafür Sorge tragen, dass Fristen gewahrt werden.

Dies gilt für alle, wenn das fristauslösende Schreiben **vor** der Abwesenheit zugeht.

(5) **Ausnutzen von Fristen**

Der Bürger hat das Recht, die vom Gesetz eingeräumten Fristen bis zuletzt auszunutzen, muss aber entsprechende Vorkehrungen treffen, damit die Frist auch gewahrt werden kann. So reicht es nicht aus, ein Einspruchsschreiben erst am letzten Tag der Frist mit der Post zu übermitteln. 134

BEISPIEL: Studienrat Schmitt entschließt sich am letzten Tag der Frist gegen 22 Uhr zum Einspruch gegen den Einkommensteuerbescheid 01. Das Einspruchsschreiben will er persönlich in den Briefkasten des 2 km entfernten FA einwerfen und fährt um 23 Uhr mit seinem Pkw los. Auf der Fahrt zum FA erleidet er einen Verkehrsunfall und wacht erst am nächsten Tag im Krankenhaus auf.

Schmitt war an der Einhaltung der Einspruchsfrist tatsächlich durch seine Verletzungen verhindert. Ein Verschulden liegt nicht vor, weil er die Frist bis zum letzten Tag ausnutzen durfte und unter normalen Umständen die rechtzeitige Anbringung beim FA gelungen wäre. Die Krankheit ist in jedem Fall unverschuldet, auch wenn Herr Schmitt den Unfall verursacht hätte.

(6) **Krankheit**

135 Die Krankheit selbst ist, unabhängig wodurch sie verursacht wurde, stets als unverschuldet anzusehen.

Der Steuerpflichtige ist jedoch nur dann an der Fristeinhaltung **verhindert**, wenn es sich um eine schwere und unvermutete Krankheit handelt, die es ihm unmöglich macht, zu handeln.

BEISPIELE:

1. Ein Fabrikant erhält einen Steuerbescheid. 3 Wochen später verunglückt er schwer und liegt 2 Wochen bewusstlos im Krankenhaus.

   Der Stpfl. darf die Frist bis zum letzten Tag ausnutzen. Er war an der Einhaltung durch schwere und unvermutete Krankheit aber tatsächlich verhindert, diese Frist zu wahren.

2. Ein Beamter erhält seinen Einkommensteuerbescheid. Wenige Tage später erleidet er beim Skifahren einen Beinbruch, weswegen er zunächst eine Woche im Krankenhaus liegt und dann mehrere Wochen zu Hause bleiben muss.

   Der Beamte ist an der Fristwahrung objektiv nicht verhindert, weil es ihm nach seinem Krankenhausaufenthalt möglich war, die Einspruchsfrist einzuhalten (vgl. auch oben Rdn. 126).

(7) **Rechtsirrtum**

136 Ein unverschuldeter Rechtsirrtum kann grundsätzlich nur vorliegen, wenn er sich **auf die Frist selbst oder die Form der** Fristwahrung bezieht, nicht dagegen, wenn sich der Irrtum auf das **materielle Steuerrecht** bezieht.

So kann beim Zugang eines Verwaltungsaktes vor Bescheiddatum ein Rechtsirrtum darin liegen, dass der Steuerpflichtige für die Berechnung der Einspruchsfrist vom Datum des Bescheides und nicht vom davor liegenden Bekanntgabetag ausgeht (BFH 19.3.2013 VIII B 199/11 (NV), BFH/NV 2013 S. 966; BFH v. 20.11.2008 III R 66/07, BStBl II 2009, 185; vgl. auch Rdn. 784).

Wer darüber irrt, ob die Steuer richtig festgesetzt wurde, ist nicht an der Fristwahrung gehindert, denn er lässt in dem Glauben, die Steuer sei richtig festgesetzt, die Frist bewusst verstreichen (BFH v. 14.7.1989 III R 54/84, BStBl II 1989, 1024).

Wer sich in einem Irrtum die Einspruchsfrist betreffend befindet, ist durch seine Fehlvorstellung an deren Einhaltung objektiv gehindert. Eine Wiedereinsetzung ist aber nur bei **unverschuldeter** Verhinderung zu gewähren.

BEISPIEL: Herr Meier wirft bewusst am Tag nach Ablauf der Frist morgens um 7 Uhr (= nach Dienstbeginn) das Einspruchsschreiben in den Briefkasten des FA ein. Er meint, auch wenn er das Schreiben am Vorabend beim Finanzamt eingeworfen hätte, könnte es erst am Folgetag bearbeitet werden.

Hier hat sich der StPfl. schon nicht über die Dauer und die Einhaltung der Einspruchsfrist geirrt, sondern hat sie bewusst überschritten, war also schon nicht verhindert. Eine Wiedereinsetzung kommt daher nicht in Betracht.

(8) **§ 126 Abs. 3 AO**

136/1 als gesetzlich geregelter Fall unverschuldeten Versäumens der Einspruchsfrist:

Voraussetzung ist, dass das Finanzamt einem Verwaltungsakt die erforderliche Begründung nach § 121 Abs. 1 AO nicht beigefügt oder die erforderliche Anhörung eines am

Besteuerungsverfahren Beteiligten nach §§ 91 Abs. 1 Satz 2, 78 AO unterlassen hat und **gerade dadurch** die rechtzeitige Anfechtung versäumt wurde (vgl. auch Rdn. 297).

BEISPIEL: Das FA weicht bei der Feststellung des Gewinnes einer OHG wesentlich von der Erklärung zur gesonderten Feststellung ab, ohne die vom Bescheid betroffenen Gesellschafter vor Erlass des Feststellungsbescheides zu verständigen. Dem Bescheid wird eine Begründung für die Abweichung nicht beigefügt. Die Einspruchsfrist verstreicht. Einige Zeit später bemerkt ein Gesellschafter, dass der Gewinn vom FA zu hoch festgestellt wurde. Er erfährt nach Anfrage vom FA, dass bestimmte Betriebsausgaben nicht anerkannt wurden. Nun legt die OHG – vertreten durch den Gesellschafter – Einspruch ein.

Das FA wich von der Feststellungserklärung zu Lasten der Gesellschafter der OHG ab, ohne einem Gesellschafter der OHG vorher Gelegenheit zur Äußerung gegeben zu haben (§ 91 Abs. 1 AO) und hat auch im Feststellungsbescheid keine Begründung für die Abweichung von der Erklärung beigefügt (§ 121 AO). Da die Gesellschafter infolge des Versäumnisses des FA davon ausgehen konnten, dass die Feststellungen der Erklärung entsprachen, haben sie auf die rechtzeitige Anfechtung des Feststellungsbescheides verzichtet und waren daher an der Einhaltung der Einspruchsfrist unverschuldet verhindert, § 126 Abs. 3 AO.

Variante:

Hätte das FA zwar die vorherige Anhörung unterlassen, aber im Feststellungsbescheid auf die Abweichung von der Erklärung hingewiesen, wäre der Verstoß gegen die vorherige Anhörung als Verfahrensverstoß nicht ursächlich für die Fristversäumung, eine Wiedereinsetzung daher abzulehnen.

5.4.2.4 Antrag auf Wiedereinsetzung bzw. Nachholung der versäumten Rechtshandlung

Der im Gesetz geforderte Wiedereinsetzungsantrag ist entbehrlich, wenn der Steuerpflichtige die versäumte Rechtshandlung (Einspruch, Antrag auf Veranlagung etc.) innerhalb der Wiedereinsetzungsfrist nachholt (vgl. § 110 Abs. 2 Satz 4 AO). Zwar entscheidet die Behörde regelmäßig aufgrund eines Antrages, kann aber auch von Amts wegen Wiedereinsetzung gewähren, wenn ihr auf andere Weise Gründe für eine Wiedereinsetzung bekannt werden. 137

5.4.2.5 Glaubhaftmachen der Wiedereinsetzungsgründe

Das Finanzamt kann Wiedereinsetzung in den vorigen Stand jedoch nur gewähren, wenn ihm vom Steuerpflichtigen die Gründe für die Versäumung glaubhaft dargelegt werden, § 110 Abs. 2 Satz 2 AO. Es sind danach Tatsachen vorzutragen, nach denen der geschilderte Geschehensablauf als wahrscheinlich angenommen werden kann. 138

Im Zweifel haben der Steuerpflichtige bzw. sein Vertreter entsprechende Urkunden vorzulegen, Zeugen zu benennen oder eine eidesstattliche Versicherung nach § 95 AO abzugeben.

5.4.2.6 Wahrung der Wiedereinsetzungsfrist, Jahresfrist

139 Die Wiedereinsetzung ist in doppelter Weise befristet:

Innerhalb **eines Monats** nach Wegfall des Hindernisses sind die für die Wiedereinsetzung wesentlichen Tatsachen dem Finanzamt darzulegen. Nach Ablauf der Frist können unvollständige oder unklare Angaben erläutert, aber keine Wiedereinsetzungsgründe nachgeschoben werden (BFH v. 13.9.2012 XI R 13/12 (NV), BFH/NV 2013 S. 60). Die versäumte Rechtshandlung nachzuholen (§ 110 Abs. 2 Satz 1, 3 AO).

Diese Wiedereinsetzungsfrist ist ihrerseits wiedereinsetzungsfähig, vgl. Rdn. 124.

Nach Ablauf **eines Jahres** vom Ende der versäumten Frist an kann Wiedereinsetzung in den vorigen Stand nicht mehr beantragt bzw. die versäumte Handlung nicht mehr nachgeholt werden (§ 110 Abs. 3 AO). Eine Ausnahme ist nur zugelassen im Falle höherer Gewalt.

BEISPIEL: Ein Rechtsanwalt hat eine bisher stets zuverlässige Kanzleikraft am 10. 5. damit beauftragt, unbedingt noch am selben Tag (letzter Tag der Einspruchsfrist) ein Einspruchsschreiben für seinen Mandanten beim FA einzuwerfen. Die Kanzleikraft verlegt den Brief und scheut sich, dem Rechtsanwalt ihr Missgeschick mitzuteilen. Am 25. 9. erfährt der Anwalt bei einem Telefongespräch mit dem FA, dass das Einspruchsschreiben dort nie eingegangen ist. Wegen Urlaubs kommt der Anwalt erst am 25. 10. dazu, ein neues Einspruchsschreiben mit Wiedereinsetzungsantrag fertig zu stellen. Als er selbst abends diesen Schriftsatz zum FA bringt, wird er in einen Verkehrsunfall verwickelt und infolge seiner Verletzungen erst am 27. 10. aus dem Krankenhaus entlassen. Was muss der Anwalt veranlassen?

Die mit Ablauf des 10. 5. endende Einspruchsfrist als gesetzliche, vom Steuerpflichtigen einzuhaltende und nicht verlängerbare Frist (§ 355 Abs. 1 AO) wurde versäumt. Der Anwalt war an der Fristeinhaltung objektiv gehindert, da seine Angestellte den Auftrag nicht ausgeführt hat.

Ein dem Mandanten zurechenbares Verschulden seines Anwalts als Bevollmächtigten und damit Vertreters liegt nicht vor, § 110 Abs. 1 Satz 2 AO. Er hat eine zuverlässige Angestellte mit dem Einwerfen des Briefes beauftragt und ist damit seinen Auswahl- und Organisationspflichten nachgekommen.

Die Frist für die Wiedereinsetzung begann mit Ablauf des 25. 9. (§ 110 Abs. 2 Satz 1 AO), da der Anwalt erst von diesem Tag an wusste, dass das Einspruchsschreiben beim FA noch nicht eingegangen war. Mit dem Tag der Kenntnisnahme war das Hindernis für seine Untätigkeit beseitigt. Die Frist endete daher mit Ablauf des 25. 10.

Da der Anwalt am 25. 10. auf dem Weg zum FA verunglückte und das Einspruchsschreiben daher nicht rechtzeitig beim FA einging, wurde die Wiedereinsetzungsfrist (§ 110 Abs. 2 Satz 1 AO) versäumt. Infolge seiner Verletzungen war der Anwalt verhindert, die Wiedereinsetzungsfrist einzuhalten. An den Verletzungen trifft ihn kein Verschulden, selbst wenn der Anwalt als Autofahrer den Unfall schuldhaft herbeigeführt hätte. Bei normalem Geschehensablauf wäre ihm die Einhaltung der Wiedereinsetzungsfrist gelungen, da er sie bis zuletzt ausnutzen darf und bezüglich der Einhaltung die erforderliche Sorgfalt aufgewendet hat. Die Wiedereinsetzungsfrist in die versäumte Wiedereinsetzung beginnt mit Ablauf des 27. 10. An dem Tag der Entlassung aus dem Krankenhaus fällt das Hindernis für die Einreichung des Wiedereinsetzungsantrages weg. Die Frist endet mit Ablauf des 27. 11. Spätestens bis dahin müssen der ursprüngliche Einspruch, der erste Wiedereinsetzungsantrag und eine Darstellung der die Wiedereinsetzung begründenden Tatsachen (Unfall und Krankenhausaufenthalt) beim FA eingehen.

Variante: Was wäre, wenn der Anwalt erst nach dem 10. 5. des Folgejahres den Wiedereinsetzungsantrag gestellt hat, weil er erst kurz vorher von dem Missgeschick seiner Kanzleikraft erfahren hat?

Da seit dem Ende der versäumten Einspruchsfrist bereits die Jahresfrist nach § 110 Abs. 3 AO verstrichen ist, kann eine Wiedereinsetzung trotz Vorliegen der übrigen Voraussetzungen nicht mehr gewährt werden.

5.4.3 Verfahren

Über den Antrag auf Wiedereinsetzung entscheidet die Behörde, die über die versäumte Rechtshandlung zu befinden hat (§ 110 Abs. 4 AO). 140

Wenn die Einspruchsfrist versäumt wurde, befindet das für die Einspruchsentscheidung zuständige Finanzamt im Rahmen des Einspruchs über die Wiedereinsetzung (§ 367 Abs. 1 Satz 1 AO). Liegen die Voraussetzungen für eine Wiedereinsetzung vor, ist der Einspruch fristgerecht und sofern die übrigen Zulässigkeitsvoraussetzungen vorliegen, wird über die Sache selbst entschieden. Fehlt es an den Voraussetzungen für eine Wiedereinsetzung, ist der Einspruch verfristet und damit als unzulässig zu verwerfen (§ 358 AO). Die Entscheidung über den Wiedereinsetzungsantrag ist nicht selbständig anfechtbar (BFH v. 26.10.1989 IV R 82/88, BStBl II 1990, 277).

BEISPIEL: Ein Arbeitnehmer reicht am 10.1.04 einen Antrag auf Veranlagung für 01 beim Finanzamt ein. Gleichzeitig bittet er wegen beruflicher Überlastung um Wiedereinsetzung.

Der Arbeitnehmer hat die Antragsfrist nach § 46 Abs. 2 Nr. 8 Satz 2 EStG als wiedereinsetzungsfähige Frist versäumt. Trotz beruflicher Überlastung war ihm die Antragstellung zuzumuten, er war daher nicht unverschuldet an der Fristeinhaltung gehindert. Das FA wird den Antrag auf Veranlagung ablehnen.

Der Arbeitnehmer kann sich nicht gegen die Ablehnung der Wiedereinsetzung als solche wenden, sondern muss gegen den die Veranlagung ablehnenden Verwaltungsakt Einspruch einlegen (§ 347 Abs. 1 Nr. 1, Abs. 2 AO).

(Einstweilen frei) 141–150

5.5 Kontrollfragen

FRAGEN

		Rdn.
1.	Was unterscheidet Fristen von Terminen?	111 f.
2.	Was unterscheidet behördliche von gesetzlichen Fristen?	113 f.
3.	Um welche Art von Frist handelt es sich bei der - Einspruchsfrist nach § 355 Abs. 1 Satz 1 AO, - der Stundung der am 30. 9. fälligen Säumniszuschläge bis zum 30. 10., - die Festsetzungsverjährungsfrist nach § 169 Abs. 2 Satz 1 Nr. 1 AO?	113 ff.
4.	Auf welche Zugangsfiktionen zur Bekanntgabe ist § 108 Abs. 3 AO entsprechend anzuwenden?	120
5.	Wann endet die Einspruchsfrist für einen am Donnerstag, 23.3.06 zur Post gegebenen, mit einer zutreffenden Rechtsbehelfsbelehrung versehenen Einkommensteuerbescheid?	121

6.	Was sind die Voraussetzungen für eine Wiedereinsetzung in den vorigen Stand?	123
7.	Handelt es sich bei § 356 Abs. 2 Satz 1 AO um eine wiedereinsetzungsfähige Frist?	125
8.	Wessen Verschulden ist bei der Wiedereinsetzung von Bedeutung?	127 - 136
9.	Wann handeln der Steuerpflichtige bzw. sein Vertreter schuldhaft?	127 - 136
10.	Welchen gesetzlich geregelten Fall fehlenden Verschuldens enthält die Abgabenordnung?	136
11.	Muss der Antrag auf Wiedereinsetzung in jedem Fall gestellt werden?	137
12.	Inwieweit ist die Wiedereinsetzung befristet?	139
13.	Wie ist über die Wiedereinsetzung in die versäumte Einspruchsfrist zu entscheiden?	140

DOWNLOAD

Lösungen zu den Kontrollfragen s. online-Version.

KAPITEL 6: STEUERLICHES ERMITTLUNGSVERFAHREN

Kapitel 6: Steuerliches Ermittlungsverfahren

Schaubild 6

Steuerliches Ermittlungsverfahren

Besteuerungsgrundsätze

Gesetzmäßigkeit (Art. 20 Abs. 3 GG) und Gleichmäßigkeit (Art. 3 Abs. 3 GG) der Besteuerung, § 85 AO
= gesetzliche Grundlage für Geltendmachen von Ansprüchen und relativ gleichmäßige – nicht willkürliche – Inanspruchnahme

Untersuchungsgrundsatz, § 88 AO
Umfang wird vom Grundsatz der Zumutbarkeit und Verhältnismäßigkeit bestimmt und ergänzt bzw. begrenzt von den Mitwirkungspflichten

Beratung, Auskunft, § 89 AO
nur über im Verfahren bestehende Rechte und Pflichten

Anhörung, § 91 AO
aus Grundsatz des rechtlichen Gehörs, Art. 103 Abs. 1 GG (heilbarer Verstoß, § 126 Abs. 1 Nr. 3 AO)

Beweismittel, § 92 AO
Grundsatz der freien Beweiswürdigung (ggf. Schätzung, § 162 AO)

Beweislast
- trägt Behörde bei steuerbegründenden und -erhöhenden Tatsachen
- trägt Stpfl. bei steuerbefreienden, -mindernden bzw. -aufhebenden Tatsachen

Mitwirkungspflichten der Beteiligten und anderer Personen

Begriff des Beteiligten
nach § 78 Nr. 2 AO Adressat des VA (bei fehlender Handlungsfähigkeit nach § 79 AO auch der gesetzliche Vertreter nach § 34 AO)

Rechtsfolgen für den Beteiligten
- er kann sich vertreten lassen (§ 80 AO)
- darf für FA nicht tätig werden (§ 82 ff. AO)
- hat ein Anhörungsrecht (§ 91 AO)

→ **Arten der Mitwirkungspflichten**

Auskunft, Vorlage von Urkunden
§§ 93, 97 AO

Verstärkung durch
- eidliche Vernehmung bei Dritten, § 94 AO
- Versicherung an Eides statt bei Beteiligten, § 95 AO

Auskunfts- und Vorlageverweigerungsrechte, §§ 101 – 104 AO

§§ 101, 15, 104 AO	*§§ 102, 104 AO*	*§§ 103, 104 AO*
aus persönlichen Gründen als Angehöriger eines Beteiligten	*für Berufsträger mit besonderem Vertrauensverhältnis*	*kein Zwang zur Selbstbezichtigung bei Verfolgungsgefahr wg. Straftat, OWi*
soweit nicht selbst beteiligt bzw. für Beteiligten zur Auskunft verpflichtet	nur für Tatsachen, die in Eigenschaft als Berufsträger bekannt geworden sind für Gehilfen des Berufsträgers § 102 Abs. 2 AO kein Verweigerungsrecht nach Entbindung von Verpflichtung § 102 Abs. 3 AO	soweit nicht selbst bzw. für Beteiligten zur Auskunft verpflichtet
Pflicht zur Belehrung über Auskunftsverweigerungsrecht, § 101 Abs. 1 Satz 2 AO	keine Belehrungspflicht	Pflicht zur Belehrung über Auskunftsverweigerungsrecht § 103 Satz 2 AO

Steuererklärung

WER
gesetzliche Verpfl., § 149 Abs. 1 Satz 1 AO und EinzelsteuerG bzw. nach Aufforderung durch Behörde § 149 Abs. 1 Satz 2 AO
§ 149 Abs. 3 – 6 AO, sofern zur Erstellung von Erklärungen Beauftragte i. S. d. §§ 3 u. 4 StBuG vorliegen

WIE
Form, Inhalt, §§ 150, 151 AO

WANN
§ 149 Abs. 2 Satz 1 AO bzw. nach EinzelsteuerG verlängerbare Frist, § 109 AO

Berichtigungspflicht, § 153 AO

Schätzung von Besteuerungsgrundlagen, § 162 AO

spezielle Verstoßfolge Festsetzung Verspätungszuschlag § 152 AO

Sonstige

Mitteilung nach § 93a AO

Anzeige nach § 136 – 139 AO

Buchführungs- und Aufzeichnungspflichten§ 140 ff. AO
- ggf. Bestandteil der Steuererklärung vgl. z. B. § 60 EStDV
- Beweiskraft, § 158 AO

Weitere, §§ 135, 200, 211 AO

→ Alle durch Verwaltungsakt konkretisierte Mitwirkungspflichten können nach §§ 328 ff. AO vollstreckt werden

Literaturhinweis: Lehrbuch Abgabenordnung, Rdn. 151 ff.

151 Das Ermittlungsverfahren und das Steuerfestsetzungsverfahren bilden zusammen das **Veranlagungsverfahren**. Die Ermittlung der Besteuerungsgrundlagen gehört neben der Festsetzung des Steueranspruches zu den wichtigsten Teilen des Besteuerungsverfahrens.

Besteuerungsgrundlagen (§ 199 Abs. 1 AO) sind die Tatsachen eines Lebenssachverhaltes, die unter den abstrakten Steuertatbestand des Gesetzes subsumiert (vgl. Rdn. 48) werden können, z. B. Gewinn, Ertrag, Umsatz. Im Ermittlungsverfahren hat die Finanzbehörde unter Beachtung der Besteuerungsgrundsätze die Besteuerungsgrundlagen zu ermitteln.

6.1 Besteuerungsgrundsätze

6.1.1 Untersuchungsgrundsatz

152 Während Verfahren vor den Finanzgerichten nur auf Verlangen der Kläger vor allem durch Erhebung von Klagen (vgl. Rdn. 865 ff.) beginnen, eröffnen die Finanzbehörden Ermittlungsverfahren von Amts wegen (§ 86 AO). Dabei handeln sie im Rahmen ihres pflichtgemäßen Ermessens (§ 5 AO). Dies bedeutet, dass sie Verfahren nicht „ins Blaue hinein" eröffnen, sondern dass ein konkreter Ermittlungsanlass vorliegt. Reicht der Steuerpflichtige Erklärungen mit steuererheblichen Sachverhalten ein, so liegt ein Ermittlungsanlass ohne weiteres vor.

BEISPIELE: Das FA wertet Chiffre-Anzeigen in einer Zeitschrift aus, in denen Grundstücke im Ausland zum Kauf angeboten werden. Der Verleger weigert sich, die Inserenten zu benennen u. a. deswegen, weil das FA „ins Blaue hinein" ermittelt habe.

Die höchstrichterliche Rechtsprechung bejaht einen hinreichenden Ermittlungsanlass, da bei dem Erwerb ausländischer Grundstücke durch Inländer nach allgemeinem Erfahrungssatz die Anlage unversteuerter Gelder nicht ausgeschlossen werden könne (ständige Rechtsprechung, vgl. zuletzt BFH v. 12.5.2016 II R 17/14, BStBl II 2016, 822).

Im Rahmen eines eröffneten Ermittlungsverfahrens richten sich die Befugnisse des Finanzamtes nach § 88 AO, der die Art und Weise der Ermittlungen in das pflichtgemäße Ermessen (§ 5 AO) des Finanzamtes stellt. Danach ergeben sich folgende Grundsätze:

- Das Finanzamt ist nicht an das Vorbringen und die Beweisanträge der Beteiligten gebunden.
- Das Finanzamt hat Ermittlungen gegebenenfalls auch zugunsten des Steuerpflichtigen durchzuführen (§ 88 Abs. 2 AO).
- Zur Gewährleistung des zeitnahen und gleichmäßigen Vollzugs der Steuergesetze können Weisungen der obersten Finanzbehörden nach § 88 Abs. 3 AO erteilt werden.
- Für eine gleichmäßige und gesetzesmäßige Steuerfestsetzung können die Finanzbehörden Risikomanagementsysteme einsetzen, § 88 Abs. 5 AO.

153 Darüber hinaus legt § 89 AO den Finanzbehörden **Beratungs- und Auskunftspflichten** auf, die sich aus der Fürsorgepflicht gegenüber dem Steuerpflichtigen ergeben. Diese Pflichten betreffen Anträge und Erklärungen der Steuerpflichtigen, die sich bei einem

bestimmten Sachverhalt aufdrängen. Ansonsten hat sich der Steuerpflichtige über Steuervergünstigungen und ihre formellen Voraussetzungen selbst zu unterrichten, gegebenenfalls durch Rückfrage bei den Finanzämtern. Die Verpflichtung der Finanzbehörden nach § 89 Abs. 1 Satz 2 AO betrifft allerdings nur Verfahrensvorschriften.

BEISPIEL: ▸ Das FA hat den Stpfl. bei schuldloser Fristversäumnis auf die Möglichkeit eines Antrages auf Wiedereinsetzung in den vorigen Stand nach § 110 AO hinzuweisen.

Auf die Erteilung sonstiger Rechtsauskünfte, die etwa materielle Ansprüche des Steuerpflichtigen betreffen, besteht grundsätzlich kein Anspruch (vgl. aber Rdn. 745 ff., verbindliche Zusagen bzw. Auskünfte in besonderen Fällen).

6.1.1.1 Betriebsnahe Veranlagung

Das Recht der Finanzämter, im Rahmen des pflichtgemäßen Ermessens eine betriebsnahe Veranlagung (sog. BNV) durchzuführen, ergibt sich aus den Vorschriften des steuerlichen Ermittlungsverfahrens, §§ 85 ff. AO. Sie sind Teil des Steuerfestsetzungsverfahrens, wenn sie mit Einverständnis des Steuerpflichtigen ohne Prüfungsanordnung beim Steuerpflichtigen durchgeführt werden. Erfolgt allerdings eine betriebsnahe Veranlagung mit Prüfungsanordnung, handelt es sich um eine abgekürzte Außenprüfung im Sinne von § 203 AO (vgl. dazu AEAO zu § 85 Nr. 3, sowie BFH v. 8.7.2009 XI R 64/07, BStBl II 2010 4; BFH v. 6.7.1999 VIII R 17/97, in BStBl II 2000, 306). 154

6.1.1.2 Grenzen des Untersuchungsgrundsatzes

Der Untersuchungsgrundsatz findet seine Grenze in der Mitwirkungspflicht der Beteiligten (§ 90 AO). Danach dürfen die Behörden grundsätzlich von der vollständigen und wahrheitsgemäßen Erklärung des Steuerpflichtigen ausgehen. Ihre Pflicht, steuererhebliche Sachverhalte aufzuklären, verletzen die Finanzbehörden nur, wenn sie Tatsachen oder Beweismittel außer Acht lassen oder Zweifelsfragen nicht nachgehen, die offenkundig waren. Sie sind dagegen nicht verpflichtet, die Sachverhalte auf alle möglichen Ausnahmen hin zu erforschen. Nach dem **Verhältnismäßigkeitsgrundsatz** ist vielmehr abzustellen auf das Verhältnis des Arbeitsaufwandes zum steuerlichen Erfolg. 155

6.1.1.3 Beweislast

Die AO legt dem Steuerpflichtigen keine **Beweisführungslast** auf, dergestalt, dass er etwa verpflichtet wäre, die seinen Anträgen und Erklärungen zugrunde liegenden Tatsachen zu beweisen. Es ist daher ohne Weiteres denkbar, dass das Finanzamt z. B. aufgrund der gesamten Würdigung des Sachverhaltes zugunsten des Steuerpflichtigen den Abzug von Werbungskosten bei Einkünften aus nichtselbständiger Tätigkeit zulässt, ohne dass der Steuerpflichtige deren Entstehen beweisen konnte. 156

Dennoch gibt es Fälle, in denen Sachverhaltsfeststellung und Beweiswürdigung durch das Finanzamt zu keinem eindeutigen Ergebnis führen. Es taucht dann die Frage auf, zu wessen Lasten diese Beweisnot geht. In diesen Fällen kennt auch das Steuerrecht eine **objektive Beweislast** (ständige Rechtsprechung, vgl. BFH v. 20.3.1987 III R 172/82, BStBl II 1987, 679

- Bei steuerbegründende bzw. steuererhöhende Tatsachen hat der Steuergläubiger (Finanzbehörde) die Folgen der Unaufklärbarkeit zu tragen
- Bei steuerbegünstigenden Tatsachen muss der Steuerpflichtige die Folgen der Unaufklärbarkeit tragen

BEISPIEL: Das FA korrigierte in 05 den bestandskräftigen ESt-Bescheid 03 des Arndt nach § 173 Abs. 1 Nr. 1 AO. Aufgrund einer Kontrollmitteilung hatte es erfahren, dass Arndt in 03 Einkünfte aus einem privaten Veräußerungsgeschäft erzielt hat. Im Einspruchsverfahren gegen den Korrekturbescheid trug Arndt vor, er habe mit seiner ESt-Erklärung 03 Unterlagen eingereicht, aus denen sich bei gehöriger Ermittlung durch das FA bereits damals diese Einkünfte ergeben hätten. Da das FA seiner Ermittlungspflicht nach § 88 AO nicht entsprechend nachgekommen sei, hätten diese Einkünfte nach der Rechtsprechung des BFH (BFH v. 12.10.1994 XI R 75/93, BStBl II 1995, 289) nicht mehr berücksichtigt werden dürfen. Er habe die zugeflossenen Einnahmen nicht für steuerpflichtig gehalten. Die Unterlagen habe ihm das FA nach Abschluss der Veranlagung 03 zurückgereicht. Es ist nicht mehr feststellbar, ob der Stpfl. diese Unterlagen bei der Erstveranlagung wirklich vorgelegt hatte.

In Fällen dieser Art sind nach BFH die Grundsätze der Beweislast anzuwenden. Für die Frage, ob die Tatsache „neu" im Sinne von 173 AO war, trägt das FA die Beweislast, da sie steuererhöhend wirkt. Dies ist hier unstrittig. Soweit es um die Frage geht, ob die Unterlagen dem FA bei der Erstveranlagung wirklich vorlagen, trägt der Stpfl. einen Sachverhalt vor, der sich zu seinen Gunsten auswirkt. Deshalb trifft ihn hierzu die Beweislast. Da nicht mehr feststellbar ist, ob die Unterlagen bei der Erstveranlagung vorlagen, muss Arndt die Folgen der Beweislosigkeit tragen (BFH v. 21.4.1988 IV R 200/85, BFH/NV 1989, 172, BStBl II 1988, 599).

In einigen Vorschriften stellt in diesem Zusammenhang die AO Regeln für bestimmte Konfliktsituationen auf:

► **Nachweis der Treuhandschaft (§ 159 AO)**

157 Beruft sich ein Inhaber von Rechten oder ein Besitzer von Sachen auf ein Treuhand- oder ähnliches Verhältnis, so hat er dessen Bestehen nachzuweisen. Gelingt ihm dies nicht, so sind ihm regelmäßig die Rechte bzw. Sachen zuzurechnen. Hierbei sind die Vorschriften über das Auskunftsverweigerungsrecht (§ 102 AO) zu beachten (§ 159 Abs. 2 AO). Das Auskunftsverweigerungs-recht erstreckt sich grundsätzlich nicht auf die Vorlage von Wertsachen, Urkunden, Geschäftsbüchern und sonstigen Aufzeichnungen, soweit sie für den Beteiligten aufbewahrt werden (§ 104 Abs. 2 AO).

► **Benennung von Gläubigern und Zahlungsempfängern (§ 160 AO)**

158 Zur Verhinderung von Steuerausfällen haben Steuerpflichtige, sofern sie den Abzug irgendwelcher Ausgaben (z. B. Betriebsausgaben, Werbungskosten) beantragen, die Gläubiger oder Empfänger genau zu bezeichnen. Selbst wenn das Finanzamt überzeugt ist, dass der Steuerpflichtige Aufwendungen der genannten Art tatsächlich hatte, ist deren steuerliche Berücksichtigung grundsätzlich zu versagen, wenn der Steuerpflichtige der Aufforderung des Finanzamtes nicht nachkommt, den Gläubiger oder Empfänger zu benennen.

BEISPIELE:

1. Arnold hat ein Unternehmen in München. Über die Domizilgesellschaft Intercom S.A. in Liechtenstein erhält er ein Darlehen in Höhe von 10 Mio. Franken. Die Zinsen von 16 % verbucht Arnold als Betriebsausgaben. Das FA hat Zweifel, ob es sich bei dem Darlehen um Gelder Arnolds handelt und fordert ihn auf, die hinter der Intercom stehenden Geldgeber genau zu benennen. Daraufhin benennt Arnold den Geschäftsführer der Intercom, Mario Gotti. Über das Bundeszentralamt für Steuern stellt das FA fest, dass Gotti Geschäftsführer von 88 Domizilgesellschaften ist.

   Nach ständiger Rechtsprechung des BFH ist der Empfänger der Zinsen nicht „genau" benannt, wenn bei Domizilgesellschaften nur der Geschäftsführer genannt wird. Bei solchen Gesellschaften müssen vielmehr die Hintermänner angegeben werden, die hinter der Gesellschaft als Geldgeber stehen (AEAO zu § 160 Nr. 3).

2. Köhler ist Altmetallhändler. Er kaufte von verschiedenen Kunden Altmetall an. Die Zahlungen an die Kunden betrugen in 04 zwischen 1 000 und 10 000 €. In seinen Aufzeichnungen hatte Köhler deren Namen und seine Zahlungen vermerkt. Identitätsprüfungen hatte er nicht vorgenommen. Bei einer Außenprüfung stellte sich heraus, dass bei vielen Kunden die aufgezeichneten Namen und Anschriften falsch waren. Das Finanzamt richtete an Köhler ein Benennungsverlangen. Dem konnte der Stpfl. nicht nachkommen, da ihm diese Kunden unbekannt waren. Daraufhin lässt das FA die gesamten Zahlungen an die Kunden mit den fingierten Namen wegen § 160 AO nicht zum Abzug als Betriebsausgaben zu.

   Dem FA kommt bei Anwendung des § 160 AO ein zweifaches Ermessen (§ 5 AO) zu:

   Es hat zuerst zu prüfen, ob und inwieweit es Ausgaben, bei denen der Empfänger nicht benannt ist, zum Abzug zulässt. Ein Benennungsverlangen ist grundsätzlich zulässig, wenn davon auszugehen ist, dass die Empfänger der Ausgaben den Bezug zu Unrecht nicht versteuert haben. Dies ist vorliegend der Fall, wenn die aufgezeichneten Namen falsch sind. Das Benennungsverlangen darf nicht unverhältnismäßig sein, also nicht außer Verhältnis zum beabsichtigten Aufklärungserfolg stehen. Dies kann bei geringfügigen Steuernachforderungen bei den Empfängern der Fall sein. Bei den Zahlungen in der Größenordnung von 1 000 bis 10 000 € handelt es sich nicht um geringfügige Steuernachforderungen. Eine Identitätsprüfung bei der Auszahlung der Beträge an die Lieferanten ist nicht unzumutbar.

   Ist ein Benennungsverlangen ermessensgemäß, so ist in der zweiten Stufe der Ermessensanwendung zu prüfen, in welcher Höhe die Betriebsausgaben nicht abzugsfähig sind. § 160 AO hat den Zweck, Steuerausfälle beim Empfänger der geltend gemachten Aufwendungen zu vermeiden, aber nicht zulässige Steuereinnahmen zu erschließen. Da die Empfänger nicht benannt werden, können die Steuerausfälle nur geschätzt werden. Im vorliegenden Fall kann etwa nicht davon ausgegangen werden, dass die Empfänger die Zahlungen mit dem Spitzensteuersatz zu versteuern haben. Ungewissheiten, die sich daraus ergeben, dass die genauen Steuerausfälle nicht geschätzt werden können, muss sich Köhler allerdings zurechnen lassen. Dies bedeutet im Ergebnis, dass die Zahlungen an diese Lieferanten nur zum Teil als Betriebsausgaben berücksichtigt werden können. Da das FA die Zahlungen insgesamt nicht zum Abzug zugelassen hat, ist seine Entscheidung rechtswidrig (BFH v. 10.3.1999 XI R 10/98, BStBl II 1999, 434).

Erfolgen Zahlungen an **ausländische Empfänger**, so kann das Finanzamt auf einen Empfängernachweis verzichten, wenn die Zahlung im Rahmen eines üblichen Handelsgeschäftes erfolgte, der Geldbetrag tatsächlich in das Ausland geflossen ist und der Empfänger nicht der deutschen Steuerpflicht unterliegt (AEAO zu § 160 Nr. 4). Bei Zahlungen dieser Art in das Ausland kann es nicht zu Steuerausfällen kommen. Dies gilt dann nicht, wenn es sich um Gelder im Rahmen des § 4 Abs. 5 Nr. 10 EStG handelt.

6.1.2 Gesetzmäßigkeit der Besteuerung

159 Die Finanzbehörden haben die Steuern nach Maßgabe der Gesetze festzusetzen (§ 85 Satz 1 AO). Der Grundsatz der Gesetzmäßigkeit der Besteuerung, der sich auch aus Art. 20 Abs. 3 GG ergibt, gebietet, nach dem Gesetz entstandene Steueransprüche geltend zu machen und verbietet Verträge bzw. Vergleiche über Steueransprüche.

6.1.3 Gleichmäßigkeit der Besteuerung

160 Die Finanzbehörden haben die Steuern gleichmäßig festzusetzen (§ 85 Satz 1 AO). Der Grundsatz der Gleichmäßigkeit der Besteuerung, der aus Art. 3 Abs. 1 GG abgeleitet werden kann, verbietet willkürliche Unterschiede bei der Festsetzung und Erhebung von Steuern. Dabei ist zu beachten, dass nicht eine absolut gleichmäßige steuerliche Belastung aller Steuerpflichtigen gewollt ist, sondern eine relativ gleichmäßige.

BEISPIEL: ▸ Der progressive ESt-Tarif verstößt nicht gegen den Gleichheitsgrundsatz; denn dieser wie der soziale Rechtsstaat erfordern geradezu, dass jeder nach seiner Leistungsfähigkeit besteuert wird.

Schließlich widersprechen auch **Typisierungen** und **Pauschalierungen** grundsätzlich nicht dem Gleichheitsgrundsatz. Beide Institute gehen davon aus, dass die Ermittlungspflicht der Verwaltung und die Aufklärungspflicht des Steuerpflichtigen nicht auf alle Einzelheiten erstreckt werden können, sondern eine Anlehnung an typische Durchschnittsfälle stattfindet. Hier tritt in zulässiger Weise die individuelle hinter der generellen Gleichmäßigkeit zurück.

BEISPIEL: ▸ Bei Dienstreisen in das Ausland können die Mehraufwendungen für Verpflegung ohne Einzelnachweis in Höhe bestimmter Pauschbeträge als Werbungskosten anerkannt werden (R 9.6 Abs. 3 LStR).

Es ist für die Verwaltung und den Stpfl. unzumutbar, genau zu ermitteln, wie hoch der Mehraufwand tatsächlich ist. Daher werden „typische Beträge" für den Verpflegungsmehraufwand angesetzt.

6.1.4 Rechtliches Gehör

161 **Bevor** durch einen Verwaltungsakt in die Rechte eines Beteiligten eingegriffen wird, soll diesem Gelegenheit zur Äußerung gegeben werden (§ 91 Abs. 1 AO). Dieser Grundsatz ist in Art. 103 Abs. 1 GG nur für gerichtliche Verfahren vorgeschrieben, gilt aber nach allgemeiner Meinung auch für das Verwaltungsverfahren. Durch das Wort „soll" wird zum Ausdruck gebracht, dass in Ausnahmefällen von diesem Grundsatz abgewichen werden kann (§ 91 Abs. 2, 3 AO).

BEISPIEL: ▸ Das FA gibt einen automatisierten ESt-Bescheid bekannt, wobei es in der Erläuterungsspalte mitteilt, dass bestimmte Werbungskosten nicht anerkannt worden sind.

Hier liegt ein Verstoß gegen den Grundsatz des rechtlichen Gehörs vor (§ 91 Abs. 1 Satz 2 AO). Aus Gründen der Rechtsstaatlichkeit werden Fälle dieser Art gerade nicht von § 91 Abs. 2 Nr. 4 AO erfasst. Dieser Verstoß ist allerdings nach § 126 Abs. 1 Nr. 3, Abs. 2 AO heilbar (vgl. Rdn. 296).

Das Anhörungsrecht besteht im Übrigen nur bezüglich der Tatsachen, die für die Entscheidung maßgeblich sind. § 91 AO begründet keinen Anspruch auf ein Rechtsgespräch.

6.2 Mitwirkungspflichten der Bürger

Damit das Finanzamt seiner Aufgabe, die steuerpflichtigen Fälle zu ermitteln, gerecht 162
werden kann, bedarf es der Mithilfe der Beteiligten sowie anderer dritter Personen. Diesen Personen sind daher in der AO eine Fülle von Pflichten auferlegt. Die Finanzbehörde wird sich dabei im Rahmen ihres Ermessens bei der Ermittlung des Sachverhaltes der Beweismittel bedienen, die sie für erforderlich hält (§ 92 AO). Sie kann insbesondere

- Auskünfte von den Beteiligten und anderen Personen einholen (§§ 93, 94, 95 AO),
- Sachverständige hinzuziehen (§ 96 AO),
- Urkunden und Akten beiziehen (§§ 97, 98 AO),
- Augenschein einnehmen (§ 98 AO),
- Grundstücke und Räume betreten (§ 99 AO).

6.2.1 Beteiligte, gesetzliche Vertreter, Bevollmächtigte und Beistände

6.2.1.1 Beteiligte und „andere Personen"

Der Begriff der Beteiligten ergibt sich aus § 78 AO. Im Steuerverwaltungsverfahren hat 163
vor allem § 78 Nr. 2 AO Bedeutung, wonach Beteiligter derjenige ist, an den eine Finanzbehörde den Verwaltungsakt richten will oder gerichtet hat. Dies sind insbesondere die Steuerpflichtigen (§ 33 Abs. 1 AO), also Personen, denen gegenüber der Behörde bestehende Verpflichtungen aus dem Verwaltungsverfahren durch Verwaltungsakt verwirklicht.

BEISPIEL: ▸ Das FA hat im Rahmen eines Steuerermittlungsverfahrens des Kaufmannes Mai dessen Geschäftspartner Roth vergeblich um Auskunft gebeten (§ 93 AO). Es will nunmehr gegenüber Roth ein Zwangsgeld festsetzen (§ 328 ff. AO).

In dem **Steuer**ermittlungsverfahren ist nur Mai Beteiligter i. S. v. § 78 Nr. 2 AO, nicht dagegen Roth. Im Zwangsmittelverfahren ist Roth Beteiligter (§ 78 Nr. 2 AO), da das FA gegen ihn ein Zwangsgeld festsetzen will.

Der Begriff des Beteiligten hat immer dort besondere Bedeutung, wo das Gesetz selbst zwischen Beteiligten und **anderen Personen** unterscheidet, z. B. in den §§ 93, 94, 95, 101, 103 AO usw. Im Rechtsbehelfsverfahren gilt ein besonderer Beteiligtenbegriff (§ 359 AO).

Die Besteuerung knüpft regelmäßig an die Merkmale eines Lebenssachverhaltes an, über die im Allgemeinen der Beteiligte am besten Bescheid weiß. Daher ist er **im Rahmen des ihm Zumutbaren** zur Mitwirkung verpflichtet, indem er die für die Besteuerung wesentlichen Tatsachen vollständig und wahrheitsgemäß offenlegt sowie ihm bekannte Beweismittel angibt (§ 90 Abs. 1 AO). In zahlreichen weiteren Vorschriften (z. B. §§ 93, 95, 97, 99 AO) ist diese allgemeine Mitwirkungspflicht konkretisiert. So regelt

§ 93 Abs. 7 - 9 AO i. V. m. § 93b AO die Möglichkeit der Kontenabfrage, wenn ein entsprechendes Auskunftsersuchen an den Steuerpflichtigen nicht zum Erfolg geführt hat.

Die Offenlegungspflicht wird zu einer Aufklärungspflicht erweitert, wenn es sich darum handelt, Sachverhalte aufzuklären, die sich auf Vorgänge außerhalb des Geltungsbereiches der AO beziehen (§ 90 Abs. 2 AO).

6.2.1.2 Bevollmächtigte

164 Ein Beteiligter kann sich durch einen **Bevollmächtigten** vertreten lassen (§ 80 Abs. 1 AO). Der Bevollmächtigte handelt im Namen des Vertretenen. Er ist ermächtigt, alle das Verwaltungsverfahren betreffenden Handlungen für den Beteiligten vorzunehmen (§ 80 Abs. 1 Satz 2 AO). Dies gilt natürlich nur, soweit die Vollmacht reicht.

BEISPIEL: Steuerberater Frey legt folgende Vollmacht seines Mandanten vor: „Steuerberater Frey ist berechtigt, mich in meinen steuerlichen Angelegenheiten vor dem FA A. zu vertreten. Diese Vollmacht umfasst auch die Entgegennahme von Steuervergütungen und Steuererstattungsbeträgen. Die Einlegung von Rechtsbehelfen behalte ich mir vor. Unterschrift“

Es handelt sich um eine Vollmacht nach §§ 164 ff. BGB, § 80 AO, die ausdrücklich auch das Inkasso von Steuererstattungen und Steuervergütungen umfasst. § 80 Abs. 1 Satz 2 AO findet hier keine Anwendung. Selbstverständlich kann der Vollmachtgeber eine Vollmacht jederzeit wirksam einschränken und sich die Einlegung von Rechtsbehelfen vorbehalten. Zur Frage der Übermittlung von Steuerbescheiden an Bevollmächtigte vgl. Rdn. 265.

Die AO schreibt für die Bevollmächtigung keine Form vor.

§ 80a AO erlaubt auch die elektronische Übermittlung von Vollmachtsdaten (sog. Vollmachtsdatenbank; VDB) Die VDB ist eine Online-Anwendung für die elektronische Erfassung und Übermittlung von Vollmachtsdaten zur Vertretung in Steuersachen an die Finanzverwaltung. Die Nutzung der Vollmachtsdatenbank ist freiwillig. Grundlage ist ein amtliches Vollmachtsformular, welches die Finanzverwaltung herausgegeben hat.

Die Vollmacht ist auf Verlangen der Behörde nachzuweisen (§ 80 Abs. 3 AO).

BEISPIEL: Eine angesehene Steuerberatungskanzlei gibt ohne Vorlage einer Vollmacht für einen Unternehmer erstmalig dessen Steuererklärungen ab.

Das FA kann auf eine schriftliche Vollmacht verzichten, da das Vorliegen einer Bevollmächtigung vermutet wird, § 80 Abs. 2 Satz 1 AO.

165 Wenn ein Beteiligter wissentlich duldet, dass ein Dritter für ihn als Bevollmächtigter auftritt, liegt eine **Duldungsvollmacht** vor, der Beteiligte muss sich die Verfahrenshandlungen des Dritten daher zurechnen lassen. Dasselbe gilt bei der **Anscheinsvollmacht**. Diese liegt vor, wenn der Beteiligte das Handeln des angeblichen Vertreters zwar nicht kennt, es aber bei Anwendung pflichtgemäßer Sorgfalt erkennen und verhindern kann, und die Finanzbehörde annehmen durfte, es liege tatsächlich eine Vertretungsmacht vor (BFH v. 25.9.1990 IX R 84/89, BStBl II 1991, 120).

Eine Bevollmächtigung zur Unterzeichnung von Steuererklärungen ist dann unzulässig, wenn das Gesetz die **eigenhändige Unterschrift** des Steuerpflichtigen fordert (z. B. § 25 Abs. 3 EStG). In diesen Fällen kann auf eine Unterschrift nur verzichtet werden, wenn der Steuerpflichtige wegen körperlicher oder geistiger Gebrechen bzw. längerer Abwesenheit verhindert ist, § 150 Abs. 3 AO.

BEISPIEL: Ein Arzt macht eine einjährige Weltreise.

Bei der Abgabe der Einkommensteuererklärung kann er sich von einem Steuerberater vertreten lassen (§ 80 Abs. 1 AO). Dieser kann die Steuererklärung gegebenenfalls für seinen Mandanten unterzeichnen; nach der Rückkehr des Arztes kann das FA die eigenhändige Unterschrift des Arztes nachfordern (§ 25 Abs. 3 EStG, § 150 Abs. 3 AO).

Das Finanzamt kann bestimmte Bevollmächtigte unter den Voraussetzungen des § 80 Abs. 7 bis 10 AO zurückweisen. Soweit zurückgewiesene Bevollmächtigte Verfahrenshandlungen vornehmen, sind diese unwirksam. 166

Ist ein Bevollmächtigter bestellt, so soll sich das Finanzamt auch an diesen wenden. Weigert sich der Bevollmächtigte, Auskunft zu erteilen, oder ist er zu einer Mitwirkung aus irgendwelchen Gründen nicht in der Lage, so kann sich das Finanzamt im Rahmen seines pflichtgemäßen Ermessens (§ 5 AO) an den Beteiligten selbst wenden (§ 80 Abs. 5 AO).

Die Vollmacht erlischt durch Widerruf, der erst mit Zugang dem Finanzamt gegenüber wirksam wird (§ 80 Abs. 1 Satz 3 AO).

6.2.1.3 Beistand

Im Gegensatz zum Bevollmächtigten nimmt der **Beistand** keine Handlungen im Namen eines Vertretenen vor, sondern er unterstützt den Beteiligten (§ 80 Abs. 6 AO). 167

BEISPIEL: Der Vater erscheint mit seinem steuerlich unerfahrenen Sohn, der Auskunft erteilen soll, beim FA.

Hier ist der Vater nur als Helfer erschienen, er ist also Beistand (§§ 93 Abs. 1, 80 Abs. 6 AO).

6.2.1.4 Gesetzliche Vertreter und Vermögensverwalter

Es gibt Steuerrechtssubjekte, die aus rechtlichen oder tatsächlichen Gründen nicht in der Lage sind, ihre steuerlichen Mitwirkungspflichten zu erfüllen (vgl. § 79 AO). In diesen Fällen sieht § 34 AO vor, dass die in dieser Vorschrift genannten Personen die steuerlichen Pflichten der verhinderten Personen als eigene Mitwirkungspflichten zu erfüllen haben (BFH v. 27.6.1989 VIII R 73/84, BStBl II 1989, 955). 168

BEISPIELE:

1. Rechtsanwalt Kerr wurde durch das Vormundschaftsgericht als Betreuer für die vermögensrechtlichen Angelegenheiten von Frau Alt bestellt (§ 1896 BGB).
2. Der Wirtschaftskriminelle Reich hat sich mit unbekanntem Ziel abgesetzt. Er besitzt im Inland Vermögen. Das Gericht hat einen Abwesenheitspfleger eingesetzt (§ 1911 BGB).
3. Kaufmann Mai ist Liquidator der Südmetall-GmbH (§ 66 GmbHG).

   Diese Personen sind gesetzliche Vertreter und haben, soweit ihre Befugnisse reichen, die steuerlichen Mitwirkungspflichten der Vertretenen zu erfüllen. Dazu gehört auch, dass sie aus den von ihnen verwalteten Mitteln die Steuern zu entrichten haben (§ 34 Abs. 1 Satz 2 AO).

Verletzen diese „steuerlichen Hilfspersonen" ihre Pflichten schuldhaft, so kann gegen sie gegebenenfalls ein Zwangsgeld (§ 328 ff. AO) bzw. in Ausnahmefällen ein Verspätungszuschlag nach § 152 AO festgesetzt werden (vgl. Rdn 190). Unter den Voraussetzungen des § 69 AO können sie, wenn ihre Pflichtverletzung zu Verkürzungen von Ansprüchen aus dem Steuerschuldverhältnis geführt hat, für die verkürzten Beträge in Haftung genommen werden (vgl. auch Rdn. 651 ff.).

6.2.1.5 Bestellung eines Vertreters von Amts wegen

169 Unter den in § 81 AO genannten Voraussetzungen kann das Finanzamt zur Beschleunigung des Steuerverfahrens das Betreuungs- bzw. Familiengericht ersuchen, einen Vertreter von Amts wegen bestellen.

BEISPIEL: Der vermögende, aber geisteskranke Maier ist nicht in der Lage, seine Steuererklärung abzugeben oder dem FA in sonstiger Weise seine Einkünfte darzulegen.

Ist für Maier kein gesetzlicher Vertreter vorhanden, so kann das FA das Betreuungsgericht ersuchen, für Meier einen geeigneten Vertreter zu bestellen (§ 81 Abs. 1 Nr. 4 AO).

6.2.2 Auskunftspflicht nach § 93 AO

6.2.2.1 Beteiligte und andere Personen

170 **Beteiligte** sind verpflichtet, den Finanzbehörden die erforderlichen Auskünfte zu erteilen. **Dritte Personen** dürfen erst dann um Auskunft angehalten werden, wenn die Sachverhaltsaufklärung durch die Beteiligten nicht zum Ziel führt (§ 93 Abs. 1 AO).

BEISPIEL: Der Stpfl. Roth hat einem Geschäftsfreund ein Darlehen gewährt. In seiner Einkommensteuererklärung gibt Roth u. a. Zinsen in Höhe von 400 € (2 % von 20 000 €) an. Da das FA die Höhe des Zinssatzes bezweifelt, bittet es den Geschäftsfreund, ohne Rückfrage beim Steuerpflichtigen, um Auskunft. Dieser teilt dem FA mit, dass er Zinsen in Höhe von 400 € für ein Darlehen in Höhe von 20 000 € an Roth gezahlt habe. Eine Fotokopie der Kontoauszüge legt er seinem Schreiben bei. Daraufhin fordert das FA den Geschäftsfreund auf, persönlich zu erscheinen und sein Schreiben mündlich zu bestätigen. Dieser weigert sich.

Das FA kann sich erst dann an einen Dritten um Auskunft wenden, wenn es über den Beteiligten nicht zum Zuge gekommen ist (§ 93 Abs. 1 AO). Die erste Aufforderung an den Geschäftsfreund, Auskunft zu erteilen, war deshalb bereits ein rechtswidriger Verwaltungsakt. Es hätte sich zuerst an Roth wenden müssen.

Der Geschäftsfreund hat dennoch Auskunft gegeben. Er durfte dies schriftlich tun (§ 93 Abs. 4 Satz 1 AO). Im Rahmen seines pflichtgemäßen Ermessens wäre das FA berechtigt gewesen, den Auskunftspflichtigen zum FA zu bitten (§ 93 Abs. 5 AO). Im vorliegenden Falle war dies ermessensfehlerhaft, da der Geschäftsfreund Auskunft erteilt, seine Angaben auch nachgewiesen hatte und das FA nur noch eine mündliche Bestätigung der schriftlichen Aussage wollte.

Die Finanzbehörde kann einen **Beteiligten** auffordern, die Richtigkeit von behaupteten Tatsachen **an Eides statt zu versichern** (§ 95 AO).

Bei anderen als den Beteiligten kann das FA das zuständige Finanzgericht, gegebenenfalls auch das zuständige Amtsgericht, um eine **eidliche Vernehmung ersuchen** (§ 94 AO).

Beide Mittel dürfen nur im Rahmen der pflichtgemäßen Ermessensausübung eingesetzt werden. Insbesondere darf eine Versicherung an Eides statt nur verlangt werden, wenn andere Wege zur Erforschung des richtigen Sachverhalts versagt haben (§ 95 Abs. 1 Satz 2 AO). Hier ist außerdem zu beachten, dass diese nicht von Personen unter 16 Jahren verlangt werden darf (§ 95 Abs. 1 Satz 3 AO, § 393 ZPO) und dass die Versicherung nicht erzwungen werden kann (§ 95 Abs. 6 AO). Wird diese Versicherung an Eides statt verweigert, hat das Finanzamt seine Schlüsse daraus zu ziehen.

Zu beachten ist, dass andere Personen als die Beteiligten einen **Entschädigungsanspruch** haben (§ 107 AO).

6.2.2.2 Auskunfts- und Vorlageverweigerungsrechte

Für die Beteiligten enthält die AO grundsätzlich **kein Auskunftsverweigerungsrecht**. Sie 171
können auch die Vorlage von Urkunden usw. nicht verweigern. Für **andere Personen** als die Beteiligten bestehen ein **Auskunftsverweigerungsrecht** und Vorlageverweigerungsrecht (vgl. § 104 AO) in folgenden Fällen:

6.2.2.2.1 Für Angehörige eines Beteiligten (§ 101 AO)

Wer zu den Angehörigen i. S. dieser Vorschrift zu zählen ist, ergibt sich abschließend 172
aus § 15 AO.

Über das Aussageverweigerungsrecht ist der Angehörige zu belehren. Die Belehrung ist aktenkundig zu machen (§ 101 Abs. 1 Satz 2 und 3 AO).

BEISPIEL: Der geschäftsunfähige Max Mai wird von seinem Vater gesetzlich vertreten. Da Max erhebliche Einkünfte aus Kapitalvermögen und Grundbesitz bezieht, wird er zur Einkommensteuer veranlagt. Der Vater gibt daher als gesetzlicher Vertreter (§ 34 Abs. 1 AO) für seinen Sohn die Einkommensteuererklärung ab. Das FA hat Zweifel an der Höhe der Einkünfte. Es wendet sich daher an den Vater und, nachdem sich dieser weigert, auch vergeblich an die volljährige Schwester des Max.

Die Schwester ist Angehörige des Max (§ 15 Abs. 1 Nr. 4 AO). Sie kann ihre Auskunft verweigern. Über dieses Recht ist sie aktenkundig zu belehren (§ 101 Abs. 1 AO). Der Vater ist zwar Angehöriger (§ 15 Abs. 1 Nr. 3 AO), dennoch ist er nicht berechtigt, die Auskunft zu verweigern. Denn hier muss er als gesetzlicher Vertreter die Aufgaben seines minderjährigen Sohnes wahrnehmen (§§ 93, 34 Abs. 1, 101 Abs. 1 Satz 1 AO). Er ist daher Beteiligter und nicht „andere Person".

Ein Verstoß gegen die Belehrungspflicht begründet ein steuerrechtliches Verwertungsverbot, es sei denn der Angehörige stimmt nachträglich zu oder wiederholt nach Belehrung seine Aussage (BFH v. 9.2.2010 VIII B 32/09 (NV), BFH/NV 2010 S. 929 m. w. N.). Macht der Angehörige ohne Belehrung aber gleichwohl in Kenntnis seines Aussageverweigerungsrechts Angaben, so sind diese verwertbar.

Bei zusammenveranlagten Ehegatten besteht nach überwiegender Auffassung jeweils 173
ein Auskunftsverweigerungsrecht über die Einkünfte des anderen Ehegatten. Bei der Veranlagung nach § 26b EStG handelt es sich nach h. M. um zwei verfahrensrechtlich selbständige Steuerfestsetzungen auf einer Urkunde. Es liegen daher zwei Steuerschuldverhältnisse, gerichtet auf dieselbe Leistung als Gesamtschuld vor (§§ 44 Abs. 1,

155 Abs. 3 AO). In Bezug auf § 101 AO sind die Ehegatten daher mit ihren eigenen Einkünften Beteiligte, so dass ihnen bezüglich der Verhältnisse des anderen Ehegatten nach § 15 Abs. 1 Nr. 2 AO ein Auskunftsverweigerungsrecht zusteht. Kein Auskunftsverweigerungsrecht dagegen besteht, wenn die Ehegatten die Einkünfte gemeinschaftlich erzielen oder Ausgaben gemeinschaftlich tragen. Hierunter fallen insb. Einkünfte aus Vermietung und Verpachtung, Einkünfte aus Kapitalvermögen, Einkünfte als Mitunternehmer sowie Sonderausgaben und außergewöhnliche Belastungen.

6.2.2.2.2 Für bestimmte Berufsgruppen (§ 102 AO)

174 **Zum Schutz des Berufsgeheimnisses** steht den in § 102 AO genannten Berufsgruppen ein Aussage- und Urkundenvorlageverweigerungsrecht zu. Dies gilt auch, wenn es sich um die eigenen steuerlichen Belange des Berufsgeheimnisträgers handelt. Allerdings kann die Finanzbehörde die Vorlage der zur Prüfung erforderlich erscheinenden Unterlagen in neutralisierter Form verlangen (BFH v. 28.10.2009 VIII R 78/05, BStBl II 2010, 455).

Dieses Recht findet bei Rechtsanwälten, steuerlichen Hilfspersonen, Ärzten usw. seine Grenze, soweit sie von der Verpflichtung zur Verschwiegenheit entbunden wurden (§ 102 Abs. 3, Abs. 1 Nr. 3 AO).

Ein entsprechendes Auskunftsverweigerungsrecht haben auch die Hilfspersonen der genannten Berufsgruppen (§ 102 Abs. 2 AO).

BEISPIELE:

1. Das FA vertritt die Ansicht, dass Privatier Huber seine Einkünfte nur zum Teil der Besteuerung unterworfen hat. Da Huber von der Steuerkanzlei Dr. Frey betreut wird, wendet sich der Sachbearbeiter um Auskunft an den Angestellten der Kanzlei, Roth, mit der Bitte um Auskunft. Dieser verweigert die Auskunft unter Berufung auf § 102 Abs. 2 AO.

   Auch für die Angestellten einer Steuerberatungskanzlei besteht ein Auskunftsverweigerungsrecht. Allerdings hat über die Inanspruchnahme dieses Rechtes grundsätzlich nicht der Angestellte zu entscheiden, sondern Steuerberater Dr. Frey (§ 102 Abs. 2 Satz 2, Abs. 1 Nr. 3b AO).

2. Verleger Axel Kohl hat im Werbeteil seiner Wochenzeitschrift unter der Chiffrenummer 531994 folgende Chiffreanzeige aufgenommen: „Haus in Nizza zu verkaufen. Vorschlagspreis: 3 Mio. €."

   Das FA bittet Kohl um Mitteilung der Anschrift des Inserenten. Dieser verweigert die Auskunft mit der Begründung, er habe ein Auskunftsverweigerungsrecht. Im Übrigen sollte sich das FA an den Inserenten halten.

   Kohl ist eine „andere Person" i. S. v. § 93 Abs. 1 AO. Das FA darf ihn ohne Verstoß gegen § 93 Abs. 1 Satz 3 AO zur Auskunft heranziehen. Dem FA ist es nicht zumutbar, sich als angeblicher Kaufinteressent unter der Chiffrenummer an den Inserenten zu halten. Andererseits ist es dem Verleger ohne weitere Umstände möglich, die Anschrift des Inserenten seinen Unterlagen zu entnehmen (vgl. auch BFH v. 4.10.2006 VIII R 53/04, BStBl II 2007, 227).

   Ein Auskunftsverweigerungsrecht nach § 102 Abs. 1 Nr. 4 AO steht Kohl grundsätzlich nicht zu. Ein solches hat er nur in Bezug auf den redaktionellen Teil der Zeitung, nicht aber in Bezug auf den Anzeigenteil (BFH v. 7.8.1990 VII R 106/89, BStBl II 1990, 1010).

Für Presseangehörige wird in § 102 Abs. 2 Nr. 4 AO bestimmt, dass § 160 AO unberührt bleibt. Dieser Hinweis ist erforderlich, weil nicht nur die Information selbst, sondern auch der Informant vom Auskunftsverweigerungsrecht erfasst ist. Dem Journalisten steht damit auch hinsichtlich der Person, die Informationen gegen Geld erteilt, ein Auskunftsverweigerungsrecht zu. Er trägt allerdings auch das steuerliche Risiko, in dem diese Zahlungen nach § 160 AO nicht als Betriebsausgaben anerkannt werden, wenn er den Empfänger auf Verlangen der Finanzbehörde nicht nennt (BFH v. 14.5.2002 IX R 31/00, BStBl II 2002, 712 m. w. N.).

6.2.2.2.3 Für andere Personen als die Beteiligten, wenn sie sich der Gefahr einer Strafverfolgung usw. aussetzen (§ 103 AO)

Diese Vorschrift enthält den die gesamte Rechtsordnung durchziehenden Grundsatz, 175
dass sich niemand selbst einer Straftat bzw. einer Ordnungswidrigkeit zu bezichtigen braucht.

6.2.3 Buchführungs- und Aufzeichnungspflichten

Steuerpflichtige haben unter bestimmten Voraussetzungen Bücher oder Aufzeichnun- 176
gen zum Zwecke der Besteuerung zu führen (§ 140 ff. AO).

6.2.4 Steuererklärung und Steueranmeldung

6.2.4.1 Bedeutung der Steuererklärung

Die Steuererklärung ist eine wichtige Grundlage für die Veranlagung. Sie ist der Aus- 177
gangspunkt für die Ermittlung der Besteuerungsgrundlagen bzw. für die Festsetzung der Steuer. Die Steuererklärung ist eine **Wissenserklärung,** also eine Erklärung über Tatsachen, über die der Erklärende ein **Wissen** hat. Darüber hinaus kann die Steuererklärung auch **Willenserklärungen** enthalten, so etwa Anträge oder Ausübung von Wahlrechten.

Es geht hier vor allem um materiell-rechtliche Wahlrechte. Sie liegen vor, wenn ein Steuergesetz bei Vorliegen eines bestimmten Tatbestandes mehrere unterschiedliche Rechtsfolgen vorsieht und es dem Steuerpflichtigen überlässt, sich für eine dieser Rechtsfolgen zu entscheiden. Diese Entscheidung erfolgt im Allgemeinen durch einen Antrag in der Steuererklärung. Der Antrag ist eine empfangsbedürftige Willenserklärung (§ 130 Abs. 1 BGB).

BEISPIEL: Der Stpfl. kann sich bei Unterhaltsleistungen an seinen geschiedenen Ehegatten mit dessen Zustimmung für den Abzug als Sonderausgaben (§ 10 Abs. 1a Nr. 1 EStG) oder als außergewöhnliche Belastung (§ 33a Abs. 1 EStG) entscheiden. Der Antrag ist nach Satz 3 unwiderruflich, kann also nach Zugang nicht mehr zurückgenommen werden.

Möglich ist eine Anfechtung der empfangsbedürftigen Willenserklärung des Stpfl. nach den Grundsätzen der §§ 119 ff. BGB.

Hat der Stpfl. mangels Zustimmung seines Ehegatten keinen Antrag nach § 10 Abs. 1a Nr. 1 EStG gestellt und erteilt dieser später seine Zustimmung, so kann die bestandskräftige Veranlagung des Stpfl. nach § 175 Abs. 1 Nr. 2 AO korrigiert werden (BFH v. 12.7.1989 X R 8/84, BStBl II 1989, 957 und in Abgrenzung hierzu BFH v. 20.8.2014 X R 33/12, BStBl II 2015, 138).

Vgl. zu den Wahlrechten auch AEAO Nr. 8 vor §§ 172 bis 177.

6.2.4.2 Erklärungspflicht

178 Die Verpflichtung zur Abgabe einer Steuererklärung kann beruhen

- auf einer gesetzlichen Vorschrift (§ 149 Abs. 1 Satz 1 AO i. V. m. § 14a GewStG, § 18 UStG, § 25 Abs. 3 EStG),
- auf einer Aufforderung des Finanzamts (§ 149 Abs. 1 Satz 2 AO).

6.2.4.3 Form und Inhalt der Steuererklärung

179 aa) Die Steuererklärungen sind nach amtlich vorgeschriebenen Vordrucken abzugeben (§ 150 Abs. 1 AO), sofern nicht die Voraussetzungen der Nummern 1-4 vorliegen.

In bestimmten Fällen können Steuererklärungen, auch Selbsterrechnungserklärungen, bei dem zuständigen Finanzamt **zur Niederschrift** erklärt werden (§ 151 AO). Dies ist insbesondere der Fall bei geschäftlich unerfahrenen oder der deutschen Sprache nicht mächtigen Steuerpflichtigen, die nicht fähig sind, ihre Steuererklärung selbst schriftlich abzugeben und auch nicht in der Lage sind, die Hilfe eines Steuerberaters usw. in Anspruch zu nehmen.

Möglich ist auch die Abgabe einer elektronischen Steuererklärung (vgl. hierzu auch www.elster.de) – Zur Übermittlung von Steuererklärungen durch Datenfernübertragung bzw. auf maschinell verwertbaren Datenträgern vgl. § 150 Abs. 6 AO. Umsatzsteuervoranmeldungen und -jahreserklärungen sind Steuererklärungen gem. § 18 Abs. 1 Satz 3 UStG und grundsätzlich nach amtlich vorgeschriebenem Datensatz durch Datenfernübertragung nach Maßgabe der Steuerdaten-Übermittlungsverordnung zu übermitteln. Dies gilt auch für die Lohnsteueranmeldung (§ 41a Abs. 1 Satz 2 EStG).

180 bb) Die Angaben in der Steuererklärung sind wahrheitsgemäß zu machen. Dies ist in der Steuererklärung ausdrücklich zu versichern (§ 150 Abs. 2 AO). Erkennt ein Steuerpflichtiger (§ 33 AO), dessen Gesamtrechtsnachfolger oder eine der in Rdn. 652 f. genannten Personen, dass die Erklärung unrichtig war, so ist er verpflichtet, dies der Finanzbehörde anzuzeigen (§ 153 AO). Wird die Anzeige vorsätzlich unterlassen, so kann es zu einer Steuerhinterziehung kommen (Rdn. 962).

BEISPIEL: Steuerberater Klein fertigt in 03 die ESt-Erklärung seines Mandanten Kühn, lässt diese von Kühn unterschreiben und reicht sie beim FA ein. Nach der Festsetzung stellt Klein im Jahre 04 fest, dass die ESt 01 zu niedrig festgesetzt wurde, da Kühn versehentlich Einnahmen aus Vermietung und Verpachtung zu niedrig angegeben hatte. Klein informiert seinen Mandanten. Weder Klein noch Kühn stellen den Fehler beim FA richtig. Haben Klein und Kühn gegen § 153 AO verstoßen?

Nach dem Wortlaut des § 153 Abs. 1 Satz 2 AO war der Steuerberater zu einer Berichtigung nicht verpflichtet, da er nicht unter die in §§ 34, 35 AO genannten Personen fällt. Kühn hat dagegen seine Anzeigepflicht nach § 153 Abs. 1 AO verletzt.

Gegebenenfalls muss er mit einer Bestrafung wegen Steuerhinterziehung rechnen (§ 370 Abs. 1 Nr. 2 AO).

cc) Den Steuererklärungen sind die Unterlagen beizufügen, die nach den Steuergesetzen vorzulegen sind (§ 150 Abs. 4 AO), z. B. Bilanzen, Gewinn- und Verlustrechnungen (§ 60 EStDV), Übersetzungen von Urkunden (§ 87 AO). 181

dd) Die Steuererklärungen sind, da es sich in der Hauptsache um Wissenserklärungen handelt, grundsätzlich eigenhändig zu unterzeichnen (§ 150 Abs. 3 AO; vgl. aber Rdn. 164 f.). 182

Eine eigenhändige Unterzeichnung durch den Steuerpflichtigen liegt nicht vor, wenn ein Steuerberater mit dem Namen des Steuerpflichtigen ohne Hinweis auf die Bevollmächtigung unterzeichnet (BFH v. 7.11.1997 IV R 45/97, BStBl II 1998, 54).

Die Abgabe der Steuererklärung ist eine Verfahrenshandlung, die Handlungsfähigkeit nach § 79 Abs. 1 Nr. 1 AO und damit Geschäftsfähigkeit nach § 104 BGB voraussetzt.

6.2.4.4 Frist für die Abgabe

Die AO enthält als allgemeine Fristenregelung, dass Steuerklärungen spätestens 7 Monate nach Ablauf des Kalenderjahres abzugeben sind (§ 149 Abs. 2 AO; vgl. Rdn. 114 f.). 183

Für Steuerpflichtige, die von Mitgliedern steuerberatender Berufe vertreten werden, gelten abweichende Regelungen, § 149 Abs. 3 und 4 AO.

Die Frist zur Abgabe der Steuererklärung kann nach § 109 Abs. 1 AO vom Finanzamt verlängert werden.

6.2.4.5 Steueranmeldungen

6.2.4.5.1 Begriff der Steueranmeldung

Eine Steuererklärung, in der der Steuerpflichtige die Steuer selbst zu berechnen hat, ist eine **Steueranmeldung** (§ 150 Abs. 1 Satz 3 AO). Solche Steueranmeldungen sind z. B. die Umsatzsteuervoranmeldung (§ 18 Abs. 1 UStG), die Umsatzsteuerjahreserklärung (§ 18 Abs. 3 UStG), die Lohnsteueranmeldung (§ 41a Abs. 1 EStG) sowie die Kapitalertragsteueranmeldung (§ 45a EStG). 184

6.2.4.5.2 Wirkung der Steueranmeldung

Steueranmeldungen sind grundsätzlich Steuerfestsetzungen unter dem Vorbehalt der Nachprüfung (§§ 168, 164 AO). 185

BEISPIELE:

1. Ein Kaufmann reicht am 10. 5. seine **Umsatzsteuervoranmeldung** für April ein (§ 18 Abs. 1 UStG). Es ergibt sich eine Zahllast von 25 000 €.

   Mit Eingang beim FA wirkt die Steuererklärung (§ 150 Abs. 1 Satz 3 AO) als Steuerfestsetzung unter dem Vorbehalt der Nachprüfung (§§ 168, 164 AO).

Alternative 1: Die Voranmeldung führt zu einer **Steuervergütung** in Höhe von 25 000 €.

Führt die Steueranmeldung wie hier zu einer Steuervergütung oder zu einer Steuererstattung, so erhält sie die Wirkung einer Steuerfestsetzung unter Vorbehalt erst mit der Zustimmung des FA (§ 168 Satz 2 AO). Bis zu diesem Zeitpunkt ist die Anmeldung als Antrag auf eine Steuerfestsetzung anzusehen (§ 155 Abs. 1 und 3 AO). Die Zustimmung ist ein Verwaltungsakt nach § 118 AO, sie kann formlos erfolgen (§ 168 Satz 3 AO) und kann daher auch in der Auszahlung des Betrages liegen.

Aus Vereinfachungsgründen kann bei Steueranmeldungen, die zu einer Steuervergütung oder Steuererstattung führen, die Zustimmung allgemein erteilt werden. In diesem Fall stehen die Anmeldungen bereits mit Eingang beim FA einer Steuerfestsetzung unter dem Vorbehalt der Nachprüfung gleich (§ 168 Satz 1 AO), wenn die Zustimmung dem Steuerpflichtigen bekannt wird (AEAO zu § 168 Nr. 9).

Alternative 2: Die Voranmeldung würde zu einer Vergütung von 25 000 € führen, das FA setzt aber die Steuervergütung auf nur 15 000 € fest.

Bis zur Zustimmung des FA ist die Umsatzsteuervoranmeldung nur als Antrag auf eine Steuerfestsetzung anzusehen (§ 155 Abs. 1 und 4 AO). Das FA hat im vorliegenden Fall die Umsatzsteuervorauszahlung durch einen Steuerbescheid festgesetzt. Nach § 18 Abs. 1 UStG handelt es sich um einen **Vorauszahlungsbescheid,** der nach Gesetz unter dem Vorbehalt der Nachprüfung steht (§ 164 Abs. 1 Satz 2 AO).

2. Ein Unternehmer gibt am 10. 5. die **Lohnsteueranmeldung** für den Lohnsteueranmeldungszeitraum April ab (§ 41a Abs. 1 EStG). Das FA übernimmt die Steueranmeldung unbeanstandet. Nachdem der Unternehmer die angemeldete Lohnsteuer am 20. 5. immer noch nicht bezahlt hat, will das FA vollstrecken.

   Die Anmeldung der Lohnsteuer hat die Wirkung einer Steuerfestsetzung unter dem Vorbehalt der Nachprüfung (§§ 167 Satz 1, 168 Satz 1 AO). Eines förmlichen Steuerbescheides sowie eines damit verbundenen Leistungsgebotes (= Zahlungsaufforderung) bedarf es nicht mehr. § 41a Abs. 1 Satz 1 Nr. 2 EStG enthält vielmehr ein gesetzliches Leistungsgebot (die Zahlungsaufforderung ist bereits im Gesetz enthalten). Das FA kann daher mit der Vollstreckung beginnen (§§ 249 Abs. 1, 254 Abs. 1 Satz 4 AO).

6.2.4.5.3 Rechtsbehelfe

186 Gegen Steueranmeldungen und Zahlungsanerkenntnisse ist der **Einspruch statthaft** (§ 347 Abs. 1 Nr. 1 AO). Die Rechtsbehelfsfrist beginnt mit Eingang der Steueranmeldung beim Finanzamt, bei zustimmungsbedürftigen Anmeldungen (§ 168 Satz 2 AO) mit Bekanntgabe der Zustimmung (§ 355 Abs. 1 Satz 2 AO). Zögert das Finanzamt seine Zustimmung unangemessen lange hinaus, so kommt der „Untätigkeitseinspruch" nach § 347 Abs. 1 Satz 2 AO in Betracht. Ein Einspruch gegen die eigene Steueranmeldung kann zweckmäßig sein, wenn der Einspruchsführer einen Antrag auf Aussetzung der Vollziehung stellen will (Rdn. 824 f.).

6.3 Befugnisse der Behörden

187 Die AO gibt den Behörden die Möglichkeit, den Bürger nachhaltig zur Erfüllung seiner Verpflichtungen anzuhalten. So kann das Finanzamt bei nicht rechtzeitiger Abgabe von Steuererklärungen einen **Verspätungszuschlag** nach § 152 AO festsetzen und muss – wenn die Steuererklärung gar nicht eingeht – eine **Schätzung** nach § 162 AO durchführen. Im Übrigen kann die Erfüllung aller Mitwirkungspflichten der Steuerpflichtigen, aber auch dritter Personen durch **Zwangsmittel** durchgesetzt werden.

6.3.1 Verspätungszuschlag

Der Verspätungszuschlag soll den Steuerpflichtigen zu ordnungsgemäßer Erfüllung seiner Steuererklärungspflicht anhalten und dadurch den Fortgang der Veranlagung sichern mit dem Ziel der rechtzeitigen Festsetzung und Entrichtung der Steuern. Als Druckmittel eigener Art soll der Verspätungszuschlag den begangenen Pflichtverstoß sanktionieren (repressiv), aber auch die künftig ordnungsgemäße Pflichterfüllung gewährleisten (präventiv), vgl. BFH v. 10.10.2001 XI R 41/00, BStBl II 2002, 124. 188

6.3.1.1 Voraussetzungen

Eine Festsetzung kommt unter folgenden Voraussetzungen in Betracht: 189

6.3.1.1.1 Verpflichtung zur Abgabe einer Steuererklärung

Die Verpflichtung ergibt sich entweder aus den Steuergesetzen, § 149 Abs. 1 Satz 1 AO i. V. m. z. B. § 25 Abs. 3 EStG (vgl. hierzu § 149 Abs. 3 AO) oder der Aufforderung durch die Behörde (§ 149 Abs. 1 Satz 2 AO; z. B. § 31 Abs. 1 ErbStG). **Steuererklärung** ist auch die Steueranmeldung bzw. die **Erklärung zur gesonderten Feststellung** (§§ 152 Abs. 1, 4, 6 und 7, 181 Abs. 2 AO). Eine nicht unterschriebene Erklärung ist keine Steuererklärung in diesem Sinne. Bei verspäteter Abgabe anderer Erklärungen, etwa vom Finanzamt angeforderten Auskünften (§ 93 AO) und Ergänzungen von bereits abgegebenen Steuererklärungen, kommt ein Verspätungszuschlag nicht in Betracht.

6.3.1.1.2 Verspätete Abgabe

Die Steuererklärung wurde nicht innerhalb der gesetzlichen oder vom Finanzamt verlängerten Frist (§ 109 AO) abgegeben. Der verspäteten Abgabe steht die Nichtabgabe gleich (§ 152 Abs. 1 AO).

6.3.1.1.3 Nicht entschuldbare Verspätung

liegt vor, wenn der Erklärungspflichtige die bewilligte Fristverlängerung nicht einhält bzw. die Erklärung wiederholt nicht oder verspätet abgibt. Das Verschulden eines Vertreters bzw. Erfüllungsgehilfen, dessen sich der Erklärungspflichtige bedient, gilt als eigenes Verschulden (§§ 152 Abs. 1 Satz 2; 34, 80 AO).

6.3.1.2 Schuldner des Verspätungszuschlages

Der Verspätungszuschlag ist gegenüber dem Erklärungspflichtigen festzusetzen, also demjenigen gegenüber, der gemäß § 149 Abs. 1 AO kraft Gesetzes oder nach Aufforderung durch die Behörde zur Abgabe der Steuererklärung verpflichtet ist. Dies ist regelmäßig derjenige, der den steuerlichen Tatbestand verwirklicht, also der Steuerschuldner, § 43 AO. 190

Im Einzelnen gilt Folgendes:

6.3.1.2.1 Rechtsgeschäftlich bestellte Vertreter (z. B. Steuerberater)

Da sie die Erklärungsabgabe nur als Bevollmächtigte für den Erklärungspflichtigen ausüben, aber keine eigene Erklärungspflicht haben, kann gegen den Bevollmächtigten kein Verspätungszuschlag festgesetzt werden.

6.3.1.2.2 Gesetzliche Vertreter

Im Falle der Abgabe der Erklärung durch den gesetzlichen Vertreter einer natürlichen Person (§§ 34 Abs. 1, 79 Abs. 1 Nr. 1 und 2 AO) gilt nichts anderes. Zwar muss der gesetzliche Vertreter die Pflicht erfüllen, aber **für** den Geschäftsunfähigen.

Es ist daher nur in Ausnahmefällen gerechtfertigt, den Verspätungszuschlag gegenüber dem gesetzlichen Vertreter festzusetzen, etwa wenn der Verspätungszuschlag gegen den Vertreter leichter beitreibbar ist, vgl. AEAO zu § 152 Nr. 6.

Auch bei einer Kapitalgesellschaft als Steuerschuldnerin wird der Verspätungszuschlag regelmäßig gegen die Gesellschaft selbst festgesetzt, da sie die Erklärungspflicht hat. Außerdem kommen ihr die möglichen Vorteile aus einer verspäteten Abgabe der Erklärung zu und bei der Bemessung des Verspätungszuschlages sind die wirtschaftlichen Verhältnisse der Gesellschaft zu berücksichtigen. Nur in Ausnahmefällen kann sich daher der Verspätungszuschlag gegen den gesetzlichen Vertreter richten, z. B. wenn die Gesellschaft vermögenslos ist (BFH v. 25.7.1991 V R 89/88, BStBl II 1992, 3).

6.3.1.2.3 Steuerentrichtungspflichtige

Hat ein Dritter die Steuer für den Steuerpflichtigen zu entrichten (§ 43 Satz 2 AO; Rdn. 428) und die entsprechende Steueranmeldung abzugeben, z. B. der Arbeitgeber die Lohnsteueranmeldung nach § 41a Abs. 1 EStG, so ist der Zuschlag auch diesem gegenüber festzusetzen.

6.3.1.2.4 Mehrere Erklärungspflichtige

Sind mehrere Personen zur Abgabe einer Steuererklärung verpflichtet, kann die Finanzbehörde nach ihrem Ermessen entscheiden, ob sie den Verspätungszuschlag gegen einen, mehrere oder alle erklärungspflichtigen Personen festsetzt. Wird der Verspätungszuschlag gegen mehrere oder alle Personen festgesetzt, sind diese Personen Gesamtschuldner des Verspätungszuschlages.

6.3.1.2.5 Feststellungsbeteiligte

Bezüglich der Feststellungserklärungen bei Personengesellschaften und Gemeinschaften ist jeder Feststellungsbeteiligte erklärungspflichtig (§ 181 Abs. 2 Nr. 1 AO). Erklärungspflichtig sind darüber hinaus auch die in § 34 Abs. 1 AO bezeichneten Personen gemäß § 181 Abs. 2 Nr. 4 AO, also die gesetzlichen Vertreter der Feststellungsbeteiligten. Bei der Auswahl, gegen welchen der Erklärungspflichtigen die Festsetzung des Verspätungszuschlags erfolgen soll, steht der Behörde gemäß § 152 Abs. 4 AO ein Ermessen zu. In den Fällen des § 180 Abs. 1 Satz 1 Nr. 2a AO ist der Verspätungszuschlag vorrangig gegen die nach § 181 Abs. 2 Satz 2 Nr. 4 erklärungspflichtigen Personen festzusetzen, § 152 Abs. 4 Satz 3 AO.

6.3.1.2.6 Zusammenveranlagte Ehegatten

Im Falle der Zusammenveranlagung haben die Ehegatten nach § 25 Abs. 3 Satz 2 EStG eine gemeinsame Steuererklärungspflicht. Wird diese Pflicht nicht oder nicht rechtzeitig erfüllt, sind beide Ehegatten dafür ungeteilt verantwortlich. Es ist daher möglich, beiden gegenüber einen Verspätungszuschlages durch zusammengefassten Bescheid nach § 155 Abs. 3 Satz 2 AO festzusetzen, für den die Ehegatten nach § 44 AO als Gesamtschuldner in Anspruch genommen werden. Dies gilt unabhängig davon auch dann, wenn ein Ehegatte keine Einkünfte erzielt hat, da es nur auf die begangene gemeinsame Pflichtverletzung ankommt (BFH v. 14.6.2000 X R 56/98, BStBl II 2001, 60).

6.3.1.3 Festsetzung des Verspätungszuschlags

Gem. § 152 Abs. 1 Satz 1 AO **kann** ein Verspätungszuschlag festgesetzt werden, wenn die in 6.3.1.1 genannten Voraussetzungen vorliegen. Es handelt sich hierbei um eine **Ermessensentscheidung** nach § 5 AO. Von der Festsetzung eines Verspätungszuschlags ist abzusehen, wenn der Erklärungspflichtige glaubhaft macht, dass die Verspätung entschuldbar ist (§ 152 Abs. 1 Satz 2 AO).

Gem. § 152 Abs. 2 AO **ist** (zwingend) ein Verspätungszuschlag festzusetzen, wenn sich eine Steuererklärung auf ein Kalenderjahr oder auf einen gesetzlich bestimmten Zeitpunkt bezieht und nicht unter den in den Ziffern 1 – 3 des § 152 Abs. 2 genannten Voraussetzungen abgegeben wird. Dies gilt jedoch nicht in den in § 152 Abs. 3 Ziffer 1 – 4 AO genannten Fällen. Die Festsetzung des Verspätungszuschlags **soll** mit dem Steuerbescheid, dem Gewerbesteuermessbescheid oder dem Zerlegungsbescheid verbunden werden, in den Fällen des § 152 Abs. 4 AO **kann** sie mit dem Feststellungsbescheid verbunden werden.

HINWEIS:

Dies ist folgerichtig, da die Steuerschuld vorher nicht bekannt ist, die Höhe des Zuschlages aber von der Höhe der Steuerschuld und der Zahllast abhängig ist (§ 152 Abs. 4 - 7 AO). Dies bedeutet jedoch nicht, dass die isolierte Festsetzung des Zuschlags von vornherein rechtswidrig ist. Ergeht die Steuerfestsetzung zunächst ohne gleichzeitige Festsetzung eines Verspätungszuschlages, liegt darin kein Verzicht auf dessen Festsetzung. Auch wenn für steuerliche Nebenleistungen die Vorschriften über die Festsetzungsverjährung nicht anzuwenden sind, soll zwischen Steuerfestsetzung und Festsetzung des Verspätungszuschlages kein unangemessen langer Zeitraum liegen, um den Anspruch auf seine Festsetzung nicht zu verwirken (vgl. auch Rdn. 501). Nach Auffassung des BFH ist es nicht zu beanstanden, wenn zwischen beiden Festsetzungen nicht mehr als ein Jahr liegt. Ist diese Jahresfrist aber – wenn auch nur um wenige Tage – überschritten, bedarf es auf jeden Fall besonderer Gründe, warum die Festsetzung abweichend vom Regelfall des § 152 Abs. 3 AO erfolgte (BFH vom 13.4.2010 IX 43/09, BStBl II 2010, 815).

6.3.1.4 Höhe des Verspätungszuschlages

191 Bemessungsgrundlage für die Höhe des Verspätungszuschlages ist die **festgesetzte Steuer**.

Der Verspätungszuschlag beträgt grundsätzlich für jeden angefangenen Monat der eingetretenen Verspätung 0,25 % der festgesetzten Steuer, mindestens jedoch 10 € für jeden angefangenen Monat der eingetretenen Verspätung (§ 152 Abs. 5 Satz 1 AO).

Für **Steuererklärungen, die sich auf ein Kalenderjahr** oder auf einen gesetzlich bestimmten Zeitraum beziehen, beträgt der Verspätungszuschlag für jeden angefangenen Monat der eingetretenen Verspätung 0,25 % der um die festgesetzten Vorauszahlungen und die anzurechnenden Steuerabzugsbeträge verminderten festgesetzten Steuer, mindestens jedoch 25 € für jeden angefangenen Monat der eingetretenen Verspätung (§ 152 Abs. 5 Satz 2 AO).

Handelt es sich um vierteljährlich oder monatlich abzugebende Steueranmeldungen oder um die gem. § 41a Abs. 2 Satz 2 2. Hs. EStG jährlich abzugebende Lohnsteueranmeldung gilt § 152 Abs. 5 AO nicht (§ 152 Abs. 8 Satz 1 AO). In diesen Fällen sind bei der Bemessung des Verspätungszuschlages die Dauer und Häufigkeit der Fristüberschreitung sowie die Höhe der Steuer zu berücksichtigen (§ 152 Abs. 8 Satz 2 AO).

Für Erklärungen zur gesonderten Feststellung von Besteuerungsgrundlagen, für Erklärungen zur Festsetzung des Gewerbesteuermessbetrags und für Zerlegungserklärungen beträgt der Verspätungszuschlag für jeden angefangenen Monat der Verspätung 25 € (§ 152 Abs. 6 AO).

Für Erklärungen zu gesondert festzustellenden einkommen- oder körperschaftsteuerpflichtigen Einkünften beträgt der Verspätungszuschlag für jeden angefangenen Monat der eingetretenen Verspätung 0,0625 % der positiven Summe der festgestellten Einkünfte mindestens jedoch 25 € für jeden angefangenen Monat der eingetretenen Verspätung.

Der Verspätungszuschlag ist auf volle Euro abzurunden und darf nicht mehr als 25 000 € betragen (§ 152 Abs. 10 AO).

Bei **Nichtabgabe** der Steuererklärung, der Erklärung zur Festsetzung des Gewerbesteuermessbetrags, der Zerlegungserklärung oder der Erklärung zur gesonderten Feststellung von Besteuerungsgrundlagen, ist der Verspätungszuschlag bis zum Ablauf desjenigen Tages zu berechnen, an dem die erstmalige Festsetzung der Steuer wirksam wird (§ 152 Abs. 9 AO).

Wird die Festsetzung der Steuer oder des Gewerbesteuermessbetrages oder der Zerlegungsbescheid oder die gesonderte Feststellung von Besteuerungsgrundlagen aufgehoben, so ist auch die Festsetzung des Verspätungszuschlags aufzuheben (§ 152 Abs. 12 Satz 1 AO).

Wird die **Festsetzung der Steuer**, die Anrechnung von Vorauszahlungen oder Steuerabzugsbeträgen auf die festgesetzte Steuer oder die Feststellung einkommen- oder körperschaftsteuerpflichtiger Einkünfte **geändert**, zurückgenommen, widerrufen oder nach § 129 AO berichtigt, so **ist ein festgesetzter Verspätungszuschlag** entsprechend **ermäßigen oder zu erhöhen**, soweit nicht auch nach der Änderung oder Berichtigung die Mindestbeträge anzusetzen sind (§ 152 Abs. 12 Satz 2 AO). Ein Verlustrücktrag nach § 10d Abs. 1 EStG oder ein rückwirkendes Ereignis i. S. des § 175 Abs. 1 Satz 1 Nr. 2 oder Abs. 2 AO sind hierbei nicht zu berücksichtigen.

Für die Aufhebung oder Änderung eines wirksam festgesetzten Verspätungszuschlags ergibt sich also aus § 152 Abs. 12 AO eine gegenüber den §§ 130, 131 AO speziellere, vorrangige Änderungsvorschrift.

(Einstweilen frei) 192–194

6.3.2 Schätzung von Besteuerungsgrundlagen, § 162 AO

6.3.2.1 Zulässigkeit

Ist das Finanzamt nicht in der Lage, die **Besteuerungsgrundlagen** zu ermitteln oder zu berechnen, so **hat** es diese zu schätzen. § 162 AO räumt dem Finanzamt nur die Möglichkeit ein, die Grundlagen der Besteuerung zu schätzen, nicht die Steuer selbst; sie ist aufgrund der geschätzten Besteuerungsgrundlagen zu berechnen. 195

Das Gesetz kennt folgende Fälle, in denen eine Schätzung in Betracht kommt:

§ 162 Abs. 2 AO:

- Der Steuerpflichtige ist nicht in der Lage, eine **ausreichende Aufklärung** zu geben.
- Der Steuerpflichtige **verweigert weitere Auskünfte** (§ 93 AO).
- Der Steuerpflichtige **weigert** sich, eine **Versicherung an Eides statt** abzugeben (§ 95 AO).
- Der Steuerpflichtige verletzt bei steuerlich erheblichen Sachverhalten, die sich auf Vorgänge außerhalb des Geltungsbereiches dieses Gesetzes beziehen seine **Aufklärungspflicht** (§ 90 Abs. 2 AO).
- Steuerrechtlich **vorgesehene Bücher und Aufzeichnungen** des Steuerpflichtigen **fehlen**.
- **Buchführung und Aufzeichnungen** des Steuerpflichtigen entsprechen nicht den Grundsätzen der §§ 140–148 AO und können daher nicht nach § 158 AO der Besteuerung zugrunde gelegt werden.
- Es bestehen tatsächliche **Anhaltspunkte für die Unrichtigkeit** der vom Steuerpflichtigen gemachten Angaben zu steuerpflichtigen Einnahmen oder Betriebsvermögensmehrungen und der Steuerpflichtige erteilt nicht die Zustimmung nach § 93 Abs. 7 Satz 1 Nr. 5 AO zum Kontenabruf.

§ 162 Abs. 3 und 4 AO:

Der Steuerpflichtige kommt bei Auslandsbeziehungen seinen Mitwirkungs- und **Aufklärungspflichten** nicht nach (§ 90 Abs. 3 AO).

§ 162 Abs. 5 AO:

Erlässt das Finanzamt einen Steuerbescheid, bevor ein erforderlicher Grundlagenbescheid bekannt gegeben worden ist (vgl. § 155 Abs. 2 AO), so können die im Grundlagenbescheid festzustellenden Besteuerungsgrundlagen geschätzt werden (§ 162 Abs. 3 AO).

6.3.2.2 Allgemeine Schätzungsmethoden

196 Die Schätzung soll dem wirklichen Sachverhalt möglichst nahekommen. Es ist also der Betrag zu schätzen, der der Wahrscheinlichkeit möglichst nahekommt.

Die Praxis bedient sich dabei vielfach folgender Schätzungsmethoden:

6.3.2.2.1 Äußerer Betriebsvergleich

Hier werden die Besteuerungsgrundlagen durch Vergleich mit ähnlichen Betrieben ermittelt. Dies kann geschehen

- **durch Einzelbetriebsvergleich**

Vergleich mit einem oder einigen gleichartigen Betrieben;

- **durch Richtsatzschätzung**

Die Besteuerungsgrundlagen werden nach Richtsätzen geschätzt, die durch Vergleich einer Vielzahl ähnlicher Betriebe ermittelt worden sind.

6.3.2.2.2 Innerer Betriebsvergleich

Hier werden die Ergebnisse eines bestimmten Wirtschaftsjahres mit den Ergebnissen anderer Wirtschaftsjahre (z. B. der Vorjahre) verglichen.

Das Finanzamt muss bei einer Schätzung dem Verlangen des Steuerpflichtigen nach einem inneren Betriebsvergleich (ggf. mit Sachverständigenbeweis) nicht nachkommen. Es kann auch eine pauschale Schätzung anhand der Richtsätze vornehmen (äußerer Betriebsvergleich), BFH vom 18.10.2011 X B 65/11, BFH/NV 2011, 259.

6.3.2.3 Fehlerhafte Schätzungsbescheide

197 Ein Schätzungsbescheid ist nicht deshalb rechtswidrig, weil die Schätzung von den tatsächlichen Verhältnissen abweicht. Rechtswidrig ist sie erst dann, wenn sie den durch die Umstände des Falles gezogenen Schätzungsrahmen verlässt. In diesem Falle kann der Steuerpflichtige mit Einspruch die Bestandskraft des Bescheides verhindern (§ 347 Abs. 1 Nr. 1 AO).

Die Nichtigkeit und damit Unwirksamkeit des Schätzungsbescheides (Rdn. 292) kommt nur ausnahmsweise in Betracht, wenn das Finanzamt **bewusst willkürlich** zum Nachteil des Steuerpflichtigen geschätzt hat, ohne die Möglichkeit der Sachverhaltsaufklärung und der Ermittlung von Schätzungsgrundlagen wenigstens zu versuchen (BFH 21.8.2019 X R 16/17, BStBl 2020 II S. 99, m. w. N.).

6.3.3 Zwangsmittel

Erfüllt ein Steuerpflichtiger oder eine dritte Person die durch Verwaltungsakt bestimmten Mitwirkungspflichten nicht, so kann das Finanzamt diese Pflichten mit Zwangsmitteln durchsetzen (Einzelheiten vgl. Rdn. 932 ff.). 198

(Einstweilen frei) 199–200

6.4 Kontrollfragen

FRAGEN

		Rdn.
1.	Welcher Grundsatz beherrscht das steuerliche Ermittlungsverfahren?	152 - 155
2.	Wie haben die Finanzbehörden die Steuern festzusetzen?	159 f.
3.	Was folgt aus dem Grundsatz der Gesetzmäßigkeit der Besteuerung?	159
4.	Was folgt aus dem Grundsatz der Gleichmäßigkeit der Besteuerung?	160
5.	Wer ist Beteiligter eines Besteuerungsverfahrens?	163
6.	Wodurch unterscheidet sich die Auskunftspflicht des Beteiligten von der „anderer Personen"?	170 - 175
7.	Bei Unternehmer Klein wird eine Außenprüfung durchgeführt. Im Zusammenhang mit den Mietzahlungen für ein betrieblich genutztes Gebäude verweigert Klein die Auskunft, um einen Angehörigen nicht steuerlichen Ermittlungen auszusetzen. Steht Klein ein Auskunftsverweigerungsrecht zu?	163, 171 - 175
8.	Worauf beruht die Verpflichtung zur Abgabe einer Steuererklärung?	177 f.
9.	Was ist eine „Steueranmeldung" und welche Wirkung hat sie?	184 - 186
10.	Welche Befugnisse stehen der Finanzbehörde zu, wenn der Steuerpflichtige seiner Verpflichtung zur Abgabe der Einkommensteuer trotz Aufforderung mit Fristsetzung nicht nachkommt?	187 - 190, 195 - 198
11.	Der Steuerpflichtige Engel beauftragt Steuerberater Lange mit der Erstellung und Abgabe seiner Einkommensteuererklärung. Dieser gibt die Erklärung nach Unterschrift seines Mandanten erst nach Ende der gewährten Fristverlängerung ab. Wem gegenüber kann das Finanzamt einen Verspätungszuschlag festsetzen?	188 - 190
12.	Die Steuerpflichtige Rosa hat die Einkommensteuererklärung 01 schuldhaft verspätet abgegeben. Die Einkommensteuer wurde auf 44 800 € festgesetzt. Nach Anrechnung geleisteter Vorauszahlung von 20 000 € ergab sich eine Zahlungsverpflichtung von 24 800 €. Wie hoch dürfte die Festsetzung eines Verspätungszuschlages *maximal* sein?	191

DOWNLOAD

Lösungen zu den Kontrollfragen s. online-Version.

KAPITEL 7: VERWALTUNGSAKTE

Kapitel 7: Verwaltungsakte

7.1 Begriff des Verwaltungsaktes

201 Wie jede Verwaltungsbehörde wird auch das Finanzamt im Bereich der Hoheitsverwaltung im Wesentlichen in Form von Verwaltungsakten tätig.

In § 118 Satz 1 AO werden die hierfür erforderlichen Merkmale bezeichnet. Danach ist ein Verwaltungsakt jede

- hoheitliche Willenskundgebung
- einer Behörde
- zur Regelung eines Einzelfalles
- auf dem Gebiet des öffentlichen Rechtes,
- die auf unmittelbare Rechtswirkung nach außen gerichtet ist.

Verwaltungsakte sind z. B.:

Auskunftsersuchen, die verbindliche Auskunft nach § 89 Abs. 2 AO, die verbindliche Zusage nach § 204 f. AO, Fristverlängerungen, Androhung und Festsetzung von Zwangsmitteln, Festsetzung von Verspätungszuschlägen und erstmalige Anmahnung von Säumniszuschlägen, Steuerbescheide, Änderungsbescheide, Haftungsbescheide, Steuermessbescheide, Stundungen, Erlasse, Prüfungsanordnungen, Ablehnung von Akteneinsicht (vgl. AEAO zu § 364 AO), Erteilung und Ablehnung einer Anrufungsauskunft nach § 42e EStG usw.

Allgemeinverfügungen, § 118 Satz 2 AO: vgl. hierzu § 172 Abs. 3 AO, § 367 Abs. 2b AO.
Keine Verwaltungsakte sind dagegen u. a.:

- Innerdienstliche Weisungen, da sie keine unmittelbare Rechtswirkung haben.

BEISPIEL: Das Bayerische Landesamt für Steuern weist als Aufsichtsbehörde das FA Landshut an, in einem bestimmten Fall die Anerkennung von Bestattungskosten als außergewöhnliche Belastungen zu versagen.

Die unmittelbare Rechtswirkung für den Stpfl. ergibt sich erst durch den ESt-Bescheid des FA Landshut, in dem die Bestattungskosten bei der Festsetzung der ESt nicht berücksichtigt wurden.

- Die Bekanntgabe von Lohnsteuerrichtlinien. Diese Verwaltungsanweisungen regeln keinen Einzelfall und haben keine unmittelbare Rechtswirkung für den Steuerpflichtigen, sondern binden nur die Verwaltung (vgl. auch Rdn. 16 f.).
- Die Aufforderung nach § 160 AO, den Empfänger einer Zahlung zu benennen, die der Steuerpflichtige als Betriebsausgabe geltend gemacht hat. Sie hat keine unmittelbare Rechtswirkung, da sie dem Steuerpflichtigen keine selbständig erzwingbare Verpflichtung auferlegt, sondern die Steuerfestsetzung bzw. Feststellung von Besteuerungsgrundlagen nur vorbereitet (BFH v. 20.4.1988 I R 67/84, BStBl II 1988, 927). Wird der Aufforderung nicht nachgekommen, findet die Betriebsausgabe im Steuerbescheid (oder Feststellungsbescheid) keine Berücksichtigung (BFH v. 11.7.2013 IV R 27/09 BStBl II 2013, 989 m. w. N.).
- Bekanntgabe des Prüfungsberichts gem. § 202 AO (BFH v. 29.4.1987 I R 118/83, BStBl II 1988, 168). Zwar wird der Prüfungsbericht auch dem Steuerpflichtigen ge-

genüber bekanntgegeben, die unmittelbare Rechtswirkung für den Stpfl. ergibt sich jedoch erst durch die auf den Prüfungsbericht möglicherweise folgende geänderte Steuerfestsetzung.

- Gerichtsurteile, da es sich nicht um Maßnahmen einer Behörde nach § 6 AO handelt. Gerichte nehmen keine Aufgaben der öffentlichen Verwaltung wahr und sind keine Finanzbehörden. Sie sind vielmehr Organe der Rechtspflege.

7.2 Inhalt und Form von Verwaltungsakten

7.2.1 Bestimmtheit

Ein Verwaltungsakt muss inhaltlich bestimmt sein (§ 119 Abs. 1 AO), d. h. der davon 202
Betroffene (Adressat) und die Regelung (Tenor) selbst müssen eindeutig sein, andernfalls liegt keine „Regelung“ eines „Einzelfalles“ im Sinne des § 118 Satz 1 AO vor. Daher hat die mangelnde Bestimmtheit grundsätzlich die Nichtigkeit und damit Unwirksamkeit des Verwaltungsaktes zur Folge (§§ 125 Abs. 1, 124 Abs. 3 AO).

BEISPIEL: Das FA droht dem Stpfl. Huber ein Zwangsgeld in „angemessener Höhe“ an, weil er sich weigert, geforderte Urkunden vorzulegen.

Die Androhung eines Zwangsgeldes nach § 332 Abs. 1 AO in lediglich „angemessener Höhe“, ohne einen bestimmten Betrag zu nennen, ist keine hinreichend bestimmte Regelung und daher nichtig und unwirksam.

7.2.2 Form

§ 119 Abs. 2 AO schreibt für Verwaltungsakte grundsätzlich keine bestimmte Form vor. 203
Formgebunden sind sie nur, wenn dies im Gesetz ausdrücklich angeordnet ist, wie etwa für:

Steuerbescheide (§ 157 Abs. 1 AO), Feststellungsbescheide (§§ 181 Abs. 1, 157 Abs. 1 Satz 1 AO), Steuermessbescheide (§§ 184 Abs. 1 Satz 3, 157 Abs. 1 Satz 1 AO), Zerlegungsbescheide (§ 188 AO), Haftungsbescheide (§ 191 Abs. 1 Satz 3 AO), Zinsbescheide (§§ 239 Abs. 1 Satz 1, 157 Abs. 1 Satz 1 AO), die Androhung und Festsetzung von Zwangsmitteln (§ 332 Abs. 1, 333 AO) und Einspruchsentscheidungen (§ 366 AO).

Die geforderte Schriftform ist auch gewahrt bei Übersendung durch Fax oder Computerfax (BFH v. 28.01.14 VIII R 28/13, BStBl II 2014, 552 und v. 18.3.14 VIII R 9/10, BStBl II 2014, 748).

7.2.3 Weitere Inhaltserfordernisse

Ein **schriftlich** bzw. elektronisch (§ 87a Abs. 4 und 6 AO) zu erlassender Verwaltungsakt 204
muss die erlassende Behörde erkennen lassen (§ 119 Abs. 3 AO), andernfalls ist er nichtig und unwirksam (§§ 125 Abs. 2 Nr. 1, 124 Abs. 3 AO).

Darüber hinaus muss **jeder** Verwaltungsakt die **Namenswiedergabe** oder die **Unterschrift des Behördenleiters** bzw. seines Beauftragten enthalten, wenn er nicht formularmäßig oder mit Hilfe der elektronischen Datenverarbeitung erlassen wird (§ 119 Abs. 3 AO). Das Fehlen dieses Inhaltserfordernisses führt jedoch nicht zur Nichtigkeit. Allein wegen dieses formellen Fehlers kann aber auch nicht die Aufhebung eines gebundenen Verwaltungsaktes begehrt werden (§ 127 AO; Rdn. 298 f.).

Das Rechtsstaatsprinzip nach Art. 20 Abs. 3 GG verlangt schließlich, dass schriftliche und elektronische Verwaltungsakte grundsätzlich zu begründen sind (§ 121 Abs. 1 AO). Dies gilt vor allem dann, wenn der Verwaltungsakt in die Rechte des Bürgers eingreift. Er hat in diesen Fällen einen Anspruch darauf, dass er die Gründe hierfür erfährt. Bei Ermessensentscheidungen soll die **Begründung** erkennen lassen, dass die Finanzbehörde von dem eingeräumten Ermessen Gebrauch gemacht und welche Gesichtspunkte sie ihrer Entscheidung zugrunde gelegt hat.

Von einer Begründung kann nur in den in § 121 Abs. 2 AO genannten Fällen abgesehen werden, insb. soweit die Finanzbehörde einem Antrag entspricht oder einer Steuererklärung folgt (Nr. 1).

Aber auch bei nichtförmlichen Verwaltungsakten kann der Steuerpflichtige eine Begründung verlangen, wenn ein berechtigtes Interesse besteht.

Fehlt es an einer erforderlichen Begründung, so ist der Verwaltungsakt anfechtbar. Dieser Fehler ist jedoch heilbar (§ 126 Abs. 1 Nr. 2 AO) bzw. nach § 127 AO unbeachtlich.

7.3 Arten von Verwaltungsakten

7.3.1 Unterscheidung nach dem Inhalt

7.3.1.1 Rechtsgestaltende (konstitutive) Verwaltungsakte

205 Sie schaffen Recht oder begründen ein Rechtsverhältnis.

BEISPIEL: Stundung, Erlass, Festsetzung von Verspätungszuschlägen, Zwangsgelder, Aussetzung der Vollziehung.

7.3.1.2 Feststellende (deklaratorische) Verwaltungsakte

206 Sie bestätigen lediglich eine bereits bestehende Rechtslage.

BEISPIEL: Steuerbescheid, Feststellungsbescheid, Abrechnungsbescheid nach § 218 Abs. 2 AO, Leistungsgebot (§ 254 AO).

7.3.2 Unterscheidung nach der Wirkung für den Betroffenen

7.3.2.1 Begünstigende Verwaltungsakte

Sie begründen oder bestätigen ein Recht (§ 130 Abs. 2 AO). 207

BEISPIEL: Stundung, Erlass, Gewährung einer Fristverlängerung, Anrechnung von Vorauszahlungen bzw. der gezahlten Lohnsteuer auf die ESt-Schuld (§ 36 Abs. 2 EStG).

7.3.2.2 Belastende Verwaltungsakte

Sie versagen ein Recht bzw. begründen oder bestätigen einen Rechtsnachteil. 208

BEISPIEL: Androhung und Festsetzung eines Zwangsgeldes, Pfändung, Stundungsablehnung, Festsetzung einer Steuerschuld in einem Steuerbescheid.

Die Unterscheidung zwischen begünstigenden und belastenden Verwaltungsakten ist bedeutsam im Hinblick auf die Rücknahme und den Widerruf von Verwaltungsakten (§§ 130, 131 AO).

7.3.3 Unterscheidung nach dem Grad der Gebundenheit für die entscheidende Behörde

7.3.3.1 Gebundene Verwaltungsakte

Bei diesen gibt es nur eine dem Gesetz entsprechende Entscheidung. 209

BEISPIEL: Wenn an einkommensteuerpflichtigen Einkünften mehrere beteiligt und ihnen diese Einkünfte zuzurechnen sind, dann **muss** eine einheitliche und gesonderte Feststellung durchgeführt werden (§ 180 Abs. 1 Satz 1 Nr. 2a AO).

7.3.3.2 Ermessensverwaltungsakte

Bei eindeutig bestimmten Tatbestandsvoraussetzungen ist die Rechtsfolge einer gesetzlichen Vorschrift nur dem Rahmen nach bestimmt. Wenn ein bestimmter Tatbestand erfüllt ist, kommen für die Verwaltungsbehörde daher **mehrere Entscheidungsmöglichkeiten** in Betracht. 210

BEISPIEL: Hat jemand die vom FA innerhalb einer bestimmten Frist geforderte ErbSt-Erklärung nach § 31 ErbStG schuldhaft verspätet abgegeben, so steht es im Ermessen des FA, ob es überhaupt einen Verspätungszuschlag festsetzen will, § 152 Abs. 1 Satz 1 AO. Hinsichtlich der Höhe des Verspätungszuschlags ist das FA aber an § 152 Abs. 5 AO gebunden.

Im Rahmen des Ermessens wird also zwischen **Entschließungs-** und **Auswahlermessen** unterschieden:

Beim Entschließungsermessen hat die Behörde die Wahl, ob es eine gesetzliche Regelung **anwendet** und einen entsprechenden Verwaltungsakt erlässt. So konnte im vorangegangenen Beispiel die Behörde entscheiden, ob es bei Vorliegen der Voraussetzungen des § 152 AO einen Verspätungszuschlag festsetzt oder davon absieht.

Ein Auswahlermessen hat das Finanzamt nur, wenn es bei Vorliegen eines bestimmten Sachverhaltes zwischen verschiedenen Rechtsfolgen, gegebenenfalls auch verschiedenen Adressaten (z. B. mehreren Haftungsschuldnern), wählen kann.

BEISPIEL: Die Auer-OHG ist vermögenslos. Es bestehen USt-Schulden der OHG.

Für die Steuerschulden der OHG können die Gesellschafter der OHG gemäß § 191 Abs. 1 AO, § 128 HGB durch Haftungsbescheid in Anspruch genommen werden. Das FA kann entscheiden, ob es einen Haftungsbescheid erlässt (Entschließungsermessen) und gegen welchen der Gesellschafter es diesen richtet (Auswahlermessen). Dabei hat das FA auch die Möglichkeit, gegen beide Gesellschafter jeweils einen Haftungsbescheid zu erlassen, die Gesellschafter haften als Gesamtschuldner nach § 44 AO.

211 In der Ermessensentscheidung sind die Erwägungen für den Entschluss und die Auswahl grundsätzlich darzulegen, damit das Finanzgericht im Rahmen von § 102 FGO in der Lage ist, die Ermessensentscheidung nachzuprüfen. Fehlen diese Darlegungen, liegt ein Begründungsmangel vor, der spätestens in der Einspruchsentscheidung geheilt werden kann (§§ 121 Abs. 1, 126 Abs. 1 Nr. 2, Abs. 2 AO; BFH v. 17.9.2019 VII R 5/18 m. w. N.). In Ausnahmefällen kann von der Begründungspflicht abgesehen werden.

BEISPIELE:

1. Nach § 42d EStG kann das FA im Rahmen seines pflichtgemäßen Ermessens in bestimmten Fällen nicht einbehaltene LSt im Haftungsweg gegenüber dem Arbeitgeber und durch Steuernachforderung gegenüber dem Arbeitnehmer geltend machen.

   Hat der Arbeitgeber nach Abschluss der LSt-Außenprüfung seine Zahlungsverpflichtung schriftlich anerkannt, so braucht das FA seine Ermessenserwägungen nicht mehr kundzutun (BFH v. 16.1.2003 VIII B 114/01 (NV), BFH/NV 2003 S. 738 m. w. N.).

2. Ein Stpfl. hat einen Erlass nach § 227 AO durch falsche Angaben erwirkt. Als das FA feststellt, dass die Angaben objektiv unrichtig sind, nimmt es den Verwaltungsakt „Erlass" nach § 130 Abs. 2 Nr. 3 AO zurück, ohne Ermessenserwägungen erkennen zu lassen.

   Der Erlass war rechtsfehlerhaft und kann deshalb nach § 130 Abs. 2 Nr. 3 AO zurückgenommen werden. Da die Rücknahme eine Ermessensentscheidung ist, müssen auch Ermessenserwägungen angestellt werden und in der Regel auch für den Adressaten in der Entscheidung erkennbar sein (BFH v. 3.8.1983 II R 144/80, BStBl II 1984, 321), auch wenn alle tatbestandsmäßigen Voraussetzungen einer Rücknahme gegeben sind.

212 § 5 AO, der einen allgemeinen Rechtsgedanken enthält, setzt dem Finanzamt bei der Ausübung seines Ermessens bestimmte Grenzen:

aa) Das Finanzamt hat die **gesetzlich** gezogenen **Grenzen** für die Ausübung des ihm eingeräumten Ermessensspielraumes zu beachten.

bb) Es muss sein Ermessen entsprechend dem **Zweck** der Ermächtigung ausüben, d. h. es darf weder irrtümlich noch bewusst sachfremde Motive in seine Ermessensentscheidung einfließen lassen.

BEISPIEL: Das FA darf bei der Gewährung einer Stundung nicht erschwerend berücksichtigen, dass der Steuerpflichtige in früheren Jahren einmal wegen Steuerhinterziehung verurteilt worden ist.

Wenn bei der Ausübung des Ermessens durch die Finanzbehörde eine **Ermessensüberschreitung** (aa) oder ein **Ermessensfehlgebrauch** (bb) vorliegt, unterliegt der Verwaltungsakt insoweit der Nachprüfung durch die Finanzgerichtsbarkeit (§ 102 FGO).

Durch Verwaltungsvorschriften der vorgesetzten Dienstbehörden kann die Ausübung des Ermessens der untergeordneten Dienstbehörden, etwa der Finanzämter, eingeengt werden. Diese Einschränkung der Ausübung des Ermessens führt zu einer **Selbstbindung der Verwaltung.** Da davon ausgegangen werden kann, dass die nachgeordneten Dienstbehörden die Verwaltungsvorschriften der vorgesetzten Dienstbehörden beachten, liegt in der Abweichung von dieser Verwaltungsvorschrift in einem Einzelfall ein Verstoß gegen den Gleichheitsgrundsatz (Art. 3 GG). Ein wichtiges Beispiel zur Selbstbindung der Verwaltung finden Sie in Rdn. 179 ff. zur Frist für die Abgabe der Steuererklärung. 213

7.3.4 Unterscheidung nach dem Stadium des Besteuerungsverfahrens

Es ist Aufgabe der Finanzverwaltung, das Steueraufkommen zu sichern. Um diese Aufgabe zu erfüllen, muss die Finanzverwaltung zunächst die steuererheblichen Sachverhalte ermitteln. Diese Tätigkeit, die vor allem die Finanzämter wahrnehmen, bezeichnet man als das **Ermittlungsverfahren**. An das Ermittlungsverfahren schließt sich das **Festsetzungsverfahren** an, das mit der Steuerfestsetzung endet. Das Steueraufkommen ist jedoch erst dann gesichert, wenn die festgesetzten Steuern erhoben (Erhebungsverfahren) und notfalls beigetrieben worden sind (Vollstreckungsverfahren). 214

7.3.4.1 Verwaltungsakte im Ermittlungsverfahren

Das Ermittlungsverfahren wird für die Finanzbehörden dadurch wesentlich erleichtert, dass die Einzelsteuergesetze die Abgabe von Steuererklärungen vorschreiben (vgl. z. B. § 25 Abs. 3 EStG, § 18 UStG). Soweit Steuerpflichtige dieser Aufgabe nicht nachkommen oder nur unvollständige Erklärungen abgeben, räumt die AO den Finanzbehörden eine Fülle von Möglichkeiten ein, um den Bürger zur Erfüllung seiner Pflichten anzuhalten. 215

BEISPIELE:

1. Das FA fordert einen Steuerpflichtigen auf, Belege über Betriebsausgaben nachzureichen (§ 97 Abs. 1 AO).
2. Das FA ordnet an, dass der Steuerpflichtige persönlich zur Erteilung einer Auskunft beim FA erscheint (§ 93 Abs. 5 AO).
3. Das FA fordert einen anderen als den Steuerpflichtigen auf, Auskünfte zu erteilen (§ 93 Abs. 1 AO).

   Die Beteiligten und dritte Personen müssen diesen Aufforderungen Folge leisten.

Kommen die Beteiligten oder dritte Personen den Anordnungen der Finanzbehörden nicht nach, so können die Anordnungen mit Zwangsmitteln durchgesetzt werden (§ 328 ff. AO).

7.3.4.2 Verwaltungsakte im Festsetzungsverfahren

Wenn die Finanzbehörde die für die Höhe der Steuer maßgeblichen Sachverhalte ermittelt hat, wird die Steuer durch **Steuerbescheid** festgesetzt (**§ 155 AO**). 216

7.3.4.3 Verwaltungsakte im Feststellungsverfahren

217 Die Höhe der Steuer ergibt sich aus der Auswertung der Besteuerungsgrundlagen, d. h. aller tatsächlichen und rechtlichen Verhältnisse, die für die Steuerpflicht und die Bemessung der Steuer maßgeblich sind (§ 199 Abs. 1 AO).

Diese Besteuerungsgrundlagen sind regelmäßig unselbständiger Teil des Steuerbescheides (§ 157 Abs. 2 AO). In Ausnahmefällen werden sie durch **Feststellungsbescheid** gesondert festgestellt (**§ 179 AO**) und der Berechnung verschiedener Steuern zugrunde gelegt.

BEISPIELE:

1. Der Grundbesitzwert eines Grundstückes ist Besteuerungsgrundlage für die Erbschaftsteuer (§ 12 Abs. 3 ErbStG).
2. Der **Gewinn aus Gewerbebetrieb** einer OHG ist Besteuerungsgrundlage für die ESt-Bescheide aller daran beteiligten Gesellschafter (§ 15 Abs. 1 Nr. 2 EStG).

7.3.4.4 Verwaltungsakte im Messbetragsverfahren

7.3.4.4.1 Steuermessbescheide (§ 184 AO)

218 Das Aufkommen der Realsteuern, also der Grund- und der Gewerbesteuer (§ 3 Abs. 2 AO) steht den Gemeinden zu (Art. 106 Abs. 6 GG). Dabei ermitteln die Finanzämter die für die Festsetzung der Gewerbesteuer und der Grundsteuer erforderlichen Besteuerungsgrundlagen und teilen diese – zusammengefasst im **Steuermessbetrag** – durch **Steuermessbescheid** den Gemeinden mit (§ 184 Abs. 1, 3 AO).

Steuermessbescheide sind selbständig anfechtbare Verwaltungsakte (§ 347 Abs. 1 Satz 1 Nr. 1 AO).

7.3.4.4.2 Zerlegungs- und Zuteilungsbescheide (§§ 185 ff. AO)

219 Die Grundsteuer steht anteilig mehreren Gemeinden zu, wenn ein Grundstück auf dem Gebiet verschiedener Gemeinden liegt. Das Gleiche gilt für die Gewerbesteuer, wenn ein Gewerbe in verschiedenen Gemeinden ausgeübt wird. Hier wird der Anteil der beteiligten Gemeinden im **Zerlegungsverfahren** ermittelt und durch **Zerlegungsbescheid** festgesetzt (§ 188 AO).

Besteht Streit darüber, welcher von mehreren Gemeinden der Steuermessbetrag zusteht, so entscheidet das Finanzamt durch Zuteilungsbescheid (§ 190 AO). Zerlegungs- und Zuteilungsbescheide sind ebenfalls selbständig anfechtbare Verwaltungsakte.

7.3.4.5 Verwaltungsakte im Erhebungsverfahren

220 Nach Erlass der Steuerbescheide sind die festgesetzten Steuern zu erheben (Erhebungsverfahren).

Hier erlässt das Finanzamt beispielsweise folgende Verwaltungsakte:

Stundungen (§ 222 AO), Erlasse (§ 227 AO), Zinsbescheide (§ 239 AO), Abrechnungsbescheide (§ 218 Abs. 2 AO), Anrechnungsverfügungen (z. B. § 36 Abs. 2 EStG).

7.3.4.6 Verwaltungsakte im Vollstreckungsverfahren

Soweit ein Beteiligter den Pflichten, die sich aus den Steuergesetzen ergeben, nicht oder nicht freiwillig nachkommt, kann er von den Finanzbehörden im Rahmen des **Vollstreckungsverfahrens** dazu gezwungen werden. So kann ein Beteiligter, der Anordnungen des Finanzamtes (vgl. Rdn. 215 f.) nicht Folge leistet, durch Zwangsmittel (§ 328 ff. AO) angehalten werden. Gegen einen Steuerpflichtigen, der seine Steuerschulden nicht pünktlich entrichtet, können Vollstreckungsmaßnahmen ergriffen werden, wie etwa Sachpfändungen (§§ 281 Abs. 1, 286 AO), Forderungspfändungen (§§ 281 Abs. 1, 309 AO), Zwangsversteigerungen von Grundstücken (§ 322 AO, § 864 ff. ZPO). 221

7.4 Nebenbestimmungen des Verwaltungsaktes

Hinsichtlich der Zulässigkeit von Nebenbestimmungen unterscheidet § 120 AO zwischen der gebundenen Verwaltung und der Ermessensverwaltung (vgl. Rdn. 209 ff.). 222

7.4.1 Nebenbestimmungen im Rahmen der gebundenen Verwaltung

Die Zulässigkeit von Nebenbestimmungen im Rahmen der gebundenen Verwaltung ist stark eingeschränkt. Grundsätzlich sind Nebenbestimmungen nur dann zulässig, wenn dies gesetzlich gestattet ist (§ 120 Abs. 1 AO). 223

BEISPIEL:

1. Solange der Steuerfall noch nicht abschließend geprüft ist, kann die Steuer unter dem **Vorbehalt der Nachprüfung** festgesetzt werden (§ 164 Abs. 1 AO).
2. Eine Steuer kann **vorläufig festgesetzt** werden, soweit die Voraussetzungen für ihre Entstehung noch ungewiss sind (§ 165 Abs. 1 Satz 1 AO).

7.4.2 Nebenbestimmungen im Rahmen der Ermessensverwaltung

Eine Nebenbestimmung kann in den Verwaltungsakt mit aufgenommen werden, vorausgesetzt, dass sie dem Zweck dieses Verwaltungsaktes nicht zuwiderläuft (§ 120 Abs. 3 AO). 224

7.4.2.1 Eine Nebenbestimmung kann mit einem Verwaltungsakt erlassen werden (§ 120 Abs. 2 Nr. 1, 2, 3 AO)

Hier sind unselbständige Nebenbestimmungen angesprochen, deren Wirksamkeit unmittelbaren Einfluss auf den Beginn, das Ende oder die Dauer des Verwaltungsaktes hat. 225

aa) Ein Verwaltungsakt kann befristet sein (§ 120 Abs. 2 Nr. 1 AO), d. h. die Wirkung beginnt oder endet in einem bestimmten Zeitpunkt.

BEISPIEL: Aussetzung der Vollziehung, Stundung, Fristverlängerung bei Steuererklärungen.

bb) Ein Verwaltungsakt kann zusammen mit einer Bedingung erlassen werden (§ 120 Abs. 2 Nr. 2 AO), d. h. die Rechtsfolge des Verwaltungsaktes hängt vom Eintritt eines zukünftigen ungewissen Ereignisses ab.

BEISPIEL: Ratenweise Stundung unter der Bedingung, dass alle Raten pünktlich bezahlt werden.

cc) Ein Verwaltungsakt kann zusammen mit einem Widerrufsvorbehalt erlassen werden (§ 120 Abs. 2 Nr. 3 AO).

BEISPIEL: Stundung unter dem Vorbehalt jederzeitigen Widerrufes.

7.4.2.2 Auflage

226 Eine Nebenbestimmung kann **mit einem Verwaltungsakt verbunden** werden (§ 120 Abs. 2 Nr. 4, 5 AO).

Bei dieser Art von Nebenbestimmungen handelt es sich um Anordnungen, die mit dem Verwaltungsakt verbunden werden und von dem Betroffenen ein bestimmtes Tun, Dulden oder Unterlassen fordern. Man bezeichnet diese Nebenbestimmungen als **Auflagen**. Im Unterschied zur Bedingung sind sie kein unselbständiger Teil des Verwaltungsaktes, sondern selbst Verwaltungsakte. Der Bestand des Verwaltungsaktes hängt von der Erfüllung der Auflage nicht ab.

Die Auflage kann allerdings von der Finanzbehörde erzwungen werden (§ 328 ff. AO).

BEISPIELE:

1. Das FA erlässt folgende Stundung: „ Die Einkommensteuer wird bis zum 20. 10. gestundet. **Voraussetzung** dafür ist, dass Sie bis zum 15. 5. folgende Sicherheitsleistungen erbringen: . . .“

   Die Auslegung des Wortlautes entsprechend § 133 BGB ergibt, dass die Wirksamkeit der Stundung von der Bedingung abhängt, dass bis zum 15. 5. die Sicherheitsleistung erbracht wird. Geschieht dies nicht, so ist die Stundung unwirksam.
2. Das FA erlässt folgende Stundung: „Die Einkommensteuer wird bis zum 20. 10. gestundet. Sie werden aufgefordert, bis zum 15. 5. folgende Sicherheitsleistung zu erbringen . . .“

   In diesem Fall ergibt die Auslegung, dass Stundung und Sicherheitsleistung nicht in der engen Weise verknüpft sind, dass die Stundung nur unter der Bedingung der Sicherheitsleistung wirksam wird. Es handelt sich vielmehr um eine Auflage. Dies bedeutet, dass die Stundung auch wirksam wird, wenn die Auflage nicht erfüllt wird. In diesem Falle kann das FA die Auflage erzwingen (§ 328 ff. AO) oder die Stundung widerrufen (§ 131 Abs. 2 Nr. 2 AO).

7.5 Steuerbescheide

7.5.1 Begriff

227 Unter **Steuerbescheiden** versteht man Verwaltungsakte, durch die von einer Finanzbehörde ein bestimmter Betrag als Steuer für einen Steuerpflichtigen festgesetzt wird, ein Steuerpflichtiger ganz oder teilweise von einer Steuer freigestellt wird oder ein Antrag auf Steuerfestsetzung abgelehnt wird (§ 155 Abs. 1 AO). Steuerbescheide sind auch **Vorauszahlungsbescheide**, in denen bestimmte Beträge als **Steuervorauszahlun-**

gen festgesetzt werden. Vorauszahlungsbescheide stehen von Gesetzes wegen unter dem Vorbehalt der Nachprüfung (§ 164 Abs. 1 Satz 2 AO).

Die Finanzbehörden können gem. § 155 Abs. 4 AO Steuerfestsetzungen ausschließlich automationsgestützt vornehmen, berichtigen, zurücknehmen, aufheben oder ändern, soweit kein Anlass besteht den Einzelfall durch Amtsträger zu bearbeiten.

Bei vollständig automationsgestütztem Erlass eines Verwaltungsaktes gilt die Willensbildung über seinen Erlass und über seine Bekanntgabe im Zeitpunkt des Abschlusses der maschinellen Verarbeitung als abgeschlossen (§ 155 Abs. 4 Satz 4 AO).

Wird ein Steuerpflichtiger nach abschließender Ermittlung des steuererheblichen Sachverhaltes von der Steuer durch einen Steuerbescheid ganz oder teilweise freigestellt, so spricht man von einem **Freistellungsbescheid**. Der Freistellungsbescheid ist die Voraussetzung für die nachfolgende Steuererstattung.

BEISPIEL: Das FA entscheidet durch Freistellungsbescheid, dass ein Sportverein als gemeinnützig von der Körperschaftsteuer befreit ist (§ 5 Abs. 1 Nr. 9 KStG, §§ 52, 59 AO). Hier handelt es sich um eine vollständige Freistellung von der Körperschaftsteuer. Bereits bezahlte Steuern sind zu erstatten.

Keine Freistellungsbescheide sind die **Nichtveranlagungs-Mitteilungen**, in denen dem Steuerpflichtigen lediglich mitgeteilt wird, dass eine Veranlagung nicht in Betracht kommt, weil etwa die Einkünfte des Steuerpflichtigen nur solche aus nichtselbständiger Arbeit sind (§ 19 EStG) und die Veranlagungsgrenzen des § 46 EStG nicht erreicht werden. Nach ständiger Rechtsprechung des Bundesfinanzhofs lässt sich die Rechtsnatur einer NV-Verfügung nicht abstrakt bestimmen. Die Frage nach der Rechtsnatur, dem Regelungsgehalt und der verfahrensrechtlichen Bedeutung einer derartigen Verfügung ist jeweils nach den Umständen des Einzelfalls zu bestimmen (BFH v. 16.7.2008 VI B 25/08 (NV), BFH/NV 2008 S. 1845 m. w. N.).

Erst wenn das Finanzamt in diesen Fällen einen Antrag des Steuerpflichtigen auf Veranlagung ablehnt, so ist dieser ablehnende Verwaltungsakt ein Steuerbescheid (§ 155 Abs. 1 Satz 3 AO; BFH v. 16.2.1990 VI R 40/86, BStBl 1990 II S. 565).

Nichtveranlagungs-Bescheinigungen nach § 44a Abs. 2 EStG sind keine Steuerbescheide, sondern sonstige Steuerverwaltungsakte (BFH v. 16.10.1991 I R 65/90, BStBl II 1992, 322).

Schulden mehrere Personen gesamtschuldnerisch eine Leistung (§ 44 AO), so können gegen sie zusammengefasste Steuerbescheide ergehen nach § 155 Abs. 3 AO. Dies gilt z. B. für Ehegatten, die Zusammenveranlagung gemäß § 26b EStG beantragt haben.

Steuerbescheide sind die **nach § 122 Abs. 1 AO bekannt gegebenen Verwaltungsakte** (§ 155 Abs. 1 Satz 2 AO). Dies ergibt sich auch aus § 124 Abs. 1 Satz 2 AO, wonach der Steuerbescheid mit dem Inhalt wirksam wird, mit dem er bekannt gegeben worden ist (vgl. Rdn. 243 ff.).

7.5.2 Form der Steuerbescheide

228 Regelmäßig sind Steuerbescheide schriftlich oder elektronisch zu erteilen (§ 157 Abs. 1 Satz 1 AO), soweit nichts anderes bestimmt ist. Solche Steuerbescheide müssen den Steuerschuldner, die Steuerart und den Steuerbetrag enthalten (§ 157 Abs. 1 Satz 2 AO). Es gelten selbstverständlich auch die Vorschriften über die Bestimmtheit, Form und Begründung von Verwaltungsakten (§§ 119, 121 AO). Schließlich sind schriftliche oder elektronische Steuerbescheide mit einer Einspruchsbelehrung zu versehen (§ 157 Abs. 1 Satz 3 AO). Fehlt diese Belehrung, hat dies auf die Wirksamkeit des Steuerverwaltungsaktes keinen Einfluss, allerdings wird der Beginn des Laufes der Einspruchsfrist nach § 356 AO hinausgeschoben. Wegen des Steuergeheimnisses (§ 30 AO) sind förmliche Steuerbescheide in verschlossenen Umschlägen zu versenden. Die hier genannten Vorschriften gelten auch für Feststellungsbescheide (§ 181 Abs. 1 Satz 1 AO) sowie für Steuermessbescheide (§ 184 Abs. 1 Satz 3 AO), nicht dagegen für **Steueranmeldungen** (§ 150 Abs. 1 Satz 3 AO; vgl. hierzu Rdn. 184 ff.). Weicht das Finanzamt nicht von der Steueranmeldung ab, dann wirkt die Anmeldung als Steuerbescheid (§ 167 Satz 1 AO). In der Entgegennahme der Steueranmeldung durch die Finanzbehörde liegt die Steuerfestsetzung (§ 168 Satz 1 AO).

7.6 Feststellungsbescheide

229 Bisweilen ist eine Besteuerungsgrundlage für mehrere Steuerbescheide maßgeblich. So kann z. B. der Wert eines Grundstücks Besteuerungsgrundlage für die Erbschaftsteuer und die Grunderwerbsteuer sein (vgl. § 138 Abs. 1 BewG). Auch ist die Ermittlung der Höhe des Gewinns einer Personengesellschaft Voraussetzung für die Berechnung der Gewinnanteile der einzelnen Gesellschafter. Um Arbeit zu sparen und abweichende Feststellungen bei verschiedenen Besteuerungsverfahren zu vermeiden, werden hier die Besteuerungsgrundlagen durch selbständig anfechtbare **Feststellungsbescheide** in einem besonderen Verfahren festgestellt. Man spricht deshalb von einer **gesonderten** Feststellung (§ 179 Abs. 1 AO).

Richtet sich der Feststellungsbescheid gegen **mehrere** Personen, so wird die gesonderte Feststellung ihnen gegenüber **einheitlich** vorgenommen (§ 179 Abs. 2 Satz 2 AO, einheitliche und gesonderte Feststellung). Auch für die gesonderten Feststellungen sind Erklärungen beim Finanzamt einzureichen (vgl. z. B. §§ 149 Abs. 1 Satz 1, 181 Abs. 2 AO, § 153 BewG).

7.6.1 Feststellung von Einkünften

7.6.1.1 Einheitliche und gesonderte Feststellung von Einkünften (§ 180 Abs. 1 S. 1 Nr. 2a AO)

230 Bei Beteiligung mehrerer Personen an steuerpflichtigen Einkünften

- aus Land- und Forstwirtschaft,
- aus Gewerbebetrieb,

- aus selbständiger Arbeit,
- aus Vermietung und Verpachtung,
- aus Kapitalvermögen oder
- an sonstigen Einkünften

werden die Einkünfte gesondert und **einheitlich** festgestellt (§§ 180 Abs. 1 S. 1 Nr. 2a, 179 Abs. 2 Satz 2 AO).

BEISPIELE:

1. Eine Erbengemeinschaft hat Einkünfte aus einem Bankguthaben und Wertpapieren.

   Die Einkünfte aus Kapitalvermögen sind durch Feststellungsbescheid einheitlich und gesondert festzustellen (§§ 180 Abs. 1 Satz 1 Nr. 2a, 179 Abs. 2 Satz 2 AO).

2. Steuerberater Kurt Kluge gründet mit 2 jungen Kollegen die Sozietät „Steuerberater Kluge und Partner" (vgl. § 2 Abs. 1 PartGG).

   Die freiberuflichen Einkünfte der Partnerschaft sind einheitlich und gesondert festzustellen (§§ 180 Abs. 1 Satz 1 Nr. 2a, 179 Abs. 2 Satz 2 AO; § 1 Abs. 4 PartGG; § 709 Abs. 3 BGB).

3. Gesellschafter einer OHG sind Huber, Müller und Mai. Mai hat seinen beiden Söhnen an seinem Anteil atypische Unterbeteiligungen eingeräumt.

   Die Einkünfte aus Gewerbebetrieb der OHG sind einheitlich und gesondert festzustellen (§§ 180 Abs. 1 Satz 1 Nr. 2a, 179 Abs. 2 Satz 2 AO). Darüber hinaus ist in einem besonderen Gewinnfeststellungsverfahren zu entscheiden, wie hoch die Anteile der Unterbeteiligten sind (§§ 180 Abs. 1 S. 1 Nr. 2a, 179 Abs. 2 Satz 2 und 3 AO; BFH v. 9.11.1988 I R 191/84, BStBl II 1989, 343). Bei Einverständnis aller Beteiligten – der Gesellschafter der OHG und der Unterbeteiligten – kann die Unterbeteiligung im Rahmen des Gewinnfeststellungsverfahrens für die OHG berücksichtigt werden (BFH v. 2.3.1995 IV R 135/92, BStBl II 1995, 531).

4. Kaufmann K erbt von seinem Vater das Haus, in dem dieser bis zu seinem Tode eine Apotheke betrieben hatte. K schließt mit Apotheker A Verträge, wonach er die Apotheke an A vermietet, sich an der Apotheke mit einer Vermögenseinlage beteiligt und als freier Mitarbeiter die Apotheke kaufmännisch betreut; der nach Abzug von Tätigkeitsvergütungen für A und K verbleibende Gewinn bzw. ein Verlust ist hälftig zu teilen. Im Falle einer Auseinandersetzung soll K an den stillen Reserven der bilanzierten Wirtschaftsgüter beteiligt sein.

   Die Einkünfte aus Gewerbebetrieb sind einheitlich und gesondert festzustellen (§§ 179 Abs. 2, 180 Abs. 1 Nr. 2a AO). K ist als atypischer stiller Gesellschafter und damit als Mitunternehmer (§ 15 Abs. 1 Nr. 2 EStG) an der Apotheke beteiligt, weil er bei Gesamtwürdigung der Verträge Unternehmerinitiative entfalten kann und Unternehmerrisiko trägt (BFH v. 12.11.1985 VIII R 364/84, BStBl II 1986, 311).

Ferner können Einkünfte ganz oder teilweise nach der zu § 180 Abs. 2 AO ergangenen Verordnung gesondert und einheitlich festgestellt werden. Hierdurch soll eine einheitliche Rechtsanwendung bei gleichen Sachverhalten, z. B. bei Bauherren- oder Erwerbermodellen, erreicht werden (vgl. hierzu BMF-Schreiben vom 2.5.2001, BStBl 2001 I, 256).

Eine einheitliche und gesonderte Feststellung i. S. v. § 180 Abs. 1 S. 1 Nr. 2a AO kann 231
bei Fällen von **geringer Bedeutung** unterbleiben (§ 180 Abs. 3 Nr. 2 AO), z. B. bei zusammen zu veranlagenden Ehegatten, die Einkünfte aus gemeinschaftlichen Wertpapierdepots oder aus gemeinschaftlichem Eigentum an Häusern beziehen. Voraussetzung ist, dass die Einkünfte leicht zu ermitteln und nach einem einfachen Schlüssel auf die Be-

teiligten zu verteilen sind, ferner, dass die Ehegatten nicht inzwischen getrennt leben und dass das Verwaltungsfinanzamt (vgl. Rdn. 87) identisch ist mit dem Wohnsitzfinanzamt der Ehegatten.

BEISPIEL: Die in Gütergemeinschaft lebenden Ehegatten Bauer werden zusammen veranlagt. Sie bewirtschaften ihre 60 ha große Land- und Forstwirtschaft (Gewinn im Jahr 01 160 000 €). Der Verpflichtung, im Jahr 02 ab Jahr 03 Bücher zu führen (§ 141 Abs. 1 Nr. 3 AO), kommen sie trotz einer Aufforderung des Finanzamtes (§ 141 Abs. 2 AO) nicht nach.

Die Einkünfte aus Land- und Forstwirtschaft sind durch Schätzung zu ermitteln (§ 162 AO). Es liegen überschaubare Verhältnisse vor. Die Ermittlung der Einkünfte hinsichtlich Höhe und Zurechnung auf die Ehegatten ist einfach und die Gefahr widersprüchlicher Entscheidungen ausgeschlossen. Es handelt sich daher um einen Fall von geringer Bedeutung (§ 180 Abs. 3 Nr. 2 AO), so dass die Einkünfte als unselbständige Besteuerungsgrundlagen im Rahmen der Veranlagung der ESt ermittelt werden (§ 157 Abs. 2 AO; BFH v. 23.11.2000 IV R 85/99, BStBl II 2001, 122).

Ist zweifelhaft, ob es sich um einen Fall von geringer Bedeutung handelt, kann das nach § 18 Abs. 1 Nr. 4 AO zuständige Finanzamt feststellen, dass keine gesonderte Feststellung durchzuführen ist (§ 180 Abs. 3 Satz 2 AO). Dieser **negative** Feststellungsbescheid ist mit dem Einspruch anfechtbar (§§ 347 Abs. 1 Nr. 1, 180 Abs. 3 Satz 3 AO).

7.6.1.2 Gesonderte Feststellung von Einkünften (§ 180 Abs. 1 S. 1 Nr. 2b AO)

232 Durch **Gewinnfeststellungsbescheid** nach § 180 Abs. 1 Satz 1 Nr. 2b AO werden die **Einkünfte** aus

- Land- und Forstwirtschaft,
- Gewerbebetrieb oder
- einer freiberuflichen Tätigkeit

gesondert festgestellt, wenn nach den Verhältnissen zum Schluss des Gewinnermittlungszeitraumes das für die Feststellung zuständige Finanzamt (§ 18 Abs. 1 Nr. 1–3 AO) nicht auch für die Steuern von Einkommen (§ 19 AO) zuständig ist.

BEISPIELE:

1. Ein im Finanzamtsbezirk Starnberg wohnender Architekt hat sein Büro in München.

   Da Büro und Wohnsitz in verschiedenen Finanzamtsbezirken liegen, ist für die Einkünfte aus freiberuflicher Tätigkeit eine gesonderte Feststellung zu treffen (§ 180 Abs. 1 S. 1 Nr. 2b AO).

2. Ein in Erlangen wohnender Hausverwalter hat seine Geschäftsräume in Nürnberg.

   Der Hausverwalter ist nicht freiberuflich tätig. Das Finanzamt Erlangen ermittelt die Höhe der Einkünfte aus selbständiger Arbeit (§ 18 Abs. 1 Nr. 3 EStG) im Rahmen der Einkommensteuerfestsetzung (AEAO zu § 180 Nr. 2.2).

Auch gesonderte Feststellungen nach § 180 Abs. 1 S. 1 Nr. 2b AO unterbleiben bei geringer Bedeutung (§ 180 Abs. 3 Nr. 2 Satz 2 AO; AEAO zu § 180 Nr. 4 Abs. 2).

Wenn sich die für die örtliche Zuständigkeit maßgeblichen Verhältnisse nach Schluss des Gewinnermittlungszeitraums geändert haben, so richtet sich die örtliche Zuständigkeit auch für Feststellungszeiträume, die vor der Änderung der maßgeblichen Verhältnisse liegen, nach § 18 Abs. 1 Nr. 1 bis 3 AO i. V. m. § 26 AO, § 180 Abs. 1 Satz 2 AO.

7.6.2 Gesonderte Feststellung von Werten

7.6.2.1 Feststellung von Grundsteuerwerten (§ 180 Abs. 1 S. 1 Nr. 1 AO)

Durch **Feststellung der Grundsteuerwerte** nach § 180 Abs. 1 Nr. 1 AO i. V. m. § 219 Abs. 1 BewG wird eine gesonderte Feststellung im Sinne von § 179 Abs. 1 AO vorgenommen. 233

Grundsteuerwerte werden in Zeitabständen von sieben Jahren **allgemein festgestellt** (Hauptfeststellung), hierbei werden die Verhältnisse zu Beginn des Kalenderjahres (Hauptfeststellungszeitpunkt) zugrunde gelegt, § 221 BewG.

Die Feststellung von Grundsteuerwerten erfolgt für den inländischen Grundbesitz von:

- Betrieben der Land- und Forstwirtschaft (§§ 232 bis 234, 240 BewG),
- Grundstücken (§§ 243, 244 BewG)

  Betriebsgrundstücke im Sinne des § 99 Abs. 1 Nr. 2 BewG werden hierbei gem. § 218 Satz 2 BewG dem land- und forstwirtschaftlichen Vermögen zugeordnet und sind wie land- und forstwirtschaftliches Vermögen zu bewerten. Betriebsgrundstücke im Sinne des § 99 Abs. 1 Nr. 1 BewG werden dem Grundvermögen zugeordnet und sind wie Grundvermögen zu bewerten.

  Die Grundsteuerwerte sind Grundlagenbescheide für die Festsetzung der Grundsteuer durch die Gemeinden (vgl. § 13 Satz 2 GrStG, §§ 171 Abs. 10 Satz 1, 182 Abs. 1 Satz 1 AO).

7.6.2.2 Feststellung von Grundbesitzwerten

Für Zwecke der **Erbschaftsteuer und der Grunderwerbsteuer** werden **bei Bedarf** 234

- land- und forstwirtschaftliche Grundbesitzwerte (§ 157 Abs. 2 BewG bzw. § 138 Abs. 2 BewG) sowie
- Grundstückswerte (§§ 157 Abs. 3, 176 ff. BewG bzw. §§ 138 Abs. 3, 145 ff. BewG)
  - für Einheiten des Grundvermögens und
  - für Betriebsgrundstücke

gesondert festgestellt (Bedarfsbewertung, § 151 BewG).

7.6.3 Feststellung anderer Besteuerungsgrundlagen

Weiterhin sind gesonderte Feststellungen, die von Gesetzes wegen unter dem Vorbehalt der Nachprüfung stehen, die Lohnsteuerabzugsmerkmale des § 39 Abs. 4 EStG wie z. B. die Steuerklasse und die Zahl der Kinderfreibeträge (§ 39 Abs. 1 Satz 4 EStG). 235

Darüber hinaus sind aufgrund von Bestimmungen in den Einzelsteuergesetzen weitere Besteuerungsgrundlagen gesondert festzustellen (vgl. Ziff. 3 der nachfolgenden Übersicht).

Ferner können Besteuerungsgrundlagen – auch für die Umsatzsteuer – zur Sicherstellung einer gleichmäßigen Rechtsanwendung bei komplexen Sachverhalten ganz oder teilweise gesondert festgestellt werden (Verordnung über die gesonderte Feststellung von Besteuerungsgrundlagen nach § 180 Abs. 2 AO).

BEISPIEL: ► Mehrere Stpfl. errichten Eigentumswohnungen im Rahmen eines Bauherrenmodells. Sie schließen mit einem Baubetreuer gleichartige Verträge.

Die sofort abziehbaren Werbungskosten und die Bemessungsgrundlage für die AfA können für die Bauherren gesondert festgestellt werden (§ 1 Abs. 1 Nr. 2 der Verordnung zu § 180 Abs. 2 AO).

Feststellungsgegenstände (Übersicht)

236 1. Gesonderte Feststellung von Einkünften

a) Einheitliche und gesonderte Feststellungen:

- ► Alle Einkünfte, an denen mehrere beteiligt sind (§ 180 Abs. 1 Nr. 2a AO).

b) Gesonderte Feststellungen für die Einkünfte einer Person aus

- ► Land- und Forstwirtschaft,
- ► Gewerbebetrieb und
- ► freiberuflicher Tätigkeit, wenn für die Feststellung ein **anderes Finanzamt zuständig** ist als für die Einkommensteuer (§ 180 Abs. 1 Nr. 2b AO).

2. Gesonderte Feststellung von Werten

Grundbesitzwerte (Bedarfsbewertung) für

- ► wirtschaftliche Einheiten des land- und forstwirtschaftlichen Vermögens (§ 138 Abs. 2 BewG)
- ► wirtschaftliche Einheiten des Grundvermögens (§ 138 Abs. 3 BewG)

3. Gesonderte Feststellung anderer Besteuerungsgrundlagen, insb.

a) negative, ausländische Einkünfte (§ 2a Abs. 1 Satz 5 EStG),

b) zusätzliche Altersvorsorge (sog. „Riesterzulage“, §§ 10a Abs. 4, 79 ff. EStG),

c) **„verbleibender Verlustabzug“** (§ 10d Abs. 4 EStG),

d) Abzugsbetrag bei steuerbegünstigtem Wohneigentum, sofern mehrere selbst nutzende Personen Miteigentümer sind (§§ 10e Abs. 7, 10f Abs. 4 Satz 3 EStG),

e) **„verrechenbarer Verlust“** (§ 15a Abs. 4 EStG),

f) Verluste im Zusammenhang mit Steuerstundungsmodellen (§ 15b Abs. 4 EStG),

g) Verluste aus Kapitalvermögen (§ 20 Abs. 6 EStG),

h) Verluste aus Vermietung und Verpachtung (§§ 21 Abs. 1 Satz 2, 15a, 15b EStG),

i) Verluste aus sonstigen Leistungen (§ 22 Nr. 3 Satz 4 EStG),

j) Verluste aus privaten Veräußerungsgeschäften (§ 23 Abs. 3 Satz 8 EStG),

k) Anteil des Mitunternehmers am Gewerbesteuermessbetrag – für die Berechnung der Steuerermäßigung (§ 35 Abs. 2 EStG),

l) Bildung von Lohnsteuerabzugsmerkmalen (§ 39 Abs. 1 Satz 4 EStG),

m) Bestand des steuerlichen Einlagekontos (§ 27 Abs. 2 KStG),

n) Endbestände der Teilbeträge des verwendbaren Eigenkapitals (§ 36 Abs. 1, Abs. 7 KStG) bzw. der positive Endbetrag am Schluss des Wirtschaftsjahres (§ 38 Abs. 1 KStG),

o) vortragsfähiger Gewerbeverlust (§ 10a Satz 6 GewStG),

p) einheitliche Feststellung von Besteuerungsgrundlagen bei gleichen Sachverhalten zur Erleichterung des Besteuerungsverfahrens (Verordnung zu § 180 Abs. 2 AO).

7.6.4 Inhalt von Feststellungsbescheiden

Aus Feststellungsbescheiden müssen sich alle für die Steuerfestsetzung erforderlichen 237
Angaben ergeben.

7.6.4.1 Feststellungsbescheide über Einkünfte

Feststellungsbescheide über Einkünfte müssen auch alle mit diesen in Zusammenhang 238
stehenden Besteuerungsgrundlagen enthalten (§ 180 Abs. 1 Satz 1 Nr. 2a AO), also: Einkunftsart, Höhe der Einkünfte und – soweit mehrere Personen an den Einkünften beteiligt sind – die Höhe der Anteile der einzelnen Beteiligten sowie andere für die Steuerfestsetzung bedeutsame Angaben.

BEISPIEL: Eine OHG veräußerte im Veranlagungszeitraum einen Teilbetrieb.

Der Feststellungsbescheid muss Einkunftsart, Höhe der Einkünfte und die Verteilung der Einkünfte auf die Beteiligten enthalten. Darüber hinaus muss er Auskunft geben über die Höhe und Verteilung des steuerbegünstigten Veräußerungsgewinns, etwaige Sonderbetriebseinnahmen und -ausgaben und die Verteilung der von der OHG geleisteten Spenden.

7.6.4.2 Ergänzungsbescheide (§ 179 Abs. 3 AO)

Soweit in einem Feststellungsbescheid eine notwendige Feststellung unterblieben ist, 240
z. B. die Verteilung des Gewinns oder der Spenden einer Personengesellschaft auf die Gesellschafter, hat das Finanzamt diese in einem **Ergänzungsbescheid** nachzuholen (AEAO zu § 179 Nr. 2). Es ist allerdings nicht zulässig, unrichtige Feststellungen in einem Ergänzungsbescheid zu korrigieren. In einem solchen Fall ist die ursprüngliche Feststellung nicht lückenhaft, sondern inhaltlich falsch (BFH v. 17.12.2008 IX R 94/07, BStBl II 2009, 444).

Gegen Ergänzungsbescheide ist der Einspruch gegeben (§ 347 Abs. 1 Nr. 1 AO).

7.6.4.3 Richtigstellung bei Rechtsnachfolge (§ 182 Abs. 3 AO)

241 Ist die Bezeichnung eines Beteiligten in einem einheitlichen Feststellungsbescheid wegen Rechtsnachfolge unrichtig, so kann dies bis zum Ablauf der Feststellungsfrist gegenüber dem Rechtsnachfolger richtig gestellt werden (§ 182 Abs. 3 AO), auch wenn die Rechtsnachfolge bereits vor Bekanntgabe des Bescheides eingetreten war (BFH v. 21.5.1992 IV R 47/90, BStBl II 1992, 865 und BFH v. 23.9.1999 IV R 59/98, BStBl II 2000, 170).

7.6.5 Bindungswirkung der Feststellungsbescheide

242 Das Feststellungsverfahren dient dazu, eine einheitliche Sachbehandlung in verschiedenen Folgebescheiden sicherzustellen. Daher kommt den Feststellungsbescheiden Bindungswirkung für alle Folgebescheide zu (§ 182 Abs. 1 AO).

BEISPIEL: Drei Geschwister haben ein Haus geerbt. Die Einkünfte aus Vermietung und Verpachtung werden gesondert und einheitlich auf 3 000 € festgestellt und mit je 1 000 € den Erben zugerechnet. Einer der Erben beantragt bei der Veranlagung zur Einkommensteuer, bei ihm im Rahmen der Verwaltung des Objektes angefallene Sonderwerbungskosten, z. B. Fahrtkosten, Porti, Telefongebühren, zu berücksichtigen.

Die Wohnsitzfinanzämter der Erben sind an die festgestellte Höhe der Einkünfte gebunden (§ 182 Abs. 1 AO). Die Sonderwerbungskosten können nur – im Rechtsbehelfs- oder Korrekturverfahren – durch Änderung des Feststellungsbescheides berücksichtigt werden.

Den Folgebescheiden kann der Inhalt von Feststellungsbescheiden auch schon vor deren Unanfechtbarkeit zugrunde gelegt werden (§ 182 Abs. 1 AO).

Ein Steuerbescheid kann auch schon erteilt werden, wenn der Grundlagenbescheid noch nicht erlassen wurde (§ 155 Abs. 2 AO). Die festzustellenden Besteuerungsgrundlagen sind dann zu schätzen (§ 162 Abs. 5 AO).

7.7 Bekanntgabe von Steuerverwaltungsakten

7.7.1 Grundsätze der Bekanntgabe

7.7.1.1 Allgemeines

243 Nach § 122 Abs. 1 Satz 1 AO ist der Steuerverwaltungsakt demjenigen bekannt zu geben, für den er bestimmt ist oder der von ihm betroffen wird. Mit abschließender Freigabe durch den zuständigen Amtsträger der Finanzbehörde findet die verwaltungsinterne Beschlussfassung ihr Ende. Zu diesem Zeitpunkt ist der Verwaltungsakt zwar entstanden, aber als behördeninterner Akt ohne Wirkung. Dies bedeutet auch, dass er jederzeit korrigiert werden kann.

Im Anschluss an diese Willensbildung erfolgt als Willensäußerung die Bekanntgabe. Erst mit Bekanntgabe entfaltet der Steuerverwaltungsakt seine Wirkung. Er wird dabei mit dem Inhalt wirksam, mit dem er bekannt gegeben worden ist (§§ 124 Abs. 1 Satz 2, 155 Abs. 1 Satz 2 AO). Nach der so genannten **Erklärungstheorie** kommt es dabei auf den objektiven Erklärungsinhalt an, wie ihn der Empfänger nach den ihm bekannten

Umständen unter Berücksichtigung von Treu und Glauben verstehen konnte und nicht darauf, was die Behörde mit ihrer Erklärung gewollt hat. Unterscheidet sich der Regelungsinhalt des in den Akten abgehefteten Entwurfes von dem des bekannt gegebenen Verwaltungsaktes, so gilt die dem Steuerpflichtigen bekannt gegebene Regelung.

BEISPIEL: Das FA verfügt einen nach § 165 AO vorläufigen Steuerbescheid. Der dem Steuerpflichtigen bekannt gegebene Bescheid ist versehentlich ohne diese Nebenbestimmung ergangen.

Der Steuerbescheid kann grundsätzlich nicht nach § 165 Abs. 2 AO geändert werden (§ 124 Abs. 1 Satz 2 AO). Das FA kann gegebenenfalls eine Berichtigung nach § 129 AO herbeiführen, die nach neuerer Rechtsprechung ausnahmsweise eine unmittelbare Änderung gem. § 165 Abs. 2 AO ermöglicht (BFH v. 22.2.2006 I R 125/04, BStBl II 2006, 400).

Nach § 118 AO stellt jeder Verwaltungsakt eine Willenskundgebung dar (vgl. Rdn. 201). 244
Daraus folgt, dass ein Verwaltungsakt nur wirksam wird, wenn er **mit Willen** der Behörde bekannt gegeben wird (BFH v. 18.3.2014 VIII R 9/10, BStBl II 2014, 748 m. w. N.). Diesen Willen kann nur ein zeichnungsberechtigter Amtsträger verwirklichen. Darunter fallen etwa der Bearbeiter, der Sachgebietsleiter oder der Leiter eines Finanzamtes (BFH v. 24.11.1988 V R 123/83, BStBl II 1989, 344). Unterzeichnet ein innerhalb bestimmter Grenzen zur abschließenden Zeichnung befugter Amtsträger in Überschreitung seines Zeichnungsrechtes einen Verwaltungsakt, so führt dieser Mangel nicht zur Nichtigkeit, soweit der Amtsträger überhaupt zur Zeichnung derartiger Verwaltungsakte befugt war (vgl. auch Rdn. 292).

Erlässt dagegen jemand einen Verwaltungsakt, dem die Befugnis zum hoheitlichen Handeln überhaupt fehlt, liegt ein „Nichtakt" vor, da der Bekanntgabewille der Behörde fehlt.

Bei vollständig automationsgestütztem Erlass gilt § 155 Abs. 4 Satz 4 AO.

Der zunächst vorhandene Bekanntgabewille kann aufgegeben werden. Die Aufgabe 245
muss erfolgt sein, bevor der Verwaltungsakt das Finanzamt verlassen hat. Die Aufgabe des Bekanntgabewillens muss außerdem ausdrücklich dokumentiert sein (BFH v. 23.8.2000 X R 27/98, BStBl II, 2001, 662, AEAO zu § 124 Nr. 5).

Da es sich bei einem Verwaltungsakt um die Willensbildung der Behörde handelt, gilt § 130 Abs. 1 BGB entsprechend. Das heißt, bis zu seiner Bekanntgabe kann der Verwaltungsakt frei widerrufen werden, ohne dass die Voraussetzungen für eine Korrektur nach §§ 129 bis 131 AO bzw. §§ 172 ff. AO vorliegen müssen.

BEISPIEL: Ein ordnungsgemäßer Zinsbescheid wird am Vormittag des 6.10.01 zur Post gegeben. Er ist gerichtet an den Steuerberater Eberl als Empfangsbevollmächtigten des Zinsschuldners Kern. Noch am selben Tag erkennt der für die Zinsfestsetzung zuständige Sachbearbeiter des Finanzamtes, dass er zugunsten des Kern einen Fehler bei der Ermittlung des Zinsbeginns gemacht hat. Er ruft daher am Nachmittag des 6.10.01 bei Steuerberater Eberl an und teilt ihm mit, dass der Zinsbescheid vom 6.10.01 fehlerhaft ist und daher nicht gelten solle. Ein neuer Bescheid werde erstellt. Der Zinsbescheid vom 6.10.01 geht am 7.10.01 in der Steuerkanzlei Eberl ein.

Der Zinsbescheid kann nur mit Bekanntgabe wirksam werden, wenn der zum Erlass des Verwaltungsaktes befugte Beamte mit dem Willen handelt, den Bescheid bekannt zu geben. Eine Aufgabe des Bekanntgabewillens, bevor der Zinsbescheid die Behörde verlassen hat, liegt nicht vor. Der Bescheid als empfangsbedürftige Willenserklärung wird dennoch nicht wirksam, wenn der Bescheid die Behörde zwar verlässt, dem Empfänger aber vor oder gleichzeitig mit dem Zugang mitgeteilt wird, dass der Bescheid nicht gelten soll. Dieser Widerruf braucht nicht schriftlich zu erfolgen. Im Zweifel gilt für die Frage, ob der Widerruf rechtzeitig erfolgte, die objektive Beweislast zulasten der Behörde.

Da Steuerberater Eberl den Zinsbescheid erst nach dem Widerruf erhielt, konnte er am 7.10.01 nicht durch Bekanntgabe wirksam werden (BFH v. 28.5.2009 II R 84/06, BStBl II 2009, 949).

Bei Übermittlung mit einfachem Brief ist ein solcher Widerruf auch dann bis zum Ablauf des nach § 122 Abs. 2 AO fingierten Bekanntgabetages möglich, wenn der Verwaltungsakt dem Empfänger tatsächlich früher zugegangen sein sollte (BFH v. 18.8.2009 X R 25/06, BStBl II 2009, 965).

Im Anwendungserlass zur AO findet sich eine Darstellung zu den Voraussetzungen einer ordnungsmäßigen Bekanntgabe in Nr. 1 ff. zu § 122 und zur Bekanntgabe von Prüfungsanordnungen in Nr. 1 ff. zu § 197.

7.7.1.2 Zeitpunkt der Bekanntgabe

246 Bekannt gegeben ist der Steuerverwaltungsakt, wenn er derart in den Machtbereich des Empfängers gelangt ist, dass dieser in der Lage ist, von dem Steuerverwaltungsakt Kenntnis zu nehmen. Es kommt nicht darauf an, ob der Empfänger tatsächlich Kenntnis nimmt.

BEISPIEL:

1. Eine Prüfungsanordnung (§ 196 AO) wird dem Einzelkaufmann Abele von dem Postzusteller in den Hausbriefkasten geworfen. Während Abeles Abwesenheit nimmt dessen Sohn den Brief aus dem Briefkasten und verlegt ihn.
2. Ein Grunderwerbsteuerbescheid an die Ehefrau wird in den gemeinschaftlichen Briefkasten der Eheleute geworfen. Der Ehemann entnimmt dem Briefkasten den an seine Frau gerichteten Steuerbescheid und steckt ihn versehentlich in seine Akten.

Sowohl der Steuerbescheid als auch die Prüfungsanordnung sind den Betroffenen zugegangen, da sie so in deren Machtbereich gelangt sind, dass nach den Gepflogenheiten des Verkehrs erwartet werden kann, dass die Adressaten von den Verwaltungsakten Kenntnis nehmen. Eine andere Frage ist, ob für die betroffenen Stpfl. bei Versäumung der Einspruchsfrist wegen nicht rechtzeitiger tatsächlicher Kenntnisnahme Wiedereinsetzung in den vorigen Stand zu gewähren ist (vgl. Rdn. 124 ff.).

7.7.1.3 Arten der Bekanntgabe

7.7.1.3.1 Mündliche Bekanntgabe

247 Ein Steuerverwaltungsakt kann, soweit gesetzlich nichts anderes bestimmt ist, wie etwa bei Steuerbescheiden (§ 155 Abs. 1 AO), mündlich bekannt gegeben werden. Dies trifft beispielsweise auf die Fristverlängerung zu.

7.7.1.3.2 Öffentliche Bekanntgabe

248 Wenn dies durch Rechtsvorschrift zugelassen ist, kann ein Steuerverwaltungsakt **öffentlich bekannt** gegeben werden (§ 122 Abs. 3 und 4 AO und § 10 VwZG). In der Praxis wird hiervon nicht selten mit Hilfe einer sog. Allgemeinverfügung (§ 118 Satz 2 AO)

Gebrauch gemacht, insb. zur Zurückweisung einer Vielzahl von Einsprüchen bzw. Änderungsanträgen außerhalb eines Einspruchsverfahren, die sich ohne Erfolg gegen behauptete Verstöße gegen das Grundgesetz gerichtet haben, vgl. §§ 367 Abs. 2b AO bzw. § 172 Abs. 3 AO (z. B. Gleich lautende Erlasse der obersten Finanzbehörden der Länder v. 7.4.2022 S 0625, BStBl I 2022, 320).

Die **öffentliche Zustellung** nach § 10 Abs. 1 Satz 1 Nr. 1 VwZG ist erst als letztes Mittel zulässig, wenn alle Möglichkeiten erschöpft sind, dem Empfänger das Schriftstück in anderer Weise zu übermitteln. So reicht es nicht aus, bei einem sich unter einer bestimmten Adresse ins Ausland abgemeldeten Steuerpflichtigen nur Ermittlungen im Inland über seinen derzeitigen Aufenthaltsort anzustellen. Vielmehr muss die Behörde auch die Ermittlungsmöglichkeiten des grenzüberschreitenden Informationsaustausches nutzen, bevor eine öffentliche Zustellung wegen unbekannten Aufenthaltes erfolgt. Etwas anderes gilt nur, wenn sich der Steuerpflichtige ins Ausland ohne Angabe einer Anschrift abmeldet oder ein Fall einer Auslandsflucht vorliegt (BFH vom 9.12.2010 X R 54/06, BStBl II 2010, 732).

7.7.1.3.3 Bekanntgabe eines schriftlichen Steuerverwaltungsaktes

(1) Ein schriftlicher Bescheid kann durch **Aushändigung** des Schriftstückes bekannt gegeben werden. Wegen des Nachweises über den Beginn der Rechtsbehelfsfrist (§ 355 AO) ist es zweckmäßig, in diesen Fällen eine Empfangsbestätigung zu verlangen. 249

(2) Eine in der Praxis häufige Form der Bekanntgabe eines schriftlichen Steuerverwaltungsaktes ist die **Übermittlung durch die Post** (§ 122 Abs. 2 Nr. 1 AO). Post ist jede Organisation, die Postdienstleistungen erbringt (AEAO zu § 122 Nr. 1.8.2). In diesen Fällen ist bei der Übermittlung im Geltungsbereich der AO der vorgesehene 4-Tages-Zeitraum zu beachten (vgl. Rdn. 116 und 120 ff.). 250

Bei der Übermittlung eines Verwaltungsaktes an einen Beteiligten außerhalb des Geltungsbereiches des Gesetzes verlängert sich der Zeitraum auf einen Monat (§ 122 Abs. 2 Nr. 2 AO).

Nach dem Wortlaut des § 122 Abs. 1 AO muss das Finanzamt **im Zweifel** den Zugang bzw. den Zeitpunkt des Zuganges eines Verwaltungsaktes beweisen.

Behauptet der Adressat des Verwaltungsaktes, er habe diesen erst **später erhalten**, so reicht dies allein nicht aus, Zweifel an der 4-Tages-Vermutung zu begründen. Der Steuerpflichtige muss vielmehr sein Vorbringen substanziieren, also Tatsachen vortragen, die den Schluss darauf zulassen, dass der typische Geschehensablauf – Zugang innerhalb von vier Tagen – ernstlich in Zweifel zu ziehen ist. Es sind dabei allerdings keine zu hohen Anforderungen zu stellen, damit nicht die Regelung über die objektive Beweislast des § 122 Abs. 2 AO zu Lasten des Steuerpflichtigen umgekehrt wird (BFH v. 3.5.2001 III R 56/98, BFH/NV 2001, 1365).

BEISPIEL: Ein Einkommensteuerbescheid wird mit einfachem Brief an die Anschrift des Steuerberaters als Empfangsbevollmächtigten am Dienstag zur Post gegeben und in dessen Postfach eingelegt. Dieses Postfach wird regelmäßig von Montag bis Freitag geleert. Der Steuerberater versichert an Eides statt, dass der Einkommensteuerbescheid nicht bis zum Freitag in sein

Postfach eingelegt wurde, sondern er ihn erst am darauffolgenden Montag im Postfach vorgefunden und entnommen habe.

Der Vortrag des Steuerberaters reicht aus, um die 4-Tages-Fiktion in Zweifel zu ziehen. Es wird schlüssig vorgetragen, dass der Bescheid zwischen Dienstag und Freitag nicht im Postfach gelegen hat, also nicht innerhalb des 4-Tages Zeitraumes zugegangen ist. Die tägliche Leerung außer Samstag und Sonntag wird zudem an Eides statt versichert. Der **Beweis** dieses schlüssigen Vortrages wird gerade nicht verlangt. Vielmehr muss die Behörde den Zugang innerhalb der 4 Tage nachweisen, andernfalls gilt als Zugang und damit Bekanntgabetag der Montag.

Bestreitet der Steuerpflichtige jedoch den **Zugang** überhaupt, kann er diese negative Tatsache nicht durch einen schlüssigen Vortrag untermauern, so dass die bloße Behauptung ausreicht. Es ist dann Sache der Behörde, den Zugang nachzuweisen. Der Anscheinsbeweis ist durch die Posteinlieferung des Verwaltungsaktes nicht erbracht, denn es kann von der Einlieferung nicht der sichere Schluss auf den Zugang eines Schriftstücks geschlossen werden (BFH v. 15.9.1994 XI R 31/94, BStBl II 1995, 41). Da dem Finanzamt der Zugangsnachweis nicht gelingen wird, muss es den Verwaltungsakt noch einmal bekannt geben.

BEISPIEL: ▸ Das Finanzamt hat den Einspruch gegen einen Schätzungsbescheid als unbegründet zurückgewiesen, da keine Steuererklärung vorgelegt worden sei. Der Steuerberater behauptet, die mit einfachem Brief übersandte Einspruchsentscheidung nicht erhalten zu haben und gibt die Steuerklärung ab. Das Finanzamt fordert ihn auf, sein Fristenkontrollbuch und Posteingangsbuch vorzulegen und lehnt eine Änderung aufgrund der eingereichten Steuererklärung ab. Im Einspruchsverfahren gegen die Ablehnung der Änderung macht der Steuerberater geltend, in seiner Kanzlei werde nur eine Fristenmappe geführt, damit sei die Terminüberwachung gewährleistet, allerdings nur, wenn Schriftstücke auch zugehen. Das Finanzamt muss den Zugang nachweisen. Ein fehlendes Posteingangs- bzw. Fristenkontrollbuch allein ist nicht ausreichend, den Zugang als erwiesen anzusehen. Zwar genügen Terminmappen grundsätzlich nicht für eine ordnungsgemäße Büroorganisation bei der Wahrung von Ausschlussfristen. Die Folge dieses Organisationsmangels erschöpft sich jedoch darin, dass bei Fristversäumnis eine Wiedereinsetzung wegen Organisationsverschuldens nicht gewährt wird. Der Organisationsmangel ersetzt aber nicht den Nachweis des Zugangs eines Verwaltungsaktes. Er kann ggf. die Indizien für einen Zugang verstärken, es müssen aber weitere Umstände hinzukommen, um einen Zugangsnachweis zu erbringen (BFH v. 31.5.2005 I R 103/04 BStBl II 2005, 623).

Für elektronisch **übermittelte** Verwaltungsakte gilt § 122 Abs. 2a AO, der dem § 122 Abs. 2 AO entspricht.

251 (3) Verwaltungsakte können dem Beteiligten (oder der von ihm bevollmächtigten Person) gem. **§ 122a AO** elektronisch **zum Datenabruf** bereitgestellt werden. Elektronische Bescheide sollen nach dem Willen des Gesetzgebers zur Regel werden – Papier zur Ausnahme. Die abrufberechtigte Person ist am Tag der Bereitstellung elektronisch über die Abrufmöglichkeit und ihre Rechtswirkungen zu benachrichtigen. Sie kann durch formlosen Antrag der elektronischen Bekanntgabe widersprechen und somit einmalig oder für die Zukunft dauerhaft postalische Bekanntgabe gem. § 122a Abs. 2 AO beantragen.

Ein zum Abruf bereitgestellter Verwaltungsakt gilt am vierten Tag nach der Bereitstellung zum Abruf als bekannt gegeben. Im Zweifel hat die Behörde den Zeitpunkt der Bereitstellung zum Abruf nachzuweisen, § 122a Abs. 4 AO.

(4) Die **Zustellung** eines schriftlichen Steuerverwaltungsaktes ist in den in § 122 Abs. 5 AO genannten Fällen vorgesehen. **Gesetzlich** angeordnet ist sie insbesondere für die Bekanntgabe von Pfändungsverfügungen (§ 309 Abs. 2 Satz 1 AO), Arrestanordnungen (§ 324 Abs. 2 Satz 1 AO) und Bußgelder (§ 412 Abs. 1 AO). Im Übrigen kann die **Behörde** von der Zustellung Gebrauch machen. Die Anordnung der Zustellung durch die Behörde ist kein Verwaltungsakt, sondern eine innerdienstliche Entscheidung ohne eigenen Regelungsinhalt (BFH v. 16.3.2000 III R 16/99, BStBl II, 2000, 520). Sie bietet sich an zum sicheren Nachweis der Bekanntgabe im Falle der drohenden Verjährung (vgl. § 169 Abs. 1 Satz 3 AO) oder anderen Beweissicherungszwecken. 252

Die Zustellung richtet sich nach dem Verwaltungszustellungsgesetz und kann demnach erfolgen durch die Post mit Zustellungsurkunde (§ 3 VwZG), mittels Einschreibens (§ 4 VwZG) oder durch die Behörde gegen Empfangsbekenntnis (§ 5 VwZG). Auf die **Heilung von Zustellungsmängeln** findet **§ 8 VwZG**, auf die Zustellung an gesetzliche Vertreter § 6 VwZG und an Bevollmächtigte § 7 VwZG Anwendung.

BEISPIEL:

1. Das FA will dem Stpfl. gem. § 3 VwZG einen Steuerbescheid zustellen. Auf der ordnungsgemäß adressierten Postzustellungsurkunde und dem Briefumschlag ist als Aktenzeichen nur die Steuernummer angegeben.

   Die Zustellung ist fehlerhaft. Die Steuernummer auf Briefumschlag und Zustellungsurkunde identifiziert nicht eindeutig den Inhalt der Sendung. Das Aktenzeichen soll aber einen ganz bestimmten Inhalt des Briefes gewährleisten und darf daher nur für eine bestimmte Sendung verwendet werden (BFH vom 18.3.2004 V R 11/02, BStBl II 2004, 540). Die Steuernummer identifiziert dagegen nur einen bestimmten Stpfl. (BFH v. 16.3.2000 III R 19/99, BStBl II 2000, 520) und reicht deshalb nicht aus (BFH v. 13.10.2005 IV R 44/03, BStBl II 2006, 214; vgl. auch die Beispiele in AEAO zu § 122 Rdn. 3.1.1.1 Abs. 2 und 3, Hinweis für gesonderte Feststellungen). Allerdings ist dieser Zustellungsmangel nach § 8 VwZG geheilt, wenn der richtige Empfänger tatsächlich diesen Bescheid erhält. § 8 VwZG gilt auch, wenn durch die Zustellung eine Klagefrist in Lauf gesetzt wird.

2. Der Postzusteller hat vergessen, die Zustellungsurkunde zu unterschreiben.

   Es liegt keine Zustellung vor (BFH v. 25.10.1999 V R 36/99, BVH/NV 2000, 466).

3. Die Zustellung erfolgt ordnungsgemäß nach § 180 ZPO (Ersatzzustellung durch Einlegen in den Briefkasten). Die Haushälterin des Stpfl. hält den gelblichen Umschlag allerdings für eine Werbesendung und wirft ihn weg.

   Gem. § 180 S. 2 ZPO gilt das eingelegte Schriftstück auch dann im Zeitpunkt des Einlegens als zugestellt, wenn der Adressat den Inhalt erst viel später zur Kenntnis nimmt oder dies zu keinem Zeitpunkt tut, weil ein Dritter das Schriftstück zwischenzeitlich aus dem Briefkasten entfernt hat (Häublein/Müller in Münchener Kommentar; Tz.7 zu § 180 ZPO).

   Ist die Zustellung wegen eines Formmangels unwirksam, kommt eine Heilung nach § 8 VwZG nur dann in Betracht, wenn der richtige Empfänger den Verwaltungsakt auch tatsächlich erhalten hat. Falls nicht, kommt eine Umdeutung in eine wirksame „schlichte Bekanntgabe" im Sinne des § 122 Abs. 1 AO nicht in Betracht (BFH v. 25.1.1994 VIII R 45/92, BStBl II 1994, 603 und vom 8.6.1995 IV R 104/94, BStBl II 1995, 681; AEAO zu § 122 Nr. 4.5.3.)

7.7.1.4 Folgen der Bekanntgabe

253 Solange der Steuerverwaltungsakt nicht bekannt gegeben worden ist, bleibt er ohne Wirkung. Mit Bekanntgabe entsteht für das Finanzamt die sog. **Bindungswirkung** (materielle Bestandskraft). Diese bedeutet, dass der bekannt gegebene Verwaltungsakt so lange wirksam bleibt, als er nicht in einem Einspruchsverfahren oder aufgrund einer Korrekturvorschrift aufgehoben oder geändert worden ist oder sich anderweitig erledigt hat (§ 124 Abs. 2 AO).

Mit der wirksamen Bekanntgabe des Steuerverwaltungsaktes beginnt schließlich die Einspruchsfrist zu laufen (§ 355 AO).

7.7.1.5 Bekanntgabe durch Adressierung und Übermittlung an den richtigen Empfänger

254 Die wirksame Bekanntgabe setzt Folgendes voraus:

- die genaue Bezeichnung desjenigen, der von dem Verwaltungsakt betroffen wird (§ 122 Abs. 1 Satz 1 AO). Man kann ihn als den **Inhaltsadressaten** bezeichnen. Wird er so ungenau bezeichnet, dass über seine Identität Zweifel bestehen, so ist der Bescheid nicht hinreichend bestimmt im Sinne von § 119 Abs. 1 AO (AEAO zu § 122 Nr. 4.1.1.);
- die genaue Bezeichnung der Person, der der Verwaltungsakt bekannt gegeben werden soll, um seine verfahrensrechtliche Wirkung erzeugen zu können. Ist der Inhaltsadressat rechtlich nicht in der Lage, eine Willenserklärung entgegenzunehmen, weil er nicht handlungsfähig nach § 79 AO ist, muss neben dem Inhaltsadressaten derjenige genannt werden, der die Willenserklärung rechtlich wirksam entgegennehmen kann (sog. **Bekanntgabeadressat**). Ist dieser nicht oder zu ungenau bezeichnet, so ist auch in diesen Fällen der Bescheid unbestimmt, § 119 Abs. 1 AO (AEAO zu § 122 Nr. 1.4.3);
- die Übermittlung in den Machtbereich des richtigen **Empfängers** (§ 122 Abs. 1 AO), vgl. Rdn. 246. Dies ist regelmäßig der Inhalts- bzw., wenn dieser nicht handlungsfähig ist, der Bekanntgabeadressat. Es ist aber auch die Übermittlung an einen Dritten als Bevollmächtigten des Adressaten, z. B. den Steuerberater möglich oder erforderlich (§ 122 Abs. 1 Satz 3 AO). Zu den Voraussetzungen einer ordnungsgemäßen Übermittlung und den Folgen von Übermittlungsfehlern siehe Rdn. 264 ff.

Diese Grundsätze gelten bei allen Steuerverwaltungsakten, gleichgültig ob es sich um Steuerbescheide, Feststellungsbescheide oder andere Verwaltungsakte handelt (vgl. auch AEAO zu § 122 Nr. 1.1.4).

7.7.2 Inhalts- und Bekanntgabeadressaten bei Steuer- und Feststellungsbescheiden

7.7.2.1 Deckungsgleichheit von Betroffenen und Adressaten

255 Steuer- und Feststellungsbescheide sind an den Adressaten zu richten. Fehlt der Adressat überhaupt oder ist der Adressat nicht zweifelsfrei ermittelbar, sind die Bescheide nichtig und unwirksam (§§ 119 Abs. 1, 125 Abs. 1, 124 Abs. 3 AO, vgl. hierzu BFH, Urteil von 16.1.2020 - V R 56/17 (NV), BFH/NV 2020 S. 536).

Inhaltsadressaten sind dabei die Steuerschuldner (§ 43 AO i. V. m. den jeweiligen Einzelsteuergesetzen) bzw. bei Feststellungen die Steuerpflichtigen, denen der Gegenstand bei der Besteuerung zuzurechnen ist (§ 179 Abs. 2 AO) als Betroffene des Bescheides. Sofern der Inhaltsadressat nicht handlungsfähig ist, muss der Bekanntgabeadressat ebenfalls bezeichnet sein.

BEISPIELE:

1. Das FA richtet einen Umsatzsteuerbescheid an den A als Unternehmer. Stellt sich heraus, dass es sich nicht um einen Einzelunternehmer, sondern um eine Gesellschaft des bürgerlichen Rechtes handelt, so decken sich Steuerschuldner (die GbR, § 13a Abs. 1 Nr. 1, § 2 Abs. 1 UStG) und Adressat (A als natürliche Person) nicht. Der Umsatzsteuerbescheid ist jedoch nicht nichtig und unwirksam, da hier der Adressat eindeutig, aber eben eindeutig unzutreffend, bestimmt worden ist. A muss gegen den Umsatzsteuerbescheid vorgehen..
2. Born ist zum 31.2.01 aus der zweigliedrigen Born-Mair-OHG ausgeschieden. Mair übernimmt das Geschäft ohne Liquidation und führt es als Einzelunternehmer fort. Das FA adressiert den Gewerbesteuermessbescheid für 01 im Jahre 02 an die Born-Mair-OHG.

   Durch die Anwachsung (Rdn. 436 f.) ist ab dem Tag der Übernahme des Handelsgeschäftes durch Mair die Vollbeendigung der OHG eingetreten. Mair ist Gesamtrechtsnachfolger der Gesellschaft und als solcher Steuerschuldner. Der an die OHG adressierte Bescheid ist nichtig. Hier richtet sich der Gewerbesteuermessbescheid an eine rechtlich nicht mehr existente Person(engesellschaft).
3. Ein Arbeitnehmer (A), der durch einen Verein für Lohnsteuerhilfe vertreten wird, stellt Antrag auf ESt-Veranlagung (§ 46 Abs. 2 Nr. 8 EStG). Das FA übermittelt den Steuerbescheid an den Verein. In die Erläuterungsspalte fügt es den Vermerk ein: „Dieser Bescheid ergeht an Sie als Vertreter des A . . .".

   Zwar hat das FA im Anschriftenfeld des Bescheides nur den bevollmächtigten Verein angesprochen, aus der Erläuterungsspalte ergibt sich jedoch zweifelsfrei der Name des (Inhalts-)Adressaten.
4. Das FA hat einen Umsatzsteuerbescheid an die M-OHG gerichtet. In Wirklichkeit handelt es sich um die M-KG.

   Hier liegt kein Fall der inhaltlichen Unbestimmtheit vor, sofern die Verwechslung der Rechtsform keinen Zweifel an der Identität begründet. Der Steuerbescheid ist nicht unwirksam (vgl. AEAO zu § 122 Nr. 4.2.1).

7.7.2.2 Adressierung an Minderjährige

256 Erfüllen geschäftsunfähige (§ 104 BGB) oder/und beschränkt geschäftsfähige Minderjährige (§ 106 BGB) den Tatbestand eines Steuergesetzes als Steuerschuldner oder Feststellungsbeteiligte, sind sie vom Bescheid betroffen und als Inhaltsadressaten eindeutig zu bezeichnen. Da an sie aber keine hoheitlichen Willenserklärungen bekannt gege-

ben werden können (§ 79 Nr. 1 und 2 AO), ist der Bescheid an ihre gesetzlichen Vertreter als Bekanntgabeadressaten zu richten. Dies können z. B. sein: Eltern (§ 1629 BGB), der Vormund (§ 1793 BGB) oder der Pfleger (§§ 1909 ff. BGB). Das gesetzliche Vertretungsverhältnis ist dabei anzugeben (AEAO zu § 122 Nr. 1.4.3 und 2.2.1).

BEISPIEL: Gesetzliche Vertreter des minderjährigen Kurt Mai mit Einkünften aus Kapitalvermögen sind die Eltern Hans und Maria Mai.

Richtet das FA den ESt-Bescheid allein an Hans und Maria Mai, ohne das gesetzliche Vertretungsverhältnis zu benennen, ist der Bescheid nichtig, da Kurt Steuerschuldner der ESt ist (§§ 157 Abs. 1 Satz 2, 119 Abs. 1, 125 Abs. 1, 124 Abs. 3 AO). Dasselbe würde gelten, wenn das FA den Bescheid nur an den minderjährigen Inhaltsadressaten richtet (§ 79 Abs. 1 Nr. 1 AO).

Ermächtigt der gesetzliche Vertreter mit vormundschaftsgerichtlicher Genehmigung (§ 1822 Nr. 3 BGB) den Minderjährigen zum **selbständigen Betrieb eines Erwerbsgeschäftes**, so ist der Minderjährige für diejenigen Rechtsgeschäfte unbeschränkt geschäftsfähig, die der Geschäftsbetrieb mit sich bringt (§ 112 BGB). Steuerbescheide, die ausschließlich den Geschäftsbetrieb betreffen, sind nur an den Minderjährigen zu adressieren. Dies gilt beispielsweise für Umsatzsteuerbescheide, Gewerbesteuer(mess)bescheide, Kraftfahrzeugsteuerbescheide, wenn das Kraftfahrzeug zum Betriebsvermögen gehört und Einkommensteuerbescheide, wenn der Minderjährige der Einkommensteuer unterliegende Einkünfte **nur** aus dem genehmigten Erwerbsgeschäft bezieht.

Ermächtigt der gesetzliche Vertreter den Minderjährigen, ein **Arbeitsverhältnis** einzugehen (§ 113 BGB), so ist der Steuerbescheid (§ 46 Abs. 2 Nr. 8 EStG) an den Minderjährigen zu richten, wenn dieser **nur** Einkünfte aus nichtselbständiger Arbeit hat.

7.7.2.3 Adressierung an Personengesellschaften, Partnerschaftsgesellschaften, Gemeinschaften

257 Hier ist zu unterscheiden zwischen

- Betriebsteuerbescheiden und
- Feststellungsbescheiden.

7.7.2.3.1 Betriebsteuerbescheide

258 Personengesellschaften bzw. Gemeinschaften können Steuerschuldner sein, obwohl ihnen nach bürgerlichem Recht die (volle) Rechtsfähigkeit fehlt. Diese Steuerrechtsfähigkeit gilt insbesondere für die Umsatzsteuer (§ 2 UStG), die Gewerbesteuer einschließlich der Festsetzung des Messbetrages und der Zerlegung (§ 5 GewStG), die Kraftfahrzeugsteuer, wenn das Fahrzeug für die Gesellschaft zum Verkehr zugelassen ist (§ 7 KraftStG), und die Grunderwerbsteuer, soweit Gesamthandseigentum der Personengesellschaft oder Gemeinschaft besteht (BFH v. 11.2.1987 II R 103/84, BStBl II 1987, 325). Sie sind daher als Inhaltsadressaten für diese Steuerbescheide eindeutig zu bezeichnen.

Sofern Gesellschaften des bürgerlichen Rechts oder Gemeinschaften im Rechtsleben unter einem geschäftsüblichen Namen auftreten, reicht es für eine ordnungsgemäße

Adressierung aus, die Gesellschaft oder Gemeinschaft mit diesem Sammelnamen zu bezeichnen (BStBl 1987 II, 325). Andernfalls sind alle Gesellschafter bzw. Gemeinschafter einzeln mit dem Zusatz „Gesellschaft des bürgerlichen Rechtes" oder „Gemeinschaft" für eine ausreichende Adressierung zu benennen (vgl. auch AEAO zu § 122 Nr. 2.4.1.2 und 2.4.1.3).

BEISPIELE:

1. Die Eheleute Mia und Karl Moser haben gemeinsam einen Blumenladen eröffnet. Das FA benennt als Adressaten des Gewerbesteuermessbescheides: „Karl Moser, GbR".

   Wenn die Eheleute unter keinem geschäftsüblichen Namen auftreten, können Betriebssteuerbescheide nur dadurch richtig an die Gesellschaft des bürgerlichen Rechts adressiert werden, indem die Namen aller Mitglieder, hier der Ehegatten, angegeben werden. Der Steuerbescheid ist nichtig und unwirksam, wenn sich Mia Moser nicht aus dem Bescheid oder seiner Anlagen entnehmen lässt (siehe AEAO zu § 122 Nr. 2.4).

2. Ein Speditionsgeschäft tritt im Geschäftsleben unter dem Sammelnamen, Hans Kirn Erben GbR auf.

   Richtet das FA einen Umsatzsteuerbescheid an diesen Namen, so ist der Bescheid ordnungsgemäß adressiert, da aus ihm die GbR als Schuldner der USt eindeutig hervorgeht, auch wenn nicht alle Gesellschafter der GbR benannt sind.

Die handelsrechtlichen Personengesellschaften (OHG, KG) können **unter ihrer Firma** im Rechtsleben auftreten, auch wenn sie nach bürgerlichem Recht nicht rechts- bzw. geschäftsfähig sind (§ 124 Abs. 1 HGB für die OHG; §§ 161 Abs. 2, 124 Abs. 1 HGB für die KG). Für Partnerschaftsgesellschaften gilt dasselbe (§ 7 Abs. 2 PartGG). Die Handelsgesellschaft als Steuerschuldner geht daher durch Bezeichnung des Firmennamens als Adressat zweifelsfrei hervor. 259

BEISPIEL: Das FA will einen Kraftfahrzeugsteuerbescheid für einen Betriebs-Pkw einer Kommanditgesellschaft ordnungsgemäß adressieren.

Es genügt, wenn das FA den Bescheid an die Kommanditgesellschaft richtet, denn diese kann unter ihrer Firma im Rechtsleben auftreten (§§ 124 Abs. 1, 161 Abs. 2 Satz 1, 17 Abs. 1, 19 Abs. 1 Nr. 3 HGB).

Die hier dargestellten Grundsätze gelten in gleicher Weise auch für Gesellschaften und Gemeinschaften in Liquidation (Rdn. 266).

7.7.2.3.2 Einheitliche und gesonderte Feststellungen

Diese Steuerverwaltungsakte betreffen nicht die Gesellschaften bzw. Gemeinschaften, sondern die **Feststellungsbeteiligten** (vgl. §§ 122 Abs. 1, 179 Abs. 2, 182 Abs. 1 AO). Deshalb sind diese Bescheide an die Feststellungsbeteiligten als Inhaltsadressaten zu richten. Dies gilt auch dann, wenn sich die Gesellschaft in Liquidation befindet oder zwischenzeitlich vollbeendet ist. 260

BEISPIEL: Karl ist aus der zweigliedrigen Roth-KG zum 31.12.03 ausgeschieden. Roth führt den Betrieb als Einzelunternehmer ohne Liquidation fort (vgl. Rdn. 433 ff.). Im Jahre 04 will das FA den Gewinnfeststellungsbescheid 03 erlassen.

Da beide ehemaligen Gesellschafter an dem Gewinn des Jahres 03 beteiligt waren, sind sie die Inhaltsadressaten des Feststellungsbescheides 03.

Zur Kennzeichnung des Bescheides kann im Bescheidkopf auch die Sammelbezeichnung der Gesellschaft, z. B. die Firma der KG oder OHG, der Sammelname der Gesellschaft des bürgerlichen Rechtes, genannt werden (AEAO zu § 122 Nr. 2.5.1). Fehlt diese Sammelbezeichnung, ist der Bescheid deshalb nicht nichtig. Inhaltsadressaten sind nur die Feststellungsbeteiligten, die in jedem Fall im Bescheid selbst zu bezeichnen sind, in der Regel im Rahmen der sog. „Gewinnverteilung".

§ 182 Abs. 3 AO stellt klar, dass eine einheitliche und gesonderte Feststellung nach § 179 Abs. 1 Satz 2 AO nicht insgesamt unwirksam ist, wenn vor oder nach der Bekanntgabe des Bescheides Feststellungsbeteiligte durch Einzel- oder Gesamtrechtsnachfolge ausgeschieden sind und die Betroffenen dadurch nicht alle korrekt bezeichnet wurden (BFH v. 21.5.1992 IV 47/90, BStBl II 1992, 865).

BEISPIEL: Das FA erlässt einen Feststellungsbescheid für die P-KG bestehend aus den Gesellschaftern P, U und T. Nach der Bekanntgabe stellt sich heraus, dass Gesellschafter T zum Zeitpunkt der Bekanntgabe des Bescheides bereits verstorben war. Alleinerbe ist sein Sohn Z.

Die Bezeichnung des T als Gesellschafter ist unrichtig, da er nicht mehr Adressat des Feststellungsbescheides sein kann. Dennoch ist der Feststellungsbescheid nicht insgesamt unwirksam, sondern nur gegenüber Z als Gesamtrechtsnachfolger, da er nicht ordnungsgemäß als Adressat bezeichnet wurde. Das FA kann diesen Fehler durch einen besonderen Bescheid an den Rechtsnachfolger Z berichtigen (sog. Richtigstellungsbescheid), vgl. AEAO zu § 182 Nr. 4.

Auf gesonderte Feststellungen nach § 180 Abs. 1 Nr. 2b AO ist § 182 Abs. 3 AO nicht anwendbar (BFH v. 12.5.1993 XI R 66/92, BStBl II 1994, 5).

7.7.2.4 Adressierung an juristische Personen

261 Juristische Personen des privaten wie des öffentlichen Rechtes sind natürlichen Personen gleichgestellt. Sie sind daher rechtsfähig und durch ihre Organe bzw. gesetzlichen Vertreter auch geschäftsfähig.

Für die Adressierung von Steuerbescheiden genügt es, wenn im Anschriftenfeld der Name genannt ist, unter dem die juristische Person im Rechtsleben auftritt.

Befindet sich die juristische Person in Liquidation, so ist der Steuerbescheid an die juristische Person zu Händen des Liquidators als gesetzlichem Vertreter zu richten (vgl. i. Ü. AEAO zu § 122 Nr. 2.8.).

7.7.2.5 Adressierung an Ehegatten (bzw. Lebenspartner)

262 Werden Ehegatten getrennt oder für den Veranlagungszeitraum der Eheschließung einzeln veranlagt (§§ 26a und 26c EStG), so ist jeder Ehegatte Inhaltsadressat seines ESt-Bescheides. Besonderheiten ergeben sich in den Fällen der Zusammenveranlagung (§ 26b EStG). Hier handelt es sich um zwei inhaltlich und verfahrensrechtlich selbständige, nur der äußeren Form nach zusammengefasste Verwaltungsakte, die ein unterschiedliches verfahrensrechtliches Schicksal haben können (BFH v. 30.11.1999 IX R 57/98, BFH/NV 2000, 678). Die Steuerschuld ist eine Gesamtschuld (§ 44 Abs. 1 AO), siehe dazu AEAO zu § 122 Nr. 2.1.

In diesen Fällen hat das Finanzamt zwei Möglichkeiten:

- Es kann die Gesamtschuld (Splittingtarif) gegenüber jedem Ehegatten mit einem **eigenen Steuerbescheid** nach § 155 Abs. 1 Satz 1 AO festsetzen. In diesem Fall ist jeder Ehegatte Inhaltsadressat des an ihn gerichteten Bescheides.
- Es können (Regelfall !) auch auf einem Dokument **zusammengefasste Bescheide** nach § 155 Abs. 3 Satz 1 AO erlassen werden, aus denen beide Ehegatten als jeweilige Inhaltsadressaten hervorgehen müssen.

BEISPIEL: Die zusammen veranlagten und in einer gemeinsamen Wohnung lebenden Ehegatten Paul und Ida Thorn haben in 04 gemeinschaftlich ein Grundstück erworben. Die Grunderwerbsteuer beträgt 30 000 €. Das FA will in 05 an die Eheleute den Einkommensteuerbescheid 04 und den Grunderwerbsteuerbescheid richten.

Die in der Regel zusammengefassten Einkommensteuerbescheide (§§ 26, 26b EStG, §§ 44 Abs. 1, 155 Abs. 3 Satz 1 AO) werden an Frau Ida und Herrn Paul Thorn gerichtet, da sie als Steuerschuldner der ESt 04 Adressaten der auf einem Dokument zusammengefassten ESt-Bescheide sind.

Bezüglich der Grunderwerbsteuer sind die Eheleute keine Gesamtschuldner, so dass ein zusammengefasster Bescheid nicht in Betracht kommt. Es sind vielmehr zwei Grunderwerbsteuerbescheide mit dem auf jeden Ehegatten entfallenden Steuerbetrag von 15 000 € zu erlassen (AEAO zu § 122 Nr. 2.1.1).

7.7.2.6 Adressierung an Gesamtrechtsnachfolger

In den Fällen der Gesamtrechtsnachfolge (Rdn. 433 ff.) geht die Steuerschuld des Rechtsvorgängers auf den Rechtsnachfolger über (§ 45 Abs. 1 AO). Steuerbescheide sind an den Gesamtrechtsnachfolger als Inhaltsadressaten zu richten, wobei auf die Rechtsnachfolge hinzuweisen ist. Ein an den Rechtsvorgänger gerichteter Bescheid ist unwirksam (BFH v. 24.3.1970 I R 141/69, BStBl II 1970, 501). 263

BEISPIEL: Am 1.8.02 ist Franz Huber gestorben. Alleinerbe ist Hans Huber.

Der ESt-Bescheid für 02 ist zu adressieren an Hans Huber als Gesamtrechtsnachfolger des verstorbenen Franz Huber.

Hat das FA nur an den Verstorbenen adressiert, aber den Bescheid dem Erben zugesandt, so ist der Bescheid nichtig und unwirksam (BFH v. 17.6.1992 X R 47/88, BStBl II 1993, 174).

Bei zusammenveranlagten Ehegatten ist nach dem Tode eines Ehegatten der überlebende einerseits Steuerschuldner, andererseits in der Regel gleichzeitig Gesamtrechtsnachfolger des verstorbenen Ehegatten.

BEISPIEL: Im Jahre 02 ist der Ehegatte Karl West gestorben. An seine Ehefrau Inge soll der ESt-Bescheid für 01 gerichtet werden. Die Ehefrau beantragt Zusammenveranlagung.

Der ESt-Bescheid ist zu adressieren an Frau Inge West. In den Erläuterungen ist auf die Gesamtrechtsnachfolge hinzuweisen.

Sind mehrere Gesamtrechtsnachfolger vorhanden, so steht es dem Finanzamt frei, an welche von ihnen es sich wenden will (§ 44 AO). Es kann an die Gesamtrechtsnachfolger Einzelbescheide oder Steuerbescheide erlassen (§ 155 Abs. 1 und 3 AO). Erlässt das Finanzamt einen Bescheid gegenüber mehreren Erben als Gesamtrechtsnachfolger, müssen diese als Inhaltsadressaten namentlich aufgeführt sein oder sich wenigstens 264 durch Auslegung ergeben, wer die Erben sind (BFH v. 17.11.2005 III R 8/03, BStBl II, 2006, 287).

BEISPIEL: Der nach Außenprüfung geänderte Einkommensteuerbescheid an die Kinder als Erben des verstorbenen Gustaf Weigl war gerichtet an „Steuerberater Stein als Empfangsbevollmächtigter für die Gesamtrechtsnachfolger, Erbengemeinschaft Weigl, für den verstorbenen Gustaf Weigl". In den Erläuterungen wurde auf den Prüfungsbericht verwiesen, wo unter den allgemeinen Angaben aufgeführt war: „. . . mit dem Tod des Gustaf Weigl ist der Nachlass unentgeltlich im Wege der Gesamtrechtsnachfolge auf die Erbengemeinschaft Weigl (Frau Sabine Weigl 50 %, Herr Anton Weigl 25 %, Herr Fritz Weigl 25 %) übergegangen . . ."

Der Einkommensteuerbescheid ist zutreffend an die Gesamtrechtsnachfolger des verstorbenen Weigl und nicht an die Erbengemeinschaft, die nicht Schuldnerin der ESt sein kann, adressiert. Die Erben sind durch den Zusatz Erbengemeinschaft Weigl näher bestimmt. Wer namentlich dazu gehört, lässt sich zwar nicht aus dem Einkommensteuerbescheid selbst entnehmen, durch den Hinweis auf den Prüfungsbericht ergibt sich jedoch eindeutig, wer Gesamtrechtsnachfolger ist. Der Steuerschuldner muss sich nicht zwingend aus dem Bescheid selbst oder seinen Anlagen ergeben, wenn der Inhaltsadressat durch Auslegung anhand der dem Betroffenen bekannten Umstände sicher bestimmt werden kann. Die Bezugnahme auf den den Erben bekannten Prüfungsbericht hat zur eindeutigen Adressierung ausgereicht.

Nimmt das Finanzamt durch Einzelsteuerbescheide mehrere Rechtsnachfolger in Anspruch, so ist es für die Wirksamkeit der Steuerbescheide nicht erforderlich, dass in den einzelnen Ausfertigungen darauf hingewiesen wird, wer noch als Gesamtschuldner in Anspruch genommen worden ist (BFH v. 28.6.1984 IV R 205/82, BStBl II 1984, 784).

Es ist auch möglich, nur an einen oder einige von mehreren Gesamtrechtsnachfolgern einen Bescheid zu richten. Eine Vollstreckung ist allerdings nur denjenigen Gesamtrechtsnachfolgern gegenüber möglich, die einen Steuerbescheid erhalten haben. Für eine Zwangsvollstreckung in den ungeteilten Nachlass ist ebenfalls der Erlass eines Bescheides an jeden Miterben erforderlich (§ 265 AO, § 747 ZPO).

7.7.3 Übermittlung an den richtigen Empfänger

265 Der inhaltlich ordnungsgemäße Bescheid bedarf zu seiner Wirksamkeit der Übermittlung (§ 124 Abs. 1 AO), d. h. er wird erst in dem **Zeitpunkt** wirksam, in dem er in den Machtbereich des Empfängers gelangt (Rdn. 246). Es kommt häufig vor, dass der Steuerverwaltungsakt an einen anderen als den Inhalts- oder Bekanntgabeadressaten übermittelt wird, weil ein Vertretungsverhältnis besteht (§ 122 Abs. 1 Sätze 3 und 4 AO).

Im Anschriftenfeld eines Bescheides wird der Empfänger des Verwaltungsaktes bezeichnet. Sofern er gleichzeitig Adressat des Bescheides ist, reicht seine Bezeichnung dort auch für die ordnungsgemäße Adressierung als Wirksamkeitserfordernis aus. Die Bezeichnung des Empfängers im Anschriftenfeld dient dem Nachweis der ordnungsgemäßen Bekanntgabe (vgl. AEAO zu § 122 Nr. 1.6). Sind Adressat und Empfänger nicht identisch, muss sich der Adressat (Inhalts- und ggf. Bekanntgabeadressat unter Nennung des Vertretungsverhältnisses) aus dem Steuerbescheid selbst an anderer Stelle ergeben (z. B. sog. „Betreff-Zeile")

7.7.3.1 Übermittlung, wenn Bevollmächtigte vorhanden sind

Häufig werden Steuerpflichtige von Bevollmächtigten vertreten. In diesen Fällen hat das Finanzamt im Rahmen der pflichtgemäßen Ausübung seines Ermessens (§ 5 AO) zu prüfen, ob der Verwaltungsakt an den Steuerpflichtigen oder an den Bevollmächtigten übermittelt werden soll (§ 122 Abs. 1 Satz 3 AO). Es handelt sich hierbei um eine Spezialregelung zu § 80 Abs. 5 AO. 266

Wenn der Steuerpflichtige dem Finanzamt ausdrücklich mitgeteilt hat, dass er seinen Vertreter auch zur Entgegennahme von Verwaltungsakten ermächtigt hat, **muss** regelmäßig an den sog. „Empfangsbevollmächtigten" übermittelt werden **(§ 122 Abs. 1 Satz 4 AO**: „soll"). Eine solche das Ermessen der Behörde verengende Sachlage („Ermessensreduktion auf Null") besteht nur dann, wenn **tatsächlich** ein Bevollmächtigter für die Entgegennahme von Verwaltungsakten bestimmt wurde **und** die Behörde dies aus der Erklärung des Steuerpflichtigen zweifelsfrei entnehmen konnte (BFH v. 5.10.2000 VIII R 96/99, BStBl II 2001, 86). Etwas anderes gilt nur dann, wenn besondere Gründe gegen eine Übermittlung an den Empfangsbevollmächtigten bestehen, z. B. bei Untersagung der Hilfeleistung in Steuersachen nach § 7 StBerG (vgl. auch AEAO zu § 122 Nr. 1.7.2 Abs. 3). Der Auftrag zur Erstellung und Einreichung von Steuererklärungen schließt in der Regel eine Bestellung als Empfangsbevollmächtigter **nicht** ein.

Die Genehmigung der Einspruchseinlegung durch einen zunächst vollmachtlosen Vertreter schließt nicht in jedem Fall die rückwirkende Erteilung einer Empfangsvollmacht für den Steuerbescheid ein (BFH v. 1.12.2004 II R 17/04, BStBl II 2005, 855).

BEISPIEL:

1. Ein Steuerberater legt die schriftliche Empfangsvollmacht seines Mandanten vor.
2. Ein Steuerpflichtiger bittet den Sachbearbeiter, den Einkommensteuerbescheid direkt an seinen Rechtsanwalt zu senden.

In beiden Fällen liegt eine Empfangsvollmacht vor und die Behörde muss an den bezeichneten Vertreter übermitteln, § 122 Abs. 1 Satz 4 AO. Da es keine besonderen Gründe gegen die Bekanntgabe an den Empfangsbevollmächtigten gibt, stellt die Übermittlung an den Stpfl. selbst einen Bekanntgabemangel dar, der allerdings unter entsprechender Anwendung des § 8 VwZG heilbar ist.

Bei förmlichen Zustellungen zwingt § 7 Abs. 1 VwZG zur Übermittlung an den Bevollmächtigten, wenn dieser eine schriftliche Zustellungsvollmacht vorgelegt hat.

Eine Vollmacht bleibt so lange wirksam, bis dem Finanzamt ein Widerruf zugeht (§ 80 Abs. 1 Satz 3 AO).

7.7.3.2 Übermittlung an Geschäftsunfähige und beschränkt Geschäftsfähige

Beschränkt Geschäftsfähige und Geschäftsunfähige sind nicht handlungsfähig (§ 79 AO). Steuerbescheide müssen daher deren gesetzlichen Vertreter als Bekanntgabeadressaten enthalten. An sie ist der Bescheid auch zu übermitteln (vgl. oben Rdn. 255 und AEAO zu § 122 Nr. 2.2). 267

BEISPIEL: Ein Minderjähriger erzielt steuerpflichtige Einkünfte aus Kapitalvermögen.

Inhaltsadressat des Einkommensteuerbescheides ist der Minderjährige als Steuerschuldner (§§ 119 Abs. 1, 157 Abs. 2 Satz 2 AO). Beide Eltern sind als gesetzliche Vertreter Bekanntgabeadressaten (§§ 79 Abs. 1 Nr. 2 AO, 34 Abs. 1 AO, § 1629 BGB) und Empfänger des ESt-Bescheides (§ 122 Abs. 1 AO). Es genügt jedoch gemäß dem Rechtsgedanken des § 6 Abs. 3 VwZG, wenn der Steuerbescheid an einen Elternteil als Empfänger übermittelt wird (vgl. AEAO zu § 122 Nr. 2.2.2).

Haben die Eltern einem Steuerberater Empfangsvollmacht erteilt, ist der Bescheid an den Steuerberater zu übermitteln. In diesem Fall ist der Minderjährige Inhaltsadressat, die Eltern sind Bekanntgabeadressaten und der Steuerberater ist Empfänger.

7.7.3.3 Übermittlung an Personengesellschaften und Gemeinschaften

7.7.3.3.1 Steuerbescheide

268 Will das Finanzamt an eine Personengesellschaft oder Gemeinschaft einen Steuerbescheid bekannt geben, so kann es sich an jeden halten, der privatrechtlich zur Vertretung der Gesellschaft befugt ist. Dies ist vorbehaltlich vertraglicher Abweichungen

- bei der OHG jeder Gesellschafter einzeln (§ 124 Abs. 1 HGB),
- bei der KG jeder Komplementär (§§ 170, 161 Abs. 2, 124 Abs. 1 HGB) und
- bei der GbR alle Gesellschafter gemeinschaftlich (§ 715 Abs. 1 und 3 BGB).

BEISPIEL: Ein Umsatzsteuerbescheid für die A-B-C-OHG kann nach Gesetz entweder an A oder an B oder an C übermittelt werden.

Bei der GbR wäre nach dem Gesetz an alle Gesellschafter gemeinschaftlich zu übermitteln, allerdings reicht auch hier unter Anwendung des allgemeinen Grundsatzes entsprechend § 6 Abs. 3 VwZG, an einen der gesetzlichen Vertreter zu übermitteln.

Dasselbe gilt für Hauseigentümer- und Erbengemeinschaften, die von Gesetzes wegen ohne Vertreter sind.

Die oben genannten Grundsätze gelten auch für Gesellschaften, die sich in Liquidation befinden; denn eine Gesellschaft ist erst dann vollbeendet, wenn alle gemeinsamen Rechtsbeziehungen zwischen ihr und dem Fiskus beseitigt sind (BFH v. 24.3.1987 X R 28/89, BStBl II 1988, 316). Die Übermittlung erfolgt in diesen Fällen an den Liquidator (§§ 146, 150, 161 Abs. 2 HGB).

7.7.3.3.2 Gesonderte und einheitliche Feststellungsbescheide

269 Bei der Übermittlung einer gesonderten und einheitlichen Feststellung an mehrere Personen ist zunächst zu unterscheiden, ob es sich gem. § 14a Abs. 1 AO handelt um eine

- **rechtsfähige Personenvereinigung** gem. § 14a Abs. 2 AO (insb. GbR, OHG und KG; ebenso Gemeinschaft der Wohnungseigentümer), oder
- **nicht rechtsfähige Personenvereinigung** gem. § 14a Abs. 3 AO (Bruchteils-, Güter- oder Erbengemeinschaft)

Gegenüber einer **rechtsfähigen** Personenvereinigung gem. § 14a Abs. 2 AO ist gem. **§ 183 AO** bekannt zu geben. 270

Dies bedeutet, dass alle Verwaltungsakte und mit der einheitlich und gesonderten Feststellung zusammenhängenden Mitteilungen **an die** rechtsfähige **Personenvereinigung** selbst zu übermitteln sind, **§ 183 Abs. 1 Satz 1 AO**.

Die Bekanntgabe an die Personenvereinigung erfolgt hierbei **mit Wirkung für und gegen alle Feststellungsbeteiligten, § 183 Abs. 1 Satz 2 AO.**

Diese Regelung stellt einen Widerspruch zu dem Grundsatz des § 122 Abs. 1 AO dar, wonach ein Verwaltungsakt nur dann wirksam wird, wenn er dem Betroffenen (bei einheitlichen Feststellungsbescheiden also allen Feststellungsbeteiligten) bekannt gegeben wird. Sie dient der Verwaltungsvereinfachung und findet nur so lange Anwendung, als der Steuerpflichtige in seinen Rechten nicht unzumutbar eingeschränkt wird. Eine Bekanntgabe nach § 183 Abs. 1 AO kommt daher insbesondere in folgenden Fällen **nicht in Betracht**:

- wenn die Personenvereinigung im Zeitpunkt der Bekanntgabe nicht mehr besteht (**Vollbeendigung**) oder sie nicht mehr rechtsfähig ist und dies der Finanzbehörde bekannt ist (**§ 183 Abs. 2 Satz 1 Nr. 1 AO**);
- soweit ein **Ausscheiden** eines Feststellungsbeteiligten aus der Personenvereinigung vorliegt oder ernstliche Meinungsverschiedenheiten zwischen den Feststellungsbeteiligten bestehen (**§ 183 Abs. 2 Satz 1 Nr. 2 AO**);
- Dies bedeutet, dass grundsätzlich (insoweit) an die Feststellungbeteiligten **einzeln bekannt zu geben** ist.
- In den Fällen von § 183 Abs. 2 Satz 1 Nr. 2 AO (Ausscheiden; Meinungsverschiedenheiten) kann jedoch die Finanzbehörde auch weiterhin mit Wirkung für und gegen diese Personen wirksam bekannt geben, bis zu deren Widerspruch, **§ 183 Abs. 2 Sätze 2 und 3 AO**.

Gegenüber einer **nicht rechtsfähigen** Personenvereinigung gem. § 14a Abs. 3 AO ist gem. **§ 183a AO** bekannt zu geben. 271

Dies bedeutet, dass zur Erleichterung der Übermittlung die Feststellungsbeteiligten nach **§ 183a Abs. 1 Satz 1 AO** einen **gemeinsamen Empfangsbevollmächtigten** bestellen sollen. Als Empfangsbevollmächtigter kann ein Feststellungsbeteiligter, aber auch ein Dritter, z. B. ein Steuerberater, bestimmt werden. In diesem Fall **muss** der Bescheid an diesen Empfangsbevollmächtigten übermittelt werden.

Ist kein Empfangsbevollmächtigter benannt, so muss das Finanzamt darauf hinwirken, dass ein Empfangsbevollmächtigter bestimmt wird. Gegebenenfalls kann das Finanzamt einen Gemeinschafter vorschlagen (§ 183a Abs. 1 Satz 2 und 3 AO).

BEISPIEL: Die Erbengemeinschaft, bestehend aus 10 Gemeinschaftern, hat vermieteten Grundbesitz. Die Gemeinschafter haben keinen Geschäftsführer benannt.

Das FA wird alle Gemeinschafter unter Setzung einer angemessenen Frist auffordern, einen gemeinsamen Empfangsbevollmächtigten zu benennen. Dabei wird es einen Gemeinschafter vorschlagen. Lassen die Gemeinschafter die Frist verstreichen, so wird es die Feststellungsbescheide an den vorgeschlagenen Gemeinschafter versenden.

Die Bekanntgabe an die Personenvereinigung erfolgt auch hier **mit Wirkung für und gegen alle Feststellungsbeteiligten, § 183a Abs. 1 Sätze 3 und 4 AO**.

Diese Regelung stellt einen Widerspruch zu dem Grundsatz des § 122 Abs. 1 AO dar, wonach ein Verwaltungsakt nur dann wirksam wird, wenn er dem Betroffenen (bei einheitlichen Feststellungsbescheiden also allen Feststellungsbescheiden) bekannt gegeben wird. Sie dient der Verwaltungsvereinfachung und findet nur so lange Anwendung, als der Steuerpflichtige in seinen Rechten nicht unzumutbar eingeschränkt wird.

Eine Bekanntgabe nach § 183a Abs. 1 AO kommt daher insbesondere in folgenden Fällen **nicht in Betracht**:

- wenn die nicht rechtsfähige Personenvereinigung nicht mehr besteht oder sie rechtsfähig geworden ist (**§ 183a Abs. 2 Satz 1 Nr. 1 AO**);
- das **Ausscheiden** eines Feststellungsbeteiligten aus der nicht rechtsfähigen Personenvereinigung vorliegt oder ernstliche Meinungsverschiedenheiten zwischen den Feststellungsbeteiligten bestehen (**§ 183a Abs. 2 Satz 1 Nr. 2 AO**);
- Dies bedeutet, dass grundsätzlich (insoweit) an die Feststellungbeteiligten **einzeln bekannt zu geben** ist.
- In den Fällen von § 183a Abs. 2 Satz 1 Nr. 2 AO (Ausscheiden; Meinungsverschiedenheiten) kann jedoch die Finanzbehörde weiterhin an den Empfangsbevollmächtigten wirksam auch mit Wirkung gegenüber der/den in Nr. 2 genannten Person(en) bekannt geben, bis zum Widerspruch dieser Person(en), **§ 183a Abs. 2 Sätze 2 und 3 AO** bzw. bis zum Widerspruch der Empfangsvollmacht durch den Empfangsbevollmächtigten selbst.

7.7.3.4 Übermittlung an juristische Personen

272 Steuerbescheide werden an die juristische Person selbst als Adressat ohne Benennung des gesetzlichen Vertreters übermittelt.

7.7.3.5 Übermittlung an Ehegatten bzw. Lebenspartner

273 aa) Bei der Zusammenveranlagung (§ 26b EStG) reicht es regelmäßig für die wirksame Bekanntgabe mit einfachem Brief an beide Ehegatten aus, wenn ihnen **eine Ausfertigung** des Steuerbescheides an die gemeinsame Anschrift übermittelt wird **(§ 122 Abs. 7 AO)**. Ebenso genügt es, wenn der Steuerbescheid in das Postfach eines Ehegatten eingelegt wird (BFH v. 13.10.1994 IV R 100/93, BStBl II 1995, 484).

Beide Ehegatten sind im Anschriftenfeld als Empfänger des Steuerbescheides aufzuführen, es handelt sich nicht um eine Bekanntgabe an einen Ehegatten mit Wirkung für und gegen den anderen Ehegatten (§ 122 Abs. 6 AO). Diese vereinfachte Form der Bekanntgabe ist auch möglich, wenn eine gemeinsam abzugebende Erklärung nicht eingereicht worden ist (z. B. im Falle der Schätzung von Besteuerungsgrundlagen; § 162 AO; AEAO zu § 122 Nr. 2.1.2).

Will das Finanzamt den Bescheid an zusammen veranlagte Ehegatten **förmlich zustellen,** so gilt die Vorschrift des § 122 Abs. 7 AO nicht. Im VwZG findet sich keine entsprechende Regelung. In diesem Fall ist – soweit kein gemeinsamer Bevollmächtigter vorhanden ist – jedem Ehegatten der Bescheid gesondert zuzustellen (vgl. AEAO zu § 122 Nr. 3.4 und 3.2).

bb) Eine Übermittlung des Steuerbescheides an einen Ehegatten zugleich mit Wirkung für und gegen den anderen Ehegatten ist nach **§ 122 Abs. 6 AO** zulässig, soweit die Ehegatten einverstanden sind.

Eine Übermittlung nach dieser Vorschrift kommt insbesondere dann in Betracht, wenn diese nicht nach § 122 Abs. 7 AO erfolgen kann, weil die Ehegatten keine gemeinsame Anschrift mehr haben und insoweit nicht (mehr) beide Ehegatten unter der (bisherigen) gemeinsamen Anschrift jeweils ihren Machtbereich innehaben. Im Bescheidkopf ist darauf hinzuweisen, dass der Verwaltungsakt an den einen Ehegatten mit Wirkung für und gegen den anderen Ehegatten ergeht.

cc) Einzelbekanntgabe ist insbesondere erforderlich, wenn

- keine gemeinsame Anschrift besteht und kein Einverständnis für eine Bekanntgabe nach § 122 Abs. 6 AO vorliegt; auf den Kenntnisstand der Finanzbehörde der möglicherweise zwischenzeitlich nicht mehr gegebenen, gemeinsamen Wohnanschrift kommt es hierbei nicht an.
- bekannt ist, dass zwischen den Ehegatten ernstliche Meinungsverschiedenheiten bestehen, z. B. bei offenbarer Interessenkollision, bei getrenntlebenden oder geschiedenen Ehegatten;
- dies nach § 122 Abs. 7 Satz 2 AO beantragt worden ist.

dd) Diese Grundsätze gelten allerdings nicht bei der Übermittlung von Feststellungsbescheiden i. S. v. §§ 180 Abs. 1 S. 1 Nr. 2a, 179 Abs. 2 Satz 2 AO an Ehegatten. Hier gilt ausschließlich § 183 AO (vgl. Rdn. 268 ff.).

ee) Bei Einzelveranlagung ist jedem Ehegatten sein Steuerbescheid mit der persönlichen Anschrift zu übermitteln.

7.7.3.6 Übermittlung in Fällen der Gesamtrechtsnachfolge

Sind mehrere Gesamtrechtsnachfolger vorhanden, so kann das Finanzamt zusammen- 274
gefasste Bescheide erlassen (§ 155 Abs. 3 AO; Rdn. 262 f.). Will es mehrere Erben in Anspruch nehmen, so hat es diesen jeweils einen Bescheid zu übermitteln. Eine Bekanntgabe an einen Erben mit Wirkung gegen alle ist nicht möglich.

7.7.3.7 Folgen einer fehlerhaften Übermittlung

Fehler in der Übermittlung führen dazu, dass der Steuerbescheid noch nicht bekannt 275
gegeben und daher noch nicht wirksam ist. Der Übermittlungsmangel ist jedoch unter entsprechender Anwendung des **§ 8 VwZG** heilbar, d. h. der Verwaltungsakt gilt als be-

kannt gegeben, wenn ihn der Empfangsberechtigte tatsächlich zur Kenntnis nimmt (BFH v. 8.12.1988 IV R 24/87, BStBl II, 1989, 346).

BEISPIELE:

1. Eine Gesellschaft des bürgerlichen Rechtes besteht aus 3 Gesellschaftern. Als Empfangsbevollmächtigter wurde der Gesellschafter Alt benannt (§ 183 Abs. 1 Satz 1 AO). Das FA übermittelt den Gewinnfeststellungsbescheid versehentlich an den Gesellschafter Bertl. Dieser übergibt zwei Wochen später den Bescheid an Alt.

   Der Gewinnfeststellungsbescheid wird erst in dem Zeitpunkt wirksam, in dem er dem Alt tatsächlich zugegangen ist. Zwar ist auch Bertl Adressat des Gewinnfeststellungsbescheides, aber er hat ebenfalls Gesellschafter Alt zum Empfangsbevollmächtigten bestimmt. Eine Übermittlung an Bertl hat daher auch keine Bekanntgabe an ihn ausgelöst. Gemäß § 8 VwZG analog kann der Übermittlungsfehler geheilt werden.

2. Spatz hat seinem FA eine Empfangsvollmacht vorgelegt, gemäß der seine Steuerbescheide an Steuerberater Fink übermittelt werden sollen. Dennoch gibt das FA den ESt-Bescheid 01 am 12.3.02 mit einfachem Brief dem Spatz bekannt. Dieser übergibt den Bescheid am 20.3.02 seinem Berater.

   Da kein besonderer Grund gegen die Bekanntgabe an den Empfangsbevollmächtigten Steuerberater besteht, liegt ein Bekanntgabefehler vor. In entsprechender Anwendung des Rechtsgedankens des § 8 VwZG wird der Mangel geheilt, wenn der richtige Empfänger, hier Fink, den Bescheid tatsächlich erhält. Die Rechtsbehelfsfrist beginnt daher erst mit Ablauf des 20.3.02 zu laufen.

3. Das FA versendet am 15. 1. den USt-Bescheid an den Unternehmer Karl mit der Anschrift: Stefan Karl, Tulpenstr. 2, 97084 Würzburg. In Wirklichkeit wohnt Karl in Würzburg in der Rosenstraße 12. Der Postbote wirft den Brief des FA am 16. 1. in den Briefkasten des Hauses Tulpenstr. 2. Der Eigentümer händigt den Brief am 20. 1. dem Karl aus.

   Auch hier handelt es sich um einen Fehler in der Bekanntgabe. Dieser wird ebenfalls in analoger Anwendung von § 8 VwZG mit der Übergabe des Briefes an Karl, also am 20. 1., geheilt (BFH v. 1. 2, 1990 V R 74/85, BFH/NV 1991, 2).

4. Die Gesellschafter der OHG, Müll, Mai und Hub, haben beschlossen, die Gesellschaft aufzulösen. Der Beschluss wurde in das Handelsregister (§ 15 HGB) eingetragen. Kurz nach Eintragung dieses Beschlusses erlässt das FA einen Gewinnfeststellungsbescheid für ein Kalenderjahr, in dem die OHG noch bestanden hat. Es adressiert und versendet den Bescheid in einem Fensterbriefumschlag an die OHG zu Händen des ehemaligen Gesellschafters Müll mit dem Hinweis nach § 183 Abs. 1 Satz 2 AO.

   Die Adressierung des Bescheides ist nicht fehlerhaft. Das FA hat zwar im Anschriftenfeld des Bescheides eine OHG genannt, die im Jahre der Veranlagung bereits aufgelöst war. Vom Feststellungsbescheid betroffen sind aber nur die Feststellungsbeteiligten. Es reicht aus, wenn sich die Gesellschafter als Adressaten im Feststellungsbescheid aus der Aufteilung des Gewinnes ergeben.

   Der Auflösungsbeschluss der Gesellschafter war vor Erlass des Feststellungsbescheides in das Handelsregister eingetragen worden. Das FA muss diese Eintragung als bekannt gegen sich gelten lassen (§ 15 HGB). Es hätte den Bescheid daher an alle ehemaligen Gesellschafter übermitteln müssen (§ 183 Abs. 2 S. 1 Nr. 1 AO). Der Bescheid ist bisher nur Müll gegenüber bekannt gegeben. Erhalten die anderen Gesellschafter Kenntnis vom Inhalt des Feststellungsbescheids durch dessen Übergabe, so wird der Inhalt des Bescheids auch diesen Gesellschaftern gegenüber wirksam, sobald sie tatsächlich von dem Bescheid Kenntnis erlangen. Für sie beginnt die Rechtsbehelfsfrist auch erst zu diesem (späteren) Zeitpunkt.

Liegt ein Mangel in der Übermittlung eines Verwaltungsaktes vor, so wird dieser durch eine fehlerfreie Bekanntgabe der Einspruchsentscheidung geheilt (BFH v. 18.12.1991 XI

R 42, 43/88, BStBl II 1992, 585). Dies gilt allerdings nicht, wenn die Einspruchsentscheidung den Einspruch als **unzulässig** verwirft (BFH v. 25.1.1994 VIII R 45/92, BStBl II 1994, 603).

(Einstweilen frei) 276–290

7.8 Kontrollfragen

FRAGEN

		Rdn.
1.	Liegen nachfolgend Verwaltungsakte vor? - Ablehnung des Antrags des Steuerpflichtigen Alt auf Fristverlängerung zur Abgabe seiner Einkommensteuererklärung durch das Finanzamt. - Niederschlagung nach § 261 AO. - Anordnung der förmlichen Zustellung nach § 122 Abs. 5 AO.	201
2.	Wann genügt ein Verwaltungsakt dem Erfordernis der „inhaltlichen Bestimmtheit" nach § 119 Abs. 1 AO?	202
3.	Welcher Form müssen Verwaltungsakte genügen?	203
4.	Wofür ist die Unterscheidung nach begünstigenden und nicht Begünstigenden, gebundenen und Ermessens-Verwaltungsakten bedeutsam?	207 - 213, 222 - 225, 298 f.
5.	Die Steuer wird durch Steuerbescheid festgesetzt. Die zugrunde liegenden Besteuerungsgrundlagen (§ 199 Abs. 1 AO) werden im Bescheid dargestellt. Wie werden sie rechtlich qualifiziert?	217
6.	Was ist der Unterschied zwischen dem Erlass eines Verwaltungsaktes mit einer Nebenbestimmung und dem Erlass eines Verwaltungsaktes verbunden mit einer Nebenbestimmung?	222 - 226
7.	Was versteht man unter einem Steuerbescheid?	227
8.	In welchen Fällen werden die Besteuerungsgrundlagen gesondert festgestellt?	229
9.	In welchen Fällen ist eine gesonderte und einheitliche Feststellung vorzunehmen?	230 f.
10.	Wann kann eine gesonderte Feststellung nach § 180 Abs. 1 Nr. 2 Buchst. a AO unterbleiben?	230 f.
11.	In welchen Fällen kann eine gesonderte Feststellung nach § 180 Abs. 1 Nr. 2 Buchst. b AO unterbleiben?	232 f.
12.	Ein im Finanzamtsbezirk Garmisch-Partenkirchen wohnender Rechtsanwalt hat seine Kanzlei in München. Ist eine gesonderte Feststellung erforderlich? Wenn ja, wofür? Welches Finanzamt ist zuständig?	232
13.	In welchem Fall kann ein „Richtigstellungsbescheid" ergehen? Welche Frist ist dabei zu beachten?	237 - 242
14.	Wann muss ein „Ergänzungsbescheid" ergehen?	237 - 242
15.	Welche Wirkung löst die Bekanntgabe des Verwaltungsaktes aus?	252
16.	Was ist zu beachten, damit die Bekanntgabe wirksam ist?	253

17.	Wie kann die Bekanntgabe des Steuerbescheides an zusammen veranlagte Ehegatten erfolgen?	261
18.	Wodurch unterscheidet sich die Bekanntgabe eines zusammengefassten Einkommensteuerbescheides an Ehegatten nach § 122 Abs. 6 AO von der nach § 122 Abs. 7 AO?	261
19.	Wer ist Inhalts- und Bekanntgabeadressat eines Bescheides über die einheitliche und gesonderte Feststellung des Gewinns einer Personengesellschaft? Wer ist der Empfänger?	256 - 259, 267 - 270
20.	An wen ist in den folgenden Fällen der Steuerverwaltungsakt zu übermitteln, wenn der Steuerberater eine schriftliche Empfangsvollmacht seines Mandanten vorlegt, oder wenn der Steuerpflichtige den Sachbearbeiter bittet, den Steuerbescheid seinem Rechtsanwalt zu übermitteln?	265
21.	Wer ist Adressat eines Umsatzsteuerbescheides an die M-OHG und eines Gewinnfeststellungsbescheides?	256 - 259
22.	Am 1.8.02 ist Franz Huber verstorben. Sein Alleinerbe ist Max Huber. Das Finanzamt will den Einkommensteuerbescheid für 01 bekannt geben. An wen ist er zu adressieren?	262
23.	Welche Arten von Empfangsbevollmächtigungen unterscheidet § 183 Abs. 1 AO?	268 f.
24.	Worauf muss das Finanzamt in allen Fällen des § 183 Abs. 1 AO hinweisen?	269
25.	A ist Ende 08 aus der X-OHG ausgeschieden. Kann der Feststellungsbescheid für 08, der am 20.5.09 bekannt gegeben werden soll, an den Empfangsbevollmächtigten B übermittelt werden, wenn es sich bei B - um einen fingierten Empfangsbevollmächtigten, den vertretungsberechtigten Gesellschafter B (§ 183 Abs. 1 Satz 2 AO), handelt und das Ausscheiden dem Finanzamt bekannt war? - um einen gemeinsamen Empfangsbevollmächtigten nach § 183 Abs. 1 Satz 1 handelt?	270
26.	Welche Folgen haben Fehler bei der Übermittlung eines Steuerbescheides?	274

DOWNLOAD

Lösungen zu den Kontrollfragen s. online-Version.

KAPITEL 8: FEHLERHAFTE VERWALTUNGSAKTE

Kapitel 8: Fehlerhafte Verwaltungsakte

291 Ein Steuerverwaltungsakt enthält einen Fehler, wenn er

- gegen eine Rechtsvorschrift verstößt,
- keine Rechtsgrundlage hat,
- von einem falschen Sachverhalt ausgeht oder
- Ermessensfehler enthält.

Ein fehlerhafter Verwaltungsakt kann je nach der Schwere des Fehlers nichtig und damit unwirksam sein (§ 124 Abs. 3 AO) oder mit Bekanntgabe wirksam werden, aber anfechtbar sein.

8.1 Überblick zu den Folgen fehlerhafter Verwaltungsakte

Schaubild 9

Fehlerhafte Verwaltungsakte und deren Folgen

Arten von Fehlern

Formelle Fehler
sind Fehler des Verwaltungsverfahrens beim Zustandekommen des VA
(Zuständigkeit, Form, Beteiligung, Begründung, Anhörung etc.)

Materielle Fehler
sind Fehler bei der Anwendung des Rechts, d. h. die Regelung selbst ist fehlerhaft
(die gesetzliche Grundlage fehlt, ist falsch angewendet bzw. ausgelegt, Ermessensfehler liegen vor, Sachverhalt wurde unzutreffend zugrunde gelegt)

Folgen des Fehlers

Nichtigkeit

§ 125 Abs. 2 AO
ausdrückliche Nichtigkeitsgründe

§ 125 Abs. 1 AO
Generalklauselschwerwiegender und offenkundiger Fehler („Evidenz" des Fehlers) unter Berücksichtigung des § 125 Abs. 3 AO
z. B.
- wenn inhaltlich nicht hinreichend bestimmt, § 119 Abs. 1 AO
- Verstoß gegen zwingendes Formerfordernis

Regelmäßig nicht bei Verstößen gegen das materielle Steuerrecht

↓

Unwirksamkeit, § 124 Abs. 3 AO

Keine Bindungswirkung und damit keine rechtlichen Wirkungen
- Feststellung der Nichtigkeit möglich, § 125 Abs. 5 AO
- Anfechtbarkeit möglich (Indiz § 365 Abs. 3 AO vgl. auch AEAO zu § 347 Nr. 1)

keine Nichtigkeit

↓

Wirksamkeit mit Bekanntgabe, § 124 Abs. 1 AO

Bindungswirkung § 124 Abs. 2 AO
unabhängig davon, ob Regelung rechtmäßig oder rechtswidrig ist
aber
Angreifbarkeit
- sofern Fehler nicht geheilt, § 126 AO
- sofern Fehler nicht unbeachtlich, § 127 AO

bis zum Eintritt der formellen Bestandskraft durch förmlichen Rechtsbehelf (nach §§ 347 ff. AO bzw. der FGO)

durch gesetzlich zugelassene Korrektur innerhalb der AO (§§ 129 – 131, 164, 165, 172 ff. AO)

Literaturhinweis: Lehrbuch Abgabenordnung, Rdn. 292 ff.

8.1.1 Nichtige Verwaltungsakte

8.1.1.1 Nichtigkeitsgründe

292 a) Enthält der Verwaltungsakt einen der in **§ 125 Abs. 2 AO** aufgeführten Mängel, ist er stets nichtig.

b) **§ 125 Abs. 1 AO** enthält eine Generalklausel. Danach ist ein Steuerverwaltungsakt nur nichtig, wenn er an einem **besonders schwerwiegenden Fehler** leidet und dieser Fehler bei verständiger Würdigung aller in Betracht kommenden Umstände **offenkundig** ist (Evidenztheorie). Der Verwaltungsakt muss nicht nur einen schweren Verstoß gegen geltendes Recht enthalten, sondern dieser Rechtsverstoß muss für einen verständigen Durchschnittsbetrachter ohne weiteres erkennbar sein.

So ist die Festsetzung einer Steuer nach Eintritt der Festsetzungsverjährung zwar ein schwerwiegender Rechtsfehler, aber er ist nicht offenkundig, weil er nur unter Heranziehung der Akten zur Berechnung der Festsetzungsfrist festzustellen ist (BFH v. 6.5.1994 V B 28/94, BFH/NV 1995, 275). Der Bescheid ist rechtswidrig und angreifbar, aber wirksam mit **Bekanntgabe**. Der Steuerpflichtige muss daher Einspruch einlegen, wenn er die Bestandskraft vermeiden will.

Nichtigkeit wird daher insbesondere angenommen, wenn der Verwaltungsakt

- gegen zwingende Formerfordernisse verstößt oder
- den Adressaten, also den von der Regelung Betroffenen, nicht zweifelsfrei bezeichnet bzw. die Regelung selbst unklar und damit der Verwaltungsakt inhaltlich unbestimmt ist (§ 119 Abs. 1 AO).

BEISPIELE:

1. Das FA droht telefonisch die Festsetzung eines Zwangsgeldes an.

   Diese telefonische Androhung eines Zwangsgeldes steht im Widerspruch zu der zwingenden Formvorschrift des § 332 Abs. 1 Satz 1 AO. Sie ist daher unwirksam, wenn nicht ausnahmsweise die Voraussetzungen des § 332 Abs. 1 Satz 2 AO gegeben sind.

2. Die Gemeinde erlässt einen Einkommensteuerbescheid.

   Die Gemeinde hat gegen zwingende Vorschriften über die sachliche Zuständigkeit verstoßen (§ 16 AO i. V. m. § 17 FVG). Sie war absolut unzuständig, einen derartigen Steuerverwaltungsakt zu erlassen. Der Einkommensteuerbescheid ist daher nichtig.

3. Das Finanzamt adressiert einen Steuerbescheid an einen Verstorbenen z. Hd. des Bevollmächtigten.

   Der Bescheid ist nichtig. Zwar gilt die Vollmacht über den Tod des Vollmachtgebers hinaus (§ 80 Abs. 4 AO). Die Steuerschuld ist jedoch mit dem Tod des Schuldners auf den Erben übergegangen (§ 45 Abs. 1 AO). Er muss nunmehr als Steuerschuldner im Steuerbescheid genannt werden (§ 157 Abs. 1 Satz 2 AO, BFH v. 17.6.1992 X R 47/88, BStBl II 1993, 174).

c) keine Nichtigkeit liegt vor bei den in **§ 125 Abs. 3 AO** aufgeführten Mängeln.

8.1.1.2 Folgen der Nichtigkeit

Der nichtige und damit unwirksame Verwaltungsakt entfaltet keinerlei Rechtswirkungen. Da er aber von einer Verwaltungsbehörde im Rahmen ihrer hoheitlichen Tätigkeit erlassen worden ist, trägt er zumindest den Rechtsschein der Ordnungsmäßigkeit in sich. Um diesen Rechtsschein zu beseitigen, räumt das Gesetz dem Betroffenen drei Möglichkeiten ein: 293

a) Er kann beantragen, dass die Finanzbehörde die Nichtigkeit des Verwaltungsaktes ausdrücklich feststellt, wenn er ein berechtigtes Interesse daran hat (§ 125 Abs. 5 AO). Wird die Feststellung der Nichtigkeit durch einen Verwaltungsakt getroffen, kann nach Bestandskraft einer solchen Feststellung weder der Steuerpflichtige noch die Finanzbehörde die Nichtigkeit in Frage stellen, auch wenn die Feststellung inhaltlich falsch sein sollte (BFH v. 20.08.2014 X R 15/10, BStBl II 2015, 109; vgl. AEAO zu § 125 Nr. 4).

b) Er kann unmittelbar Klage auf Feststellung der Nichtigkeit erheben (§ 41 Abs. 1 FGO).

c) Er kann nach § 347 Abs. 1 AO auch Einspruch gegen den nichtigen Verwaltungsakt mit dem Ziel der Anfechtungsklage (§§ 40 Abs. 1, 44 Abs. 1 FGO) einlegen, Indiz hierfür ist § 365 Abs. 3 Satz 2 Nr. 2 AO.

8.1.1.3 Teilnichtigkeit (§ 125 Abs. 4 AO)

Ist ein Steuerverwaltungsakt zum Teil nichtig, so erstreckt sich die Nichtigkeit im Zweifel auf den gesamten Verwaltungsakt. Nur ausnahmsweise wird der von der Nichtigkeit nicht erfasste Teil wirksam sein, nämlich wenn ihn das Finanzamt auch ohne den nichtigen Teil erlassen hätte. 294

8.2 Fehlerhafte Verwaltungsakte

8.2.1 Fehlerquellen

Die nicht zur Nichtigkeit führende Fehlerhaftigkeit eines Verwaltungsaktes kann sich ergeben aus der Verletzung von Verfahrens- und Formvorschriften (= formelles Recht) oder aus der falschen Anwendung von Vorschriften des materiellen Rechtes. 295

BEISPIELE:

1. Das FA erlässt einen Einkommensteuerbescheid, obwohl es örtlich hierfür nicht zuständig ist.

   Es liegt eine Verletzung formellen Rechtes vor.

2. Das FA wendet bei bestimmten Umsätzen den falschen Steuersatz an.

   Es liegt eine Verletzung materiellen Rechtes vor.

   Beide Bescheide werden mit Bekanntgabe wirksam und entfalten Bindungswirkung, solange sie nicht im Einspruchsverfahren oder aufgrund einer Änderungsvorschrift korrigiert werden (§ 124 Abs. 2 AO).

8.2.2 Heilung bestimmter Form- und Verfahrensfehler

296 Die in § 126 Abs. 1 AO genannten Form- und Verfahrensfehler sind unbeachtlich, wenn sie nach Bekanntgabe des Verwaltungsaktes geheilt wurden. Für die in den Nr. 2–5 der Vorschrift genannten Fehler können die zur Heilung erforderlichen Handlungen nur bis zum Abschluss der Tatsacheninstanz eines finanzgerichtlichen Verfahrens nachgeholt werden (§ 126 Abs. 2 AO).

BEISPIELE:

1. Das FA gewährt einem Steuerpflichtigen ohne Antrag einen Ausbildungsfreibetrag nach § 33a Abs. 2 EStG.

   Durch Nachholung des erforderlichen Antrags wird der Fehler geheilt (§ 126 Abs. 1 Nr. 1 AO).

2. Das FA erlässt einen nach § 129 AO berichtigten Körperschaftsteuerbescheid, obwohl es die Änderung auf § 173 Abs. 1 Nr. 1 AO hätte stützen müssen.

   Durch nachträgliche Mitteilung der richtigen Änderungsvorschrift wird der Begründungsfehler geheilt (§§ 121 Abs. 1, 126 Abs. 1 Nr. 2 AO).

3. Das FA erlässt einen Steuerbescheid, wobei es ohne Anhörung von der Erklärung des Steuerpflichtigen zu dessen Ungunsten abweicht.

   Das FA hat den Anspruch des Steuerpflichtigen auf rechtliches Gehör verletzt (§§ 91 Abs. 1, 126 Abs. 1 Nr. 3 AO). Durch rechtzeitige Nachholung wird dieser Fehler geheilt (§ 126 Abs. 2 AO).

4. Das FA erlässt gem. §§ 69, 34 Abs. 1 AO einen Haftungsbescheid gegen einen Steuerberater, ohne § 191 Abs. 2 AO zu beachten.

   Der vom FA begangene Verfahrensfehler kann bis zum Abschluss der Tatsacheninstanz des finanzgerichtlichen Verfahrens bzgl. des Haftungsbescheides nachgeholt werden (§ 126 Abs. 1 Nr. 5, Abs. 2 AO).

8.2.3 Wiedereinsetzung bei Verfahrensfehlern

297 Das Fehlen der erforderlichen Begründung bzw. der erforderlichen Anhörung eines Beteiligten stellt, wenn es für die Versäumung einer Rechtsbehelfsfrist **ursächlich** war, einen Wiedereinsetzungsgrund dar (§ 126 Abs. 3 AO), vgl. hierzu Rdn. 136.

BEISPIEL: Das FA ist bei Erlass eines Steuerbescheides von der Steuererklärung zuungunsten des Steuerpflichtigen abgewichen, ohne auf die Abweichung hinzuweisen. Nach Eintritt der Bestandskraft bemerkt der Steuerpflichtige die Abweichung.

Das FA hat gegen den Grundsatz des rechtlichen Gehörs (§ 91 Abs. 1 AO) verstoßen. Der Steuerpflichtige kann innerhalb eines Monats, nachdem er die Abweichung bemerkt hat, Wiedereinsetzung in den vorherigen Stand begehren (§§ 110 Abs. 1, Abs. 2 Satz 1, 126 Abs. 3 AO) und damit einen zulässigen Einspruch (§ 347 Abs. 1 Nr. 1 AO) einlegen.

Hat das FA auf die Abweichung im Steuerbescheid hingewiesen, so liegt zwar ebenfalls ein Verstoß gegen § 91 Abs. 1 AO vor, da rechtliches Gehör **vor** Erlass des Bescheides zu gewähren war. Dieser Verstoß war jedoch nicht ursächlich für die Säumnis (BFH v. 13.12.1984 VIII R 19/81, BStBl II 1985, 601).

8.2.4 Folgen von Verfahrens- und Formfehlern nach § 127 AO

Nach § 127 AO kann allein wegen der Verletzung von Verfahrens- und Formfehlern weder im Korrektur- noch im Rechtsbehelfsverfahren die Aufhebung eines fehlerhaften Verwaltungsaktes verlangt werden, wenn anschließend ein Verwaltungsakt gleichen Inhalts (gebundener Verwaltungsakt, vgl. Rdn. 209 ff.) erlassen werden müsste. Dies würde insbesondere bei den in § 125 Abs. 3 AO genannten Verstößen gelten. 298

BEISPIEL: Die Einkommensteuer wurde durch einen nach § 82 Abs. 1 Nr. 2 AO ausgeschlossenen Amtsträger in zutreffender Höhe festgesetzt.

Eine Aufhebung des Einkommensteuerbescheides kommt nicht in Betracht, da ein nicht ausgeschlossener Amtsträger die Einkommensteuer in gleicher Höhe festsetzen müsste.

Keine Anwendung findet § 127 AO bei der Verletzung der Vorschriften über die sachliche Zuständigkeit. Soweit der entsprechende Verwaltungsakt nicht ohnehin nichtig ist (vgl. Rdn. 83 f.), gelten die §§ 130 Abs. 2 bzw. 172 Abs. 1 Nr. 2b AO. 299

Bei Ermessensentscheidungen gilt § 127 AO grundsätzlich nicht, es sei denn der gerügte Fehler kann die Entscheidung durch die zuständige Finanzbehörde unter keinen Umständen beeinflusst haben (BFH v. 18.7.1985 VI R 41/81, BStBl II 1986, 169).

8.2.5 Umdeutung eines fehlerhaften Verwaltungsaktes

Unter den sehr einschränkenden Voraussetzungen des § 128 AO kann ein fehlerhafter Verwaltungsakt in einen anderen Verwaltungsakt umgedeutet werden. Diese Vorschrift hat nur geringe praktische Bedeutung. Denkbar wäre z. B. die Umdeutung einer Stundung in eine Aussetzung der Vollziehung. 300

8.3 Systematik der Fehlerbeseitigung

Ist die Fehlerhaftigkeit des Verwaltungsaktes festgestellt, so gibt es neben den oben dargelegten allgemeinen Grundsätzen die Korrekturvorschriften sowie das Einspruchsverfahren als Möglichkeiten der Fehlerbeseitigung. 301

Es empfiehlt sich eine Prüfung in folgender Reihenfolge:

1. Nichtigkeit (§ 125 AO);
2. Unbeachtlichkeit der Verfahrens- und Formfehler gemäß §§ 126, 127 AO;
3. Umdeutung (§ 128 AO);
4. Berichtigung wegen offenbarer Unrichtigkeiten (§ 129 AO);
5. Rücknahme und Widerruf (§§ 130, 131 AO) bei Nichtsteuerbescheiden und Aufhebung sowie Änderung nach §§ 164, 165, 172 ff. AO von Steuerbescheiden und diesen gleichgestellten Verwaltungsakten (z. B. §§ 181 Abs. 1 Satz 1, 239 Abs. 1 Satz 1 AO);
6. Einspruchsverfahren (§ 347 ff. AO).

8.4 Kontrollfragen

FRAGEN

		Rdn.
1.	Wann ist ein Verwaltungsakt nichtig?	292
2.	Kann der Steuerpflichtige einen nichtigen Verwaltungsakt angreifen und wenn ja, wie?	293, 770 f., 865 - 869, 875
3.	Nennen Sie die Unterschiede zwischen einem a) nichtigen und einem b) „nur“ anfechtbaren Verwaltungsakt.	293
4.	Welche besonderen Regelungen gibt es für Verfahrens- und Formfehler, die nicht schon zur Nichtigkeit eines VA führen?	296, 298 f.
5.	Kann der Steuerpflichtige die Aufhebung eines Steuerbescheides, der sonst keinen Fehler enthält, erreichen, weil er nicht vom örtlich zuständigen Finanzamt erlassen wurde?	298 f.

DOWNLOAD

Lösungen zu den Kontrollfragen s. online-Version.

KAPITEL 9: KORREKTUR VON STEUERVERWALTUNGSAKTEN

Kapitel 9: Korrektur von Steuerverwaltungsakten

9.1 Allgemeines

9.1.1 Bindungswirkung

Durch ordnungsgemäße Bekanntgabe wird der Verwaltungsakt wirksam. Vom Zeitpunkt der Bekanntgabe an ist die Finanzbehörde an den Inhalt des Verwaltungsaktes gebunden. Man spricht daher auch von der **Bindungswirkung (materielle Bestandskraft)**. Diese Bindungswirkung bleibt bestehen, solange und soweit nicht eine entsprechende Vorschrift die Korrektur gestattet (§ 124 Abs. 2 AO) oder der Steuerpflichtige durch einen Einspruch die Überprüfung des Verwaltungsaktes einleitet (§ 367 AO). 302

9.1.2 Rücknahme, Widerruf und Änderung im Einspruchsverfahren (§ 132 AO)

Auch wenn der Steuerpflichtige gegen einen Steuerverwaltungsakt Einspruch eingelegt hat, kann das Finanzamt weiterhin den Verwaltungsakt aufgrund einer „Änderungsvorschrift“ korrigieren. 303

Dies gilt auch für die Berichtigung offenbarer Unrichtigkeiten (§§ 365 Abs. 3 Nr. 1 und 129 AO).

Ebenso können Änderungen und Berichtigungen während des Verfahrens vor dem Finanzgericht und vor dem BFH durchgeführt werden.

BEISPIEL: Ein Stpfl. wurde zur Einkommensteuer veranlagt. Gegen den Steuerbescheid erhebt er Einspruch und macht weitere Werbungskosten geltend. Bevor das FA über den Einspruch entschieden hat, geht ein Gewinnfeststellungsbescheid ein, aufgrund dessen sich die Einkommensteuer erheblich erhöht.

Das FA hat zwei Möglichkeiten:

1. Es kann den ESt-Bescheid gem. §§ 175 Abs. 1 Nr. 1, 132 AO ändern. Der geänderte ESt-Bescheid ist nun Gegenstand des Einspruchsverfahrens (§ 365 Abs. 3 AO).
2. Das FA kann sofort die Einspruchsentscheidung erlassen. Dabei hat es den ESt-Bescheid in vollem Umfang zu überprüfen (§ 367 Abs. 2 Satz 1 AO). Es wird sowohl den Feststellungsbescheid als auch die Werbungskosten berücksichtigen. Es kann dabei zu einer Erhöhung der Einkommensteuer kommen (§ 367 Abs. 2 Satz 2 AO).

9.2 Systematische Übersicht

Schaubild 10

Korrektur von Verwaltungsakten
– Überblick –

Korrektur kommt nur in Betracht bei wirksamen Verwaltungsakten
Möglich auch während des Rechtsbehelfsverfahrens § 132 AO
Sie ist abhängig von der

Art des Verwaltungsaktes

Steuerbescheide
(§ 155 AO + § 168 AO Steueranmeldung)
und diesen Gleichgestellte, vor allem

- Feststellungsbescheide, § 181 Abs. 1 Satz 1 AO
- Steuermessbescheide, § 184 Abs. 1 Satz 3 AO
- Zinsbescheide, § 239 Abs. 1 Satz 1 AO

Sonstige Verwaltungsakte

- Haftungsbescheid, § 191 AO
- Anrechnungsbescheid, § 218 Abs. 2 AO

außerdem:
Aushilfsersuchen, § 93; Verspätungszuschlag, § 152; Prüfungsanordnung, § 196; Zwangsmittelandrohung und -festsetzung, §§ 332, 333; Fristverlängerung, § 109; Stundung, § 222; Erlass, § 227; AdV, § 361; Anrechnungsverfügung, Pfändung, §§ 281 und 286 Abs. 2; Hinzuziehung, § 360 AO

Korrektur nach § 129 AO
„Berichtigung" gilt für **alle** VAe
(Umkehrschluss aus § 172 Abs. 1 Nr. 2d AO)

→ (Steuerbescheide) nur innerhalb der Festsetzungsverfährung, §§ 169 Abs. 1 Satz 2, 171 Abs. 2 AO
§ 177 AO gilt entsprechend

→ (Sonstige Verwaltungsakte) jederzeit

Innerhalb der AO i. Ü.
(außerhalb z. B. §§ 10d EStG, 35b GewStG, 24 BewG)
zeitliche Grenze, § 169 Abs. 1 Satz 1 AO

→ **Vorbehalts-** bzw. **vorläufige** Steuerbescheide und Gleichgestellte

- bei § 164 AO umfassend (aber § 164 Abs. 4 AO)
- bei § 165 AO soweit Vorl. reicht (Festsetzungsverjährung §§ 169 Abs. 1 Satz 1, 171 Abs. 8 AO)

→ endgültige Steuerbescheide und Gleichgestellte

- „schlichte Änderung" § 172 Abs. 1 Nr. 2a
- „sachlich unzuständige Behörde" § 172 Abs. 1 Nr. 2b
- „unlautere Mittel" § 172 Abs. 1 Nr. 2c
- „sonst gesetzlich zugelassen" § 172 Abs. 1 Nr. 2d
  - „neue Tatsachen", § 173 Abs. 1 Nr. 1 bzw. Nr. 2 AO
  - „Schreib-Rechenfehler des StPfl", § 173a AO
  - „Widerstreit", § 174 AO (auch wenn Festsetzungsverjährung eingetreten)
  - „Anpassung Grundlagenbescheid", § 175 Abs. 1 Nr. 1 AO (spezielle Ablaufhemmung, § 171 Abs. 10 AO)
  - „rückwirkendes Ereignis", § 175 Abs. 1 Nr. 2 AO (spezielle Anlaufhemmung, § 175 Abs. 1 Satz 2 AO)
  - „Verständigungsvereinbarung", § 175a AO
  - „Datenübermittlung durch Dritte", § 175b AO

→ **Sonstige Verwaltungsakte**
nur nach § 130, 131 AO
(§§ 164, 165, 172 ff. AO gelten **nicht**)

Zeitliche Grenze
§§ 130 Abs. 3, 131 Abs. 2 Nr. 2 AO; Jahresfrist seit Kenntnis von Rücknahme oder Widerruf rechtfertigender Tatsachen

für Aufteilungsbescheide
Sonderregelung in § 280 AO

Beachte:
Vertrauensschutz nach § 176 AO bei Korrektur zulasten des Stpfl. und Kompensation materieller Fehler nach § 177 AO.

Literaturhinweis: Lehrbuch Abgabenordnung, Rdn. 303 ff.

(Einstweilen frei) 304–306

9.3 Berichtigung offenbarer Unrichtigkeiten

§ 129 AO ist bei **allen** Verwaltungsakten anwendbar, die offenbare Unrichtigkeiten enthalten. Für Steuerbescheide und ihnen gleichgestellte Bescheide (vgl. Rdn. 327) ergibt sich dies aus § 172 Abs. 1 Nr. 2d AO, der nur die Anwendung der §§ 130, 131 AO ausschließt. 307

Grundsätzlich ist die erlassende Behörde an den Inhalt des bekannt gegebenen Verwaltungsaktes gebunden (§ 124 Abs. 1 AO). Die Beteiligten sollen auf den Bestand der wirksam gewordenen Regelung vertrauen können. Soweit die Beteiligten aber erkennen können, dass der Verwaltungsakt eine Unrichtigkeit enthält, ist ein Vertrauensschutz nicht gerechtfertigt.

9.3.1 Voraussetzungen

9.3.1.1 Unrichtigkeit

Eine Unrichtigkeit im Sinne des § 129 AO liegt vor bei sog. **mechanischen Fehlern**, also es handelt sich um einen Flüchtigkeitsfehler, der durch keine Rechtsüberlegung beeinflusst wurde, wie etwa Rechen- und Schreibfehler, Zahlendreher, oder Übertragungsfehler usw. Eine rechtlich fehlerhafte Würdigung des Sachverhaltes muss mit an Sicherheit grenzender Wahrscheinlichkeit ausgeschlossen werden können. 308

BEISPIEL: Ein Ehepaar war bis zum Jahre 01 immer zusammen veranlagt worden. Im Jahre 02 starb die Ehefrau. Im Jahre 04 war bei der Veranlagung des Witwers die Grundtabelle herangezogen worden, im Jahre 05 die Splittingtabelle. Im FA war in allen Jahren derselbe Sachbearbeiter tätig.

Bei der Veranlagung von verwitweten Personen kann zwar nicht allgemein ausgeschlossen werden, dass die Anwendung der falschen Tabelle auf einem Rechtsfehler beruht. Da aber im obigen Fall für 04 bereits die Grundtabelle herangezogen worden war, liegt es **im konkreten Fall** außerhalb jeder Wahrscheinlichkeit, dass der Fehler auf falsche Rechtsanwendung zurückzuführen ist. Der Steuerbescheid 05 kann nach § 129 AO berichtigt werden.

Keine Unrichtigkeit liegt vor bei fehlerhafter Ermittlung des zugrunde liegenden Sachverhalts (Sachaufklärungsfehler), wozu auch das Nichtaufklären von sich aufdrängenden Zweifeln gehört. 309

BEISPIEL: Jung gab in seiner ESt-Erklärung für 01 Verluste aus **zwei** vermieteten Häusern an, die das FA im ESt-Bescheid 01 berücksichtigte. In der Erklärung 02 machte er nur noch die Verluste für **ein** vermietetes Haus geltend. Auch diese erkannte das FA an. Nach Bestandskraft beantragte Jung Berichtigung des ESt-Bescheides 02 nach § 129 AO. Er habe die Werbungskosten für das 2. Miethaus in der Erklärung vergessen. Das FA wäre verpflichtet gewesen, nachzuprüfen, warum er nur noch Einkünfte für 1 Haus erklärt habe.

Eine offenbare Unrichtigkeit nach § 129 AO liegt nicht vor. Es ist denkbar, dass das FA seiner Ermittlungspflicht nicht in ausreichendem Maße nachgekommen ist, weil es die Angaben des Steuerpflichtigen ungeprüft als vollständig und wahr übernommen hat, ohne die Vorjahre zu berücksichtigen. Der Fehler bezüglich des in §§ 88 und 5 AO eingeräumten Ermessens ist aber kein mechanisches Versehen, so dass die Korrektur nach § 129 AO ausscheidet. Es kann daher allenfalls § 173 Abs. 1 Nr. 2 AO in Betracht kommen, wobei das Verschulden des Jung zu prüfen wäre.

9.3.1.2 Offenbarkeit

310 Die Unrichtigkeit muss **offenbar** sein, d. h. ein verständiger Dritter ist in der Lage, diese ohne Weiteres zu erkennen. Es muss „auf der Hand liegen", augenfällig sein, dass ein mechanisches Versehen unterlaufen ist, allerdings nicht aus dem Verwaltungsakt selbst. Vielmehr reicht es aus, wenn sich die Unrichtigkeit eindeutig unter Zuhilfenahme der Akten erkennen lässt.

Eine offenbare Unrichtigkeit liegt auch vor, wenn das Finanzamt bei Erlass eines Steuerbescheides einen ihm bereits vorliegenden Grundlagenbescheid **versehentlich** nicht beachtet (BFH v. 16.7.2003 X R 37/99, BStBl II 2003, 867). Die Behörde muss den Inhalt des Grundlagenbescheides mechanisch, ohne eigene Rechtserwägungen anzustellen, übernehmen. Wegen der Bindungswirkung des Grundlagenbescheides, § 182 Abs. 1 AO, hat die Behörde auch keine Sachaufklärungsbefugnis, die sie verletzen könnte.

9.3.1.3 Bei Erlass eines Verwaltungsaktes

311 Durch diese Formulierung wird zum Ausdruck gebracht, dass die offenbare Unrichtigkeit **der Finanzbehörde** unterlaufen sein muss. Sie kann bei der Bearbeitung der Steuererklärung und deren Anlagen, bei Eingabe der Werte in die Datenerfassungsanlage und der Verarbeitung sowie beim Ausdrucken der Bescheide unterlaufen.

312 Ist für die Finanzbehörde jedoch eine offenbare Unrichtigkeit **des Steuerpflichtigen** in der Steuererklärung, in der Steueranmeldung oder aus sonstigen dem Finanzamt vorgelegten Unterlagen **ersichtlich** und entdeckt die Finanzbehörde diesen Fehler nicht, so wird der Fehler zur offenbaren Unrichtigkeit der Finanzbehörde bei Erlass des Steuerbescheides. Die Finanzbehörde macht somit einen fremden Fehler (des Steuerpflichtigen) zu einem eigenen Fehler (sog. **Übernahmefehler**).

BEISPIEL: In einer Einkommensteuererklärung setzt der Steuerpflichtige die Abschreibung für Abnutzung nach § 7 Abs. 4 Nr. 1 EStG mit 3 % aus 240 000 € = 8 200 € an. Das FA übersieht bei Überprüfung der Angaben den in der Erklärung erkennbaren Rechenfehler und übernimmt den AfA-Betrag mit 8 200 € statt mit den zutreffenden 7 200 €.

Hier können nach Aufdeckung des mechanischen Fehlers die Einkünfte aus Vermietung und Verpachtung nach § 129 AO um 1 000 € erhöht werden. Das FA hat sich die aus der vorliegenden Erklärung klar erkennbare offenbare Unrichtigkeit des Steuerpflichtigen zu eigen gemacht und daher selbst bei Erlass des Bescheides begangen.

Fehler des Steuerpflichtigen sind dem Finanzamt nur dann als offenbare Unrichtigkeit zuzurechnen, wenn sie aus den Akten des Veranlagungsjahres ersichtlich waren. Unerheblich ist dabei, ob die für die Besteuerung relevanten Tatsachen den Unterlagen entnommen werden können, die sich bereits in den Akten des Veranlagungsjahres befunden haben oder den Unterlagen, die der Steuererklärung unmittelbar beigefügt worden sind. Soweit die Finanzbehörde aber auf die Akten früherer Jahre zurückgreifen muss, um die offenbare Unrichtigkeit des Steuerpflichtigen zu erkennen, liegt eine unterlassene Sachverhaltsermittlung vor, die kein mechanisches Versehen ist (BFH v. 20.5.2009 X R 47/08, BStBl II 2009, 946).

Schreib- oder Rechenfehler, die der Stpfl. bei Erstellung einer Steuererklärung macht, ohne dass diese für die Finanzbehörde erkennbar sind, werden unter den Voraussetzungen des § 173a AO korrigiert.

9.3.2 Rechtsfolgen

9.3.2.1 Umfang

§ 129 AO gestattet der Finanzbehörde nur die Berichtigung der offenbaren Unrichtigkeit. Es handelt sich daher um eine Punktberichtigung; Rechtsfehler sind nach § 177 AO mitzuberichtigen (AEAO zu § 129 Nr. 5). 313

Um Korrekturen auf dem Verwaltungsakt selbst vornehmen zu können, ist die Finanzbehörde berechtigt, die Vorlage des zu berichtigenden Schriftstückes zu verlangen, § 129 Satz 3 AO.

9.3.2.2 Ermessen

Die Berichtigung kann von Amts wegen oder auf Antrag des Steuerpflichtigen vorgenommen werden. Einen Rechtsanspruch auf Durchführung der Berichtigung hat der Steuerpflichtige nur bei berechtigtem Interesse. Ein berechtigtes Interesse ist immer zu bejahen, wenn das Unterlassen der Berichtigung für den Steuerpflichtigen irgendwelche Nachteile mit sich bringt. 314

Steuerbescheide und diesen Gleichgestellte werden unter Ausübung des pflichtgemäßen Ermessens bei Berücksichtigung der Gleichmäßigkeit der Besteuerung nach § 85 AO auch dann berichtigt, wenn sich dies zu Lasten des Steuerpflichtigen auswirkt.

9.3.3 Zeitliche Grenze für die Berichtigung

Nach § 129 AO können offenbare Unrichtigkeiten „jederzeit" berichtigt werden. Für Steuerbescheide und Gleichgestellte gilt dies nur bis zum Ablauf der Festsetzungsfrist, § 169 Abs. 1 Satz 2 AO. 315

Die Ablaufhemmung des § 171 Abs. 2 AO stellt dabei sicher, dass Berichtigungen nach § 129 AO in jedem Fall bis zum Ablauf eines Jahres nach Bekanntgabe des „offenbar unrichtigen" Bescheides möglich sind.

BEISPIEL: Der Einkommensteuerbescheid für das Jahr 01 wird am 15.12.02 bekannt gegeben. Am 10.6.06 wird nach einer Außenprüfung ein geänderter EStB 01 nach § 173 Abs. 1 Nr. 1 AO bekannt gegeben. Hierbei unterläuft dem FA eine offenbare Unrichtigkeit, die im Januar 07 aufgedeckt wird.

Die vierjährige Festsetzungsfrist für die Einkommensteuer 01 beginnt mit Ablauf des Jahres 02 und endet mit Ablauf des Jahres 06 (§§ 169 Abs. 2 Nr. 2, 170 Abs. 2 Nr. 1, § 149 Abs. 1 AO, § 25 Abs. 3 EStG). Dennoch kann die offenbare Unrichtigkeit bis zum 10.6.07, also innerhalb eines

Jahres nach Bekanntgabe des die offenbare Unrichtigkeit erstmals enthaltenden Bescheides nach §§ 129, 169 Abs. 1 Satz 2, 171 Abs. 2, 122 Abs. 1 AO berichtigt werden.

9.4 Rücknahme und Widerruf von „sonstigen Verwaltungsakten"

9.4.1 „Sonstige Verwaltungsakte"

316 Unter „sonstigen Verwaltungsakten" werden die Verwaltungsakte verstanden, die weder Steuerbescheide noch Bescheide sind, auf welche die Vorschriften über die Steuerfestsetzung durch gesetzlichen Verweis entsprechend anzuwenden sind. Dies sind z. B.:

- im Ermittlungsverfahren:
  - Aufforderung zur Vorlage bestimmter Belege (§ 97 Abs. 1 AO)
  - Vorladung eines Dritten zur Auskunftserteilung (§ 93 Abs. 1 AO)
  - Befreiung von der Buchführungspflicht (§ 148 AO)
  - Festsetzung von Verspätungszuschlägen (§ 152 Abs. 1 AO)
  - Genehmigung der Besteuerung nach vereinnahmten Entgelten (§ 20 Abs. 1 UStG)
  - NV-Bescheinigungen (§ 44a Abs. 2 EStG)
- im Erhebungsverfahren:
  - Gewährung oder Ablehnung einer Stundung (§ 222 AO)
  - Gewährung oder Ablehnung eines Erlasses (§ 227 AO)
  - Abrechnungsbescheid gemäß § 218 Abs. 2 AO
  - Anrechnungsverfügung (z. B. § 36 Abs. 2 EStG)
- im Vollstreckungsverfahren:
  - Androhung sowie Festsetzung von Zwangsgeld (§ 328 ff. AO)
  - Pfändung einer Sache (§§ 281, 286 Abs. 2 AO)
- im Einspruchsverfahren:
  - Hinzuziehung zum Verfahren (§ 360 AO)
  - Aussetzung der Vollziehung (§ 361 AO)

Sonstige Verwaltungsakte sind auch der Haftungsbescheid (§ 191 AO) und die Prüfungsanordnung (§ 196 AO).

Diese Verwaltungsakte können zurückgenommen werden, wenn sie fehlerhaft sind bzw. widerrufen werden, wenn sie fehlerfrei sind.

9.4.2 Regelungsbereich von Rücknahme und Widerruf

Rücknahme und Widerruf kommen nur in Betracht, wenn ein Verwaltungsakt korrigiert werden soll, also ein konkreter Sachverhalt, der in einem Verwaltungsakt seinen Niederschlag gefunden hat, eine neue Regelung erfahren soll. Daher bedarf es einer Korrektur nach §§ 130, 131 AO nicht, wenn über einen neuen Sachverhalt zu entscheiden ist. 317

BEISPIEL: Eine Prüfungsanordnung (§ 196 AO) für eine Außenprüfung umfasst den Prüfungszeitraum 05 bis 07. Die Prüfung soll später auf das Jahr 04 ausgedehnt werden.

In diesem Fall wird nicht die ursprüngliche Prüfungsanordnung korrigiert, sondern es erfolgt eine neue Regelung für das Jahr 04, also ein weiterer Verwaltungsakt.

9.4.3 Rücknahme rechtswidriger Verwaltungsakte (§ 130 AO)

Ein Verwaltungsakt ist rechtswidrig, wenn er verfahrensrechtlich nicht ordnungsgemäß zustande gekommen ist oder das im Zeitpunkt seines Erlasses geltende Recht unrichtig angewendet worden ist. Gegen das materielle Recht verstößt ein Verwaltungsakt auch dann, wenn das Finanzamt beim Erlass des Verwaltungsaktes von einem falschen Sachverhalt ausgegangen ist oder eine Ermessensentscheidung unter Verstoß gegen § 5 AO gefällt hat (vgl. Rdn. 209 ff.). 318

Eine nachträgliche Änderung der Sach- und Rechtslage macht den ursprünglich rechtmäßigen Verwaltungsakt nicht rechtswidrig. Es sei denn, es liegt ein Fall steuerrechtlicher Rückwirkung vor (BFH v. 9.12.2008 VII R 43/07, BStBl II 2009, 344).

BEISPIELE: Ein Steuerpflichtiger täuscht bei einem Stundungsantrag das FA arglistig über seine Vermögenslage. Die Stundung wird gewährt.

Das FA geht von einem falschen Sachverhalt aus. Die Stundung ist rechtswidrig.

9.4.3.1 Rücknahme belastender Verwaltungsakte

Begünstigende (rechtswidrige) Verwaltungsakte dürfen nur unter den besonderen Voraussetzungen des § 130 Abs. 2 AO zurückgenommen werden, da der Betroffene im Vertrauen auf seine Rechtsposition geschützt ist. Daraus ergibt sich, dass die uneingeschränkte Rücknahme (§ 130 Abs. 1 AO) nur für **belastende** Verwaltungsakte gilt. 319

BEISPIELE: Das FA fordert einen Gewerbetreibenden auf, ab 1. 1. des Folgejahres Bücher zu führen (§ 141 Abs. 1 Nr. 4, Abs. 2 AO). Der Steuerpflichtige weist nach, dass sein Gewinn in den vorangegangenen Wirtschaftsjahren 80 000 € nicht überschritten hat. Er richtet eine Buchführung nicht ein.

Das FA kann im März seine Anordnung mit rückwirkender Kraft zum 1. 1. zurücknehmen.

Beispiele für nicht begünstigende Verwaltungsakte vgl. auch AEAO vor §§ 130, 131 Nr. 3.

Die Finanzbehörde entscheidet im Rahmen ihres Ermessens, ob sie eine Überprüfung eines rechtswidrigen unanfechtbaren Verwaltungsaktes vornehmen soll.

Die Finanzbehörde braucht allerdings nicht in die Überprüfung einzutreten, wenn der Steuerpflichtige nach Ablauf der Einspruchsfrist die Rechtswidrigkeit des belastenden

Verwaltungsaktes lediglich behauptet und Gründe, aus denen sich diese schlüssig ergibt, nicht näher bezeichnet (BFH v. 9.3.1989 VI R 101/84, BStBl II 1989, 749, 751).

9.4.3.2 Rücknahme begünstigender Verwaltungsakte

320 Der begünstigende Verwaltungsakt verschafft dem Steuerpflichtigen eine Rechtsposition, die grundsätzlich schutzwürdig ist. Nur ausnahmsweise, wenn die Voraussetzungen des § 130 Abs. 2 Nr. 1 bis 4 AO vorliegen, kann sich der Steuerpflichtige auf den Grundsatz des Vertrauensschutzes nicht berufen. Dann kann der Verwaltungsakt

- ganz oder teilweise,
- mit Wirkung für die Zukunft oder Vergangenheit

zurückgenommen werden.

BEISPIELE:

1. Ein Stpfl. erwirkt eine Stundung nach § 222 AO durch Bestechung des entscheidenden Beamten.

   Die Stundung kann zurückgenommen werden (§ 130 Abs. 2 Nr. 2 AO).
2. Auf Antrag eines Stpfl. wird die Versteigerung einer gepfändeten Filmkamera kurzfristig ausgesetzt (§ 297 AO). Der Stpfl. hatte seinen Antrag auf eine Kreditzusage seitens seiner Bank gestützt. Dem Stpfl. wird die Aussetzung mitgeteilt. Kurz darauf erfährt das FA durch einen Anruf, dass die Bank dem Stpfl. den erhofften Kredit zur Begleichung der Steuerschulden nicht gewähren wird.

   Das FA kann die Aussetzung der Verwertung zurücknehmen (§ 130 Abs. 2 Nr. 3 AO).
3. Das FA gestattet einem Unternehmer auf Antrag, seine Umsätze nach vereinnahmten Entgelten zu versteuern (§ 20 Abs. 1 Nr. 1 UStG). Kurz darauf werden im Rahmen einer Außenprüfung (§§ 193 ff. AO) nicht verbuchte Einnahmen festgestellt, wegen derer der Gesamtumsatz im vorangegangenen Kalenderjahr 800 000 € überstiegen hat.

   Das FA kann die Genehmigung zurücknehmen (§ 130 Abs. 2 Nr. 4 AO).

Beispiele für begünstigende Verwaltungsakte vgl. auch AEAO vor §§ 130, 131 Nr. 2.

In den Fällen des § 130 Abs. 2 Nr. 2 und 3 AO muss sich der Begünstigte falsche Angaben seines Vertreters oder Erfüllungsgehilfen zurechnen lassen.

Ferner ist die Rücknahme auch dann möglich, wenn eine der Voraussetzungen des § 131 Abs. 2 AO vorliegt. Wenn schon der Widerruf eines rechtmäßigen Verwaltungsaktes zulässig ist, so muss erst recht – z. B. bei einem Widerrufsvorbehalt (§ 131 Abs. 2 Nr. 2 AO) – die Rücknahme möglich sein (BFH v. 30.11.1982 VIII R 9/80, BStBl II 1983, 187). Allerdings kommt eine Rücknahme, die sich auf die Tatbestandsvoraussetzungen des § 131 Abs. 2 AO stützt, nur mit Wirkung für die Zukunft in Betracht.

BEISPIEL: Das FA gewährt dem vermögenden Uhl Stundung der Grunderwerbsteuer – trotz Kenntnis von seiner Vermögenslage –

mit der Auflage der Zahlung in Raten. Uhl erfüllt die Auflage nicht.

Die Stundung nach § 222 AO ist rechtswidrig, da bei dem vermögenden Uhl eine sachliche oder persönliche Härte nicht vorliegt. Aus § 130 Abs. 2 AO ergibt sich keine Möglichkeit der Rücknahme der Stundung. Wäre die Stundung rechtmäßig, so könnte sie nach § 131 Abs. 2 Nr. 2 AO widerrufen werden, da Uhl die Auflage nicht erfüllt hat. Wenn ein rechtmäßiger Verwaltungsakt bei Nichterfüllung einer Auflage widerrufen werden kann, muss auch ein rechtswidriger Verwaltungsakt aus diesem Grunde zurückgenommen werden können, allerdings ist diese Rücknahme ebenso wie der Widerruf nur für die Zukunft möglich.

Es bleibt daher bei den bis zur Rücknahme entstandenen Stundungszinsen in Höhe von 0,5 % je vollen Monat (§§ 234, 238 AO).

Darüber hinaus kann nach allgemeinen Rechtsgrundsätzen ein begünstigender Verwaltungsakt zurückgenommen werden, wenn der Steuerpflichtige seine Zustimmung erteilt.

9.4.3.3 Verböserung im Rahmen der Rücknahme

§ 130 AO regelt nur, unter welchen Voraussetzungen ein rechtswidriger Verwaltungsakt zurückgenommen werden kann. 321 Offen bleibt die Frage, ob die Finanzbehörde statt des zurückgenommenen Verwaltungsaktes einen den Steuerpflichtigen stärker belastenden oder weniger begünstigenden Verwaltungsakt erlassen darf. Aus dem in § 130 AO verankerten Gedanken des Vertrauensschutzes ist zu folgern, dass dies nur möglich ist, wenn der Steuerpflichtige nicht mit dem Bestand des rechtswidrigen Verwaltungsaktes rechnen durfte. Eine Schlechterstellung des Steuerpflichtigen kommt daher nur in Betracht, wenn eine der Voraussetzungen des § 130 Abs. 2 AO vorliegt.

BEISPIELE: ▸ Das FA hat auf Antrag eine Stundung ausgesprochen (§ 222 AO) und aufgrund der nach den Angaben des Stpfl. schlechten Vermögenslage von der Anordnung einer Sicherheitsleistung abgesehen. Später stellt sich heraus, dass die Angaben des Stpfl. unvollständig waren.

Das FA kann in Anwendung von § 130 Abs. 2 Nr. 3 AO die Stundung durch Anordnung einer Sicherheitsleistung ergänzen.

Nimmt in Fällen dieser Art das Finanzamt einen belastenden Verwaltungsakt in einer Weise zurück, dass der Steuerpflichtige davon ausgehen konnte, das Finanzamt werde von einer erneuten Festsetzung absehen, so erlässt das Finanzamt damit einen begünstigenden Steuerverwaltungsakt, der nur unter den Voraussetzungen des § 130 Abs. 2 AO oder des § 131 Abs. 2 AO korrigierbar ist (BFH v. 22.11.1985 VII R 112/81, BStBl II 1985, 562).

9.4.4 Widerruf rechtmäßiger Verwaltungsakte (§ 131 AO)

Hat eine Finanzbehörde einen rechtmäßigen Verwaltungsakt erlassen, so ist sie an diesen stärker gebunden als an einen rechtswidrigen Verwaltungsakt. 322 Daher ist ein Widerruf nur mit Wirkung für die Zukunft möglich. Er kann auch nach Unanfechtbarkeit der Verwaltungsakte ausgesprochen werden.

BEISPIEL: ▸ Ein Stpfl. hat die USt mehrfach verspätet entrichtet. Nach vorheriger Ankündigung hat das FA mit Wirkung ab Mai die Fälligkeit auf den 5. jeden Monats vorverlegt (vgl. § 18 Abs. 1 UStG, § 221 AO). Nachdem der Stpfl. mehrfach die USt pünktlich gezahlt hat, widerruft das FA im Oktober die Anordnung der Vorverlegung mit Wirkung ab 1. 11. Das FA hätte den Widerruf auch mit Wirkung ab 1. 1. des Folgejahres aussprechen können (§ 131 Abs. 3 AO).

9.4.4.1 Widerruf belastender Verwaltungsakte (§ 131 Abs. 1 AO)

323 Ein Widerruf kommt bei belastenden Verwaltungsakten nur in Betracht, wenn nicht ein Verwaltungsakt mit der gleichen Regelung erlassen werden müsste.

BEISPIEL: Das FA hat einen Haftungsbescheid erlassen, nachdem der Steuerschuldner vermögenslos war (§ 219 AO). Noch vor Entrichtung der Haftungsschuld macht der Steuerschuldner eine Erbschaft und bezahlt die Steuer.

Der Haftungsschuldner beantragt Widerruf des Haftungsbescheides (§ 131 Abs. 1 AO). Der Haftungsbescheid ist rechtmäßig, da zum Zeitpunkt des Erlasses die Voraussetzungen für die Haftung gegeben waren. Das FA kann im Rahmen seines pflichtgemäßen Ermessens (§ 5 AO) dem Antrag stattgeben und den Rechtsschein einer bestehenden Haftungsschuld beseitigen.

9.4.4.2 Widerruf begünstigender Verwaltungsakte (§ 131 Abs. 2 AO)

324 Einen besonderen Schutz genießt die Rechtsposition, die der Steuerpflichtige durch einen rechtmäßigen begünstigenden Verwaltungsakt erlangt hat. Sie kann nur in den in § 131 Abs. 2 AO abschließend aufgezählten Ausnahmefällen oder bei Zustimmung des Betroffenen ganz oder teilweise mit Wirkung für die Zukunft widerrufen werden.

BEISPIELE:

1. Das FA hat einem Stpfl. Buchführungserleichterungen gewährt und eine Stundung unter Widerrufsvorbehalt ausgesprochen.

   Obwohl beide Verwaltungsakte rechtmäßig waren, kann das FA die Anordnung der Buchführungserleichterung nach §§ 131 Abs. 2 Nr. 1, 148 Satz 3 AO, die Stundung nach §§ 131 Abs. 2 Nr. 1, 120 Abs. 2 Nr. 3 AO widerrufen.
2. Das FA setzt nach Einlegung eines Einspruches mit Wirkung ab 1. 6. die Vollziehung eines Steuerbescheides mit der Auflage aus, dass bis 1. 6. eine Sicherheitsleistung erbracht wird (§§ 361, 120 Abs. 2 Nr. 4, 241 ff. AO).

   Wird die Sicherheitsleistung nicht fristgerecht erbracht, so kann das FA die Aussetzung der Vollziehung gemäß § 131 Abs. 2 Nr. 2 AO widerrufen.
3. Das FA stundet eine Einkommensteuerabschlusszahlung für 6 Monate (§ 222 AO). Kurz darauf macht der Stpfl. eine größere Erbschaft.

   Das FA kann Dauerverwaltungsakte wie die Stundung gem. § 131 Abs. 2 Nr. 3 AO für die Zukunft widerrufen. Die Finanzbehörde hätte die Stundung nicht ausgesprochen, wenn der Erbfall vorher eingetreten wäre. Die Aufrechterhaltung der Stundung würde der Steuergerechtigkeit und damit dem öffentlichen Interesse widersprechen.
4. Das FA hat einem verarmten Stpfl. eine Einkommensteuerschuld nach § 227 AO erlassen. Wenige Monate später macht der Stpfl. eine große Erbschaft.

   Durch den Erlass ist die Steuer erloschen (§ 47 AO). Der Erlass ist kein Dauerverwaltungsakt und kann daher nicht nach § 131 Abs. 2 Nr. 3 AO widerrufen werden. Der Widerruf des Erlasses hätte sonst steuerbegründende Wirkung, was gegen den Grundsatz der Tatbestandsmäßigkeit der Besteuerung (§§ 3 Abs. 1, 85 AO) verstoßen würde.

9.4.5 Rücknahme und Widerruf als Ermessensentscheidungen

325 Wenn alle tatbestandsmäßigen Voraussetzungen für eine Rücknahme oder einen Widerruf vorliegen, hat das Finanzamt im Rahmen seines pflichtgemäßen Ermessens (§ 5

AO) zu prüfen, ob die Korrektur zweckmäßig ist. Es handelt sich um Fälle des Entschließungsermessens (Rdn. 209 ff.).

BEISPIEL: Theo erhält einen Haftungsbescheid, der sich auf § 75 AO stützt. Er bemerkt sofort, dass die Haftungsschuld rechtsfehlerhaft zu hoch festgesetzt ist. Aus Nachlässigkeit versäumt er, rechtzeitig Einspruch einzulegen. Nach Bestandskraft beantragt er Teilrücknahme des Haftungsbescheides nach § 130 Abs. 1 AO.

Das FA handelt nicht ermessensfehlerhaft (§ 5 AO), wenn es die Teilrücknahme ablehnt. Der Haftungsschuldner wäre in der Lage gewesen, die Gründe für die Korrektur des Haftungsbescheides im Einspruchsverfahren (§ 367 Abs. 2 AO) vorzubringen. Etwas anderes könnte dann gelten, wenn ausnahmsweise von Theo die Einlegung des Rechtsbehelfes unter Berücksichtigung aller Umstände billigerweise nicht erwartet werden konnte (BFH v. 26.3.1991 VIII R 15/89, BStBl II 1991, 552).

Eine Rücknahme bzw. ein Widerruf eines Verwaltungsaktes werden in Betracht kommen, wenn

- sich die dem Verwaltungsakt zugrunde liegende Sach- oder Rechtslage nachträglich zugunsten des Betroffenen geändert hat oder
- neue Beweismittel vorliegen, die eine dem Betroffenen günstigere Entscheidung herbeigeführt haben würden.

9.4.6 Zeitliche Begrenzung

Um den Steuerpflichtigen nicht ungebührlich lange im Ungewissen zu lassen, setzt § 130 Abs. 3 bzw. § 131 Abs. 2 Satz 2 AO für die Ausübung der Rücknahme bzw. des Widerrufs dem Finanzamt regelmäßig eine Frist von einem Jahr ab Kenntnis der Tatsachen, welche die Rücknahme oder den Widerruf rechtfertigen. 326

BEISPIEL: Hat das FA einem Unternehmer die Besteuerung nach vereinnahmten Entgelten gestattet (§ 20 Abs. 1 Nr. 1 UStG) und wird im Rahmen einer Außenprüfung ein zu hoher Gesamtumsatz für das Vorjahr festgestellt, so kann das FA die Genehmigung nur innerhalb eines Jahres nach Abschluss der Außenprüfung zurücknehmen (§ 130 Abs. 3 AO).

9.5 Aufhebung und Änderung von Steuerbescheiden und Gleichgestellten – Allgemeines

9.5.1 Steuerbescheide und Gleichgestellte

Für Steuerbescheide (vgl. Rdn. 227 ff.) gelten die §§ 164, 165, 172 – 177 AO als besondere Änderungsvorschriften. 327

Steuerbescheide sind auch:

- Freistellungsbescheide (§ 155 Abs. 1 Satz 3 AO),
- Verwaltungsakte, mit denen ein Antrag auf Erteilung eines Steuerbescheides abgelehnt wird (§ 155 Abs. 1 Satz 3 AO),
- Steueranmeldungen (§ 168 AO), z. B.:
  - Lohnsteueranmeldung (§ 41a Abs. 1 Nr. 1 EStG),

- Kapitalertragsteueranmeldung (§ 45a Abs. 1 EStG),
- Umsatzsteuer-Voranmeldung (§ 18 Abs. 1 Satz 1 UStG),
- Umsatzsteuer-Jahreserklärung (§ 18 Abs. 3 UStG).

Den Steuerbescheiden werden gleichgestellt:

- Steuervergütungsbescheide (§ 155 Abs. 5 AO,
- Feststellungsbescheide (§ 181 Abs. 1 AO),
- Steuermessbescheide (§ 184 Abs. 1 Satz 3 AO),
- Zerlegungs- und Zuteilungsbescheide (§§ 185, 190 AO),
- Zinsbescheide (§ 239 Abs. 1 Satz 1 AO).

Ferner können Einspruchsentscheidungen geändert oder aufgehoben werden, sofern über einen Steuerbescheid oder einen gleichgestellten Bescheid entschieden wurde (§ 172 Abs. 1 Satz 2 AO).

9.5.2 System der Aufhebung und Änderung nach § 172 AO

328 Steuerbescheide dürfen „nur" aufgehoben oder geändert werden (vgl. § 172 Abs. 1 AO), wenn dies eine Bestimmung in der AO bzw. in einem Einzelsteuergesetz ausdrücklich zulässt.

a) Steuerbescheide unter Vorbehalt der Nachprüfung und vorläufige Steuerbescheide können bereits infolge ihrer Regelung aufgehoben oder geändert werden (§§ 164 Abs. 2 Satz 1, 165 Abs. 2 Satz 1 AO). Vorbehalt bzw. Vorläufigkeit sind unselbständige Nebenbestimmung und damit Bestandteil der Regelung (§ 120 Abs. 1 AO); es tritt keine materielle Bestandskraft ein.

b) Steuerbescheide ohne eine derartige Nebenbestimmung (**endgültige** Bescheide) können unter den Voraussetzungen des § 172 Abs. 1 S. 1 Nr. 2 a–c AO aufgehoben oder geändert werden.

c) Im Übrigen besteht nach **§ 172 Abs. 1 Satz 1 Nr. 2d AO** nur die Möglichkeit der Aufhebung oder Änderung, soweit dies andere Vorschriften in der AO (z. B. §§ 129, 173–175, 189 AO) oder in Einzelsteuergesetzen (z. B. §§ 10d Abs. 1, 70 Abs. 2 EStG; §§ 22–24 BewG; § 35b GewStG) zulassen.

9.6 Vorbehalt der Nachprüfung (§ 164 AO)

9.6.1 Allgemeines

329 Steuerbescheide und ihnen gleichgestellte Bescheide können unter Vorbehalt der Nachprüfung ergehen, solange der Steuerfall nicht abschließend geprüft ist.

Wie alle Verwaltungsakte erwachsen sie in **formelle Bestandskraft**, wenn sie mit Rechtsmitteln nicht mehr angegriffen werden können („Unanfechtbarkeit" wegen Ablauf der Rechtsbehelfsfristen, Rechtsbehelfsverzicht, Ausschöpfung des Rechtsweges).

Hiervon zu unterscheiden ist die **materielle Bestandskraft**, die Verbindlichkeit einer Verwaltungsentscheidung. Die materielle Bestandskraft tritt unabhängig von der Rechtmäßigkeit der getroffenen Entscheidung ein, auf Seiten der Finanzbehörde in der Regel mit wirksamer Bekanntgabe, aus Sicht des Steuerpflichtigen mit Unanfechtbarkeit. Insofern erwächst aus der formellen Bestandskraft auch die materielle Bestandskraft.

Hingegen **verhindert** ein wirksam angebrachter Vorbehalt der Nachprüfung **trotz formeller** Bestandskraft **den Eintritt der materiellen Bestandskraft** der Regelung.

Es treten die mit der Bekanntgabe verbundenen Wirkungen des Bescheides ein (z. B. Lauf der Einspruchsfrist, Fälligkeit des Steueranspruchs), die Regelung selbst bleibt aber änderbar. Das Finanzamt nimmt den Vorbehaltsvermerk daher nicht nur, aber vor allem dann im Steuerbescheid auf, wenn in absehbarer Zeit eine Außenprüfung bevorsteht. Die Steuerfestsetzung kann dann nach den Angaben des Steuerpflichtigen ohne weitere Prüfung erfolgen und der Bescheid dennoch entsprechend den Ergebnissen der Außenprüfung ohne einschränkende Voraussetzungen geändert werden.

9.6.2 Voraussetzungen

9.6.2.1 Behördlicher Vorbehalt

Einzige Voraussetzung ist die nicht abschließende Prüfung des Steuerfalles. 330

Der Vorbehaltsvermerk ist Bestandteil der Regelung und muss daher den Formerfordernissen des Steuerbescheides entsprechen, einer Begründung bedarf es nicht. Der Vorbehalt muss für den Steuerpflichtigen aus dem bekannt gegebenen Bescheid eindeutig erkennbar sein.

Der in einem Steuerbescheid wirksam angebrachte Vorbehalt bleibt bestehen, auch wenn er in einem Änderungsbescheid nicht wiederholt wird. Da der Änderungsbescheid den Regelungsgehalt des ursprünglichen Bescheides in sich aufnimmt, gilt dies auch für die unselbständige Nebenbestimmung. Im Übrigen muss der Vorbehalt **ausdrücklich** aufgehoben werden, sofern er nicht mehr gelten soll, §§ 164 Abs. 3 Satz 2 AO (BFH v. 14.9.1993 VIII R 9/93, BStBl II 1995, 2).

Die Aufnahme eines Vorbehalts erstmals in einem Änderungsbescheid erfordert die Zustimmung des Steuerpflichtigen, denn ein vorbehaltloser Bescheid genießt materielle Bestandskraft, die nur durch § 172 Abs. 1 Nr. 2 a AO durchbrochen werden kann (BFH v. 30.10.1980 IV R 168 – 170/79, BStBl II 1981, 150).

9.6.1.2 Gesetzlicher Vorbehalt

Vorauszahlungsbescheide (§ 164 Abs. 1 Satz 2 AO), Steueranmeldungen (§ 168 Satz 1 AO) und die Bildung von Lohnsteuerabzugsmerkmalen (§ 39 Abs. 1 Satz 4 EStG) stehen bereits nach dem Gesetz unter dem Vorbehalt der Nachprüfung, ohne dass dies im Vorauszahlungsbescheid, in der Steueranmeldung oder der gesonderten Feststellung der Lohnsteuerabzugsmerkmale zum Ausdruck kommen muss. 331

Der **gesetzliche** Nachprüfungsvorbehalt einer Steueranmeldung entfällt allerdings, wenn das Finanzamt auf die Steueranmeldung hin **erstmals** einen Steuerbescheid ohne ausdrücklichen Vorbehalt erlässt. Zwar muss der Vorbehalt in einem Änderungsbescheid nicht wiederholt werden, um weiter zu wirken. Dies gilt aber nur, wenn die **Behörde** im ursprünglichen Bescheid den Vorbehalt **ausdrücklich aufgenommen** hat, nicht aber wenn es sich um einen gesetzlichen Vorbehalt handelt (BFH v. 2.12.1999 V R 19/99, BStBl II 2000, 284).

BEISPIEL: ▸ Ein Stpfl. gibt beim zuständigen FA die USt-Jahreserklärung mit einer Steuer von 10 000 € ab. Das FA erhöhte nach einer USt-Sonderprüfung die USt auf 12 000 €, weil die USt-Freiheit bestimmter Umsätze nicht anerkannt wurde. Nach Ablauf der Einspruchsfrist stellt der Stpfl. nach § 164 Abs. 2 Satz 2 AO einen Antrag auf Herabsetzung der USt um 2 000 €, weil das FA den Sachverhalt rechtlich fehlerhaft beurteilt hat.

Eine Korrektur nach § 164 AO scheidet aus. Zwar stand die Steueranmeldung von Gesetzes wegen unter dem Vorbehalt der Nachprüfung, §§ 168 Satz 1 AO, 18 Abs. 3 UStG. Nachdem das FA aber die USt durch Bescheid **erstmals** auf 12 000 € festgesetzt und einen Vorbehaltsvermerk nicht ausdrücklich angebracht hat, erging dieser Bescheid endgültig. Der gesetzliche Vorbehalt ist damit weggefallen. Für eine Korrektur nach § 173 Abs. 1 Nr. 2 AO fehlt es an einer neuen Tatsache.

9.6.3 Umfang und Wirkung des Vorbehalts der Nachprüfung

332 Der Vorbehalt der Nachprüfung erfasst die Steuerfestsetzung insgesamt; eine Beschränkung auf Einzelpunkte oder Besteuerungsgrundlagen ist nicht zulässig. Der gesamte Steuerfall bleibt damit „offen". Die Steuerfestsetzung kann jederzeit aufgehoben oder geändert werden, § 164 Abs. 2 Satz 1 AO, der Steuerpflichtige kann die Korrektur jederzeit beantragen (§ 164 Abs. 2 Satz 2 AO).

Ein unter Vorbehalt stehender Bescheid vermag deshalb auch grundsätzlich keinerlei Vertrauenstatbestand in ein bestimmtes Verhalten der Verwaltung zu schaffen, weil es sich insoweit nur um eine vorläufige Beurteilung handelt (BFH v. 29.4.2008 VIII R 75/05, BStBl II 2008, 817). Einzig § 176 AO vermag in den dort beschriebenen Sonderfällen Vertrauensschutz zu gewähren.

9.6.4 Aufhebung des Vorbehalts der Nachprüfung

333 **Das Finanzamt** kann den Vorbehalt der Nachprüfung von Amts wegen ohne Begründung jederzeit aufheben, § 164 **Abs. 3** Satz 1 AO. „Jederzeit" ist hierbei weniger in einem zeitlichen Kontext zu sehen, sondern vielmehr mit der Aussage zu verbinden, dass eine Aufhebung keiner besonderen Rechtfertigung seitens der Behörde bedarf und das dies auch von Seiten des Steuerpflichtigen angeregt werden darf.

Nach Abschluss einer Außenprüfung ist der Vorbehalt grundsätzlich aufzuheben, weil es sich in aller Regel um eine abschließende Prüfung handelt (Umkehrschluss aus § 164 Abs. 1 Satz 1 AO). Wenn sich keine Änderungen ergeben und daher die ursprüngliche Steuerfestsetzung bestehen bleibt, ist der Vorbehalt zwingend aufzuheben (§ 164 Abs. 3 Satz 3 AO). Die Aufhebung erfolgt durch einen Aufhebungsbescheid, der einem

Steuerbescheid gleichsteht. Dies bedeutet, dass der Aufhebungsbescheid einspruchsfähig ist (§ 347 Abs. 1 Nr. 1 AO), und in diesem Falle auch ein Antrag auf Aussetzung der Vollziehung gestellt werden kann (BFH v. 1.6.1983 III B 40/82, BStBl II 1983, 622).

Erlässt das Finanzamt nach einer Außenprüfung einen Änderungsbescheid nach § 164 Abs. 2 AO und hebt den Vorbehaltsvermerk nicht auf, so muss der Steuerpflichtige den Bescheid anfechten, um die Beseitigung der Nebenbestimmung zu erreichen (BFH v. 15.12.1994 V R 135/93, BFH/NV 1995, 938). Andernfalls gilt der Vorbehalt weiterhin bis zu seinem Wegfall. Um der Gefahr einer Schlechterstellung im Rahmen der Gesamtaufrollung durch das Einspruchsverfahren zu entgehen (§ 367 Abs. 2 Sätze 1 und 2 AO), ist dem Steuerpflichtigen allerdings anzuraten, statt der Anfechtung der Steuerfestsetzung den Weg des Antrags auf Aufhebung des Vorbehalts der Nachprüfung zu wählen (§ 164 Abs. 3 Satz 1 AO, s. o.). Lehnt die Behörde die Aufhebung des Vorbehalts ab, kann hiergegen zielgenau Einspruch eingelegt werden.

Dies gilt insbesondere auch dann, wenn die Finanzbehörde nach ergebnisloser Außenprüfung entgegen § 164 Abs. 3 Satz 3 AO den Vorbehalt der Nachprüfung nicht aufhebt. Denn in einem solchen Fall ergehen regelmäßig keine Änderungsbescheide, gegen die sich der Steuerpflichtige im Wege des Einspruchs wehren könnte.

Ergeht nach einer Prüfung ein Änderungsbescheid, so kann in diesem ein Vorläufigkeitsvermerk (§ 165 AO) aufgenommen werden, wenn die Voraussetzungen hierzu vorliegen (Rdn. 336 ff.).

Der Steuerpflichtige kann durch einen Einspruch oder durch einen Antrag die Aufhebung des Vorbehalts der Nachprüfung begehren. In diesen Fällen hat das Finanzamt innerhalb angemessener Frist zu entscheiden (§ 164 Abs. 2 Satz 3 AO). 334

BEISPIELE: Bei einem Arzt soll im Jahre 06 eine Außenprüfung für die Jahre 02 bis 04 stattfinden. Das FA nimmt daher in die ESt-Bescheide für 02 bis 04 Vorbehaltsvermerke (§ 164 Abs. 1 AO) auf.

1. Nachdem alle Bescheide formell bestandskräftig sind, beantragt der Arzt im Jahre 05 Aufhebung der Vorbehalte (§ 164 Abs. 2 Satz 2 AO). Da der ärztliche Betrieb in 06 geprüft wird, wird das FA den Antrag ablehnen (§ 164 Abs. 2 Satz 3 AO).

   Dasselbe würde gelten, wenn der Arzt gegen die einzelnen Steuerbescheide zulässigen Einspruch mit der Begründung eingelegt hätte, den Vorbehalt zu entfernen.

2. Der Arzt legt gegen den Bescheid 04 einen zulässigen Einspruch ein, mit der materiellrechtlich richtigen Begründung, seine Steuer sei um 5 000 € herabzusetzen.

   Das FA wird dem Einspruch stattgeben. Wegen der bevorstehenden Prüfung wird es aber in dem geänderten Bescheid den Vorbehalt aufrechterhalten.

9.6.5 Wegfall des Vorbehalts der Nachprüfung

Der Vorbehalt der Nachprüfung entfällt mit Ablauf der Regel-Festsetzungsfrist von vier Jahren (§ 164 **Abs. 4** AO), ohne dass eine Nachprüfung oder Mitteilung an den Steuerpflichtigen notwendig ist. Der Vorbehalt ist dann wirkungslos, so dass Änderungen, die auf § 164 Abs. 2 Satz 1 AO gestützt werden, rechtswidrig und angreifbar sind. 335

BEISPIEL: Das FA hat die Einkommensteuer 01 im Jahre 02 unter dem Vorbehalt der Nachprüfung auf 50 000 € festgesetzt. Im Jahre 08 werden Steuerhinterziehungen (§ 370 AO) in Höhe von 20 000 € aufgedeckt.

Mit Ablauf der vierjährigen Festsetzungsfrist (vgl. §§ 170 Abs. 2 Nr. 1, 169 Abs. 2 Nr. 2, 164 Abs. 4 **Satz 2** AO) ist der Vorbehalt der Nachprüfung entfallen, so dass eine Änderung des Einkommensteuerbescheides 01 nicht mehr auf § 164 Abs. 2 Satz 1 AO gestützt werden kann. Dennoch kann die Einkommensteuerfestsetzung 01 gem. § 173 Abs. 1 Nr. 1 AO geändert werden, da die Festsetzungsfrist von zehn Jahren für die hinterzogenen Beträge noch nicht abgelaufen ist (§§ 169 Abs. 1 Satz 1, Abs. 2 Satz 2 AO).

Sofern das FA seine Korrektur auf § 164 AO stützt, liegt ein heilbarer Begründungsmangel vor, §§ 121 Abs. 1, 126 Abs. 1 Nr. 2, Abs. 2 AO.

9.7 Vorläufigkeitsvermerk (§ 165 AO)

9.7.1 Voraussetzungen

336 Wenn die sichere Steuerfestsetzung nicht möglich ist, weil sich objektiv erforderliche Besteuerungsgrundlagen der Kenntnis der Behörde entziehen, muss nicht der gesamte Steuerfall offenbleiben. Vielmehr können Bescheide insoweit vorläufig ergehen (§ 165 Abs. 1 Satz 1 AO).

Die Ungewissheit darf sich nur auf **Tatsachen** beziehen, die sich im Rahmen zumutbarer Ermittlungshandlungen nicht beseitigen lassen. Die Ungewissheit muss vorübergehend, ihr Ende also absehbar sein.

Ein Vorläufigkeitsvermerk, der sich auf Ungewissheit bei der Anwendung oder Auslegung von gesetzlichen Vorschriften bezieht, ist rechtswidrig. Ein in diesem Sinne rechtswidrig erteilter Vorläufigkeitsvermerk soll nach ständiger Rechtsprechung keine Rechtsgrundlage für eine Korrektur da die Finanzbehörde ihren durch § 165 Abs. 2 Satz 2 AO gesetzlich begrenzten Handlungsspielraum nicht durch einen erweiterten Vorläufigkeitsvermerk ausdehnen können soll (BFH v. 16.9.2004 X R 22/01 (NV), BFH/NV 2005 S. 322). Insoweit liegt eine differenzierte Betrachtungsweise gegenüber einer vergleichbaren rechtlichen Situation bei § 164 AO vor. Denn ein rechtwidriger fortbestehender Vorbehalt der Nachprüfung (z. B. nach ergebnisloser Außenprüfung, § 164 Abs. 3 Satz 3 AO, s. o. Rdn. 333) kann nach allgemeinen verwaltungsrechtlichen Grundsätzen (§ 124 Abs. 2 AO) solange als Grundlage für eine Änderung gem. § 164 Abs. 2 AO dienen, als er nicht aufgehoben ist.

BEISPIELE:

1. Weil Buchführungsunterlagen nicht vorhanden sind, können Umsatz und Gewinn eines Stpfl. nicht ermittelt werden.

   Hier kann das FA durch Ermittlungsmaßnahmen die Ungewissheit nicht beseitigen. Die Ungewissheit ist nicht nur vorübergehend. Daher darf nicht vorläufig veranlagt werden; das FA muss die Besteuerungsgrundlagen schätzen (§ 162 AO) und hat die Möglichkeit der Steuerfestsetzung unter Vorbehalt der Nachprüfung (§ 164 AO).
2. Das FA ist sich nicht schlüssig, ob es bestimmte Umsätze dem vollen oder dem ermäßigten Steuersatz unterwerfen soll. Es will eine Entscheidung des BFH in einem ähnlich gelagerten Fall abwarten.

Hier liegt keine vorübergehende Ungewissheit von Tatsachen, sondern hinsichtlich der steuerrechtlichen Beurteilung vor. Eine vorläufige Steuerfestsetzung kommt nicht in Betracht. Das FA muss sich hinsichtlich des Steuersatzes entscheiden und eine endgültige Veranlagung durchführen.

3. Das FA hat in Beispiel 2 die Umsätze dem ermäßigten Steuersatz unterworfen und den Bescheid zu Unrecht nach § 165 Abs. 1 Satz 1 AO vorläufig erlassen. Später entscheidet der BFH, dass die Umsätze tatsächlich dem vollen Steuersatz unterliegen.

   Das FA darf den Umsatzsteuerbescheid nicht nach § 165 Abs. 2 Satz 2 AO korrigieren. Der Vorläufigkeitsvermerk betrifft keine Ungewissheit i. S. v. § 165 Abs. 1 Satz 1 AO, kann daher als Rechtsgrundlage für die Korrektur eines Rechtsirrtums des FA nicht herangezogen werden (ständige Rechtsprechung des BFH)

4. Korger hat in 01 einen Betrieb eröffnet und in den Jahren 01 bis 04 Verluste erklärt. Das FA hat die Einkünfte aus Gewerbebetrieb vorläufig festgesetzt mit der Begründung, es bestehe noch keine Klarheit über Korgers Gewinnerzielungsabsicht (§ 15 Abs. 2 EStG).

   Die Gewinnerzielungsabsicht kann nur anhand äußerer Merkmale festgestellt werden. Aus diesen objektiven Umständen, die sich erst über einen längeren Zeitraum ergeben können, muss dann auf die bestehende oder fehlende Gewinnerzielungsabsicht geschlossen werden. Es handelt sich daher ebenfalls um eine sog. „innere Tatsache", bei deren Ungewissheit eine vorläufige Steuerfestsetzung möglich ist (BFH v. 6.12.1994 IX R 11/91, BStBl II 1995, 192).

Auch wenn es sich nicht um Ungewissheiten im tatsächlichen Bereich handelt, können insbesondere in folgenden Fällen Steuerbescheide vorläufig ergehen (§ 165 Abs. 1 Satz 2 AO): 337

- Das BVerfG hat die Unvereinbarkeit eines Steuergesetzes mit dem GG festgestellt und den Gesetzgeber zu einer Neuregelung verpflichtet (Nr. 2).
- Vor dem EuGH, dem BVerfG oder einem obersten Bundesgericht (z. B. BFH; vgl. Art. 95 Abs. 1 GG) ist die Vereinbarkeit eines Steuergesetzes mit höherrangigem Recht Gegenstand eines (Muster-)Verfahrens (Nr. 3).
- Vor dem BFH ist die (einfachgesetzliche) Auslegung eines Steuergesetzes Gegenstand eines (Muster-)Verfahrens (Nr. 4).

Bei Verfahren vor den Finanzgerichten unter dem Rang des BFH kommt somit die Nebenbestimmung einer Vorläufigkeit nicht in Betracht.

Erweist sich die vorläufige Steuerfestsetzung in diesen Fällen als zutreffend, kann das Finanzamt auf eine Endgültigkeitserklärung verzichten. Eine Änderung nach Ablauf der Festsetzungsfrist ist dann nicht mehr möglich (§ 169 Abs. 1 Satz 1 AO).

Diese Regelung gilt allerdings dann nicht, wenn der Steuerpflichtige eine förmliche Endgültigkeitserklärung beantragt oder der Bescheid aus anderen Gründen zu korrigieren ist, § 165 Abs. 2 Satz 3 AO (siehe dazu Rdn. 569).

9.7.2 Umfang der Vorläufigkeit

Die Vorläufigkeit umfasst im Unterschied zu § 164 AO nicht den gesamten Bescheid, sondern ist auf die Punkte zu beschränken, die ungewiss sind. Umfang und Grund der Vorläufigkeit müssen sich daher eindeutig aus dem Bescheid ergeben (§ 165 Abs. 1 Satz 3 AO). 338

BEISPIELE:

1. Zwischen Darlehensgeber und Darlehensnehmer ist vor einem Zivilgericht strittig, ob der an den Darlehensgeber gezahlte Betrag eine Rückzahlungsrate oder Zinsen war. Das FA hat daraufhin die Einkommensteuerveranlagung des Darlehensgebers unter Hinweis auf den Rechtsstreit bezüglich der Einkünfte aus Kapitalvermögen vorläufig durchgeführt. Das Amtsgericht entscheidet, dass es sich um eine Zinszahlung handelt. Bevor das FA der Entscheidung des Amtsgerichtes Rechnung trägt, macht der Darlehensgeber Werbungskosten hinsichtlich dieses Darlehens geltend.

   Das FA hat unter Berücksichtigung der Werbungskosten die Einkünfte aus Kapitalvermögen erneut zu ermitteln und die Einkommensteuer endgültig festzusetzen.

2. Zwei Brüder streiten darüber, zu welchen Bruchteilen sie den Nachlass ihres Vaters geerbt haben. Zu dem Nachlass gehört u. a. ein Mietwohngrundstück.

   Das FA wird beiden im Rahmen des Feststellungsbescheides (§ 180 Abs. 1 S. 1 Nr. 2a AO) einen Teil der Einkünfte aus Vermietung und Verpachtung zurechnen. Auf dem Feststellungsbescheid ist der Vermerk anzubringen: „Die Zurechnung erfolgt wegen des Erbstreites vorläufig nach § 165 AO."

Soweit das Finanzamt den Grund der Vorläufigkeit nicht angibt, liegt ein heilbarer Begründungsmangel vor (§§ 121 Abs. 1, 126 Abs. 1 Nr. 2, Abs. 2 AO). Wird der Umfang der Vorläufigkeit im Bescheid nicht mit hinreichender Bestimmtheit dargestellt und kann der Umfang auch nicht durch Auslegung ermittelt werden, gilt nach herrschender Auffassung die Steuerfestsetzung insgesamt als endgültig ergangen (in diesem Sinne BFH v. 27.11.1996 X R 20/95, BStBl II 1997, 791).

9.7.3 Wirkung der Vorläufigkeit

339 Soweit die Vorläufigkeit reicht, erwächst der Bescheid in formelle, aber nicht in materielle Bestandskraft (Rdn. 329 ff.).

Soweit die Steuer vorläufig festgesetzt wurde, kann sie daher jederzeit aufgehoben oder geändert werden (§ 165 Abs. 2 Satz 1 AO).

BEISPIEL: Im obigen Beispiel 2 hat das Nachlassgericht die Erbquoten mit $^1/_3$ zu $^2/_3$ festgestellt. Ein Bruder erhebt dagegen Klage.

Das FA kann diese Aufteilung im Feststellungsbescheid übernehmen und an der Vorläufigkeit bis zur Beseitigung der Ungewissheit festhalten.

Der Steuerpflichtige kann durch Einspruch gegen den vorläufigen Bescheid einen endgültigen Bescheid begehren. Nach Ablauf der Rechtsbehelfsfrist kann der Steuerpflichtige nicht mehr geltend machen, dass der Steuerbescheid zu Unrecht teilweise vorläufig ergangen sei.

Wird ein vorläufiger Bescheid nach § 165 Abs. 2 Satz 2 AO geändert, so können auch materielle Fehler, die nicht mit dem vorläufig festgesetzten Teil der Steuer in Zusammenhang stehen, im Umfang der Vorläufigkeit mitsaldiert werden (BFH v. 2.3.2000 VI R 48/97, BStBl II 2000, 332; AEAO zu § 165 Nr. 9). Vorläufig festgesetzt ist die Steuer, soweit sie auf der als vorläufig gekennzeichneten Besteuerungsgrundlage beruht, so dass die materielle Bestandskraft in diesem Umfang nicht eintritt. Dem steht § 177

Abs. 4 AO nicht entgegen, denn dieser bringt nur zum Ausdruck, dass eine Änderung nach § 165 AO nicht ausgeschlossen sein soll und nicht den Ausschluss der Saldierung materieller Fehler bei Änderung nach § 165 Abs. 2 AO.

9.7.4 Dauer der Vorläufigkeit

aa) Nach Beseitigung der Ungewissheit hat das Finanzamt auf Antrag oder von Amts wegen die vorläufig festgesetzte Steuer aufzuheben, zu ändern oder für endgültig zu erklären (§ 165 Abs. 2 Satz 2 AO). 340

Gegen den Änderungsbescheid sowie gegen die Endgültigkeitserklärung kann sich der Steuerpflichtige mit dem Einspruch wenden.

bb) Ein ursprünglich angeordneter Vorläufigkeitsvermerk bleibt jedoch – wie der Vorbehaltsvermerk (vgl. Rdn. 329 ff.) – auch dann wirksam, wenn er in einem nachfolgenden Änderungsbescheid nicht ausdrücklich wiederholt wird (BFH v. 9.9.1988 III R 191/84, BStBl II 1989, 9). Wird im Änderungsbescheid aber ein Vorläufigkeitsvermerk aufgenommen, so bestimmt dieser den Umfang der Vorläufigkeit neu und regelt abschließend, inwieweit die Steuer nunmehr vorläufig festgesetzt ist (BFH v. 19.10.1999 IX R 23/98, BStBl II 2000, 282, vgl. auch AEAO zu § 165 Nr. 7).

BEISPIELE:

1. Das FA hat einen Erbschaftsteuerbescheid für vorläufig erklärt. Später korrigiert es diesen nach § 165 Abs. 2 Satz 1 AO. Äußert sich das FA nicht zur Vorläufigkeit, so bleibt die Nebenbestimmung im Bescheid.

   Will der Stpfl. die Nebenbestimmung nicht, so muss er Einspruch einlegen.

2. Das FA hat einen ESt-Bescheid erlassen. Wegen verschiedener beim BFH anhängiger Verfahren hat es Vorläufigkeitsvermerke nach § 165 Abs. 1 Satz 2 Nr. 3 AO aufgenommen. Außerdem hat es den Bescheid wegen einer tatsächlichen Ungewissheit im Bereich der Einkünfte aus Vermietung und Verpachtung nach § 165 Abs. 1 Satz 1 AO für vorläufig erklärt. Später korrigierte es den ESt-Bescheid wegen eines neuen Feststellungsbescheides nach § 175 Abs. 1 S. 1 Nr. 1 AO. Der Korrekturbescheid enthielt die Vermerke zu § 165 Abs. 1 Satz 2 Nr. 3 AO, aber keine Nebenbestimmung für die weiter bestehende tatsächliche Ungewissheit im Bereich Vermietung und Verpachtung. Als diese wegfiel, wollte das FA nach § 165 Abs. 2 Satz 2 AO korrigieren.

   Der BFH sah in dem Vorgehen des FA einen Verstoß gegen §§ 124 Abs. 1 Satz 2 und 165 Abs. 1 Satz 3 AO. Da das FA die Nebenbestimmung abweichend vom Erstbescheid formuliert hat, durfte der Stpfl. davon ausgehen, dass diese in der im Änderungsbescheid dargestellten Weise wirksam geworden ist (BFH v. 19.10.1999 IX R 23/98, BStBl II 2000, 282). Wird durch einen Vorläufigkeitsvermerk in einem Änderungsbescheid der Umfang der Vorläufigkeit in einschränkender Weite neu bestimmt (vgl. AEAO zu § 165 Nr. 7 Sätze 5 und 6) steht dies insoweit einer Endgültigkeitserklärung gleich. Dies gilt auch, wenn ein sowohl auf § 165 Abs. 1 Satz 1 AO als auch auf § 165 Abs. 1 Satz 2 AO gestützter Vorläufigkeitsvermerk im Änderungsbescheid durch einen allein auf § 165 Abs. 1 Satz 2 AO gestützten Vorläufigkeitsvermerk ersetzt wird. (BFH v. 14.7.2015 VIII R 21/13, BStBl II 2016, 371).

341 cc) Nach Ablauf der Festsetzungsfrist kann eine Änderung des vorläufigen Bescheides nicht mehr erfolgen (§§ 169 Abs. 1 Satz 1, 171 Abs. 8 AO).

BEISPIEL: Der nach § 165 Abs. 1 Satz 1 AO teilweise vorläufige Umsatzsteuerbescheid 01 wird 02 erlassen. Ende Mai 07 entfällt die Ungewissheit. Am 1.4.08 beantragt der Stpfl. die entsprechende Änderung des Umsatzsteuerbescheides 01.

Die Festsetzungsfrist beginnt mit Ablauf des Jahres 02 (§§ 170 Abs. 2 Nr. 1, 149 Abs. 1 AO, § 18 Abs. 3 UStG). Sie dauert 4 Jahre (§ 169 Abs. 2 Satz 1 Nr. 2 AO), kann aber wegen der Ablaufhemmung in § 171 Abs. 8 AO nicht vor Ablauf Mai 2008 (vorausgesetzt, dass das Finanzamt auch bereits Ende Mai 2007 Kenntnis vom Entfallen der Ungewissheit erhielt) enden. Da der Stpfl. vor Ablauf der Festsetzungsfrist einen Änderungsantrag gestellt hat, endet die Festsetzungsfrist nicht, bevor über den Antrag unanfechtbar entschieden ist, § 171 Abs. 3 AO (siehe auch Rdn. 559).

Die Ablaufhemmung nach § 171 Abs. 8 AO macht die Bedeutung des § 165 AO im Vergleich zum Vorbehalt des § 164 AO deutlich. Im Fall des § 164 AO kann die Behörde durch abschließende Prüfung des Steuerfalles die materielle Richtigkeit der Steuerfestsetzung selbst herbeiführen. Unterlässt sie dies innerhalb der 4-jährigen Festsetzungsfrist, fällt der Vorbehalt der Nachprüfung weg, § 164 Abs. 4 AO. Bei Vorliegen einer tatsächlichen Ungewissheit über Tatsachen ist die Behörde dagegen gehindert, die zutreffende Steuerfestsetzung vorzunehmen. Daher muss der Vorläufigkeitsvermerk so lange (unter Umständen über viele Jahre) bestehen bleiben, bis die tatsächliche Ungewissheit beseitigt ist. Die Ungewissheit ist aber erst dann beseitigt, wenn die Behörde davon positive Kenntnis erhält. Ein bloßes Kennenmüssen von Tatsachen, die das Finanzamt bei pflichtgemäßer Ermittlung erfahren hätte, steht der positiven Kenntnis nicht gleich (BFH v. 4. 9. 2008 IV R 1/07, BStBl II 2009, 335). Die materiell zutreffende Festsetzung muss der Behörde dann allerdings bis zum Ablauf der in § 171 Abs. 8 AO genannten Jahresfristen gelingen.

BEISPIEL: Das FA hat einen ESt-Bescheid unter Vorbehalt der Nachprüfung erlassen. Während der Prüfung stellt der Prüfer fest, dass vor einem Zivilgericht strittig ist, ob dem Stpfl. im Prüfungszeitraum Zinsen zugeflossen sind oder nicht.

Nach Beendigung der Prüfung muss das FA den Vorbehalt der Nachprüfung aufheben (§ 164 Abs. 1 Satz 1 AO; Rdn. 329 ff.). Es kann allerdings bezüglich der Zinseinkünfte einen Vorläufigkeitsvermerk nach § 165 Abs. 1 Satz 1 AO aufnehmen, der bestehen bleibt, bis zivilrechtlich endgültig über den Zufluss entschieden wurde.

9.7.5 Aussetzung der Steuerfestsetzung

342 Bei vorübergehender Ungewissheit kann das Finanzamt anstelle eines vorläufigen Steuerbescheides die Steuerfestsetzung mit oder ohne Sicherheitsleistung aussetzen (§ 165 Abs. 1 Satz 4 AO). Bei Wegfall der Ungewissheit ist die Steuerfestsetzung nachzuholen (§ 165 Abs. 2 Satz 2 AO).

9.8 Antrag auf „schlichte Änderung“ (§ 172 Abs. 1 Satz 1 Nr. 2a AO)

9.8.1 Zustimmung oder Antrag

Steuerfestsetzungen können, soweit sie nicht Zölle oder Verbrauchsteuern betreffen, mit formfreier Zustimmung oder auf Antrag des Steuerpflichtigen aufgehoben oder geändert werden. 343

Die Zustimmung kann auch nach der Änderung erklärt werden. Jeder Antrag des Steuerpflichtigen auf Änderung zu seinen Gunsten, z. B. im Rahmen eines Einspruches, beinhaltet eine Zustimmung.

Die Anzeigen nach §§ 153, 370, 378 AO sind dagegen nicht als (freiwillige) Zustimmung des Steuerpflichtigen zu einer Änderung zu seinen Ungunsten zu behandeln.

Kann der Änderungsbescheid gegenüber mehreren Beteiligten nur einheitlich ergehen (§ 179 Abs. 2 Satz 2 AO), so bedarf es für die Aufhebung oder Änderung der Zustimmung bzw. des Antrages aller Gemeinschafter oder des vertretungsbefugten Gesellschafters.

BEISPIELE:

1. Die Einkünfte aus Vermietung und Verpachtung einer Miterbengemeinschaft werden auf 60 000 € festgestellt. Eine Änderung bedarf der Zustimmung aller Gemeinschafter.
2. Der Gewinn einer KG beträgt gemäß Feststellungsbescheid 100 000 €. Eine Aufhebung oder Änderung dieses Bescheides bedarf der Zustimmung eines zur Geschäftsführung und Vertretung der KG befugten Gesellschafters (§§ 161 Abs. 2, 114, 164, 125, 170 HGB).

9.8.2 Änderung „der Sache nach“

Dem Antrag des Steuerpflichtigen wird der Sache nach entsprochen, wenn der Steuerpflichtige durch die Änderung das erhält, was er begehrt. Es muss dem materiell-rechtlichen Begehren des Steuerpflichtigen entsprochen werden, auf die Begründung seitens des Finanzamtes kommt es nicht an. 344

BEISPIEL: Ein Stpfl. beantragt nachträglich den Abzug von Zinsen als Werbungskosten bei Vermietung und Verpachtung. Das FA ändert den Einkommensteuerbescheid, wobei die Zinsen als Betriebsausgaben wegen der betrieblichen Veranlassung des Darlehens berücksichtigt werden.

Das FA hat dem Antrag der Sache nach entsprochen.

9.8.3 Verfahren

aa) „Schlichte Änderung“ oder Einspruch

Wendet sich der Steuerpflichtige innerhalb der Rechtsbehelfsfrist schriftlich gegen einen Steuerbescheid, so ist zuerst zu prüfen, ob es sich um einen Antrag auf „schlichte Änderung“ nach § 172 Abs. 1 S. 1 Nr. 2 a AO handelt oder um einen Einspruch. Dies ist bedeutsam, weil die schlichte Änderung nur zu einer Punktberichtigung, der Einspruch 345 dagegen zur Gesamtaufrollung des Falles führt (§ 367 Abs. 2 AO). Bei einem zulässigen Einspruch kann der Steuerpflichtige auch nach Ablauf der Einspruchsfrist weitere für ihn günstige Einwendungen gegen die Steuerfestsetzung erheben, während eine Erweiterung des Antrags auf schlichte Änderung nach Ablauf der Einspruchsfrist nicht möglich ist. Außerdem kann bei einem Antrag auf schlichte Änderung keine Aussetzung der Vollziehung gewährt werden (§ 361 Abs. 2 AO). Wegen der umfassenderen und wirkungsvolleren Wahrung der Rechte des Steuerpflichtigen wird nach dem Meistbegünstigungsprinzip ein **nicht eindeutig bezeichneter** schriftlicher oder elektronischer Antrag als Einspruch auszulegen sein (§ 133 BGB analog).

BEISPIEL: Ferstl hat am 10.1.03 einen ESt-Bescheid erhalten. Am 20.1.03 beantragt er schriftlich die Anerkennung von Betriebsausgaben, die das FA rechtsirrtümlich nicht berücksichtigt hat. Am 15.2.03 erweitert er seinen Antrag um bisher grob fahrlässig nicht erklärte Werbungskosten.

Der ESt-Bescheid vom 10.1.03 ist inzwischen bestandskräftig, ein Einspruch dagegen wäre am 15.2.03 insoweit nicht mehr möglich gewesen. Der Antrag vom 20. 1. ist jedoch zugunsten des Stpfl. als zulässiger Einspruch gegen den ESt-Bescheid auszulegen, was zu einer Gesamtaufrollung des Steuerfalles und damit zur Berücksichtigung aller materiell zutreffenden Einwendungen führt, auch wenn sie erst nach Ablauf der Einspruchsfrist erfolgten.

bb) Schlichte Änderung außerhalb des Rechtsbehelfsverfahrens

346 Eine schlichte Änderung **zugunsten** des Stpfl. kommt nur in Betracht, falls dieser vor Ablauf der Rechtsbehelfsfrist zugestimmt oder den Antrag gestellt hat. Der Antrag muss **vor Ablauf der Einspruchsfrist** auf eine **bestimmte** Änderung gerichtet sein. Das verfolgte Änderungsbegehren muss den zugrundeliegenden Lebenssachverhalt zumindest in groben Zügen erkennen lassen. Angaben zur rein betragsmäßigen Auswirkung der Änderung auf die Steuerfestsetzung sind für einen wirksamen Antrag weder erforderlich noch – für sich genommen – ausreichend. (BFH v. 20.12.2006 X R 30/05, BStBl II 2007, 503). Andernfalls ist der Antrag unwirksam. Eine Erweiterung des Antrags oder die Konkretisierung eines allgemein erhobenen Änderungsbegehrens ist nach Ablauf der Frist nicht mehr möglich (BFH v. 27.10.1993 XI R 17/93, BStBl II 1994, 439). Die Begründung des bestimmten Antrages kann nach Ablauf der Einspruchsfrist nachgeholt, ergänzt oder ausgetauscht werden (AEAO zu § 172 Nr. 2 Abs. 2), da insoweit nur die Steuer, aber nicht die Besteuerungsgrundlagen bestandskräftig werden. Dabei darf jedoch der durch den ursprünglichen Änderungsantrag festgelegte Änderungsrahmen nicht überschritten werden.

Wird die Frist versäumt, so kann in analoger Anwendung von § 110 AO Wiedereinsetzung gewährt werden.

BEISPIEL: Ein Stpfl. erhielt am 10. 1. den ESt-Bescheid für 02 vom 7. 1. Am 20. 1. rügt sein Steuerberater telefonisch, dass die Einkommensteuer um 1 000 € zu hoch festgesetzt sei. Eine Begründung werde nachgereicht. Am 20. 2. bittet der Steuerberater, die Steuer um 1 000 € deshalb herabzusetzen, weil sein Mandant grob fahrlässig entsprechende Sonderausgaben bisher nicht geltend gemacht habe.

Die als Änderungsantrag des Steuerpflichtigen nach § 172 Abs. 1 S. 1 Nr. 2a AO vom 20. 1. auszulegende Rüge ist unwirksam, da es an der inhaltlichen Bestimmtheit fehlt. Es genügt nicht, innerhalb der Rechtsbehelfsfrist einen allgemein auf Änderung gerichteten Antrag zu stellen und diesen erst nach Ablauf der Rechtsbehelfsfrist zu konkretisieren und zu begründen. Die bloße Angabe zur rein betragsmäßigen Auswirkung der Änderung auf die Steuerfestsetzung ist für die Bestimmtheit des Antrages weder erforderlich noch ausreichend. Vielmehr ist ein Bezug des Änderungsantrages zu einem konkreten Sachverhalt erforderlich, d. h. einem Lebenssachverhalt, der nach Ansicht des Steuerpflichtigen im ursprünglichen Steuerbescheid nicht zutreffend gewürdigt wurde und daher bei der nunmehr beantragten Änderung berücksichtigt werden soll. Denn die Finanzbehörde muss ja in die Lage versetzt werden, dem Antrag des Steuerpflichtigen „der Sache nach" zuzustimmen.

Auch wenn nicht einzelne Besteuerungsgrundlagen in Bestandskraft erwachsen, sondern nur die Festsetzung der Steuer als solche, gibt § 172 Abs. 1 Satz 1 Nr. 2a AO nur die Möglichkeit einer Änderung der Sache nach. Der Finanzbehörde müssen die für die Beurteilung des Antrages erforderlichen Korrekturpunkte innerhalb der Einspruchsfrist so hinlänglich bezeichnet werden, dass ihr die abschließende Bearbeitung des Änderungsantrages auch tatsächlich möglich ist.

Da der konkrete Änderungsantrag wegen nachträglicher Berücksichtigung der Sonderausgaben erst nach Ablauf der Einspruchsfrist eingereicht wurde, sind beide Änderungsanträge abzulehnen.

Nach § 172 Abs. 1 Satz 2 AO kann ein durch Einspruchsentscheidung bestätigter oder geänderter Steuerbescheid nach den §§ 129, 164, 165 und 172 ff. AO sowie nach entsprechenden Korrekturnormen in den Einzelsteuergesetzen korrigiert werden. Gleiches gilt für einen im Einspruchsverfahren ergangenen Abhilfebescheid nach § 172 Abs. 1 Satz 1 Nr. 2a AO.

Nach § 172 Abs. 1 Satz 3 1. Halbsatz AO ist ein Antrag auf schlichte Änderung auch nach einer Einspruchsentscheidung zulässig, die einen Steuerbescheid geändert oder bestätigt hat. Der Antrag ist innerhalb der Klagefrist zu stellen (§ 47 FGO). Die Vorschriften über die Präklusionsfrist (§ 364b AO; Rdn. 819 ff.) dürfen aber nicht unterlaufen werden.

BEISPIEL: Der Stpfl. ist wegen Nichtabgabe seiner Steuererklärung durch Schätzungsbescheid (§ 162 AO) zur ESt veranlagt worden. Er legt zulässigen Einspruch ein, gibt aber auch weiterhin keine Erklärung ab. Darauf setzt das FA eine Frist nach § 364b AO, die der Stpfl. ungenutzt verstreichen lässt. Das FA weist den Einspruch als unbegründet zurück. Innerhalb der Klagefrist stellt der Stpfl. Antrag auf schlichte Änderung nach § 172 Abs. 1 Satz 3 AO und reicht seine Erklärung ein, die zu einer niedrigeren Steuer führt.

Nach §§ 172 Abs. 1 Satz 3 2. Halbsatz, 364b Abs. 2 Satz 1 AO darf die Erklärung zugunsten des Stpfl. nicht berücksichtigt werden.

cc) Änderungsbescheid im Einspruchsverfahren

Eine Änderung von Steuerbescheiden nach § 172 Abs. 1 S. 1 Nr. 2a AO ist auch nach 347
Einlegung eines Einspruches noch möglich (§ 132 AO). Der Einspruch enthält regelmäßig den erforderlichen Antrag des Steuerpflichtigen. Wenn das Finanzamt im Einspruchsverfahren dem Antrag des Steuerpflichtigen durch Änderungsbescheid ganz oder teilweise abhilft, erübrigt sich insoweit eine förmliche Einspruchsentscheidung (§ 367 Abs. 2 Satz 3 AO). Ein derartiger Änderungsbescheid wird auch **Abhilfe-** bzw. **Teilabhilfebescheid** genannt.

Eine Änderung durch Abhilfe im Klage- oder Revisionsverfahren erfolgt, wenn das Finanzamt dem Klage- oder Revisionsantrag der Sache nach stattgibt.

9.9 Sachlich unzuständige Behörde (§ 172 Abs. 1 Satz 1 Nr. 2b AO)

348 Da Steuerbescheide von einer sachlich unzuständigen Behörde meist nichtig sind (vgl. Rdn. 83 f.), hat diese Vorschrift kaum praktische Bedeutung.

9.10 Unlautere Mittel (§ 172 Abs. 1 Satz 1 Nr. 2c AO)

349 Wurde eine fehlerhafte Steuerfestsetzung vorsätzlich durch unlautere Mittel – nicht notwendig des Adressaten des Bescheides selbst – erwirkt, so ist das Finanzamt an diesen Steuerbescheid nicht gebunden.

BEISPIELE:

1. Ein Stpfl. droht dem Sachbearbeiter mit „Enthüllungen aus dessen Privatleben", wenn er bisher nicht erfasste Einnahmen der Besteuerung unterwirft. Daraufhin erlässt der Sachbearbeiter einen Steuerbescheid, ohne diese Einnahmen zu berücksichtigen.

   Der Steuerbescheid kann nach § 172 Abs. 1 S. 1 Nr. 2c AO geändert werden.
2. Inge wird von Steuerinspektor Selzer bestandskräftig zur ESt 03 veranlagt (§ 46 Abs. 2 Nr. 8 EStG). Die Erstattung der Steuer erfolgt auf ein Konto Inges. Später stellt sich heraus, dass Selzer die Steuererklärung zugunsten von Inge ohne deren Wissen manipuliert hat. Daraufhin ändert das FA Inges Bescheid nach § 172 Abs. 1 Nr. 2c AO und fordert die zu Unrecht gewährte Erstattung zurück (§ 37 Abs. 2 AO).

   Die Korrektur durch das FA ist rechtmäßig. Der Erstattungsbescheid war durch „unlautere Mittel" erwirkt worden. Aus dem Wortlaut der Vorschrift folgt, dass es genügt, wenn irgendeine Person die Manipulation herbeigeführt hat. Inge ist auch dann nicht in ihrem Vertrauen geschützt, wenn sie mit Selzers Manipulation nichts zu tun hatte (BFH v. 14.12.1994 XI R 80/92, BStBl II 1995, 294).

9.11 Aufhebung oder Änderung wegen neuer Tatsachen oder Beweismittel (§ 173 AO)

9.11.1 Allgemeine Voraussetzungen

350 Steuerbescheide und ihnen gleichgestellte Bescheide können unter folgenden Voraussetzungen aufgehoben oder geändert werden:

9.11.1.1 Tatsachen oder Beweismittel

351 Es müssen einem zuständigen Amtsträger **Tatsachen** oder **Beweismittel** bekannt werden, die zu einer höheren (§ 173 Abs. 1 Nr. 1 AO) oder niedrigeren Steuer (§ 173 Abs. 1 Nr. 2 AO) führen. Unter **Tatsache** versteht man alles, was Bestandteil eines steuerlich erheblichen Lebenssachverhaltes ist, also Einfluss auf die Höhe der Steuer bzw. auf eine Besteuerungsgrundlage hat, z. B. bei Einnahmen und Ausgaben deren Höhe und Betrag sowie der Zeitpunkt des Zuflusses, der Familienstand, die Anzahl der Kinder.

Sofern der Steuerpflichtige eine Einkunftsart bisher nicht erklärt hat, ist die Ausübung dieser Einkunftsart die Tatsache, die nachträglich bekannt wird; dies gilt auch für eine bisher nicht bekannte Einkunftsquelle (vgl. BFH v. 1.10.1993 III R 58/92, BStBl II 1994, 346, und v. 8.12.1998 IX R 14/97, BFH/NV 1999, 743), vgl. auch Rdn. 362 Beispiel 2.

Keine Tatsachen i. S. d. § 173 Abs. 1 AO sind Rechtsansichten, Schlussfolgerungen und Wertungen aller Art, wie etwa die Beurteilung einer Ausgabe als betrieblichen Aufwand oder die Zuordnung von Einnahmen zu einer bestimmten Einkunftsart. So ist der Wert eines Wirtschaftsgutes die Schlussfolgerung aus verschiedenen wertbildenden Tatsachen. Entscheidungen des BVerfG zur Verfassungswidrigkeit einer Rechtsnorm sowie nachträgliche Gesetzesänderungen sind keine Tatsachen i. S. d. § 173 Abs. 1 AO (BFH v. 12.5.2009 IX R 45/08, BStBl II 2009, 891). Dies gilt auch für die (ggf. anderweitige) Ausübung steuerrechtlicher Wahlrechte oder die Nachholung eines Antrags (vgl. AEAO vor § 172 – 177 Nr. 8). Ein Antrag kann allerdings nachgeholt werden, soweit die für seine Ausübung relevanten Tatsachen als solche nachträglich bekannt werden (vgl. AEAO zu § 173 Nr. 1.1.2).

BEISPIEL: Bertl wurde zur Einkommensteuer veranlagt. Nach Bestandskraft des Bescheides beantragt er die Anerkennung von Aufwendungen für eine Zahnprothese als außergewöhnliche Belastung (§ 33 Abs. 1 EStG).

Außergewöhnliche Belastungen sind antragsgebunden. Der Antrag ist vom Willen des Stpfl. abhängig und damit als solcher keine objektiv neue Tatsache i. S. v. § 173 AO. Das Vorliegen von Aufwendungen für die Prothese ist allerdings für das Finanzamt eine neue Tatsache, die unter den Voraussetzungen des § 173 Abs. 1 Nr. 2 AO (Rdn. 358 ff.) zu einer Berücksichtigung führen kann.

Auch **Schätzungen** sind keine Tatsachen, sondern das Ergebnis von Schätzungsgrundlagen. Ein Schätzungsbescheid kann daher nur nach § 173 AO geändert werden, falls neue Schätzungsgrundlagen festgestellt werden, die, wenn sie bei der Erstschätzung bekannt gewesen wären, zu einer wesentlich anderen Schätzung geführt hätten. Käme es bei der erneuten Schätzung unter Berücksichtigung der später bekannt gewordenen Schätzungsgrundlagen zu einem Ergebnis, das sich im üblichen Rahmen der Ungenauigkeit von Schätzungen bewegt, liegt keine neue Tatsache vor.

Beweismittel ist jedes Erkenntnismittel, das zur Aufklärung eines steuerlich erheblichen Sachverhalts dient, d. h. geeignet ist, das Vorliegen oder Nichtvorliegen von Tatsachen zu beweisen (BFH v. 20.12.1988 VIII R 121/83, BStBl II 1989, 585) Dazu gehören Urkunden (Verträge, Geschäftspapiere u. a.) und Auskünfte von Auskunftspersonen (vgl. die Aufzählung in § 92 AO). Ein Sachverständigengutachten ist nur Beweismittel, soweit es die Erkenntnis neuer Tatsachen vermittelt und nicht lediglich Schlussfolgerungen enthält (BFH v. 27.10.1992 VIII R 41/89, BStBl II 1993, 569), vgl. AEAO zu § 173 Nr. 1.2.

9.11.1.2 Nachträgliches Bekanntwerden

352 Die Tatsachen oder Beweismittel müssen **„neu"** sein. Sie müssen einem für die Steuerfestsetzung zuständigen Amtsträger (BFH v. 9.11.1984 VI R 157/83, BStBl II 1985, 191 und v. 20.6.1984 IV R 114/82, BStBl II 1985, 492) nachträglich bekannt werden, d. h. nachdem die Willensbildung über die Steuerfestsetzung abgeschlossen worden ist (für vollständig automationsgestützt erlassene Verwaltungsakte vgl. § 155 Abs. 4 Satz 4 AO).

Auf den Tag der Absendung des Steuerbescheides oder den Tag der Bekanntgabe kommt es nicht an. Grundgedanke des § 173 AO ist, dass das Finanzamt der Steuerfestsetzung einen falschen Sachverhalt zugrunde gelegt hat, weil es den zutreffenden nicht kannte. Daraus folgt, dass Tatsachen oder Beweismittel zum Zeitpunkt der Erstfestsetzung bereits vorhanden gewesen sein müssen. Sind sie später entstanden, so scheidet § 173 AO aus, zu prüfen ist dann § 175 Abs. 1 Nr. 2 AO (BFH v. 12.8.1997 IV B 98/96, BFH/NV 1998, 147, vgl. auch Rdn. 382).

353 **Zuständige Amtsträger** sind für die Veranlagung zur ESt, USt, für Gewinnfeststellungsbescheide und Gewerbesteuermessbescheide der Amtsprüfer (bei Zeichnungsrechtsvorbehalten der Sachgebietsleiter bzw. der Leiter des Finanzamtes), nicht aber der Außenprüfer, der Fahndungsprüfer (BFH v. 20.4.1988 X R 40/81, BStBl II 1988, 804), ebenso wenig der Sachbearbeiter der Bewertungsakten (BFH v. 1.4.1998 X R 150/95, BStBl II 1998, 569) oder der Erbschaftsteuerakten. Auch bei weisungsbefugten Oberbehörden handelt es sich nicht um zuständige Amtsträger, so dass deren Kenntnisse über Tatsachen sich das Veranlagungsfinanzamt nicht zurechnen lassen muss (BFH vom 13.1.2011 VI R 61/09, BStBl II 2011, 479). Alle Tatsachen und Beweismittel, die sich aus den dem Amtsprüfer bzw. Bearbeiter vorliegenden Akten ergeben, müssen sich dieser als bekannt zurechnen lassen. Archivierte Akten muss der Bearbeiter nur hinzuziehen, wenn dazu nach den Umständen des Falles, insbesondere nach dem Inhalt der zu bearbeitenden Steuererklärung oder der präsenten Akten eine besondere Veranlassung bestand mit der Folge, dass das Unterlassen der Beiziehung eine Verletzung der Ermittlungspflicht nach sich zöge (BFH v. 11.2.1998 I R 82/97, BStBl II 1998, 552).

Steuerbescheid i. S. v. § 173 Abs. 1 AO ist auch ein Bescheid, der einen schon ergangenen Steuerbescheid inhaltlich **abändert**. Tatsachen, die zu einer höheren Besteuerung führen, kann das Finanzamt deshalb in einem weiteren Änderungsbescheid nach § 173 Abs. 1 Nr. 1 AO nur berücksichtigen, wenn sie ihm nach Erlass des Änderungsbescheides bekannt geworden sind.

354 Eine Änderung nach § 173 Abs. 1 Nr. 1 AO ist jedoch dann nicht ausgeschlossen, wenn das Finanzamt im Hinblick auf einen nachträglich ergangenen Grundlagenbescheid zunächst lediglich eine Änderung nach § 175 Abs. 1 Nr. 1 AO vorgenommen und dabei Tatsachen unberücksichtigt gelassen hat, die darüber hinaus eine Änderung nach § 173 Abs. 1 Nr. 1 AO gerechtfertigt hätten (BFH v. 12.1.1989 IV R 8/88, BStBl II 1989, 438). Bei einer Korrektur nach § 175 Abs. 1 Nr. 1 AO wertet das Finanzamt **ohne materiell-rechtliche Prüfung** lediglich schematisch den Feststellungsbescheid aus.

BEISPIEL: Das FA hatte im März einen ESt-Bescheid erlassen. Im Mai erfuhr es von neuen Tatsachen zuungunsten des Stpfl. Jung. Als das FA im Juni für Jung einen Feststellungsbescheid erhielt, korrigierte es den ESt-Bescheid nach § 175 Abs. 1 Nr. 1 AO, ohne die neuen Tatsachen zu berücksichtigen. Das FA kann nach Erlass des Änderungsbescheides diesen weiterhin nach § 173 Abs. 1 Nr. 1 AO ändern.

Eine Änderung ist ferner dann nicht ausgeschlossen, wenn das Finanzamt in Kenntnis der neuen Tatsachen einen Änderungsantrag des Steuerpflichtigen nach § 172 Abs. 1 S. 1 Nr. 2a AO ohne materiell-rechtliche Prüfung wegen Ablaufs der Rechtsbehelfsfrist ablehnt (BFH v. 18.12.1996 XI R 36/96, BStBl II 1997, 264). Die Ablehnung ist kein Änderungsbescheid, auch wenn er nach § 172 Abs. 2 AO einem Steuerbescheid gleichgestellt wird, weil er die bisherige Steuerfestsetzung nicht in seinen Regelungsgehalt aufnimmt. Er lässt vielmehr dessen Wirksamkeit unberührt. Es kommt daher für die Frage des nachträglichen Bekanntwerdens nicht auf den Zeitpunkt des ablehnenden Bescheides an. Gleiches gilt bei Aufhebung eines Bescheides (BFH v. 13.9.2001 IV 79/99, vgl. BStBl II, 2002, 2).

9.11.1.3 Rechtserheblichkeit

Neue Tatsachen oder Beweismittel können nur dann zu einer Änderung des Steuer- 355
bescheides führen, wenn sie **rechtserheblich** sind. Dies ist der Fall, wenn das Finanzamt bei rechtzeitiger Kenntnis der Tatsachen oder Beweismittel schon bei der ursprünglichen Veranlagung mit an Sicherheit grenzender Wahrscheinlichkeit zu einer höheren oder niedrigeren Steuer gelangt wäre (BFH v. 23.11.1987 Gr S 1/86, BStBl II 1988, 180). Die Vorschrift des § 173 AO soll dem Steuerpflichtigen nicht das Risiko eines Rechtsbehelfsverfahrens abnehmen, indem ihm gestattet wird, sich auf Tatsachen gegenüber dem Finanzamt erst dann zu berufen, wenn etwa durch eine spätere Änderung der Rechtsprechung eine Rechtslage eintritt, die eine bisher nicht vorgetragene Tatsache nunmehr als relevant erscheinen lässt. Wie das Finanzamt einen bestimmten Sachverhalt gewürdigt hätte, ist dabei aufgrund des Gesetzes unter Berücksichtigung der seinerzeit geltenden Rechtsprechung des BFH und der für die Verwaltung bindenden Verwaltungsanweisungen zu beurteilen (vgl. BFH v. 12.5.2009 IX R 45/08, BStBl II 2009, 891 m. w. N.). Das mutmaßliche Verhalten eines einzelnen Sachbearbeiters und dessen individuellen Rechtskenntnisse sind dabei ohne Bedeutung (BFH vom 22.4.2010 VI R 40/08, BStBl II 2010, 951).

BEISPIEL: Der BFH ändert seine Rechtsprechung, wonach bestimmte Aufwendungen von Stpfl. bei der ESt-Veranlagung nicht als Werbungskosten zum Abzug zugelassen wurden. Stpfl. Ludwig hatte in Kenntnis der bisherigen Rechtsprechung des BFH diese Aufwendungen erst gar nicht erklärt. Ludwig will nunmehr unter Berufung auf die geänderte Rechtsprechung eine Korrektur seines bestandskräftigen ESt-Bescheides.

Die Änderung der Rechtsprechung des BFH ist als solche keine neue Tatsache (vgl. Rdn. 351 ff.).

Zwar handelt es sich bei den bisher nicht erklärten Aufwendungen des Ludwig um dem FA nachträglich bekannt gewordene Tatsachen; dennoch kommt eine Änderung nach § 173 Abs. 1 Nr. 2 AO nicht in Betracht, da das FA im Zweifel bei der ursprünglichen Veranlagung der Rechtsprechung des BFH gefolgt wäre und die Aufwendungen des Ludwig nicht zum Abzug zugelassen hätte.

9.11.2 Änderung zuungunsten des Steuerpflichtigen (§ 173 Abs. 1 Nr. 1 AO)

9.11.2.1 Steueranrechnungsbeträge

356 Steuerbescheide sind von Amts wegen zu Lasten des Steuerpflichtigen zu ändern, soweit die neuen Tatsachen oder Beweismittel reichen. Bei der Prüfung der Frage, ob die Tatsache zu einer höheren oder niedrigeren Steuer führt, sind Steueranrechnungsbeträge unbeachtlich, vgl. AEAO zu § 173 Tz. 1.4. Es ist auf die bisher festgesetzte und die festzusetzende Steuer abzustellen und nicht auf das rechnerische Gesamtergebnis nach Berücksichtigung der Anrechnung. Im Fall eines Antrags nach § 32d Abs. 4 oder 6 EStG ist die zunächst mit Abgeltungswirkung (§ 43 Abs. 5 Satz 1 EStG) einbehaltene Kapitalertragsteuer der bisher festgesetzten Steuer hinzuzurechnen (BFH v. 12.5.2015 VIII R 14/13, BStBl II 2015, 806).

BEISPIEL: Nach Unanfechtbarkeit eines Einkommensteuerbescheides erfährt das FA durch eine Kontrollmitteilung (§ 194 Abs. 3 AO) von bisher nicht berücksichtigten Einkünften aus Kapitalvermögen. Im Rahmen der Änderungsveranlagung stellt das FA fest, dass zu Unrecht Sonderausgaben anerkannt wurden.

Es ist nur eine Änderung hinsichtlich der Einkünfte aus Kapitalvermögen durchzuführen. Kommt eine Änderung nach § 173 Abs. 1 Nr. 1 AO nicht in Betracht, weil der zuständige Amtsträger die Tatsache gekannt hat, so liegt im Zweifel ein materieller Fehler im Bescheid vor, der unter den Voraussetzungen des § 177 AO zu berichtigen ist.

9.11.2.2 Verletzung der Ermittlungspflicht

357 Nach dem Grundsatz von Treu und Glauben kann das Finanzamt an eine Änderung des Steuerbescheides **zuungunsten** des Steuerpflichtigen nach § 173 Abs. 1 Nr. 1 AO gehindert sein (BFH v. 13.11.1985 II R 208/82, BStBl II 1986, 241), wenn der Steuerpflichtige die ihm obliegenden Mitwirkungspflichten in zumutbarer Weise erfüllt hat, das nachträgliche Bekanntwerden der Tatsache oder des Beweismittels aber auf eine Verletzung der dem Finanzamt obliegenden **Ermittlungspflicht** zurückzuführen ist. Hierbei ist zu berücksichtigen, dass im Regelfall davon ausgegangen werden kann, dass die Angaben des Steuerpflichtigen in der Steuererklärung vollständig und richtig sind (vgl. § 150 Abs. 2 AO) und somit die Finanzbehörde den Angaben eines Steuerpflichtigen Glauben schenken kann, wenn nicht greifbare Umstände vorliegen, die darauf hindeuten, dass seine Angaben falsch oder unvollständig sind. Sie verletzt ihre Aufklärungspflicht nur, wenn sie Tatsachen oder Beweismittel außer Acht lässt und offenkundigen Zweifelsfragen nicht nachgeht, die sich ihr den Umständen nach ohne weiteres aufdrängen mussten

Sind sowohl das Finanzamt seiner Ermittlungspflicht als auch der Steuerpflichtige seiner Mitwirkungspflicht nicht in vollem Umfang nachgekommen, so fällt das nachträgliche Bekanntwerden einer rechtserheblichen Tatsache oder eines rechtserheblichen Beweismittels in der Regel in den Verantwortungsbereich des Steuerpflichtigen mit der Folge, dass eine Änderung nach § 173 Abs. 1 Nr. 1 AO zulässig ist (BFH v. 11.11.1987 I R

108/85, BStBl II 1988, 115). Diese scheidet nur aus, wenn der Verstoß des Finanzamts deutlich überwiegt (BFH v. 20.12.1988 VIII R 121/83, BStBl II 1989, 585).

9.11.3 Änderung zugunsten des Steuerpflichtigen (§ 173 Abs. 1 Nr. 2 AO)

Steuerbescheide sind von Amts wegen zugunsten des Steuerpflichtigen zu ändern, wenn 358

- diesen am Bekanntwerden neuer Tatsachen kein grobes Verschulden trifft oder
- ein Zusammenhang mit einer Änderung zu seinem Nachteil besteht.

9.11.3.1 Kein grobes Verschulden

Der Gesetzgeber unterstellt aufgrund der Negativformulierung „kein grobes Verschulden" das Vorliegen groben Verschuldens. Im Zweifel liegt also die objektive Beweislast (Feststellungslast) dafür, dass ihn kein grobes Verschulden trifft, beim Steuerpflichtigen. 359

Grobes Verschulden liegt vor, wenn den Steuerpflichtigen am nachträglichen Bekanntwerden der rechtserheblichen Tatsache oder des Beweismittels Vorsatz oder grobe Fahrlässigkeit treffen. Grobe Fahrlässigkeit ist anzunehmen, wenn der Steuerpflichtige die ihm nach seinen persönlichen Verhältnissen zumutbare Sorgfalt in ungewöhnlichem Maße und in nicht entschuldbarer Weise verletzt hat (§ 276 Abs. 2 BGB; ständige Rechtsprechung, zuletzt BFH v. 10.2.2015 IX R 18/14, BStBl II 2017, 7 m. w. N.). So liegt grob schuldhaftes Verhalten regelmäßig vor, wenn der Steuerpflichtige eine im Steuererklärungsformular ausdrücklich gestellte Frage nicht beachtet hat bzw. die dem Erklärungsvordruck oder dem elektronischen Elster-Formular beigefügten Erläuterungen zur ESt-Erklärung unbeachtet lässt, die klar und eindeutig sind.

BEISPIEL: Marx stellt Antrag auf Veranlagung zur ESt nach § 46 Abs. 2 Nr. 8 EStG. Nach Bestandskraft des Bescheides beantragt er einen Ausbildungsfreibetrag für seine auswärtig untergebrachte 17-jährige Tochter (§ 33a Abs. 2 EStG). In seiner Steuererklärung hatte er zur auswärtigen Unterbringung seiner Tochter keinerlei Angaben gemacht.

Da Marx eine im Erklärungsformular gestellte Frage nicht beantwortet hat, kann er eine Korrektur seines bestandskräftigen Bescheides nach § 173 Abs. 1 Nr. 2 AO wegen groben Verschuldens nicht mehr erreichen.

Grobes Verschulden ist des Weiteren anzunehmen, wenn es der Steuerpflichtige grundlos unterlassen hat, dem Finanzamt steuermindernde Tatsachen bis zur Bekanntgabe der Einspruchsentscheidung zur Kenntnis zu bringen (BFH v. 21.12.1991 V R 25/87, BStBl II 1991, 496).

Der Steuerpflichtige handelt regelmäßig auch grob schuldhaft, wenn er die Frist zur Abgabe der Steuererklärung versäumt und den Erlass eines Schätzungsbescheides veranlasst. Dieses Verschulden wirkt fort bis zur Bestandskraft des Schätzungsbescheides und wird nicht durch ein späteres leichtes Verschulden bei der Anfechtung dieses Bescheides verdrängt (BFH v. 16.9.2004 IV R 62/02, BStBl II, 2005, 75).

BEISPIEL: Der Stpfl. Bauer wurde wegen Nichtabgabe der Steuererklärung innerhalb der gewährten Frist aufgrund geschätzter Besteuerungsrundlagen zur ESt 01 veranlagt. Ein gegen diese Steuerfestsetzung eingelegter Einspruch von Bauer wurde vom FA wegen versäumter Einspruchsfrist als unzulässig verworfen. Wiedereinsetzung kam infolge fahrlässigen Verhaltens von Bauer nicht in Betracht. Daraufhin beantragte Bauer Korrektur nach § 173 Abs. 1 Nr. 1 AO, da ihm wegen der versäumten Einspruchsfrist nur einfache Fahrlässigkeit angelastet wurde.

Das Verschulden bei der Einlegung des Einspruchs überlagert nicht die mindestens grobe Fahrlässigkeit wegen Nichtabgabe der Steuererklärung.

Ein dem Steuerpflichtigen zuzurechnendes grobes Verschulden kann daher auch darin bestehen, dass er es unterlassen hat, gegen einen Steuerbescheid Einspruch einzulegen, obwohl sich ihm innerhalb der Einspruchsfrist die Geltendmachung bisher nicht vorgetragener Tatsachen hätte aufdrängen müssen (BFH v. 4.2.1998 XI R 47/97, BFH/NV S. 682).

9.11.3.2 Zurechnung des Verschuldens

360 Bei zusammenveranlagten Ehegatten sind beide Ehegatten „Steuerpflichtige" i. S. v. § 173 Abs. 1 Nr. 2 AO, da sie nach § 25 Abs. 3 Satz 2 EStG, § 44 AO bezüglich der aus dem Steuerschuldverhältnis geschuldeten Einkommensteuererklärung Gesamtschuldner sind. Daher muss sich jeder Ehegatte das grobe Verschulden des anderen zurechnen lassen (BFH v. 24.7.1996 I R 62/95, BStBl II 1997, 115).

Grobes Verschulden von Erfüllungsgehilfen oder Vertretern (z. B. Steuerberatern) muss sich der Steuerpflichtige zurechnen lassen (ständige Rechtsprechung, zuletzt BFH v. 10.2.2015 IX R 18/14, BStBl II 2017, 7 m. w. N.). Dabei ist zu berücksichtigen, dass von einem Angehörigen der steuerberatenden Berufe die Kenntnis und sachgemäße Anwendung der steuerrechtlichen Vorschriften erwartet wird (BFH v. 3.2.1983 IV R 153/80, BStBl II 1983, 324).

BEISPIEL: Steuerberater Bauer beantragt für seinen Mandanten die Änderung der bestandskräftigen Einkommensteuerfestsetzung 01. Er trägt vor, dass seinem Mandanten außergewöhnliche Belastungen wegen medizinisch notwendiger Zahnerhaltungsmaßnahmen infolge einer Kiefererkrankung in Höhe von 2 000 € entstanden sind. Sein Mandant habe diese Aufwendungen im Rahmen der Erstellung der Steuererklärung nicht mitgeteilt, da er sie nicht für steuerlich relevant gehalten habe.

Eine Korrektur nach § 173 Abs. 1 Nr. 2 AO kommt wegen groben Verschuldens des Steuerberaters am nachträglichen Bekanntwerden der steuerlich erheblichen Tatsachen nicht in Betracht. Zwar befand sich der Steuerpflichtige selbst bezüglich der Aufwendungen in einem das grobe Verschulden ausschließenden Rechtsirrtum. Er hat aber das grobe Verschulden seines steuerlichen Beraters bei Anfertigung der Steuererklärung zu vertreten. Der Steuerberater muss seinen Mandanten ausführlich und umfassend beraten und im Rahmen dieser Verpflichtung den für die Abgabe einer Steuererklärung maßgeblichen Sachverhalt ermitteln. Er durfte bei seinem Mandanten als steuerlichen Laien nicht ohne Weiteres davon ausgehen, dass keine steuerlich relevanten Krankheitskosten vorlagen. Vielmehr musste er den Steuerpflichtigen im Bereich der außergewöhnlichen Belastungen nach Aufwendungen fragen und konnte sich nicht auf die eigenen Angaben es Steuerpflichtigen verlassen. Insoweit handelte er grob fahrlässig (BFH v. 16.5.2013 III R 12/12, BStBl II 2016, 512).

Der **steuerliche Berater** hat, wenn er **Mitarbeiter** zur Vorbereitung des Jahresabschlusses und der Steuererklärung einsetzt, Sorgfaltspflichten hinsichtlich der Auswahl seiner Mitarbeiter, der Organisation der Arbeiten in seinem Büro und der Kontrolle der Arbeitsergebnisse der Mitarbeiter (BFH v. 26.8.1987 I R 144/86, BStBl II 1988, 109).

Ein eigenes grobes Verschulden des Steuerpflichtigen kann darin liegen, dass er die von seinem steuerlichen Berater gefertigte Steuererklärung unterschreibt, obwohl ihm bei Durchsicht der Steuererklärung ohne Weiteres hätte auffallen müssen, dass steuermindernde Tatsachen oder Beweismittel nicht berücksichtigt worden sind (BFH v. 28.6.1983 VIII R 37/81, BStBl II 1984, 2).

Das grobe Verschulden des Steuerpflichtigen wird nicht dadurch ausgeschlossen, dass das Finanzamt seinerseits seinen Fürsorge- oder Ermittlungspflichten nicht hinreichend nachgekommen ist (BFH v. 9.8.1991 III R 24/87, BStBl II 1992, 65).

Die Unkenntnis über steuerrechtliche Vorschriften begründet in der Regel – insbesondere bei einem steuerlichen Laien – kein grobes Verschulden. Der Steuerpflichtige ist nicht verpflichtet, sich steuerlich beraten zu lassen. Schädlich ist es jedoch, sich auf den Rat von steuerlichen Laien zu verlassen. Einfache Versehen wie Rechen- und Schreibfehler im Zusammenhang mit der Steuererklärung begründen bei Steuerpflichtigen keine grobe Fahrlässigkeit.

9.11.3.3 Unbeachtlichkeit des Verschuldens (§ 173 Abs. 1 Nr. 2 Satz 2 AO)

Nach § 173 Abs. 1 Nr. 2 Satz 2 AO ist ein Steuerbescheid trotz groben Verschuldens 361
des Steuerpflichtigen am nachträglichen Bekanntwerden zu ändern, wenn die **steuermindernden** Tatsachen in einem **unmittelbaren oder mittelbaren Zusammenhang mit steuererhöhenden** Tatsachen stehen. Das Finanzamt muss daher bei Änderung nach § 173 Abs. 1 Nr. 1 AO auch die mit der Steuererhöhung in Zusammenhang stehenden steuermindernden Tatsachen berücksichtigen. Es gibt dabei keine betragsmäßige Grenze in Höhe der steuererhöhenden Tatsachen. Vielmehr ist die steuermindernde Tatsache in vollem Umfang zu berücksichtigen, auch wenn sich im Ergebnis eine Steuerminderung ergibt, denn das Gesetz verwendet den Begriff „wenn" und nicht „soweit" (BFH v. 2.8.1993 VIII R 190/80, BStBl II 1984, 4).

Erforderlich ist allerdings, dass sich diese Tatsachen gegenseitig bedingen, d. h. die steuermindernde nicht ohne die steuererhöhende Tatsache denkbar ist. Zwischen nachträglich bekannt gewordenen vorsteuerbelasteten Leistungen an den Unternehmer und nachträglich bekannt gewordenen steuerpflichtigen Umsätzen besteht ein derartiger Zusammenhang nur insoweit, als diese Leistungsbezüge zur Ausführung der nachträglich bekannt gewordenen Umsätze verwendet wurden (BFH v. 10.4.2003 V R 26/02, BStBl II 2003, 785).

Der unmittelbare Zusammenhang entfällt, wenn die neuen Tatsachen zuungunsten bereits in einem bestandskräftigen Änderungsbescheid ihren Niederschlag gefunden haben (BFH v. 19.8.1983 VI R 177/82, BStBl II 1984, 48) und der Steuerpflichtige nunmehr dessen erneute Änderung wegen steuermindernder Tatsachen beantragt. In diesem Fall ist der durch die Bestandskraft sich ergebende Rechtssicherheit Vorrang vor der erneuten Änderung des Bescheides einzuräumen.

§ 173 Abs. 1 Nr. 2 Satz 2 AO ist auch anwendbar, wenn für sich gesehen die Voraussetzungen des § 173 Abs. 1 Nr. 1 AO erfüllt sind, die Änderung zu Lasten des Steuerpflichtigen wegen neuer Tatsachen also erfolgen könnte, aber die Korrektur auf eine andere Änderungsvorschrift (wie etwa § 175 Abs. 1 S. 1 Nr. 1 AO) gestützt wird (BFH v. 13.1.2005 II R 48/02, BStBl II 2005, 451).

BEISPIELE:

1. Bader hat Einkünfte aus nichtselbständiger Arbeit sowie aus Kapitalvermögen erklärt. Außerdem hält er gegen Honorare Vorträge, die er ebenfalls als Einkünfte aus freiberuflicher Tätigkeit erklärt hat. Er wurde erklärungsgemäß bestandskräftig zur ESt 04 veranlagt. Später erfährt das FA durch eine Kontrollmitteilung (vgl. § 194 Abs. 3 AO) von weiteren Einnahmen aus einer Vortragstätigkeit in 04. Bei seiner Anhörung (§ 91 Abs. 1 AO) bittet Bader, auch die zur Erzielung dieser Einnahmen notwendigen Betriebsausgaben, wie Fahrtkosten, zu berücksichtigen.

   Die Betriebsausgaben stehen in unmittelbarem Zusammenhang mit den nachträglich bekannt gewordenen Einnahmen. Sie sind auch dann in voller Höhe zu berücksichtigen, wenn Bader sie bisher verschwiegen hat (§ 173 Abs. 1 Nr. 2 Satz 2 AO).

2. Stöhr hat in seiner ESt-Erklärung für 02 Einkünfte aus nichtselbständiger Arbeit, Kapitalvermögen sowie Vermietung und Verpachtung angegeben und wurde erklärungsgemäß bestandskräftig zur ESt veranlagt. Später stellt er Antrag auf Korrektur des Bescheides wegen neuer Tatsachen. Er habe im November 02 eine selbständige Tätigkeit als Handelsvertreter aufgenommen. Seine Betriebseinnahmen hätten 2 000 €, seine Betriebsausgaben 3 800 € betragen.

   Nach der Rspr. des BFH liegen hier keine neuen Tatsachen zuungunsten in Höhe der Betriebseinnahmen und damit in Zusammenhang stehende Tatsachen zugunsten in Höhe der Betriebsausgaben vor. Tatsache ist hier vielmehr die Ausübung der gewerblichen Tätigkeit und deren Höhe, die dem FA bisher nicht bekannt war. Die Auswirkung dieser neuen Tatsache wird durch den Saldo von Betriebseinnahmen und Betriebsausgaben bestimmt. Es liegt damit nur **eine** neue Tatsache, nämlich „gewerbliche Einkünfte" vor, die sich zugunsten des Stpfl. auswirkt. Sie kann nach § 173 Abs. 1 Nr. 2 AO nur berücksichtigt werden, wenn Stöhr kein grobes Verschulden am verspäteten Vorbringen trifft.

   Der Unterschied zu Beispiel 1 besteht darin, dass Bader bereits bisher freiberufliche Einkünfte erklärt hatte, während Stöhr nunmehr zum **ersten** Mal Einkünfte der „Einkunftsart" Gewerbebetrieb erklärt.

3. Ein Arzt ermittelt seinen Gewinn nach § 4 Abs. 3 EStG. Dabei errechnet er seinen Gewinn unter Berücksichtigung aller bei ihm im Kalenderjahr eingegangenen Rechnungen, obwohl einige Rechnungen erst im folgenden Kalenderjahr beglichen wurden (vgl. § 11 EStG). Im Rahmen einer Außenprüfung (§ 193 ff. AO) wird dieser Fehler aufgedeckt.

   Für das erste Kalenderjahr ist wegen neuer Tatsachen eine Änderung nach § 173 Abs. 1 Nr. 1 AO durchzuführen.

   Für das Folgejahr ergeben sich höhere Betriebsausgaben. Es handelt sich um neue Tatsachen zugunsten des Stpfl., die in mittelbarem Zusammenhang mit den steuererhöhenden Tatsachen für das Vorjahr stehen. Die Einkommensteuer ist nach § 173 Abs. 1 Nr. 2 AO herabzusetzen, selbst wenn der Arzt, um Steuern zu sparen, die Betriebsausgaben in beiden Jahren vorsätzlich falsch erklärt hat.

Scheitert eine Korrektur wegen neuer Tatsachen zugunsten des Steuerpflichtigen am groben Verschulden, so kann eine Mitsaldierung dieses materiell-rechtlichen Fehlers nach § 177 Abs. 2 und 3 AO in Betracht kommen (Rdn. 390 ff.).

9.11.4 Änderungssperre nach einer Außenprüfung (§ 173 Abs. 2 AO)

Nach Durchführung einer Außenprüfung darf das Finanzamt nicht nochmals den Steuerbescheid wegen neuer Tatsachen oder Beweismittel ändern (§ 173 Abs. 2 AO). Nachdem das Finanzamt Gelegenheit hatte, den Steuerfall umfassend zu prüfen, soll der Steuerpflichtige darauf vertrauen können, dass sich nun das Finanzamt durch die Steuerfestsetzung in erhöhtem Maße gebunden hat. Dieser Grundsatz kann dann nicht gelten, wenn eine Steuerhinterziehung (§§ 370 AO) oder leichtfertige Steuerverkürzung (§ 378 AO) vorliegt; dabei ist es unerheblich, ob der Adressat des Steuerbescheides oder ein Dritter Täter der Steuerverkürzung war (BFH v. 14.12.1994 XI R 80/92, BStBl II 1995, 293). 362

BEISPIEL: Ein Stpfl. hat die Anschaffungskosten in Höhe von 2 000 € für ein Wirtschaftsgut, das mehrere Jahre genutzt wird, sofort als Betriebsausgaben abgesetzt. Der Stpfl. wurde entsprechend seiner Erklärung zur Einkommensteuer veranlagt. Im Rahmen der Außenprüfung wurde die ordnungsgemäße Abschreibung der Wirtschaftsgüter nicht untersucht. Nach Unanfechtbarkeit der aufgrund der Außenprüfung ergangenen Änderungsbescheide (§ 173 Abs. 1 Nr. 1 AO) entdeckt das FA den Fehler.

Wegen erhöhter Bindungswirkung aufgrund der Außenprüfung kann eine Änderung nicht mehr erfolgen. Dies würde selbst dann gelten, wenn die Außenprüfung nicht zur Änderung der Veranlagung geführt hätte (§§ 173 Abs. 2, 202 Abs. 1 Satz 3 AO).

Außenprüfung im Sinne des § 173 Abs. 2 AO ist jede Prüfung nach §§ 193 – 203 AO. 363
Die Änderungssperre greift daher auch bei abgekürzten Außenprüfungen, Umsatzsteuer-Sonderprüfungen (BFH v. 18.8.1988 V R 194/83, BStBl II 1988, 932) und Lohnsteuer-Außenprüfungen für die Lohnsteuer-Nachforderungsbescheide. Die Änderungssperre greift nicht bei Fahndungsprüfungen nach § 208 Abs. 1 AO (BFH v. 11.12.1997 V R 56/94, BStBl II 1998, 367). Eine betriebsnahe Veranlagung ist im Allgemeinen keine Außenprüfung (siehe aber Rdn. 152 ff.).

Der **Umfang** der Änderungssperre richtet sich nach dem Inhalt der Prüfungsanordnung 364
(BFH v. 11.2.1998 I R 82/97, BStBl II 1998, 552). Ist die Außenprüfung auf bestimmte Steuerarten, Besteuerungszeiträume oder Sachverhalte beschränkt (§ 194 Abs. 1 Satz 2 AO), umfasst die Änderungssperre nur den in der Prüfungsanordnung genannten Teil der Besteuerungsgrundlagen. Geht das tatsächliche Prüfungsverhalten über die Prüfungsanordnung hinaus, wird hierdurch keine Änderungssperre ausgelöst (BFH v. 11.2.1998 a. a. O.). Bei Sonderprüfungen tritt die Änderungssperre nur für die geprüfte Steuerart und die geprüfte Steuerfestsetzung ein. Eine Umsatzsteuer-Sonderprüfung, durch welche auf der Grundlage eingereichter Umsatzsteuer-Voranmeldungen „insbesondere der Vorsteuerabzug" geprüft wird, bewirkt keine Änderungssperre (BFH v. 11.11.1987 X R 54/82, BStBl II 1988, 307).

Die Änderungssperre in § 173 Abs. 2 AO verhindert auch, dass nach einer Außenprüfung wegen neuer Tatsachen die Steuer niedriger (§ 173 Abs. 1 Nr. 2 AO) festgesetzt werden kann (BFH v. 11.12.1997 V R 56/94, BStBl II 1998, 367).

Die Änderungssperre gilt auch in Fällen, in denen eine Mitteilung nach § 202 Abs. 1 Satz 3 AO über eine ergebnislose Prüfung ergangen ist.

Sie gilt jedoch nur für Änderungen nach § 173 Abs. 1 AO, Änderungen aufgrund anderer Vorschriften (z. B. §§ 164 Abs. 2, 129 AO) steht sie nicht entgegen (BFH v. 4.11.1992 XI R 32/91, BStBl II 1992, 425).

9.11.5 Anwendung des § 173 AO in Feststellungsfällen

365 Nach § 181 Abs. 1 Satz 1 AO gilt (auch) § 173 AO für die gesonderte Feststellung von Besteuerungsgrundlagen sinngemäß. Bei einem Feststellungsbescheid kommt es aber auf die Auswirkungen, die die Änderung des Feststellungsbescheides auf die sich aus den Folgebescheiden ergebende Steuer hat, nicht an. Vielmehr ist für die Frage der Zulässigkeit einer Änderung entscheidend, ob die neuen Tatsachen oder Beweismittel zu einem höheren oder niedrigeren als dem bisher festgestellten Betrag führen.

Wirkt sich in einem einheitlichen Gewinnfeststellungsbescheid eine Tatsache für die Gesellschafter unterschiedlich aus, ist der Bescheid nach § 173 Abs. 1 Nr. 1 und Nr. 2 AO zu ändern (vgl. AEAO zu § 173 Nr. 10.2.1).

Ist eine Feststellung ohne betragsmäßige Auswirkung (z. B. Art der Einkünfte, Gewinnverteilung, Grundstücksart, Zurechnung des Grundstücks) wegen neuer Tatsachen oder Beweismittel zu ändern, so führt das nicht zwangsläufig zur Unbeachtlichkeit des Verschuldens des Steuerpflichtigen am nachträglichen Bekanntwerden der neuen Tatsachen oder Beweismittel. Der BFH behilft sich in diesen Fällen mit unwiderlegbaren Vermutungen (BFH v. 16.9.1987 II R 178/85, BStBl II 1988, 174). Begehrt der Steuerpflichtige die Änderung des Feststellungsbescheides, so findet § 173 Abs. 1 Nr. 2 AO Anwendung, ohne dass die konkreten steuerlichen Auswirkungen eine Rolle spielen; § 173 Abs. 1 Nr. 2 Satz 2 AO bleibt unberührt. Wird dagegen das Finanzamt von Amts wegen gegen den Willen des Steuerpflichtigen tätig, kommt § 173 Abs. 1 Nr. 1 AO zur Anwendung (vgl. AEAO zu § 173 Nr. 10.2.2).

BEISPIEL: In einem Feststellungsbescheid ist der Gesamtgewinn auf 50 000 € festgestellt und gleichmäßig auf die beiden Gesellschafter Kuhn und Sturm verteilt (je 25 000 €). Nachträglich wird bekannt, dass Kuhn 60 % und Sturm 40 % zustehen.

Der Feststellungsbescheid ist gem. § 173 Abs. 1 Nr. 1 und Nr. 2 AO zu ändern. Auf ein mögliches grobes Verschulden der Gesellschafter kommt es nicht an, da ein unmittelbarer Zusammenhang nach § 173 Abs. 1 Satz 2 AO gegeben ist (BFH v. 29.6.2009 IV R 55/06, BStBl II 2009, 950).

9.12 Schreib- und Rechenfehler bei Erstellung einer Steuererklärung (§ 173a AO)

366 Nach § 173a AO sind Steuerbescheide aufzuheben oder zu ändern, soweit dem Steuerpflichtigen bei Erstellung seiner Steuererklärung Schreib- oder Rechenfehler unterlau-

fen sind und er deshalb der Finanzbehörde bestimmte, nach den Verhältnissen zum Zeitpunkt des Erlasses des Steuerbescheids rechtserhebliche Tatsachen unzutreffend mitgeteilt hat.

Der Fehler muss bei Offenlegung des Sachverhalts ohne weiteres als Schreib- oder Rechenfehler erkennbar sein. Eine unrichtige Tatsachenwürdigung, ein Rechtsirrtum oder Rechtsanwendungsfehler muss ausgeschlossen sein.

Die Änderung eines Steuerbescheids gem. § 173a AO kommt z. B. nicht in Betracht bei fehlerhaftem Datenimport durch den Stpfl. ins ELSTER-Portal, vgl. BFH-Urteil vom 18.7.2023 (IX R 17/22; BStBl II 2024, 90).

Vergisst der Steuerpflichtige lediglich die Übertragung einer selbst ermittelten Besteuerungsgrundlage in die Steuererklärung, gilt § 173a AO nicht. Hier kann ggf. eine Korrektur nach § 173 AO in Betracht kommen (vgl. auch AEAO zu § 173a Nr. 1).

§ 173a AO ist insbesondere für Fälle gedacht, in denen eine Steuererklärung elektronisch übermittelt wird und dem Finanzamt daneben keine ergänzenden Unterlagen oder Berechnungen übersandt werden. Soweit eine Korrektur gem. § 173a AO geboten ist, greift die Ablaufhemmung des § 171 Abs. 2 AO.

9.13 Änderung wegen widerstreitender Steuerfestsetzungen (§ 174 AO)

§ 174 AO will in bestimmten Fällen vermeiden, dass derselbe steuererhebliche Sachver- 367
halt mehr als einmal besteuert wird („positiver Widerstreit", § 174 Abs. 1 und 2 AO) oder gar keine steuerlichen Folgen auslöst („negativer Widerstreit", § 174 Abs. 3 und 4 AO).

9.13.1 Mehrfachberücksichtigung eines bestimmten Sachverhalts

Erforderlich ist die Besteuerung eines bestimmten Sachverhalts in **mehreren Beschei-** 368
den, d. h. die Mehrfacherfassung eines Sachverhalts in einer Steuerfestsetzung fällt nicht darunter. Die Mehrfacherfassung ist nicht auf irrtümliche Fälle beschränkt, sondern kommt auch in Betracht bei vorsätzlichem Verhalten (BFH v. 6.9.1995 XI R 37/95, BStBl II 1996, 148).

Der Sachverhalt muss sich darüber hinaus jeweils entweder mehrfach zuungunsten **oder** mehrfach zugunsten auswirken und diese „mehreren" Berücksichtigungen müssen in einem **wechselseitigen Ausschließlichkeitsverhältnis** stehen, das eine nochmalige Berücksichtigung desselben Sachverhalts denkgesetzlich ausschließt. Widerstreiten heißt in diesem Sinn, dass die in den Bescheiden getroffenen Regelungen aufgrund der materiellen Rechtslage nicht miteinander vereinbar, also widersprüchlich sind, weil nur eine der getroffenen Rechtsfolgen zutreffen kann. Die Unrichtigkeiten müssen einander nach **materiellem Recht** zwingend ausschließen (BFH v. 7.7.2004 X R 26/01, BStBl II 2005, 145).

Ein Darlehensverhältnis **muss** nach dem Einkommensteuerrecht beim Darlehensschuldner steuermindernd und beim Darlehensgläubiger als steuerbarer Zufluss behandelt, demnach **mehrfach berücksichtigt** werden und fällt daher nicht unter § 174 AO, der die **rechtswidrige** Mehrfacherfassung gerade beseitigen will. § 174 Abs. 1 und 2 AO sind nicht anwendbar zur Sicherstellung korrespondierender Steuerfestsetzungen.

BEISPIEL: Ein Vater schenkt seinem Sohn zivilrechtlich wirksam 50 000 €. Der Sohn überlässt diesen Betrag seinem Vater als Darlehen gegen übliche Zinsen, die als Einkünfte aus Kapitalvermögen bei ihm versteuert werden. Der Vater verwendet das Darlehen betrieblich und macht die Zinsen als entsprechenden Aufwand geltend. Im Rahmen einer Betriebsprüfung des väterlichen Betriebes ergibt sich, dass die Voraussetzungen für die steuerliche Anerkennung des Darlehensvertrages zwischen Vater und Sohn nicht vorliegen. Der betrieblich geltend gemachte Zinsaufwand wird daher nicht anerkannt und die unter Vorbehalt festgesetzte ESt des Vaters korrigiert. Der Sohn beantragt die Korrektur seiner endgültigen bestandskräftigen ESt-Festsetzung bezüglich der Zinseinnahmen nach § 174 Abs. 1 AO.

Die Konsequenzen aus dem Darlehensvertrag sind in **beiden Fällen** steuerlich erheblich, stehen also nicht in einem wechselseitigen Ausschließlichkeitsverhältnis. Die Herstellung der zutreffenden Besteuerung in beiden Fällen kann nicht durch § 174 Abs. 1 AO erreicht werden, da er diesen Fall nicht erfasst. Der Sohn kann nur über andere Korrekturvorschriften, z. B. § 173 Abs. 1 Nr. 2 AO die Herabsetzung der Steuerfestsetzung erreichen.

9.13.2 Positiver Widerstreit zuungunsten eines oder mehrerer Steuerpflichtiger (§ 174 Abs. 1 AO)

369 Folgende Möglichkeiten widerstreitender Steuerfestsetzungen sind denkbar:

1. Heranziehung desselben Sachverhaltes **bei mehreren Steuerarten**

BEISPIEL: Ein Unternehmer übereignet ein Grundstück, auf dem eine Lagerhalle vorübergehend aufgestellt ist. Das FA unterwirft diesen Vorgang bezüglich der Lagerhalle sowohl der Umsatzsteuer als auch versehentlich der Grunderwerbsteuer. Da die Lagerhalle nicht fest mit dem Grund und Boden verbunden ist, unterliegt ihre Übereignung nicht der Grunderwerbsteuer (vgl. § 2 Abs. 1 GrEStG, § 95 BGB).

2. Heranziehung desselben Sachverhaltes **in mehreren Veranlagungszeiträumen**

BEISPIEL: Ein Notar hat im Jahre 01 ein Darlehen gewährt. Er erhält am 15.1.02 die Zinsen für 01. Er gibt diese Zinsen in seiner Steuererklärung für 01 vom Mai 02 nicht an. Das FA legt diese Zinsen, nachdem es durch eine Kontrollmitteilung von ihnen erfahren hat, seiner Veranlagung 01 zugrunde. Für 02 erklärt der Notar die Zinseinkünfte. Das FA unterwirft sie abermals der Einkommensteuer, und zwar durch Bescheid vom 10.10.07.

3. Heranziehung desselben Sachverhaltes **durch mehrere Finanzämter**

BEISPIEL: Ein Handelsvertreter ist von Erlangen nach Fürth umgezogen. Er erhält für das Jahr 01 sowohl von dem FA Fürth als auch von dem nicht mehr zuständigen FA Erlangen einen Einkommensteuerbescheid.

4. Heranziehung desselben Sachverhaltes bei **mehreren Steuerpflichtigen**

BEISPIEL: Karl ist Kommanditist in der Amann-KG. Im Jahre 05 werden Zinsen für ein Darlehen, das Karl ausgebracht hat, sowohl in der Einkommensteuerveranlagung des Karl, als auch in der einheitlichen und gesonderten Feststellung der KG berücksichtigt.

Hier werden ein und dieselben Einnahmen bei zwei verschiedenen Steuerrechtssubjekten berücksichtigt. Es handelt sich um eine widerstreitende Steuerfestsetzung (BFH v. 13.11.1996 XI R 61/96, BStBl II 1997, 170).

In diesen Beispielen hat das Finanzamt auf Antrag des Steuerpflichtigen den fehlerhaften Steuerbescheid aufzuheben oder zu ändern. Gegebenenfalls wird das Finanzamt im Rahmen seiner Fürsorgepflicht einen Antrag auf Änderung anregen (vgl. § 89 AO).

Änderungen im Rahmen des § 174 Abs. 1 AO wirken sich immer zugunsten des Steuerpflichtigen aus, so dass durch Bindungswirkung und Bestandskraft geschützte Interessen des Steuerpflichtigen nicht berührt werden.

Nach § 174 Abs. 1 Satz 2 und 3 AO kann der fehlerhafte Bescheid auch dann noch nach 370
§ 174 Abs. 1 Satz 1 AO korrigiert werden, wenn die Festsetzungsverjährung für den zu ändernden Bescheid bereits eingetreten ist (§ 169 Abs. 1 Satz 1 AO):

BEISPIELE:

1. Im Beispiel zu 2. (vgl. oben Rdn. 368) endet die Festsetzungsfrist für den Einkommensteueranspruch 01 mit Ablauf des Jahres 06 (§§ 170 Abs. 2 Nr. 1, 169 Abs. 2 Satz 1 Nr. 2 AO). Ein Antrag auf Änderung des Einkommensteuerbescheides 01 kann dennoch bis zum 10.11.08 gestellt werden, da der letzte der betroffenen Bescheide erst am 10.11.07 unanfechtbar wurde (§ 174 Abs. 1 Satz 2 AO). Die Festsetzungsfrist läuft dann insoweit nicht ab, bevor über diesen Antrag unanfechtbar entschieden ist (§ 171 Abs. 3 AO).
2. Aufgrund der ESt-Erklärung für 01 des Zorn wurde in 02 eine Einnahme in Höhe von 20 000 € berücksichtigt. Im Rahmen einer Außenprüfung ordnet der Prüfer diese Einnahme richtigerweise dem Jahre 02 zu. Der geänderte Steuerbescheid für 02 wird Zorn im Juni 07 bekannt gegeben. Zorn beantragt im Mai 08 die Änderung des ESt-Bescheides 01.

   Obwohl die Festsetzungsfrist für die ESt 01 bereits Ende 06 abgelaufen war (§§ 170 Abs. 2 Nr. 1, 169 Abs. 2 Nr. 2 AO), hat das FA die Änderung nach § 174 Abs. 1 AO durchzuführen. Nach § 174 Abs. 1 Satz 3 AO wurde der erforderliche Antrag vor Ablauf eines Jahres nach Unanfechtbarkeit des ESt-Bescheides 02 gestellt.

9.13.3 Positiver Widerstreit zugunsten eines oder mehrerer Steuerpflichtiger (§ 174 Abs. 2 AO)

Während § 174 Abs. 1 AO die mehrfache Berücksichtigung eines steuer**erhöhenden** 371
Sachverhaltes regelt, setzt § 174 Abs. 2 AO die mehrfache Berücksichtigung eines steuer**mindernden** Sachverhaltes voraus, z. B. die mehrfache Berücksichtigung derselben Betriebs- oder Sonderausgaben. In diesen Fällen ist der fehlerhafte Bescheid zu ändern, soweit das Verhalten des Steuerpflichtigen für die fehlerhafte Berücksichtigung des Sachverhaltes ursächlich war (§ 174 Abs. 2 Satz 2 AO). Aufgrund der Mitwirkung des Steuerpflichtigen erscheint es gerechtfertigt, dass das Finanzamt nicht an den fehlerhaften Steuerbescheid gebunden ist und damit der Steuerpflichtige keinen Vertrauensschutz genießt.

372 Hat sich ein steuermindernder Sachverhalt mehrfach ausgewirkt, so können für die Änderung des fehlerhaften Steuerbescheides neben § 174 AO andere Korrekturvorschriften in Betracht kommen. So ist es insbesondere denkbar, dass der Steuerpflichtige eine Vergünstigung durch unlautere Mittel herbeigeführt hat (§ 172 Abs. 1 Nr. 2c AO) oder dem Finanzamt **nachträglich** bekannt wird, dass dem Steuerpflichtigen eine ihm gewährte Vergünstigung nicht zustand (§ 173 Abs. 1 Nr. 1 AO). Zu bedenken ist dabei, dass die Korrekturvorschriften unter Umständen zu unterschiedlichem Verjährungseintritt führen können. So kann der Einsatz unlauterer Mittel auch den Tatbestand der Steuerhinterziehung mit der Folge einer 10-jährigen Festsetzungsfrist nach § 169 Abs. 2 Satz 2 AO erfüllen oder die Korrektur nach § 173 Abs. 1 Nr. 1 AO infolge Verjährungseintritts nicht mehr möglich sein, während bei Anwendung des § 174 AO der Verjährungseintritt unbeachtlich ist.

BEISPIELE:

1. Ehegatten leben getrennt, der Ehemann in Bonn, die Ehefrau in Koblenz. Für seine Lebensversicherung hat der Ehemann aus seinem Vermögen Beiträge geleistet. Die Quittungen, die auf seinen Namen ausgestellt sind, befinden sich im Besitz der Ehefrau. Beide geben diese Beiträge als Sonderausgaben in ihren Einkommensteuererklärungen an. Die Ehefrau fügt ihrer Erklärung die Quittungen bei, weil sie der Ansicht ist, sie sei zur Geltendmachung dieser Sonderausgaben berechtigt. Beide Ehegatten werden entsprechend ihrer Erklärung veranlagt. Die mehrfache Berücksichtigung der Sonderausgaben wird aufgedeckt.

   Die Ehefrau hat offensichtlich gutgläubig gehandelt, eine Änderung nach § 172 Abs. 1 Nr. 2c AO kommt deshalb nicht in Betracht. Da das FA aus den vorgelegten Quittungen ersehen konnte, dass der Ehemann die Aufwendungen getragen hat, liegt eine neue Tatsache gemäß § 173 Abs. 1 Nr. 1 AO nicht vor. Die Sonderausgaben wurden bei der Ehefrau aufgrund ihrer Steuererklärung berücksichtigt. Ihr Steuerbescheid ist nach § 174 Abs. 2 AO zu ändern.

   Durch die Abgabe der auf ihren Mann ausgestellten Quittungen hat die Ehefrau die doppelte Anerkennung der Sonderausgaben mit verursacht. Sie kann sich daher auf den Ermittlungsfehler des FA nicht berufen (BFH v. 22.9.1983 IV R 227/80, BStBl II 1984, 510). Hat allerdings der Stpfl. den Sachverhalt richtig und vollständig dargestellt und kommt es zur doppelten Berücksichtigung steuermindernder Besteuerungsgrundlagen durch eine falsche Rechtsanwendung des FA, so findet § 174 Abs. 2 AO aus Gründen des Vertrauensschutzes keine Anwendung (BFH v. 21.10.1980 VIII R 186/78, BStBl II 1981, 388).

2. Im vorliegenden Fall erfolgte die doppelte Berücksichtigung der Sonderausgaben im Rahmen der Einkommensteuerveranlagungen für das Jahr 01. Der Ehefrau wurde der Bescheid im November 02, dem Ehemann wurde sein Bescheid am 10.2.07 bekannt gegeben. Bei einer Außenprüfung im Jahre 07 wurde der Fehler aufgedeckt.

   Obwohl für den Einkommensteueranspruch 01 gegenüber der Ehefrau die Festsetzungsverjährung mit Ablauf des Jahres 06 eingetreten war (§§ 170 Abs. 2 Nr. 1, 169 Abs. 2 Nr. 2 AO), kann das FA den fehlerhaften Bescheid noch bis zum Ablauf des 10.3.08 ändern (§ 174 Abs. 2, Abs. 1 Satz 2 AO).

§ 174 Abs. 2 AO kommt vor allem dann zur Anwendung, wenn eine Korrektur nach § 173 Abs. 1 Nr. 1 AO wegen eines Ermittlungsfehlers des Finanzamtes ausgeschlossen ist.

9.13.4 Negativer Widerstreit zugunsten/zuungunsten des Steuerpflichtigen (§ 174 Abs. 3 AO)

Während § 174 Abs. 1 und 2 AO die Fälle der mehrfachen Berücksichtigung eines Sachverhalts regeln, geht Abs. 3 davon aus, dass ein **dem Finanzamt bekannter** steuererheblicher Sachverhalt in keinem Steuerbescheid berücksichtigt wird. Das Finanzamt hat z. B. den steuererheblichen Sachverhalt bewusst nicht verwertet, weil es annahm, dass dieser Sachverhalt in einem anderen Steuerbescheid desselben Steuerpflichtigen oder eines Dritten berücksichtigt würde. Denkbar ist auch der Fall, dass das Finanzamt den Sachverhalt irrigerweise dem anderen Steuerbescheid zugrunde gelegt hat, später aber durch eine Änderung dieses Bescheides den Fehler beseitigt. § 174 Abs. 3 AO gestattet eine Änderung nur, wenn diese Annahme für den Adressaten der fehlerhaften Steuerfestsetzung **erkennbar** war. Bei einem Gewinnfeststellungsbescheid kommt es daher für die Erkennbarkeit auf die Person des Feststellungsbeteiligten und nicht auf die Personengesellschaft an (BFH v. 5.11.2009 IV R 99/06, BStBl II 2010, 593). Die Erkennbarkeit muss sich allerdings nicht aus einer besonderen Mitteilung des Finanzamtes oder einer Erläuterung im Steuerbescheid ergeben; sie kann auch aus dem Sachverhaltsablauf gegeben sein (BFH v. 21.12.1984 III R 75/81, BStBl II 1985, 283). 373

Die Änderung kann sich zugunsten des Steuerpflichtigen auswirken, z. B. bei nachträglicher Berücksichtigung von Werbungskosten, oder zuungunsten, z. B. bei der nachträglichen Berücksichtigung von Betriebseinnahmen.

BEISPIELE:

1. Zwischen der Aluminium-AG (Organträger) und der Metall-GmbH (Organgesellschaft) bestand ein Organschaftsverhältnis. Die Vorstandsmitglieder der AG waren zugleich Geschäftsführer der GmbH. Das Organschaftsverhältnis wurde vom FA bestritten. Die AG beantragte als Unternehmerin, alle Umsätze ihr zuzurechnen (§ 2 Abs. 2 Nr. 2 UStG). Das FA veranlagte sowohl die AG als auch die GmbH zur Umsatzsteuer. Die GmbH griff ihren Umsatzsteuerbescheid an. Er wurde vom FG aufgehoben, da eine Organschaft bestand und die AG als Alleinunternehmerin betrachtet wurde. Nunmehr korrigierte das FA den bestandskräftigen USt-Bescheid der AG und rechnete dieser die Umsätze der GmbH zu.

   Das FA hat auch für die AG **erkennbar** die Umsätze nicht ihr zugerechnet, sondern, da es die Organschaft verneinte, der GmbH. Diese Rechtsansicht hat sich nach dem Urteil als falsch herausgestellt. Die AG konnte sich nur darauf berufen, dass sie Alleinunternehmerin war, billigerweise aber nicht darauf, dass die Umsätze weder bei ihr noch bei der GmbH besteuert würden. Das FA durfte nach § 174 Abs. 3 AO korrigieren. Wegen des Rechtsfehlers entfällt eine Korrekturmöglichkeit nach § 173 Abs. 1 Nr. 1 AO.

2. Igler übernahm im Rahmen seiner Tätigkeit für eine GmbH eine Bürgschaft für ein der GmbH gewährtes Darlehen. Nach Eintritt der Insolvenz der GmbH wurde Igler aus der Bürgschaft in Anspruch genommen und musste hierfür in 01 ein Darlehen aufnehmen. In der ESt-Erklärung 01 macht er sowohl die in 01 geleisteten Zinsen als auch den Darlehensbetrag von 20 000 € steuermindernd geltend. Im ESt-Bescheid 01 berücksichtigte das FA nur die Zinsen und den Tilgungsbetrag, da die Bereitstellung des Darlehens keinen Abfluss darstelle. Hiergegen legte Igler Einspruch ein mit der Begründung, dass sämtliche Bürgschaftsaufwendungen zu berücksichtigen seien. Daraufhin führte das Finanzamt schriftlich aus, die Bürgschaftsaufwendungen mangels betrieblicher Veranlassung gar nicht mehr zum Abzug zuzulassen. Zur Vermeidung einer Verböserung nahm Igler den Einspruch zurück. Der Steuerpflichtige begehrt nun eine Korrektur des ESt-Bescheides 01, nachdem sich herausstellte, dass die Rechtsauffassung des FA falsch war und sämtliche Bürgschaftsaufwendungen in 01 wie beantragt zu berücksichtigen gewesen wären.

Nach § 174 Abs. 3 Satz 1 AO kann die Steuerfestsetzung, bei der die Berücksichtigung des Sachverhalts unterblieben ist, insoweit nachgeholt werden, als ein bestimmter Sachverhalt erkennbar in der Annahme nicht berücksichtigt wurde, dass er in einem anderen Steuerbescheid zu berücksichtigen sei und sich diese Annahme als unrichtig herausstellt. Zwar hat das FA im Einkommensteuerbescheid 01 zunächst die Bürgschaftsaufwendungen nicht vollständig berücksichtigt, sondern nur den Tilgungsanteil des Darlehens und damit zu erkennen gegeben, diese später zu berücksichtigen. Allerdings stellte das FA im Einspruchsverfahren gegen den ESt-Bescheid 01 klar, dass es diese Aufwendungen gar nicht mehr berücksichtigen werde und ist damit von seiner ursprünglichen Absicht abgewichen. Igler hatte die Möglichkeit, die Richtigkeit dieser geänderten Auffassung im Rechtsbehelfsverfahren prüfen zu lassen. Er hat jedoch den Einspruch zurückgenommen und damit diese Möglichkeit nicht genutzt. Daher besteht für eine Anwendung des § 174 Abs. 3 AO kein Anlass. Geschützt wird das Vertrauen in eine irrige Rechtsansicht, denn ohne Änderungsmöglichkeit könnte der Steuerpflichtige seine Rechte nicht weiterverfolgen. Hier hatte Igler aber die Möglichkeit, sich gegen die geänderte Rechtsauffassung zur Wehr zu setzen, so dass für die Durchbrechung der Bestandskraft keine sachliche Veranlassung besteht. Das Vertrauen auf eine spätere Berücksichtigung ist nicht mehr vorhanden. (BFH v. 6.12.2006 XI R 62/05, BStBl II 2007, 236).

9.13.5 Widerstreit nach erfolgreichem Rechtsbehelf, Klage oder Antrag des Steuerpflichtigen (§ 174 Abs. 4 AO)

374 § 174 Abs. 4 AO unterscheidet sich von Abs. 3 dadurch, dass der Fehler für den Steuerpflichtigen nicht erkennbar war. Im Übrigen setzt Abs. 4 immer voraus, dass ein Sachverhalt durch eine fehlerhafte Steuerfestsetzung zunächst berücksichtigt, der Fehler aber später auf Veranlassung des Steuerpflichtigen **zu seinen Gunsten** beseitigt wurde. Auch in diesen Fällen kann das Finanzamt die steuerlichen Folgerungen ziehen. Bezweckt wird der **Ausgleich** einer zugunsten des Steuerpflichtigen eingetretenen Änderung, die im Einspruchsverfahren oder auf Antrag im Wege der Korrektur erfolgt ist. Daher kann die **zugunsten** erwirkte Änderung nicht auf bestandskräftige Bescheide übertragen werden (BFH v. 10.3.1999 XI R 28/98, BStBl II, 1999, 475).

BEISPIELE:

1. Ein Stpfl. hat im Januar 02 auf das Jahr 01 entfallende Zinsen erhalten. Davon erfährt das FA durch eine Kontrollmitteilung. Der Stpfl. erklärt diese Einkünfte weder in der kurz darauf eingehenden Einkommensteuererklärung 01 noch in der für 02. Das FA veranlagt diese Einkünfte fehlerhaft im Rahmen der Steuerfestsetzung 02. Auf Einspruch gegen den Einkommensteuerbescheid 02 beseitigt das FA den fehlerhaften Ansatz der Zinsen durch „Abhilfebescheid" (§§ 367 Abs. 2 Satz 3, 172 Abs. 1 Nr. 2a AO).

   Da die Zinseinkünfte dem FA bei der Veranlagung 01 wegen der Kontrollmitteilung bekannt waren, liegt eine neue Tatsache nach § 173 Abs. 1 Nr. 1 AO nicht vor.

   Für den Stpfl. war die fehlerhafte Behandlung der Zinsen bei der Veranlagung 01 nicht erkennbar, eine Änderung nach § 174 Abs. 3 AO scheidet somit aus.

   Da die Einkommensteuer 02 zugunsten des Stpfl. geändert wurde, kann das FA gem. § 174 Abs. 4 AO den Einkommensteuerbescheid 01 zuungunsten des Stpfl. ändern.

   Die nachträgliche Änderung des Steuerbescheides 01 zu Lasten des Stpfl. erscheint gerechtfertigt, da ihm die Zinsen nachträglich zugeflossen sind und er sich billigerweise nur gegen den Zeitpunkt der Erfassung wenden kann.

Auch wenn die Änderung des Einkommensteuerbescheides 02 erst nach Ablauf der Festsetzungsfrist für die Einkommensteuer 01 erfolgt, können die richtigen steuerlichen Folgerungen innerhalb eines Jahres gezogen werden (§ 174 Abs. 4 Satz 3 AO).

Wenn bei Erlass des Einkommensteuerbescheides 02 die Festsetzungsfrist für die Einkommensteuer 01 bereits abgelaufen war, kann die Änderung nach § 174 Abs. 4 AO noch innerhalb eines Jahres erfolgen, wenn die Nichtberücksichtigung der Zinsen im Rahmen der Veranlagung 01 für den Stpfl. erkennbar war (§ 174 Abs. 4 Satz 4 AO).

2. Lesen Sie noch einmal das Beispiel zu § 174 Abs. 3 AO (Rdn. 373).

   Dort war die Lösung, dass nach § 174 Abs. 3 AO der Umsatzsteuerbescheid der AG noch geändert werden durfte. Hier würde auch § 174 Abs. 4 AO zu einer Korrektur führen. Das FA hat einen rechtsfehlerhaften USt-Bescheid erlassen. Dieser wurde auf den Rechtsbehelf der GmbH hin aufgehoben. Daher kann das FA nunmehr aus dem Urteil die richtigen Folgerungen ziehen und den USt-Bescheid der AG zu ihren Ungunsten korrigieren.

   § 174 Abs. 3 und 4 AO können also kumulativ zur Anwendung kommen.

Für den rechtmäßigen Erlass eines Änderungsbescheides nach § 174 Abs. 4 reicht es aus, wenn die Voraussetzungen für die Änderung, also die Aufhebung oder Änderung des anderen Steuerbescheides zugunsten des Steuerpflichtigen bis zur Entscheidung über den Einspruch gegen den auf § 174 Abs. 4 AO gestützten Änderungsbescheid vorliegen.

BEISPIEL: Der Steuerpflichtige Bauer legt gegen den Einkommensteueränderungsbescheid 02 Einspruch ein. Er macht unter anderem geltend, dass die vom Außenprüfer ermittelte Aufteilung des Gewinns infolge der Umstellung von einem abweichenden auf ein dem Kalenderjahr entsprechenden Wirtschaftsjahr ab 03 unzutreffend sei. Dem Veranlagungsjahr 02 müsse ein geringerer Gewinn zugerechnet werden.

Das Finanzamt änderte zunächst die Einkommensteuerfestsetzung 03 nach § 174 Abs. 4 AO und erhöhte den auf das Veranlagungsjahr 03 entfallenden Gewinnanteil entsprechend. Dagegen legte Bauer Einspruch ein mit der Begründung, die Voraussetzungen für eine Korrektur nach § 174 Abs. 4 AO lägen nicht vor. Noch während des Einspruchsverfahrens gegen den Einkommensteuerbescheid 03 ändert das Finanzamt den Einkommensteuerbescheid 02 zugunsten des Bauer bezogen auf den Gewinnanteil.

Die Regelung des § 174 Abs. 4 AO bezweckt den Ausgleich einer zugunsten des Steuerpflichtigen eingetretenen Änderung. Wer erfolgreich für seine Rechtsansicht gestritten hat, muss auch die damit verbundenen Nachteile hinnehmen. Zwar lagen die Voraussetzungen für eine Änderung nach § 174 Abs. 4 AO noch nicht vor, als der Einkommensteuerbescheid 03 geändert wurde. Denn den Bescheid 02, mit dem das Finanzamt dem dagegen eingelegten Einspruch teilweise abgeholfen hat, erließ es erst danach. Die Rechtmäßigkeit des Bescheides 03 liegt jedoch darin, dass noch **vor Erlass** der Einspruchsentscheidung gegen den Einkommensteuerbescheid 03 die Voraussetzungen für eine Änderung nach § 174 Abs. 4 AO vorlagen.

Für die Beurteilung der Sach- und Rechtslage ist grundsätzlich auf den Zeitpunkt der letzten Behördenentscheidung – hier also der Einspruchsentscheidung gegen den Einkommensteuerbescheid 03 – abzustellen. Zu diesem Zeitpunkt war der Einkommensteuerbescheid 02 bereits zugunsten des Steuerpflichtigen geändert worden (BFH v. 24.4.2008 IV R 50/06, BStBl II 2009, 35).

9.13.6 Anwendung von § 174 Abs. 4 AO gegenüber Dritten (§ 174 Abs. 5 AO)

375 Eine Ergänzung zu § 174 Abs. 4 AO ergibt sich für die Fälle, in denen die steuerlichen Folgen der korrespondierenden Änderung einen Dritten treffen. Dritter ist, wer nicht Adressat des ursprünglichen Bescheides war. Ihm muss die Gelegenheit zur Äußerung eingeräumt werden.

Dabei sind 2 Fälle zu unterscheiden.

376 aa) Der Fehler im Bescheid soll **außerhalb eines Rechtsbehelfsverfahrens** durch einen Korrekturbescheid berücksichtigt werden. Die Folgeänderung betrifft einen Dritten.

BEISPIEL: Rechtsanwalt Obert ist an einer Partnerschaftsgesellschaft beteiligt, die eine Kanzlei betreibt. Obert selbst hat daneben eine Anwaltspraxis, in der er als Testamentsvollstrecker tätig ist. Das FA erlässt den USt-Bescheid 01 (§ 18 Abs. 3 UStG) für die Partnerschaftsgesellschaft, in der es auch rechtsfehlerhaft die Umsätze des Obert aus seiner Tätigkeit als Testamentsvollstrecker aufnimmt. Die Partnerschaft beantragt Korrektur des USt-Bescheides nach § 164 Abs. 2 AO, da Obert seine Tätigkeit als Testamentsvollstrecker nicht als Partner, sondern als Einzelunternehmer ausübe. Da Obert noch schriftstellerische Tätigkeit umsatzsteuerpflichtig ausübt, wurde er bestandskräftig und endgültig zur USt 01 veranlagt.

Der USt-Bescheid 01 der Partnerschaft ist rechtswidrig. Wenn er nach § 164 Abs. 2 AO geändert wird, kann dies zu einer Korrektur des USt-Bescheides 01 des Obert, also eines Dritten führen, bei dem diese Umsätze nunmehr zu berücksichtigen sind. Eine Änderung ist nur möglich, wenn Obert an dem Änderungsverfahren beteiligt wird (§ 174 Abs. 4 und 5 AO). Dies kann dadurch geschehen, dass Obert in einem Bescheid über die geänderte Sach- und Rechtslage in Kenntnis gesetzt wird. Obert hat die Möglichkeit, diesen Bescheid anzugreifen (§ 347 Abs. 1 Nr. 1 AO).

377 bb) Erfolgt die Änderung des fehlerhaften Bescheides **im Einspruchs- oder Klageverfahren**, so ist der Dritte zum Verfahren nach § 174 Abs. 5 Satz 2 AO hinzuzuziehen (§ 360 Abs. 3 AO) oder im Klageverfahren notwendig beizuladen (§ 60 Abs. 3 FGO). In diesen Fällen erhält er eine Rechtsbehelfsentscheidung, die er angreifen kann.

War der Dritte hinzugezogen oder beigeladen und beendet das Finanzamt das Verfahren nicht durch eine förmliche Einspruchsentscheidung, sondern durch einen Abhilfebescheid ohne Zustimmung des Dritten, so war dieser an dem Verfahren nicht beteiligt (BFH v. 11.4.1991 V R 40/86, BStBl II 1991, 605). Eine Beteiligung liegt allerdings vor, wenn die dem Hinzugezogenen bekannt gegebene Einspruchsentscheidung dem Einspruch stattgibt (BFH v. 11.10.2009 V R 81/07, BStBl II 2010, 109).

378 Der Erlass oder die Änderung des Steuerbescheides des Dritten ist nur möglich, wenn dieser vor Ablauf der Festsetzungsfrist des gegen ihn gerichteten Steueranspruches am Verfahren beteiligt worden ist (BFH v. 20.4.2000 V R 25/99, BFH/NV 2001, 137).

9.14 Änderung von Folgebescheiden gemäß § 175 Abs. 1 Satz 1 Nr. 1 AO

9.14.1 Grundlagenbescheide und Folgebescheide

Grundlagenbescheide sind nach § 171 Abs. 10 Satz 1 AO Bescheide, die für die Steuerfestsetzung bindend sind: 379

BEISPIELE:

Feststellungsbescheide:	bindend für
Gewinnfeststellungsbescheid (§ 180 Abs. 1 Nr. 2 AO)	Einkommensteuerbescheid (§ 182 Abs. 1 AO)
Grundbesitzwert (§ 219 BewG)	Erbschaftsteuerbescheid (§ 12 Abs. 3 ErbStG)
Messbescheide:	
Gewerbesteuermessbescheid (§ 184 AO)	Gewerbesteuerbescheid (§ 184 Abs. 1 Satz 4 AO)
Grundsteuermessbescheid (§ 184 AO)	Grundsteuerbescheid (§ 184 Abs. 1 Satz 4 AO)
andere Verwaltungsakte:	
Billigkeitsmaßnahme (§ 163 AO)	Steuerbescheid (AEAO zu § 163 Nr. 3)
ESt-Bescheid, KSt-Bescheid	Solidaritätszuschlag (§ 51a Abs. 5 EStG)
Feststellungen Versorgungsämter (in Bayern: Zentrum Bayern Familie und Soziales)	ESt-Bescheid (Pauschalen nach § 33b EStG, H 33b „Allgemeines und Nachweis")

Manchmal ist der Folgebescheid seinerseits zugleich Grundlagenbescheid für einen weiteren Folgebescheid.

BEISPIEL:

1. Der Feststellungsbescheid nach § 10a Satz 2 GewStG ist Grundlagenbescheid für den GewSt-Messbescheid des Folgejahres. Der Messbescheid ist wiederum Grundlagenbescheid für den GewSt-Bescheid.
2. Der Realsteuermessbescheid (§ 184 AO) ist Grundlagenbescheid für den Zerlegungsbescheid (§ 188 Abs. 1 AO). Dieser ist wiederum Grundlagenbescheid für den Realsteuerbescheid (§§ 155 Abs. 1; 3 Abs. 2 AO).

Der Grundlagenbescheid ist für die Folgebescheide bindend, selbst wenn der Grundlagenbescheid noch nicht bestandskräftig ist. Er muss allerdings wirksam geworden sein.

9.14.2 Folgeänderungen

Wegen der Bindungswirkung muss jeder Änderung eines Grundlagenbescheides durch eine entsprechende Änderung des Folgebescheides Rechnung getragen werden (§ 175 Abs. 1 S. 1 Nr. 1 AO). Eine Änderung des Grundlagenbescheides kann sich im Rechtsbehelfsverfahren ergeben oder auch aufgrund einer Änderungsvorschrift. Die Korrek- 380 turvorschrift umfasst auch die Fälle, die sich ergeben, wenn der Grundlagenbescheid ergeht, nachdem der Folgebescheid ergangen ist.

BEISPIELE:

1. Zwei Brüder wohnen in Bonn. Sie erwerben im Mai 01 ein Miethaus in Köln. In Unkenntnis des Erwerbes erlässt das FA Bonn die ESt-Bescheide 01. Kurz darauf geht beim FA Bonn die Mitteilung über die einheitlich und gesonderte Feststellung der Einkünfte aus Vermietung und Verpachtung für 01 ein (§§ 179 Abs. 2, 180 Abs. 1 Nr. 2a AO).

   Das FA Bonn muss die Mitteilung nach § 175 Abs. 1 S. 1 Nr. 1 AO in den ESt-Bescheiden der Brüder berücksichtigen.

2. Borg wohnt in Starnberg und hat in Weilheim einen Gewerbebetrieb. Im Juni 05 veranlagt das FA Starnberg den Borg zur ESt 04. Im September 05 erhält das FA Starnberg den Gewinnfeststellungsbescheid für 04 des FA Weilheim. Im Mai 06 korrigiert das FA Starnberg den ESt-Bescheid 04 wegen neuer Tatsachen nach § 173 Abs. 1 Nr. 1 AO. Den Gewinnfeststellungsbescheid übersieht es. Im August 06 entdeckt der Sachbearbeiter den Bescheid in den Akten und korrigiert den ESt-Bescheid 04 nach § 175 Abs. 1 S. 1 Nr. 1 AO.

   Der wirksame Feststellungsbescheid des FA muss ausgewertet werden, solange dies innerhalb der Festsetzungsverjährung des Folgebescheides möglich ist. Hierfür bietet § 175 Abs. 1 S. 1 Nr. 1 AO die zutreffende Rechtsgrundlage, weil diese Korrekturvorschrift so lange greift, bis die Feststellung ausgewertet wurde (Bindungswirkung des Grundlagenbescheides), gleichgültig aus welchem Grund sie bisher unterblieben ist. Denkbar wäre auch, die Korrektur auf § 129 AO zu stützen, da das bloße Übersehen eines Grundlagenbescheides eine offenbare Unrichtigkeit darstellt, vgl. Rdn. 308 ff.

Hat das Folge-Finanzamt den Grundlagenbescheid **nicht vollständig** berücksichtigt, so gilt § 175 Abs. 1 Satz 1 Nr. 1 AO weiterhin, bis der Anpassungsfehler ausgeglichen wurde.

BEISPIEL: Fred, Hans und Uwe sind Gesellschafter der Mayr-OHG. Die OHG hat in 03 Spenden in Höhe von 60 000 € geleistet. Im Feststellungsbescheid für 03 werden neben dem Gewinn auch die Spenden als sonstige Besteuerungsgrundlagen nach dem Gewinnverteilungsschlüssel mit je 20 000 € auf die Gesellschafter verteilt (vgl. § 180 Abs. 1 Nr. 2a AO). Beim späteren Erlass des ESt-Bescheides 03 des Gesellschafters Uwe übersieht der Sachbearbeiter die Uwe zugerechneten Sonderausgaben von 20 000 €.

Der Feststellungsbescheid wurde bisher nicht vollständig ausgewertet. Das FA kann daher den ESt-Bescheid des Uwe nach § 175 Abs. 1 S. 1 Nr. 1 AO ändern und die Sonderausgaben berücksichtigen.

Das Finanzamt kann die Änderung eines Folgebescheides nach § 175 Abs. 1 Satz 1 Nr. 1 AO nicht mit der Begründung ablehnen, es bestünden wegen fehlender Steuerakten Unklarheiten wegen der im ursprünglichen Folgebescheid angesetzten Besteuerungsgrundlagen, wenn die Ursache für die Unklarheiten dem Finanzamt zuzurechnen ist. Steuerakten dürfen daher trotz des Ablaufs der 10-jährigen Aufbewahrungspflicht nicht vernichtet werden, wenn die Einkommensteuerakten wegen eines anhängigen Klageverfahrens gegen den Feststellungsbescheid von Bedeutung sein können. Dies gilt auch dann, wenn es das Betriebsstättenfinanzamt pflichtwidrig unterlassen hat, das für die Einkommensteuerfestsetzung zuständige Finanzamt über das anhängige Klageverfahren zu informieren (BFH v. 28.11.2007 X R 11/07, BStBl II 2008, 335).

9.14.3 Umfang der Änderung im Folgebescheid

Aus dem Sinn des § 175 Abs. 1 S. 1 Nr. 1 AO folgt, dass der Folgebescheid so zu ändern ist, dass er der Änderung des Grundlagenbescheides Rechnung trägt. 381

BEISPIEL: Fleischermeister Kern betreibt eine Metzgerei mit angeschlossenem Laden. Er hat seine Frau mit Arbeitsvertrag als Leiterin des Ladens angestellt. Das FA erkannte das Arbeitsverhältnis nicht an, betrachtete die Ehefrau als Mitunternehmerin und stellte die Einkünfte aus dem Unternehmen einheitlich und gesondert fest (§§ 179 Abs. 2, 180 Abs. 1 S. 1 Nr. 2a AO). Die Lohneinkünfte einschließlich der Arbeitgeberbeiträge zur Sozialversicherung berücksichtigte das FA ordnungsgemäß als Gewinn aus dem Unternehmen. Die Eheleute griffen den Gewinnfeststellungsbescheid an und begehrten Anerkennung des Arbeitsverhältnisses (§§ 347 Abs. 1 Nr. 1, 351 Abs. 2 AO). Der darauf ergehende ESt-Bescheid wurde bestandskräftig. Durch Einspruchsentscheidung wurde der Feststellungsbescheid aufgehoben, weil das Arbeitsverhältnis anzuerkennen war.

Der bestandskräftige ESt-Bescheid ist nunmehr nach § 175 Abs. 1 Satz 1 Nr. 1 AO so zu ändern, dass er der Aufhebung des Grundlagenbescheides Rechnung trägt. Dies ist erst geschehen, wenn einerseits der Gewinn aus Gewerbebetrieb des Kern um die Betriebsausgaben für den Lohn der Ehefrau und um die entsprechende Gewerbesteuerrückstellung gemindert ist und andererseits bei der Ehefrau die Einkünfte aus nichtselbständiger Arbeit angesetzt wurden.

9.15 Rückwirkendes Ereignis (§ 175 Abs. 1 Satz 1 Nr. 2 AO)

9.15.1 Allgemeines

Während die bisher behandelten Änderungsvorschriften es ermöglichen, einen bei Erlass fehlerhaften Steuerbescheid zu korrigieren, setzt § 175 Abs. 1 Satz 1 Nr. 2 AO voraus, dass zunächst ein fehlerfreier Bescheid zustande kam. Erst durch ein später eintretendes Ereignis, das steuerliche Wirkung für die Vergangenheit hat, wird der ursprünglich fehlerfreie Steuerbescheid änderungsbedürftig. 382

Während beispielsweise die Änderungsbefugnis nach § 173 Abs. 1 AO an die Veranlagung eines unvollständigen und daher falschen Sachverhaltes anknüpft, setzt § 175 Abs. 1 Satz 1 Nr. 2 AO voraus, dass nach Ermittlung des gesamten steuererheblichen Sachverhaltes **die richtige Steuer** festgesetzt wurde. Diese Änderungsvorschriften schließen sich daher gegenseitig aus (BFH v. 21.4.1988 IV R 215/85, BStBl II 1988, 863).

§ 175 Abs. 1 Satz 1 Nr. 2 AO trägt dem Umstand Rechnung, dass der Gesetzgeber zwar einen Lebenssachverhalt nicht mit Wirkung für die Vergangenheit ändern kann, dass er aber festlegen kann, dass die außersteuerliche Rechtsfolge eines Lebensvorganges entweder gar nicht oder früher oder später als tatsächlich eingetreten ist.

BEISPIELE:

1. Das eheliche Zusammenleben kann der Gesetzgeber nicht ungeschehen machen. Die Ehe kann dennoch mit Wirkung für die Vergangenheit (ex tunc) für nichtig erklärt werden (§ 23 EheG).
2. Der Erbschaftsbesitz eines durch Testament eingesetzten Erben kann nicht ungeschehen gemacht werden. Dennoch kann das Testament mit Wirkung für die Vergangenheit angefochten werden (§§ 2078, 142 BGB).

9.15.2 Anwendungsbereich

9.15.2.1 Eintritt einer auflösenden Bedingung

383 Wurde eine Steuerfestsetzung unter einer auflösenden Bedingung (vgl. § 158 Abs. 2 BGB) vorgenommen, so ist der Steuerbescheid nach § 175 Abs. 1 Satz 1 Nr. 2 AO zu ändern, wenn die Bedingung eintritt.

BEISPIEL: Bei der Einkommensteuerveranlagung wurden Spenden gem. § 10b EStG berücksichtigt. Die Spende war vom Stpfl. unter der auflösenden Bedingung gewährt worden, dass sie einem bestimmten Projekt zugeführt wird. Da sich das Projekt nicht durchführen ließ, wurde die Spende an den Stpfl. zurückgezahlt.

Das Projekt stellte sich als undurchführbar heraus. Damit war die auflösende Bedingung eingetreten. Der Einkommensteuerbescheid ist deshalb insoweit zu ändern (§ 175 Abs. 1 S. 1 Nr. 2 AO).

9.15.2.2 Nichtiges, unwirksames oder anfechtbares Rechtsgeschäft

384 Ein Rechtsgeschäft kann nach bürgerlichem Recht ausnahmsweise nichtig oder anfechtbar sein. Dennoch werden die steuerlichen Folgen aus dem Rechtsgeschäft gezogen, solange die Parteien an dem wirtschaftlichen Ergebnis des Rechtsgeschäftes festhalten (§ 41 Abs. 1 AO). Es handelt sich um eine Auswirkung der wirtschaftlichen Betrachtungsweise (vgl. Rdn. 33).

BEISPIELE: Ein Rechtsgeschäft ist in folgenden Fällen **nichtig:**

- bei Verstoß gegen Formvorschriften (§§ 125, 311b, 518 Abs. 1 Satz 1, 2247 Abs. 1 BGB);
- bei mangelnder Geschäftsfähigkeit (§ 104 ff. BGB);

Ein Rechtsgeschäft ist in folgenden Fällen **unwirksam:**

- bei Vertragsschluss durch einen Vertreter ohne Vertretungsmacht (§ 177 Abs. 1 BGB);
- bei Verfügungen eines Nichtberechtigten (§ 185 Abs. 1 BGB);

Ein Rechtsgeschäft ist in folgenden Fällen **anfechtbar:**

- bei einem Irrtum im Rahmen der Abgabe einer Willenserklärung (§§ 119, 2078 BGB);
- bei arglistiger Täuschung oder Drohung (§§ 123, 2078 BGB).

385 Bisweilen greift eine Vertragspartei einen derartigen schwerwiegenden Mangel auf und macht die Nichtigkeit bzw. Unwirksamkeit geltend oder ficht das Rechtsgeschäft an. Beseitigen die Vertragspartner daraufhin das wirtschaftliche Ergebnis des Rechtsgeschäftes, so hat das Finanzamt auch die steuerlichen Folgen rückgängig zu machen (§ 175 Abs. 1 Nr. 2 AO).

BEISPIELE:

1. Wird ein Testament durch Anfechtung nichtig (§§ 2078, 142 BGB), so ist der gegen den vermeintlichen Erben ergangene Erbschaftsteuerbescheid aufzuheben (§ 175 Abs. 1 Satz 1 Nr. 2 AO).
2. Ein Handlungsbevollmächtigter (§ 54 HGB) veräußert ein Betriebsgrundstück. Macht der Inhaber des Handelsgeschäftes geltend, dass der Handlungsbevollmächtigte ohne Vertretungsvollmacht tätig wurde (§ 177 Abs. 1 BGB, § 54 Abs. 2 HGB), so ist der bereits ergangene Grunderwerbsteuerbescheid aufzuheben (§ 175 Abs. 1 Satz 1 Nr. 2 AO).

386 Die laufend veranlagten Steuern knüpfen im Allgemeinen nicht an einzelne Rechtsgeschäfte an, sondern an andere Merkmale, wie Gewinn, vereinbarte Entgelte, Gewer-

beertrag usw. Die später geltend gemachte Nichtigkeit oder Unwirksamkeit eines einzelnen Rechtsgeschäftes führt daher nicht zur Änderung zurückliegender Veranlagungen.

BEISPIEL: Ein Händler veräußert 01 an einen Minderjährigen ein Moped. Der Verkauf wirkte sich 01 gewinnerhöhend aus. Anfang 02 verweigert der gesetzliche Vertreter endgültig die Genehmigung des Kaufes (§ 108 Abs. 1 BGB). Die Leistungen werden zurückgewährt.

Die Rückzahlung des Kaufpreises im Jahre 02 kann den Gewinn 01 nicht mehr beeinflussen. Sie wirkt sich 02 gewinnmindernd aus.

Ebenso ergibt sich aus § 17 Abs. 1 UStG, dass sich die Rückgängigmachung des Kaufvertrages umsatzsteuerlich nur 02 auswirkt.

9.15.2.3 Weitere Einzelfälle

Ereignis i. S. d. § 175 Abs. 1 Satz 1 Nr. 2 AO ist jeder nachträglich eingetretene tatsächliche oder rechtliche Umstand, der nach dem Gesetz den Steueranspruch dem Grunde oder der Höhe nach beeinflusst. 387

BEISPIELE:

1. Arndt hat sein Unternehmen im Jahre 01 im Ganzen an Unger zum Veräußerungspreis von 500 000 € verkauft. Der Veräußerungsgewinn wurde im Jahre 02 der ESt-Veranlagung 01 des Arndt zugrunde gelegt (§ 16 EStG). Der ESt-Bescheid ist endgültig und bestandskräftig. Aufgrund einer Klage wegen Minderung des Kaufpreises (§§ 437, 441 BGB) setzte das Zivilgericht im Jahre 06 durch rechtskräftiges Urteil den Kaufpreis auf 450 000 € herab.

   Das Urteil hat zu einer **rückwirkenden Herabsetzung des Kaufpreises** geführt. Damit hat sich ein Besteuerungsmerkmal mit Rückwirkung geändert. Die ESt 01 ist gemäß § 175 Abs. 1 Nr. 2 AO zu ändern. Dasselbe würde gelten, wenn der Kaufpreis im Jahre 06 durch einen gerichtlichen oder außergerichtlichen Vergleich herabgesetzt worden wäre (BFH v. 23.6.1988 IV R 84/86, BStBl II 1989, 41).

   Nach BFH (BFH v. 19.7.1993 Gr S 2/92, BStBl II 1993, 897) liegt ein rückwirkendes Ereignis auch dann vor, wenn später der **vereinbarte Kaufpreis ganz oder teilweise uneinbringlich** wird. Im Gegensatz zum Beispielsfall ist, anders als bei einer Minderung des Kaufpreises in den Fällen der Uneinbringlichkeit, die Ursache für die Änderung des Veräußerungspreises im Veräußerungszeitpunkt noch nicht gelegt, sondern erst später eingetreten.

2. Ein bilanzierender Unternehmer hat die **Anschaffungskosten** von 2 000 € für eine Maschine mit einer betriebsgewöhnlichen Nutzungsdauer von 5 Jahren im Jahr der Anschaffung 01 entgegen § 255 Abs. 1 HGB in vollem Umfang als Betriebsausgaben geltend gemacht. Eine 05 durchgeführte Außenprüfung hat diesen Verstoß gegen § 6 Abs. 1 Nr. 1 EStG aufgedeckt.

   Der Einkommensteuerbescheid im **Jahr der Anschaffung** 01 ist gem. § 173 Abs. 1 Nr. 1 AO zu ändern, wobei der Gewinn aus Gewerbebetrieb um 1 600 € zu erhöhen ist. Die Einkommensteuerbescheide der **Folgejahre** sind, soweit die Veranlagungen bereits durchgeführt sind, nach § 175 Abs. 1 Nr. 2 AO zu ändern, wobei sich der Gewinn aus Gewerbebetrieb jeweils um 400 € mindert. Wegen der Änderung der Schlussbilanz für das Jahr 01 hat sich als Folge des Bilanzenzusammenhangs auch die Anfangsbilanz für 02 geändert. Hiermit ist ein Ereignis, nämlich der Wegfall der bisher maßgeblichen Anfangsbilanz, mit steuerlicher Wirkung (§§ 4 Abs. 1 Satz 1, 5 Abs. 1 EStG) für die Vergangenheit eingetreten (BFH v. 30.6.2005 IV R 11/04, BStBl II 2005, 809).

Weitere Anwendungsfälle für Korrekturen nach § 175 Abs. 1 Nr. 2 AO ergeben sich z. B. in folgenden Fällen:

- Wurde ein Ehegatte bestandskräftig einzeln zur Einkommensteuer veranlagt (§ 26a EStG) und wählen nunmehr beide Ehegatten Zusammenveranlagung nach § 26b EStG, so ist der bestandskräftige Bescheid des veranlagten Ehegatten nach § 175 Abs. 1 Nr. 2 AO aufzuheben (BFH v. 28.7.2005 III R 48/03, BStBl II 2005, 865)
- Werden rechtsgrundlos gezahlte Versicherungsbeiträge in einem späteren Veranlagungszeitraum vom Versicherungsträger zurückbezahlt und ist im Jahr der Rückzahlung ein Ausgleich mit entsprechenden Aufwendungen nicht möglich, so ist der Sonderausgabenabzug (§ 10 Abs. 1 Nr. 2 EStG) des Jahres, in dem die Sonderausgaben getätigt wurden, um die nachträgliche Erstattung zu mindern (BFH v. 28.5.1998 X R 7/96, BStBl II 1999, 95).
- Die Erstattung von Kirchensteuer ist insoweit ein rückwirkendes Ereignis, als sie die im Jahr der Erstattung gezahlte Kirchensteuer übersteigt (BFH v. 2.9.2008 X R 46/07, BStBl II 2009, 229). § 10 Abs. 4b Satz 3 EStG vermeidet ab VZ 2012 in der Regel die Änderung der Steuerfestsetzung des Zahlungsjahrs gem. § 175 Abs. 1 Satz 1 Nr. 2 AO.
- Auch im Bereich der außergewöhnlichen Belastungen kann es zu Korrekturen nach § 175 Abs. 1 Satz 1 Nr. 2 AO kommen.

BEISPIEL: Irene hat sich in 06 ein Gebiss fertigen lassen. Die Aufwendungen für die Kosten des Zahnarztes hat sie in 06 als außergewöhnliche Belastungen (§ 33 Abs. EStG) geltend gemacht, wobei sie davon ausging, dass 60 % der Kosten durch ihre private Versicherung ersetzt würden. Die Aufwendungen wurden unter Berücksichtigung ihrer zumutbaren Eigenbelastung bei der ESt 06 anerkannt. 07 stellt sich heraus, dass die Versicherung Irene nur 40 % der Kosten ersetzte.

§ 33 Abs. 1 EStG setzt eine endgültige Belastung voraus. In 07 stellte sich heraus, dass die endgültige Belastung höher war als von Irene angenommen. Dies ist ein rückwirkendes Ereignis i. S. v. § 175 Abs. 1 Satz 1 Nr. 2 AO.

Die nachträgliche Erteilung oder Vorlage einer Bescheinigung oder Bestätigung gilt nicht als rückwirkendes Ereignis (§ 175 Abs. 2 Satz 2 AO).

Eine Aufzählung weiterer rückwirkender Ereignisse findet sich in AEAO zu § 175 Nr. 2.4

9.15.3 Anlaufhemmung für die Änderung (§ 175 Abs. 1 Satz 2 AO)

388 § 175 Abs. 1 **Satz 2** AO begründet einen abweichenden Beginn der Festsetzungs- bzw. Feststellungsfrist (§§ 170, 181 Abs. 1 Satz 1 AO). So beginnt die Festsetzungsfrist mit Ablauf des Jahres, in dem die auflösende Bedingung eingetreten ist oder in dem die Rechtsfolgen eines nichtigen, unwirksamen oder angefochtenen Rechtsgeschäftes rückgängig gemacht wurden. Diese Anlaufhemmung beschränkt sich auf die steuerliche Auswirkung des rückwirkenden Ereignisses.

Im oben dargestellten Beispiel 1 beginnt die Festsetzungsfrist für die Änderung des Einkommensteuerbescheides 01 mit Ablauf des Kalenderjahres 06.

9.16 Umsetzung von Verständigungsvereinbarungen (§ 175a AO)

Nach § 175a AO können Schiedssprüche, die im Zusammenhang mit Doppelbesteuerungsabkommen ergehen (vgl. z. B. Art. 25 Abs. 2 des OECD-Musterabkommens), oder Verständigungsvereinbarungen aufgrund zwischenstaatlicher Übereinkommen durch Änderung, Erlass oder Aufhebung von Steuerbescheiden berücksichtigt werden, auch wenn diese bereits bestandskräftig sind. Die Festsetzungsfrist endet insoweit nicht vor Ablauf eines Jahres nach dem Wirksamwerden des Schiedsspruches oder einer Verständigungsvereinbarung. 389

Die Einleitung solcher Schiedssprüche oder Verständigungsvereinbarungen setzt im Allgemeinen die Bestandskraft des Steuerbescheides voraus. Ist ein Rechtsbehelfsverfahren anhängig, das sich auf einen anderen Sachverhalt als die zwischenstaatliche Einkünfteabgrenzung bezieht, kann bezüglich der Besteuerungsgrundlagen, auf die sich das zwischenstaatliche Schlichtungsverfahren erstreckt, ein Teilverzicht (§ 354 Abs. 1a AO) oder eine Teilrücknahme (§ 362 Abs. 1a AO) ausgesprochen werden. Damit wird die Einleitung des Schlichtungs- oder Verständigungsverfahrens beschleunigt.

9.17 Datenübermittlung durch Dritte (§ 175b AO)

Die Vorschrift ermöglicht die Korrektur von Steuerbescheiden (und diesen gleichgestellten Verwaltungsakten), wenn mitteilungspflichtige Dritte elektronisch Daten des Steuerpflichtigen an die Finanzbehörden übermitteln und diese 390

- nicht oder nicht zutreffend berücksichtigt wurden (Abs. 1) oder
- als Angaben des Steuerpflichtigen i. S. d. § 150 Abs. 7 Satz 2 AO geltende Daten zuungunsten des Steuerpflichtigen unrichtig sind (Abs. 2) oder
- ohne Vorliegen einer gesetzlich vorgeschriebenen Einwilligung übermittelt wurden, diese aber Voraussetzung für deren Berücksichtigung ist (Abs. 3).

Für die Korrektur unerheblich sind sowohl die Art des Fehlers aus auch die mögliche Verletzung von Mitwirkungspflichten durch die Finanzbehörde oder den Steuerpflichtigen.

Die Änderung eines ESt-Bescheids nach § 175b Abs. 1 AO ist auch zulässig, wenn die unzutreffende Berücksichtigung der von einem Dritten übermittelten Daten auf einen Fehler der Finanzbehörde zurückzuführen ist, vgl. BFH-Urteil vom 20.2.2024 (Az.: IX R 20/23).

9.18 Vertrauensschutz bei der Änderung von Steuerbescheiden nach § 176 AO

Der Steuerpflichtige hat einen Anspruch darauf, dass bei Änderungen (§§ 164 Abs. 2, 165 Abs. 2, 172 ff. AO) sowie bei Mitberichtigungen von materiellen Fehlern (§ 177 AO) der **ihm günstige Rechtszustand** zugrunde gelegt wird, der zum Zeitpunkt der Erstver- 391 anlagung galt (§§ 176, 177 Abs. 4 AO). Dies ist eine Auswirkung des Grundsatzes des Vertrauensschutzes.

§ 176 AO ist selbst keine Korrekturvorschrift, sondern nur bei Vorliegen einer Korrekturvorschrift anzuwenden. Mithilfe von § 176 AO ist es also denkbar, dass eine eigentlich gegebene Änderungsmöglichkeit aus Gründen des Vertrauensschutzes ganz oder teilweise unterbleiben muss.

392 Folgende Fälle sind zu unterscheiden:

9.18.1 Nichtigkeitsfeststellung eines Gesetzes durch das Bundesverfassungsgericht (§ 176 Abs. 1 Nr. 1 AO)

BEISPIEL: Ein Stpfl. wird unter Vorbehalt der Nachprüfung (§ 164 AO) veranlagt. Kurz darauf stellt das BVerfG die Nichtigkeit einer Freibetragsregelung fest, die sich bei der Veranlagung zugunsten des Stpfl. ausgewirkt hat. Wird nun die Veranlagung nach § 164 Abs. 2 Satz 1 AO geändert, so ist dem Stpfl. der Freibetrag zu belassen.

9.18.2 Nichtanwendung einer Rechtsnorm durch ein Bundesgericht (§ 176 Abs. 1 Nr. 2 AO)

BEISPIEL: Ein Stpfl. wird vorläufig veranlagt (§ 165 AO). Einige Zeit später ergeht ein Urteil des BFH, dass eine gesetzlich festgelegte Steuerermäßigung für bestimmte Sachverhalte nicht mehr zu gewähren ist. Wird anschließend die Steuerfestsetzung für endgültig erklärt (§ 165 Abs. 2 Satz 1 AO), so ist dem Stpfl. die Steuervergünstigung zu belassen.

9.18.3 Änderung der Rechtsprechung eines Bundesgerichtes (§ 176 Abs. 1 Nr. 3 AO)

393 Für die Prüfung maßgebender Zeitpunkt ist der zwischen Erst- und Änderungsbescheid. Eine Änderung der Rechtsprechung liegt nur vor, wenn ein im Wesentlichen gleich gelagerter Fall nunmehr von einem obersten Gericht des Bundes anders entschieden und nicht nur eine bestimmte Rechtsfrage lediglich erörtert oder erwogen worden ist. Befand sich zum Zeitpunkt des Erstbescheides eine Rechtsprechung erkennbar erst in der Entwicklung und konkretisierte sie sich erst allmählich, kann eine Vertrauensschutzposition nach § 176 Abs. 1 Nr. 3 AO nicht entstehen (BFH v. 10.6.2008 VIII R 79/05, BStBl II 2008, 863).

BEISPIELE:

1. Ein Stpfl. wird zur Umsatzsteuer veranlagt, wobei das FA im Einklang mit der Rechtsprechung des BFH bestimmte Umsätze als steuerfrei ansieht. Nach Aufgabe dieser Rechtsprechung ändert das FA den Umsatzsteuerbescheid wegen neuer Tatsachen nach § 173 Abs. 1 Nr. 2 AO. Es ist dem FA untersagt, dabei die geänderte Rechtsprechung nach § 177 Abs. 2 AO zu berücksichtigen (§ 176 Abs. 1 Nr. 3 AO).
2. Diesen Vertrauensschutz genießt der Stpfl. auch dann, wenn seine Steuererklärung die besagten Umsätze als steuerfrei enthält, das FA die Erklärung nicht überprüft hat, aber im Falle einer Überprüfung nicht beanstandet hätte (§ 176 Abs. 1 Satz 2 AO).

3. Der Vertrauensschutz wäre dem Stpfl. jedoch nicht zuzubilligen, wenn das FA etwa auf Anweisung einer vorgesetzten Dienstbehörde, die bisherige Rechtsprechung des BFH nicht anwandte und bei Überprüfung der Steuererklärung die steuerfreien Umsätze als steuerpflichtige behandelt hätte.
4. Ein Stpfl. wird zur Umsatzsteuer veranlagt. Hierbei hält das FA im Einklang mit der Rechtsprechung des BFH bestimmte Umsätze für steuerpflichtig. Nach Aufgabe dieser Rechtsprechung ändert das FA den Steuerbescheid wegen neuer Tatsachen nach § 173 Abs. 1 Nr. 1 AO. Das FA kann die Änderung der Rechtsprechung zugunsten des Steuerpflichtigen im Rahmen der Mitberichtigung nach § 177 AO berücksichtigen.

9.18.4 Nichtanwendung rechtswidriger Verwaltungsvorschriften durch ein Bundesgericht (§ 176 Abs. 2 AO)

BEISPIEL: Ein Stpfl. wird zur Einkommensteuer veranlagt. Im Einklang mit den EStR lässt das FA den Abzug bestimmter Betriebsausgaben zu. Kurz darauf wendet der BFH diese Richtlinie der EStR erstmals nicht mehr an, weil sie mit dem geltenden Recht nicht in Einklang steht. Etwas später ändert das FA den Einkommensteuerbescheid nach § 175 Abs. 1 Nr. 1 AO zugunsten des Stpfl. 394

Hier findet § 177 AO keine Anwendung. Das FA muss wegen des Vertrauensschutzes die Betriebsausgaben weiterhin ansetzen.

9.19 Mitberichtigung von materiellen Fehlern (§ 177 AO)

9.19.1 Vorbemerkungen

Im Rahmen der Berichtigung eines Steuerbescheides nach § 129 AO oder der Änderung nach den §§ 172 bis 175 AO kann das Finanzamt auf andere, im Rahmen der Veranlagung unterlaufene Fehler stoßen. Korrekturvorschriften lassen immer nur eine punktuelle Änderung nach dem jeweiligen gesetzlichen Tatbestand der Norm zu; so verlangt § 173 AO neue Tatsachen, § 129 AO offenbare Unrichtigkeiten, § 175 Abs. 1 Nr. 2 AO ein rückwirkendes Ereignis. Fehler, die sich nicht unter die Voraussetzungen einer Korrekturvorschrift subsumieren lassen, können für sich allein zu keiner Änderung führen. 395

Wird durch eine Korrekturvorschrift die materielle Bestandskraft des Steuerbescheides durchbrochen, ordnet § 177 AO an, **materielle Rechtsfehler**, die nicht Gegenstand der Korrektur sind, durch **Saldierung** maximal im Umfang der Korrektur **mitzuberichtigen**.

§ 177 AO ist daher selbst wie auch bereits § 176 AO keine Korrekturvorschrift, sondern nur bei Vorliegen einer Korrekturvorschrift anzuwenden. Mithilfe von § 177 AO ist es also denkbar, dass eine eigentlich gegebene Änderungsmöglichkeit wegen des Vorliegens **gegenläufiger** materieller Fehler ganz oder teilweise unterbleiben muss. Dies ist möglich, weil nur die Steuerfestsetzung in Bestandskraft erwächst, nicht aber die Besteuerungsgrundlagen.

9.19.2 Begriff des materiellen Fehlers (§ 177 Abs. 3 AO)

396 Materielle Fehler sind alle Fehler einschließlich offenbarer Unrichtigkeiten, die zur Festsetzung einer unrichtigen Steuer führen (§ 177 Abs. 3 AO) und für die es keine eigenständige Korrekturvorschrift gibt. Materiell fehlerhaft ist also ein Bescheid nicht nur dann, wenn er Rechtsfehler enthält, sondern z. B. auch, wenn das Finanzamt bei der Steuerfestsetzung von einem falschen Sachverhalt ausgegangen ist (vgl. Rdn. 318; BFH v. 5.8.1986 IX R 13/81, BStBl II 1987, 297).

BEISPIEL: Die ESt 04 für Renn wurde auf 10 000 € festgesetzt. Nach Unanfechtbarkeit beantragt er die Berücksichtigung von Werbungskosten (Steuerminderung: 2 000 €). Das FA lehnt die Änderung des Steuerbescheides nach § 173 Abs. 1 Nr. 2 AO ab, weil Renn die Werbungskosten grob schuldhaft verspätet vorgebracht hat. Kurz darauf geht beim FA eine Gewinnfeststellungsmitteilung ein (steuerliche Auswirkung: 5 000 €).

Der Steuerbescheid ist wegen des wirksamen Feststellungsbescheides nach § 175 Abs. 1 Nr. 1 AO zu ändern. Gleichzeitig ist der materielle Fehler – unrichtiger Ansatz der Werbungskosten – mitzuberichtigen (§§ 177 Abs. 1 und 3 AO). Die ESt 01 ist auf 13 000 € zu korrigieren, da innerhalb der fehlenden Bestandskraft des Steuerbescheides zwischen 10 000 und 15 000 € (Änderungsrahmen durch § 175 Abs. 1 Nr. 1 AO) der Fehler auszugleichen ist.

397 Die Möglichkeit der Mitberichtigung von materiellen Fehlern im Rahmen der Korrektur einer offenbaren Unrichtigkeit (§ 129 AO) ist allein vom Wortlaut des § 177 Abs. 1 und 2 AO („Aufhebung oder Änderung") nicht erfasst. Sinn und Zweck von § 177 AO rechtfertigen jedoch eine analoge Anwendung auch bei Berichtigungen (vgl. AEAO zu § 129 Nr. 5).

Davon zu unterscheiden ist die Frage, ob offenbare Unrichtigkeiten materielle Fehler sind, obwohl sie für sich allein nach § 129 AO berichtigt werden können. Der Wortlaut von § 177 Abs. 3 AO bestimmt, dass offenbare Unrichtigkeiten als materielle Fehler mit zu berichtigen sind. Dies gewinnt nur Bedeutung, wenn eine Berichtigung nach § 129 AO wegen Ablauf der Festsetzungsfrist nicht mehr zulässig ist (vgl. § 169 Abs. 1 Satz 2 AO).

BEISPIEL: Die ESt 01 für Storm wurde im Jahre 02 auf 13 000 € festgesetzt. Storm ist an einer KG beteiligt, die die Feststellungserklärung für 01 im Jahre 03 einreichte. Im Jahre 07 korrigiert das Betriebsfinanzamt den Feststellungsbescheid 01, wobei sich der Gewinnanteil von Storm um 10 000 € (steuerliche Auswirkung: 3 000 €) erhöht. Storm entdeckt in seinem ESt-Bescheid 01 aus dem Jahre 02 einen Übertragungsfehler, der sich in Höhe von 500 € zu seinen Ungunsten ausgewirkt hat.

Der Feststellungsbescheid 01 konnte bis zum Ablauf des Jahres 07 geändert werden (§§ 181 Abs. 1 Satz 1, 170 Abs. 2 Nr. 1, 169 Abs. 2 Nr. 2 AO). Die Festsetzungsfrist für die ESt 01 endete mit Ablauf des Jahres 06 (§§ 170 Abs. 2 Nr. 1, 169 Abs. 2 Nr. 2 AO); eine **Korrektur** des Übertragungsfehlers nach § 129 AO ist daher nicht möglich. Die Ablaufhemmung nach § 171 Abs. 10 Satz 1 AO ermöglicht aber eine Änderung des ESt 01 nach § 175 Abs. 1 Nr. 1 AO, soweit der Feststellungsbescheid 01 für Storm Bindungswirkung entfaltet (vgl. § 182 Abs. 1 AO). Die offenbare Unrichtigkeit wird wie ein materieller Fehler auch nach Ablauf der Festsetzungsfrist mitberichtigt (BFH v. 18.12.1991 X R 38/90, BStBl II 1992, 504); die ESt 01 ist nach §§ 175 Abs. 1 Nr. 1, 177 Abs. 1 AO auf 12 500 € zu korrigieren.

9.19.3 Umsetzung

Technik zur Ermittlung der zutreffenden Steuer nach Berücksichtigung der materiellen Fehler: 398

- Ermittlung der materiell zutreffenden Steuer (nur anhand der Einzelsteuergesetze, z. B. EStG)
- Ermittlung des Änderungsrahmens (inwieweit erlaubt die AO eine Durchbrechung der Bestandskraft?)
- Abgleich der beiden Schritte

9.19.3.1 Änderungsrahmen für die Mitberichtigung

Werden im Zusammenhang mit einer Änderung oder Berichtigung zu Lasten des Steu- 399
erpflichtigen materielle Fehler mit berichtigt, so darf weder die zuletzt festgesetzte Steuer unterschritten (**Änderungsuntergrenze**) noch die sich bei isolierter Anwendung der Korrekturvorschrift ergebende Steuer überschritten werden (**Änderungsobergrenze**). Dies ergibt sich aus dem Wortlaut von § 177 Abs. 1 AO („soweit die Änderung reicht").

Bei mehreren vorliegenden eigenständigen Änderungsmöglichkeiten mit unterschiedlicher steuerlicher Auswirkung sind diese für Zwecke der Ermittlung der zutreffenden Steuer gem. § 177 AO nicht vorab zu saldieren (**Saldierungsverbot**). Nur so kann gewährleistet werden, dass es keine voneinander abweichenden Steuerfestsetzungen gibt, je nachdem ob die Finanzbehörde zunächst lediglich eine von mehreren Änderungen durchführt bzw. durchführen kann, oder ob sie mehrere Änderungen gleichzeitig durchführt. Grundsätzlich dürfen sich die aus der Anwendung der Änderungsvorschriften ergebenden Grenzen nicht über- bzw. unterschritten werden. Dies gilt auch, wenn die Steuerfestsetzung sowohl zuungunsten als auch zugunsten des Steuerpflichtigen geändert werden kann (BFH v. 14.7.1993 X R 34/90, BStBl II 1994, 77).

Unter Beachtung der obigen Schritte und ggf. des Saldierungsverbots kann auf eine Unterscheidung zwischen § 177 Abs. 1 AO und § 177 Abs. 2 AO verzichtet werden

9.19.3.2 Beispiele für die Mitberichtigung

BEISPIELE BEI NUR STEUERERHÖHENDER ÄNDERUNGSMÖGLICHKEIT: 400

1. Festgesetzte Steuer		**10 000**
Auswirkung einer Änderung nach § 173 Abs. 1 Nr. 1 AO		+ 1 000
steuererhöhende materielle Fehler	+ 500 €	
steuermindernde materielle Fehler	·/. 200 €	+ 300
materiell zutreffende Steuer wäre		11 300
Die Änderung nach § 173 Abs. 1 Nr. 1 AO führt zu einer Änderung der Steuer auf höchstens 11 000 € (Änderungsobergrenze gem. AEAO zu § 177 Nr. 3)		
Die Steuer kann geändert werden auf		11 000

2. Festgesetzte Steuer		**10 000**
Auswirkung einer Änderung nach § 173 Abs. 1 Nr. 1 AO		+ 1 000
steuermindernde materielle Fehler		·/. 1 500
materiell zutreffende Steuer wäre		9 500
Die Änderung nach § 173 Abs. 1 Nr. 1 AO würde zu einer Steuer von 11 000 € führen. § 177 Abs. 1 AO darf den Fehler nur innerhalb des Korrekturrahmens zwischen 10 000 und 11 000 € ausgleichen. Im Übrigen bleibt die Steuerfestsetzung fehlerhaft.		keine Korrektur

BEISPIELE BEI NUR STEUERMINDERNDER ÄNDERUNGSMÖGLICHKEIT:

1. Festgesetzte Steuer		**20 000**
Auswirkung einer Änderung nach § 175 Abs. 1 Nr. 1 AO:		·/. 2 000
steuererhöhende materielle Fehler	+ 600 €	
steuermindernde materielle Fehler:	·/. 400 €	+ 200
materiell zutreffende Steuer wäre		18 200
Die Änderung nach § 175 Abs. 1 Nr. 1 AO führt zu einer Änderung der Steuer auf 18 000 € (Änderungsuntergrenze gem. AEAO zu § 177 Nr. 3). Da die materiell zutreffende Steuer innerhalb der Änderungsgrenze liegt, kann die Steuer geändert werden auf		18 200

2. Festgesetzte Steuer	**20 000**
Auswirkung einer Berichtigung nach § 129 AO	·/. 4 000
steuermindernde materielle Fehler	·/. 1 000
materiell zutreffende Steuer wäre	15 000
Die Berichtigung nach § 129 AO führt zu einer Änderung der Steuer auf 16 000 € (Änderungsuntergrenze gem. AEAO zu § 177 Nr. 3), der materielle Fehler kann die Änderungsgrenze nicht durchbrechen. Die Steuer kann nur geändert werden auf	16 000

BEISPIELE BEI STEUERERHÖHENDER UND STEUERMINDERNDER ÄNDERUNGSMÖGLICHKEITEN:

1. Festgesetzte Steuer	**30 000**
Auswirkung einer Änderung nach § 175 Abs. 1 Nr. 1 AO	+ 5 000
Auswirkung einer Änderung nach § 175 Abs. 1 Nr. 2 AO	·/. 3 000
steuererhöhende materielle Fehler	+ 1 000
materiell zutreffende Steuer wäre	33 000
Die Änderung nach § 175 Abs. 1 Nr. 1 AO führt zu einer Änderung der Steuer auf 35 000 € (Änderungsobergrenze). Bei vollständigem Fehlerausgleich liegt die materiell zutreffende Steuer innerhalb der Obergrenze (und unterschreitet auch nicht die Änderungsuntergrenze bei Änderung nach § 175 Abs. 1 Nr. 2 AO von 27 000 €). Die Steuer kann daher geändert werden auf	33 000

2. Festgesetzte Steuer	**30 000**
Auswirkung einer Änderung nach § 173 Abs. 1 Nr. 1 AO	+ 1 000
Auswirkung einer Änderung nach § 173 Abs. 1 Nr. 2 AO	·/. 500

steuererhöhende materielle Fehler:	+ 800 €	
steuermindernde materielle Fehler:	·/. 100 €	+ 700
materiell zutreffende Steuer wäre		31 200
Die Änderung nach § 173 Abs. 1 Nr. 1 AO führt zu einer Änderung der Steuer auf 31 000 € (Änderungsobergrenze gem. AEAO zu § 177 Nr. 3). Bei vollständigem Fehlerausgleich liegt die materiell zutreffende Steuer schon außerhalb der Obergrenze. Der Fehler bleibt daher in Höhe von 200 € bestehen. Die Steuer kann nur geändert werden auf		31 000

9.19.4 Verhältnis zu den §§ 164 und 165 AO (§ 177 Abs. 4 AO)

Eine Mitberichtigung erübrigt sich bei Veranlagungen unter Vorbehalt der Nachprüfung (§ 164 AO), da der Vorbehalt ohnehin eine Richtigstellung von Fehlern aller Art ermöglicht (§ 177 Abs. 4 AO). 401

Ebenso erübrigt sich die Mitberichtigung von materiellen Fehlern bei Besteuerungsgrundlagen, auf die sich die Vorläufigkeit nach § 165 AO erstreckt (§ 177 Abs. 4 AO). Soweit eine Änderung nach § 165 Abs. 2 Satz 2 AO erfolgt, sind materielle Fehler bei den schon endgültigen Besteuerungsgrundlagen nach § 177 AO zu saldieren (BFH v. 2.3.2000 VI R 48/97, BStBl 2000, 332; siehe auch Rdn. 339).

(Einstweilen frei) 402–420

9.7 Kontrollfragen

FRAGEN

		Rdn.
1.	Die Abgabenordnung enthält unterschiedliche Korrektur- und Berichtigungsvorschriften. a) Nach welcher Vorschrift können alle Verwaltungsakte berichtigt werden? b) Welche Korrekturvorschriften gelten nur für Verwaltungsakte, die nicht Steuerbescheide sind? c) Welche Korrekturvorschriften gelten nur für Steuerbescheide und ihnen gleichgestellte Bescheide?	303 ff.
2.	Was versteht die AO unter einer offenbaren Unrichtigkeit?	308 - 310
3.	Wann muss eine offenbare Unrichtigkeit unterlaufen sein?	311 f.
4.	Wann kann ein Fehler des Steuerpflichtigen nach § 129 AO berichtigt werden?	311 f.
5.	Wie lange kann eine offenbare Unrichtigkeit berichtigt werden?	315
6.	Wann kommen Rücknahme oder Widerruf eines Verwaltungsaktes in Betracht?	316 f.
7.	§ 130 regelt die Rücknahme rechtswidriger Verwaltungsakte. Wann liegt ein rechtswidriger Verwaltungsakt vor?	318

8.	Ein Steuerpflichtiger macht in seinem Stundungsantrag bewusst unrichtige Angaben über seine Vermögenslage. Das Finanzamt gewährt die Stundung. Kommt eine Rücknahme nach § 130 AO in Betracht.	318
9.	Welche Verwaltungsakte können nach § 130 AO uneingeschränkt zurückgenommen werden?	319
10.	Wann braucht die Finanzbehörde nicht in die Überprüfung eines rechtswidrigen, unanfechtbaren Verwaltungsaktes einzutreten?	319
11.	Welche Auswirkung hat es, wenn ein Steuerbescheid unter dem Vorbehalt der Nachprüfung steht?	329 - 334
12.	Wie lange bleibt der Vorbehalt der Nachprüfung bestehen?	335
13.	Bis zum Ablauf welcher Frist muss bei einer Änderung zugunsten des Steuerpflichtigen die Zustimmung erteilt bzw. der Antrag gestellt sein?	345
14.	Worauf muss ein Antrag auf „schlichte Änderung" gerichtet sein? Ist eine Erweiterung des Antrags zulässig?	345 f.
15.	Wann liegt ein „bestimmter" Änderungsantrag zugunsten des Steuerpflichtigen nach § 172 Abs. 1 Nr. 2 Buchst. a vor?	346
16.	Das Finanzamt hat wegen der Nichtabgabe der Steuererklärung die Besteuerungsgrundlagen geschätzt (§ 162 AO). Der Steuerpflichtige legt Einspruch ein, gibt aber weiterhin keine Erklärung ab. Darauf setzt das Finanzamt eine Frist nach § 364b AO, die der Steuerpflichtige ungenutzt verstreichen lässt. Das Finanzamt weist den Einspruch als unbegründet zurück. Innerhalb der Klagefrist stellt der Steuerpflichtige Antrag auf schlichte Änderung nach § 172 Abs. 1 Satz 3 AO und reicht seine Erklärung ein, die zu einer niedrigeren Steuer führt. Wie ist zu entscheiden?	346
17.	Was sind neue Tatsachen i. S. d. § 173 AO?	350
18.	Das Finanzamt hat im März einen Einkommensteuerbescheid erlassen. Im Mai erfährt es von neuen Tatsachen zuungunsten des Steuerpflichtigen. Als das Finanzamt im Juni für diesen Steuerpflichtigen einen Feststellungsbescheid auswertet und den Einkommensteuerbescheid nach § 175 Abs. 1 Nr. 1 AO korrigiert, berücksichtigt es die neuen Tatsachen nicht. Kann das Finanzamt den Einkommensteuerbescheid abermals nach § 173 Abs. 1 Nr. 1 AO ändern?	351 - 354
19.	Was bedeutet „nachträglich" in AO § 173?	351 - 354
20.	Kann ein aufgrund einer Außenprüfung ergangener Steuerbescheid nach § 173 Abs. 1 AO geändert werden?	363 - 365
21.	Wie unterscheidet sich die Korrektur nach § 174 Abs. 1 und Abs. 2 AO von der Korrektur nach § 174 Abs. 3 und 4 AO?	367
22.	Im endgültigen, bestandskräftigen Einkommensteuerbescheid 01 des Steuerpflichtigen Banz hat das FA den beigefügten Beleg über ein Fachbuch sowohl als Werbungskosten bei der nichtselbständigen Tätigkeit als auch bei den Sonderausgaben (Aufwendungen für die eigene Berufsausbildung) berücksichtigt. Kann das FA den Einkommensteuerbescheid 01 nach § 174 Abs. 2 AO korrigieren?	368
23.	Was unterscheidet § 174 Abs. 3 von Abs. 4 AO?	374 f.
24.	Wodurch unterscheiden sich die Änderungsvorschriften § 173 Abs. 1 AO und § 175 Abs. 1 Nr. 2 AO?	382

25. Ein bilanzierender Unternehmer hat die Installationskosten von 2 500 € nicht in die AfA-Bemessungsgrundlage (= Anschaffungskosten) für die im Jahr 01 angeschaffte Maschine (betriebsgewöhnliche Nutzungsdauer 5 Jahre) einbezogen. Eine in 05 durchgeführte Außenprüfung hat diesen Verstoß aufgedeckt. Was ist zu tun? 387
26. Unter welchen Voraussetzungen können materielle Fehler mit berichtigt werden? 395 - 401
27. Was sind materielle Fehler i. S. d. § 177 AO? 396 - 397
28. Der bestandskräftige Steuerbescheid über 5 000 € wird aufgrund des § 173 Abs. 1 Nr. 1 AO auf 5 800 € geändert. Das Finanzamt will bei dieser Änderung zwei materielle Fehler, zuungunsten 500 € und zugunsten 200 € mit berichtigen. Wie hoch ist die Steuer im Änderungsbescheid? 400

DOWNLOAD

Lösungen zu den Kontrollfragen s. online-Version.

KAPITEL 10: STEUERSCHULDVERHÄLTNIS

Kapitel 10: Steuerschuldverhältnis

10.1 Begriff

421 Das Steuerschuldverhältnis ist ein gesetzliches Schuldverhältnis des öffentlichen Rechts, das alle Rechtsbeziehungen umfasst, die zwischen den Beteiligten (Steuergläubiger und dem Steuerschuldner) bei der Verwirklichung von Steueransprüchen (§ 3 Abs. 1 AO) und Ansprüchen auf steuerliche Nebenleistungen (§ 3 Abs. 4 AO) dienen. Hierbei ist der Staat – vertreten durch die Finanzbehörden (§ 2 FVG) – in der Regel der Steuergläubiger und nur ausnahmsweise – bei Steuervergütungs- oder Steuererstattungsansprüchen – der Steuerschuldner.

Das Steuerschuldverhältnis kommt nicht aufgrund vertraglicher Vereinbarungen gleichberechtigter Vertragspartner zustande, sondern entsteht, sobald der Tatbestand verwirklicht ist, an den das Gesetz die Leistungspflicht knüpft (§ 38 AO).

10.2 Der Anspruch aus dem Steuerschuldverhältnis

422 Die Ansprüche aus dem Steuerschuldverhältnis sind in § 37 Abs. 1 AO abschließend aufgezählt.

Der **Steueranspruch** ist der Anspruch des Staates – genauer gesagt eines öffentlich-rechtlichen Gemeinwesens – auf eine Geldleistung i. S. d. § 3 Abs. 1 AO.

Unter dem Begriff **Anspruch auf eine steuerliche Nebenleistung** sind die in § 3 Abs. 4 AO abschließend aufgezählten Geldleistungen zusammengefasst. Die Wichtigsten sind:

- Nr. 1: Verzögerungsgelder (§ 146 Abs. 2c AO),
- Nr. 2: Verspätungszuschläge (§ 152 AO),
- Nr. 3: Zuschläge (§ 162 Abs. 4 und 4a AO),
- Nr. 3a: Mitwirkungsverzögerungsgelder (§ 200a Abs. 2 AO) und Zuschläge zum Mitwirkungsverzögerungsgeld (§ 200a Abs. 3 AO). Zur Anwendung vgl. Art. 97 § 37 EGAO.
- Nr. 4: Zinsen (§§ 233 bis 237 AO),
- Nr. 5: Säumniszuschläge (§ 240 AO) und
- Nr. 6: Zwangsgelder (§ 329 AO) sowie
- Nr. 7: Kosten nach den §§ 89, 89a Abs. 7, 178 und 337-345 AO.

423 Ein **Steuervergütungsanspruch** ist die Rückzahlung des Steuergläubigers einer mit Rechtsgrund bezahlten Steuer.

Gesetzlich geregelte Steuervergütungsansprüche stehen i. d. R. demjenigen zu, der die Steuer wirtschaftlich zu tragen hatte, z. B. Vergütungsansprüche nach den Verbrauchsteuergesetzen (z. B. §§ 45, 49 Abs. 1 EnergieStG, §§ 9a, 10 StromStG) oder der Vorsteuerabzugsanspruch (§ 15 UStG).

Weiterhin gibt es gesetzlich fingierte Vergütungsansprüche in Fällen von Zulagen oder Prämien, z. B. Anspruch auf Kindergeld (§§ 31 Satz 3, 62 EStG), auf Wohnungsbau**prämie** (§§ 1, 8 Abs. 1 WoPG), oder Arbeitnehmerspar**zulage** (§§ 13, 14 Abs. 2 VermBG).

Unter dem **Haftungsanspruch** versteht man den Anspruch gegenüber einer Person, die für eine **fremde** Steuerschuld einstehen muss. Der Geldleistungsanspruch richtet sich an eine andere Person als den Steuerschuldner. 424

Zu einem **Erstattungsanspruch** des Steuerpflichtigen kommt es, wenn er eine Geldleistung ohne rechtlichen Grund gezahlt hat oder der rechtliche Grund später weggefallen ist (§ 37 Abs. 2 Satz 1 und 2 AO; AEAO zu § 37 Nr. 2 Abs. 1). 425

BEISPIELE:

1. Ein Arzt hat laut Bescheid vierteljährlich Einkommensteuer-Vorauszahlungen in Höhe von 10 000 € zu entrichten (vgl. § 37 Abs. 1 Satz 1 EStG), die mittels eines Dauerauftrags regelmäßig an das FA überwiesen werden. Ende August 02 erhält er den Einkommensteuerbescheid 01, in dem die Vorauszahlungen ab 10.9.02 auf 8 000 € herabgesetzt werden. Dennoch werden Anfang September 02 an die Finanzkasse 10 000 € „ESt-VZ III 02" überwiesen.

   Der Arzt hat 2 000 € ohne rechtlichen Grund an das FA gezahlt und daher in dieser Höhe einen Erstattungsanspruch nach § 37 Abs. 2 Satz 1 AO.
2. Aufgrund des Mitte Oktober 02 wirksam gewordenen Einkommensteuerbescheids 01 hat ein Handwerker 15 000 € Einkommensteuer gezahlt. Im Jahre 03 wurden im Rahmen einer Außenprüfung nachträglich Tatsachen festgestellt, aufgrund derer die Einkommensteuer 01 gemäß § 173 Abs. 1 Nr. 2 AO auf 14 000 € herabgesetzt wird.

   Der rechtliche Grund für die Zahlung von 1 000 € Einkommensteuer 01 ist mit Bekanntgabe des wirksamen Änderungsbescheids weggefallen (§ 37 Abs. 2 Satz 2 AO). Es besteht ein Erstattungsanspruch von 1 000 €.
3. Ein Arbeiter hat 01 Lohnsteuer in Höhe von 3 000 € entrichtet. Die Veranlagung auf Antrag nach § 46 Abs. 2 Nr. 8 EStG ergibt, dass 600 € zu viel Lohnsteuer einbehalten wurden.

   Hier hat das FA die zu viel gezahlte Lohnsteuer von 600 € zu „erstatten".

Diese Beispiele verdeutlichen, dass der formelle **Rechtsgrund** i. S. d. § 37 Abs. 2 AO jeder wirksame Bescheid ist, auch wenn er materiell fehlerhaft und damit angreifbar ist. Begleicht der Steuerschuldner einen vom FA festgesetzten Anspruch aus dem Steuerschuldverhältnis, so kommt es nur dann zu einem Erstattungsanspruch, wenn der Bescheid aufgehoben oder korrigiert wird. Eine Zahlung ohne Rechtsgrund liegt nicht etwa schon dann vor, wenn der Steuerschuldner entdeckt, dass die Steuer oder die steuerliche Nebenleistung zu hoch festgesetzt wurde.

Auch der **Staat** macht bisweilen **Erstattungsansprüche** gegenüber dem Bürger geltend, und zwar wenn ohne Rechtsgrund geleistete Vergütungen zurückgefordert werden. 426

BEISPIEL: Auf Antrag wurde für einen ledigen Arbeitnehmer mit einem zu versteuernden Einkommen von 33 000 € vom FA die Wohnungsbauprämie von (10 % von 400 € =) 40 € an das Institut, welchem die prämienbegünstigten Leistungen zufließen, ausgezahlt (§§ 2a, 3 WoPG). Später stellt sich heraus, dass das zu versteuernde Einkommen wegen nicht erklärter Zinseinkünfte 35 000 € überstieg.

Die Prämienfestsetzung ist aufzuheben und die zu Unrecht gewährte Prämie an das FA zu erstatten (§ 4b Abs. 2 Satz 3 WoPG).

Ferner kommt es zu einem Anspruch des Staates auf Rückerstattung, wenn an einen unbeteiligten Dritten durch eine fehlgeleitete Überweisung – also ohne Rechtsgrund – eine Auszahlung erfolgt ist (BFH v. 18.6.1986 II R 38/84, BStBl II 1986, 704).

BEISPIEL: Nach Durchführung der Veranlagung erfolgt die Erstattung auf ein falsches Konto.

Mit Gutschrift der fehlgeleiteten Zahlung hat der Staat einen Anspruch auf Rückerstattung gem. § 37 Abs. 2 AO im Rahmen eines auf Beseitigung der unrechtmäßigen Zahlung gerichteten Steuerschuldverhältnisses.

10.3 Schuldner und Gläubiger

10.3.1 Begriff des Steuerschuldners

427 Steuerschuldner ist, wer nach den jeweiligen materiellen Einzelsteuergesetzen als Steuersubjekt die Steuer schuldet (§ 43 Satz 1 AO).

BEISPIEL: Steuerschuldner der Lohnsteuer ist der Arbeitnehmer (§ 38 Abs. 2 Satz 1 EStG).

Steuerschuldner der Gewerbesteuer ist der Unternehmer (§ 5 Abs. 1 Satz 1 GewStG).

Steuerschuldner der Grundsteuer ist derjenige, dem der Steuergegenstand bei der Feststellung des Grundsteuerwerts zugerechnet ist (§ 10 Abs. 1 GrStG).

In vielen Einzelsteuergesetzen gibt es keine ausdrückliche Regelung zum Steuerschuldner. Es ist dann derjenige, dem das Gesetz die Verwirklichung der tatbestandlichen Voraussetzungen für die Entstehung der Steuerschuld zurechnet.

BEISPIEL: Schuldner der Einkommensteuer ist die natürliche Person, die im Veranlagungszeitraum ein Einkommen im Sinne des EStG erzielt hat.

428 Aus § 43 Satz 2 AO ist ersichtlich, dass der Steuerschuldner nicht stets **selbst** verpflichtet ist, die Steuer an das FA abzuführen. So ergibt sich aus §§ 38 Abs. 3, 41a Abs. 1 Satz 1 Nr. 2 EStG, dass der Arbeitgeber die Lohnsteuer für Rechnung des Arbeitnehmers einzubehalten und an das FA abzuführen hat. Der Arbeitgeber wird als sog. **Steuerentrichtungspflichtiger** bezeichnet. Steuerschuldner der Lohnsteuer ist dennoch der Arbeitnehmer, § 38 Abs. 2 Satz 1 EStG.

10.3.2 Abgrenzung zum Begriff des Steuerpflichtigen

429 Der Begriff des Steuerpflichtigen ist umfassender als der des Steuerschuldners. Steuerpflichtiger ist, wer durch die Steuergesetze ihm auferlegte Verpflichtungen zu erfüllen hat (§ 33 Abs. 1 AO). Das sind nicht nur die Personen, die eine Steuer schulden, zu entrichten haben oder für eine Steuer haften, sondern auch jeder, dem sonstige Pflichten, wie zum Beispiel Erklärungs- (§ 149 AO) oder Aufzeichnungspflichten (§§ 141 bis 144 AO) auferlegt sind.

BEISPIEL: Eine Witwe wohnt in ihrem Zweifamilienhaus, das sie teilweise vermietet hat. Sie lebt von den Mieteinnahmen und von Kapitalerträgen.

Die Witwe ist Steuerpflichtige, da sie eine Einkommensteuererklärung abzugeben hat (§ 25 Abs. 3 EStG, § 56 EStDV). Steuerschuldnerin ist sie hingegen nur, wenn tatsächlich eine Steuerschuld entstanden ist.

Einschränkend führt § 33 Abs. 2 AO aus, dass nicht schon derjenige Steuerpflichtiger ist, den das FA in einer fremden Steuersache zur Mitwirkung verpflichtet, z. B. Auskunft zu erteilen (§ 93 AO), Urkunden vorzulegen (§ 97 AO) oder als Sachverständiger ein Gutachten zu erstellen (§ 96 Abs. 3 AO).

Hingegen werden

- gesetzliche Vertreter natürlicher und juristischer Personen sowie rechtsfähiger Personenvereinigungen und die Geschäftsführer von Vermögensmassen (§ 34 Abs. 1 AO),
- Mitglieder, Gesellschafter und Gemeinschafter nichtrechtsfähiger Personenvereinigungen (§ 34 Abs. 2 AO),
- Vermögensverwalter (§ 34 Abs. 3 AO) und
- Verfügungsberechtigte i. S. d. § 35 AO

zwar in einer fremden Steuersache tätig, haben aber alle Pflichten i. S. d. § 34 Abs. 1 AO zu erfüllen, die den von ihnen Vertretenen auferlegt sind - und sind daher Steuerpflichtige (AEAO zu § 34 Nr. 1).

BEISPIEL: Mit Eröffnung des Insolvenzverfahrens übernimmt der Insolvenzverwalter die Verwaltung des Vermögens des Schuldners (§ 80 InsO). Er hat gemäß § 34 Abs. 3, Abs. 1 AO die steuerlichen Pflichten des Schuldners zu erfüllen (vgl. Rdn. 651).

Der Insolvenzverwalter ist Steuerpflichtiger, soweit er für den Schuldner tätig wird, denn ihm werden durch § 34 AO Verpflichtungen auferlegt.

10.3.3 Steuerrechtsfähigkeit

Ebenso wie der Begriff „Steuerschuldner" an den bürgerlich-rechtlichen Begriff „Schuld- 430
ner" (§ 241 Abs. 1 BGB) anknüpft, ist die Steuerrechtsfähigkeit eine besondere Form der Rechtsfähigkeit (z. B. § 1, § 21 BGB).

Steuerrechtsfähig ist, wer Träger steuerrechtlicher Rechte und Pflichten sein kann, also wer Steuerpflichtiger sein kann. In Betracht kommen:

a) Natürliche Personen

b) Juristische Personen

- des privaten Rechts: z. B. rechtsfähige Vereine, Aktiengesellschaften, Gesellschaften mit beschränkter Haftung, Genossenschaften, rechtsfähige Stiftungen (§ 80 BGB);
- des öffentlichen Rechts: z. B. die Gebietskörperschaften (Bund, Länder, Gemeinden), sonstige Körperschaften, Anstalten und Stiftungen des öffentlichen Rechts.

c) Darüber hinaus legen die Steuergesetze aber auch nicht rechtsfähigen Gebilden und Personenvereinigungen Verpflichtungen auf (vgl. § 41a EStG, §§ 1, 3 KStG, § 2 UStG, § 2 GewStG). Diese Gebilde sind daher steuerrechtsfähig: z. B. Offene Handelsgesellschaft, Kommanditgesellschaft, Partnerschaftsgesellschaft, Gesellschaft des bürgerlichen Rechts, nichtrechtsfähige Vereine, gewerbliche Betriebe von juristischen Personen des öffentlichen Rechts.

Die Steuerrechtsfähigkeit bedeutet lediglich, **Träger** von steuerlichen Rechten und Pflichten sein zu können. Sie ist von der steuerlichen Handlungsfähigkeit nach § 79 AO, die der zivilrechtlichen Geschäftsfähigkeit (§§ 104 ff. BGB) entspricht, zu unterscheiden.

BEISPIEL: Hat der 5-jährige Herbert Einkünfte aus Kapitalvermögen, ist er als natürliche Person Steuerschuldner im Hinblick auf die Einkommensteuer und damit insoweit steuerrechtsfähig. Als geschäftsunfähige Person nach § 104 Nr. 1 BGB ist er jedoch nicht steuerlich handlungsfähig nach § 79 Abs. 1 Nr. 1 AO und kann keine wirksamen Erklärungen abgeben oder entgegennehmen (vgl. auch Rdn. 252 f., 255).

10.3.4 Gesamtschuldner

431 Um die Einziehung der festgesetzten Ansprüche aus dem Steuerschuldverhältnis weitgehend sicherzustellen, hat der Gesetzgeber angeordnet, dass unter bestimmten Voraussetzungen mehrere Personen nebeneinander dieselbe Leistung aus dem Steuerschuldverhältnis schulden (Gesamtschuldner).

Nach § 44 Abs. 1 AO sind drei Grundfälle der Gesamtschuldnerschaft denkbar.

- Ein Gesetz bestimmt, dass mehrere Personen nebeneinander die Steuer schulden.
- Personen werden zu einer Steuer zusammen veranlagt.
- Neben dem Steuerschuldner sind auch ein oder mehrere Haftungsschuldner zur Erfüllung bestimmter Ansprüche aus dem Steuerschuldverhältnis verpflichtet.

BEISPIELE:

1. Schuldner der Grunderwerbsteuer sind grundsätzlich der Veräußerer und der Erwerber des Grundstücks als Gesamtschuldner (§ 13 Nr. 1 GrEStG).
2. Werden Ehegatten zusammen zur Einkommensteuer nach § 26b EStG veranlagt, so ist jeder Ehegatte Gesamtschuldner der festgesetzten Steuer.
3. Ohne Wissen des Unternehmers hat ein Prokurist mit Hilfe des Bilanzbuchhalters in den Jahren 01 bis 03 die an das FA abzuführenden USt-Beträge erheblich verkürzt, was im Jahre 05 bei einer Außenprüfung entdeckt wird.

   Der Unternehmer ist Schuldner der hinterzogenen USt. Der Prokurist und der Buchhalter haften gem. §§ 71, 370 AO für die hinterzogenen Steuern. Der Unternehmer, der Prokurist und der Buchhalter sind Gesamtschuldner.

432 Schulden mehrere Steuerpflichtige eine **Steuer** als Gesamtschuldner (Beispiele 1. u. 2.), so können diese in **„zusammengefassten Steuerbescheiden“** festgesetzt werden (§ 155 Abs. 3 AO).

Das FA kann von jedem Gesamtschuldner die gesamte Leistung fordern (§ 44 Abs. 1 Satz 2 AO), soweit sie nicht durch Zahlung oder Aufrechnung erloschen ist (§ 44 Abs. 2 Satz 1 und 2 AO). Soweit die Steuer hingegen **einem** Gesamtschuldner erlassen wurde oder gegenüber einem Gesamtschuldner verjährt ist, kann sie dennoch grundsätzlich gegenüber anderen Gesamtschuldnern geltend gemacht werden.

Soweit Ehegatten zusammen veranlagt werden, können auf Antrag die rückständigen Steuerschulden durch **„Aufteilungsbescheid“** auf die Ehegatten aufgeteilt werden (§§ 44 Abs. 2 Satz 4, 268 – 280 AO).

10.3.5 Gesamtrechtsnachfolge

10.3.5.1 Begriff der Gesamtrechtsnachfolge

Durch Gesamtrechtsnachfolge geht das Vermögen als Ganzes durch einen einheitlichen Rechtsakt vom Rechtsvorgänger auf den Rechtsnachfolger über. Der Gesamtrechtsnachfolger tritt insgesamt in die Rechtsstellung des Rechtsvorgängers ein, er übernimmt sämtliche Rechte und Pflichten des Rechtsvorgängers. Zu einer Gesamtrechtsnachfolge kommt es nur, wenn ein Gesetz diese ausdrücklich vorsieht. 433

BEISPIELE:

- Erbfolge (§ 1922 BGB) und Nacherbfolge (§ 2139 BGB);
- Begründung des ehelichen Güterstandes der Gütergemeinschaft (§ 1416 Abs. 2 BGB);
- Umwandlung von Rechtsträgern (§ 1 UmwG), z. B. Verschmelzung (§ 20 Abs. 1 Nr. 1 UmwG), Aufspaltung, Abspaltung oder Ausgliederung (§ 123 UmwG);
- Übernahme des Vermögens einer Personengesellschaft durch den letzten Gesellschafter bei Fortführung des Unternehmens ohne Liquidation („Anwachsung", vgl. § 712, 712a BGB).

Im Gegensatz dazu spricht man von Einzelrechtsnachfolge, wenn nur einzelne subjektive Rechte und Pflichten übergehen. So übernimmt der Käufer einer vermieteten Eigentumswohnung nur die mit diesem Gegenstand verbundenen Rechte und Pflichten (z. B. das bestehende Mietverhältnis, § 566 Abs. 1 BGB). 434

10.3.5.2 Wirkung der Gesamtrechtsnachfolge

Bei der Gesamtrechtsnachfolge gehen alle Ansprüche aus dem Steuerschuldverhältnis auf den Rechtsnachfolger über (§ 45 Abs. 1 Satz 1 AO). Darüber hinaus tritt der Rechtsnachfolger in die gesamte abgabenrechtliche Rechtsstellung seines Vorgängers ein, d. h. er übernimmt alle Ansprüche in der Verfahrenslage, in der sie sich zum Zeitpunkt des Übergangs befinden, z. B. eine Stundung, eine Einspruchsfrist und auch die Verjährungsfrist laufen ununterbrochen weiter. Das zeigen etwa §§ 166 bzw. 182 Abs. 2 AO, wonach der Rechtsnachfolger eine unanfechtbare Steuerfestsetzung bzw. einen Feststellungsbescheid über einen Grundsteuerwert nach § 180 Abs. 1 Satz 1 Nr. 1 AO gegen sich gelten lassen muss. 435

Gegen einen Steuerpflichtigen festgesetzte Zwangsgelder erlöschen allerdings mit dessen Tod (§ 45 Abs. 1 Satz 2 AO).

Erben haben die Möglichkeit, ihre Pflicht, für die Schulden des Erblassers einstehen zu müssen, nach Maßgabe der Vorschriften des bürgerlichen Rechts zu beschränken, d. h. sie können in der Regel erreichen, dass sie nur das Nachlassvermögen zur Begleichung der auf sie übergegangenen Steuerschulden einsetzen müssen (§ 45 Abs. 2 Satz 1 AO). Haftet der Erbe jedoch unabhängig von der Gesamtrechtsnachfolge nach einer steuerrechtlichen Vorschrift, etwa als Steuerhinterzieher (§ 71 AO) oder Vertreter (§ 69 AO), so kann er sich nicht gegenüber dem FA auf eine bürgerlich-rechtliche Haftungsbeschränkung berufen (§ 45 Abs. 2 Satz 2 AO).

10.3.6 Gläubiger bei Erstattungen und Vergütungen

436 **Steuervergütungsgläubiger** ist, wem ein Anspruch auf eine Steuervergütung zusteht (§ 43 Satz 1 AO). Die Prämien-, Zulagen- und Einzelsteuergesetze bestimmen, wer einen solchen Anspruch gegenüber den Finanzbehörden geltend machen kann.

437 **Steuererstattungsgläubiger** ist derjenige, auf dessen Rechnung die Zahlung bewirkt worden ist (§ 37 Abs. 2 AO).

BEISPIEL: Eine OHG überweist für einen Gesellschafter die Einkommensteuer-Abschlusszahlung. Nach einer Herabsetzung kann nur der Gesellschafter und nicht die Gesellschaft Erstattung verlangen.

Entscheidend ist, wessen Steuerschuld nach dem für das FA erkennbaren Willen des Zahlenden getilgt werden sollte (BFH v. 30.9.2008 VII R 18/08, BStBl II 2009, 38 m. w. N.).

Auch bei einer Mehrheit von Erstattungsberechtigten, z. B. zusammen veranlagten Ehegatten, ist jeder insoweit Steuererstattungsgläubiger, als auf seine Rechnung Zahlungen bewirkt wurden (BFH v. 13.3.2008 VII R 18/08, BStBl II 2009, 38; AEAO zu § 37 Nr. 2.2.2; BMF, Schreiben v. 14.1.2015, BStBl I S. 83). Liegen keine Anhaltspunkte oder ausdrücklichen Absichtsbekundungen vor, kann das FA als Zahlungsempfänger, solange die Ehe besteht und die Ehegatten nicht dauernd getrennt leben, aufgrund der zwischen ihnen bestehenden Lebens- und Wirtschaftsgemeinschaft allerdings davon ausgehen, dass derjenige Ehegatte, der die Zahlung auf die gemeinsame Steuerschuld bewirkt, mit seiner Zahlung auch die Steuerschuld des anderen Ehegatten begleichen will. Im Fall einer Überzahlung sind daher beide Ehegatten erstattungsberechtigt; der Erstattungsbetrag ist zwischen ihnen hälftig zu teilen (BFH v. 15.11.2005 VII R 16/05, BStBl II 2006, 453). Dies gilt auch dann, wenn über das Vermögen des anderen Ehegatten das Insolvenzverfahren eröffnet war (BFH v. 30.09.2008 VII R 18/08, BStBl II 2009, 38).

BEISPIELE:

1. Die Ehefrau ist freiberuflich tätig, der Ehemann arbeitet als Angestellter. Infolge der Anrechnung der Lohnsteuer von 15 000 € (§ 36 Abs. 1 Satz 2 Nr. 2 EStG) ergibt sich eine Erstattung von 2 000 €.

   Erstattungsberechtigt ist der Ehemann, für dessen Rechnung die Zahlung der Lohnsteuer erfolgte.

2. Beide Ehegatten sind Arbeitnehmer. Beim Ehemann wurden 6 000 €, bei der Ehefrau 4 000 € Lohnsteuer einbehalten. Aus der Abrechnung ergibt sich ein Erstattungsbetrag von 1 000 €.

   Der Erstattungsanspruch steht der Ehefrau zu 40 % (400 €) und dem Ehemann zu 60 % (600 €) zu.

Zu beachten ist, dass auch Vorauszahlungen eines Ehegatten aufgrund eines an beide Ehegatten gerichteten Vorauszahlungsbescheides der Tilgung der zu erwartenden Steuerschulden beider Ehegatten dienen (BMF, Schreiben v. 14.1.2015, BStBl I S. 83 Tz. 2.6).

Unabhängig davon, ob die Eheleute später zusammen oder einzeln veranlagt werden, sind die Vorauszahlungen zunächst auf die festgesetzte Steuer beider Ehegatten anzurechnen und erst der verbleibende Rest ist nach Kopfteilen zu erstatten, sofern die Eheleute keine abweichende Tilgungsbestimmung getroffen haben (BFH vom 22.3.2011 VII R 42/10, BStBl II 2011, 607).

Bei Streit über die Aufteilung des Erstattungsanspruchs hat das FA durch Abrechnungsbescheid (§ 218 Abs. 2 AO) zu entscheiden.

Bei zusammen veranlagten Ehegatten kann das FA grundsätzlich mit befreiender Wirkung an einen Ehegatten erstatten (§ 36 Abs. 4 Satz 3 EStG), es sei denn, dass das FA erkennen musste, dass der andere Ehegatte damit nicht einverstanden ist (BFH v. 8.1.1991 VII R 18/90, BStBl II 1991, 442).

10.4 Entstehung der Ansprüche aus dem Steuerschuldverhältnis

10.4.1 Grundsatz

Nach § 38 AO entstehen Ansprüche aus dem Steuerschuldverhältnis, sobald der **Tatbestand** verwirklicht ist, an den das Gesetz die Leistungspflicht knüpft. Dies ergibt sich einerseits aus dem Begriff der Steuer (§ 3 Abs. 1 AO) und ist andererseits eine Folge des Grundsatzes der **Tatbestandsmäßigkeit der Besteuerung** (vgl. Rdn. 4 ff.). Die Ansprüche entstehen also grundsätzlich kraft Gesetzes. Es kommt nicht darauf an, dass der Steuerschuldner weiß, dass sein Verhalten steuerliche Folgen auslöst. Ebenso ist es unerheblich, ob der entstandene Anspruch von einer Finanzbehörde festgesetzt wird. 438

BEISPIELE:

1. Landwirt L schenkt seinem Bruder eine Wiese als Baugrund. Er ist der festen Überzeugung, dass nur Grunderwerbsteuer anfällt, die der Erwerber auf Grund des Kaufvertrages übernommen hat. Der Sachverhalt erfüllt aber auch den Tatbestand der §§ 4 Abs. 1, 6 Abs. 1 Nr. 4 EStG. Durch die Entnahme der Wiese werden Einkünfte erzielt.
2. Ein arbeitsloser Fliesenlegergeselle übernimmt zunächst gelegentlich und dann immer häufiger kleine Aufträge, ohne dass das FA hiervon erfährt.

   Obwohl er keine Steuerbescheide erhält, werden durch diesen Sachverhalt Tatbestände verwirklicht, die USt und ESt auslösen. Die Steuern sind entstanden, auch wenn sie vom FA nicht festgesetzt werden.

10.4.2 Bedeutung der Entstehung

Vom Zeitpunkt der Entstehung an steht die Höhe des Anspruchs materiellrechtlich fest. Von jetzt an ist die Festsetzung durch Verwaltungsakt möglich. Daneben kommt dem Entstehungszeitpunkt von Ansprüchen aus dem Steuerschuldverhältnis in einigen Vorschriften der AO, bisweilen aber auch in den Einzelsteuergesetzen, Bedeutung zu: 439

► Aufrechnung

Voraussetzung für die Aufrechnung nach § 226 AO, § 387 BGB, ist unter anderem, dass die Schuld des Aufrechnenden erfüllbar, d. h. entstanden ist (vgl. Rdn. 515).

► Abtretung, Pfändung

Die Abtretung von Erstattungs- und Vergütungsansprüchen kann erst nach ihrer Entstehung wirksam erfolgen (§ 46 Abs. 2 AO). Eine Pfändung solcher Ansprüche ist erst nach Entstehung zulässig (§ 46 Abs. 6 AO).

► Beginn der Festsetzungsverjährungsfrist

Die Frist für die Festsetzungsverjährung beginnt mit Ablauf des Jahres, in dem die Steuer entstanden ist (§ 170 Abs. 1 AO).

► Umfang der Haftung des Betriebsübernehmers

Der Betriebsübernehmer haftet nur für solche Steuerschulden, die seit dem Beginn des letzten vor der Übereignung liegenden Kalenderjahres entstanden sind (§ 75 AO).

► Insolvenzverfahren

Das FA ist nur insoweit Insolvenzgläubiger, als zurzeit der Eröffnung des Insolvenzverfahrens Ansprüche aus dem Steuerschuldverhältnis gegen den Schuldner „begründet" waren (§ 38 InsO). Nur insoweit wird das FA als Insolvenzgläubiger durch den zu zahlenden Bruchteil befriedigt (§§ 195, 196 InsO). Entstehen hingegen Steuern nach Eröffnung des Insolvenzverfahrens – beispielsweise USt bei der Veräußerung von Gegenständen aus der Insolvenzmasse (§ 35 InsO) –, so sind diese Steuern in voller Höhe vom Insolvenzverwalter als Masseverbindlichkeiten an das FA abzuführen (§§ 80, 53 – 55 InsO).

► Gewinnermittlung

Bei der Gewinnermittlung nach § 4 Abs. 1 oder § 5 EStG sind entstandene Steuerschulden als Schuldposten und entstandene Vergütungs- oder Erstattungsansprüche als Aktivposten zu berücksichtigen.

10.4.3 Zeitpunkt der Entstehung

440 Der genaue Zeitpunkt der Entstehung von Ansprüchen aus dem Steuerschuldverhältnis ergibt sich aus den einzelnen Steuergesetzen.

10.4.3.1 Entstehungszeitpunkt für die wichtigsten Steuern

441 Die **Einkommensteuer** entsteht grundsätzlich mit Ablauf des Kalenderjahres (§ 36 Abs. 1 EStG). Die vierteljährlich zu entrichtenden Vorauszahlungen entstehen jedoch schon **mit Beginn** des jeweiligen Kalendervierteljahres (§ 37 Abs. 1 Satz 2 EStG).

BEISPIEL: Laut Bescheid vom August 01 hat Architekt A für 02 vierteljährliche Vorauszahlungen von 5 000 € zu entrichten. Die im April 03 durch den Steuerberater ermittelte Einkommensteuerschuld 02 beträgt 30 000 €.

Die Einkommensteuervorauszahlung 02 entstand in Höhe von jeweils 5 000 € mit Beginn des Januar 02, des April 02, des Juli 02 und des Oktober 02 (§ 37 Abs. 1 Satz 2 EStG). Die Einkommensteuer 02 entsteht nach § 36 Abs. 1 EStG in materiell zutreffender Höhe (30 000 €) mit Ablauf des Kj. 02. Nachdem aber bereits Vorauszahlungen geleistet wurden, besteht zum Ablauf des Kj. 02 nur noch eine Steuerschuld in Höhe von 10 000 €.

Die **Lohnsteuer** entsteht mit Zufluss des Arbeitslohnes an den Arbeitnehmer (§ 38 Abs. 2 Satz 2 EStG), also mit Auszahlung oder Gutschrift auf dessen Konto.

Die **USt** für Lieferungen und sonstige Leistungen entsteht grundsätzlich mit Ablauf des Voranmeldungszeitraums, in dem die Lieferungen und sonstigen Leistungen ausgeführt wurden (§ 13 Abs. 1 Nr. 1a UStG).

10.4.3.2 Entstehungszeitpunkt für steuerliche Nebenleistungen

Der Entstehungszeitpunkt für die einzelnen steuerlichen Nebenleistungen ist im Gesetz nicht ausdrücklich geregelt. Daher gilt der Grundsatz des § 38 AO, wonach es auf die Verwirklichung des Tatbestandes ankommt, an den die Leistungspflicht geknüpft wird. 442

Danach sind **Säumniszuschläge** entstanden, wenn Steuern nicht bis zum Ablauf des Fälligkeitstags entrichtet wurden, also allein durch entsprechenden Zeitablauf (§ 240 AO; AEAO zu § 240 Nr. 5).

Zinsen entstehen, wenn die entsprechenden gesetzlichen Voraussetzungen erfüllt sind; so sind etwa Stundungszinsen nach § 234 AO entstanden, wenn die Stundung gewährt, d. h. vom FA ausgesprochen wurde.

Vollstreckungskosten nach § 337 ff. AO entstehen mit Durchführung der einzelnen Vollstreckungsmaßnahmen, die Pfändungsgebühr (§ 339 AO) beispielsweise ist mit Abschluss der Pfändung einer Sache entstanden.

Sofern Nebenleistungen jedoch nach pflichtgemäßem Ermessen der Finanzbehörde festgesetzt werden, wie **Verzögerungsgelder** (§ 146 Abs. 2c AO), **Verspätungszuschläge** (§ 152 Abs. 1 AO n. F.) und **Zwangsgelder** (§ 328 AO), entstehen sie nicht vor Bekanntgabe der Festsetzung (vgl. auch AEAO zu § 152 Nr. 11).

10.4.3.3 Entstehungszeitpunkt für Haftungsansprüche

Auch für die Haftungsschuld gilt der Grundsatz des § 38 AO. Die Haftungsschuld entsteht somit, sobald der Tatbestand verwirklicht ist, an den das Gesetz die Haftungsfolge knüpft (§ 191 Abs. 3 Satz 3 AO). Der Haftungsanspruch entsteht also unabhängig davon, ob das FA von der Möglichkeit der Inanspruchnahme des Haftenden durch Haftungsbescheid Gebrauch macht (vgl. § 191 Abs. 1 AO „kann“). 443

BEISPIEL: ► Baumann tritt mit Wirkung vom 1.7.01 als Gesellschafter in die Fertigbau OHG ein.
Mit dem Eintritt ist der Tatbestand erfüllt, an den § 191 Abs. 1 AO, § 127 HGB die Haftung für Schulden der Fertigbau OHG knüpft. Die Haftungsschuld ist am 1.7.01 entstanden. Ob Baumann durch Haftungsbescheid in Anspruch genommen wird, steht im Ermessen der Behörde.

10.4.3.4 Entstehungszeitpunkt für Vergütungsansprüche

Prämien und Zulagen werden regelmäßig gewährt, wenn während eines bestimmten Zeitraums – meist eines Kalenderjahres – ein gesetzlicher Tatbestand erfüllt wurde. Entstehungszeitpunkt ist daher der Ablauf dieses Zeitraums. Es ist für den Entste- 444 hungszeitpunkt ohne Bedeutung, ob der erforderliche Antrag gestellt und die Vergütung tatsächlich festgesetzt wird.

So entsteht der Anspruch auf die Wohnungsbauprämie mit Ablauf des Kalenderjahrs, für das die Prämie gewährt wird (vgl. § 4 Abs. 1 Satz 1 WoPG). Der Anspruch auf Arbeitnehmer-Sparzulage entsteht mit Ablauf des Kalenderjahrs, in dem die vermögenswirksamen Leistungen angelegt worden sind (§ 13 Abs. 4 - 5 VermBG).

10.4.3.5 Entstehungszeitpunkt für Erstattungsansprüche

445 Nach § 38 AO entstehen Erstattungsansprüche (vgl. § 37 Abs. 2 AO) zu dem Zeitpunkt, in dem alle tatbestandsmäßigen Voraussetzungen für die Erstattung vorliegen.

So entsteht der Erstattungsanspruch, wenn der Erstattungsgläubiger versehentlich eine zu hohe Zahlung geleistet hat oder ein Betrag an einen unbeteiligten Dritten überwiesen wurde, mit Zugang der zu hohen bzw. fehlgeleiteten Zahlung (BFH v. 18.6.1986 II R 38/84, BStBl II 1986, 704).

BEISPIEL: Haftungsschuldner H überweist aufgrund eines Haftungsbescheides USt in Höhe von 4 000 €, ohne zu wissen, dass diese Schuld zwischenzeitlich vom Steuerschuldner beglichen wurde.

Der Erstattungsanspruch des H in Höhe von 4 000 € entsteht mit der Gutschrift des von ihm überwiesenen Betrages auf dem Konto des FA.

Hat ein Stpfl. zu hohe Vorauszahlungen geleistet oder wurden von einem Arbeitnehmer zu hohe Lohnsteuerbeträge einbehalten, so entsteht der Erstattungsanspruch mit Ablauf des Veranlagungszeitraums (BFH v. 6.2.1990 VII R 86/88, BStBl II 1990, 523). Denn der Erstattungsanspruch entsteht kraft Gesetzes mit Vollendung des Besteuerungszeitraums, soweit die Summe der auf die ESt anzurechnenden Beträge (§ 36 Abs. 2 EStG) die materiell geschuldete Steuer übersteigt (§ 38 AO, § 36 Abs. 1 und 4 Satz 2 EStG).

BEISPIEL: Ein Architekt hat aufgrund eines Vorauszahlungsbescheides für das Jahr 01 ESt-Vorauszahlungen in Höhe von insgesamt 60 000 € geleistet. Es ist jedoch nur ein Einkommensteueranspruch 01 in Höhe von 55 000 € entstanden.

Der Erstattungsanspruch in Höhe von 5 000 € entsteht mit Ablauf des Veranlagungszeitraums 01.

Wenn aufgrund einer fehlerhaften Steuerfestsetzung eine zu hohe Abschlusszahlung entrichtet wurde, entsteht der Erstattungsanspruch mit der Zahlung des zu hoch festgesetzten Betrages.

Sofern die festgesetzte Steuer infolge einer Korrektur zugunsten des Steuerpflichtigen geändert wird, entsteht der Erstattungsanspruch mit der Bekanntgabe des geänderten Bescheids.

BEISPIEL: Durch Änderungsbescheid nach § 173 Abs. 1 Nr. 2 AO wird eine Steuer um 5 000 € herabgesetzt.

Mit Bekanntgabe des Änderungsbescheids entsteht ein Erstattungsanspruch in Höhe von 5 000 €.

10.5 Fälligkeit von Ansprüchen aus dem Steuerschuldverhältnis

10.5.1 Begriff und Voraussetzungen der Fälligkeit

10.5.1.1 Begriff der Fälligkeit

Vom Zeitpunkt der Entstehung eines Anspruches aus dem Steuerschuldverhältnis ist der Zeitpunkt der Fälligkeit zu unterscheiden. **Fällig** ist ein Anspruch, wenn der Gläubiger berechtigt ist, die Geldleistung zu fordern. 446

Das setzt voraus, dass

- der Anspruch entstanden ist und
- sich aus dem Gesetz oder dem festsetzenden Verwaltungsakt der Zeitpunkt der Fälligkeit ergibt (vgl. § 220 AO).

10.5.1.2 Festsetzung als Voraussetzung der Fälligkeit (§ 218 Abs. 1 AO)

Die Festsetzung kann erfolgen durch 447

- Steuerbescheide – auch Vorauszahlungsbescheide oder Steueranmeldungen (§ 168 AO),
- Steuervergütungsbescheide,
- Haftungsbescheide sowie
- Verwaltungsakte, durch die steuerliche Nebenleistungen festgesetzt werden.

Ausnahmsweise kann sich die Fälligkeit auch aus einem Rückforderungs- oder einem Abrechnungsbescheid (§ 218 Abs. 2 AO; vgl. Rdn. 452 ff.) ergeben.

BEISPIEL: Nach der Scheidung von Ehegatten, die zusammen veranlagt wurden, überwies das FA den ESt-Erstattungsbetrag versehentlich auf ein Konto des nicht erstattungsberechtigten Ehegatten.

Das FA wurde von seiner Leistungspflicht gegenüber dem erstattungsberechtigten Ehegatten nicht frei (BFH v. 8.1.1991 VII R 18/90, BStBl II 1991, 442). Der ohne Rechtsgrund erstattete Betrag kann von dem nicht erstattungsberechtigten Ehegatten durch Rückforderungsbescheid (§ 37 Abs. 2 AO) oder durch Abrechnungsbescheid (§ 218 Abs. 2 AO) angefordert werden (BFH v. 25.2.1992 VII R 8/91, BStBl II 1992, 713).

Der – ggf. materiell-rechtlich unrichtige – Verwaltungsakt beeinflusst zwar nicht die Höhe des Anspruchs aus dem Steuerschuldverhältnis, solange er jedoch besteht, legt er fest, ob und in welcher Höhe ein Anspruch durchgesetzt werden kann. Maßgebend ist allein der letzte Verwaltungsakt (z. B. der letzte Änderungsbescheid oder der letzte Abrechnungsbescheid). Der einheitliche Anspruch aus dem Steuerschuldverhältnis kann deshalb bei – ggf. mehrfacher – Änderung einer Festsetzung nicht in unterschiedliche Zahlungs- und Erstattungsansprüche aufgespalten werden (BFH v. 6.2.1996 VII R 50/95, BStBl II 1997, 112).

448 **Säumniszuschläge** (§ 240 AO) werden nicht durch schriftlichen Verwaltungsakt festgesetzt (§ 218 Abs. 1 Satz 1 2. Halbsatz AO). Ihre Höhe wird dem Stpfl. meist mit der Anmahnung von Steuerrückständen bekannt gegeben. Säumniszuschläge können ohne Leistungsgebot zusammen mit der Steuer beigetrieben werden (§ 254 Abs. 2 AO).

10.5.1.3 Anrechnung – Abrechnung – Erstattung

449 An die Steuerfestsetzung schließt sich die Anrechnung – auch Anrechnungsverfügung oder Abrechnung genannt – an. Die Anrechnung, ein **eigener** Verwaltungsakt, der zum Steuererhebungsverfahren gehört, ergeht aus Zweckmäßigkeitsgründen zusammen mit dem Steuerbescheid. Aus der Anrechnung soll der Steuerpflichtige nachvollziehbar erkennen können, welche Beträge auf die festgesetzte Steuer angerechnet werden. Aus der Anrechnung ergibt sich, ob der Steuerpflichtige eine Abschlusszahlung leisten muss oder eine Erstattung ausgezahlt wird. Die Anrechnungsverfügung ist ein Verwaltungsakt mit Bindungswirkung (BFH v. 27.10.2009 VII R 51/08, BStBl II 2010, 382). Sie kann daher nur unter den Voraussetzungen einer Korrekturvorschrift nach §§ 129 bis 131 AO geändert werden (BFH v. 15.4.1997 VII R 100/96, BStBl II 1997, 787).

BEISPIELE:

1. Die ESt wird auf 100 000 € festgesetzt. Der Stpfl. hat Vorauszahlungen nach § 37 EStG in Höhe von 60 000 € entrichtet, Kapitalertragsteuer (§§ 43 ff. EStG) wurde in Höhe von 5 000 € einbehalten und Lohnsteuer ist in Höhe von 25 000 € anzurechnen.

   Geleistete Vorauszahlungen und durch Steuerabzug erhobene Einkommensteuer sind auf die festgesetzte Einkommensteuer anzurechnen, § 36 Abs. 2 EStG. Als Abschlusszahlung (vgl. § 36 Abs. 4 EStG) sind 10 000 € zu entrichten.

2. Die ESt eines zu veranlagenden Arbeitnehmers wird auf 12 000 € festgesetzt. Für den gleichen Veranlagungszeitraum wurde von dem Arbeitgeber Lohnsteuer in Höhe von 14 000 € einbehalten.

   Auf die festgesetzte Einkommensteuer wird die Lohnsteuer von 14 000 € angerechnet, wodurch sich ein Erstattungsbetrag von 2 000 € ergibt (§ 36 Abs. 2 Nr. 2 EStG).

Wendet sich der Steuerpflichtige gegen die Anrechnung, so muss das FA durch **Abrechnungsbescheid** (§ 218 Abs. 2 AO) entscheiden (vgl. hierzu i. E. Rdn. 452 ff.).

10.5.1.4 Leistungsgebot (§ 254 Abs. 1 AO)

450 Durch die Anrechnung wird der vom Stpfl. noch zu entrichtende Betrag ermittelt. Der Anrechnung folgt – meist mit dem Steuerbescheid verbunden – das Leistungsgebot (§ 254 Abs. 1 Satz 1 AO). Dieses enthält die Aufforderung, den geschuldeten Betrag innerhalb einer bestimmten Frist zu zahlen. Erst nach Ergehen des Leistungsgebotes kann der Anspruch **„verwirklicht“**, d. h. durchgesetzt werden.

Das Leistungsgebot regelt, **wann**, **wo** und **wie** die geschuldete Leistung zu erfüllen ist (BFH, Urteil v. 31.10.1975 - VIII B 14/74, BStBl 1976 II S, 258) und ist damit ein **selbständiger Verwaltungsakt** (BFH v. 1.6.1983 III B 40/82, BStBl II 1983, 622), der nach §§ 129 – 131 AO korrigiert und angegriffen werden kann.

Ein **Haftungsbescheid** (Rdn. 622 ff.) darf nur dann mit Zahlungsaufforderung und Fälligkeitstag (Leistungsgebot) versehen werden, wenn **eine** der besonderen Voraussetzungen des § 219 AO vorliegt: 451

- Haftung für Steuerhinterziehung oder Steuerhehlerei (§§ 71, 370 bzw. 374 AO),
- Haftung für Steuerabzugsbeträge z. B. nach § 42d Abs. 1 EStG,
- erfolglose Vollstreckung in das bewegliche Vermögen des Steuerschuldners oder
- Aussichtslosigkeit der Vollstreckung beim Steuerschuldner.

10.5.1.5 Abrechnungsbescheid (§ 218 Abs. 2 AO)

Besteht Streit darüber, in welcher Höhe ein festgesetzter Anspruch aus dem Steuerschuldverhältnis bereits erloschen ist, so hat das FA hierüber durch Verwaltungsakt – genannt **Abrechnungsbescheid** – zu entscheiden (§ 218 Abs. 2 AO). Es handelt sich um einen Verwaltungsakt, der im Erhebungsverfahren ergeht und die Feststellung zum Inhalt hat, ob eine bestehende Zahlungsverpflichtung durch wirksame Zahlung, Aufrechnung, Verrechnung oder Erlass erloschen ist, ob und inwieweit Zahlungsverjährung eingetreten, die Schuld bereits vor Begründung der Zahlungsverpflichtung erloschen ist oder ein Forderungsausgleich durch Vollstreckungsmaßnahmen erreicht wurde. Durch Abrechnungsbescheid wird endgültig über die Verwirklichung eines Anspruchs aus dem Steuerschuldverhältnis entschieden. 452

BEISPIEL: Das FA setzt die USt entsprechend der Jahreserklärung auf 120 000 € fest und fordert vom Stpfl. einen nicht durch Vorauszahlungen gedeckten Betrag von 5 000 € an. Der Stpfl. ist der Ansicht, dieser Betrag sei aufgrund einer wirksamen Aufrechnung erloschen.

Das FA hat in einem besonderen Verwaltungsakt (§ 218 Abs. 2 AO) die Höhe des noch bestehenden Steueranspruchs zu nennen und dabei im Einzelnen darzulegen, in welcher Höhe USt-Vorauszahlungen eingingen und warum der Teilbetrag in Höhe von 5 000 € nicht durch Aufrechnung erloschen ist.

Durch Abrechnungsbescheid werden auch **Streitigkeiten über die Anrechnung** von Steuerabzugsbeträgen und Vorauszahlungen entschieden. Für einen Rechtsbehelf gegen die Anrechnungsverfügung fehlt das Rechtsschutzbedürfnis, da das Verwaltungs- und Klageverfahren über den Abrechnungsbescheid vorrangig ist gegenüber einer Anfechtung der Anrechnungsverfügung. Als gesetzlich geregeltes spezielles Verfahren dient es dazu, über Streitigkeiten die Höhe des Steueranspruchs betreffend **endgültig** zu entscheiden. 453

Das FA ist im Abrechnungsverfahren allerdings inhaltlich an die Anrechnung bzw. Abrechnung gebunden, die in Zusammenhang mit der Steuerfestsetzung erging (BFH v. 15.4.1997 VII R 100/96, BStBl II 1997, 787; BFH, Urteil v. 27.10.2009 - VII R 51/08, BStBl 2010 II S. 382; AEAO zu § 218 Nr. 3). Deshalb kann im Abrechnungsbescheid die Steueranrechnung **bis zum Ablauf der Zahlungsverjährung** zugunsten und zu Lasten des Steuerpflichtigen nur korrigiert werden, wenn eine der Voraussetzungen der §§ 129 – 131 AO gegeben ist.

BEISPIEL: ESt wurde in Höhe von 10 000 € festgesetzt. Statt der tatsächlich geleisteten Vorauszahlungen (§ 37 Abs. 1 EStG) von 12 000 € wurden versehentlich 21 000 € angerechnet. Der Irrtum wurde drei Jahre später bemerkt.

Die Anrechnung der Vorauszahlung entfaltet Bindungswirkung, über die sich der Abrechnungsbescheid nicht hinwegsetzen darf, auch wenn in ihm über die Höhe der bestehenden Steuerschuld endgültig entschieden wird. Die angerechnete Vorauszahlung kann das FA allerdings nach § 129 AO berichtigen, so dass es den Rückforderungsanspruch von 9 000 € durch Abrechnungsbescheid gegenüber dem Stpfl. geltend machen kann. Dieser Anspruch nach § 37 Abs. 2 AO, der bereits mit Auszahlung nicht nur entstanden, sondern auch fällig geworden ist, § 220 Abs. 2 Satz 1 AO, war auch noch nicht zahlungsverjährt, vgl. §§ 229 Abs. 1 Satz 1, 228 Satz 2 AO.

454 Den Abrechnungsbescheid kann der Stpfl. mit dem Einspruch und anschließend mit der Anfechtungsklage anfechten. Soweit sich aus der Abrechnung bzw. Anrechnung nicht die vom Steuerpflichtigen begehrte Erstattung ergibt, ist der Abrechnungsbescheid Voraussetzung für die auf Steuererstattung gerichtete Verpflichtungsklage (§§ 37 Abs. 2 AO, 40 Abs. 1 FGO; BFH v. 12.6.1986 VII R 103/83, BStBl II 1986, 702).

10.5.2 Bedeutung der Fälligkeit

455 Vom Fälligkeitstag an ist der Schuldner zur Entrichtung der Geldleistung verpflichtet. Die Fälligkeit ist Voraussetzung für die Einleitung von Vollstreckungsmaßnahmen (§ 254 Abs. 1 Satz 1 AO). Darüber hinaus kommt der Fälligkeit in der AO und anderen Gesetzen erhebliche Bedeutung zu:

10.5.2.1 Säumniszuschläge

Wird eine Steuer nicht spätestens am Fälligkeitstag entrichtet, so fallen grundsätzlich Säumniszuschläge an (§ 240 AO).

10.5.2.2 Zahlungsverjährung

Mit Ablauf des Kalenderjahres, in dem der Anspruch aus dem Steuerschuldverhältnis erstmals fällig geworden ist, beginnt die Frist für die Zahlungsverjährung zu laufen (§ 229 AO).

10.5.2.3 Aufrechnung

Eine Aufrechnung ist erst möglich, wenn die Forderung des Aufrechnenden fällig ist (§ 226 Abs. 1 AO, § 387 BGB, vgl. auch Rdn. 513 f.).

10.5.3 Der Zeitpunkt der Fälligkeit

456 Der Zeitpunkt der Fälligkeit eines Anspruches aus dem Steuerschuldverhältnis kann sich ergeben

- unmittelbar aus einem Einzelsteuergesetz (§ 220 Abs. 1 AO),
- aus dem Entstehungszeitpunkt (§ 220 Abs. 2 Satz 1 AO),

- aus dem mit einer erforderlichen Festsetzung verbundenen oder ihr folgenden Leistungsgebot (§ 220 Abs. 2 Satz 1 AO) oder
- aus dem Zeitpunkt der Bekanntgabe des Verwaltungsakts(§ 220 Abs. 2 Satz 2 AO).

10.5.3.1 Fälligkeit von Vorauszahlungen und einbehaltener Lohnsteuer

Unmittelbar aus dem Einzelsteuergesetz ergibt sich die Fälligkeit der abzuführenden Lohnsteuer (§ 41a Abs. 1 Satz 1 Nr. 2 EStG) und der USt-Vorauszahlungen (§ 18 Abs. 1 Satz 4 UStG) jeweils zum 10. Tag nach Ablauf des Vor- bzw. Anmeldungszeitraums. Allerdings ist zu beachten, dass bei verspäteter Abgabe von Anmeldungen die Fälligkeit erst mit deren Eingang beim FA eintreten kann. Erst dann liegt nämlich die als Grundlage für die Verwirklichung eines Anspruches aus dem Steuerschuldverhältnis erforderliche Festsetzung vor (§§ 218 Abs. 1, 168 Satz 1 AO). 457

BEISPIELE:

1. Ein Arbeitgeber reicht die Lohnsteueranmeldung für Mai am 2. 6. beim FA ein.
   Der angemeldete Betrag ist am 10. 6. fällig (§ 41a Abs. 1 Satz 1 Nr. 2 EStG).
2. Eine USt-Voranmeldung für Mai geht am 25. 6. beim FA ein.
   Die angemeldete USt-Vorauszahlung ist am 25. 6. fällig.

Entsprechendes gilt für ESt-Vorauszahlungen, die nach § 37 Abs. 1 Satz 1 EStG am 10. Tag des letzten Monats eines jeden Kalendervierteljahres fällig werden. Hier müssen also Vorauszahlungsbescheide bekannt gegeben worden sein (§ 37 Abs. 3 Satz 1 EStG).

10.5.3.2 Fälligkeit von Abschlusszahlungen

Abschlusszahlungen und Steuernachforderungen werden aufgrund der Regelungen in den Einzelsteuergesetzen einen Monat nach Bekanntgabe des Steuerbescheides fällig (vgl. z. B. § 36 Abs. 4 Satz 1 EStG, § 18 Abs. 4 Satz 1 und 2 UStG), soweit im Leistungsgebot nicht ausdrücklich ein späterer Fälligkeitszeitpunkt festgelegt wird. 458

10.5.3.3 Fälligkeit von steuerlichen Nebenleistungen

Der Fälligkeitszeitpunkt für steuerliche Nebenleistungen (§ 3 Abs. 4 AO) ergibt sich grundsätzlich aus dem festsetzenden Verwaltungsakt bzw. dem in Zusammenhang damit ergehenden Leistungsgebot (§ 220 Abs. 2 Satz 1 AO). 459

Eine Ausnahme gilt jedoch für Säumniszuschläge, die mit Entstehung (vgl. Rdn. 442) fällig werden (§ 220 Abs. 2 Satz 1 AO), da eine Festsetzung nicht erforderlich ist (§§ 220 Abs. 2 Satz 1, 218 Abs. 1 Satz 1 AO).

10.5.3.4 Fälligkeit von Vergütungsansprüchen

460 Vergütungen werden mit Bekanntgabe des Vergütungsbescheids z. B. des Prämien- oder Zulagenbescheids fällig, soweit durch Gesetz nicht ausdrücklich eine Auszahlungsfrist bestimmt wird (vgl. z. B. § 13 Abs. 1 EigZulG).

10.5.3.5 Fälligkeit von Erstattungsansprüchen

461 Wurde eine Geldleistung ohne Rechtsgrund entrichtet, so ist der Erstattungsanspruch mit seiner Entstehung fällig, da keine Festsetzung erforderlich ist (§§ 220 Abs. 2, 218 Abs. 1 Satz 1 AO, BFH v. 18.6.1986 II R 38/84, BStBl II 1986, 704).

Ergibt sich ein Erstattungsanspruch aus der Abrechnung eines Steuerbescheids (vgl. Rdn. 425 f., 445), so wird der Erstattungsanspruch mit Bekanntgabe des Bescheids fällig, aus dem sich der Wegfall des Rechtsgrunds ergibt.

BEISPIELE:

1. Mit Bekanntgabe des Einkommensteuerbescheids ist ein sich ergebender Erstattungsbetrag fällig (§ 36 Abs. 4 Satz 2 EStG).
2. Mit Bekanntgabe eines Änderungsbescheids ist der sich ergebende Erstattungsbetrag fällig.

10.5.4 Säumniszuschläge

10.5.4.1 Voraussetzungen und Höhe

462 Wird eine Steuer, eine Haftungsschuld oder eine vom Steuerpflichtigen zurückzuzahlende Steuervergütung nicht bis zum Ablauf des Fälligkeitstages entrichtet, so ist für jeden angefangenen Monat der Säumnis ein Zuschlag von eins vom Hundert des rückständigen Betrages zu entrichten. Der rückständige Betrag ist auf den nächsten durch 50 € teilbaren Betrag abzurunden (§ 240 Abs. 1 Satz 1 AO).

BEISPIEL: Die ESt-Vorauszahlung II in Höhe von 740 € ist am 10. 6. (Freitag) fällig (§ 37 Abs. 1 EStG). Sie wird erst am 11. 8. (Donnerstag) entrichtet (§ 224 Abs. 2 AO).

Es sind Säumniszuschläge für drei angefangene Monate (11. 6., 11. 7., 11. 8.) für den auf 700 € abgerundeten Betrag zu entrichten. Der Zuschlag beträgt also insgesamt 21 €.

Bei verspäteter Zahlung von steuerlichen Nebenleistungen (§ 3 Abs. 4 AO) entstehen keine Säumniszuschläge (§ 240 Abs. 2 AO).

Verwirkte Säumniszuschläge sind auch dann zu entrichten, wenn die Steuer- oder Haftungsschuld aufgehoben, geändert oder berichtigt wird (§ 240 Abs. 1 Satz 4 AO).

BEISPIEL: Das FA legt den Fälligkeitstermin für eine Einkommensteuer-Abschlusszahlung in Höhe von 3 000 € auf den 20. 9. Am 5. 11. wird dem Stpfl. ein geänderter Steuerbescheid bekannt gegeben, durch den Steuer und Abschlusszahlung um 1 000 € herabgesetzt werden. Am 15. 12. werden 2 000 € entrichtet.

Es sind Säumniszuschläge in Höhe von 80 € verwirkt, nämlich 2 % aus 3 000 € (21. 9. – 20. 11. = 2 angefangene Monate) und 1 % aus 2 000 € (21. 11. – 15. 12. = 1 angefangener Monat).

Wird hingegen nicht die Steuerfestsetzung korrigiert, sondern verändert sich der rückständige Betrag infolge einer nachträglichen Anrechnung, so ist der Betrag des verwirkten Säumniszuschlages richtigzustellen (BFH v. 24.3.1992 R VII 39/91, BStBl II 1992, 956).

BEISPIEL: Die am 20. 5. fällige Einkommensteuer-Abschlusszahlung (§ 36 Abs. 4 EStG) in Höhe von 10 000 € wurde am 30. 10. einschließlich der Säumniszuschläge von 600 € per Scheck beglichen. Im November weist der Stpfl. nach, dass eine nachträglich festgesetzte (§ 37 Abs. 3 Satz 4 EStG) und von ihm im Januar geleistete Vorauszahlung in Höhe von 5 000 € im Rahmen der Anrechnung (§ 36 Abs. 2 Nr. 1 EStG) nicht berücksichtigt wurde.

Die verwirkten Säumniszuschläge mindern sich auf (6 % von 5 000 € =) 300 €.

Bei einer Aufrechnung ist zu beachten, dass trotz der grundsätzlichen Rückwirkung des Erlöschens (§ 226 Abs. 1 AO, § 389 BGB; vgl. Rdn. 520) Säumniszuschläge bestehen bleiben, die vor der Fälligkeit der Schuld des Aufrechnenden entstanden sind (§ 240 Abs. 1 Satz 5 AO).

BEISPIEL: Unternehmer U hat die am 10.3.03 fällige ESt-Vorauszahlung in Höhe von 10 000 € nicht beglichen. Am 10.4.03 geht die USt-Voranmeldung für März 03 ein, aus der sich ein Vergütungsanspruch von 15 000 € ergibt. Das FA erteilt am 25.4.03 die Zustimmung und erklärt die Aufrechnung.

Die Aufrechnung wirkt **hinsichtlich der Säumniszuschläge** nur auf den Tag der Fälligkeit der Schuld des aufrechnenden Finanzamtes zurück. Die Fälligkeit der zu vergütenden USt trat mit Bekanntgabe der Zustimmung ein, also am 28.4.03 (§§ 168 Satz 2, 122 Abs. 2 Nr. 1 AO). Säumniszuschläge für die Zeit vom 11.3.03 – 28.4.03 bleiben bestehen. (Nach AEAO zu § 226 Nr. 2 Abs. 3 werden aus Billigkeitsgründen Säumniszuschläge nur bis zum Tage des Eingangs der USt-Voranmeldung **erhoben**.)

10.5.4.2 Schonfrist

Wird die **Überweisung** eines Steuerbetrages, einer Haftungsschuld oder einer zurück- 463
zuzahlenden Steuervergütung spätestens am dritten auf den Fälligkeitstermin folgenden Tag einem Konto des Finanzamtes gutgeschrieben, so wird der an sich verwirkte Säumniszuschlag nicht erhoben (§ 240 Abs. 3 Satz 1 AO). Diese 3-Tagesfrist wird **Schonfrist** genannt. Diese Schonfrist gilt **nicht**, wenn die Schuld durch Übergabe oder Übersendung von Bargeld oder eines Schecks beglichen wird (§ 240 Abs. 3 Satz 2 AO).

BEISPIEL: Die KSt-Vorauszahlung I in Höhe von 50 000 € ist am 10. 3. (Freitag) fällig (§ 31 Abs. 1 KStG, § 37 Abs. 1 EStG). Der Betrag geht am 13. 3. (Montag) mittels Schecks beim FA ein.

Es ist ein Säumniszuschlag von (1 % von 50 000 € =) 500 € zu erheben (§§ 240 Abs. 1 Satz 1, Abs. 3, 224 Abs. 2 Nr. 1 AO).

Wird die Vorauszahlung dagegen überwiesen und dem FA am 13. 3. gutgeschrieben, wird der entstandene Säumniszuschlag nicht erhoben (§ 240 Abs. 3 Satz 1 AO).

Sollte die Überweisung jedoch dem FA erst am 11. 4. gutgeschrieben werden, sind Säumniszuschläge in Höhe von (2 % von 50 000 € =) 1 000 € entstanden und zu entrichten. Denn die Schonfrist hat nur Bedeutung, wenn die Gutschrift **tatsächlich** innerhalb der Schonfrist erfolgt.

10.5.4.3 Besonderheiten bei Steueranmeldungen

464 Bei Steueranmeldungen, etwa den USt-Voranmeldungen und den Lohnsteueranmeldungen, hat der Steuerpflichtige die Höhe der an das FA abzuführenden Steuer selbst zu errechnen (§ 150 Abs. 1 Satz 3 AO, § 18 Abs. 1 UStG bzw. § 41a Abs. 1 Satz 1 Nr. 1 EStG) und spätestens am gesetzlichen Fälligkeitstermin an das FA abzuführen. Kommt der Steuerpflichtige seiner Verpflichtung nicht nach, so kann das FA im Wege der Schätzung (§ 162 AO) die abzuführende Steuer festsetzen.

Trotz gesetzlicher Fälligkeit tritt bei verspäteter oder unterbliebener Erklärungsabgabe gemäß § 240 Abs. 1 Satz 3 AO die Säumnis nicht ein, bevor die Anmeldung beim FA eingegangen oder der in der Festsetzung enthaltene Zahlungstermin abgelaufen ist.

BEISPIELE:

1. Die Lohnsteueranmeldung für Januar geht erst am 15. 2. (Mittwoch) beim FA ein, die Überweisung am 20. 2. (Montag).

   Fälligkeit trat erst am 15. 2. ein. Säumniszuschläge werden nicht erhoben, da die Gutschrift innerhalb der Schonfrist erfolgt. Letzter Tag der Schonfrist ist der 18. 2. (Samstag), folglich verschiebt sich deren Ende auf den 20. 2. (Montag, § 108 Abs. 3 AO).
2. Wegen Nichtabgabe einer Voranmeldung für den Monat Mai setzt das FA eine USt-Vorauszahlung in Höhe von 5 000 € fest und bestimmt als Fälligkeitstag den 20. 7. (Donnerstag). Der Betrag geht am 27. 7. beim FA ein.

   Fälligkeit trat am 20. 7. ein. Innerhalb der Schonfrist wurde nicht gezahlt. Daher sind für einen angefangenen Monat der Säumnis 50 € Säumniszuschläge zu entrichten.

465 Unabhängig davon kann in beiden Beispielen wegen verspäteter bzw. Nichtabgabe der Erklärungen ein **Verspätungszuschlag** festgesetzt werden (§ 152 AO).

Stellt der Steuerpflichtige nach Abgabe einer Steueranmeldung fest, dass er einen zu geringen Betrag errechnet und abgeführt hat, so hat er durch Nachmeldung eine Richtigstellung vorzunehmen (§ 153 AO). Der aufgrund der geänderten Anmeldung (§§ 168, 164 Abs. 2 Satz 1 AO) nachzuentrichtende Steuerbetrag ist mit Eingang der Nachmeldung beim FA fällig.

BEISPIEL: Ein Arbeitgeber hat am 10. 4. die Lohnsteuer für den Monat März angemeldet und abgeführt. Am 25. 7. geht eine um 2 500 € höhere Lohnsteueranmeldung für März beim FA ein. Der Betrag wird am 28. 7. einem Konto des FA gutgeschrieben.

Fälligkeitstag für den nachgemeldeten Betrag war der 25. 7. Die Gutschrift erfolgte innerhalb der Schonfrist. Ein Säumniszuschlag wird daher nicht erhoben.

Ein Verspätungszuschlag nach § 152 AO kann nicht festgesetzt werden, da der Arbeitgeber im April seiner Erklärungspflicht nachgekommen war.

10.5.4.4 Verfahren

466 Säumniszuschläge fallen kraft Gesetzes an. Sie werden meist im Rahmen der Anmahnung von Rückständen oder durch Zusendung eines Konto-Auszugs mit Zahlungsaufforderung angefordert. Einer besonderen Festsetzung bedarf es nicht (§ 218 Abs. 1 Satz 1 2. Halbsatz AO).

Die Erhebung der entstandenen Säumniszuschläge erfolgt unabhängig davon, ob den Steuerpflichtigen an der verspäteten Zahlung Verschulden trifft oder nicht (BFH

v. 17.7.1985 I R 172/79, BStBl II 1986, 122). Allerdings kann ein Erlass des Säumniszuschlages nach § 227 AO gerechtfertigt sein (vgl. AEAO zu § 240 Nr. 5).

Besteht Streit über die Höhe der entstandenen oder noch zu zahlenden Säumniszuschläge, so ist durch Abrechnungsbescheid zu entscheiden (siehe oben Rdn. 452 ff.).

10.6 Verschiebung der Fälligkeit durch Stundung (§ 222 AO)

Ein Hinausschieben der Fälligkeit durch Stundung kommt nur in Betracht, wenn 467

- die Einziehung bei Fälligkeit für den Schuldner eine erhebliche Härte bedeuten würde **und**
- der Anspruch durch die Stundung nicht gefährdet erscheint (§ 222 Satz 1 AO).

Ferner soll eine Stundung

- nur auf Antrag **und**
- gegen Sicherheitsleistung gewährt werden (§ 222 Satz 2 AO).

10.6.1 Voraussetzungen

Eine **erhebliche Härte** liegt vor, wenn es dem Steuerpflichtigen aufgrund seiner wirtschaftlichen Gesamtlage zeitweilig nicht möglich ist, den fälligen Steuerbetrag zu begleichen. Es muss sich dabei um ernsthafte Zahlungsschwierigkeiten handeln. Der Steuerpflichtige darf nicht mehr über eigene Mittel verfügen und muss sich vergeblich nachdrücklich um einen Bankkredit bemüht haben. Ursache für die Schwierigkeiten können **sachliche** und **persönliche** Gründe sein: 468

BEISPIELE:

1. Ein Stpfl. erwartet die Auszahlung einer größeren Vergütung, etwa einer Investitionszulage, oder die Erstattung einer anderen Steuer. Hier kann aus **sachlichen** Gründen eine Stundung ausgesprochen werden.

   Soweit der Gegenanspruch besteht und alsbald fällig wird, kann er zeitnah durch Verrechnung zur Tilgung der fälligen Steuerschuld eingesetzt werden (**„Verrechnungsstundung“** oder **„technische Stundung“** unter Verzicht auf Stundungszinsen, § 234 Abs. 2 AO, vgl. auch Rdn. 481 ff.).
2. Auch die besonderen **persönlichen** Verhältnisse des Stpfl. können eine Stundung rechtfertigen, so etwa eine längere Krankheit, nicht vorhersehbare konjunktur- oder saisonbedingte Schwierigkeiten, schließlich auch die für eine Betriebserhaltung unbedingt notwendigen Investitionen.

Die persönlichen Stundungsgründe setzen neben der **Stundungsbedürftigkeit** zusätzlich die **Stundungswürdigkeit** voraus. Stundungswürdigkeit ist gegeben, wenn der Stpfl. seine mangelnde Leistungsfähigkeit weder selbst herbeigeführt noch durch sein Verhalten in eindeutiger Weise gegen die Interessen der Allgemeinheit verstoßen hat (BFH v. 1.7.1998 IV B 7/98, BFH/NV 1999, 12).

Wegen **Gefährdung des Anspruchs** verbietet sich eine Stundung bei wirtschaftlich schwachen Schuldnern, wenn mit einer Besserung der Zahlungsfähigkeit nicht mehr gerechnet werden kann. In einem derartigen Fall kann allenfalls gegen ausreichende 469

Sicherheitsleistung (§ 241 ff. AO) gestundet werden. Ansonsten wird von der Finanzverwaltung auf die Sicherheitsleistung bei kurzfristigen Stundungen (drei bis sechs Monate) oder kleinen Beträgen verzichtet.

Grundsätzlich können alle Ansprüche aus dem Steuerschuldverhältnis gestundet werden. Ausnahmsweise ist jedoch eine Stundung gegenüber dem Steuerschuldner nicht zulässig, wenn ein Dritter die Steuer für Rechnung des Steuerschuldners einzubehalten und abzuführen hat (§ 222 Satz 3 AO; vgl. auch BFH v. 24.3.1998 I R 120/97, BStBl II 1999, 3).

BEISPIEL: Ein Arbeitnehmer befindet sich vorübergehend in ernsten Zahlungsschwierigkeiten und beantragt Stundung der Lohnsteuer.

Der Arbeitnehmer ist Schuldner der Lohnsteuer (§ 38 Abs. 2 EStG). Da zur Einbehaltung und Abführung der Lohnsteuer der Arbeitgeber verpflichtet ist (§§ 38 Abs. 3, 41a Abs. 1 EStG), kann eine Stundung nicht erfolgen (§ 222 Satz 3 AO).

Ferner ist die Stundung von durch Haftungsbescheid vom Arbeitgeber nachgeforderten Lohnsteuerbeträgen ausgeschlossen, soweit er die Lohnsteuer einbehalten hat (§ 222 Satz 4 AO, § 42d Abs. 1 EStG).

10.6.2 Verfahren

470 Die Stundung wird durch begünstigenden **Ermessensverwaltungsakt** ausgesprochen und enthält fast immer eine Nebenbestimmung nach § 120 Abs. 2 AO, insbesondere:

- eine Befristung für den Gesamtbetrag bzw. die einzelnen Raten;
- einen Widerrufsvorbehalt für den Fall, dass sich die Vermögenslage des Schuldners unerwartet bessert;
- eine auflösende Bedingung für den Fall, dass der Schuldner mit einer Rate in Verzug gerät („Verfallklausel“);
- eine aufschiebende Bedingung, dass vor der Wirksamkeit ein bestimmter Teilbetrag zu zahlen oder eine Sicherheitsleistung zu erbringen ist.

Soll durch das FA ein hoher Betrag über einen langen Zeitraum gestundet werden, so ist aufgrund von Verwaltungsanweisungen die Mitwirkung der Aufsichtsbehörden erforderlich (BMF v. 5.7.2023, BStBl I 2023, 1467).

10.6.3 Wirkung der Stundung

471 Durch die Stundung wird die Fälligkeit hinausgeschoben, so dass während des Zeitraumes der Stundung

- Vollstreckungsmaßnahmen unzulässig sind (§ 254 Abs. 1 Satz 1 AO)
- und Säumniszuschläge (§ 240 AO) nicht anfallen.

Allerdings sind Stundungszinsen zu erheben (§ 234 AO, vgl. Rdn. 481 ff.). Ferner bewirkt die Stundung eine Unterbrechung der Zahlungsverjährung (§ 231 Abs. 1 Satz 1 Nr. 1 AO; vgl. Rdn. 596 ff.).

10.6.4 Abgrenzung zum Vollstreckungsaufschub (§ 258 AO)

Im Gegensatz zur Stundung ist für Maßnahmen der Beschränkung der Vollstreckung immer Voraussetzung, 472

- dass fällige Geldleistungen nicht erbracht wurden und
- Vollstreckungsmaßnahmen eingeleitet worden sind.

Einzelne eingeleitete oder durchgeführte Vollstreckungsmaßnahmen können **vorübergehend** unbillig sein. **Unbilligkeit** ist anzunehmen, wenn die Vollstreckung oder eine einzelne Vollstreckungsmaßnahme dem Vollstreckungsschuldner einen unangemessenen Nachteil bringen würde, der durch ein kurzfristiges Zuwarten oder durch eine andere Vollstreckungsmaßnahme vermieden werden könnte (Abschn. 7 Abs. 2 VollstrA, BFH v. 27.10.2004 VII R 65/03, BStBl II 2005, 198). Das kann sich insbesondere aus den momentanen besonderen Verhältnissen des Vollstreckungsschuldners ergeben, z. B. Gefährdung von Gesundheit oder Leben des Vollstreckungsschuldners oder seiner Angehörigen oder die Gefahr der Vernichtung der wirtschaftlichen Existenz.

Zuständig für Maßnahmen nach § 258 AO ist die Vollstreckungsbehörde, die

- auf Antrag oder von Amts wegen,
- behördenintern oder durch Mitteilung an den Steuerpflichtigen,
- einzelne Maßnahmen oder die gesamte Zwangsvollstreckung einstellen kann.

Auch wenn die Vollstreckungsstelle

- die Zwangsvollstreckung befristet einstellt
- und dies dem Steuerpflichtigen mitteilt,

kommt dem Vollstreckungsaufschub **keine die Fälligkeit verschiebende Wirkung** zu. Für die Zeit des Aufschubs fallen also Säumniszuschläge an (AEAO zu § 240 Nr. 7). Eine Unterbrechung der Zahlungsverjährung tritt auch hier ein (§ 231 Abs. 1 Satz 1 Nr. 1 AO).

10.7 Zinsen

Eine Verzinsung findet nur in den gesetzlich vorgesehenen Fällen statt (§ 233 Satz 1 AO). 473

Die AO kennt:

- Zinsen bei Steuernachforderungen und Steuererstattungen, § 233a AO;
- Stundungszinsen, § 234 AO;
- Hinterziehungszinsen, § 235 AO;
- Aussetzungszinsen im Einspruchsverfahren, § 237 AO und
- Prozesszinsen auf Erstattungsbeträge, § 236 AO.

Für denselben Zeitraum kann zu einer Steuer nur eine Art von Zinsen erhoben werden. Daher sind Nachforderungszinsen (§ 233a AO) bei der Festsetzung anderer Zinsen anzurechnen (vgl. §§ 234 Abs. 3, 235 Abs. 4, 236 Abs. 4 und 237 Abs. 4 AO).

Ansprüche auf steuerliche Nebenleistungen werden nicht verzinst (§ 233 Satz 2 AO).

10.7.1 Höhe und Festsetzung der Zinsen

474 Die Zinsen betragen für jeden vollen Monat ein halbes Prozent des nach unten abgerundeten Steuerbetrags; abzurunden ist auf den nächsten durch 50 € teilbaren Betrag. Hierbei wird der Betrag jeder Steuerart und jedes Zeitraums für sich abgerundet (§ 238 Abs. 2 AO). Zinsen werden nur festgesetzt, wenn der Betrag je Steuerart und Besteuerungszeitraum sich auf mindestens 10 € beläuft (§ 239 Abs. 2 AO).

Durch das Zweite Gesetz zur Änderung der Abgabenordnung vom 12.7.2022 (BGBl I 2022 Nr. 26 S. 1142 f.) wurden in **§ 238 AO** die **Absätze 1a bis 1c** eingefügt. Die Höhe der Nachzahlungs- und Erstattungszinsen nach § 233a AO beträgt ab dem 1.1.2019 für jeden Monat **0,15 %**, das heißt 1,8 % für jedes Jahr (zu den Grundsätzen der Zinsberechnung vgl. AEAO zu § 233a Nr. 11). Die Neuregelung ist in allen am 21.7.2022 anhängigen Verfahren anzuwenden (Art. 97 § 15 Abs. 14 Satz 1 EGAO) und in allen neuen Zinsfestsetzungen nach dem 21.7.2022.

BEISPIEL: Zinsen sind zu erheben für die Zeit vom 11. 3. – 20. 7. 2023 für

- die ESt-Vorauszahlung 03/I von 2 000 €,
- die USt-Vorauszahlung für Februar 03 von 350 €,
- die ESt-Abschlusszahlung 01 von 2 650 €
- und einen Verspätungszuschlag von 400 €.

Zinsen fallen jeweils für vier volle Monate (11. 3. – 10. 7.) an:

- für die ESt-Vorauszahlung: Vorauszahlungen werden nicht von § 233a AO verzinst, § 233a Abs. 1 Satz 2 AO. Denkbar wäre aber eine Verzinsung wegen hinterzogener oder gestundeter Vorauszahlungen. 4 x 0,5 % von 2 000 € = 40 €;
- für die USt-Vorauszahlung: Zu den Voraussetzungen vgl. ESt-Vorauszahlungen. 4 x 0,5 % von 350 € = 7 €. Dieser Betrag wird nicht festgesetzt, denn 10 € werden nicht erreicht;
- für die ESt-Abschlusszahlung: Nach §§ 233a, 238 Abs. 1a AO 4 x 0,15 % von 2 650 € = 15 €;
- der Verspätungszuschlag als ein Anspruch auf steuerliche Nebenleistung wird gem. § 233 Satz 2 AO nicht verzinst.

Wird der Steuerbescheid nach Ende des Zeitraums, für den Zinsen zu erheben sind, aufgehoben, geändert oder nach § 129 AO berichtigt, so hat dies auf die Erhebung der Zinsen keinen Einfluss (§§ 234 Abs. 1 Satz 2, 235 Abs. 3 Satz 3, 236 Abs. 5 und 237 Abs. 5 AO); demgegenüber ist der Bescheid über Nachforderungszinsen zu ändern, wenn die Abschlusszahlung korrigiert wird (§ 233a Abs. 5 AO).

475 Zinsen werden durch **Zinsbescheide** erhoben, für die alle Bestimmungen über Steuern entsprechend gelten (§ 239 Abs. 1 Satz 1 AO). So ergeben sich aus § 157 AO die Form und der Inhalt. Berichtigungen sind nach § 129 AO, Änderungen und Aufhebungen nach §§ 172 – 175 AO möglich. Durch das zweite AO-Änderungsgesetz (vgl. Rdn. 474) wird die Festsetzungsfrist des § 239 Abs. 1 Satz 1 AO auf zwei Jahre erhöht. Satz 2 wird durch eine neue Nr. 6 zur Bindungswirkung der Zinsfestsetzung nach § 233a AO ergänzt.

10.7.2 Zinsen bei Steuernachforderungen und Steuererstattungen (§ 233a AO)

Steuernachforderungen und Steuererstattungen sind bei bestimmten Steuerarten für Zeiträume vor der Steuerfestsetzung zu verzinsen. Hierdurch soll ein Ausgleich dafür geschaffen werden, dass Nachforderungen und Erstattungen für die einzelnen Bürger zu unterschiedlichen Zeitpunkten festgesetzt und fällig werden. 476

10.7.2.1 Geltungsbereich

Zu verzinsen sind Steuernachforderungen und Steuererstattungen, soweit sie sich bei der Veranlagung folgender Steuern ergeben (§ 233a Abs. 1 AO): 477

- Einkommensteuer
- Körperschaftsteuer
- Umsatzsteuer
- Gewerbesteuer

10.7.2.2 Beginn, Ende und Höchstdauer der Verzinsung

Die Verzinsung beginnt grundsätzlich 15 Monate nach Ablauf des Kalenderjahres, in dem die Steuer entstanden ist (§ 233a Abs. 2 Satz 1 AO); überwiegen bei der ESt-Festsetzung die Einkünfte aus Land- und Forstwirtschaft, beginnt die Verzinsung erst 23 Monate nach dem Entstehungszeitpunkt (§ 233a Abs. 2 Satz 2 AO). Sonderregelungen für den Beginn der Verzinsung gelten, soweit die Steuerfestsetzung auf einem rückwirkenden Ereignis oder einem Verlustabzug beruht (§ 233a Abs. 2a AO). 478

Die Verzinsung endet mit Ablauf des Tages der Bekanntgabe des Steuerbescheids, aus dem sich die Steuernachforderung oder Steuererstattung ergibt (§ 233a Abs. 2 Satz 3 AO).

10.7.2.3 Unterschiedsbetrag (§ 233a Abs. 3 AO)

Zu verzinsen ist der Unterschiedsbetrag zwischen der festgesetzten Steuer und der Summe der darauf anzurechnenden Beträge (vgl. z. B. § 36 Abs. 2 EStG), also z. B. bei der Einkommensteuer 479

- die Abschlusszahlung (§ 36 Abs. 4 Satz 1 EStG) oder
- der Überschuss zugunsten des Steuerpflichtigen (§ 36 Abs. 4 Satz 2 EStG).

BEISPIELE:

1. Zinsen bei Abschlusszahlungen

   Die ESt 2023 wird auf 48 000 € festgesetzt; anzurechnen sind Vorauszahlungen von 4 x 5 000 € und Lohnsteuer von 18 000 €. Der Bescheid wird am 7.8.2025 zur Post gegeben. Die Abschlusszahlung von 10 000 € wird am 10.9.2025 entrichtet.

a) **Zinslauf**: Beginn: mit Ablauf 31.3.2025 (§ 233a Abs. 2 Satz 1 AO)
Ende: mit Ablauf 11.8.2025 (§§ 233a Abs. 2 Satz 3, 122 Abs. 2 Nr. 1 AO)
= 4 volle Monate

b) **Unterschiedsbetrag** (= Abschlusszahlung): 10 000 €

c) **Zinsanspruch**: 4 Monate × 0,15 % von 10 000 € = 60 €

Nachforderungszinsen zur Einkommensteuer 2023 sind in Höhe von 60 € festzusetzen und zu erheben.

2. Zinsen bei Steuererstattungen

Durch Bescheid, bekannt gegeben am 12.12.2025, wird die Einkommensteuer 2023 auf 11 000 € festgesetzt. Einbehaltene Lohnsteuer wird in Höhe von 12 000 € angerechnet. Der Erstattungsbetrag beläuft sich auf 1 000 €.

a) **Zinslauf**: Beginn: mit Ablauf 31.3.2025 (§ 233a Abs. 2 Satz 1 AO)
Ende: mit Ablauf 12.12.2025 (§ 233a Abs. 2 Satz 3 AO)
= 8 volle Monate

b) **Unterschiedsbetrag** (= Erstattungsbetrag): 1 000 €

c) **Zinsanspruch**: 8 Monate × 0,15 % von 1 000 € = 12 €

Erstattungszinsen sind in Höhe von 12 € festzusetzen und auszuzahlen.

3. Zinsen als Folge der Änderung von Steuerbescheiden

Durch USt-Bescheid 2022 vom 30.1.2024 wurde die USt auf 800 000 € festgesetzt. Nach Abschluss der Betriebsprüfung für die Jahre 2022 – 2024 wird die USt 2022 durch einen nach § 164 Abs. 2 AO geänderten Bescheid, zur Post gegeben am 9.10.2025, auf 900 000 € erhöht.

a) **Zinslauf**: Beginn: mit Ablauf 31.3.2024 (§ 233a Abs. 2 Satz 1 AO)
Ende: mit Ablauf 12.10.2025 (§§ 233a Abs. 2 Satz 3, 122 Abs. 2 Nr. 1 AO)
= 18 volle Monate

b) **Unterschiedsbetrag** (§ 233a Abs. 5 Satz 2 AO):

USt-Festsetzung vom 9.10.2025	900 000 €
USt-Festsetzung vom 30.1.2024	·/. 800 000 €
Unterschiedsbetrag:	100 000 €

c) **Zinsanspruch**: 18 Monate × 0,15 % von 100 000 € = 2 700 €

Nachforderungszinsen zur USt 2022 sind in Höhe von 2 700 € festzusetzen und zu erheben.

10.7.2.4 Änderung von Zinsbescheiden

480 Erging im Rahmen der Erstveranlagung oder aufgrund eines ändernden Steuerbescheides ein Zinsbescheid gemäß § 233a AO, so ist der Zinsbescheid aufzuheben oder zu ändern, wenn die Steuerfestsetzung korrigiert wird (§ 233a Abs. 5 AO).

BEISPIEL: Im Beispiel 1 (Zinsen bei Abschlusszahlungen; s. Rdn. 479) waren für die am 10.9.2025 gezahlte ESt-Abschlusszahlung 2023 in Höhe von 10 000 € für den Zeitraum 31.3.2025 bis 31.7.2025 Zinsen in Höhe von 60 € erhoben worden. Aufgrund eines Feststellungsbescheids (§ 180 Abs. 1 Nr. 2a AO) wird die Einkommensteuer 2023 durch Bescheid, bekanntgegeben am 15.4.2026, auf 18 000 € herabgesetzt, was zu einer Erstattung von Einkommensteuer 2023 in Höhe von 30 000 € führt.

Für die Zinsfestsetzung sind folgende Überlegungen anzustellen:

- Da die Festsetzung der Einkommensteuer 04 auf 18 000 € nach Berücksichtigung der Lohnsteuer von 18 000 € und der Vorauszahlungen von 20 000 € schon bei der ersten Veranlagung zu einer Erstattung von 20 000 € geführt hätte, ist der Zinsbescheid über 200 € aufzuheben; die Zinsen sind zu erstatten (§ 233a Abs. 5 Satz 3 2. Halbsatz AO).

Für den Überschuss zugunsten des Steuerpflichtigen (§ 36 Abs. 4 Satz 2 EStG) von jetzt 30 000 € sind Erstattungszinsen festzusetzen:

- Erstattungsbetrag von 20 000 € (vor dem 31.3.2025 entrichtet):

a)	**Zinslauf**:	Beginn:	mit Ablauf 31.3.2025
		Ende:	mit Ablauf 15.4.2026
		= 12 volle Monate	
b)	**Unterschiedsbetrag**	20 000 €	
c)	**Zinsanspruch**:	12 Monate × 0,15 % von 20 000 € = 360 €.	

- Erstattungsbetrag von 10 000 € (am 10.9.2025 entrichtet):

a)	**Zinslauf**:	Beginn:	mit Ablauf 10.9.2025 (§ 233a Abs. 5 Satz 4 AO)
		Ende:	mit Ablauf 15.4.2026
		= 7 volle Monate	
b)	**Unterschiedsbetrag**	10 000 €	
c)	**Zinsanspruch**:	7 Monate × 0,15 % von 10 000 € = 105 €.	

Im Rahmen der Änderung des Einkommensteuerbescheides 2023 (§ 233a Abs. 4 AO) sind also die Nachforderungszinsen in Höhe von 60 € an den Steuerpflichtigen zurückzuzahlen und Erstattungszinsen in Höhe von (360 € + 105 € =) 465 € festzusetzen und auszuzahlen.

Eine Reihe weiterer Beispiele sind im AEAO zu § 233a AO zu finden.

10.7.3 Stundungszinsen (§ 234 AO)

Für die Dauer der **gewährten** Stundung werden Zinsen erhoben. 481

Der Zinsbescheid soll gleichzeitig mit der Stundung ergehen. Die Zinsen werden meist mit Fälligkeit des gestundeten Betrags, bei Ratenzahlungen mit der letzten Rate angefordert.

BEISPIEL: Kaufmann K beantragt Stundung der ESt-Abschlusszahlung in Höhe von 4 000 € ab Fälligkeit (1. 6.) bis 31. 7. Die Stundung wird gewährt. Stundungszinsen werden in Höhe von 40 € festgesetzt. Der Stpfl. zahlt am 2. 7. die Abschlusszahlung.

Obwohl K die Stundung nicht einmal für einen vollen Monat in Anspruch genommen hat, sind die festgesetzten Zinsen in Höhe von 40 € zu entrichten.

Wird allerdings ein gestundeter Betrag mehr als einen Monat vor Fälligkeit getilgt, z. B. durch Aufrechnung oder Verrechnung, so kann auf Antrag insoweit auf die Erhebung der Stundungszinsen verzichtet werden (AEAO zu § 234 Nr. 1).

Soweit die Stundung selbst nach Ergehen des Zinsbescheides eingeengt oder erweitert wird, ist der auf der Stundung beruhende Zinsbescheid **gem. § 175 Abs. 1 Nr. 1 AO** zu ändern.

BEISPIEL: USt in Höhe von 10 000 € wird für 6 Monate gestundet. Stundungszinsen in Höhe von 300 € werden festgesetzt. Die Stundung wird durch teilweisen Widerruf gem. § 131 Abs. 2 Nr. 3 AO auf vier Monate beschränkt.

Der Zinsbescheid ist gem. § 175 Abs. 1 Nr. 1 AO auf 200 € zu ändern.

482 Zahlt der Steuerpflichtige nach Ablauf der Stundung nicht, so sind Säumniszuschläge nach § 240 AO zu entrichten (vgl. Rdn. 462).

BEISPIEL: Körperschaftsteuer in Höhe von 40 000 € wurde ab Fälligkeit (vom 25. 8.) bis 24. 12. (Montag) gestundet. Der Betrag wird am 10. 1. entrichtet.

Neben den Stundungszinsen in Höhe von 800 € sind Säumniszuschläge in Höhe von 400 € zu entrichten: Die Stundung bewirkte ein Hinausschieben der Fälligkeit bis einschließlich 24. 12. Da der 25. 12. (Fälligkeitstag) und der 26. 12. Feiertage sind, wird der Betrag erst am 27. 12. (Mittwoch) fällig (§ 108 Abs. 3 AO). Wegen der Zahlung erst nach Ablauf der Schonfrist (§ 240 Abs. 3 AO) fallen Säumniszuschläge in Höhe von 1 % aus 40 000 € an.

483 Auf die Verzinsung kann aus Billigkeitsgründen **verzichtet** werden (§ 234 Abs. 2 AO; AEAO zu § 234 Nr. 11), insbesondere

- bei Katastrophenfällen,
- bei längerer Arbeitslosigkeit,
- bei Forderungsausfällen im Insolvenzverfahren eines anderen Unternehmens,
- bei Sanierungen mit allgemeinem Zinsmoratorium,
- bei demnächst fällig werdenden Ansprüchen des Steuerschuldners gegen das FA („technische Stundung“, vgl. auch Rdn. 468 f.) und
- bei erstmaligen Stundungen von Beträgen bis 5 000 € über einen Zeitraum von höchstens 3 Monaten.

10.7.4 Hinterziehungszinsen (§ 235 AO)

484 Werden Steuern hinterzogen (§ 370 AO), so sind für den Zeitraum Zinsen zu entrichten, um den die Steuern infolge der Hinterziehung später beim FA eingehen. Der Zinslauf beginnt mit Eintritt der Steuerverkürzung (§ 235 Abs. 2 AO) und endet mit der Zahlung der hinterzogenen Beträge (§ 235 Abs. 3 Satz 1 AO).

BEISPIEL: Bauunternehmer B verkürzt die am 10.5.01 abzuführende USt um 100 000 €. Die Hinterziehung wird im März 06 aufgedeckt. B erhält einen nach § 173 Abs. 1 Nr. 1 AO geänderten USt-Bescheid und entrichtet die zum 1.6.06 angeforderten 100 000 € fristgerecht.

Für die Zeit vom 10.5.01 bis 1.6.06 (60 Monate) sind für die hinterzogenen Steuern Zinsen in Höhe von 30 000 € festzusetzen (30 % aus 100 000 €).

Für einen Zeitraum, für den Säumniszuschläge, Stundungszinsen oder Aussetzungszinsen zu zahlen sind, werden Hinterziehungszinsen nicht erhoben (§ 235 Abs. 3 Satz 2 AO).

BEISPIEL: Würde im obigen Beispiel die USt nicht bei Fälligkeit am 1.6.06 gezahlt, sondern erst am 10.8.06, so wären für die Zeit vom 2.6.06 bis 9.8.06 Säumniszuschläge in Höhe von 3 000 € zu erheben (§ 240 AO). Hinterziehungszinsen fielen dann für diesen Zeitraum nicht an.

Für denselben Zeitraum festgesetzte Zinsen nach § 233a AO sind gemäß § 235 Abs. 4 AO anzurechnen. Im Falle von hinterzogenen Vorauszahlungen enthält der neu eingefügte Abs. 5 AO Sonderregelungen gegenüber den Absätzen 3 und 4. 485

Schuldner der Hinterziehungszinsen ist stets der Steuerpflichtige, nicht z. B. der Geschäftsführer (BFH v. 18.7.1991 V R 72/87, BStBl II 1991, 781, und v. 27.9.1991 VI R 159/89, BStBl II 1992, 163) oder ein Dritter, der die hinterzogenen Beträge zu Lasten des Steuerpflichtigen treuwidrig vereinnahmt (BFH v. 27.6.1991 V R 9/86, BStBl II 1991, 822).

Ob Hinterziehungszinsen festgesetzt werden, ist von der Stelle zu entscheiden, die die hinterzogenen Steuern anfordert. Es kommt also nicht darauf an, ob ein Strafverfahren eingeleitet oder durchgeführt wurde. 486

Werden einheitlich und gesondert festzustellende Einkünfte hinterzogen (§§ 180 Abs. 1 Nr. 2a, 179 Abs. 2 Satz 2 AO), so ist im Feststellungsbescheid über die Erhebung von Hinterziehungszinsen zu entscheiden (BFH v. 19.4.1989 X R 3/86, BStBl II 1989, 596).

10.7.5 Aussetzungszinsen (§ 237 AO)

Wird im Rahmen eines Rechtsbehelfsverfahrens die Vollziehung eines strittigen Steuerbetrages ausgesetzt (§ 361 AO, § 69 FGO), so sind für den Zeitraum vom Tag des Eingangs des Rechtsbehelfs bis zum Tag der Rechtskraft der Entscheidung Aussetzungszinsen zu entrichten, soweit der Stpfl. unterliegt (§ 237 Abs. 1 und 2 Satz 1 AO). Dabei ist es ohne Bedeutung, aus welchem Grund der Rechtsbehelf ganz oder teilweise keinen Erfolg hatte (BFH v. 9.6.2015 III R 64/13, BFH/NV 2015, 1338 Nr. 10; v. 27.11.1991 X R 103/89, BStBl II 1992, 319). 487

BEISPIEL: Die Einkommensteuer 01 wird auf 12 000 € festgesetzt, der Betrag ist am 1.6.03 zu entrichten. Der Stpfl. legt fristgerecht Einspruch ein. Die Vollziehung wird in Höhe von 2 000 € bis einen Monat nach Zugang der Einspruchsentscheidung ausgesetzt. Die Einspruchsentscheidung, nach welcher der Stpfl. in Höhe von 1 000 € unterliegt, wird am 30.4.05 versendet und mit Ablauf des 4.6.05 unanfechtbar.

Es sind Aussetzungszinsen in Höhe von 120 € zu entrichten (2.6.03 – 1.6.05 = 24 Monate = 12 % von 1 000 €). Wäre die Vollziehung erst von einem späteren Zeitpunkt an ausgesetzt worden, so würden Zinsen erst von da ab anfallen (§ 237 Abs. 2 Satz 2 AO).

Hat ein Rechtsbehelf dagegen in vollem Umfang Erfolg, können keine Aussetzungszinsen festgesetzt werden. Dies gilt auch dann, wenn das FA rechtsirrig einen zu hohen Betrag von der Vollziehung ausgesetzt hat.

BEISPIEL: Wegen eines Rechtsbehelfsverfahrens gegen einen gesonderten und einheitlichen Feststellungsbescheid war Aussetzung der Vollziehung gewährt worden und daher auch die Vollziehung des entsprechenden Einkommensteuerbescheids ausgesetzt. Diese Aussetzung erfolgte aber in größerem Umfang, als es hinsichtlich des angefochtenen gesonderten und einheitlichen Feststellungsbescheids erforderlich gewesen wäre. Das FA hatte der Berechnung des Aussetzungsbetrages fälschlich einen früheren, mittlerweile geänderten Bescheid zugrunde gelegt. Das Einspruchsverfahren gegen den gesonderten und einheitlichen Feststellungsbescheides war in vollem Umfang erfolgreich.

Wegen der überhöhten AdV musste der Steuerpflichtige eine Einkommensteuernachzahlung leisten. Das FA setzt entsprechende Aussetzungszinsen fest. Zu Recht?

Der Zinsbescheid ist rechtswidrig, da für die Zinsfestsetzung keine Rechtsgrundlage gegeben ist. Nach § 233 Satz 1 AO werden Ansprüche aus dem Steuerschuldverhältnis nur verzinst, wenn dies gesetzlich vorgeschrieben ist. Die §§ 233a bis 237 AO enthalten einen abschließenden Katalog.

Nach § 237 Abs. 1 Satz 1 AO kann der geschuldete Betrag, hinsichtlich dessen die Vollziehung ausgesetzt wurde, nur dann verzinst werden, wenn der Rechtsbehelf endgültig keinen Erfolg hatte. Dies gilt entsprechend, wenn nach Einlegung des Rechtsbehelfs gegen einen Grundlagenbescheid die Vollziehung des Folgebescheids ausgesetzt wurde, § 237 Abs. 1 Satz 2 AO.

Das bedeutet, dass für die Beurteilung der Erfolglosigkeit und damit der Zinsfestsetzung ausschließlich auf das Ergebnis des Rechtsbehelfs gegen den Grundlagenbescheid abzustellen ist, während die sich auf der Ebene des Folgebescheids ergebende steuerliche Auswirkung unbeachtlich ist. Wer in vollem Umfang mit seinem Rechtsbehelf gegen den Grundlagenbescheid Erfolg hat, muss von der Zinspflicht vollständig verschont werden (BFH v. 10.4.20024 II R 14/21, BStBl II 2024, 730; v. 31.8.2011 X R 49/09, BStBl II 2011, 219).

Aussetzungszinsen fallen auch an, wenn die Vollziehung eines Steuerbescheids ausgesetzt wurde, weil ernstliche Zweifel an der Rechtmäßigkeit eines Grundlagenbescheids bestanden (§ 361 Abs. 3 AO) und der Einspruch gegen den Grundlagenbescheid keinen Erfolg hatte (§ 237 Abs. 1 Satz 2 AO).

Wird der Steuerbescheid nach Abschluss des Rechtsbehelfsverfahrens korrigiert, so hat dies auf den Zinsbescheid keinen Einfluss (§ 237 Abs. 5 AO).

10.7.6 Prozesszinsen auf Erstattungsbeträge (§ 236 AO)

488 Prozesszinsen auf Erstattungsbeträge werden **vom Staat an den Bürger** gezahlt, wenn der Stpfl. den Finanzrechtsweg beschreiten musste, um die Herabsetzung einer Steuer oder die Festsetzung einer Steuervergütung durchzusetzen. Unerheblich ist, ob sich die Klage gegen einen Steuerbescheid oder einen Grundlagenbescheid richtete und ob der Rechtsstreit durch Urteil oder Abhilfebescheid des Finanzamts beendet wird (§ 236 Abs. 2 AO).

Die Verzinsung der Erstattungs- oder Vergütungsansprüche erfolgt nur für die Zeit **vom Tag der Rechtshängigkeit** (vgl. § 66 Abs. 1 FGO) **bis zum Auszahlungstag** (§ 236 Abs. 1 AO).

BEISPIEL: Am 15.7.02 wird die ESt 01 auf 6 000 € festgesetzt. Durch Einspruch, der am 10.8.02 beim FA eingeht, beantragt der Stpfl., die Steuer auf 4 000 € herabzusetzen. Der Einspruch wird am 15.1.03 als unbegründet zurückgewiesen. Am 10.2.03 geht die Klage beim Finanzgericht ein, das am 10.1.05 die Steuer auf 5 000 € herabsetzt. Am 15.2.05 werden dem Stpfl. 1 000 € erstattet.

Für den Erstattungsbetrag von 1 000 € sind für die Zeit vom Tag des Eingangs der Klage bis zum Auszahlungstag, also für 24 volle Monate (10.2.03 – 9.2.05), Erstattungszinsen in Höhe von (12 % =) 120 € an den Stpfl. zu zahlen.

Ausnahmsweise wird der Erstattungsbetrag nicht verzinst, soweit dem Kläger die Kosten des Verfahrens trotz Obsiegens auferlegt werden, weil er entscheidungserhebliche Tatsachen früher hätte vorbringen können (§ 236 Abs. 3 AO).

BEISPIEL: Das FA setzt die ESt 01 durch Schätzung der Besteuerungsgrundlagen auf 20 000 € fest, die beglichen werden. Der Einspruch wird mangels Begründung zurückgewiesen. Im Klageverfahren wird die ESt-EKlärung vorgelegt. Das FA setzt daraufhin die ESt auf 15 000 € herab und erstattet 5 000 € (§§ 132, 172 Abs. 1 Satz 1 Nr. 2a AO). Da der Kläger die Erklärung früher hätte einreichen können, trägt er die Kosten des Verfahrens (§ 137 FGO). Der Erstattungsbetrag wird nicht verzinst.

Die Vorschrift hat keine große Bedeutung, denn meist wird dem Kläger für die strittigen Beträge Aussetzung der Vollziehung gewährt (§ 361 AO, § 69 FGO; vgl. Rdn. 822 f.). 489

10.8 Abtretung, Verpfändung, Pfändung

Erstattungs- oder Vergütungsansprüche können abgetreten, verpfändet oder gepfändet werden (§ 46 Abs. 1 AO). Dabei kann der Bürger jeweils über seinen gesamten Anspruch gegen den Staat oder nur über einen Teil verfügen. Stets ist Voraussetzung für die steuerliche Wirksamkeit, dass die Abtretung, Verpfändung oder Pfändung nach **Entstehung des Anspruchs** dem zuständigen FA **förmlich bekannt gegeben bzw. zugestellt** wird (§ 46 Abs. 2 und 3 AO). 490

10.8.1 Abtretung

Bei der Abtretung eines Erstattungs- oder Vergütungsanspruchs sind streng zu unterscheiden: 491

- die bürgerlich-rechtliche Abtretung und
- die steuerrechtlichen Erfordernisse für das Wirksamwerden der Abtretung.

10.8.1.1 Voraussetzungen

Die bürgerlich-rechtliche Abtretung richtet sich nach §§ 398 – 413 BGB. Hiernach kommt die Abtretung durch einen formlosen Vertrag zwischen dem bisherigen und dem neuen Gläubiger zustande. 492

Die Abtretung wird jedoch gegenüber dem Schuldner, also dem Staat, vertreten durch eine Finanzbehörde, erst **wirksam**, wenn sie

- nach Entstehung des abgetretenen Anspruches
- der für die Festsetzung zuständigen Finanzbehörde
- auf einem amtlichen Vordruck angezeigt wurde (§ 46 Abs. 2 und 3 AO; vgl. hierzu Anlage zum AEAO zu § 46).

BEISPIEL: Arbeitnehmer A tritt seinen Anspruch auf Erstattung der im Jahr 01 zu viel einbehaltenen Lohnsteuer im August 01 an den Gebrauchtwagenhändler G ab. Dieser zeigt die Abtretung auf dem amtlichen Vordruck im September 01 dem für die Festsetzung und Erstattung der Einkommensteuer zuständigen Wohnsitzfinanzamt an.

Die zivilrechtlich wirksame Abtretung ist steuerlich unbeachtlich. Der Anspruch auf Erstattung der Lohnsteuer entsteht erst mit Ablauf des jeweiligen Kalenderjahres (§ 38 AO, § 36 I EStG; vgl. Rdn. 445). Eine wirksame Anzeige kann daher frühestens im Januar 02 erfolgen.

Die Abtretung wäre ebenfalls unwirksam, wenn die Anzeige ohne die erforderliche Unterschrift des Abtretenden (vgl. § 46 Abs. 2 und 3 AO) oder mit anderen wesentlichen Mängeln beim FA eingeht (BFH v. 27.10.1987 VII R 170/84, BStBl II 1988, 178). Die inhaltlich ordnungsgemäß auf dem Formblatt erklärte und jeweils eigenhändig unterschriebene Abtretungserklärung kann der zuständigen Finanzbehörde sowohl per Telefax (BFH vom 8.6.2010 VII R 39/09, BStBl II 2010, 839) als auch eingescannt per E-Mail (AEAO zu § 46 Nr. 7 Satz 2) übermittelt werden, muss allerdings den Abtretungsempfänger, die Art und Höhe des abgetretenen Anspruchs und den Abtretungsgrund enthalten. Eine Abtretungsanzeige leidet an einem Formmangel und ist daher nach § 46 Abs. 2 AO unwirksam, wenn der Grund der Abtretung nicht durch eine kurze, stichwortartige Kennzeichnung des der Abtretung zugrunde liegenden schuldrechtlichen Lebenssachverhalts dargestellt ist (BFH vom 28.9.2011 VII R 52/10, BStBl II 2012, 92). Die Abtretungsanzeige ist materielle Wirksamkeitsvoraussetzung und Tatbestandsmerkmal der steuerlichen Abtretung. Beim Abtretungsgrund muss mindestens durch Auslegung erkennbar sein, ob die Voraussetzungen des § 46 Abs. 4 AO gegeben sind (BFH v. 5.10.2004 VII R 37/03, BStBl II 2005, 238). Die fehlenden Angaben können nicht nachgeholt werden.

493 Bei mehreren ordnungsgemäß angezeigten Abtretungen des gesamten Anspruches hat das FA den Erstattungs- oder Vergütungsanspruch an den Abtretungsempfänger auszuzahlen, dessen Anzeige zuerst wirksam wurde.

10.8.1.2 Wirkungen der Abtretung

494 Mit dem Wirksamwerden der Abtretung geht nicht die gesamte Rechtsstellung auf den neuen Gläubiger über (BFH v. 27.1.1993 - II S 10/92, BFH/NV 93 S. 350). Übertragen wird nur der Zahlungsanspruch. Am Festsetzungsverfahren ist der neue Gläubiger nicht beteiligt und kann daher für den Schuldner weder eine Steuererklärung abgeben noch den Antrag auf Veranlagung nach § 46 Abs. 2 Nr. 8 EStG stellen (BFH v. 18.8.1998 - VII R 114/97, BStBl 1999 II 1999 S. 84). Über Streitigkeiten entscheidet das FA durch Abrechnungsbescheid nach § 218 Abs. 2 AO.

Ist beim zuständigen FA eine Anzeige eingegangen, so kann das FA an den Abtretungsempfänger mit befreiender Wirkung leisten, auch wenn eine bürgerlich-rechtliche Abtretung nicht erfolgte (§ 46 Abs. 5 AO).

Leistet das FA aufgrund einer Abtretungsanzeige an den Abtretungsempfänger, so wird es auch bei Mängeln der Abtretung von seiner Erstattungsverpflichtung frei (§ 46 Abs. 5 AO; BFH v. 25.9.1990 VII R 114/89, BStBl II 1991, 201).

BEISPIEL: Im Mai 02 geht beim zuständigen FA eine ordnungsgemäße Abtretungsanzeige über „Einkommensteuererstattung 01 in voller Höhe" ein. Im Juli 02 werden 280 € an den Abtretungsempfänger erstattet. Im August 02 macht der Abtretende geltend, er habe die Anzeige irrtümlich unterschrieben; die Abtretung sei durch Anfechtung rückwirkend beseitigt worden (§§ 119, 142 BGB).

Das FA durfte aufgrund der Abtretungsanzeige an den Abtretungsempfänger auszahlen.

10.8.2 Verpfändung

An Forderungen kann bürgerlich-rechtlich nach §§ 1273, 1274, 1279 ff. BGB ein Pfand- 495
recht bestellt werden. Die Verpfändung von Vergütungs- oder Erstattungsansprüchen wird steuerrechtlich nur unter den oben (unter Rdn. 490 ff.) dargelegten Voraussetzungen wirksam (§ 46 Abs. 6 Satz 3 AO).

10.8.3 Pfändung

Jeder Gläubiger kann mit Hilfe des Amtsgerichts Forderungen seines Schuldners pfän- 496
den lassen. Die Pfändung erfolgt durch Zustellung des Pfändungs- und Überweisungsbeschlusses an den Drittschuldner (§§ 829, 835 ZPO).

Bei Erstattungs- und Vergütungsansprüchen ist das zuständige FA Drittschuldner (§ 46 Abs. 7 AO). Auch hier ist eine wirksame Zustellung des Pfändungs- und Überweisungsbeschlusses erst nach Entstehung des Anspruches möglich (§ 46 Abs. 6 Satz 1 AO).

Wurde ein Anspruch sowohl gepfändet als auch abgetreten, so kommt es auf den Zeitpunkt der Zustellung des gerichtlichen Beschlusses bzw. des Eingangs der Abtretungsanzeige an.

BEISPIEL: Der ESt-Erstattungsanspruch 01 wurde am 15.2.01 abgetreten, was dem FA noch im gleichen Monat angezeigt wurde. Am 4.1.02 wird dem FA ein Pfändungs- und Überweisungsbeschluss zugestellt. Am 10.1.02 wird die Abtretung vom 15.2.01 „vorsichtshalber" erneut formgerecht angezeigt.

Die vor Entstehung des ESt-Erstattungsanspruchs 01 beim FA eingegangene Anzeige der Abtretung vom 15.2.01 ist unwirksam. Die Zustellung des Pfändungsbeschlusses erfolgte nach Entstehung des Erstattungsanspruchs und ist daher wirksam. Die zweite Anzeige der Abtretung vom 15.2.01 geht ins Leere, weil der Anspruch bereits in voller Höhe wirksam gepfändet ist.

10.8.4 Rückforderung

497 Stellt sich nach Auszahlung des Erstattungsanspruchs an den Dritten heraus, dass der abgetretene, verpfändete oder gepfändete Anspruch ganz oder zum Teil zu Unrecht festgesetzt worden war, so kann das FA seinen Rückforderungsanspruch sowohl gegen den Empfänger der Auszahlung richten als auch gegen den Abtretenden, Verpfänder oder Pfändungsschuldner (§ 37 Abs. 2 Satz 3 AO).

BEISPIEL: Aufgrund einer Abtretung zahlte das FA den ESt-Erstattungsanspruch 05 des A in Höhe von 20 000 € an den Steuerberater S aus. Durch eine Änderung der ESt-Festsetzung für 05 vermindert sich der Erstattungsanspruch um 10 000 €.

Das FA kann den Betrag von 10 000 € sowohl von A als auch von S zurückfordern.

498–500 *(Einstweilen frei)*

10.9 Kontrollfragen

FRAGEN

		Rdn.
1.	Welche Ansprüche bezeichnet die AO als Ansprüche aus dem Steuerschuldverhältnis?	422 - 426
2.	Wann steht dem Steuerpflichtigen ein Einkommensteuererstattungsanspruch zu?	425
3.	Beschreiben Sie den Unterschied zwischen Steuerschuldner und Steuerpflichtiger?	427 - 429
4.	Wer ist Steuerschuldner - der einzubehaltenden Lohnsteuer nach § 38 EStG? - der pauschalen Lohnsteuer nach §§ 40 – 40b EStG? - Einkommensteuer?	427
5.	Wer ist steuerrechtsfähig?	430
6.	Wann liegt nach der AO Gesamtschuldnerschaft vor?	431
7.	Welche verfahrensrechtliche Möglichkeit eröffnet die AO bei Gesamtschuldnerschaft?	432
8.	Wer ist der Gläubiger eines Steuererstattungsanspruchs?	437
9.	Wann entsteht der Steueranspruch und welche Bedeutung hat das Entstehen des Steueranspruchs für die - Aufrechnung, - Festsetzungsverjährung, - Abtretung?	438 - 445
10.	Wann entsteht der - Einkommensteuervorauszahlungsanspruch, - Lohnsteueranspruch, - Zwangsgeldanspruch, - Erstattungsanspruch, der sich nach Korrektur des Einkommensteuerbescheides zugunsten des Steuerpflichtigen ergibt?	440 - 442, 445

11.	Welche Wirkung hat der Steuerbescheid (Verwaltungsakt), a) wenn er die kraft Gesetzes entstandene Steuer festsetzt? b) wenn er fälschlicherweise eine höhere Steuer festsetzt?	447 f.
12.	Was ist Voraussetzung für die Fälligkeit?	447 f.
13.	Woraus kann sich der Zeitpunkt der Fälligkeit eines Anspruchs ergeben?	456
14.	Wann werden folgende Ansprüche fällig: - Anspruch auf Säumniszuschläge, - Anspruch auf Erstattung der aufgrund einer unwirksamen Steuerfestsetzung gezahlten Einkommensteuer?	459, 461
15.	Was kann ein Steuerpflichtiger gegen eine fehlerhafte Anrechnung unternehmen?	449, 452 - 454
16.	Unter welchen Voraussetzungen kann die Steueranrechnung durch einen Abrechnungsbescheid geändert werden?	452 - 454
17.	Welche Bedeutung hat die Fälligkeit für die Zahlungsverjährung? Welche steuerliche Nebenleistung fällt im Übrigen grundsätzlich an, wenn am Fälligkeitstag eine Steuer nicht entrichtet wird?	455 - 462
18.	Der Steuerpflichtige Säumig entrichtet den festgesetzten Verspätungszuschlag in Höhe von 300 €; erst 10 Tage nach Ablauf der gesetzten Zahlungsfrist. Wie hoch sind die entstandenen Säumniszuschläge?	462
19.	Wann wird ein Säumniszuschlag nicht erhoben?	463
20.	Die Lohnsteueranmeldung (§ 41a Abs. 1 Satz 1 Nr. 1 EStG) für Januar geht erst am 15. 2. (Mittwoch) beim FA ein, die Überweisung (Gutschrift) erfolgt am 20. 2. (Montag). Werden Säumniszuschläge erhoben? Kann ein Verspätungszuschlag festgesetzt werden?	464 f.

DOWNLOAD

Lösungen zu den Kontrollfragen s. online-Version.

KAPITEL 11: ERLÖSCHEN VON ANSPRÜCHEN AUS DEM STEUERSCHULDVERHÄLTNIS

Kapitel 11: Erlöschen von Ansprüchen aus dem Steuerschuldverhältnis

11.1 Erlöschensgründe

Ansprüche aus dem Steuerschuldverhältnis (§ 37 AO) erlöschen **insbesondere** durch (§ 47 AO) 501

- Zahlung (§§ 224, 224a, 225 AO),
- Aufrechnung (§ 226 AO i. V. m. §§ 387 ff. BGB),
- Erlass (§§ 163, 227 AO) und
- Verjährung (§§ 169 – 171, §§ 228 – 232 AO).

Erlass und Verjährung können eintreten, wenn ein entstandener Anspruch aus dem Steuerschuldverhältnis nicht bzw. nicht in voller Höhe festgesetzt wird **oder** wenn festgesetzte Ansprüche aus dem Steuerschuldverhältnis nicht „verwirklicht" werden.

Die Erlöschensgründe gelten sowohl für die Ansprüche des Steuergläubigers gegen den Steuerpflichtigen als auch für die Vergütungs- und Erstattungsansprüche des Bürgers gegen den Staat.

Die Aufzählung der Erlöschensgründe in § 47 AO ist nicht abschließend. So erlischt beispielsweise ein festgesetztes **Zwangsgeld** (vgl. Rdn. 932 ff.) auch, wenn der Stpfl. die ihm obliegende Verpflichtung, die erzwungen werden soll, erfüllt (§ 335 AO) oder stirbt (§ 45 Abs. 1 Satz 2 AO). Ein Anspruch aus dem Steuerschuldverhältnis kann auch durch **Verwirkung** erlöschen. Die Verwirkung ist eine besondere Ausprägung des Grundsatzes von Treu und Glauben. Zu einer Verwirkung von Ansprüchen aus dem Steuerschuldverhältnis kann es kommen, wenn ein Recht verspätet ausgeübt wird (vgl. auch Rdn. 192 f., 585). 502

BEISPIEL: Eine Witwe fragt beim FA an, ob die ihr zufließenden Einnahmen aus der freien Erfindertätigkeit ihres verstorbenen Mannes umsatzsteuerpflichtig seien. Im Jahre 01 wird ihr daraufhin schriftlich mitgeteilt, dass diese Einkünfte lediglich der Einkommensteuer unterlägen. Dennoch erlässt das FA vier Jahre später USt-Bescheide für die Jahre 01 – 03.

Hier sind die geltend gemachten USt-Ansprüche 01 – 03 verwirkt. Denn aufgrund der falschen Auskunft des FA durfte sich die Witwe darauf einrichten, dass sie mit USt-Forderungen aus diesem Sachverhalt nicht mehr zu rechnen braucht (BFH v. 8.10.1986 II R 167/84, BStBl II 1987, 12).

Ansprüche aus dem Steuerschuldverhältnis dürfen auch dann nicht mehr gegenüber dem Schuldner geltend gemacht werden, wenn sie in einem bestätigten Insolvenzplan (vgl. § 254 Abs. 1 InsO) oder Schuldenbereinigungsplan (vgl. § 308 Abs. 1 InsO) aufgenommen wurden.

11.2 Zahlung (§§ 224, 225 AO)

11.2.1 Erlöschen des Anspruchs aus dem Steuerschuldverhältnis

503 Durch Zahlung erlischt der Anspruch aus dem Steuerschuldverhältnis (§ 47 AO). Voraussetzung ist, dass der Anspruch aus dem Steuerschuldverhältnis, der beglichen werden soll, entstanden ist (vgl. Rdn. 438 ff.); es ist nicht erforderlich, dass der Anspruch fällig ist. Die Zahlung muss bei der örtlich und sachlich zuständigen Finanzbehörde eingehen (§ 224 Abs. 1 Satz 1 AO).

11.2.2 Zahlung durch Dritte (§ 48 Abs. 1 AO)

504 Ein Anspruch aus dem Steuerschuldverhältnis erlischt auch, wenn ein Dritter die Zahlung für den Steuerpflichtigen leistet. Allerdings muss der Dritte eindeutig zu erkennen geben, dass er die Zahlung für einen anderen leistet. Ergibt sich später, dass die durch den Dritten getilgte Steuerschuld vom FA ganz oder teilweise zu erstatten ist, so ist nicht der Dritte, sondern der Steuerpflichtige selbst erstattungsberechtigt (§ 37 Abs. 2 Satz 1 AO).

11.2.3 Zahlungsarten und Zahlungstag (§ 224 Abs. 2 AO)

505 Die verschiedenen Zahlungsarten und der jeweilige Zahlungstag ergeben sich aus § 224 Abs. 2 AO.

BEISPIELE:

1. Ein Stpfl. entrichtet 200 € in bar an den Vollziehungsbeamten des FA.

   Tag der Zahlung ist der Tag der Übergabe des Geldes (§ 224 Abs. 2 Nr. 1 AO).
2. Ein Arbeitgeber sendet mit der Lohnsteueranmeldung einen Scheck an das FA.

   Tag der Zahlung ist der dritte Tag nach dem Eingangstag des Briefs beim FA, vorausgesetzt, der Scheck wird von der Bank des Stpfl. eingelöst (§ 224 Abs. 2 Nr. 1 AO).
3. Ein Unternehmer überweist die USt-Vorauszahlung auf ein Konto des FA.

   Hier ist die Zahlung an dem Tag entrichtet, an dem der Betrag dem Konto des FA gutgeschrieben wird (§ 224 Abs. 2 Nr. 2 AO).
4. Der Stpfl. hat das FA ermächtigt, fällige Steuerbeträge von seinem Konto abzubuchen. Dem Konto des FA wird die am 10. 3. fällige Einkommensteuervorauszahlung am 18. 3. gutgeschrieben.

   Zahlungstag ist der Fälligkeitstag, also der 10. 3. (§ 224 Abs. 2 Nr. 3 AO). Liegt dem FA eine Einzugsermächtigung vor, entstehen keine Säumniszuschläge, vorausgesetzt, der Stpfl. hat genügend Geld auf seinem Konto.

11.2.4 Reihenfolge der Tilgung (§ 225 AO)

506 Der freiwillig zahlende Stpfl. kann stets bestimmen, welche Schuld er tilgen will (§ 225 Abs. 1 AO). Trifft er keine Bestimmung, ergibt sich die Reihenfolge der Tilgung aus

§ 225 Abs. 2 AO. Wird die Zahlung erzwungen, so bestimmt das FA die Reihenfolge der Tilgung (§ 225 Abs. 3 AO).

11.3 Aufrechnung (§ 226 AO)

11.3.1 Wesen der Aufrechnung

Unter Aufrechnung versteht man die Tilgung zweier einander gegenüberstehender Forderungen durch einseitige, empfangsbedürftige Willenserklärung einer Person oder einer Behörde, die zugleich Schuldner der einen und Gläubiger der anderen Forderung ist. Die Aufrechnung führt zum Erlöschen beider Forderungen, soweit sie sich aufrechenbar gegenüberstehen, §§ 47, 226 Abs. 1 AO, § 389 BGB. 507

BEISPIEL: ▸ Ein Händler hat an das FA für 3 000 € Heizöl geliefert und dem FA eine am 10. 3. fällige Rechnung zugesandt. Am gleichen Tag ist auch die ESt–Vorauszahlung in gleicher Höhe fällig (vgl. § 37 Abs. 1 Satz 1 EStG).

Erklärt der Händler dem FA gegenüber die Aufrechnung, so hat er seine Verbindlichkeit gegenüber dem FA (Forderung des FA) statt durch Zahlung im Wege der „Verrechnung" mit einer fälligen Forderung gegenüber dem FA erfüllt, wodurch die gegenseitigen Forderungen erlöschen (§ 47 AO).

An diesem Beispiel wird deutlich, dass die Aufrechnung zur Vereinfachung des Zahlungsverkehrs beitragen soll.

Für die Aufrechnung gelten die Vorschriften des bürgerlichen Rechts (§ 226 Abs. 1 AO, §§ 387 ff. BGB), soweit § 226 Abs. 2-4 AO keine abweichenden Regelungen trifft.

11.3.2 Allgemeine Voraussetzungen der Aufrechnung

Gemäß § 226 Abs. 1 AO, § 387 BGB müssen im Zeitpunkt der Aufrechnungserklärung die folgenden Voraussetzungen erfüllt sein, damit die gegenseitigen Forderungen erlöschen können, soweit sie sich decken (sog. „Aufrechnungslage"): 508

- Gegenseitigkeit der Forderungen,
- Gleichartigkeit der Forderungen,
- Fälligkeit der Forderung des Aufrechnenden (Aktiv- oder Gegenforderung) = „gebührende Leistung" nach § 387 BGB,
- Erfüllbarkeit der Schuld des Aufrechnenden (Passiv- oder Hauptforderung) = „obliegende Leistung" nach § 387 BGB.

11.3.2.1 Gegenseitigkeit

Gegenseitigkeit liegt vor, wenn der Gläubiger der einen Forderung zugleich der Schuldner der anderen Forderung ist. Forderungen und Verbindlichkeiten müssen zwischen denselben Personen bestehen (§ 387 BGB „schulden zwei Personen **einander**"...) 509

Als Gläubiger bzw. Schuldner eines Anspruchs aus dem Steuerschuldverhältnis gilt **auf Seiten des Fiskus** diejenige Körperschaft, der das Steueraufkommen zusteht (Ertragshoheit nach Art. 106 GG, vgl. Rdn. 8, § 226 Abs. 1 AO, § 387 BGB). Daneben ist aber auch diejenige Körperschaft Gläubiger bzw. Schuldner, welche die dem Schuldverhältnis zugrunde liegende Steuer verwaltet (Verwaltungshoheit nach Art. 108 GG, vgl. Rdn. 9, § 226 Abs. 4 AO). Da die Landesfinanzbehörden auch die Gemeinschaftssteuern (Körperschaftsteuer, Einkommensteuer, Umsatzsteuer, vgl. Art. 106 Abs. 3 Satz 1 GG) verwalten, gilt als Gläubiger bzw. Schuldner in vollem Umfang das jeweilige Bundesland (vgl. hierzu auch AEAO zu § 226 Nr. 1 Abs. 2).

BEISPIEL: Die Gebäudereinigungs-GmbH „Heinzelmännchen“ schuldet dem FA Würzburg 3 000 € Körperschaftsteuer. Im Monat März stellt die GmbH dem FA eine Rechnung für erbrachte Reinigungsleistungen in Höhe von 3 000 €.

Obwohl die Hälfte der Körperschaftsteuer dem Bund zusteht (Art. 106 Abs. 3 Satz 1 u. 2 GG), können die GmbH wie auch das FA als Landesbehörde aufrechnen (§ 226 Abs. 4 AO, Art. 108 Abs. 2 GG).

Nach § 395 BGB darf ein Bürger gegen Ansprüche des Staates nur aufrechnen, wenn sich Forderung und Verbindlichkeit gegen dieselbe Kasse richten. Bei der steuerlichen Aufrechnung durch den Steuerpflichtigen findet § 395 BGB keine Anwendung (BFH v. 25.4.1989 VII R 105/87, BStBl II 1989, 949).

510 Ein Verhältnis der Gegenseitigkeit liegt bei Aufrechnung der Behörde auch vor, wenn sie eine fällige Forderung gegenüber Gesamtschuldnern (Rdn. 431 f.) hat. Sie kann daher z. B. die gegenüber einem Ehegatten bestehende Schuld mit der beiden Ehegatten gegenüber bestehenden Forderung aufrechnen. Im umgekehrten Fall kann das FA jedoch auch bei Zusammenveranlagung von Ehegatten überzahlte Lohnsteuer eines Ehegatten nicht mit Steuerschulden des anderen Ehegatten aufrechnen (BFH v. 19.10.1982 VII R 55/80, BStBl II 1983, 162), denn hinsichtlich des Erstattungsanspruchs des Ehegatten gibt es keine Gesamtgläubigerschaft.

BEISPIEL: Aus der USt-Jahreserklärung schuldet die Ehefrau USt in Höhe von 5 000 €. Die für die Ehegatten durchgeführte Veranlagung zur ESt ergab einen Erstattungsbetrag von 9 000 €, der in Höhe von 6 000 € auf vom Arbeitgeber des Ehemannes einbehaltener Lohnsteuer und in Höhe von 3 000 € auf von den Eheleuten vom gemeinsamen Girokonto entrichteten Vorauszahlungen beruhte.

Für die Forderung des Staates auf USt und die Verpflichtung zur Erstattung zu viel gezahlter ESt liegt Gegenseitigkeit vor, weil beide Steuerarten vom Land verwaltet werden (§ 226 Abs. 4 AO, Art. 108 GG).

Schuldner der USt ist die Ehefrau, Gläubiger des Erstattungsanspruchs sind aber nicht die Ehegatten als Gesamtgläubiger nach § 428 BGB. Nach § 37 Abs. 2 AO ist erstattungsberechtigt vielmehr derjenige, auf dessen Rechnung die Zahlung erfolgt ist. Hinsichtlich der LSt ist daher allein der Ehemann Gläubiger, da der Lohnsteuerabzug auf seine Rechnung durchgeführt wurde. Hinsichtlich der Vorauszahlung sind die Ehegatten jeweils zur Hälfte erstattungsberechtigte Einzelgläubiger, da sie auf gemeinsame Rechnung geleistet haben (vgl. AEAO zu § 37 Nr. 2.2). Daher besteht ein Verhältnis der Gegenseitigkeit bei der Ehefrau nur hinsichtlich des Erstattungsanspruchs von 1 500 €.

511 Die bisher fehlende Gegenseitigkeit kann ggf. durch eine Abtretung (§ 46 AO, §§ 398 ff. BGB) hergestellt werden (vgl. AEAO zu § 226 Nr. 3).

Trotz fehlender Gegenseitigkeit ist bei Gläubigerwechsel durch Abtretung nach § 406 BGB die Aufrechnung gegenüber dem bisherigen Gläubiger möglich, um die Rechtsstellung des Schuldners nicht zu verschlechtern. Dies gilt nicht, wenn der Schuldner beim Erwerb der Forderung (= Entstehen der Schuld) Kenntnis von der Abtretung hatte (§ 406 Alt.1 BGB) oder die eigene Forderung erst nach Kenntnis von der Abtretung **und** später als die abgetretene Forderung fällig wurde (§ 406 Alt.2 BGB).

BEISPIEL: Das FA hat gegen Binz eine am 1.9.01 fällige USt-Forderung 00. Einen infolge der Korrektur des ESt-Bescheids für Binz (zur Post am 10.9.01) entstandenen Erstattungsanspruch tritt Binz nach ordnungsgemäßer Anzeige an das FA vom 15.9.01 wirksam an seine Hausbank ab. Das FA will am 4.10.01 aufrechnen.

Binz ist zwar Schuldner der USt, aber infolge wirksamer Abtretung nicht mehr Gläubiger des Erstattungsanspruchs. Dennoch kann das FA die Verbindlichkeit gegenüber der Bank durch „Verrechnung" mit der Forderung gegenüber Binz erfüllen. Das FA erfuhr von der Abtretung des Erstattungsanspruchs erst **nach** Entstehen der USt-Forderung mit Ablauf des Kj. 00 (§ 13 Abs. 1 UStG), so dass § 406 Alt.1 BGB nicht greift. Die Forderung des FA wurde fällig am 1.9.01, also bereits vor Kenntnis von der Abtretung, so dass auch § 406 Alt.2 BGB nicht zur Anwendung kommt.

11.3.2.2 Gleichartigkeit

Gläubiger und Schuldner müssen sich ihrem Gegenstand nach gleichartige Leistungen 512
schulden; deren Höhe oder das der Leistung zugrunde liegende Rechtsverhältnis sind unerheblich. Die Voraussetzung der Gleichartigkeit ist daher stets erfüllt, wenn sich Geldleistungen, wie das bei Ansprüchen aus dem Steuerschuldverhältnis (§§ 3 Abs. 1 und 4, 37 AO) der Fall ist, gegenüberstehen.

11.3.2.3 Fälligkeit der Forderung des Aufrechnenden (Aktivforderung)

Durch die Erklärung der Aufrechnung soll niemand bewirken können, dass der Aufrech- 513
nungsgegner (Schuldner) vor Eintritt der **Fälligkeit** seine Schuld tilgen muss.

BEISPIEL: Einem häufig säumigen Stpfl. wird der ESt-Bescheid 01 am 2.6.02 bekannt gegeben. Es ergibt sich ein Erstattungsanspruch nach § 37 Abs. 2 AO und § 36 Abs. 4 Satz 2 EStG in Höhe von 720 €. Am 3.6.02 geht die USt-Voranmeldung für den Monat Mai 02 ein. Die vom Stpfl. errechnete Steuerschuld beträgt 480 €.

Das FA kann die Aufrechnung nicht vor Eintritt der Fälligkeit seiner Forderung erklären. USt-Vorauszahlungen sind am 10. Tag nach Ablauf des Voranmeldungszeitraums zu entrichten (§ 220 Abs. 1 AO, § 18 Abs. 1 Satz 1 UStG). Das FA kann frühestens am 10. 6. die Aufrechnung erklären.

Für die Fälligkeit von Forderungen aus dem Steuerschuldverhältnis gelten § 220 AO und die Einzelsteuergesetze (Rdn. 446 ff.). Bei einer Aufrechnung durch das FA darf daher die Fälligkeit seiner Forderung nicht durch Stundung nach § 222 AO hinausgeschoben worden sein. Möglicherweise kann der die Fälligkeit verschiebende Verwaltungsakt aber nach § 131 Abs. 2 AO widerrufen werden.

Bei Aufrechnung durch den Stpfl. muss dessen Forderung **unbestritten** oder **rechtskräf-** 514
tig festgestellt sein (§ 226 Abs. 3 AO), d. h. sie muss von der Finanzbehörde anerkannt sein. Eine solche Anerkennung erfolgt bei auf dem bürgerlichen Recht beruhenden For-

derungen (z. B. Reparaturkosten, Ölkosten, Mietzins) beispielsweise durch einen entsprechenden Vermerk der Finanzbehörde auf der Rechnung: „sachlich und rechnerisch richtig".

Liegt der Forderung des Stpfl. ein Anspruch aus dem Steuerschuldverhältnis, z. B. ein Erstattungs- oder Vergütungsanspruch zugrunde, so muss der zu erstattende oder zu vergütende Betrag vom FA **festgesetzt** worden sein.

BEISPIEL: Ein Stpfl. hat an das FA am 10. 3. eine ESt-Vorauszahlung von 3 000 € zu entrichten (§ 37 Abs. 1 Satz 1 EStG). Er reicht am 15. 3. beim FA eine USt-Voranmeldung ein, aus der sich ein Überschuss zu seinen Gunsten von 4 000 € ergibt (vgl. § 18 Abs. 1 UStG), und erklärt die Aufrechnung. Das FA stimmt der Auszahlung der USt-Vergütung mit Abrechnungsmitteilung vom 20. 3. zu.

Bei Steueranmeldungen erübrigt sich grundsätzlich eine Steuerfestsetzung (§ 167 AO). Hier führt die Anmeldung jedoch zu einem Zahlungsanspruch des Stpfl. und bedarf daher der Zustimmung des FA (§ 168 AO). Erst nach Erteilung der Zustimmung ist der Gegenanspruch des Stpfl. unbestritten. Dabei ist grundsätzlich davon auszugehen, dass ihm die Zustimmung am vierten Tag nach Aufgabe zur Post bekannt geworden ist (wie § 122 Abs. 2 Nr. 1 AO; AEAO zu § 168 Nr. 9). Daher wird die USt-Vergütung erst am 24. 3. fällig (§ 220 Abs. 2 Satz 2 AO, AEAO zu § 220).

11.3.2.4 Erfüllbarkeit der Verbindlichkeit des Aufrechnenden (Passivforderung)

515 Die Forderung des Empfängers der Aufrechnungserklärung muss **entstanden** sein. Für Ansprüche aus dem Steuerschuldverhältnis gelten § 38 AO und die Einzelsteuergesetze (Rdn. 438 ff.). Der Aufrechnende kann also die ihm obliegende Leistung vor Eintritt der Fälligkeit bewirken, da es für den Aufrechnungsgegner nur vorteilhaft ist, wenn seine Forderung vorzeitig erfüllt wird.

BEISPIEL: Im Fall Rdnr. 513 erklärt der Stpfl. mit Einreichen der USt-Voranmeldung die Aufrechnung z. B. „Ich rechne mit dem mir aufgrund der ESt-Veranlagung 01 zustehenden Erstattungsanspruch auf."

Der Erstattungsanspruch des Stpfl. (Aktivforderung) war mit Bekanntgabe des Steuerbescheids fällig (§ 220 Abs. 1 AO, § 36 Abs. 4 Satz 2 EStG). Die Vorauszahlungsschuld (Passivforderung) war mit Ablauf des Voranmeldungszeitraums entstanden (§ 38 AO, § 13 Abs. 1 UStG). Also wurden durch die Aufrechnungserklärung des Stpfl. die gegenseitigen Forderungen in Höhe von 480 € am 3. 6. getilgt.

11.3.3 Aufrechnungshindernisse

516 Die Aufrechnung ist nur möglich, wenn im Zeitpunkt der Aufrechnungserklärung die Forderungen und Verbindlichkeiten noch bestehen.

Im bürgerlichen Recht steht die Verjährung einer Aufrechnung nicht in jedem Fall entgegen (§ 215 Alt.1 BGB). Im Steuerrecht führt die Verjährung dagegen zum Erlöschen des Anspruches aus dem Steuerschuldverhältnis (§ 47 AO). Daher kann nicht mehr mit Ansprüchen, die durch Ablauf der Festsetzungsfrist (§§ 169 – 171 AO) oder der Frist für die Zahlungsverjährung (§§ 228 – 232 AO) bereits erloschen sind (§ 226 Abs. 2 AO) aufgerechnet werden.

Der Anspruch darf auch nicht durch Ablauf einer Ausschlussfrist (z. B. § 4 Abs. 4 WoPG) erloschen sein (§ 226 Abs. 2 AO). Da der Anspruch des Aufrechnenden fällig, also festgesetzt sein muss, wird die Einhaltung der Ausschlussfrist stets im Rahmen der Festsetzung überprüft werden.

Das FA ist zudem an einer Aufrechnung gehindert, wenn die Durchsetzung der Gegen- 517
forderung durch Aussetzung der Vollziehung (§ 361 Abs. 2 AO, § 69 Abs. 2 und 3 FGO) ausgeschlossen ist (BFH v. 31.8.1995 VII R 58/94, BStBl II 1996, 55). Aus dem wirksamen VA, dessen Vollziehung ausgesetzt wurde, dürfen einstweilen keine rechtlichen und tatsächlichen Folgen gezogen werden, worunter auch die Erfüllung einer Forderung im Wege der Aufrechnung fällt.

11.3.4 Rechtsnatur der Aufrechnungserklärung

Die Aufrechnungserklärung ist die Ausübung eines schuldrechtlichen Gestaltungs- 518
rechts und erfolgt durch **einseitige, empfangsbedürftige Willenserklärung** (§ 226 Abs. 1 AO, § 388 BGB). Sie ist daher **kein VA**, auch wenn die Behörde die Aufrechnung erklärt (BFH v. 2.4.1987 VII R 148/83, BStBl II 1987, 536). Die Regelungen des § 122 AO finden keine Anwendung. Sie wird vielmehr wirksam mit Zugang nach § 130 Abs. 1 Satz 1 BGB (BFH vom 29.11.2012 VII B 88/12, BFH/NV 2013, 508 f.). Als einseitiges Rechtsgeschäft treten ihre Rechtsfolgen ein, ohne dass der andere Teil die Willenserklärung annehmen oder anerkennen muss.

Für die Aufrechnungserklärung ist keine besondere Form vorgeschrieben. Sie kann da- 519
her mündlich, schriftlich oder durch andere, für den Erklärungsempfänger erkennbare Handlung erfolgen. Da sie ohne Zutun des Empfängers gestaltend auf dessen Rechtsstellung einwirkt, muss sich der Wille zur Tilgung und Verrechnung eindeutig, für einen objektiven Erklärungsempfänger erkennbar, aus der Aufrechnungserklärung ergeben. Eine maschinelle Umbuchungsmitteilung kann eine Aufrechnungserklärung nur enthalten, wenn sie die eindeutige Aussage enthält, dass Haupt- und Gegenforderung getilgt werden sollen; der Begriff „Aufrechnung" muss dabei nicht verwendet werden (BFH v. 26.7.2005 VII R 72/04, BStBl II 2006, 350).

Bestreitet das FA oder der Steuerpflichtige die Wirksamkeit der Aufrechnung, so hat das FA einen Abrechnungsbescheid i. S. d. § 218 Abs. 2 AO zu erteilen (Rdn. 452 ff.), gegen den der Einspruch statthaft ist (§ 347 Abs. 1 Nr. 1 AO).

11.3.5 Wirkung der Aufrechnung

Die Aufrechnung wirkt wie eine Zahlung. Nach § 226 Abs. 1, § 389 BGB erlöschen Aktiv- 520
und Passivforderung, soweit sie sich decken.

Die Besonderheit der Aufrechnung ist die in die Vergangenheit zurückwirkende Erfüllungsfiktion. Nach § 389 BGB gelten beide Forderungen „als in dem Zeitpunkt erloschen", in welchem sie zur Aufrechnung geeignet einander gegenübergetreten sind. Die Aufrechnung bewirkt also, dass die Forderungen grundsätzlich als zu dem Zeitpunkt erloschen gelten, zu dem die Aktivforderung fällig und die Passivforderung entstanden war.

BEISPIEL: Ein Maler hat im FA Arbeiten für 5 000 € durchgeführt. Die Rechnung war am 8. 6. zu zahlen. Am 15. 6. wird eine ESt-Nachzahlung in Höhe von 6 000 € fällig. Das FA erklärt am 25. 8. die Aufrechnung.

Die Aufrechnung wirkt auf den 15. 6. zurück. Das hat zur Folge, dass für die Zeit vom 15. 6. bis zum 25. 8. Säumniszuschläge (§ 240 AO) nicht erhoben werden können.

Trotz der Rückwirkung bleiben Säumniszuschläge ebenso wie Zinsen bestehen, die bis zur **Fälligkeit der Schuld des Aufrechnenden** entstanden sind (§§ 240 Abs. 1 Satz 5, 238 Abs. 1 Satz 3 AO; AEAO zu § 226 Nr. 2 Abs. 2), vgl. auch Beispiel bei Rdn. 462.

11.3.6 Verrechnungsvertrag

521 Von der Aufrechnung zu unterscheiden ist der Verrechnungsvertrag. Durch Verrechnungsvereinbarung können Ansprüche auch dann erlöschen, wenn sie sich nicht aufrechenbar gegenüberstehen. Voraussetzung ist dann aber, dass der Stpfl. ein Verrechnungsangebot des FA annimmt, also Einvernehmen zwischen dem Stpfl. und dem FA über die Tilgung der sich gegenüberstehenden Forderungen besteht (siehe auch AEAO zu § 226 Nr. 5). Eine Umbuchungsmitteilung auf eine nicht fällige Forderung des FA kann zwar mangels fälliger Gegenforderung keine wirksame Aufrechnung darstellen (vgl. oben Rdn. 520). Sie kann aber als Angebot zum Abschluss eines Verrechnungsvertrages ausgelegt werden.

11.4 Erlass (§§ 163, 227 AO)

11.4.1 Wesen des Erlasses

522 Durch Erlass verzichtet der Steuergläubiger auf einen entstandenen Anspruch, wodurch dieser erlischt (§§ 47, 163, 227 AO). Grundsätzlich hat der Steuergläubiger entstandene Ansprüche festzusetzen und zu erheben. Dies ergibt sich aus dem Prinzip der Gesetzmäßigkeit der Verwaltung (Art. 20 Abs. 3 GG). Die Anwendung der Einzelsteuergesetze kann jedoch zu Härten in besonders gelagerten Ausnahmefällen führen. Hier räumt die Abgabenordnung den Finanzbehörden die Möglichkeit ein, nach Abwägung der schutzwürdigen Interessen der Allgemeinheit und der Belange des einzelnen Stpfl. einen Erlass auszusprechen.

11.4.2 Voraussetzungen für den Erlass

523 Der Erlass kann ausgesprochen werden, **„wenn die Einziehung nach Lage des einzelnen Falls unbillig wäre"**. Die unbillige Härte kann in der Person des Steuerpflichtigen (**persönliche** Billigkeitsgründe) oder in der Sache selbst (**sachliche** Billigkeitsgründe) liegen.

11.4.2.1 Persönliche Billigkeitsgründe

Ein Erlass wegen persönlicher Unbilligkeit setzt voraus, 524

- dass der Stpfl. **erlassbedürftig** ist, d. h. seine wirtschaftliche Existenz oder der notwendige Lebensunterhalt seiner Familie muss durch die Einziehung des Anspruchs gefährdet werden, und
- dass der Stpfl. **erlasswürdig** ist. Er muss sich dem FA gegenüber bisher steuerehrlich verhalten haben und unverschuldet in die finanzielle Notlage gekommen sein.
- Ferner ist die **Steuerart** zu berücksichtigen. Ein Erlass von Lohnsteuer oder USt aus persönlichen Billigkeitsgründen wird nur selten ausgesprochen. Denn der Stpfl. wird durch diese Steuern wirtschaftlich nicht belastet; er hat die USt vom Abnehmer erhoben bzw. die Lohnsteuer vom Arbeitnehmer einbehalten. Hingegen entspricht bei den Steuern vom Einkommen die Berücksichtigung der persönlichen Leistungsfähigkeit der Steuerart, so dass bei diesen Steuern sowie steuerlichen Nebenleistungen ein Erlass eher durchsetzbar ist.

11.4.2.2 Sachliche Billigkeitsgründe

Ein Erlass wegen sachlicher Unbilligkeit kommt nur in seltenen Ausnahmefällen in Betracht, wenn nämlich wegen der **Unvollständigkeit einer gesetzlichen Regelung** einem Stpfl. Abgaben auferlegt werden müssen, die ihn nach dem Sinn des Gesetzes und nach dem mutmaßlichen Willen des Gesetzgebers nicht treffen sollen. Umstände, die der Gesetzgeber bei Ausgestaltung des gesetzlichen Tatbestandes bewusst in Kauf genommen hat, rechtfertigen keinen Billigkeitserlass (vgl. BFH, Urteil v. 11.7.2018 - XI R 33/16, BStBl 2019 II S. 258). Sachliche Unbilligkeit kann insbesondere vorliegen, wenn das Zusammenwirken verschiedener Regelungen zu einer hohen Steuerschuld führt, die nicht auf einem Zuwachs an Leistungsfähigkeit beruht. 525

BEISPIEL: Ein Stpfl. erzielte einen laufenden Verlust von 8 000 € sowie einen Veräußerungsgewinn von 480 000 € aus der Auflösung eines negativen Kapitalkontos. Die ESt wurde auf 100 000 € festgesetzt.

Die Zurechnung von Gewinnanteilen nach § 15 Abs. 1 Nr. 2 EStG ist Grundlage für die Steuerberechnung (§§ 180 Abs. 1 Nr. 2a, 182 Abs. 1 AO), auch wenn beim Beteiligten keine Mehrung der Leistungskraft vorliegt. Der Wegfall des negativen Kapitalkontos führt zur ESt, obwohl ihm keine Mehrung des Betriebsvermögens zugrunde liegt. Wenn in den Vorjahren die Verlustverrechnung nicht genutzt werden konnte und ein Verlustvortrag nicht zu Steuervorteilen führen wird, verstößt die Erhebung einer ESt von 100 000 € gegen das Übermaßverbot und gebietet einen Erlass wegen sachlicher Unbilligkeit (BFH v. 26.10.1994 X R 104/92, BStBl II 1995, 297).

Ferner kann sachliche Unbilligkeit vorliegen, wenn vom Steuerpflichtigen eingeleitete unternehmerische Maßnahmen kurzfristig durch nicht vorhersehbare Änderungen der Steuergesetze oder der Rechtsprechung beeinträchtigt werden (BFH v. 12. 1. 1989 IV R 87/87, BStBl II 1990, 261).

Der Erlass darf nicht bewirken, dass die Verwaltung vom Gesetzgeber nicht gewollte Erleichterungen gewährt. Auch darf das Erlassverfahren nicht zur erneuten Überprüfung unanfechtbarer oder rechtskräftiger Festsetzungen führen. Nur wenn die Festsetzung offensichtlich und eindeutig unrichtig ist **und** es dem Steuerpflichtigen unmög- 526 lich oder nicht zumutbar war, sich gegen die Fehlerhaftigkeit rechtzeitig zu wehren, kann es zu einem Erlass kommen. Ob die Festsetzung unrichtig ist, bestimmt sich nach der Rechtslage bei Steuerfestsetzung. Ein Widerspruch zu späterer Rechtsprechung rechtfertigt nicht den Erlass, da andernfalls auf Kosten der Rechtssicherheit die Bestandskraft von Steuerbescheiden ausgehöhlt würde.

BEISPIEL: Berger betreibt eine Massagepraxis in der Rechtsform einer GmbH und gibt wegen USt-Freiheit keine USt-Erklärung ab. Das FA veranlagt zur USt aufgrund geschätzter Besteuerungsgrundlagen, weil die USt-Freiheit nach damaliger Auffassung nicht für die GmbH galt. Nach erfolglosem Einspruch nimmt Berger die Klage zurück, weil ihm das FG mitteilte, dass ein Erfolg der Klage nicht ersichtlich ist. Später beantragt Berger den Erlass der USt, weil der BFH nunmehr entschieden hat, dass auch bei einer GmbH unter den von ihm erfüllten Voraussetzungen steuerfreie Umsätze erzielen kann.

Nach BFH fehlt es hier schon an einer offensichtlich und eindeutig unrichtigen Festsetzung. Es ist nicht Sinn des § 227 AO, bestandskräftige Entscheidungen an später anders lautende Rechtsprechung anzupassen. Der Grundsatz der Rechtssicherheit vor materieller Richtigkeit bei unanfechtbarer Festsetzung soll nicht in Frage gestellt werden, BFH v. 13.1.2005 V R 35/03, BStBl II, 2005, 460.

Ausnahmsweise sind im Erlassverfahren jedoch auch Einwendungen zugelassen, die sich aus der Verletzung des Grundsatzes von Treu und Glauben im Veranlagungs- oder Einspruchsverfahren ergeben.

BEISPIEL: Ein Dipl.-Ingenieur fragte beim FA an, ob bestimmte Einnahmen aus Gutachtertätigkeiten für ausländische Firmen umsatzsteuerpflichtig seien. Ihm wurde vom zuständigen Amtsträger schriftlich mitgeteilt, die Einkünfte unterlägen nur der ESt. Dennoch unterwarf das FA die Einnahmen der USt. Gegen den USt-Bescheid legte der Dipl.-Ingenieur Einspruch ein und bat gleichzeitig um Erlass. Das FA teilte ihm mit, über den Erlass könne erst nach Unanfechtbarkeit der Steuerfestsetzung entschieden werden. Hierauf nahm der Dipl.-Ingenieur den Einspruch zurück.

Aufgrund der Auskunft des FA brauchte der Dipl.-Ingenieur mit USt-Forderungen wegen dieser Einnahmen nicht zu rechnen. Die Einziehung der nach dem Gesetz geschuldeten USt verstößt daher gegen Treu und Glauben. Dies hätte bereits im Veranlagungsverfahren berücksichtigt werden können und müssen. Der Dipl.-Ingenieur kann nicht deshalb schlechter gestellt werden, weil er auf die Auskunft des FA vertrauend den Rechtsbehelf zurücknahm. Die USt kann daher wegen sachlicher Unbilligkeit erlassen werden.

527 Bei Säumniszuschlägen liegen die Voraussetzungen für einen Erlass wegen sachlicher Unbilligkeit bei plötzlicher Krankheit, offenbarem Versehen und auch dann vor, wenn der Steuerpflichtige zum Zeitpunkt der Fälligkeit der Steuerschulden zahlungsunfähig oder überschuldet war (AEAO zu § 240 Nr. 5).

Ferner kann die Erhebung der vollen Säumniszuschläge eine unbillige Härte sein, wenn eine gebotene Aussetzung der Vollziehung (§ 361 AO) abgelehnt wurde (BFH, Urteil v. 24.4.2014 - VR 52/13, BStBl 2015 II S. 106) oder Ratenzahlungen unter Beschränkung der Vollstreckung (vgl. § 258 AO) eingeräumt wurden (BFH v. 22.6.1990 III R 150/85, BStBl II 1991, 864).

11.4.3 Erlassmaßnahmen

Zu unterscheiden ist der Erlass im Steuerfestsetzungsverfahren (§ 163 AO) vom Erlass im Erhebungsverfahren (§ 227 AO). 528

11.4.3.1 Erlass durch abweichende Steuerfestsetzung (§ 163 AO)

a) Das FA kann durch einen selbständig anfechtbaren VA aussprechen, dass 529

- **die Steuer** (§ 3 Abs. 1 AO) niedriger festzusetzen ist oder
- steuererhöhende **Besteuerungsgrundlagen** (§ 199 Abs. 1 AO) unberücksichtigt bleiben (§ 163 Abs. 1 Satz 1 AO).

BEISPIEL: Ein Handwerksmeister wird im Jahre 02 von einer Brandkatastrophe betroffen. Für den Wiederaufbau des Betriebs benötigt er alle verfügbaren finanziellen Mittel. Um disponieren zu können, beantragt er beim FA, die Einkommensteuer 01 um 5 000 € niedriger festzusetzen.

Das FA kann diesem Antrag stattgeben (§ 163 Abs. 1 Satz 1 AO). Im Rahmen der Veranlagung ist es dann an diesen Grundlagenbescheid gebunden (AEAO zu § 163 Nr. 3 Satz 2, § 182 Abs. 1 AO).

Wenn dem Antrag erst nach Bekanntgabe des Steuerbescheides 01 entsprochen wird, ist der Steuerbescheid nach § 175 Abs. 1 Satz 1 Nr. 1 AO zu ändern (AEAO zu § 163 Nr. 3 Satz 2).

Bei überraschenden Gesetzesänderungen oder einschneidenden Wandlungen der Rechtsprechung ergehen bisweilen Übergangsregelungen durch das BMF aufgrund von § 163 Abs. 1 AO.

b) Weiterhin kann das FA bei **Steuern vom Einkommen** bestimmen, dass steuererhöhende Besteuerungsgrundlagen **später oder** steuermindernde Besteuerungsgrundlagen **früher** berücksichtigt werden (§ 163 Abs. 1 Satz 2 AO). Von dieser Möglichkeit wird insbesondere durch Gewährung von Sonderrücklagen und Sonderabschreibungen Gebrauch gemacht. 530

BEISPIEL: Ein Sägewerk wird vom Hochwasser überschwemmt. Der Besitzer ersucht das FA, die volle Abschreibung der neu erworbenen Maschinen im Anschaffungsjahr zuzulassen.

Das FA kann dem Antrag gemäß § 163 Abs. 1 Satz 2 AO stattgeben.

Dieses Beispiel zeigt, dass sich Maßnahmen nach § 163 Abs. 1 Satz 2 AO meist nur stundungsähnlich auswirken. Denn in den folgenden Jahren erhöht sich wegen der vorweg in Anspruch genommenen Abschreibungen die Steuer. Ein solcher Erlass kann wegen des Progressionstarifes bei der ESt sogar zu einer Steuererhöhung führen. Da die genaue Wirkung nicht vorausberechnet werden kann, ist für Erlassmaßnahmen nach § 163 Abs. 1 Satz 2 AO immer ein Antrag oder die Zustimmung des Steuerpflichtigen erforderlich.

c) Begehrt der Stpfl. einen Erlass nach § 163 AO, so ist der Antrag vor Unanfechtbarkeit des Bescheids zu stellen. Die Erlassmaßnahmen können im Rahmen der Steuerfestsetzung ausgesprochen werden (§ 163 Abs. 2 AO). Auch dann liegen zwei selbständige Steuerverwaltungsakte vor, die jeweils eigenen Korrekturvorschriften unterliegen. Über einen in Verbindung mit einem fristgerechten Einspruch gestellten Antrag 531 ist auch dann zu entscheiden, wenn das Einspruchsverfahren nicht durchgeführt wird (BFH v. 21.1.1992 VIII R 51/88, BStBl II 1993, 3).

11.4.3.2 Erlass von festgesetzten Ansprüchen (§ 227 AO)

532 Die zuständige Finanzbehörde kann festgesetzte **Ansprüche aus dem Steuerschuldverhältnis** (§ 37 AO) ganz oder teilweise erlassen. Da der Stpfl. oft schon Vorauszahlungen auf die Steuerschuld geleistet hat oder den angeforderten Anspruch aus dem Steuerschuldverhältnis zwischen Antragstellung und Entscheidung über den Erlass gezahlt hat, kann das FA statt des Erlasses auch eine Erstattung oder Anrechnung auf eine andere Schuld anordnen.

BEISPIEL: Ein Blumenhändler hat zum 31.12.01 seinen Gewerbebetrieb aufgegeben. Ende Oktober 02 setzt das FA für 01 eine ESt-Abschlusszahlung von 2 500 € fest. Der Blumenhändler, der von einer bescheidenen Rente lebt, bittet Mitte November um Erlass. Anfang Dezember zahlt er einen Teilbetrag von 500 €. Am 15. 12. „erlässt" das FA die Steuerschuld in Höhe von 2 500 €.

Hier ist ein Erlass nur in Höhe von 2 000 € denkbar. Denn in Höhe von 500 € war der Anspruch des FA bereits durch Zahlung erloschen (§§ 47, 224, 225 Abs. 1 AO). Die bereits gezahlten 500 € kann das FA jedoch erstatten oder auf eine andere Steuerschuld anrechnen (§ 227 Halbsatz 2 AO).

11.4.4 Erlassverfahren

533 Ein Erlassantrag ist nicht erforderlich. Der Erlass kann bei sachlicher Unbilligkeit von **Amts wegen** ausgesprochen werden. Da der Finanzbehörde jedoch die Erlassgründe darzulegen sind, wird der Erlass im Allgemeinen nur auf Antrag ausgesprochen.

Der Erlass ist eine Ermessensentscheidung (§ 5 AO); die Ablehnung oder Teilablehnung eines beantragten Erlasses ist zu begründen (§ 121 AO).

Mit der Bekanntgabe des Erlasses erlischt der Anspruch. Ein – nur mit Wirkung für die Zukunft möglicher – Widerruf des Erlasses (§ 131 Abs. 2 AO) ist daher ausgeschlossen (vgl. Rdn. 322 ff.).

11.4.5 Abgrenzung des Erlasses von der Niederschlagung

11.4.5.1 Voraussetzung der Niederschlagung

534 Wenn feststeht, dass die Einziehung keinen Erfolg haben wird oder dass die Kosten der Einziehung außer Verhältnis zur Höhe stehen, kann die Festsetzung von Steuern und steuerlichen Nebenleistungen unterbleiben (§ 156 Abs. 2 AO, **„Niederschlagung im Festsetzungsverfahren"**) oder die Niederschlagung von Ansprüchen aus dem Steuerschuldverhältnis erfolgen (§ 261 AO, **„Niederschlagung im Vollstreckungsverfahren"**).

11.4.5.2 Rechtsnatur der Niederschlagung

Die Niederschlagung erfolgt durch eine **interne Maßnahme** der zuständigen Finanzbehörde, die dem Stpfl. grundsätzlich nicht bekannt gegeben wird. Die Niederschlagung ist daher **kein Verwaltungsakt**. 535

11.4.5.3 Wirkung der Niederschlagung

Durch die Niederschlagung wird nur zum Ausdruck gebracht, dass ein Anspruch – zumindest vorerst – nicht festgesetzt oder beigetrieben werden soll. Die Niederschlagung **führt nicht zum Erlöschen** des Anspruches (AEAO zu § 156 AO) und kann jederzeit wieder rückgängig gemacht werden. Für niedergeschlagene Steuern fallen Säumniszuschläge weiterhin an. 536

Auch wenn die Niederschlagung – versehentlich – dem Steuerpflichtigen bekannt gegeben wird, kann dies weder zum Erlöschen des Anspruchs noch zu einer Stundung führen. Allenfalls kann sich für einen unkundigen Stpfl. aus dem Grundsatz von Treu und Glauben ergeben, dass eine stundungsähnliche Wirkung eintritt, also Säumniszuschläge nicht erhoben werden, oder Verwirkung des Anspruches eintritt, wenn er die Niederschlagung als Verzicht ansah und entsprechend disponierte.

11.4.6 Kleinbetragsverordnung

Zur Vereinfachung der Verwaltung hat das Bundesministerium der Finanzen aufgrund der Ermächtigung in § 156 Abs. 1 AO die Kleinbetragsverordnung (KBV, BStBl I 2000,1790,1805 zuletzt geändert BGBl I 2016, 1679; AEAO zu § 156) erlassen. Danach werden z. B. Steuerbescheide zugunsten des Steuerpflichtigen nur geändert oder berichtigt, wenn der Betrag von 10 € bzw. 25 € bei Korrekturen zuungunsten des Stpfl. überschritten wird (§ 1 KBV). Zur Kleinbetragsregelung im Erhebungsverfahren vgl. BMF, Schreiben v. 2.1.2025, BStBl I 2025, 5 (Anhang 37 AO-Handbuch). 537

11.5 Verjährung

11.5.1 Wesen der Verjährung

11.5.1.1 Bedeutung

Der Rechtsfrieden gebietet, dass Ansprüche aus dem Steuerschuldverhältnis nach Ablauf eines bestimmten Zeitraums nicht mehr verfolgt werden können. Er genießt Vorrang vor der materiellen Richtigkeit. Nach Ablauf der Verjährungsfrist darf die entstandene Steuer nicht mehr festgesetzt und die festgesetzte Steuer nicht mehr korrigiert werden (§ 169 Abs. 1 Satz 1 und 2 AO). Fällige Ansprüche aus dem Steuerschuldverhältnis dürfen nicht mehr verwirklicht werden (§§ 228 – 232 AO). 538

11.5.1.2 Abgrenzung gegenüber der Verjährung nach bürgerlichem Recht

539 Im Steuerrecht führt der Ablauf der Verjährungsfrist zum **Erlöschen der Ansprüche** aus dem Steuerschuldverhältnis (§ 47 AO). Die Finanzbehörden können verjährte Ansprüche nicht mehr rechtmäßig verfolgen.

Im bürgerlichen Recht begründet der Ablauf der Verjährungsfrist hingegen lediglich ein Leistungsverweigerungsrecht für den Schuldner, das nur auf dessen Vorbringen hin zu berücksichtigen ist („Einrede der Verjährung", § 214 Abs. 1 BGB).

11.5.2 Festsetzungsverjährung und Zahlungsverjährung

540 Die Abgabenordnung unterscheidet zwischen Festsetzungsverjährung und Zahlungsverjährung. Die Vorschriften über die **Festsetzungsverjährung** bestimmen, **wie lange** entstandene Ansprüche aus dem Steuerschuldverhältnis **festgesetzt** werden können. Durch die **Zahlungsverjährung** wird geregelt, wie lange fällige Ansprüche aus dem Steuerschuldverhältnis **erhoben** werden können. Es verjähren dabei sowohl die Ansprüche des Staates gegen den Bürger als auch die des Bürgers gegenüber dem Staat.

11.5.2.1 Der Festsetzungsverjährung unterliegen

541
- die Steuerfestsetzung (§ 169 Abs. 1 AO),
- diejenigen Ansprüche, bei denen die Vorschriften über die Steuerfestsetzung entsprechend anzuwenden sind, also die Feststellung von Besteuerungsgrundlagen (§ 181 Abs. 1 Satz 1 AO), Steuermessbeträge (§ 184 Abs. 1 Satz 3 AO), Zinsen (§ 239 Abs. 1 Satz 1 AO).

  Bei Zinsen gelten die Vorschriften für die Festsetzungsverjährung mit den Besonderheiten, dass die Verjährungsfrist zwei Jahre beträgt und der Beginn der Festsetzungsfrist für die einzelnen Zinsarten verschieden geregelt ist (§ 239 Abs. 1 AO);

BEISPIEL: Die ESt-Abschlusszahlung 01 wird vom 1.4.03 bis 1.2.04 gestundet.
Die Festsetzungsfrist für die Stundungszinsen (§ 234 AO) beginnt mit Ablauf des Jahres 04 und endet mit Ablauf des Jahres 06 (§ 239 Abs. 1 Sätze 1 und 2 Nr. 2 AO).

- diejenigen Ansprüche, bei denen eine eigene Regelung zur Verjährung existiert, wie bei Haftungsbescheiden (§ 191 Abs. 3 und 4 AO; einschl. Verweis auf §§ 169 ff. AO bei Erlass von Haftungsbescheiden) und bei Vollstreckungskosten (§ 346 Abs. 2 AO).

542 **Keine Festsetzungsverjährung** gibt es bei
- Säumniszuschlägen, da sie nicht festgesetzt werden (§ 218 Abs. 1 Halbsatz 2 AO) und
- Zwangsgeldern.

  Hier kommt Verwirkung (vgl. Rdn. 192 f.) in Betracht, wenn das FA zwischen Androhung und Festsetzung des Zwangsgeldes eine unangemessen lange Frist verstreichen lässt;

BEISPIEL: Ein Stpfl. wird am 15. 5. unter Androhung eines Zwangsgeldes von 100 € aufgefordert, bis zum 15. 7. eine Steuererklärung abzugeben. Die Erklärung geht nicht beim FA ein. Das FA kann das angedrohte Zwangsgeld nicht mehr im Oktober festsetzen. Es hat durch unverhältnismäßig langes Abwarten die Festsetzung des Zwangsgeldes verwirkt.

Das FA kann jedoch ein neues Zwangsverfahren durch entsprechende Androhung eines Zwangsgeldes einleiten.

- Verspätungszuschlägen.

  Verspätungszuschläge unterliegen nicht der Festsetzungsverjährung (AEAO vor §§ 169 bis 171, Nr. 6). Von der erstmaligen Festsetzung eines Verspätungszuschlags ist jedoch grundsätzlich abzusehen, wenn die Festsetzungsfrist für die Steuer abgelaufen ist. Wird aber ein bereits vor Ablauf der für die Steuer geltenden Festsetzungsfrist festgesetzter Verspätungszuschlag nur aus formellen Gründen oder aufgrund einer fehlerhaften Ermessensausübung bezüglich seiner Höhe aufgehoben, ist die Festsetzung eines Verspätungszuschlags auch nach Ablauf der für die Steuer geltenden Festsetzungsfrist zulässig (AEAO zu § 169 Nr. 5).

11.5.2.2 Der Zahlungsverjährung unterliegen

alle Ansprüche aus dem Steuerschuldverhältnis (§ 37 Abs. 1 AO). Darunter fallen Steu- 543
eransprüche, Steuervergütungsansprüche, Haftungsansprüche, Steuererstattungsansprüche und die Ansprüche auf steuerliche Nebenleistungen (§ 3 Abs. 4 AO).

11.6 Festsetzungsverjährung von Steuern (§§ 169 – 171 AO)

Schaubild 17

Die Festsetzungsverjährung nach §§ 169 – 171 AO

Anwendung

- *Unmittelbar* auf Steuerfestsetzungen § 155 AO.
- *Entsprechend* auf Feststellung von Besteuerungsgrundlagen (§ 181 Abs. 1 Satz 1 AO), Festsetzung von Steuermessbeträgen (§ 184 Abs. 1 Satz 3 AO), Zinsfestsetzungen (§ 239 Abs. 1 Satz 1 AO), den Erlass von Haftungsbescheiden (§ 191 Abs. 3 Satz 1 AO).

Prüfung

Fristbeginn → Anlaufhemmung → Fristdauer § 169 Abs. 2 AO → Fristende → Ablaufhemmung → Einhaltung der Frist § 169 Abs. 1 Satz 3 AO

Fristbeginn

regulär

mAd. Entstehungsjahres der Steuer
§§ 170 Abs. 1, 38 AO
+ EinzelsteuerG

für Zinsen

§ 239 Abs. 1 AO in Abhängigkeit von der Zinsart

für Haftungsbescheid

§ 191 Abs. 3 Satz 3 AO

Anlaufhemmung

tatsächlich

§ 170 Abs. 2 AO mAd. Jahres der wirksamen Abgabe d. Erklärung bzw. Anzeige **spätestens** aber mAd. 3. auf das Entstehungsjahr der Steuer fallende Kalenderjahr

§ 170 Abs. 3 AO für die **Korrektur** von Antragsveranlagungen

§ 170 Abs. 4 AO für Grundsteuer

§ 170 Abs. 5 AO für Erbschaft-, Schenkungsteuer

§ 181 Abs. 3 AO für Feststellung von Grundsteuerwerten

Fristdauer § 169 Abs. 2 AO

Satz 1

Nr. 1
1 Jahr Zölle, Verbrauchsteuern und Verbrauchsteuervergütungen

Nr. 2
4 Jahre für Besitz- und Verkehrsteuern
Beachte:
Allein maßgebend für Wegfall des Vorbehalts § 164 Abs. 4 AO.

Satz 2

10 Jahre
soweit Straftat Steuerhinterziehung

5 Jahre
soweit Ordnungswidrigkeit der leichtfertigen Verkürzung

Unerheblich für Fristdauer sind

- Verfahrenseinstellung
- Verfolgungsverjährung
- Selbstanzeige (§§ 371, 378 Abs. 3 AO)

Fristende

regulär
mAd. Kalenderjahres

Ablaufhemmung

tatsächlich

§ 171 AO, soweit die Voraussetzungen reichen

§ 239 Abs. 1 Satz 3 AO für Zinsen nach § 233a AO

§ 191 Abs. 3 Satz 4 und 5 AO für Haftungsbescheide

Einhaltung der Frist § 169 Abs. 1 Satz 3 AO

sofern Bescheid die Behörde rechtzeitig verlassen hat **und** später **wirksam** bekannt gegeben wurde.

spezieller Fristbeginn

für die Korrektur aufgrund rückwirkenden Ereignisses § 175 Abs. 1 Satz 2 AO

Spezielle Regelung zur Fristdauer

- für Zinsen 2 Jahre (§ 239 Abs. 1 Satz 1 AO)
- für Haftungsbescheide (§ 191 Abs. 3 Satz 2 AO)

Obwohl Festsetzungsverjährung eingetreten ist

- kann Bescheid nach § 174 AO korrigiert werden (vgl. Schaubild 13),
- kann Feststellungsbescheid ergehen § 181 Abs. 5 AO.

Literaturhinweis: Lehrbuch Abgabenordnung, Rdn. 546 ff.

Bei der Festsetzungsverjährung handelt es sich um eine Frist, nach deren Ablauf der Steueranspruch erlischt (§ 47 AO). Eine Steuerfestsetzung, die unter Verstoß gegen die Vorschriften über die Festsetzungsverjährung ergeht, ist rechtswidrig und angreifbar, jedoch nicht nichtig und damit wirksam. Die Rechtsverletzung kann nur durch eine Entscheidung im Einspruchsverfahren gegen einen solchen Bescheid beseitigt werden. Nichtigkeit nach § 125 Abs. 1 AO liegt nicht vor, weil der Fehler nicht offenkundig ist (nicht aus dem Bescheid für jedermann erkennbar hervorgeht), sondern erst unter Heranziehung aller zur Berechnung der Festsetzungsfrist maßgeblichen Daten festgestellt werden kann (BFH v. 6.5.1994 V B 28/94, BFH/NV 1995, 275). 544

Wiedereinsetzung nach § 110 AO kommt bei Eintritt der Festsetzungsverjährung nicht in Betracht, da es sich nicht um Handlungs- und Erklärungsfristen der Beteiligten oder Dritten gegenüber den Finanzbehörden handelt, sondern um von der Finanzbehörde als Träger der Verwaltung zu beachtende gesetzliche Fristen (BFH v. 19.8.1999 III R 57/98, BStBl II 2000, 330). 545

11.6.1 Beginn der Festsetzungsfrist (§ 170 Abs. 1 AO)

Die Festsetzungsfrist beginnt mit Ablauf des Kalenderjahrs, in dem die Steuer entstanden ist (§ 170 Abs. 1 AO). Dieser Grundsatz wird jedoch durch die Anlaufhemmungen des § 170 Abs. 2 – 6 AO stark eingeschränkt. 546

11.6.2 Anlaufhemmung (§ 170 Abs. 2 und 3 AO)

Meistens haben die Finanzbehörden erst weit nach Ablauf des Entstehungsjahrs die Möglichkeit der Steuerfestsetzung, weil die erforderlichen Steuererklärungen, Anträge und Anzeigen erst nach diesem Zeitpunkt eingehen. Hier soll durch das Rechtsinstitut der Anlaufhemmung verhindert werden, dass durch die späte Einreichung die der Behörde zur Verfügung stehende Bearbeitungszeit verkürzt wird. 547

11.6.2.1 Anlaufhemmung bei Erklärungspflicht (§ 170 Abs. 2 Nr. 1 AO)

Daher beginnt die Festsetzungsfrist erst mit Ablauf des Kalenderjahrs zu laufen, in dem die einzureichende Steuererklärung abgegeben wird. Wird die Erklärung nicht innerhalb von drei Jahren seit Ablauf des Entstehungsjahrs abgegeben, beginnt die Festsetzungsfrist mit Ablauf des dritten auf die Entstehung des Steueranspruchs folgenden Kalenderjahrs (§ 170 Abs. 2 Nr. 1 AO). 548

Die Anlaufhemmung kommt nicht nur bei Jahreserklärungen in Betracht, sondern auch bei Erklärungen, die für kürzere Zeiträume abzugeben sind, wie z. B. USt-Voranmeldungen. 549

Die Erklärungspflicht kann sich entweder aus § 149 Abs. 1 Satz 1 AO i. V. m. den Einzelsteuergesetzen oder durch Aufforderung der Finanzbehörde (§ 149 Abs. 1 Satz 2 AO, vgl. BFH, Urteil v. 4.10.2017 - VI R 53/15, BStBl 2018 II S. 123) ergeben. Um den Fristbeginn auszulösen, muss die Steuererklärung wirksam sein, d. h. die steuerliche Handlungsfähigkeit nach § 79 AO muss vorliegen und die Erklärung muss unterzeichnet sein (BFH v. 14.1.1998 X R 84/95, BStBl II 1999, 203; v. 10.11.2004 II R 1/03, BStBl II 2005, 244). Die eigenhändige Unterschrift wird bei digitaler Übermittlung durch eine qualifizierte elektronische Signatur ersetzt, § 87a Abs. 3 Satz 2 AO.

550 Eine Anzeige nach § 170 Abs. 2 Nr. 1 AO liegt vor, wenn die Behörde nicht durch eine Steuererklärung, sondern durch andere Verpflichtung vom Entstehen des Steueranspruchs Kenntnis erhält, z. B. nach § 30 ErbStG, § 19 GrEStG. Eine Berichtigungsanzeige nach § 153 Abs. 1 AO löst allerdings keine Anlaufhemmung aus, da die Berichtigungspflicht nicht vor der Erklärungsabgabe entsteht und damit die Festsetzungsfrist bereits begonnen hat (BFH v. 22.1.1997 II B 40/96, BStBl II 1997, 266).

BEISPIELE:

1. Ein Stpfl. gibt die ESt-Erklärung für 01 im März 03 ab.

   Wegen der Verpflichtung zur Abgabe der ESt-Erklärung (§ 149 Abs. 1 Satz 1 AO, § 25 Abs. 3 EStG), beginnt die Festsetzungsfrist mit Ablauf des 31.12.03 zu laufen (§ 170 Abs. 2 Nr. 1 AO).

2. Ein Unternehmer gibt die ESt-Erklärung 01 erst im Mai 05 ab.

   Da der Stpfl. die Verpflichtung zur Abgabe der ESt-Erklärung 01 erst im Jahr 05 erfüllt hat (§ 25 Abs. 3 EStG), beginnt die Festsetzungsfrist mit Ablauf des dritten auf die Entstehung des Steueranspruches folgenden Kalenderjahres zu laufen, also mit Ablauf des 31.12.04 (§ 170 Abs. 2 Nr. 1 AO, § 36 Abs. 1 EStG).

3. Thea Gruber ist Alleinerbin ihres in 00 verstorbenen Ehemanns. Das FA fordert sie zur Abgabe einer Erbschaftsteuererklärung auf. Thea Gruber gibt diese in 01 ab, unterschreibt sie aber versehentlich nicht. Die Unterschrift wird im März 02 nachgeholt. In 06 ergeht ein ErbSt-Bescheid. Thea Gruber meint, die Festsetzungsverjährung sei bereits mit Ablauf des Kj. 05 eingetreten.

   Nach § 170 Abs. 1 AO beginnt die Festsetzungsfrist für die ErbSt m. A. d. Kj. des Entstehens der ErbSt, also des Todes des Erblassers (§ 9 Abs. 1 Nr. 1 ErbStG). Thea Gruber hat keine Anzeigepflicht nach § 30 Abs. 3 Satz 1 ErbStG. Da sie aber vom FA zur Abgabe einer Steuererklärung aufgefordert wurde (§ 149 Abs. 1 Satz 2 AO, § 31 Abs. 1 Satz 1 ErbStG), greift die Anlaufhemmung nach § 170 Abs. 2 Nr. 1 AO. Die Erklärungsabgabe in 01 ist jedoch unerheblich, da sie wegen der fehlenden erforderlichen Unterschrift nicht wirksam geworden ist (§ 150 Abs. 1 Satz 1, Abs. 2 AO, § 31 Abs. 4 Satz 2 ErbStG) und die Festsetzungsfrist daher nicht in Gang setzen konnte. Vielmehr kommt es auf die Erklärung mit der nachgeholten Unterschrift in 02 an. Die Festsetzungsfrist begann daher m. A. d. Kj. 02 und endete erst mit Ablauf des Kj. 06.

4. Kommt ein Stpfl. einer bestehenden Anzeigepflicht nach § 30 Abs. 1 oder 2 ErbStG nach und wird er daraufhin vom FA gem. § 31 Abs. 1 ErbStG zur Abgabe einer Steuererklärung aufgefordert, endet die Anlaufhemmung erst mit Ablauf des Kalenderjahrs, in dem die Steuererklärung eingereicht wird, spätestens aber mit Ablauf des dritten Kalenderjahrs nach dem Jahr der Steuerentstehung. Zwar wird nach dem Wortlaut des § 170 Abs. 2 Satz 1 Nr. 1 AO die Anlaufhemmung alternativ durch Steuererklärung oder Anzeigeerstattung beendet, die Anzeigepflicht im Rahmen des Erbschaft- und Schenkungsteuer soll die möglichst vollständige Erfassung aller Erwerbe sicherstellen und so der Finanzbehörde die Prüfung erleichtern, wer zur Abgabe eine Steuererklärung aufzufordern ist. Demgegenüber hat die Steuererklärung Angaben zur Feststellung des Gegenstands und des Werts des Erwerbs zu enthalten und soll damit die Erbschaft - bzw. Schenkungsteuer-Festsetzung ermöglichen. Wegen der unterschiedlichen Zwecksetzung ist es gerechtfertigt, dass erst die

mit der Einreichung der Steuererklärung vermittelten Kenntnisse zur endgültigen Beendigung der Anlaufhemmung führen (BFH v. 27.8.2008 II R 236/06, BStBl II 2009, 232).

Diese Anlaufhemmung gilt nicht bei Veranlagungen auf Antrag, z. B. nach § 46 Abs. 2 Nr. 8 EStG, es sei denn, der Steuerpflichtige wurde nach § 149 Abs. 1 Satz 2 AO zur Abgabe einer einschlägigen Erklärung aufgefordert (BFH vom 14.4.2011 VI R 53/10 BStBl II 2011, 746). 551

11.6.2.2 Anlaufhemmung bei Festsetzungen auf Antrag (§ 170 Abs. 3 AO)

Wenn die Steuer oder Steuervergütung nur auf Antrag festgesetzt wird, so beginnt die Festsetzungsfrist für **Aufhebungen, Änderungen** oder **Berichtigungen** nach § 129 AO nicht vor Ablauf des Jahrs der Antragstellung zu laufen. 552

BEISPIEL: Für die Antragsveranlagung zur ESt 01 nach § 46 Abs. 2 Nr. 8 EStG beginnt die Festsetzungsfrist für die ESt 01 daher grundsätzlich mit Ablauf des 31.12.01 nach § 170 Abs. 1 AO, § 36 Abs. 1 EStG zu laufen, da keine Verpflichtung zur Abgabe einer ESt-Erklärung besteht. Das Fristende tritt daher mit Ablauf d. Kj. 05 ein.

Wenn der Stpfl. im Kalenderjahr 02 einen Antrag auf Veranlagung gestellt hat und eine entsprechende ESt-Festsetzung 01 in 02 erfolgte, so gilt für eine **Korrektur** dieser Festsetzung 01 folgendes:

Die Festsetzungsfrist für die ESt 01 beginnt **insoweit** erst mit Ablauf d. Kj. 02 (§ 170 Abs. 3 AO) und endet erst mit Ablauf d. Kj. 06.

11.6.3 Dauer der Festsetzungsfrist (§ 169 AO)

11.6.3.1 Regelmäßige Verjährungsfrist

Die regelmäßige Verjährungsfrist beträgt für **Verbrauchsteuern und Verbrauchsteuervergütungen ein Jahr** (§ 169 Abs. 2 Nr. 1 AO). 553

Bei den **übrigen Steuern** und Steuervergütungen beträgt die Festsetzungsfrist **4 Jahre** (§ 169 Abs. 2 Nr. 2 AO). Zu diesen gehören die von den Ländern verwalteten Besitz- und Verkehrsteuern wie vor allem die ESt, die KSt und die USt (vgl. Rdn. 9; BFH, Urteil v. 14.7.2015 - XI B 41/15, BFH/NV 2015 S. 1445).

BEISPIEL: Ein Vermieter reicht im Jahr 02 die ESt-Erklärung für 01 ein. Die Veranlagung im Jahr 02 führt zu einer Steuererstattung. 06 macht der Stpfl. weitere Werbungskosten für 01 geltend, die er bisher ohne grobes Verschulden übersehen hatte.

Die Änderung gemäß § 173 Abs. 1 Nr. 2 AO ist nur zulässig, wenn die Festsetzungsverjährung für die ESt 01 noch nicht eingetreten ist (§ 169 Abs. 1 Satz 1 AO). Wegen der Anlaufhemmung des § 170 Abs. 2 Nr. 1 AO beginnt die Festsetzungsfrist für die ESt mit Ablauf des Jahres 02 und endet mit Ablauf des Jahres 06 (§ 169 Abs. 2 Satz 1 Nr. 2 AO); die Korrektur der ESt-Festsetzung ist durchzuführen.

11.6.3.2 Verlängerte Verjährungsfrist

554 Die Festsetzungsfrist verlängert sich für leichtfertig verkürzte Steuern (vgl. § 378 AO) auf **5 Jahre**, für hinterzogene Steuern (vgl. § 370 AO) auf **10 Jahre** (§ 169 Abs. 2 Satz 2 AO).

BEISPIEL: Nach Eintritt der allgemeinen Festsetzungsverjährung deckt das FA eine Steuerhinterziehung auf, wegen der es die Steuerbescheide vor Ablauf der zehnjährigen Festsetzungsfrist nach § 173 Abs. 1 Nr. 1 AO ändern will. Der Stpfl. bittet, bei der Änderung materielle Fehler gem. § 177 Abs. 1 AO mit zu berichtigen.

Eine Berücksichtigung der materiellen Fehler zugunsten des Stpfl. bis zur Höhe der ursprünglichen Steuer ist möglich, da nur der Steueranspruch verjähren kann, nicht aber eine Besteuerungsgrundlage und die Korrektur der Festsetzung durch die Korrekturvorschrift und die insoweit nicht eingetretene Festsetzungsfrist eine Saldierungslage herbeiführt (BFH v. 18.12.1991 X R 38/90, BStBl II 1992, 504; AEAO zu § 177 Nr. 1 Satz 4).

Zu einer Verlängerung kommt es nur, wenn die Steuerhinterziehung bzw. Steuerverkürzung tatbestandsmäßig, rechtswidrig und schuldhaft (vgl. Rdn. 943 ff.) erfolgt ist. Unerheblich ist dagegen, ob es zu einer Bestrafung oder einem Bußgeld kommt. So verhindern weder die Einstellung des Verfahrens wegen Geringfügigkeit, noch die Verfolgungsverjährung oder eine wirksame Selbstanzeige (§§ 371, 378 Abs. 3 AO) die Fristverlängerung.

BEISPIEL: Ein Stpfl. hat durch die Abgabe unrichtiger Steuererklärungen Steuern verkürzt. Nach Ablauf der 4-jährigen Festsetzungsfrist erkennt das FA den richtigen Sachverhalt und will die Steuerbescheide korrigieren (§ 173 Abs. 1 Nr. 1 AO). Der inzwischen eingesetzte Vormund des Stpfl. weist durch ärztliche Gutachten nach, dass der Stpfl. zur Zeit der Abgabe der unrichtigen Steuererklärungen an einer Geisteskrankheit litt.

Zur Erfüllung des Tatbestands der Steuerhinterziehung (§ 370 AO) gehört, dass der Täter schuldhaft gehandelt hat (Rdn. 948). Dies war wegen der Schuldunfähigkeit des Stpfl. i. S. d. § 20 StGB hier nicht der Fall, so dass § 169 Abs. 2 Satz 2 AO nicht greift und eine Änderung der Steuerbescheide wegen des Ablaufs der 4-jährigen Festsetzungsfrist nicht mehr in Betracht kommt (BFH v. 2.4.1998 V R 60/97, BStBl II 1998, 530).

555 Die Regelung des § 169 Abs. 2 Satz 2 AO ist dabei so auszulegen, dass sie einen hinterzogenen Anspruch des Fiskus auf eine Abschlusszahlung voraussetzt, der wegen einer vollendeten Steuerhinterziehung oder leichtfertigen Steuerverkürzung bislang nicht verwirklicht werden konnte. Eine Steuer ist daher i. d. S. nur hinterzogen, wenn die vollendete Hinterziehung oder leichtfertige Verkürzung dazu geführt hat, dass dem Fiskus ein Steuerbetrag vorenthalten wird. Der geschädigte Steuergläubiger soll den ihm vorenthaltenen Steuerbetrag auch noch nach dem Ablauf von 4 Jahren fordern können. Zweck des § 169 Abs. 2 Satz 2 AO ist es aber nicht, den Steuerhinterzieher in die Lage zu versetzen, Erstattungsansprüche über die reguläre Verjährungsfrist hinaus geltend machen zu können. Die Regelung ist auf eine verfahrensrechtliche Schlechterstellung des Steuerhinterziehers im Vergleich zum steuerehrlichen Bürger ausgelegt (BFH v. 26.2.2008 VIII 1/07, BStBl II 2008, 659).

BEISPIEL: Der Stpfl. hat in der ESt-Erklärung 01 Einkünfte aus Gewerbetrieb, nichtselbständiger Arbeit und aus Vermietung und Verpachtung angegeben. Seine Einkünfte aus Kapitalvermögen hat er bewusst verschwiegen.

Das FA veranlagt erklärungsgemäß und setzt mit ESt-Bescheid vom Juni 02 die ESt 01 auf 0 € fest. Im September 07 erstattet der Steuerpflichtige eine wirksame Selbstanzeige bezüglich der Kapitaleinkünfte 01. Im Rahmen einer Probeberechnung durch das FA ergibt sich, dass es wegen der Anrechnung von Kapitalertragsteuer zu einer ESt-Erstattung kommen würde. Das FA lehnt die Änderung ab, weil bereits Festsetzungsverjährung eingetreten ist. Das reguläre Fristende für die ESt 01 ist mit Ablauf des Kalenderjahrs 06 eingetreten (§§ 170 Abs. 2 Nr. 1, 169 Abs. 2 Satz 1 Nr. 2 AO, § 25 Abs. 2 EStG).

Eine verlängerte Festsetzungsfrist nach § 169 Abs. 2 Satz 2 AO kommt nicht in Betracht. Zwar ist der Tatbestand der vollendeten Steuerhinterziehung erfüllt. Es fehlt jedoch an dem geschilderten hinterzogenen Betrag, weil der Steuergläubiger die geschuldete ESt durch Steuerabzug bereits erhoben hat und daher objektiv kein Anspruch auf eine Abschlusszahlung zu seinen Gunsten vorlag. Es liegt auch keine Ablaufhemmung nach § 171 Abs. 3 oder Abs. 9 AO vor, weil es insoweit am rechtzeitigen Eingang des Antrags bzw. der Selbstanzeige vor Ablauf der regulären Festsetzungsfrist fehlt. Eine Änderung der bestandskräftigen Steuerfestsetzung 01 nach § 173 Abs. 1 Nr. 1 AO ist daher ausgeschlossen (§ 169 Abs. 1 Satz 1 AO).

Da es sich bei der Steuerverkürzung nicht um ein eigenhändiges Delikt handelt, gelten die verlängerten Fristen nicht nur bei Verkürzungen durch den Stpfl. selbst.

Sie gelten vielmehr auch, wenn der Stpfl. als Gesamtrechtsnachfolger (vgl. Rdn. 433 ff.) in die abgabenrechtliche Stellung eines den Tatbestand der Verkürzung erfüllenden Rechtsvorgängers eintritt (§ 45 Abs. 1 AO; BFH v. 29.8.2017 - VIII R 32/15, BStBl 2018 II 2018 S. 223). Ferner ist dem Stpfl. das Verhalten seines gesetzlichen oder gewillkürten Vertreters zuzurechnen und damit auch deren Steuerverkürzungen in Bezug auf die verlängerten Fristen.

Ebenso muss sich der Stpfl. hinsichtlich der verlängerten Fristen das Verhalten solcher Personen zurechnen lassen, die in seinem Verantwortungsbereich zu Steuerverkürzungen mittelbar oder unmittelbar beitragen können (Erfüllungsgehilfen; § 169 Abs. 2 Satz 3 1. Halbsatz AO).

BEISPIELE:

1. Der Komplementär einer KG erklärte im Jahre 02 vorsätzlich zu niedrige Umsätze für 01. Hiervon erfährt das FA im Jahr 12.

   Steuerschuldner der USt ist die Gesellschaft (§§ 13a Abs. 1 Nr. 1, Abs. 2 UStG). Wegen der Anlaufhemmung gem. § 170 Abs. 2 Nr. 1 AO beginnt die Festsetzungsfrist für die USt 01 mit Ablauf des Jahrs 02. Die Festsetzungsfrist für die hinterzogenen Beträge dauert 10 Jahre, da sich die Gesellschaft die Steuerhinterziehung ihres Vertreters zurechnen lassen muss (§§ 161 Abs. 2, 124 HGB, § 169 Abs. 2 Sätze 2 und 3 AO). Daher kann der USt-Bescheid 01 noch bis zum Ablauf des Jahrs 12 gemäß §§ 169 Abs. 1 Satz 1, 173 Abs. 1 Nr. 1 AO geändert werden.

2. Ein Kaufmann beschäftigt seit vielen Jahren einen zuverlässigen Buchhalter, der sowohl die USt-Voranmeldungen als auch die Jahreserklärungen vorbereitet. Im Jahre 07 entdeckt ein USt-Prüfer, dass für November 01 ein ungerechtfertigt hoher Vorsteuerbetrag erstattet wurde. Der Buchhalter, der sich vorübergehend in Geldschwierigkeiten befand, hatte den Erstattungsbetrag ohne Wissen des Kaufmanns für sich verwendet. Die im Jahre 02 für 01 abgegebene Jahreserklärung hatte der Buchhalter entsprechend verfälscht.

   Wegen der Anlaufhemmung gem. § 170 Abs. 2 Nr. 1 AO beginnt die Festsetzungsfrist für die USt 01 mit Ablauf des Jahres 02. Auch die Hinterziehung durch den Erfüllungsgehilfen bewirkt, dass die Festsetzungsfrist verlängert wird.

Wird dagegen die Hinterziehung durch außenstehende Dritte – also nicht durch Vertreter oder Erfüllungsgehilfen – begangen, gilt für den Steuerpflichtigen lediglich die Festsetzungsfrist nach § 169 Abs. 2 Satz 1 AO, wenn er

- keinen Vermögensvorteil (BFH v. 31.1.1989 VII R 77/86, BStBl II 1989, 442) erlangt und
- sorgfältig gehandelt hat (§ 169 Abs. 2 Satz 3 AO).

11.6.4 Ablaufhemmung (§ 171 AO)

556 Die Festsetzungsfristen reichen nicht immer aus, um die Steuerfestsetzung abschließend durchzuführen. Deshalb wird unter bestimmten Voraussetzungen das Ende der regulären Frist hinausgeschoben (Ablaufhemmung). Tritt vor Ablauf der Festsetzungsfrist ein Ereignis ein, das zu einer Ablaufhemmung führt, so endet die Festsetzungsfrist im Allgemeinen nicht mit Ablauf eines Kalenderjahres, sondern mit Ablauf eines zu berechnenden Tages während des Kalenderjahres. Das Fristende wird nur insoweit hinausgeschoben, als die jeweilige Ablaufhemmung reicht.

Bei der Bestimmung des regulären bzw. hinausgeschobenen Fristendes ist auch § 108 Abs. 3 AO zu beachten (vgl. AEAO vor §§ 169 – 171 Nr. 3 sowie zu § 108 Nr. 2)

11.6.4.1 Ablaufhemmung bei höherer Gewalt (§ 171 Abs. 1 AO)

557 Solange die Steuerfestsetzung wegen höherer Gewalt innerhalb der letzten sechs Monate vor Ablauf der Festsetzungsfrist nicht erfolgen kann, läuft die Frist nicht ab.

Höhere Gewalt sind alle Ereignisse, die auch bei Anwendung der äußersten Sorgfalt eine Verfolgung des Steueranspruchs nicht zulassen, z. B. Seuchen, Pandemien oder Naturkatastrophen.

BEISPIEL: Die Festsetzungsfrist für die ESt 01 läuft planmäßig mit Ablauf des 31.12.06 ab (§§ 170 Abs. 2 Nr. 1, 169 Abs. 2 Nr. 2 AO). Das Gesundheitsamt Kiel verfügte die Schließung des FA Kiel vom 15. 6. bis 15.8.06 wegen eines Norovirus.

Innerhalb der letzten 6 Monate (1. 7. – 31. 12.) vor Ende der Festsetzungsfrist konnte das FA den Steueranspruch während des Zeitraumes vom 1. 7. bis 15. 8. nicht verfolgen. Dieser Zeitraum wird dem regulären Ende der Festsetzungsfrist hinzugefügt; diese endet daher mit Ablauf des 15.2.07 (§ 171 Abs. 1 AO).

11.6.4.2 Ablaufhemmung bei offenbarer Unrichtigkeit (§ 171 Abs. 2 AO)

558 Ist dem FA beim Erlass eines Bescheids eine offenbare Unrichtigkeit unterlaufen, so soll eine Berichtigung nach § 129 AO in jedem Fall für die Dauer eines Jahres nach Bekanntgabe **dieses** Bescheides möglich sein.

BEISPIEL: Die Festsetzungsfrist für die USt 01 läuft regulär mit Ablauf des 31.12.06 ab (§§ 170 Abs. 2 Nr. 1, 169 Abs. 2 Nr. 2 AO). Am 15.11.06 wird an den Stpfl. der nach § 173 Abs. 1 Nr. 1 AO geänderte USt-Bescheid 01 zur Post gegeben. Dieser Bescheid enthält einen Eingabefehler des Bearbeiters im FA.

Der Eingabefehler kann bis zum Ablauf eines Jahres nach Bekanntgabe des geänderten Bescheids, also bis zum Ablauf des 19.11.07, nach § 129 AO berichtigt werden (§§ 169 Abs. 1 Satz 2, 171 Abs. 2 Satz 1, 122 Abs. 2 Nr. 1 AO).

Dies gilt nach 171 Abs. 2 Satz 2 AO auch, wenn dem Stpfl. selbst bei der Erstellung seiner Steuererklärung ein Schreib- oder Rechenfehler unterlaufen ist (§ 173a AO).

11.6.4.3 Ablaufhemmung bei rechtzeitig gestellten Anträgen (§ 171 Abs. 3 AO)

§ 171 Abs. 3 AO schützt den Stpfl. davor, dass sich die Finanzbehörden der Bearbeitung 559
von Anträgen dadurch entziehen können, dass sie den Ablauf der Festsetzungsfrist abwarten. Wurde der Antrag vor Ablauf der Festsetzungsfrist gestellt, endet die Frist bezüglich des Betrags, der mit dem Antrag begehrt wurde nicht, bevor über den Antrag unanfechtbar entschieden worden ist.

Als Antrag auf Steuerfestsetzung gilt nicht die Abgabe einer gesetzlich vorgeschriebenen Steuererklärung (BFH v. 8.7.2009 VIII R 5/07, BStBl II 2010, 583; BFH v. 28.7.2021 XR 35/20, BFH/NV 2022, 1 - 4). Ein Antrag im Sinne des Abs. 3 setzt eine Willensbekundung des Steuerpflichtigen voraus, dass die Finanzbehörde außerhalb des nach der Amtsmaxime ohnehin gebotenen Verwaltungshandelns tätig werden soll (BFH v. 30.3.2017 VI R 43/15, BStBl. II 2017, 1047). Daran ändert auch der Umstand nichts, wenn der Steuerpflichtige bei Einreichung der Steuerklärung bei Pflichtveranlagung die Veranlagung „beantragt" (BFH v. 23.9.2020 XI R 1/19, BStBl. II 2021, 341). Dies gilt bei einer USt-Erklärung auch dann, wenn mit ihr ein Anspruch auf Auszahlung eines Überschusses geltend gemacht wird (BFH v. 28.8.2014 V R 8/14, BStBl II 2015, 3). Nur im Falle einer Antragsveranlagung (§ 46 Abs. 2 Nr. 8 EStG) ist die Abgabe einer ESt-Erklärung ein Antrag i. S. d. § 171 Abs. 3 AO (BFH, Urteil v. 20.1.2016 - VI R 14/15, BStBl 2016 II S. 380). Bei einem Antrag nach § 153 AO gilt eine eigene Ablaufhemmung nach § 171 Abs. 9 AO. Der häufigste Anwendungsfall ist der Antrag auf Korrektur, unabhängig davon, ob die Korrekturvorschrift selbst einen Antrag voraussetzt, wie etwa § 174 Abs. 1 Satz 1 AO.

BEISPIEL: Die Festsetzungsfrist für die ESt 01 endet regulär mit Ablauf des Jahrs 06 (§§ 170 Abs. 2 Nr. 1, 169 Abs. 2 AO). Der Stpfl. stellt im Mai 06 einen Antrag auf Änderung nach § 173 Abs. 1 Nr. 2 AO, über den das FA im Jahre 06 noch nicht entschieden hat.

Die Festsetzungsfrist läuft, soweit der Antrag reicht, nicht ab, bevor über diesen Antrag unanfechtbar entschieden wurde (§ 171 Abs. 3 AO).

Wird im Verfahren über einen Grundlagenbescheid ein Änderungsantrag für die gesondert festgestellten Besteuerungsgrundlagen gestellt, kann dies nicht gleichzeitig als Antrag auf Änderung von Folgebescheiden ausgelegt werden mit der Folge, dass die Frist des § 171 Abs. 10 Satz 1 AO nach § 171 Abs. 3 AO gehemmt wird (BFH vom 27.11.2013 II R 57/11, BFH/NV 2014, 596-598).

11.6.4.4 Ablaufhemmung bei Rechtsbehelfen (§ 171 Abs. 3a AO)

Rechtsbehelfsverfahren dauern mitunter mehrere Jahre. Daher führt die Anfechtung ei- 560
nes Steuerbescheids zu einer Ablaufhemmung bis zur Unanfechtbarkeit der Entscheidung über den Rechtsbehelf (§ 171 Abs. 3a Satz 1 AO). Der Umfang der Ablaufhem-

mung wird von der Gesamtaufrollung nach § 367 Abs. 2 AO bestimmt, so dass die Steuer im Rechtsbehelfsverfahren auch erhöht werden kann (§ 171 Abs. 3a Satz 2 AO).

BEISPIEL: Die KSt 01 für eine AG wird im Jahre 02 entsprechend der Erklärung „unter Vorbehalt der Nachprüfung" festgesetzt (§ 164 Abs. 1 Satz 1 AO). Am 20.12.06 wird die Aufhebung des Vorbehalts der Nachprüfung bekannt gegeben. Anfang Januar 07 wird für die AG durch Einspruch eine Steuerminderung beantragt. Das FA überprüft den KSt-Bescheid 01 und weist die AG auf die Möglichkeit der Verböserung hin (§ 367 Abs. 2 Satz 1 und 2 AO).

Der KSt-Änderungsbescheid 01 mit dem Inhalt der Aufhebung des Vorbehalts der Nachprüfung erging noch vor Ablauf der Festsetzungsfrist (§§ 164 Abs. 3 Satz 2, 170 Abs. 2 Nr. 1, 169 Abs. 2 Nr. 2 AO). Obwohl der Einspruch erst nach Ablauf der Festsetzungsfrist, aber innerhalb der Einspruchsfrist einging, tritt daher Festsetzungsverjährung nicht ein, bevor über den Einspruch unanfechtbar entschieden wurde (§ 171 Abs. 3a Satz 1 Halbsatz 2 AO). Da die Ablaufhemmung für die gesamte KSt 01 gilt (§ 171 Abs. 3a Satz 2 AO), kann diese im Einspruchsverfahren erhöht werden.

561 Sofern das Gericht nicht abschließend entscheidet, sondern nur den Rahmen festlegt, innerhalb dessen die Behörde eine neue Entscheidung vornehmen muss, erstreckt sich nach § 171 Abs. 3a Satz 3 AO die Ablaufhemmung bis zur Unanfechtbarkeit der neuen Verwaltungsentscheidung. Allerdings wird der Ablauf der Frist nur bei einer Aufhebung des Bescheids nach § 100 Abs. 1 Satz 1 FGO durch das Gericht gehemmt. Sie gilt nicht, wenn die Behörde den Bescheid **selbst** aufhebt, denn damit verliert der Bescheid seine ablaufhemmende Wirkung (BFH v. 5.10.2004 VII R 77/03, BStBl II 2005, 122). Tut sie dies allerdings noch während des finanzgerichtlichen Verfahrens unter gleichzeitigem Erlass eines neuen Bescheids, so ergeht der neue Bescheid noch innerhalb der nach § 171 Abs. 3a AO gehemmten Frist (BFH v. 5.10.2004 VII R 18/03, BStBl II 2005, 323).

11.6.4.5 Ablaufhemmung bei Beginn einer Außenprüfung oder bei Einleitung von Ermittlungshandlungen (§ 171 Abs. 4 bis 6 AO)

562 Wenn sich das FA vor Ablauf der Festsetzungsfrist ernsthaft und für den Stpfl. erkennbar darum bemüht, durch Prüfungshandlungen oder Ermittlungsmaßnahmen steuerliche Verhältnisse zu erforschen, so soll die Auswertung der gewonnenen Erkenntnisse nicht am Ablauf der Festsetzungsfrist scheitern.

11.6.4.5.1 Ablaufhemmung bei Außenprüfung

563 Die Neufassung des § 171 Abs. 4 AO durch das Gesetz vom 20.12.2022 (BGBl. I S. 2730) beinhaltet wesentliche Änderungen zur Ablaufhemmung der Festsetzungsfrist bei Außenprüfungen. Neu geregelt wurden die Sätze 3 bis 8 des § 171 Abs. 4 AO. Die gesetzliche Neuregelung verfolgt das Ziel, die Außenprüfung zu beschleunigen und die zeitliche Begrenzung der Ablaufhemmung klarer zu regeln.

Die Neuregelung gilt für Steuern und Steuervergütungen, die **nach dem 31.12.2024 entstehen** (Art. 97 § 37 Abs. 2 EGAO). Für frühere Zeiträume bleibt die alte Fassung anwendbar, auch wenn für diese erst nach dem 31.12.2024 eine Prüfungsanordnung bekannt gegeben wird.

Bisherigen Fassung des § 171 Abs. 4 AO:

Bei **Außenprüfungen** tritt die Ablaufhemmung grundsätzlich nur ein, wenn ein Prüfer vor Eintritt der Festsetzungsverjährung aufgrund einer **wirksamen** Prüfungsanordnung mit Prüfungshandlungen begonnen hat (BFH v. 17.6.1998 IX R 65/95, BStBl II 1999, 4). Infolgedessen hemmt eine „Betriebsnahe Veranlagung", der keine Prüfungsanordnung vorausging, den Ablauf der Festsetzungsfrist nicht (BFH v. 6.7.1999 VIII R 17/97, BStBl II 2000, 306). Prüfungshandlungen sind auch das Studium einschlägiger Akten oder vorbereitender Schriftverkehr (BFH v. 2.2.1994 I R 57/93, BStBl II 1994, 377).

Wird der Beginn der Prüfung auf Antrag des Stpfl. hinausgeschoben (§ 197 Abs. 2 AO), tritt die Ablaufhemmung ein (§ 171 Abs. 4 Satz 1, Alternative 2 AO), allerdings nur, wenn der Antrag für die Verschiebung ursächlich war. Wird der Beginn der Außenprüfung nicht maßgeblich aufgrund des Antrags des Stpfl., sondern aufgrund eigener Belange der Finanzbehörde bzw. eines innerhalb ihrer Sphäre liegenden Grundes hinausgeschoben, läuft die Frist ungeachtet eines vom Stpfl. gestellten Antrags ab (BFH vom 1.2.2012 I R 18/11, BStBl II 2012, 400).

Bei einem ursächlich befristeten Antrag des Steuerpflichtigen entfällt allerdings die Ablaufhemmung rückwirkend, wenn die Finanzbehörde nicht vor Ablauf von 2 Jahren nach Eingang des Antrages mit der Prüfung beginnt (BFH v. 17.3.10 IV R 54/07, BStBl II 2011, 7). In diesem Fall hat die Finanzbehörde die Möglichkeit, bereits bei Eingang des Antrags dafür zu sorgen, dass die erforderliche Integration in neue Prüfungspläne erfolgen kann.

Enthält der Antrag auf Verschiebung des Prüfungsbeginns keine zeitliche Vorgabe und ist die Behörde faktisch gehindert, bereits im Zeitpunkt der Antragstellung eine Integration in neue Prüfungspläne vorzunehmen, so endet die Festsetzungsfrist erst zwei Jahre nach Wegfall des Hinderungsgrundes (BFH vom 1.2.2012 I R 18/11, BStBl II 2012, 400).

BEISPIEL: Ein offenes Rechtsbehelfsverfahren bzw. ein strafrechtliches Ermittlungsverfahren haben Einfluss auf den Ablauf einer Außenprüfung und das Ende dieser Verfahren ist bei Prüfungsbeginn noch nicht abzusehen.

Dem Hinausschieben steht gleich, wenn die fehlerhafte, aber nicht unwirksame Prüfungsanordnung angefochten und wegen der Gewährung von Aussetzung der Vollziehung (§ 361 AO) mit der Prüfung erst nach Ablauf der Festsetzungsfrist begonnen wurde (AEAO zu § 171 Nr. 3.2.4).

Die Ablaufhemmung erstreckt sich nur auf Steuern, die in der Prüfungsanordnung genannt sind **und** auf die sich die Prüfung tatsächlich erstreckt hat (BFH vom 18.10.1988 VII R 123/85, BStBl II 1989, 76). Die Prüfungsanordnung bildet den äußersten Rahmen der Ablaufhemmung, daher kann tatsächlich Geprüftes, das nicht von der Prüfungsanordnung umfasst ist, die Ablaufhemmung nicht herbeiführen. Eine Erweiterung der Prüfungsanordnung ist allerdings auch zeitlich nach der tatsächlichen Prüfung möglich. Beides **muss** jedoch vorliegen, bevor das reguläre Fristende eintritt (BFH vom 11.8.1993 II R 34/90, BStBl II 1994, 375).

Zu beachten ist, dass sich die verjährungshemmende Wirkung nur auf den Adressaten der Prüfungsanordnung erstreckt. Ist bei zusammen veranlagten Ehegatten nur einer

Inhaber eines Betriebs, kann eine auf § 193 Abs. 1 AO gestützte Prüfungsanordnung nur ihm gegenüber, nicht aber dem anderen Ehegatten gegenüber ergehen und daher auch nur diesem gegenüber eine verjährungshemmende Wirkung haben (BFH vom 25.4.2006 X R, 42/05 BStBl II 2007, 220).

Wird eine Prüfung unmittelbar nach ihrem Beginn für die Dauer von mehr als 6 Monaten unterbrochen, so tritt die Festsetzungsverjährung ein (ausführlich hierzu AEAO zu § 171 Nr. 3.2.5). Der Grund für die Unterbrechung muss beim FA liegen, auf ein Verschulden kommt es nicht an (§ 171 Abs. 4 Satz 2 AO).

BEISPIEL: Die Festsetzungsfrist für die ESt 01 endet planmäßig mit Ablauf 06. Im Rahmen einer am 5.11.06 begonnenen Außenprüfung, die sich voraussichtlich über 2 Wochen erstrecken soll, prüft das FA u. a. auch die ESt 01. Am 6.11.06 verunglückt der Prüfer auf der Fahrt zum Betrieb, ohne bis dahin über Vorbereitungshandlungen und allgemeine Informationen hinausgekommen zu sein. Nach einem längeren Krankenhausaufenthalt setzt er die Prüfung am 30.6.07 fort.

Die Prüfung wurde unmittelbar nach ihrem Beginn unterbrochen. Das FA hat die Unterbrechung zu vertreten, wenn auch nicht verschuldet. Die Unterbrechung hat mehr als 6 Monate gedauert. Für die ESt 01 ist mit Ablauf 06 Festsetzungsverjährung eingetreten (§ 171 Abs. 4 Satz 2 AO).

564 Die Festsetzungsfrist läuft erst ab, wenn die aufgrund der Außenprüfung zu erlassenden Bescheide **unanfechtbar** wurden. Soweit die Außenprüfung nicht zur Änderung von Besteuerungsgrundlagen führt, wird dies dem Stpfl. mitgeteilt (§ 202 Abs. 1 Satz 3 AO). In diesem Fall endet die Festsetzungsfrist **drei Monate nach Bekanntgabe** dieser Mitteilung (§ 171 Abs. 4 Satz 1 AO).

Die aufgrund der Außenprüfung zu erlassenden Änderungsbescheide bzw. die Mitteilung nach § 202 Abs. 1 Satz 3 AO muss jedoch spätestens vor Ablauf des 4. Jahres nach der Schlussbesprechung bzw. den letzten tatsächlichen Ermittlungen im Rahmen der Außenprüfung ergehen (§ 171 Abs. 4 Satz 3 AO a. F.).

Unter den Begriff Ermittlungen fällt dabei nicht die Erstellung des Betriebsprüfungsberichtes, da dieser nicht der Überprüfung von Besteuerungsgrundlagen dient, sondern sich darauf beschränkt, das Ergebnis vorangegangener Ermittlungen und Überprüfungen darzustellen (BFH vom 8.7.2009 XI R 64/07, BStBl II 2010, 4).

BEISPIELE:

1. Ein Unternehmer gibt seine USt-Jahreserklärung für 01 und 02 im Jahr 03 ab. Das FA kündigt dem Unternehmer für diese Zeiträume eine USt-Prüfung für Dezember 07 an (§§ 196, 197 AO). Wegen des Weihnachtsgeschäfts bittet der Unternehmer um Verschiebung der Prüfung auf Januar 08 (§ 197 Abs. 2 AO). Die im Januar durchgeführte Prüfung ergibt für 01 keine Änderung der Besteuerungsgrundlagen; für 02 werden nicht versteuerte Einnahmen festgestellt. Der Unternehmer erhält am 15.5.08 einen nach § 173 Abs. 1 Nr. 1 AO geänderten USt-Bescheid 02; gleichzeitig wird ihm mitgeteilt, dass sich für 01 keine Änderungen ergeben haben (§ 202 Abs. 1 Satz 3 AO).

   Der Lauf der Festsetzungsfrist für die USt 01 und 02 beginnt mit Ablauf des Jahres 03 (§ 170 Abs. 2 Nr. 1 AO) und endet regulär mit Ablauf des Jahres 07 (§ 169 Abs. 2 Nr. 2 AO).

   Hier wurde die für einen Zeitraum vor Ablauf der Festsetzungsfrist angesetzte Außenprüfung auf Antrag des Unternehmers hinausgeschoben. Daher tritt die Ablaufhemmung nach § 171 Abs. 4 AO ein. Die Festsetzungsverjährung für die USt 02 tritt einen

Monat nach Bekanntgabe des geänderten Steuerbescheides ein, sofern nicht Einspruch eingelegt wird.

Die Festsetzungsverjährung für die USt 01 tritt 3 Monate nach Bekanntgabe der Mitteilung nach § 202 Abs. 1 Satz 3 AO ein. Die Drei-Monats-Frist ermöglicht dem Unternehmer, eine Korrektur zu seinen Gunsten zu beantragen.

2. A hat die ESt-Erklärung für 01 in 02 abgegeben. Im Jahre 06 findet bei A eine Außenprüfung statt, die mit der Schlussbesprechung im November 06 endet.

   Die planmäßige Festsetzungsfrist würde mit Ablauf des Jahres 06 enden (§§ 170 Abs. 2 Nr. 1, 169 Abs. 2 Nr. 2 AO). Wegen der Ablaufhemmung des § 171 Abs. 4 Satz 1 und 3 AO kann bis zum Ablauf des Jahres 10 ein geänderter ESt-Bescheid 01 ergehen.

Neufassung des § 171 Abs. 4 Sätze 3 bis 8 AO: 565

Nach § 171 Abs. 4 Satz 3 AO endet die Ablaufhemmung spätestens 5 Jahre nach Ablauf des Kalenderjahrs, in dem die Prüfungsanordnung bekannt gegeben wurde, sog. **Höchstgrenze.** Im Falle von Veranlagungs-Erklärungen i. S. d. § 149 Abs. 3 AO regelt § 197 Abs. 5 AO n. F., bis zu welchem Zeitpunkt eine Prüfungsanordnung erlassen werden soll. Wird eine Prüfungsanordnung erst nach Ablauf dieses Zeitpunkts aus Gründen erlassen, die die Finanzbehörde zu vertreten hat, so hat dies Auswirkungen auf den Beginn der 5-Jahres-Frist, § 197 Abs. 5 Satz 2 AO. Erstreckt sich die Außenprüfung zugleich auf mehrere Steuerbescheide, ist gem. § 197 Abs. 5 Satz 3 AO für die Anwendung der Sätze 1 und 2 einheitlich der zuletzt ergangene Steuerbescheid maßgeblich.

Die 5-Jahres-Frist kann verlängert werden, wenn der Stpfl. den Beginn der Prüfung verschiebt oder die Prüfung unterbrochen wird, § 171 Abs. 4 Satz 4 AO.

Wird zwischenstaatliche Amtshilfe in Anspruch genommen und der Stpfl. rechtzeitig darauf hingewiesen, verlängert sich die Frist um die Dauer der Amtshilfe, mindestens jedoch um ein Jahr, § 171 Abs. 4 Sätze 5 und 6 AO.

Die Ablaufhemmung wird vollständig aufgehoben, wenn ein Strafverfahren für die geprüften Steuern eingeleitet wird, § 171 Abs. 4 Satz 7 AO. Schließlich bleiben § 200a Abs. 4 und 5 AO unberührt (§ 171 Abs. 4 Satz 8 AO).

11.6.4.5.2 Ablaufhemmung bei Ermittlungen der Steuerfahndung

Ablaufhemmung tritt auch ein, soweit vor Ablauf der Festsetzungsfrist **Ermittlungen** 566 **durch die Steuerfahndung** (§ 208 AO) bei einem Steuerschuldner selbst oder seinem Vertretungsorgan (BFH, Urteil v. 17.12.2015 - V R 58/14, BStBl 2016 II S. 574) vorgenommen wurden (§ 171 Abs. 5 Satz 1 AO). Ermittlungen der Bußgeld- und Strafsachenstelle sind keine Ermittlungen „der mit der Steuerfahndung betrauten Dienststellen" der Landesfinanzbehörden und führen daher nicht zur Ablaufhemmung nach § 171 Abs. 5 Satz 1 AO (BFH v. 8.7.2009 VIII R 5/07, BStBl II 2010, 538). Neben der Vornahme tatsächlicher Ermittlungshandlungen, setzt die Vorschrift voraus, dass für den Stpfl. klar und eindeutig erkennbar war, dass in seinen Steuerangelegenheiten ermittelt wird sowie in welchem konkreten Besteuerungs- bzw. Strafverfahren die Fahndungsstelle ermittelt (BFH, Urteil v. 17.11.2015, BStBl 2016 II S. 569). Im Gegensatz zur Außenprüfung sind von der Ablaufhemmung nicht alle Besteuerungsgrundlagen betroffen. Der Umfang der Ablaufhemmung ergibt sich aus den Ermittlungshandlungen (BFH v. 2.7.1998 IV R 39/97, BStBl II 1999, 28). Das Ergebnis von rechtzeitig begonnenen Ermittlungsmaßnahmen z. B. hinsichtlich bestimmter Einkunftsquellen soll steuerlich umgesetzt werden können (BFH v. 14.4.1999 XI R 30/96, BStBl II 1999, 478). Die Ablaufhemmung endet – auch im Falle einer nach Abgabe einer Steueranmeldung wegen § 168 Satz 2 AO noch nicht festgesetzten Steuer – erst, wenn aufgrund der Ermittlungen der Fahndungsprüfung zu erlassenden Steuerbescheide unanfechtbar geworden sind (BFH, Urteil v. 17.12.2015 - V R 58/14, a. a. O.).

Ebenso tritt Ablaufhemmung ein, wenn einem Steuerpflichtigen vor Ablauf der Festsetzungsfrist die Einleitung eines Steuerstraf- oder Bußgeldverfahrens bekannt gegeben wurde (§ 171 Abs. 5 Satz 2 AO).

11.6.4.5.3 Ablaufhemmung bei sonstigen Ermittlungshandlungen

567 Auch wenn sich im Inland keine überprüfbaren steuerlichen Unterlagen befinden, soll das FA die Möglichkeit haben, das Ende der Festsetzungsfrist durch Ermittlungshandlungen hinauszuschieben. In solchen Fällen ist der Stpfl. formlos auf den Beginn der Ermittlungen hinzuweisen (§ 171 Abs. 6 AO).

11.6.4.6 Ablaufhemmung bei Steuervergehen oder Steuerordnungswidrigkeiten (§ 171 Abs. 7 AO)

568 Durch die Ablaufhemmung nach § 171 Abs. 7 AO soll bei Steuerhinterziehungen (§ 370 AO) und leichtfertigen Steuerverkürzungen (§ 378 AO) verhindert werden, dass verkürzte Steuern nicht mehr nachgeholt werden können, obwohl die Tat bis zum Eintritt der Verfolgungsverjährung noch straf- bzw. bußgeldrechtlich geahndet werden kann (vgl. § 369 Abs. 2 AO, § 78 StGB bzw. § 410 Abs. 1 AO, § 31 OWiG). Wegen der langen Verjährungsfrist des § 169 Abs. 2 Satz 2 AO hat diese Vorschrift jedoch kaum praktische Bedeutung.

11.6.4.7 Ablaufhemmung bei vorläufigen Steuerfestsetzungen (§ 171 Abs. 8 AO)

569 Bei vorläufigen Bescheiden (§ 165 Abs. 1 Satz 1 AO) soll das FA, nachdem es vom Wegfall der Ungewissheit erfahren hat, ein Jahr lang die Möglichkeit haben, den nunmehr geklärten Sachverhalt steuerlich auszuwerten.

BEISPIEL: Das FA erlässt im Jahre 02 einen „vorläufigen" Einkommensteuerbescheid für 01. In 08 entfällt die Ungewissheit, wovon das FA am 10.5.10 erfährt.

Die planmäßige Verjährung würde mit Ablauf des Jahres 06 enden (§§ 170 Abs. 2 Nr. 1, 169 Abs. 2 Nr. 2 AO). Wegen der Ablaufhemmung nach § 171 Abs. 8 AO kann eine Änderung des vorläufigen Bescheides (§ 165 Abs. 2 Satz 1 AO) noch bis zum Ablauf des 10.5.11 erfolgen.

Ist für die Änderung nach § 165 Abs. 2 Satz 1 AO die Jahresfrist des § 171 Abs. 8 Satz 1 AO bereits abgelaufen, kann die Steuerfestsetzung nach § 175 Abs. 1 Satz 1 Nr. 2 AO geändert werden, wenn das die Ungewissheit beseitigende Ereignis (§ 165 Abs. 2 AO) zugleich steuerrechtlich zurückwirkt (BFH v. 10.5.2007 IX R 30/06 BStBl II 2007, 807).

In den Fällen des § 165 Abs. 1 Satz 2 AO hat das FA zwei Jahre lang die Möglichkeit, den vorläufigen Steuerbescheid zu ändern (§ 171 Abs. 8 Satz 2 AO).

Voraussetzung für den Beginn dieser Fristen ist die positive Kenntnis des Finanzamtes. Ein „Kennenmüssen" der Umstände allein genügt nicht (BFH v. 26.8.1992 II R 107/90, BStBl II 1993, 5).

11.6.4.8 Ablaufhemmung bei Anzeige durch den Steuerpflichtigen (§ 171 Abs. 9 AO)

Berichtigt ein Stpfl. vor Ablauf der Festsetzungsfrist eine von ihm abgegebene Steuerer- 570
klärung (§ 153 AO) oder erstattet er nach einer Steuerhinterziehung (§ 371 AO) bzw. einer leichtfertigen Steuerverkürzung (§ 378 Abs. 3 AO) Selbstanzeige, so hat das für die Berichtigungsanzeige sachlich und örtlich zuständige FA ein Jahr lang Gelegenheit, geänderte Steuerbescheide zu erlassen (§ 173 Abs. 1 Nr. 1 AO). Die Ablaufhemmung tritt dabei auch ein, wenn der Stpfl. einen Lebenssachverhalt so aufdeckt, dass die Behörde in die Lage versetzt wird, insoweit ihrer Ermittlungspflicht nachkommen zu können. Die Voraussetzungen einer strafbefreienden Selbstanzeige nach § 371 AO brauchen dabei **nicht** vorzuliegen. Es reicht aus, dass die angezeigte Steuerverkürzung dem Grunde nach individualisiert werden kann, d. h. der Stpfl. die Steuerart sowie den Veranlagungszeitraum benennt und den Sachverhalt so schildert, dass der Gegenstand der Anzeige erkennbar wird. Auch wenn die Finanzbehörde aufgrund der unvollständigen Angaben noch nicht in der Lage sein sollte, die zutreffende Steuerschuld festzusetzen, hat sie es in der Hand, wie lange sie auf ergänzende Angaben wartet oder eigene Ermittlungen anstellt bzw. die Besteuerungsgrundlagen rechtzeitig vor Eintritt der Festsetzungsverjährung schätzt.

Der Umfang der Ablaufhemmung, der durch die Erstattung einer Selbstanzeige ausgelöst wird, kann durch Steuerfahndungsermittlungen, die erst nach Ablauf der regulären Festsetzungsfrist aufgenommen werden, nicht mehr erweitert werden. Es handelt sich um eine verjährungsrechtliche Sonderregelung, deren Rechtsfolgen nicht durch die Verknüpfung mit dem Hemmungstatbestand des § 171 Abs. 5 Satz 1 AO unterlaufen werden dürfen (BFH v. 8.7.2009 VII R 5/07, BStBl II 2010, 583). Vor Ablauf der ungehemmten Festsetzungsfrist eingeleitete Ermittlungsmaßnahmen der Steuerfahndung führen hingegen zu einer eigenständigen Ablaufhemmung nach § 171 Abs. 5 Satz 1 AO, wenn die spätere Steuerfestsetzung auf diesen Ermittlungen beruht (BFH, Urteil v. 17.11.2015 - VIII R 68/13, BStBl 2016 II S. 571).

BEISPIEL: Ein Stpfl. gibt die ESt-Erklärung 00 im November 01 ab. Sie enthält bewusst unrichtige Abgaben über erhaltene Zahlungen und daraus erzielte Kapitalerträge. Am 9.11.11 geht beim zuständigen FA eine Selbstanzeige ein, die auch das Jahr 00 betrifft. Im Januar 12 beginnt das mit der Steuerfahndung betraute FA mit Ermittlung der Besteuerungsgrundlagen betreffend das Jahr 00. Im Juni 13 erlässt das FA einen ESt-Änderungsbescheid 00, in dem die Selbstanzeige des Steuerpflichtigen ausgewertet wurde.

Die Korrektur der ESt 00 nach § 173 Abs. 1 Nr. 1 AO ist nur rechtmäßig, wenn im Juni 13 noch keine Festsetzungsverjährung eingetreten ist (§ 169 Abs. 1 Satz 1 AO). Die Festsetzungsfrist endete wegen der begangenen Steuerhinterziehung regulär mit Ablauf des Jahres 11 (§§ 170 Abs. 2 Nr. 1, 169 Abs. 2 Satz 2, 370 AO). Für die Auswertung der in 11 eingelegten Selbstanzeige hatte das FA Zeit bis zum Ablauf des 9.11.12. Die Ablaufhemmung nach § 171 Abs. 9 AO konnte durch den Beginn der Steuerfahndung im Januar 12 (also nach Ablauf der regulären Festsetzungsfrist) nicht erweitert werden.

Zweck der verjährungsrechtlichen Sonderregelung des § 171 Abs. 9 ist es, die eingegangene Selbstanzeige ohne Zeitdruck zu prüfen und eine etwaige Bescheid-Änderung innerhalb eines Jahres zu veranlassen. Dies ist objektiv auch möglich, weil eine Selbstanzeige nur vorliegt, wenn das FA durch die Angaben des Steuerpflichtigen in der Lage ist, ohne eigene große Nachforschungen die Steuer festzusetzen. Demgegenüber hat die Ablaufhemmung nach § 171 Abs. 5 AO die Aufgabe, die Verwertung der Ergebnisse langwieriger Ermittlungen der Fahndungsdienste in Fällen unaufgeklärter Steuerkriminalität sicherzustellen. Da der Änderungsbescheid erst nach dem Ende der Ablaufhemmung nach § 171 Abs. 9 AO erging war er rechtswidrig.

Reicht ein Stpfl. vor Ablauf der Festsetzungsfrist eine Anzeige nach § 153 Abs. 1 AO bei einem unzuständigen FA ein, ist die Anzeige zwar erstattet; zur Berechnung der Ablaufhemmung ist jedoch auf den Eingang beim zuständigen FA abzustellen (BFH v. 28.2.2008 VI R 62/06, BStBl II 2008, 595).

11.6.4.9 Ablaufhemmung bei Folgebescheiden (§ 171 Abs. 10 AO)

571 Bisweilen wird ein erstmaliger oder geänderter Grundlagenbescheid erst nach Ablauf der planmäßigen Festsetzungsfrist für den Folgebescheid bekannt gegeben. Hier soll durch die Ablaufhemmung des § 171 Abs. 10 AO bewirkt werden, dass sich der Grundlagenbescheid noch steuerlich auswirken kann.

Diese Ablaufhemmung hat vor allem Bedeutung, wenn die Steuererklärung für einen Feststellungsbescheid erst in einem späteren Jahr abgegeben wird als die Erklärung für den Folgebescheid oder wenn sich das Rechtsbehelfsverfahren gegen einen Grundlagenbescheid längere Zeit hinzieht.

BEISPIEL: Einem Gesellschafter einer OHG wird im Jahre 02 der Gewinnfeststellungsbescheid für 01 (§§ 180 Abs. 1 Nr. 2a, 179 Abs. 2 Satz 2 AO) und der ESt-Bescheid für 01 bekannt gegeben. Der Gesellschafter legt gegen den Gewinnfeststellungsbescheid Einspruch ein, über den der BFH im Jahre 10 zu seinen Gunsten entscheidet.

Die Feststellungsfrist (vgl. Rdn. 580 ff.) endet planmäßig mit Ablauf des Jahres 06 (§§ 181 Abs. 1, 170 Abs. 2 Nr. 1, 169 Abs. 2 Nr. 2 AO). Das Ende wird hier jedoch bis zur Verkündung des Urteils durch den BFH im Jahre 10 hinausgeschoben (§§ 181 Abs. 1, 171 Abs. 3a Satz 1 AO).

Die planmäßige Festsetzungsfrist für den Einkommensteuerbescheid 01 endet mit Ablauf des Jahres 06 (§§ 170 Abs. 2 Nr. 1, 169 Abs. 2 Nr. 2 AO). Hier läuft die Festsetzungsfrist für die Auswertung des Grundlagenbescheides jedoch erst ab, wenn zwei Jahre nach Zustellung des Urteils vergangen sind (§ 171 Abs. 10 Satz 1 AO). Das FA hat daher zwei Jahre Zeit, den Änderungsbescheid nach § 175 Abs. 1 Nr. 1 AO zu erlassen.

572 Entscheidend für die Anwendung der Ablaufhemmung ist allein die **Bekanntgabe des Grundlagenbescheids** und damit sein Wirksamwerden (§ 124 Abs. 1 AO). Unerheblich ist dagegen, ob der Grundlagenbescheid bereits formell bestandskräftig oder angefochten ist. Nur wenn der Grundlagenbescheid korrigiert wird, löst dies eine erneute Anpassungspflicht aus (BFH v. 19.1.2005 X R 14/04, BStBl II 2005, 242). Eine Korrektur liegt auch vor, wenn der Vorbehalt eines Grundlagenbescheids aufgehoben wird, auch wenn keine sachliche Änderung der Feststellungen damit verbunden ist. Da die Aufhebung des Vorbehalts nach §§ 164 Abs. 3 Satz 1, 181 Abs. 1 Satz 1 AO einer Feststellung ohne

Vorbehalt gleichsteht, löst sie eine erneute Zwei-Jahresfrist aus (BFH v. 11.4.1995 III B 74/92, BFH/NV, 1995, 943).

Auch bei der **Feststellung der Nichtigkeit** eines Feststellungsbescheids durch Verwaltungsakt handelt es sich um einen Grundlagenbescheid. Mit Bekanntgabe der Nichtigkeitsfeststellung (§ 125 Abs. 5 AO) – auch nach Ablauf der Feststellungsfrist (§ 181 Abs. 5 AO) – wird damit nach § 171 Abs. 10 AO binnen zwei Jahren die Folgeänderung ermöglicht. (BFH v. 20.8.14 X R 15/10, BStBl II 2015, 109). Eine neue Ablaufhemmung wird dagegen **nicht** ausgelöst, wenn ein wirksamer Grundlagenbescheid in seinem Regelungsgehalt lediglich wiederholt oder bestätigt und damit keine neue Regelung getroffen wird (BFH, Urteil v. 19.1.2005 - X R 14/04, BStBl 2005 II S. 242).

Soweit aufgrund der Ablaufhemmung nach § 171 Abs. 10 AO noch Änderungen nach 573
§ 175 Abs. 1 Satz 1 Nr. 1 AO erfolgen, sind materielle Fehler nach § 177 Abs. 1 oder Abs. 2 AO mit zu berichtigen, soweit die Voraussetzungen vorliegen (vgl. Rdn. 390 ff.).

Die Ablaufhemmung nach § 171 Abs. 10 AO ist nur bei einer Korrektur nach § 175 Abs. 1 Satz 1 Nr. 1 AO von Bedeutung. Wird der Grundlagenbescheid nach § 129 AO berichtigt, kann als spezielle Ablaufhemmung nur § 171 Abs. 2 greifen (vgl. Rdn. 308 ff., 558). Die für Folgebescheide geltende Ablaufhemmung wird im Verhältnis vom Steuerbescheid zum Zinsbescheid gem. § 223a AO durch die speziellen Regelungen in § 239 Abs. 1 Sätze 1 bis 3 AO verdrängt. Ergeht hingegen ein Zinsbescheid als Folgebescheid eines Zins-Grundlagenbescheids (§ 239 Abs. 3 AO), kommt § 171 Abs. 10 AO zur Anwendung (BFH, Urteil v. 16.1.2019 - X R 30/17, BStBl 2019 II S. 362).

Bewirkt eine Außenprüfung bei einem Feststellungsbeteiligten, die sich nicht auf die 574
von der Bindungswirkung des Feststellungsbescheides erfassten Besteuerungsgrundlagen bezieht, eine Ablaufhemmung nach § 171 Abs. 4 AO, so wird zugleich die Festsetzungsfrist für die Auswertung von Feststellungsbescheiden gehemmt (§ 171 Abs. 10 **Satz 4** AO).

BEISPIEL: ▸ Notar N ist Miteigentümer eines Mehrfamilienhauses. Für das Jahr 02 wurde er im Jahr 03 entsprechend seiner Erklärung zur ESt veranlagt. Im Jahr 06 beginnt bei ihm eine Außenprüfung für die Jahre 02 – 04. Die Schlussbesprechung findet im Jahr 07 statt. Die Einkünfte 02 für das Mehrfamilienhaus wurden im Jahre 04 gesondert und einheitlich festgestellt (§ 180 Abs. 1 Nr. 2a, § 179 Abs. 2 Satz 2 AO).

Hier endet die Festsetzungsfrist für die Änderung des Einkommensteuerbescheids 02 aufgrund des Feststellungsbescheids 02 nicht bereits mit Ablauf des Jahres 06 aufgrund § 171 Abs. 10 Satz 1 AO, sondern erst, wenn die Ablaufhemmung aufgrund der Außenprüfung abläuft, also mit Ablauf des 4. Jahres nach der Schlussbesprechung, hier mit Ablauf des Jahres 11 (§§ 170 Abs. 2 Nr. 1, 169 Abs. 2 Nr. 2, 171 Abs. 10 Satz **4**, 171 Abs. 4 Satz 3 a. F. AO).

Der später eingefügte § 171 Abs. 10a AO regelt die Ablaufhemmung bei der Datenübermittlung durch Dritte (§ 93c AO). Die Vorschrift eröffnet ebenfalls eine Auswertungsfrist von zwei Jahren nach Zugang der elektronischen Daten.

11.6.4.10 Ablaufhemmung bei fehlender gesetzlicher Vertretung und bei Steuerfestsetzung gegen Nachlässe (§ 171 Abs. 11 und 12 AO)

575 Bisweilen fehlt während des Laufs der Festsetzungsfrist die Person, an die der Steuerbescheid bekannt zu geben ist. So ist es denkbar, dass eine geschäftsunfähige oder in der Geschäftsfähigkeit beschränkte Person vorübergehend keinen gesetzlichen Vertreter hat, etwa weil dieser gestorben (§ 171 Abs. 11 AO) und ein neuer noch nicht bestellt ist. Eine ähnliche Situation liegt vor, solange für einen Nachlass noch keine verantwortliche Person vorhanden ist, etwa weil der Erbe die Erbschaft noch nicht angenommen hat (§ 171 Abs. 12 AO). In diesen Fällen endet die Festsetzungsfrist nicht vor Ablauf von sechs Monaten, nachdem ein neuer gesetzlicher Vertreter bestellt worden ist bzw. die Erbschaft durch den Erben angenommen wurde.

BEISPIEL: Die ESt 01 gegen einen Patentanwalt wurde 02 festgesetzt. Im August 06 starb der Anwalt. Im Rahmen einer Prüfung der ESt-Akte durch den Rechnungshof im Oktober 06 wurde eine offenbare Unrichtigkeit festgestellt. Während des Berichtigungsverfahrens (§ 129 AO) stellt das FA im November 06 fest, dass Erben des Patentanwalts noch nicht ermittelt sind. Auf Betreiben des FA bestellt das Nachlassgericht im Mai 07 einen Nachlasspfleger (§ 1960 Abs. 2 BGB).

Die planmäßige Festsetzungsfrist für die ESt 01 endet mit Ablauf 06 (§§ 170 Abs. 2 Nr. 1, 169 Abs. 2 Nr. 2 AO). Da das FA nach Aufdeckung der offenbaren Unrichtigkeit durch den Rechnungshof keine Möglichkeit hat, den berichtigten ESt-Bescheid 01 wirksam bekannt zu geben, tritt die Ablaufhemmung nach § 171 Abs. 12 AO ein. Die Festsetzungsfrist läuft im November 07 ab.

11.6.4.11 Ablaufhemmung bis zum Eintritt der Zahlungsverjährung eines etwaigen Erstattungsanspruches (§ 171 Abs. 14 AO)

576 Ohne diese Vorschrift wäre es möglich, dass ein Steuerpflichtiger, der eine tatsächlich entstandene Steuer, die er aufgrund eines nichtigen Steuerbescheids an das FA bezahlt hat, innerhalb der fünfjährigen Zahlungsverjährungsfrist zurückfordern könnte, weil das FA wegen des Ablaufs der vierjährigen Festsetzungsfrist einen ordnungsgemäßen Bescheid nicht mehr erlassen kann (vgl. BFH v. 13.3.2001 VIII R 37/00, BStBl II 2001, 430).

BEISPIEL: Der Erblasser verstarb im Mai 02. Sein Erbe erhielt im Juli 02 den noch an den Erblasser gerichteten ESt-Bescheid 01 und bezahlte die festgesetzte Steuer. 07 verlangt der Erbe die Erstattung der ESt 01, da der Bescheid nichtig gewesen sei.

Die planmäßige Festsetzungsfrist für die ESt 01 endete mit Ablauf 06 (§§ 170 Abs. 2 Nr. 1, 169 Abs. 2 Nr. 2 AO). Die Zahlungsverjährung für den Erstattungsanspruch begann mit Ablauf 02 und endet mit Ablauf 07 (§§ 229 Abs. 1, 228 Satz 2 AO). Die Festsetzungsfrist läuft nicht ab, bevor nicht die Zahlungsverjährung eingetreten ist. Somit wird das FA in die Lage versetzt, noch einen ordnungsgemäßen ESt-Bescheid für 01 bis zum Ablauf des Jahres 07 zu erlassen.

11.6.4.12 Ablaufhemmung bei Abzugsteuern (§ 171 Abs. 15 AO)

577 Die Regelung des § 171 Abs. 15 AO beinhaltet die Ablaufhemmung bei Abzugsteuern, die ein Dritter für Rechnung des Steuerschuldners einzubehalten und abzuführen oder

zu entrichten hat. Diese Vorschrift wurde eingeführt, um einen Gleichlauf der Festsetzungsfristen zwischen dem Steuerschuldner und dem Steuerentrichtungspflichtigen zu gewährleisten. Dies stellt sicher, dass verjährungshemmende Umstände, die beim Steuerentrichtungspflichtigen eintreten, auch die Festsetzungsfrist des Steuerschuldners beeinflussen. Die Regelung gilt insbesondere für Lohnsteuer, Kapitalertragsteuer, Bauabzugsteuer und Abzugsteuer bei beschränkt Stpfl. Nicht erfasst sind pauschale Lohnsteuer gem. § 40 Abs. 3 Satz 3 EStG oder USt nach § 13b UStG.

BEISPIEL: Wenn ein Arbeitgeber (Steuerentrichtungspflichtiger) für einen Arbeitnehmer (Steuerschuldner) Lohnsteuer einbehält und abführt, und beim Arbeitgeber eine Außenprüfung durchgeführt wird, die die Festsetzungsfrist verlängert, so wird die Verlängerung auch auf die Festsetzungsfrist des Arbeitnehmers übertragen.

11.6.5 Wahrung der Festsetzungsfrist (§ 169 Abs. 1 Satz 3 AO)

Die Festsetzungsfrist ist nur gewahrt, wenn der vor Ablauf der Frist zur Post gegebene „Steuerbescheid" dem Empfänger nach Fristablauf tatsächlich zugeht (BFH v. 25.11.2002 Gr S 2/01, BStBl II 2003, 548). Bei öffentlicher Zustellung genügt es, dass der Steuerbescheid oder die Benachrichtigung nach § 10 Abs. 2 VwZG vor Ablauf der Festsetzungsfrist ausgehängt wird. 578

BEISPIEL: Für die USt 01 endet die Festsetzungsfrist mit Ablauf des Jahres 06 (§§ 170 Abs. 2 Nr. 1, 169 Abs. 2 Nr. 2 AO). Am 30.12.06 wird ein nach § 173 Abs. 1 Nr. 1 AO geänderter Steuerbescheid zur Post gegeben, der dem Stpfl. am 2.1.07 zugeht.

Da der Steuerbescheid die Behörde vor Ablauf der Festsetzungsfrist verlassen hat und dem Empfänger tatsächlich zugegangen ist, ist die Frist eingehalten (§ 169 Abs. 1 Satz 3 AO).

Wenn der Steuerpflichtige den Erhalt des Steuerbescheids bestreitet, kann das FA nicht durch Bekanntgabe einer Zweitschrift die Rechtsfolge des § 169 Abs. 1 Satz 3 AO herbeiführen, denn „Steuerbescheid" i. S. d. § 169 Abs. 1 Satz 3 AO ist nach der Definition in § 155 Abs. 1 Satz 2 AO der nach § 122 Abs. 1 AO bekannt gegebene Verwaltungsakt (BFH v. 25.11.2002 Gr S 2/01, BStBl II 2003, 548). 579

11.7 Festsetzungsverjährung für gesonderte Feststellungen (§ 181 AO)

11.7.1 Allgemeines

Auf gesonderte Feststellungen (vgl. Rdn. 229 ff.) finden die Vorschriften über die Steuerfestsetzung (§§ 155 – 177 AO) entsprechende Anwendung (§ 181 Abs. 1 AO). Dies gilt auch für die Vorschriften über die Festsetzungsverjährung (§§ 169 – 171 AO). Nach Ablauf der für gesonderte Feststellungen geltenden „Feststellungsfrist" können Feststellungsbescheide grundsätzlich nicht mehr erlassen, berichtigt, aufgehoben oder geändert werden (Ausnahme: § 181 Abs. 5 AO; vgl. Rdn. 587 f.). 580

Soweit Steuerbescheiden gesonderte Feststellungen zugrunde zu legen sind (§§ 157 Abs. 2, 182 Abs. 1 AO), müssen unabhängig voneinander stets die Feststellungsfrist und die Festsetzungsfrist geprüft werden.

11.7.2 Beginn der Feststellungsverjährung

581 Die Feststellungsfrist beginnt regelmäßig mit Ablauf des Kalenderjahrs zu laufen, in dem der durch den Folgebescheid festzusetzende Steueranspruch entstanden ist (§§ 181 Abs. 1, 170 Abs. 1 AO). Die Frist für die gesonderte Feststellung von Einkünften beginnt mit Ablauf des Kalenderjahrs, für das die Feststellung der Einkünfte durchzuführen ist, also mit Ablauf des Veranlagungszeitraumes (§ 36 Abs. 1 EStG).

11.7.3 Anlaufhemmung

582 Gesonderte Feststellungen erfolgen aufgrund von Erklärungen des Steuerpflichtigen (§ 181 Abs. 2 AO). Diese Erklärungen haben für die Anlaufhemmung die Bedeutung von Steuererklärungen (§ 181 Abs. 1 Satz 2 AO). Beachte § 181 Abs. 2a AO.

11.7.3.1 Anlaufhemmung bei gesonderten Feststellungen von Einkünften

583 Bei Einkunfts-Feststellungsbescheiden beginnt die Feststellungsfrist aufgrund der Anlaufhemmung des § 170 Abs. 2 Nr. 1 AO mit Ablauf des Kalenderjahrs, in dem die Erklärung abgegeben wird, spätestens mit Ablauf des dritten auf das Entstehungsjahr der Steuer folgenden Kalenderjahrs.

BEISPIEL: Eine KG reicht die Erklärung zur Feststellung der Einkünfte aus Gewerbebetrieb für das Jahr 01 im Jahr 02 ein.

Die Feststellungsfrist beginnt mit Ablauf des Jahrs 02 (§§ 181 Abs. 1 Satz 1, Abs. 2 Nr. 1, 170 Abs. 2 Nr. 1 AO).

11.7.3.2 Anlaufhemmung bei gesonderten Feststellungen von Grundsteuerwerten

584 Die Anlaufhemmung der Feststellungsfrist für die gesonderte Feststellung von Einheitswerten (letztmals auf den 1.1.2024) oder Grundsteuerwerten (erstmals auf den 1.1.2022) nach § 181 Abs. 3 Satz 3 AO ist auch dann anwendbar, wenn zugleich die Voraussetzungen der Anlaufhemmung nach § 181 Abs. 3 Satz 2 AO erfüllt sind. Nach § 228 Abs. 1 Satz 1 BewG haben Stpfl. Erklärungen zur Feststellung der Grundsteuerwerte für den Hauptfeststellungszeitpunkt oder einen anderen Feststellungszeitpunkt abzugeben, wenn sie hierzu durch die Finanzbehörde aufgefordert werden (§ 149 Abs. 1 Satz 2 AO). Wird der Beginn der Feststellungsfrist für einen weiteren Feststellungszeitpunkt i. S. d. § 181 Abs. 3 Satz 3 AO mehrfach hinausgeschoben, richtet sich

der Beginn der Feststellungsfrist für den weiteren Feststellungszeitpunkt nach der jeweils längsten Anlaufhemmung gem. § 181 Abs. 3 Satz 2 und 3 AO (vgl. AEAO Nr. 2 zu § 181 AO).

BEISPIELE:

1. Grund wird im Oktober 04 vom FA schriftlich zur Abgabe einer Erklärung zur Feststellung der Grundsteuerwerte für das von ihm erstellte Einfamilienhaus zum 1.1.02 aufgefordert. Die Erklärung geht im Januar 05 beim FA ein.

   Aufgrund der Anlaufhemmung beginnt die Feststellungsfrist mit Ablauf des Jahrs der Erklärungsabgabe, also mit Ablauf 05 (§§ 181 Abs. 3 Satz 2, 149 Abs. 1 Satz 2 AO).

2. Nach umfangreichen Umbauten an seinem Mehrfamilienhaus wurde Meister im November 04 zur Abgabe einer Erklärung zur Feststellung der Grundsteuerwerte auf den 1.1.02 aufgefordert. Trotz mehrfacher Mahnungen wird die Erklärung nicht eingereicht.

   Auch hier kommt es aufgrund der Anforderung der Erklärung zur Anlaufhemmung (§§ 181 Abs. 3 Satz 2, 149 Abs. 1 Satz 2 AO). Da die angeforderte Erklärung nicht abgegeben wurde, endet die Anlaufhemmung mit Ablauf des Jahrs 05, dem dritten Jahr, das auf das Jahr 02 folgt, auf dessen Beginn die Erklärung abzugeben war. Die Feststellungsfrist dauert vier Jahre (§§ 181 Abs. 1 Satz 1, 169 Abs. 2 Nr. 2 AO). Das FA kann also bis zum Ablauf des Jahrs 09 die Grundsteuerwerte auf den 1.1.02 durch Schätzung der Besteuerungsgrundlagen feststellen.

11.7.4 Dauer der Feststellungsfrist

Die Feststellungsfrist beträgt regelmäßig **4 Jahre**. Soweit eine gesonderte Feststellung 585
zu einer leichtfertigen Steuerverkürzung (§ 378 AO) bzw. einer Steuerhinterziehung (§ 370 AO) geführt hat, verlängert sich für diesen Betrag die Feststellungsfrist auf 5 bzw. 10 Jahre (§§ 181 Abs. 1 Satz 1, 169 Abs. 2 Satz 2 AO).

11.7.5 Ende der Frist

11.7.5.1 Ablaufhemmung bei gesonderten Feststellungen

Der Ablauf der Feststellungsfrist wird durch die in § 171 AO dargelegten Ereignisse hi- 586
nausgeschoben (§ 181 Abs. 1 Satz 1 AO; vgl. Rdn. 556 ff.), wobei Besonderheiten der Feststellungsbescheide zu berücksichtigen sind:

Wurde in einem einheitlichen und gesonderten Feststellungsbescheid ein Beteiligter infolge Rechtsnachfolge unrichtig bezeichnet, ist die Berichtigung gem. § 182 Abs. 3 AO durch einen sog. Richtigstellungsbescheid nur so lange möglich, als die Feststellungsfrist noch nicht abgelaufen ist. Die Feststellungsfrist wird in diesem Fall nicht dadurch nach § 171 Abs. 3a AO gehemmt, dass der Feststellungsbescheid von einer in ihm nicht als Inhaltsadressat aufgeführten Person angefochten wird (BFH v. 23.9.1999 IV R 59/98, BStBl II 2000, 170).

11.7.5.2 § 181 Abs. 5 AO

587 Darüber hinaus enthält § 181 Abs. 5 AO die Möglichkeit, einen rechtmäßigen Feststellungsbescheid trotz eingetretener Feststellungsverjährung zu erlassen, soweit ihm Bedeutung für eine Steuer zukommt, bei der die Festsetzungsfrist noch läuft.

Erforderlich ist jedoch der Hinweis gemäß § 181 Abs. 5 Satz 2 AO, dass die Feststellungsfrist bereits abgelaufen ist und der Feststellungsbescheid daher nur Bedeutung für solche Folgesteuern hat, für die die Festsetzungsfrist im Zeitpunkt der gesonderten Feststellung noch nicht abgelaufen war. Dieser Hinweis ist keine bloße Begründung, sondern hat Regelungscharakter, da von ihm abhängt, für wen der Feststellungsbescheid Bindungswirkung hat. Er muss daher die eingeschränkte Bedeutung des Feststellungsbescheids unmissverständlich zum Ausdruck bringen, um hinreichend bestimmt und damit wirksam zu sein, §§ 119 Abs. 1, 125 Abs. 1, 124 Abs. 3 AO.

588 Fehlt der nach § 181 Abs. 5 Satz 2 AO erforderliche Hinweis im Feststellungsbescheid, so ist dieser rechtswidrig und im Rechtsbehelfsverfahren aufzuheben (BFH v. 18.3.1998 II R 7/96, BStBl II 1998, 555, vgl. auch AEAO zu § 181 Nr. 1). Die Nachholung eines fehlenden oder unklaren Hinweises durch Ergänzungsbescheid (§ 179 Abs. 3 AO) ist nicht zulässig, da es sich nicht um eine notwendige Feststellung handelt und nur solche ergänzungsfähig sind (BFH v. 18.3.1998 II R 45/96, BStBl II 1998, 426).

BEISPIEL: Für eine KG wird die Erklärung zur Feststellung der Einkünfte für 01 im Jahre 02 beim FA Augsburg Stadt abgegeben. Auch die Gesellschafter A und B reichen ihre ESt-Erklärungen für 01 beim für ihre ESt zuständigen FA Rosenheim im Jahre 02 ein, die Gesellschafter R und S bei dem für sie zuständigen FA Landshut, jedoch erst im Jahre 03. Der Feststellungsbescheid 01 und die ESt-Bescheide 01 für alle Gesellschafter werden im Jahre 03 wirksam und unanfechtbar. Dem FA Augsburg Stadt werden im Jahre 07 Tatsachen bekannt, die eine Erhöhung des Gewinns der KG für das Jahr 01 rechtfertigen.

Der Gewinnfeststellungsbescheid 01 (§§ 180 Abs. 1 Nr. 2a, 179 Abs. 2 Satz 2 AO) ist nach § 173 Abs. 1 Nr. 1 AO zu korrigieren, wenn noch keine Feststellungsverjährung eingetreten ist (§§ 181 Abs. 1 Satz 1, 169 Abs. 1 Satz 1 AO). Die Feststellungsfrist für die Gewinnfeststellung 01 endet mit Ablauf des Jahres 06 (§§ 181 Abs. 1 Satz 1, 170 Abs. 2 Nr. 1, 181 Abs. 2 Satz 2 Nr. 1, 169 Abs. 2 Nr. 2 AO). Da der Feststellung des Gewinns für die ESt der Gesellschafter Bedeutung zukommt, kann der geänderte Bescheid trotz Eintritts der Feststellungsverjährung mit dem Zusatz nach § 181 Abs. 5 Satz 2 AO ergehen, d. h. in dem geänderten Feststellungsbescheid 01 des FA Augsburg ist darauf hinzuweisen, dass er nur solchen Steuerbescheiden als Grundlagenbescheid dient, für die die Festsetzungsfrist im Jahre 07 noch nicht abgelaufen war.

Die Auswertung des geänderten Feststellungsbescheids obliegt den für die ESt der Gesellschafter zuständigen Finanzämtern. Die Korrektur nach § 175 Abs. 1 Satz Nr. 1 AO kommt aber nur in Betracht, wenn der Feststellungsbescheid für den jeweiligen Gesellschafter noch Bedeutung hat. Dies ist nur der Fall, wenn die Festsetzungsverjährung für die ESt im Zeitpunkt des Erlasses des geänderten Feststellungsbescheids noch nicht eingetreten war.

Bei der ESt 01 der Gesellschafter A und B ist die Festsetzungsverjährung mit Ablauf des Jahrs 06 eingetreten (§§ 170 Abs. 2 Nr. 1, 169 Abs. 2 Nr. 2 AO; § 25 Abs. 3 EStG). Der Feststellungsbescheid hat keine Wirkung gegenüber A und B, eine Korrektur nach § 175 Abs. 1 Satz 1 Nr. 1 AO kommt nicht in Betracht.

Für die Gesellschafter R und S ist die Festsetzungsverjährung für die ESt 01 erst mit Ablauf des Jahrs 07 eingetreten, daher wirkt der geänderte Feststellungsbescheid 01 gegenüber R und S. Die ESt-Bescheide 01 der Gesellschafter R und S sind daher nach § 175 Abs. 1 Satz 1 Nr. 1 AO zu ändern, die Festsetzungsverjährung tritt nach § 171 Abs. 10 AO insoweit nicht vor Ablauf von zwei Jahren seit der Bekanntgabe des geänderten Feststellungsbescheids 01 ein.

Im Rahmen der Feststellung eines Verlustvortrags nach § 10d EStG ist § 181 Abs. 5 AO anwendbar, wenn es das FA pflichtwidrig unterlassen hat, den Verlustvortrag festzustellen (§ 10d Abs. 4 Satz 6 Halbsatz 2 EStG).

Gehen allerdings die entsprechenden Steuer- bzw. Feststellungserklärungen dem FA erst einen Tag vor Eintritt der Festsetzungsverjährung zu, kann nicht erwartet werden, dass der Feststellungsbescheid noch innerhalb der Frist den Bereich der für die Feststellung zuständigen Finanzbehörde verlässt, § 169 Abs. 1 Satz 3 Nr. 1 AO. Wer bis zum letzten Tag der Festsetzungsfrist mit der Abgabe der Steuer- bzw. Feststellungserklärungen wartet, muss den Nachteil einer nicht rechtzeitigen Feststellung des Verlustabzuges tragen (BFH vom 25.5.2011 IX R 36/10 BStBl II 2011, 807)

11.8 Festsetzungsverjährung für Steuermessbescheide

Auf Grund- und Gewerbesteuermessbescheide finden die Vorschriften über die Steuer- 589
festsetzung (§§ 155 – 177 AO) entsprechende Anwendung (§ 184 Abs. 1 Satz 3 AO). Also sind auch die Vorschriften über die Festsetzungsverjährung (§§ 169 – 171 AO) auf Steuermessbescheide anwendbar.

BEISPIEL: Entsprechend der im Jahre 02 abgegebenen Erklärung wurde ein Gewerbesteuermessbetrag für 01 nicht festgesetzt. Im Jahr 07 wurden durch eine Kontrollmitteilung für 01 erhebliche, bisher vorsätzlich nicht verbuchte Einnahmen festgestellt.

Die planmäßige Festsetzungsfrist für den Gewerbesteuermessbescheid 01 endet mit Ablauf des Jahres 06 (§§ 184 Abs. 1 Satz 3, 170 Abs. 2 Nr. 1, 169 Abs. 2 Nr. 2 AO). Daher kann im Jahre 07 ein Steuermessbetrag nicht mehr festgesetzt werden (§§ 184 Abs. 1 Satz 3, 169 Abs. 1 Satz 1 AO).

Wegen der Steuerhinterziehung (§ 370 AO) kann bis zum Ablauf des Jahres 12 ein Gewerbesteuermessbetrag festgesetzt werden (§§ 184 Abs. 1 Satz 3, 169 Abs. 2 Satz 2 AO). Der Festsetzung der Gewerbesteuer steht wegen der Ablaufhemmung des § 171 Abs. 10 AO die Festsetzungsverjährung nicht entgegen (§ 169 Abs. 1 Satz 1 AO).

11.9 Zahlungsverjährung von Ansprüchen aus dem Steuerschuldverhältnis (§§ 228 – 232 AO)

11.9.1 Vorbemerkung

Festgesetzte Ansprüche aus dem Steuerschuldverhältnis (§ 37 Abs. 1 AO) erlöschen 590
durch Zahlungsverjährung, wenn sich der Gläubiger des Anspruches fünf Jahre lang nicht um die Begleichung der fälligen Schuld bemüht (§§ 47, 228, 232 AO).

11.9.2 Prüfungsreihenfolge

Beginn

erstmalige Fälligkeit: §§ 229 Abs. 1 Satz 1, 220 AO

Anlaufhemmung: § 229 Abs. 1 Satz 2 AO

Dauer

einheitlich 5 Jahre: § 228 Satz 2 AO

Ende

mAd. Kalenderjahrs (§ 108 Abs. 1 und 3 AO, § 188 Abs. 2 BGB)

Ablaufhemmung: § 230 AO

Unterbrechung der Verjährung

d. h. Abbruch des ursprünglichen und Beginn eines neuen Fristlaufs, § 231 Abs. 1 und 3 AO

- Unterbrechungshandlungen sind abschließend in § 231 Abs. 1 AO geregelt
- Umfang der Unterbrechung § 231 Abs. 4 AO
- Neubeginn § 231 Abs. 2 AO

11.9.3 Beginn der Zahlungsverjährungsfrist (§ 229 AO)

591 Der Lauf der Frist für die Zahlungsverjährung beginnt regelmäßig mit Ablauf des Kalenderjahrs, in dem der Anspruch erstmals fällig geworden ist (vgl. Rdn. 456).

BEISPIEL: Ein Arbeitnehmer wird für das Jahr 01 zur ESt veranlagt (§ 46 EStG). Der ESt-Bescheid 01 wurde im September 02 bekannt gegeben.

a) Die Abrechnung auf dem ESt-Bescheid ergibt, dass der Stpfl. am 20.10.02 eine Abschlusszahlung zu leisten hat (§ 36 Abs. 4 Satz 1 EStG).

   Die 5-Jahres-Frist für die Zahlungsverjährung beginnt mit Ablauf des Jahrs 02 zu laufen und endet mit Ablauf des Jahrs 07. Der Anspruch des FA auf die Abschlusszahlung ist erloschen, wenn der Stpfl. bis zu diesem Zeitpunkt nicht gezahlt hat (§ 47 AO).

b) Die Abrechnung auf dem ESt-Bescheid 01 ergibt einen Überschuss zugunsten des Stpfl., der mit Bekanntgabe des Steuerbescheids im September 02 fällig wird (§ 36 Abs. 4 Satz 2 EStG).

   Auch hier beginnt die Verjährung mit Ablauf des Jahrs 02 und endet mit Ablauf des Jahrs 07. Der Anspruch des Stpfl. auf Erstattung (vgl. § 37 Abs. 2 AO) der zu viel gezahlten ESt 01 erlischt also, wenn das FA bis zum Ablauf des Jahrs 07 – etwa aufgrund eines Versehens – den Erstattungsbetrag nicht überwiesen hat.

11.9.4 Vorverlegung des Beginns (§ 229 Abs. 2 AO)

592 Auch wenn ein Haftungsbescheid (§§ 191 Abs. 1, 219 AO) ohne Zahlungsaufforderung ergeht, beginnt die Frist für die Zahlungsverjährung nach § 229 Abs. 2 AO in der Fassung des JStG 2022 erst mit Ablauf des Kalenderjahrs, in dem die Zahlungsaufforderung zur Haftungsschuld nachgeholt worden ist, spätestens aber fünf Jahre nach Ab-

lauf des Kalenderjahrs, in dem der Haftungsbescheid wirksam geworden ist (vgl. zur Anwendbarkeit der Neuregelung Art. 97 § 14 Abs. 6 EGAO).

BEISPIEL: Das FA gibt drei Gesellschaftern einer OHG im Mai 02 durch Haftungsbescheid wirksam bekannt, dass sie wegen der rückständigen USt 01 in Höhe von 30 000 € der OHG in Anspruch genommen werden (§ 191 Abs. 1 AO, § 126 HGB). Im Februar 08 wird jedem der Gesellschafter die Zahlungsaufforderung (§ 219 AO) bekannt gegeben: Die Vollstreckung der Steuerschuld gegen die OHG sei aussichtslos; spätestens am 1.4.08 sei die Haftungsschuld von 10 000 € an die Finanzkasse zu entrichten.

Die Frist für die Zahlungsverjährung beginnt mit Ablauf des Jahrs 02 und endet mit Ablauf des Jahrs 07 (§ 229 Abs. 2 AO). Die Haftungsansprüche waren daher im Februar 08 bereits erloschen.

11.9.5 Anlaufhemmung (§ 229 Abs. 1 Satz 2 AO)

Bestimmte Ansprüche aus dem Steuerschuldverhältnis werden fällig, ohne dass eine Festsetzung und Fälligstellung durch Verwaltungsakt erforderlich sind. So ergibt sich beispielsweise unmittelbar aus § 41a Abs. 1 Nr. 2 EStG, dass der Arbeitgeber spätestens am 10. Tag des Folgemonats die einbehaltene Lohnsteuer an das FA abzuführen hat. Nach § 18 Abs. 1 Satz 4 UStG muss der Unternehmer binnen zehn Tagen nach Ablauf jedes Voranmeldungszeitraums USt-Vorauszahlungen entrichten. Kommt der Arbeitgeber bzw. Unternehmer der sich unmittelbar aus dem Gesetz ergebenden Zahlungsverpflichtung nicht nach und wird auch die gesetzlich vorgeschriebene Steueranmeldung (§ 167 AO, § 41a Abs. 1 Nr. 1 EStG bzw. § 18 Abs. 1 UStG) beim FA nicht eingereicht, so beginnt die Frist für die Zahlungsverjährung erst mit Ablauf des Kalenderjahrs zu laufen, in dem die Anmeldungen beim FA eingehen oder Steuerfestsetzungen des FA durch Bekanntgabe wirksam werden (§ 229 Abs. 1 Satz 2 AO). Durch diese Anlaufhemmung soll verhindert werden, dass die Frist für die Zahlungsverjährung läuft, bevor das FA die Höhe der Steuerschuld kennt und Vollstreckungsmaßnahmen einleiten kann. 593

BEISPIEL: Die Lohnsteueranmeldung für November 01 geht erst im Januar 02 beim FA ein.

Die Frist für die Zahlungsverjährung beginnt erst mit Ablauf des Jahres 02 zu laufen und endet mit Ablauf des Jahres 07.

Diese Anlaufhemmung tritt auch insoweit ein, als das FA kraft Gesetzes fällige und angemeldete Steuern abweichend von der Anmeldung festsetzt oder der Stpfl. später geänderte Anmeldungen einreicht. 594

BEISPIELE:

1. Ein Unternehmer reicht für Juli 01 eine USt-Voranmeldung über 15 000 € im August 01 beim FA ein. Im Februar 02 gibt er eine auf 20 000 € geänderte Voranmeldung für Juli 01 ab.

   Für den Anspruch in Höhe von 15 000 € beginnt die Frist für die Zahlungsverjährung mit Ablauf des Jahrs 01 und endet mit Ablauf des Jahrs 06 (§ 229 Abs. 1 Satz 1 AO). Die Nachmeldung der 5 000 € führt gem. §§ 168 Satz 1, 164 Abs. 2 Satz 1 AO zu einer Erhöhung der für Juli 01 zu entrichtenden Vorauszahlungen. Für diesen Anspruch beginnt die Frist für die Zahlungsverjährung mit Ablauf des Jahrs 02 und endet mit Ablauf des Jahrs 07 (§ 229 Abs. 1 Satz 2 AO).
2. Ein Unternehmer reicht die USt-Erklärung für 01 im Mai 02 beim FA ein. Er hat in dieser Steueranmeldung (§ 18 Abs. 3 UStG) eine zu entrichtende Steuer von 10 000 € errechnet.

Im Januar 03 ändert das FA die Steuerfestsetzung gem. §§ 168 Satz 1, 164 Abs. 2 Satz 2 AO von 10 000 € auf 12 000 €.

Für den Anspruch in Höhe von 10 000 € beginnt die Frist für die Zahlungsverjährung mit Ablauf des Jahrs 02 und endet mit Ablauf des Jahres 7. Für die vom FA nachgeforderten 2 000 € beginnt die Frist für die Zahlungsverjährung mit Ablauf des Jahrs 03 und endet mit Ablauf des Jahrs 08 (§ 229 Abs. 1 Satz 2 AO).

11.9.6 Dauer der Zahlungsverjährung (§ 228 Satz 2 AO)

595 Die Frist für die Zahlungsverjährung beträgt für alle Ansprüche aus dem Steuerschuldverhältnis (§ 37 Abs. 1 AO) – also auch für steuerliche Nebenleistungen (§ 3 Abs. 4 AO) – einheitlich 5 Jahre. Diese Frist gilt ebenfalls für hinterzogene (§ 370 AO) oder leichtfertig verkürzte Steuern (§ 378 AO).

Da nach § 232 AO gleichzeitig mit dem Steueranspruch auch der von ihm abhängige Zinsanspruch erlischt, kann dies zu einer Verkürzung der Verjährungsfrist für Zinsen führen.

11.9.7 Unterbrechung (§ 231 AO)

596 Der Ablauf der planmäßigen Verjährungsfrist von 5 Jahren soll jedoch nur dann zum Erlöschen von Ansprüchen aus dem Steuerschuldverhältnis führen, wenn der Gläubiger während dieser Frist nichts zur Verfolgung eines Zahlungsanspruchs unternimmt und der Schuldner daher nicht mehr mit einer Geltendmachung des Anspruchs rechnen muss. Wenn aber der Stpfl. aufgrund einer schriftlichen Anmahnung seines Erstattungs- oder Vergütungsanspruchs oder das FA durch bestimmte Verwaltungsakte bzw. Amtshandlungen erkennen lässt, dass der Zahlungsanspruch weiterhin verfolgt wird, tritt eine Unterbrechung ein, die den Beginn einer neuen Verjährungsfrist nach sich zieht.

11.9.7.1 Unterbrechungshandlungen (§ 231 Abs. 1 AO)

597 Die Unterbrechungshandlungen sind in § 231 Abs. 1 AO abschließend aufgezählt.

- Zugunsten der Finanzbehörde kann der Lauf der Zahlungsverjährung durch folgende Verwaltungsakte bzw. Maßnahmen unterbrochen werden:
- schriftliche Geltendmachung des Anspruchs etwa durch Zahlungsaufforderung oder Mahnung, die den Bereich der Finanzbehörde vor Ablauf der Verjährungsfrist verlasst. Die Maßnahme muss dem Schuldner zugehen, um wirksam zu sein (BFH v. 28.8.2003 VII R 22/01, BStBl II 2002, 933);
- Zahlungsaufschub (§ 223 AO), Stundung (§ 222 AO), Aussetzung der Vollziehung (§ 361 AO, § 69 FGO);
- Leistung einer Sicherheit seitens des Steuerpflichtigen (§§ 241 – 248 AO) und Vollstreckungsaufschub (§ 258 AO). Diese Maßnahmen müssen nach außen wirken, indem sie dem Schuldner mitgeteilt werden. Rein innerdienstliche Maßnahmen sind

nicht ausreichend (BFH v. 23.4.1991 VII R 37/90, BStBl II 1991, 742; BFH v. 20.3.2025 III R 19/23 DStR 2025, 1755);

- Vollstreckungsmaßnahmen, also Handlungen, die der zwangsweisen Durchsetzung des Anspruches aus dem Steuerschuldverhältnis dienen, etwa Sachpfändungen (§§ 281 Abs. 1, 286 AO), Versteigerung von Pfandsachen (§ 296 AO), Forderungspfändungen (§ 309 AO) oder Antrag auf Eintragung einer Sicherungshypothek (§ 322 AO). Hierunter fällt auch die Vorladung zur Abgabe und Abnahme einer Vermögensauskunft nach § 284 AO, nicht dagegen die Anfrage nach § 284 Abs. 4 Satz 2 AO, da sie die Zwangsvollstreckung lediglich vorbereitet, selbst aber keine Maßnahme zur **Durchsetzung** des Zahlungsanspruchs im Vollstreckungsverfahren ist.

  Pfändungsverfügungen gegen einen Dritten unterbrechen die Zahlungsverjährung auch dann, wenn der Vollstreckungsschuldner zu diesem Zeitpunkt nicht passiv handlungsfähig war (BFH v. 21.11.2006 VII R 68/05, BStBl II 2007, 211).
- Anmeldung im Insolvenzverfahren (§ 28 InsO), Aufnahme in einen Insolvenzplan (§§ 217 ff. InsO) oder einen gerichtlichen Schuldenbereinigungsplan (§§ 311 ff. InsO), schließlich Einbeziehung in ein Verfahren zur Restschuldbefreiung (§§ 286 ff. InsO);
- Ermittlungen der Finanzbehörde nach dem Wohnsitz oder dem Aufenthaltsort des Zahlungspflichtigen, soweit sie geboten erscheinen (BFH v. 24.11.1992 VII R 63/92, BStBl II 1993, 220).
- Eine dem Zahlungspflichtigen von der Finanzbehörde bekannt gegebene Maßnahme i. S. des § 231 Abs. 1 AO unterbricht die Zahlungsverjährung auch dann, wenn es sich bei dieser Maßnahme um einen Verwaltungsakt handelt, der rechtswidrig oder nichtig oder rückwirkend aufgehoben worden ist, weil nach Auffassung des BFH jedenfalls eine schriftliche Geltendmachung des Anspruchs vorliegt (BFH vom 21.6.2010 VII R 27/08, BStBl II 2011, 331).

Der Steuerpflichtige kann den Lauf der Verjährungsfrist hinsichtlich eines festgesetzten 598
Erstattungs- oder Vergütungsanspruchs ebenfalls durch schriftliche Geltendmachung seines Anspruches unterbrechen.

11.9.7.2 Wahrung der Zahlungsverjährungsfrist (§ 231 Abs. 1 Satz 2 AO)

Das FA kann eine Unterbrechung so lange herbeiführen, wie die Frist für die Zahlungs- 599
verjährung noch nicht abgelaufen ist. Es kann eine Unterbrechung noch am letzten Tag dieser Frist vornehmen, da es ausreicht, wenn der die Verjährung unterbrechende Verwaltungsakt oder Schriftsatz vor Ablauf der Fünf-Jahres-Frist den Bereich der für die Einziehung zuständigen Behörde verlassen hat (§§ 231 Abs. 1 Satz 2, 169 Abs. 1 Satz 3 AO) und dem Adressaten auch tatsächlich später zugeht (BFH v. 28.8.2003 VII R 22/01, BStBl II 2003, 933).

BEISPIEL: Der ESt-Bescheid 01, der dem Stpfl. am 15.10.02 bekannt gegeben wird, enthält eine Aufforderung, die Abschlusszahlung von 400 € spätestens bis zum 15.11.02 an die Finanzkasse zu entrichten. Der Betrag wird niedergeschlagen (§ 261 AO, Rdn. 534 ff.). Am 31.12.07 ergibt eine Überprüfung, dass für diesen Anspruch die Gefahr der Verjährung besteht.

Das FA kann noch am 31. 12. eine schriftliche Mahnung an den Stpfl. versenden. Diese wirkt aber nur dann verjährungsunterbrechend (§§ 231 Abs. 1 Satz 2, 169 Abs. 1 Satz 3 AO), wenn sie dem Stpfl. tatsächlich bekannt gegeben wird. Für den Stpfl. muss sich bei Zahlungsaufforderung mit erforderlicher Klarheit feststellen lassen, ob sich der Ablauf der Zahlungsverjährung durch eine Unterbrechungshandlung verzögert oder der Zahlungsanspruch wegen Eintritts der Zahlungsverjährung erloschen ist. Ohne Bedeutung ist dabei, ob es sich um einen Verwaltungsakt oder eine sonstige Erklärung des FA handelt.

Eine von der Behörde dem Zahlungspflichtigen als VA bekannt gegebene Maßnahme nach § 231 Abs. 1 AO unterbricht die Zahlungsverjährung auch dann, wenn dieser VA rechtswidrig oder nichtig ist oder rückwirkend aufgehoben wurde.

Entscheidend ist nur, dass sich aus der Maßnahme der Wille der Behörde ergibt, an ihrer Steuerforderung festzuhalten und diese durchzusetzen (BFH vom 21.6.2010 VII R 27/08, BStBl II 2011, 332).

11.9.7.3 Dauer der Unterbrechungshandlungen (§ 231 Abs. 2 AO)

600 Fast alle Unterbrechungshandlungen sind Dauerverwaltungsakte. Sie begründen Rechtswirkungen über einen bestimmten oder bestimmbaren Zeitraum hinweg. Die Unterbrechung der Verjährung dauert daher fort, solange das Dauerrechtsverhältnis wirkt (§ 231 Abs. 2 AO).

So dauert die Unterbrechung der Verjährung durch Stundung nach § 222 AO, Aussetzung der Vollziehung (§§ 361 AO, 69 FGO) oder Vollstreckungsaufschub (§ 258 AO) fort, bis diese Maßnahmen auslaufen (§ 231 Abs. 2 Satz 1 AO).

BEISPIEL: Die am 1.10.02 fällige ESt-Abschlusszahlung 01 wird bis 1.2.03 gestundet.

Die planmäßige Verjährungsfrist beginnt mit Ablauf des Jahrs 02. Durch die Stundung wird die Zahlungsverjährung bis 1.2.03 unterbrochen.

Ebenso dauert die Unterbrechung so lange an, bis eine **Sicherheitsleistung** oder ein durch eine Vollstreckungsmaßnahme erlangtes **Recht auf vorzugsweise Befriedigung**, wie etwa ein Pfändungspfandrecht oder eine Sicherungshypothek, erloschen ist (§ 231 Abs. 2 Satz 1 AO).

Schließlich unterbricht die Anmeldung eines Anspruchs aus dem Steuerschuldverhältnis im **Insolvenzverfahren** so lange, bis das Verfahren beendet worden ist (§ 231 Abs. 2 Satz 1 AO). Wird der angemeldete Anspruch in den Insolvenzplan, den Schuldenbereinigungsplan oder das Verfahren zur Restschuldbefreiung aufgenommen, dauert die Unterbrechung bis zur Erfüllung dieser Pläne (§ 231 Abs. 2 Satz 1 AO).

601 Macht der Stpfl. sein Recht auf Auszahlung eines von der Finanzbehörde festgesetzten Erstattungs- oder Vergütungsanspruchs schriftlich geltend und besteht Streit darüber, ob der Betrag an den Steuerpflichtigen schon ausgezahlt wurde, so endet die zugunsten des Stpfl. eingetretene Unterbrechung nicht, bevor der diesen Streit entscheidende VA nach § 218 Abs. 2 AO („Abrechnungsbescheid“) bestandskräftig geworden ist (§ 231 Abs. 2 Satz 2 AO).

11.9.7.4 Wirkung der Unterbrechung (§ 231 Abs. 3 AO)

Wird der Lauf der Verjährungsfrist unterbrochen, so beginnt mit Ablauf des Kalenderjahrs, in dem die Unterbrechung endet, eine vollständig neue Verjährungsfrist zu laufen. Auch wenn der Lauf der Verjährungsfrist einmal oder mehrfach durch Unterbrechungshandlungen abgebrochen wurde, endet die Verjährungsfrist also stets mit dem Ablauf eines Kalenderjahrs. 602

BEISPIEL: Der ESt-Bescheid 01, der einem Kaufmann am 15.10.02 bekannt gegeben wird, enthält eine Aufforderung, die Abschlusszahlung von 10 000 € spätestens bis zum 15.11.02 an die Finanzkasse zu entrichten. Auf Antrag wird dem Kaufmann bis zum 15.1.03 Vollstreckungsaufschub (§ 258 AO) gewährt.

Die planmäßige Verjährung beginnt mit Ablauf des Jahrs 02 (§ 229 Abs. 1 Satz 1 AO). Die vom 1.12.02 bis 15.1.03 fortdauernde Unterbrechung bewirkt, dass mit Ablauf des Jahrs 03 die ursprüngliche Verjährungsfrist abgebrochen und eine neue Verjährungsfrist zu laufen beginnt (§§ 231 Abs. 1, 2 und 3, 228 Satz 2 AO). Die Zahlungsverjährung tritt mit Ablauf des Jahrs 08 ein.

11.9.7.5 Umfang der Unterbrechungswirkung (§ 231 Abs. 4 AO)

Der Lauf der Verjährungsfrist wird nur in Höhe des Betrages unterbrochen, auf den sich die Unterbrechungshandlung bezieht (§ 231 Abs. 4 AO). 603

BEISPIEL: Der ESt-Bescheid 01 wird einem Gastwirt am 15.3.03 bekannt gegeben. Aufgrund der Zahlungsaufforderung ist die Abschlusszahlung (§ 36 Abs. 4 Satz 1 EStG) von 6 000 € bis zum 20.4.03 an die Finanzkasse zu entrichten. Der Gastwirt legt fristgerecht Einspruch ein und beantragt, die Vollziehung in Höhe von 3 000 € gem. § 361 AO auszusetzen. Das FA gewährt Aussetzung der Vollziehung für 1 000 € bis einen Monat nach Bekanntgabe der Einspruchsentscheidung. Die Einspruchsentscheidung wird am 15.12.03 bekannt gegeben.

Die planmäßige Verjährungsfrist für die Einkommensteuerabschlusszahlung beginnt mit Ablauf des Jahrs 03 und endet mit Ablauf des Jahrs 08 (§§ 229 Abs. 1 Satz 1, 228 Satz 2 AO). Die bis einschließlich 15.1.04 andauernde Unterbrechungshandlung unterbricht die Zahlungsverjährung nur in Höhe von 1 000 € (§ 231 AO). Daher erlischt der Anspruch in Höhe von 5 000 € mit Ablauf des Jahrs 08 und in Höhe von 1 000 € mit Ablauf des Jahrs 09.

Dieses Beispiel zeigt, dass die Zahlungsverjährung für einen Anspruch zu verschiedenen Zeitpunkten eintreten kann, was folgender Fall verdeutlichen soll:

BEISPIEL: Ein Lebensmittelhändler muss seinen Laden zum 31.12.01 schließen. Das FA stundet die zum 10.10.02 fällige ESt-Abschlusszahlung in Höhe von 4 000 € in der Weise, dass sie in vier gleichen Jahresraten von 1 000 € jeweils zum 1.7.03, 1.7.04, 1.7.05 und 1.7.06 fällig wird.

Die planmäßige Zahlungsverjährung würde mit Ablauf des Jahrs 07 eintreten (§§ 229 Abs. 1 Satz 1, 228 Satz 2 AO). Die Stundung nach § 222 AO bewirkt eine Unterbrechung. In Höhe eines Betrags von je 1 000 € tritt die Zahlungsverjährung mit Ablauf der Jahre 08, 09, 10 und 11 ein (§ 231 AO).

Zu beachten ist ferner, dass die Unterbrechung nur gegenüber der Person eintritt, gegen die die Unterbrechungshandlung gerichtet ist (BFH v. 23.4.1991 VII R 37/90, BStBl II 1991, 742). 604

BEISPIEL: Ein Ehepaar, das seinen Unterhalt durch Verlosungen auf Jahrmärkten verdient, erhielt die Aufforderung, die ESt-Schuld in Höhe von 2 000 € bis zum 10.2.01 an das FA zu zahlen. Im März 03 wird dem FA bekannt, dass sich die Ehegatten im Jahr 02 getrennt haben und

„unbekannt" verzogen sind. Im Oktober 03 bemüht sich das FA durch ein Schreiben an das Einwohnermeldeamt, den Wohnsitz des Ehemanns zu ermitteln.

Die Zahlungsverjährung tritt gegenüber der Ehefrau planmäßig mit Ablauf des Jahres 06 ein (§§ 229 Abs. 1 Satz 1, 228 Satz 1, 232 AO). Obwohl die Ehegatten Gesamtschuldner nach § 26b EStG, § 44 Abs. 1 AO sind, wirkt die Unterbrechung nur gegenüber dem Ehemann. Ihm gegenüber tritt die Zahlungsverjährung erst mit Ablauf des Jahres 08 ein (§ 231 AO).

11.9.8 Ablaufhemmung (§ 230 AO)

605 Solange ein Anspruch aus dem Steuerschuldverhältnis wegen höherer Gewalt innerhalb der letzten 6 Monate vor Ablauf der 5-Jahres-Frist nicht verfolgt werden kann, ist die Verjährung gehemmt (§ 230 Abs. 1 AO). Hier wird der Zeitpunkt des Endes der Zahlungsverjährung um den Zeitraum der Hemmung hinausgeschoben. Ausnahmsweise endet hier die Frist für die Zahlungsverjährung nicht mit Ablauf eines Kalenderjahrs. Der Zeitraum der Ablaufhemmung kann höchstens 6 Monate betragen.

BEISPIEL: Wegen Hochwassers bleibt das FA Passau im Dezember 01 für eine Woche geschlossen.

Für alle Ansprüche, die planmäßig mit Ablauf des Jahres 01 durch Zahlungsverjährung erlöschen würden, tritt die Verjährung erst mit Ablauf des 7.1.02 ein.

Nach § 230 Abs. 2 Satz 2 AO wird die Zahlungsverjährung gehemmt, solange die Festsetzungsfrist des Steueranspruchs noch andauert. § 171 Abs. 14 AO, der eine spezielle Ablaufhemmung regelt, wird hierbei nicht angewendet, um Zirkelschlüsse zu vermeiden. (§ 230 Abs. 2 Satz 2 AO). Diese Regelung wurde eingeführt, um sicherzustellen, dass ein Steueranspruch nicht durch die Zahlungsverjährung erlischt, während die Festsetzungsfrist noch läuft. Sie gilt rückwirkend für alle Verjährungsfristen, die am 21.12.2022 noch nicht abgelaufen waren.

606–610 *(Einstweilen frei)*

11.10 Kontrollfragen

FRAGEN

		Rdn.
1.	Wann erlöschen Ansprüche aus dem Steuerschuldverhältnis - durch Erfüllung, - ohne Erfüllung?	501 f.
2.	Welche Voraussetzung ist für das Erlöschen des Anspruchs aus dem Steuerschuldverhältnis durch Zahlung erforderlich?	503 - 506
3.	Welchen Einfluss hat die Zahlungsart auf die Erfüllung einer Verpflichtung aus dem Steuerschuldverhältnis?	505
4.	Welche Voraussetzungen erfordert das Bestehen der „Aufrechnungslage"?	508 - 515
5.	Wann liegt Gegenseitigkeit bei der Aufrechnung vor?	509 – 511

6.	Wer ist für die Aufrechnung Gläubiger - des Anspruchs auf Solidaritätszuschlag, - des Erbschaftsteueranspruchs, - des Körperschaftsteueranspruchs, - des Anspruchs auf den Verspätungszuschlag?	8 f., 508 - 511
7.	Ist die Aufrechnung trotz fehlender Gegenseitigkeit möglich?	508 - 511
8.	Wann ist das Merkmal der Gleichartigkeit bei der Aufrechnung mit Ansprüchen aus dem Steuerschuldverhältnissen erfüllt?	512
9.	Wann ist der Erstattungsanspruch des Steuerpflichtigen aufgrund einer unwirksamen Einkommensteuerfestsetzung als Aktivforderung zur Aufrechnung geeignet?	513 f.
10.	Wann ist die Erbschaftsteuerschuld des Steuerpflichtigen als Alleinerbe aufgrund des Testaments seines am 10.5.01 verstorbenen Vaters als Passivforderung zur Aufrechnung geeignet?	515
11.	Wann muss die Aufrechnungslage vorliegen? Was bewirkt sie?	508 - 511, 520
12.	Das FA hat gegen den Steuerpflichtigen einen am 10.12.08 fälligen Einkommensteueranspruch 07. Der Steuerpflichtige gibt die Einkommensteuererklärung 08 bereits im Januar 09 ab, weil er mit einer Erstattung rechnet und zahlt daher die fällige Einkommensteuer 07 nicht. Mit Bekanntgabe des Einkommensteuerbescheides 08 (Erstattungsbetrag) am 10.3.09 erklärt das FA die Aufrechnung mit der fälligen Einkommensteuerforderung. Bis wann sind im Hinblick auf die fällige Einkommensteuerforderung des Finanzamtes Säumniszuschläge verwirkt?	462, 520
13.	Welche beiden Arten der Verjährung unterscheidet die AO und was ergibt sich daraus?	540
14.	Nach welchen Vorschriften bestimmt sich der Beginn der Festsetzungsverjährung für die Einkommensteuer?	548 - 551
15.	Wie lange dauert die regelmäßige Festsetzungsfrist für die Einkommensteuer?	553
16.	Wann gilt abweichend von der regelmäßigen Festsetzungsfrist eine verlängerte Festsetzungsfrist?	554
17.	Für welche Korrekturvorschrift hat die verlängerte Festsetzungsfrist des § 169 Abs. 2 Satz 2 keine Bedeutung?	335
18.	Was ist die Folge, wenn die Festsetzungsfrist abgelaufen ist?	538 f.
19.	Nach § 171 Abs. 3 AO bewirkt ein Antrag auf Steuerfestsetzung oder auf Aufhebung oder Änderung bzw. Berichtigung einer Steuerfestsetzung die Ablaufhemmung der Festsetzungsfrist bis zur unanfechtbaren Entscheidung über diesen Antrag. Welcher Fall wird davon nicht erfasst?	559
20.	Für welche Steuern läuft die Festsetzungsfrist im Falle einer vor Ablauf der Festsetzungsfrist begonnenen Außenprüfung nicht ab?	562 - 567
21.	Die Festsetzungsfrist für die Einkommensteuer 08 endet mit Ablauf des Jahres 13. Am 25.11.13 wird ein geänderter Feststellungsbescheid bekannt gegeben. Wie lange kann das FA den Einkommensteuerbescheid für 08 nach § 175 Abs. 1 Nr. 1 AO noch ändern? Kann es dabei im Einkommensteuerbescheid 08 entdeckte materielle Fehler nach § 177 Abs. 1 oder 2 AO mit berichtigen?	390 - 392, 573
22.	Was muss das FA unternehmen, um die Festsetzungsfrist zu wahren?	578 f.

23. Unter welchen Voraussetzungen kann eine gesonderte Feststellung auch nach Ablauf der für sie geltenden Feststellungsfrist ergehen? 587 f.

24. Wann beginnt die Frist für die Zahlungsverjährung regelmäßig zu laufen? 590 f.

25. Gibt es Ausnahmen vom regelmäßigen Fristbeginn der Zahlungsverjährung? 592 - 594

26. Wie lange dauert die Zahlungsverjährung bei einem nach aufgedeckter Steuerhinterziehung festgesetzten und fälligen Einkommensteueranspruch? 595

27. Gibt es bei der Zahlungsverjährung Ablaufhemmungen? Wodurch unterscheiden sie sich von der Unterbrechung der Zahlungsverjährung? 602, 605

28. Was muss der Steuerpflichtige tun, um den Eintritt der Zahlungsverjährung eines ihm gegenüber dem FA zustehenden, fälligen aber bisher nicht erfüllten Erstattungsanspruchs zu vermeiden? Welche Folge ergibt sich? 596 - 598, 602

DOWNLOAD

Lösungen zu den Kontrollfragen s. online-Version.

KAPITEL 12: HAFTUNG

Kapitel 12: Haftung

12.1 Grundlagen

611 Wenn im Steuerrecht der Begriff der Haftung verwendet wird, bedeutet das „Einstehen für eine **fremde Schuld**". Daraus ergibt sich, dass der Schuldner eines Haftungsanspruchs nicht gleichzeitig Steuerschuldner sein kann (§ 43 AO), auch wenn beide Steuerpflichtige nach § 33 Abs. 1 AO sind und damit die Vorschriften der §§ 33 ff. AO jeweils Anwendung finden. So erwirbt auch der „Haftungsschuldner" einen **Erstattungsanspruch** gemäß § 37 Abs. 2 AO, wenn er einen Haftungsbetrag leistet, obwohl der zugrunde liegende Haftungsbescheid bereits zurückgenommen wurde und damit eine Zahlung ohne rechtlichen Grund vorliegt.

612 Sowohl der Steuer- als auch der Haftungsanspruch sind solche aus dem Steuerschuldverhältnis (§ 37 AO). Dabei tritt der Anspruch gegen den Haftungsschuldner **neben** den gegen den Steuerschuldner; beide sind Gesamtschuldner nach § 44 AO, so dass die Erfüllung durch einen dem anderen zugutekommt (§ 44 Abs. 1 Satz 2 AO).

Da die Steuerschuld **nicht** auf den Haftungsschuldner übergeht, liegt **keine Gesamtrechtsnachfolge** vor (§ 45 AO). Auch wenn das BGB etwa im Erbfall (§ 1922 BGB) den Begriff der Haftung verwendet (§§ 1967 Abs. 1, 2058 Abs. 1 BGB), ist der Erbe nach § 43 AO Steuerschuldner.

12.2 Der Haftungsanspruch

12.2.1 Entstehen des Haftungsanspruchs

613 Der Haftungsanspruch entsteht gemäß § 38 AO, sobald der Tatbestand verwirklicht ist, an den das Gesetz die Leistungspflicht knüpft, d. h. die gesetzlichen Voraussetzungen des jeweiligen Haftungstatbestands erfüllt sind. Für das Entstehen dieses materiellrechtlichen Anspruchs aus dem Steuerschuldverhältnis (§ 37 Abs. 1 AO) bedarf es nicht des Erlasses eines Haftungsbescheids, denn dieser konkretisiert nur den entstandenen Haftungsanspruch und ist Grundlage für seine Verwirklichung (§ 218 Abs. 1 AO; BFH v. 15.10.1996 VII R 46/96, BStBl II 1997, 171 ff.).

Der Haftungsbescheid hat daher ebenso wie der Steuerbescheid regelmäßig keine rechtsbegründende, sondern nur eine rechtsbestätigende Funktion, bildet allerdings die Grundlage dafür, dass der Haftungsanspruch fällig werden kann (§ 220 AO).

12.2.2 Verhältnis von Haftungs- und Steuerschuld

614 Zwischen dem Haftungsanspruch und dem zugrunde liegenden Anspruch aus dem Steuerschuldverhältnis besteht eine Abhängigkeit **(Akzessorietät)**. Dies bedeutet, dass eine Haftung nur für materiell-rechtlich bestehende Steueransprüche in Betracht kommt. Die Festsetzung des Steueranspruchs ist dagegen grundsätzlich nicht Voraussetzung für eine Inanspruchnahme.

Entscheidend ist also, dass bei Inanspruchnahme des Haftenden die Steuerschuld, für die gehaftet werden soll, bereits entstanden ist und noch nicht erloschen ist (§§ 38, 47 AO). Daraus ergeben sich folgende Konsequenzen:

- Solange keine Steuerschuld entstanden ist, kann auch kein Haftungsanspruch entstehen.
- Ist die Steuerschuld zwar entstanden, aber durch **Erfüllung** erloschen (§§ 224 – 226, 47 AO) oder im Vollstreckungsverfahren gegenüber dem Steuerschuldner eingezogen, so gilt diese Erfüllung gemäß § 44 Abs. 2 AO auch bezüglich der Haftungsschuld. Eine Inanspruchnahme des Haftungsschuldners verbietet sich, da die Erfüllung des Anspruchs durch einen Gesamtschuldner als solche des Steuer- und des Haftungsschuldners anzusehen ist (BFH v. 8.8.1991 V R 19/88, BStBl 1991, 939). Ein bereits erlassener Haftungsbescheid würde sich damit erledigen.

Zu differenzieren ist, wenn die Steuerschuld **ohne Erfüllung** erlischt: 615

- Ist die Steuerschuld entstanden, aber durch Verjährung oder Erlass **vor** Festsetzung der Haftungsschuld erloschen (§§ 169 ff., 228 ff., 47 AO), wäre ein dennoch erlassener Haftungsbescheid rechtswidrig, § 191 Abs. 5 Satz 1 AO. Dies gilt allerdings nicht bei Steuerhinterziehung oder -hehlerei des Haftungsschuldners (§ 191 Abs. 5 Satz 2 AO).
- Erlischt die entstandene Steuerschuld durch Verjährung oder Erlass erst **nach** Erlass eines Haftungsbescheids, bleibt die Haftungsschuld grundsätzlich bestehen und der Haftungsschuldner kann in Anspruch genommen werden. Der Eintritt der Verjährung für die Steuerschuld kommt dem Haftungsschuldner damit nicht zugute.

Wird die Steuerschuld dem Steuerschuldner erlassen, ist zu unterscheiden, ob der Erlass aus persönlichen oder sachlichen Gründen erfolgt. Bei einem Erlass aus persönlichen Gründen kommt unter dem Gesichtspunkt des § 44 Abs. 2 Satz 3 AO ein Widerruf des Haftungsbescheids nach § 131 AO nicht in Betracht, bei sachlichen Billigkeitsgründen wäre ein Widerruf des Haftungsbescheides ermessensgerecht.

12.2.3 Die Einteilung der Haftungsgründe

Schaubild 18

Die Haftung im Steuerrecht – Überblick
Einstehen für die Steuerschuld eines anderen

Bestehen eines materiell-rechtlichen Haftungsanspruchs (§ 37 Abs. 1 AO)

kraft Gesetzes (§ 191 Abs. 1 AO) i. V. m.

Steuerrecht oder Zivilrecht (vgl. § 191 Abs. 4 AO)

Abgabenordnung

Persönliche Haftung als

- Vertreter §§ **69**, 34, 35 AO
- Vertretener, sofern **nicht** Steuerschuldner §§ **70**, 43 AO
- Täter, Teilnehmer einer Steuerhinterziehung oder -hehlerei, sofern nicht auch Steuerschuldner §§ **71**, 43, 369 Abs. 2 AO; §§ 25 – 27 StGB
- Betreuer von Konten, Wertsachen §§ **72**, 154 Abs. 3 AO
- Organgesellschaft § **73** AO
- Eigentümer von Gegenständen § **74** AO
- Betriebsübernehmer § **75** AO

Sachhaftung nach § **76** AO
Duldungspflicht nach § **77** AO

Einzelsteuergesetze

wie

- EStG (z. B. §§ 10b Abs. 4, 42d, 44 Abs. 5 Satz 2, 45a Abs. 7, 48a Abs. 3)
- UStG (z. B. §§ 13c, 25e)

z. B.

- als Gesellschafter einer PersG (§ 721 BGB, § 126 HGB §§, 130 HGB, 171 ff. HGB, § 8 Abs. 1 PartGG)
- als Erbschaftskäufer § 2382 BGB
- als Erwerber bzw. Erbe aus Handelsgeschäft §§ 25, 27 HGB
- persönliche Haftung des Handelnden vor Eintrag einer Kapitalgesellschaft (§ 11 Abs. 2 GmbHG, § 41 Abs. 1 AktG)

Grundlage für die Verwirklichung des durch Gesetz entstandenen Haftungsanspruchs ist die Festsetzung der Haftungsschuld durch **Haftungsbescheid**, §§ 219 Abs. 1, 191 AO, vgl. hierzu Schaubild 19.
(Die Duldung der Zwangsvollstreckung erfolgt durch Duldungsbescheid.)

Die **Erhebung** der Haftungsschuld erfolgt durch **Zahlungsaufforderung**, § 219 AO,

- wenn und soweit die Vollstreckung beim Steuerschuldner erfolglos bzw. aussichtslos ist,
- bei Steuerhinterziehung des Haftungsschuldners,
- wenn die Haftung auf gesetzlicher Verpflichtung zur Steuerentrichtung für andere beruht (z. B. §§ 42d oder 44 Abs. 5 EStG).

In diesen Fällen kann der die Haftungsschuld festsetzende Haftungsbescheid sofort mit der Zahlungsaufforderung verbunden werden.

kraft Vertrages (§ 48 Abs. 2 AO)

nach Zivilrecht bei

- Bürgschaft § 765 BGB
- Schuldversprechen § 780 BGB
- Schuldbeitritt § 311 BGB (**nicht** §§ 414 ff. BGB, da keine Haftung neben, sondern **statt** Schuldner)

Wer sich hiernach verpflichtet hat, für die Steuer eines anderen einzustehen, kann nur aufgrund **zivilrechtlicher Vorschriften** in Anspruch genommen werden, § 192 AO, d. h. Klage vor ordentlichen Gerichten und Vollstreckung nach ZPO.

Literaturhinweis: Lehrbuch Abgabenordnung, Rdn. 613 ff.

Der Grund für die Haftungsinanspruchnahme kann sich entweder unmittelbar aus einer gesetzlichen Vorschrift (§ 191 Abs. 1 Satz 1 AO) oder aus einer vertraglich begründeten Verpflichtung ergeben (§ 192 AO). 616

12.2.3.1 Haftung kraft Gesetzes

Die Haftung kann sich sowohl aus den Steuergesetzen (z. B. § 69 AO, § 10b Abs. 4 EStG) 617
als auch anderen Gesetzen wie etwa zivilrechtlichen Vorschriften (§ 54 Abs. 2 BGB, § 25 HGB, § 8 Abs. 1 PartGG) ergeben.

Der Haftungsschuldner wird hierbei durch VA in Anspruch genommen, und zwar bei der persönlichen Haftung durch **Haftungsbescheid**, in den Fällen der dinglichen Haftung durch **Duldungsbescheid** (§ 191 Abs. 1 AO). Bei der persönlichen Haftung muss der Haftende **selbst** mit seinem Vermögen für eine fremde Schuld einstehen. Dingliche Haftung bedeutet, die Zwangsvollstreckung in Vermögen, das seiner Verwaltung unterliegt, zu dulden.

Obwohl § 191 AO nur **Steuern** erwähnt, ist die Vorschrift entsprechend anzuwenden, 618
wenn sich die Haftung oder Duldung auf **steuerliche Nebenleistungen** (§ 3 Abs. 4 AO) erstreckt.

12.2.3.2 Haftung aufgrund Vertrags

Sie liegt vor, wenn sich jemand aufgrund eines bürgerlich-rechtlichen Vertrags ver- 619
pflichtet, für die Steuerschuld eines anderen einzustehen (§ 48 Abs. 2 AO). Als Verpflichtungsgeschäfte sind denkbar: Bürgschaft (§ 765 BGB), Schuldversprechen (§ 780 BGB) und der nicht im BGB gesondert geregelte Schuldbeitritt (§ 311 BGB), bei welchem der Übernehmer als Gesamtschuldner neben den Steuerschuldner tritt. Die **befreiende Schuldübernahme** nach den §§ 414 ff. BGB führt dagegen zu einem Schuldnerwechsel. Da das kraft öffentlichen Rechts entstandene Schuldverhältnis durch einen zivilrechtlichen Vertrag nicht aufgehoben werden kann, begründet dieser Vertrag keine Haftung.

Die Haftung im Rahmen der vertraglichen Vereinbarung kann von der Finanzverwal- 620
tung nur nach den Vorschriften des bürgerlichen Rechtes verwirklicht werden (§ 192 AO). Die Geltendmachung der Haftungsansprüche muss durch Mahnverfahren und Klage vor dem Zivilgericht erfolgen. Die Vollstreckung wird nicht in dem in der AO geregelten Vollstreckungsverfahren durchgeführt, sondern mit Hilfe des zuständigen Amtsgerichts. Auch dem Haftungsschuldner steht ausschließlich das Zivilprozessrecht zur Verfügung.

12.3 Der Haftungsbescheid

621 Beruht die Haftung auf Gesetz (Rdn. 616 ff.), muss die entstandene Haftungsschuld durch Haftungsbescheid festgesetzt werden.

12.3.1 Zuständigkeit

622 **Zuständig** nach § 24 AO für den Erlass dieser Steuerverwaltungsakte ist **kraft Sachzusammenhanges** das FA, das die Steuerschuld des Steuerpflichtigen festzusetzen hat (vgl. auch AEAO zu § 24 Nr. 1). Der Verstoß gegen die Regelung zur örtlichen Zuständigkeit führt zur Rechtswidrigkeit und Angreifbarkeit des Haftungsbescheids. Er muss dann allein wegen dieses Fehlers aufgehoben werden, da § 127 AO bei Ermessensentscheidungen nicht anwendbar ist (vgl. auch AEAO zu § 127 Nr. 2).

623 Auf den Haftungsbescheid als sonstigen VA sind die Vorschriften für Steuerbescheide (§§ 155 ff. AO) **nicht** anzuwenden (Ausnahme: § 191 Abs. 1 Satz 1 AO, der auf die Vorschriften über die Festsetzungsverjährung verweist, wenn ein Haftungsbescheid erstmals erlassen wird).

12.3.2 Wirksamkeit des Haftungsbescheids

12.3.2.1 Form

624 Der Haftungsbescheid muss schriftlich oder elektronisch erlassen werden (§ 191 Abs. 1 Satz 3 AO).

Er muss außerdem, wie jeder schriftliche VA die erlassende Behörde erkennen lassen (§ 119 Abs. 3 Satz 1 AO; im Falle des Verstoßes § 125 Abs. 2 Nr. 1, 124 Abs. 3 AO).

Sofern der Haftungsbescheid nicht formularmäßig oder maschinell erstellt wurde, ist er nach § 119 Abs. 3 Satz 2 AO zu unterzeichnen. Dies wird für Haftungsbescheide regelmäßig der Fall sein, da die für die Ermessensausübung bestimmten Erwägungen zur Begründung erforderlich sind. Obwohl es sich um einen nicht gebundenen Verwaltungsakt handelt, kann ein Verstoß dagegen alleine nicht zur Aufhebung führen, weil es praktisch ausgeschlossen ist, dass der Inhalt des Bescheides durch die fehlende Unterzeichnung beeinflusst worden sein kann (vgl. auch AEAO zu § 127 Nr. 2).

12.3.2.2 Inhalt

625 Nach § 119 Abs. 1 AO muss der Haftungsbescheid inhaltlich hinreichend bestimmt sein, andernfalls ist er nichtig und damit unwirksam, §§ 125 Abs. 1, 124 Abs. 3 AO.

Ein solcher Mangel liegt dann vor, wenn er diejenige Person, für die er bestimmt ist, nicht mit hinreichender Genauigkeit bezeichnet. Die Identität des Adressaten – also des Haftungsschuldners – muss zweifelsfrei, ohne Verwechslung, wenn auch mit Hilfe von Auslegung bestimmbar sein.

Ebenso ist eine eindeutige Regelung – also Art und Höhe der Haftungsschuld – erforderlich. Ausreichend ist, dass sich die Haftungsschuld in tatsächlicher und rechtlicher Hinsicht konkretisieren lässt, die Angabe des Steuerschuldners ist dabei nicht erforderlich (BFH v. 3.12.1996 I B 44/96, BStBl II 1997, 306). 626

Insbesondere bei der Zusammenfassung mehrerer Haftungsgründe in Bezug auf einen Haftungsschuldner (sog. „Sammelhaftungsbescheide") reicht es nicht aus, nur die Summe aus mehreren Haftungstatbeständen zu benennen. Vielmehr muss jede einzelne Haftungsschuld nach Art und Höhe erkennbar sein, denn es handelt sich dabei um mehrere, nur äußerlich zusammengefasste VA, die jeweils inhaltlich hinreichend bestimmt sein müssen.

Dies kann dadurch erfolgen, dass die Steuerart, für die gehaftet wird, und der Betrag aufgeführt sind, aus denen sich dann Art und Höhe des Haftungsanspruchs entnehmen lassen. Gegebenenfalls wird es zweckmäßig sein, dem Haftungsbescheid eine Abschrift des gegen den Steuerschuldner ergangenen Steuerbescheids beizufügen. Allerdings ist darauf zu achten, dass die Verhältnisse des Steuerschuldners nur insoweit offenbart werden dürfen, als es für die Interessenwahrung des Haftungsschuldners erforderlich ist, um das Steuergeheimnis nicht zu verletzen (§ 30 Abs. 4 Nr. 1, Abs. 2 Nr. 1a AO). Wenn der Haftungsschuldner die Verhältnisse des Steuerschuldners (etwa als dessen gesetzlicher Vertreter) bereits kennt, fehlt es dagegen schon an der erforderlichen „Offenbarung".

12.3.2.3 Übermittlung

Für den Haftungsbescheid gelten die allgemeinen Regelungen zur Bekanntgabe (vgl. Rdn. 243 ff.). 627

Er ist demnach dem Haftungsschuldner als Adressaten des VA zu übermitteln. Sofern der Haftungsschuldner nicht handlungsfähig nach § 79 AO ist, muss der Bescheid an den Bekanntgabeadressaten übermittelt werden.

Die Übermittlung kann anstelle des Adressaten auch an dessen Bevollmächtigten erfolgen (§ 122 Abs. 1 Satz 3 AO). Verfügt der Bevollmächtigte auch über eine ausdrückliche Vollmacht zur Entgegennahme von Verwaltungsakten, muss der Verwaltungsakt an ihn übermittelt werden, § 122 Abs. 1 Satz 4 AO.

Eine Übermittlung nach dem VwZG ist für den Haftungsbescheid nach Gesetz nicht vorgesehen, die Behörde kann diese Art der Übermittlung allerdings anordnen (§ 122 Abs. 5 AO). 628

12.3.3 Rechtmäßigkeit des Haftungsbescheids

Der Haftungsbescheid ist rechtmäßig, wenn er sowohl mit dem materiellen als auch mit dem formellen Recht übereinstimmt. Fehlerhafte Bescheide können, sofern sie nicht bereits nichtig und damit unwirksam sind (§§ 125, 124 Abs. 3 AO), entweder im Rahmen eines Einspruchs (§§ 347 ff. AO) oder durch Korrektur (§§ 129 – 131 AO) des Haftungsbescheids beseitigt werden. 629

12.3.3.1 Vorliegen einer Haftungsnorm

630 Die Tatbestandsvoraussetzungen und Rechtsfolgen einer gesetzlichen Haftungsnorm müssen objektiv vorliegen. Sind tatsächlich keine Haftungstatbestände erfüllt, ist der Haftungsbescheid rechtswidrig und angreifbar, § 124 Abs. 2 AO.

BEISPIEL: Hans Mohr wird als Gesellschafter der F. Mohr OHG für deren USt-Schulden durch Haftungsbescheid nach § 191 Abs. 1 S. 1 AO, § 126 HGB in Anspruch genommen, obwohl nicht er, sondern seine Ehefrau Franziska Mohr Gesellschafterin der OHG ist.

Der Haftungsbescheid für Hans Mohr ist rechtswidrig und angreifbar, da er nicht Gesellschafter der F. Mohr OHG ist und daher auch nicht für deren Verbindlichkeiten einstehen muss.

Liegen tatsächlich die gesetzlichen Voraussetzungen für eine Haftungsinanspruchnahme vor, hat die Behörde aber eine nicht zutreffende Norm zitiert, gelten §§ 121 Abs. 1, 126 Abs. 1 Nr. 2, Abs. 2 AO: der Begründungsmangel ist heilbar.

Zu den Haftungsnormen mit deren Voraussetzungen und Rechtsfolgen vgl. Rdn. 650 ff.

12.3.3.2 Verjährung des Haftungsanspruchs

631 Es ist danach zu unterscheiden, ob die gesetzliche Haftung auf steuerrechtlichen Vorschriften beruht oder sich nach anderen Gesetzen ergibt.

12.3.3.2.1 Verjährung des steuergesetzlichen Haftungsanspruchs, § 191 Abs. 3 AO

632 Der steuergesetzliche Haftungsanspruch unterliegt der Festsetzungsverjährung, d. h. er erlischt gemäß § 47 AO mit deren Eintritt. Eine dennoch vorgenommene Festsetzung der Haftungsschuld durch Haftungsbescheid wäre dann rechtswidrig und angreifbar. Die Festsetzungsverjährung greift **nur bei (erstmaligem) Erlass** eines Haftungsbescheids, nicht bei seiner Korrektur nach §§ 129 – 131 AO; die Vorschriften der §§ 169 ff. AO sind entsprechend anzuwenden (§ 191 Abs. 3 Satz 1 AO).

633 Die Festsetzungsverjährung **beginnt** gemäß § 191 Abs. 3 Satz 3 AO mit Ablauf des Kalenderjahrs der Tatbestandsverwirklichung des Haftungsanspruchs, d. h. in dem die Voraussetzungen des jeweiligen Haftungstatbestands erfüllt sind.

Nach § 191 Abs. 3 Satz 2 AO beträgt die Festsetzungsfrist grundsätzlich 4 Jahre, im Fall der Haftung des Steuerhinterziehers nach § 71 AO 10 Jahre. Nur bei einer Haftung nach § 70 AO, die lediglich Bedeutung im Zoll- oder Verbrauchsteuerrecht hat, hängt die Festsetzungsfrist davon ab, ob eine Hinterziehung (10 Jahre) oder leichtfertige Verkürzung (5 Jahre) vorliegt (BFH v. 22.4.2008, VII R 21/07 BStBl II 2008, 735).

Die Frist endet regulär mit Ablauf des Kalenderjahrs, allerdings ist der Ablauf der Festsetzungsfrist für den Haftungsbescheid nach den folgenden Regelungen gehemmt:

- Satz 4, Alt. 1:um zu verhindern, dass der Haftungsanspruch vor dem Steueranspruch verjährt, endet die Festsetzungsfrist nicht, solange der Steueranspruch noch festgesetzt werden kann.
- Satz 4, Alt. 2:sofern der Steueranspruch bereits festgesetzt ist, hat die Behörde in entsprechender Anwendung des § 171 Abs. 10 AO 2 Jahre Zeit, um einen Haftungsbescheid zu erlassen.

- Satz 5:
  die Festsetzungsverjährung tritt nicht vor Eintritt der Zahlungsverjährung der gegen den Steuerschuldner festgesetzten Steuer ein, sofern die Haftung auf § 73 oder § 74 AO beruht.
- Da die Vorschriften der Festsetzungsverjährung für den **Erlass** von Haftungsbescheiden entsprechend gelten, sind auch die Ablaufhemmungen des § 171 AO zu beachten, soweit sie ihrem Inhalt nach auf Haftungsbescheide anwendbar sind.

BEISPIELE:

1. Korf hat zum 31.12.02 den Betrieb der Vroni Vogt im Ganzen übernommen, die Übernahme des Unternehmens jedoch nie angezeigt (§ 138 Abs. 1 Satz 1 AO). Als Vogt zahlungsunfähig wird, nimmt das FA Korf mit Bescheid vom Oktober 06 wegen der USt 01 in Haftung. Korf legt gegen den Haftungsbescheid einen zulässigen Einspruch ein; das Verfahren zieht sich bis Juli 07 hin.

   Kann das FA über den angegriffenen Haftungsbescheid noch entscheiden?

   Die Festsetzungsfrist für den Haftungsanspruch hat mit Ablauf 31.12.02 zu laufen begonnen (§ 191 Abs. 3 Satz 3 AO) und endete planmäßig mit Ablauf des 31.12.06 (§ 191 Abs. 3 Satz 2 AO). Wegen der Verweisung in § 191 Abs. 3 Satz 1 AO greift die Ablaufhemmung des § 171 Abs. 3a Satz 1 AO ein. Die Festsetzungsfrist läuft daher nicht ab, solange über den Einspruch des Korf nicht unanfechtbar entschieden ist (BFH v. 24.1.1995 VII B 142/94, BStBl II 1995, 227).

2. Bauunternehmer Bode betrieb ein Bauunternehmen. Außerdem war er zu 40 % an einer Bau-KG beteiligt. Für einen größeren Bauauftrag stellte Bode der KG vom 1.1.01 – 31.12.01 einen Baukran im Wert von 400 000 € zur Verfügung. Ende 01 wurde der Bauauftrag abgeschlossen, die Rechnung (10 Mio. € zuzüglich 1,9 Mio. € USt) wurde in 02 beglichen. Die USt von 1,9 Mio. € wurde in 03 angemeldet (§ 18 Abs. 3 UStG, §§ 167, 168 AO), aber nicht entrichtet. In 04 wurde die KG vermögenslos. In 05 nahm das zuständige FA Bode mit Haftungsbescheid für diese USt in Haftung (§ 74 AO). Der Haftungsbescheid wurde bestandskräftig. Im Jahr 09 stellte sich heraus, dass die Haftungsschuld zu hoch war, da Vorsteuerbeträge zu Unrecht nicht berücksichtigt waren. Bode beantragte eine Korrektur zu seinen Gunsten. Das FA lehnte diese ab, da inzwischen die Festsetzungsverjährung eingetreten sei.

   Der Haftungsbescheid aus 05 ist rechtmäßig ergangen, da die Festsetzungsfrist für die USt 02 zu diesem Zeitpunkt offensichtlich noch nicht abgelaufen und der Steueranspruch damit noch nicht erloschen war (§ 191 Abs. 5 AO). Die Festsetzungsfrist für den Haftungsbescheid war bei Erlass ebenfalls nicht abgelaufen. Sie begann nach § 191 Abs. 3 Satz 3 AO mit Ablauf des Jahrs, in dem der Tatbestand verwirklicht war, also mit Ablauf 02, und endete mit Ablauf 06 (§ 191 Abs. 3 Satz 2 AO). Im Jahr 09 war allerdings die Festsetzungsfrist abgelaufen. Nach § 191 Abs. 3 Satz 1 AO sind die Vorschriften über die Festsetzungsverjährung allerdings nur für den **Erlass** von Haftungsbescheiden anzuwenden (BFH v. 12.8.1997 VII R 107/96, BStBl II 1998, 131). Eine **Korrektur** zugunsten des Bode ist daher nicht wegen Ablaufs der Frist gehindert, weil insoweit die Vorschriften über die Festsetzungsverjährung nicht entsprechend anzuwenden sind.

   Eine andere Frage ist, ob die Ermessensvorschrift § 130 Abs. 1 AO einer teilweisen Rücknahme entgegensteht. Dies ist im Zweifel anzunehmen, da Bode den Haftungsbescheid nicht angegriffen hat (BFH v. 26.3.1991 VII R 15/89, BStBl II 1991, 552).

   Eine Rücknahme zuungunsten des Bode wäre dagegen nicht mehr möglich, da dies eine Erhöhung der Haftungsschuld bedeuten würde und insoweit auch den **Erlass** eines Haftungsbescheids (BFH v. 12.8.1997 VII R 107/96, a. a. O).

Ein sog. **ergänzender Haftungsbescheid** wäre aber unzulässig, weil die bisher zu niedrige Steuerfestsetzung ein und denselben Sachverhalt betrifft und die zu niedrige Festsetzung auf einer rechtsirrtümlichen Beurteilung des Sachverhalts beruhte. Etwas anderes ergäbe sich, wenn die Erhöhung der Steuerschuld auf neuen Tatsachen beruhen würde, die im ersten Haftungsbescheid infolge mangelnder Kenntnis nicht berücksichtigt werden konnten.

Unabhängig davon ist aber stets zu prüfen, ob für den ergänzenden Haftungsbescheid die Festsetzungsverjährung eingetreten ist (vgl. hierzu auch AEAO zu § 191 Nr. 5.2 und BFH vom 15.2.2011 VII R 66/10 BStBl II 2011, 534)

12.3.3.2.2 Verjährung des gesetzlichen nichtsteuerlichen Haftungsanspruchs (§ 191 Abs. 4 AO)

634 Danach kann der Haftungsbescheid so lange rechtmäßig ergehen, als der Haftungstatbestand nach dem entsprechenden Recht noch nicht verjährt ist. Im Rahmen des Zivilrechts sind hierbei vor allem die §§ 26, 151 HGB hervorzuheben.

BEISPIEL: Mai und Mühl sind Gesellschafter der in 01 gegründeten Mühl KG. Mai ist als Kommanditist mit einer Einlage von 20 000 € beteiligt, Mühl ist Komplementär. Obwohl Mai wusste, dass die KG die folgenden Wirtschaftsjahre mit Verlust abschloss, ließ er sich in den Jahren 01 bis 03 „Gewinnanteile" in Höhe von mehr als 20 000 € auszahlen. Die Auflösung der KG im Jahre 04 wurde am 10.3.04 in das Handelsregister eingetragen (§ 15 HGB). Am 5.5.06 wurden nur die USt-Erklärungen für die Jahre 01 und 02 abgegeben, USt-Voranmeldungen für diese Jahre sind dem FA nicht eingereicht worden. Da die KG bei ihrer Auflösung überschuldet und Mühl ohne Vermögen ist, will das FA im Jahre 09 Mai zur Haftung heranziehen.

Mai haftet als Kommanditist in Höhe seiner Einlage (§ 171 Abs. 1 HGB), nachdem die erbrachte Einlage an ihn zurückbezahlt wurde. Sie gilt somit als nicht geleistet, so dass die Haftung wieder auflebt (§ 172 Abs. 4 HGB). Einen rechtmäßigen Haftungsbescheid kann die Behörde jedoch nur erlassen, wenn der USt-Anspruch nicht bereits durch Festsetzungsverjährung erloschen (§ 191 Abs. 5 Nr. 1 AO) und der Haftungsanspruch gegen Mai nicht nach handelsrechtlichen Vorschriften verjährt ist.

Der USt-Anspruch 01 ist mit Ablauf des Jahrs 08 wegen eingetretener Festsetzungsverjährung erloschen. Die mit Ablauf 04 begonnene Festsetzungsfrist für die USt 01 endete mit Ablauf 08 (§§ 170 Abs. 2 Nr. 1, 169 Abs. 2 Nr. 2 AO). Ein rechtmäßiger Haftungsbescheid ist insoweit nicht mehr möglich (§ 191 Abs. 5 Nr. 1 AO).

Der USt-Anspruch 02 erlischt erst mit Ablauf des Jahrs 09, da die mit Ablauf des Jahres 05 begonnene Festsetzungsfrist erst mit Ablauf des Jahrs 09 endet (§§ 170 Abs. 2 Nr. 1, 169 Abs. 2 Nr. 2 AO).

Ein rechtmäßiger Haftungsbescheid kann nur ergehen, wenn auch der Haftungsanspruch noch nicht festsetzungsverjährt ist. Bei Auflösung einer Personenhandelsgesellschaft verjähren Ansprüche gegen die Gesellschafter aus Verbindlichkeiten der Gesellschaft in fünf Jahren nach Auflösung der Gesellschaft (§ 151 Abs. 1 HGB). Die mit Ablauf des 10.3.04 begonnene Verjährung endete mit Ablauf des 10.3.09 (§ 151 Abs. 2 und 1 HGB, §§ 187 Abs. 1, 188 Abs. 2 BGB). Später kann ein rechtmäßiger Haftungsbescheid gegen Mai nicht mehr erlassen werden (§ 191 Abs. 4 AO).

12.3.3.3 Bestehende Steuerschuld

635 Eine **Festsetzung** des Steueranspruchs ist nicht erforderlich (die festgesetzte Steuer kann allerdings Tatbestandsvoraussetzung der materiellen Haftungsnorm sein, vgl. etwa § 75 Abs. 1 Satz 1 AO).

Der Steueranspruch, für den gehaftet wird, muss allerdings im Zeitpunkt der Wirksamkeit des Haftungsbescheids entstanden und darf noch nicht erloschen sein (§§ 38, 47

AO). Die **Rechtswidrigkeit** des Haftungsbescheids kann daher auch damit begründet werden, dass die Steuerschuld festsetzungs- bzw. zahlungsverjährt war, als der Haftungsbescheid erlassen wurde (§§ 191 Abs. 5 Satz 1, 169 ff., 228 ff., 47 AO).

BEISPIEL: Rechtsanwalt Dr. Raabe wird am 1.1.02 zum Betreuer von Fanni Mohr bestellt. Trotz mehrfacher Aufforderung durch das FA gibt Raabe die ESt-Erklärung 01 für Fanni Mohr grob fahrlässig nicht ab. Das FA schätzt daraufhin die Besteuerungsgrundlagen und setzt die ESt 01 im Jahr 04 um 10 000 € zu niedrig fest. Die festgesetzte Steuer wird bezahlt. Erst nachdem Fanni Mohr im Jahr 08 vermögenslos geworden ist, erfährt das FA den vollständigen steuerlich erheblichen Sachverhalt des Jahrs 01. Es gibt daher wegen der ESt 01 in Höhe von 10 000 € am 1.10.08 einen Haftungsbescheid an Dr. Raabe als Haftungsschuldner bekannt. Könnte Dr. Raabe mit Erfolg einwenden, der Haftungsbescheid sei wegen Eintritts der Festsetzungsverjährung des zugrunde liegenden Steueranspruchs rechtswidrig?

Dr. Raabe haftet aufgrund einer steuergesetzlichen Haftungsvorschrift (§§ 69, 34 Abs. 1 AO, § 1823 BGB).

Der Haftungsbescheid wäre jedoch rechtswidrig, wenn im Zeitpunkt seiner Bekanntgabe bereits die Festsetzungsfrist für die ESt 01 abgelaufen wäre (§ 191 Abs. 5 Nr. 1 AO).

Die Frist für die ESt 01 ist wegen der Verpflichtung zur Abgabe einer ESt-Erklärung in ihrem Beginn bis zum Ablauf des Kalenderjahrs 04 gehemmt (§§ 170 Abs. 2 Nr. 1, 149 Abs. 1 Satz 1, 38 AO, § 36 Abs. 1 EStG) und endet wegen der leichtfertigen Verkürzung des Betreuers mit Ablauf des Kalenderjahrs 09 (§§ 108 Abs. 1, 169 Abs. 2 Satz 2 und 3, 378 AO, § 188 Abs. 2 BGB). Da der Bescheid innerhalb der Festsetzungsfrist für den Steueranspruch bekannt gegeben wurde, ist er insoweit rechtmäßig.

Der Haftungsbescheid ist auch rechtswidrig, wenn der Steueranspruch nicht in der zu- 636
treffenden Höhe zugrunde gelegt wurde. Der Haftungsschuldner kann daher grundsätzlich uneingeschränkt Einwendungen gegen den der Haftung zugrunde liegenden Steueranspruch erheben.

Soweit der Steueranspruch bereits unanfechtbar festgesetzt wurde, ist § 166 AO (sog. 637
„Drittwirkung" der Steuerfestsetzung) zu beachten. Personen, die unter diese Vorschrift fallen, müssen die Steuerfestsetzung, auch wenn sie nicht der materiell zutreffenden entspricht, gegen sich gelten lassen.

Hierzu gehören:

- der Gesamtrechtsnachfolger (Rdn. 433 ff.),
- Vertreter nach Gesetz (§ 34 Abs. 1 AO; z. B. § 35 GmbHG, § 124 HGB) oder aufgrund Rechtsgeschäfts (Bevollmächtigte, wie etwa Steuerberater, Rechtsanwälte oder Notare),
- Personen mit einer Anfechtungsberechtigung kraft eigenen Rechts, also alle nach §§ 350, 352 AO, ebenso wie Vermögensverwalter nach § 34 Abs. 3 AO und Hinzugezogene nach § 360 AO (Rdn. 839 ff.).

Entscheidend ist die **rechtliche,** nicht die tatsächliche Anfechtungsbefugnis und deren Umfang.

BEISPIELE:

1. Ein Kaufmann hat im Jahre 01 ein Unternehmen im Ganzen durch Kaufvertrag übernommen und fortgeführt.

   Gegen den in 02 an den Veräußerer des Unternehmens gerichteten und bekannt gegebenen USt-Bescheid 01 legte dieser einen zulässigen Einspruch ein (§§ 347 ff. AO). Das FA zog den Erwerber zum Rechtsbehelfsverfahren hinzu (§ 360 Abs. 1 AO) und wies den Einspruch als unbegründet zurück. Die Einspruchsentscheidung wurde bestandskräftig. Im Jahr 03 stellt sich heraus, dass der Veräußerer vermögenslos und eine Vollstreckung gegen ihn damit aussichtslos ist. Das FA nimmt daraufhin den Erwerber für die USt 01 durch Haftungsbescheid in Anspruch (§§ 191 Abs. 1, 75 AO). Mit zulässigem Einspruch rügt der Erwerber, dass die USt-Schuld fehlerhaft zu hoch festgesetzt worden sei.

Der Einspruch gegen den Haftungsbescheid ist unbegründet, da der Haftungsschuldner die bestandskräftig festgesetzte USt gegen sich gelten lassen muss (§ 166 AO). Er war als zum Einspruch des Steuerschuldners gegen den USt-Bescheid 01 Hinzugezogener kraft eigenen Rechts in der Lage, Einwendungen zu erheben sowie Anträge zu stellen und sich gegen die Einspruchsentscheidung zu wenden (§§ 360 Abs. 1, Abs. 4 AO, § 40 FGO).

2. Gegen eine rechtsfähige GbR wurde im Anschluss an eine Außenprüfung ein geänderter USt-Bescheid 02 bekannt gegeben und formell bestandskräftig. Wegen Vermögenslosigkeit der GbR erließ das FA einem der Gesellschafter gegenüber wegen der rückständigen USt 02 einen Haftungsbescheid. Im Einspruchsverfahren gegen den Haftungsbescheid trug der Gesellschafter zu Recht vor, ein Teil der Umsätze sei bereits im Veranlagungszeitraum 01 ausgeführt worden.

   Das FA will den zulässigen Einspruch des Gesellschafters als unzulässig verwerfen, weil der Haftungsschuldner die eingetretene Bestandskraft des USt-Bescheides 02 gegen sich gelten lassen muss.

   Der Haftungsschuldner kann im Einspruchsverfahren gegen den Haftungsbescheid auch Einwendungen gegen die zugrunde liegende Steuerschuld geltend machen. Die bestandskräftige USt-Festsetzung muss er nicht gegen sich gelten lassen, da er den USt-Bescheid weder als Vertreter (allein) noch kraft eigenen Rechts hätte anfechten können.

   Adressat des USt-Bescheides ist die GbR selbst als Unternehmer, sie ist daher auch durch die Steuerfestsetzung beschwert (§§ 43 Satz 1, 350 AO, §§ 13a Abs. 1 Nr. 1, 2 Abs. 1 UStG).

   Da mangels entgegenstehender besonderer Vereinbarungen die Geschäftsführung und Vertretung einer GbR den Gesellschaftern nur gemeinschaftlich zusteht und diese daher nur eine gemeinschaftliche Vertretungsbefugnis haben (§§ 715 Abs. 1, 720 Abs. 1 BGB), wird die GbR auch in steuerrechtlicher Hinsicht nur durch die Gesellschafter gemeinschaftlich vertreten (§ 79 Abs. 1 Nr. 3 AO). Der einzelne Gesellschafter ist also rechtlich nicht in der Lage, den USt-Bescheid als Vertreter der GbR anzufechten. Der nicht allein vertretungsberechtigte Gesellschafter unterliegt daher nicht den Einschränkungen durch § 166 AO.

   Eine entsprechende Anwendung des § 744 Abs. 2 BGB auf den Fall der Anfechtung eines an die Gesellschaft gerichteten Steuerbescheides widerspräche dem Ausnahmecharakter der Vorschrift (vgl. hierzu BFH v. 16.12.1997 VII R 30/97, BStBl II 1998, 319).

12.3.3.4 Ermessensausübung

638 § 191 Abs. 1 AO stellt den Erlass eines Haftungsbescheides in das pflichtgemäße Ermessen der Behörde (§ 5 AO).

Die Ausübung des Ermessens muss dabei in zweifacher Hinsicht erfolgen, nämlich **ob** jemand als Haftungsschuldner in Anspruch genommen werden soll („Entschließungsermessen“) sowie die **Auswahl** unter mehreren in Frage kommenden Haftungsschuldnern („Auswahlermessen“).

12.3.3.4.1 Entschließungsermessen

639 Das FA muss darlegen, warum der Haftungsschuldner in Anspruch genommen wurde, insbesondere, wenn er statt des Steuerschuldners in Anspruch genommen wird (siehe

auch § 219 AO). Einer besonderen Begründung bedarf es nur dann nicht, wenn die Verwirklichung des Steueranspruchs wegen Vermögenslosigkeit des Steuerschuldners nicht mehr erfolgen kann.

Unter Umständen ist bei der Ausübung des Ermessens eine Mitverantwortung des FA 640
am Ausfall des Anspruchs gegen den Steuerschuldner zu berücksichtigen. So kann sich ausnahmsweise eine Inanspruchnahme des Haftungsschuldners verbieten, wenn die Beitreibung der Steuerschuld wegen einer grob schuldhaften oder gar vorsätzlichen Pflichtverletzung fehlschlägt, den Haftungsschuldner aber am Steuerausfall kein oder nur ein geringes Verschulden trifft (BFH v. 4.7.1979 II 74/77, BStBl II 1980, 126).

Die Höhe des Haftungsanspruchs steht dagegen grundsätzlich nicht im Ermessen der 641
Behörde, sondern ergibt sich aus dem materiellen Haftungsanspruch. Wäre der Haftungsschuldner kraft seiner Vermögens- und Einkunftssituation jedoch nicht in der Lage, den vollständig festgesetzten Haftungsanspruch zu erfüllen, kann es gerechtfertigt sein, nur einen Teil des Steueranspruchs durch Haftungsbescheid festzusetzen.

12.3.3.4.2 Auswahlermessen

Das FA hat die Möglichkeit, unter mehreren in Betracht kommenden Haftungsschuld- 642
nern zu wählen. Zwar besteht unter den einzelnen Haftungstatbeständen keine Rangordnung. Dennoch muss im Rahmen der Begründung erkennbar sein, dass zwischen mehreren tatsächlichen Haftungsschuldnern eine Auswahl getroffen wurde und eine Abwägung nach der Intensität ihrer Beteiligung bei der Erfüllung des Haftungstatbestands und ihrer wirtschaftlichen Lage erfolgte („Wer wurde warum in Anspruch genommen"). Im Übrigen kann die Behörde nach dem Prinzip der vollständigen, einfachen und schnellen Realisierung des Anspruchs handeln.

Ist die getroffene Auswahl aus dem Haftungsbescheid nicht erkennbar, liegt ein Be- 643
gründungsfehler (§§ 121 Abs. 1, 126 Abs. 1 Nr. 2 AO) vor. Ein solcher macht den Haftungsbescheid nur dann rechtswidrig und führt zu seiner Aufhebung, wenn die Begründung nicht bis zum Abschluss der Tatsacheninstanz eines finanzgerichtlichen Verfahrens nachgeholt wird (§ 126 Abs. 2 AO).

12.3.3.5 Rechtliches Gehör vor Erlass des Haftungsbescheids

Vor Erlass des Haftungsbescheids ist dem Haftungsschuldner gemäß **§ 91 Abs. 1 Satz 1** 644
AO Gelegenheit zu geben, sich zu den für die Entscheidung erheblichen Tatsachen zu äußern. Verstößt das FA gegen diese Verpflichtung und erlässt es den Haftungsbescheid ohne vorherige Anhörung, muss dieser als rechtswidrig aufgehoben werden. Außerdem verletzt das FA seine Amtspflicht und löst damit unter Umständen einen zivilrechtlichen Schadensersatzanspruch des Haftungsschuldners nach § 839 BGB, Art. 34 GG aus (Ersatz des Aufwands für die Einschaltung eines Steuerberaters im Einspruchsverfahren gegen den Haftungsbescheid in Höhe der gesetzlichen Gebühren, so OLG München v. 28.9.1995 1 U 2954/95 in BB 1996, 462).

Nach **§ 191 Abs. 2 AO** muss das FA in bestimmten Fällen vor Erlass des Haftungs- 645
bescheids die zuständige Berufskammer anhören. Voraussetzung ist jedoch, dass die

genannten Berufsträger als Personen nach §§ 34, 35 AO tätig waren und dabei durch vorsätzliche oder grob fahrlässige Pflichtverletzung einen Haftungsschaden verursacht haben. Wird die unterlassene Anhörung nicht rechtzeitig gemäß § 126 Abs. 2 AO nachgeholt, ist der Haftungsbescheid rechtswidrig und angreifbar (vgl. i. Ü. auch AEAO zu § 191 Nr. 8).

12.3.4 Korrektur von Haftungsbescheiden

12.3.4.1 Korrekturvorschriften

646 Haftungsbescheide sind weder Steuerbescheide, noch werden sie diesen durch entsprechenden gesetzlichen Verweis gleichgestellt. Daher finden die Änderungsvorschriften der §§ 172 ff. AO auf Haftungs- und Duldungsbescheide keine Anwendung. Diese Bescheide können nur nach § 129 AO berichtigt werden, wenn sie eine offenbare Unrichtigkeit enthalten und unter den Voraussetzungen der §§ 130, 131 AO zurückgenommen bzw. widerrufen werden (Rdn. 318 – 326), und zwar auch während des außergerichtlichen Rechtsbehelfsverfahrens bzw. des finanzgerichtlichen Verfahrens, § 132 AO (vgl. Rdn. 398).

BEISPIELE:

1. Das FA hat nach § 75 AO einen Haftungsbescheid erlassen, obwohl die Festsetzungsfrist für den der Haftung zugrunde liegenden Steueranspruch bereits abgelaufen war (§ 191 Abs. 1 und 3 AO).

   Der Haftungsbescheid ist rechtswidrig und kann ohne Weiteres zurückgenommen werden (§ 130 Abs. 1 AO).

2. Im Jahr 02 erwarb ein Kaufmann gegen eine geringe Leibrente ein Handelsgeschäft, das er unter der bisherigen Firma fortführte. Da der Veräußerer vermögenslos war, nahm das FA den Erwerber durch Haftungsbescheid für die USt 01 aus dem Handelsgeschäft des Veräußerers in Anspruch (§ 191 Abs. 1 AO, § 25 HGB). Einige Zeit später erfährt das FA von neuen Tatsachen, die zu einer Herabsetzung der USt-Schuld führen würden (§ 173 Abs. 1 Nr. 2 AO).

   Der Haftungsbescheid ist rechtswidrig, weil das FA bei seinem Erlass von einem falschen Sachverhalt ausgegangen ist (Rdn. 318). Er kann unter Berücksichtigung der neuen Tatsachen zum Teil zurückgenommen werden (§ 130 Abs. 1 AO). Der Erwerber hat als Haftungsschuldner gegebenenfalls einen Erstattungsanspruch (§ 37 Abs. 2 AO).

3. Gesellschafter einer aufgelösten rechtsfähigen GbR waren Mai und Alt. Für eine USt-Schuld der Gesellschaft hat das FA den ehemaligen Gesellschafter Mai durch Haftungsbescheid in Anspruch genommen (§ 191 Abs. 1 AO, §§ 705, 721, 421, 427 BGB). Das FA stellt kurz darauf fest, dass Mai vermögenslos ist.

   Das FA hat nun im Rahmen der Ausübung seines pflichtgemäßen Ermessens (§ 5 AO) die Möglichkeit, den Haftungsbescheid gegen Mai zu widerrufen (§ 131 Abs. 1 AO) und Alt in Anspruch zu nehmen, sofern die übrigen Voraussetzungen für einen rechtmäßigen Haftungsbescheid beachtet werden.

12.3.4.2 Beachtung der Verjährung

Die Korrektur eines Haftungsbescheids **zugunsten** des Haftungsschuldners kann auch noch nach Eintritt der Festsetzungsverjährung erfolgen (Rdn. 631 ff.), denn insoweit handelt es sich um eine Teilrücknahme oder -widerruf bzw. die vollständige Aufhebung des bestehenden Haftungsbescheides. Bei einer Korrektur zu Lasten dagegen liegt insoweit ein Neuerlass vor, der nur innerhalb der Festsetzungsverjährung rechtmäßig erfolgen kann. Dies gilt auch dann, wenn der rechtswidrige Haftungsbescheid nach § 130 Abs. 1 AO aufgehoben und durch einen rechtmäßigen ersetzt wird. 647

12.3.5 Erhebung der Haftungsschuld (Zahlungsaufforderung)

Nach § 219 AO darf ein Haftungsschuldner durch Zahlungsaufforderung nur in Anspruch genommen werden, wenn 648

- die Vollstreckung in das **bewegliche** Vermögen des Steuerschuldners erfolglos war,
- anzunehmen ist, dass die Vollstreckung aussichtslos sein würde,
- der Haftungsschuldner eine Steuerhinterziehung begangen hat,
- die Haftung auf § 42d oder § 44 Abs. 5 EStG beruht.

Nach Wortlaut und Überschrift dieser Vorschrift müssen die Voraussetzungen nur bei Erlass der Zahlungsaufforderung (= Leistungsgebot) vorliegen. Der Erlass des Haftungsbescheids (Festsetzung der Haftungsschuld) wird durch § 219 AO nicht eingeschränkt.

Bei der Inanspruchnahme eines Haftungsschuldners hat das FA deshalb verfahrensrechtlich **zwei Möglichkeiten**: 649

- Es kann einen Haftungsbescheid ohne Zahlungsaufforderung erlassen.

  Von dieser Möglichkeit wird Gebrauch gemacht, wenn die Frist für die Festsetzung der Haftungsschuld abzulaufen droht (§ 191 Abs. 3 AO), aber noch nicht feststeht, ob der Steuerschuldner noch über entsprechendes Vermögen verfügt, weil die Vollstreckungsmaßnahmen gegen ihn noch nicht abgeschlossen sind. Stellt sich später endgültig die Zahlungsunfähigkeit des Steuerschuldners heraus, so kann die Zahlungsaufforderung nunmehr gegenüber dem Haftungsschuldner erlassen werden.

  Für diesen Fall bestimmt § 229 Abs. 2 AO, dass die Frist für die Verjährung des Zahlungsanspruchs mit Ablauf des Jahrs beginnt, in dem die Zahlungsaufforderung nachgeholt worden ist, spätestens aber 5 Jahre nach Ablauf des Jahrs, in dem der Haftungsbescheid durch Bekanntgabe (§ 122 Abs. 1 AO) wirksam geworden ist.
- Der Haftungsbescheid kann sofort mit einer Zahlungsaufforderung verbunden werden.

  In diesem Falle müssen die Voraussetzungen des § 219 AO bereits zu diesem Zeitpunkt erfüllt sein.

In beiden Fällen erlässt das FA jeweils zwei verschiedene VA, den einspruchsfähigen Haftungsbescheid und die einspruchsfähige Zahlungsaufforderung. Beide VA sind nach §§ 129 – 131 AO korrigierbar.

BEISPIEL: Hartl hat im Jahre 05 den Haftungsbescheid und im Jahre 07 die entsprechende Zahlungsaufforderung erhalten. 3 Tage nach Erhalt legt Hartl gegen die Zahlungsaufforderung einen zulässigen Einspruch ein mit der materiell zutreffenden Begründung, der Haftungsbescheid sei rechtswidrig. Kann Hartl in diesem Verfahren noch eine Änderung des bestandskräftigen Haftungsbescheids erreichen?

Eine Änderung in diesem Verfahren ist nicht mehr möglich, nachdem Hartl es unterlassen hat, Einspruch gegen den Haftungsbescheid einzulegen. Im Korrekturverfahren (§ 130 Abs. 1 AO) kann es nur zu einer Rücknahme kommen, wenn das FA bei Vorliegen der sonstigen Voraussetzungen im Rahmen des ihm eingeräumten pflichtgemäßen Ermessens eine Korrektur vornehmen muss.

12.4 Persönliche Haftung nach Gesetz

650 Die Inanspruchnahme durch Haftungsbescheid setzt voraus, dass die Voraussetzungen einer materiell-rechtlichen Haftungsnorm vorliegen. Im Folgenden werden einige der wichtigsten steuer- und zivilrechtlichen Haftungsvorschriften dargestellt.

12.4.1 Haftung steuerlicher Hilfspersonen (§§ 69 i. V. m. 34 und 35 AO)

12.4.1.1 Haftungsschuldner

651 Als Haftungsschuldner kommen alle **steuerlichen Hilfspersonen** in Betracht. Dies sind die gesetzlichen Vertreter sowie diejenigen, die Steuerpflichtigen bei der Erfüllung ihrer steuerlichen Verpflichtungen behilflich sind.

Haftungsschuldner sind demnach insbesondere:

1.) **Gesetzliche Vertreter** natürlicher und juristischer Personen sowie rechtsfähiger Personenvereinigungen i. S. d. § 14a Abs. 2 AO (§ 34 Abs. 1 AO).

BEISPIELE:

1. Die Eltern sind gesetzliche Vertreter ihrer Kinder (§§ 1626, 1629 BGB).
2. Der Vormund ist gesetzlicher Vertreter seines Mündels (§ 1789 Abs. 2 Satz 1 BGB).
3. Der Vorstand ist gesetzlicher Vertreter einer Aktiengesellschaft (§ 78 AktG).
4. Der Geschäftsführer ist gesetzlicher Vertreter einer GmbH (§ 35 GmbHG).
5. Ein ehrenamtlich und unentgeltlich tätiger Vorsitzender eines Vereines, der sich wirtschaftlich betätigt, ist gesetzlicher Vertreter des Vereins (§ 26 BGB; BFH v. 23.6.1998 VII R 4/98, BStBl II 1998, 761).
6. Alle Gesellschafter einer GbR (§ 720 BGB), alle Gesellschafter einer OHG (§ 124 Abs. 1 HGB), Komplementäre einer KG (§§ 161 Abs. 2, 124 Abs. 1, 170 Abs. 1 HGB).

2.) Die nicht rechtsfähigen Personenvereinigungen i. S. d. § 14a Abs. 3, 4 AO werden durch ihre **Mitglieder**, **Gesellschafter** oder **Gemeinschafter** (§ 34 Abs. 1 AO) vertreten.

BEISPIELE: Bruchteilsgemeinschaft (§ 741 BGB), Gütergemeinschaft (§ 1415 BGB), Erbengemeinschaft (§ 2032 BGB) sowie als Innengesellschaft die nicht rechtsfähige GbR (§ 705 Abs. 2 Alt. 2 BGB).

3.) **Rechtsfähige Vermögensmassen** mit **Geschäftsführer** werden durch diesen vertreten (§ 34 Abs. 1 Satz 1 AO). Bei nicht rechtsfähigen Vermögensmassen **ohne** Geschäftsführer sind diejenigen verpflichtet, denen das Vermögen zusteht (§ 34 Abs. 2 Satz 3 AO).

4.) **Vermögensverwalter** in Fällen, in denen die Verwaltung anderen Personen als den Eigentümern zusteht (§ 34 Abs. 3 AO).

BEISPIELE: Insolvenzverwalter (§ 80 Abs. 1 InsO), Zwangsverwalter (§§ 152 ZVG), Nachlassverwalter (§ 1985 BGB), Testamentsvollstrecker (§§ 2197, 2205 ff. BGB).

5.) **Verfügungsberechtigte** (§ 35 AO)

Die Pflichten, die sich aus § 35 AO ergeben, treffen nur Personen, denen die **rechtliche Befugnis** eingeräumt ist, über fremde Vermögenswerte zu verfügen; die tatsächliche Verfügungsmöglichkeit genügt nicht (BFH v. 16.3.1995 VII R 38/94, BStBl II 1995, 859).

Verfügungsberechtigter ist, wer – ohne zum Personenkreis des § 34 AO zu gehören – rechtlich und wirtschaftlich über Mittel, die einem anderen gehören, verfügen kann und nach außen als Verfügungsberechtigter auftritt (BFH v. 13.3.2003 VII R 46/02, BStBl II 2003, 556).

BEISPIELE:

1. Ein Unternehmer hat einen Steuerberater beauftragt, ihn in steuerlichen Angelegenheiten zu vertreten (§ 80 AO).

   Der Steuerberater ist keine steuerliche Hilfsperson i. S. v. § 35 AO, da er regelmäßig nicht als Verfügungsbefugter auftritt und auch rechtlich keine Dispositionen über das Vermögen seines Mandanten treffen darf.
2. Roth tritt als Generalbevollmächtigter des Braun auf. In Wirklichkeit besitzt er keine Vollmacht.

   Roth ist nicht Verfügungsbefugter, da er rechtlich nicht in der Lage ist, die Pflichten eines gesetzlichen Vertreters zu erfüllen (§ 34 Abs. 1 AO).
3. Ernst ist Prokurist (§ 48 HGB) der Firma Surf-Adelberger. Als solcher hat er in der Vergangenheit des Öfteren die LSt-Anmeldungen sowie die USt-Voranmeldungen der Firma unterzeichnet, beim FA eingereicht und die Steuern durch von ihm gezeichnete Schecks bezahlt.

   Ernst ist nicht gesetzlicher Vertreter seiner Arbeitgeberin. Er ist allerdings als Verfügungsberechtigter so nach außen aufgetreten (§ 35 AO), sodass der Rechtsverkehr davon ausgehen durfte, dass er zu diesen Handlungen berechtigt war. Dies genügt, um als Haftungsschuldner in Betracht zu kommen.

12.4.1.2 Haftungstatbestand (§ 69 AO)

12.4.1.2.1 Pflichtverletzung

Eine steuerliche Hilfsperson haftet nur, wenn sie die ihr obliegenden Pflichten verletzt 652
hat. Diese Pflichten können sich aus dem Gesetz oder – z. B. bei Bevollmächtigten – aus dem Vertrag ergeben.

BEISPIELE:

1. Der Vormund eines geschäftsunfähigen Mündels bzw. der Geschäftsführer einer GmbH hat sämtliche steuerlichen Verpflichtungen der Vertretenen zu erfüllen (§ 34 Abs. 1 AO).

2. Der Insolvenzverwalter hat für die Anmeldung und Abführung der Lohnsteuer sowie für die Bezahlung der USt aus dem von ihm fortgeführten Betrieb zu sorgen (§ 55 Abs. 1 Nr. 1 InsO, § 42d EStG).
3. Ein Generalbevollmächtigter hat die Zahlung aller Steuerschulden seines Auftraggebers zu übernehmen. Dies ergibt sich aus der dem Auftragsverhältnis zugrunde liegenden Vollmacht (§ 167 BGB).
4. Die Holz-GmbH besteht aus den 2 Gesellschafter-Geschäftsführern Arl und Bähr. Da die GmbH und Bähr zahlungsunfähig sind, nimmt das FA den Arl für nicht abgeführte Lohnsteuer und für USt in Anspruch (§§ 69, 34 Abs. 1 AO; § 35 GmbHG). Dieser behauptet, die steuerlichen Angelegenheiten habe in der GmbH aufgrund des Gesellschaftsvertrags immer Bähr erledigt. Er selbst sei nur für den technischen Betriebsablauf verantwortlich gewesen.

   Durch Gesellschaftsvertrag, Gesellschafterbeschluss oder Geschäftsordnung kann die Verantwortung eines Geschäftsführers für die Erfüllung steuerlicher Pflichten zwar nicht aufgehoben, aber begrenzt werden. Die von den Geschäftsführern anzuwendende Sorgfalt eines ordentlichen Kaufmanns (§ 43 GmbHG) erfordert aber eine vorweg darüber getroffene eindeutige schriftliche Aufteilung der Verantwortlichkeiten. Fehlt es an einer klaren Geschäftsverteilung, gilt der Grundsatz der Gesamtverantwortung, d. h. jeder hat die steuerlichen Pflichten zu erfüllen (BFH v. 23.6.1998 VII R 4/98, BStBl II 1998, 761). Eine wirksame Begrenzung der Verantwortung gilt aber dann nicht mehr, wenn z. B. eine nahende Zahlungsunfähigkeit, eine Überschuldung der Gesellschaft oder Erkenntnisse über steuerliche Unregelmäßigkeiten des handelnden Geschäftsführers zu einer Überprüfung der ordnungsgemäßen Erfüllung der steuerlichen Pflichten Anlass geben (BFH v. 26.4.1984 V R 128/79, BStBl II 1984, 776, und v. 4.3.1986 VII S 38/85, BStBl II 1986, 384).

653 Zur Haftung führt jede Pflichtverletzung, die **ursächlich** dafür ist, dass Ansprüche aus dem Steuerschuldverhältnis nicht oder nicht rechtzeitig festgesetzt oder erfüllt bzw. Steuervergütungen oder Steuererstattungen ohne rechtlichen Grund gezahlt worden sind.

So haben die Geschäftsführer bei Zahlungsschwierigkeiten die Verpflichtung, bei nicht ausreichenden verfügbaren Mitteln zur Tilgung aller fälligen Schulden, die Steuerschulden, insbesondere die USt-Schulden, angemessen entsprechend der Befriedigung der anderen Gläubiger zu tilgen (BFH v. 26.4.1984 V R 128/79, BStBl II 1984, 776, und v. 26.3.1985 VII R 139/81, BStBl II 1985, 539). Bezüglich der Lohnsteuer besteht ein **Vorrang** des Finanzamts vor den anderen Gläubigern, da der Arbeitgeber die Lohnsteuer für den Arbeitnehmer gewissermaßen treuhänderisch einbehält. Es handelt sich hierbei um wirtschaftlich fremde Gelder.

BEISPIEL: Bei einer Überprüfung der Holz-GmbH (aus dem Beispiel Rdn. 652) durch das FA stellt sich im Jahre 06 Folgendes heraus:

Die Gesellschaft hatte für 05 keine USt-Vorauszahlungen mehr abgegeben und war seit Anfang 06 zahlungsunfähig.

Ihre Lieferantenschulden betrugen am 1.1.05:	400 000 €
Personalkosten in 05:	200 000 €
Zugang an Lieferantenverbindlichkeiten in 05:	270 000 €
USt 05:	30 000 €
Die GmbH hatte in 05 folgende Zahlungen geleistet:	
an Lieferanten:	250 000 €
an Personal:	200 000 €

In welcher Höhe haftet Arl für die USt?

Bei der Berechnung der Haftungssumme ist auf die Verhältnisse im Haftungszeitraum, nicht auf die einzelnen Fälligkeitszeitpunkte etwaiger USt-Vorauszahlungen abzustellen (BFH v. 14.7.1987 VII R 188/82, BStBl II 1988, 172).

Berechnung der Haftungssumme:

Gesamtverbindlichkeiten in 05 einschließlich der USt:	900 000 €
Zahlungen in 05 einschließlich Personalkosten:	450 000 €

Es wurden somit 50 % der Verbindlichkeiten getilgt. Daher hätten bei überschlägiger Berechnung auch 50 % der USt getilgt werden müssen. Arl haftet somit in Höhe von 15 000 €.

12.4.1.2.2 Verschulden

Die Pflichtverletzung muss schuldhaft, d. h. vorsätzlich bzw. grob fahrlässig erfolgt sein. 654
Vorsatz bedeutet, dass die Pflichtverletzung gewollt war. Grobe Fahrlässigkeit liegt vor, wenn die gebotene Sorgfalt in schwerwiegendem Maße außer Acht gelassen wird.

Es muss sich um ein persönlich zurechenbares Verschulden handeln. So kann einer in 655
§ 34 AO bezeichneten Person, die sich bei der Fertigung einer Steuererklärung eines steuerlichen Beraters bedient, das Beraterverschulden nicht zugerechnet werden, wenn sie kein Auswahl- oder Überwachungsverschulden trifft und auch kein Anlass bestand, die inhaltliche Richtigkeit der Steuererklärung zu überprüfen (BFH v. 30.8.1994 VII R 101/92, BStBl II 1995, 278; v. 4.5.2004 VII B 318/03 BFH/NV 2004, 1363).

12.4.1.2.3 Anrufung der Berufskammer

Geht es um eventuelle Pflichtverletzungen von Angehörigen bestimmter Berufsgrup- 656
pen, wie Rechtsanwälten, Steuerberatern usw., so muss vor Erlass eines Haftungsbescheides die zuständige Berufskammer gehört werden, wenn die Pflichtverletzung in Ausübung des Berufes erfolgt ist (§ 191 Abs. 2; Rdn. 296). Ein Rechtsanwalt, der als Testamentsvollstrecker tätig wird, handelt regelmäßig in Ausübung seines Berufes (BFH v. 13.5.1998 II R 4/96, BStBl II 1998, 760).

12.4.1.3 Haftungsumfang

Die Haftung erstreckt sich auf alle Ansprüche aus dem Steuerschuldverhältnis. Neben 657
dem Steueranspruch gehören dazu auch die Ansprüche auf steuerliche Nebenleistungen, wie Verspätungszuschläge, Zinsen, Säumniszuschläge, Zwangsgelder und Kosten (§§ 37 Abs. 1; 3 Abs. 4 AO).

Voraussetzung ist, dass die Ansprüche im Zeitpunkt der Pflichtverletzung bereits entstanden waren (BFH v. 22.2.1980 VI R 185/79, BStBl II 1980, 375). Dies gilt allerdings nicht für Säumniszuschläge (§ 69 Satz 2 AO).

BEISPIELE:

1. Vohrer wurde zum 1.8.03 Vormund des Max. Max schuldete dem FA zu diesem Zeitpunkt u. a. Säumniszuschläge gemäß § 240 AO.

   Bezahlt Vohrer die verwirkten Säumniszuschläge nicht aus dem von ihm verwalteten Vermögen, so haftet er – wenn Max vermögenslos wird – für diese Ansprüche nach § 69 Satz 1 AO, da die Säumniszuschläge bereits entstanden waren, als Vohrer zum gesetzlichen

Vertreter bestimmt wurde und die Pflichtverletzung darin liegt, diese Rückstände nicht für sein Mündel beglichen zu haben (§ 34 Abs. 1 Satz 2 AO).

2. Vohrer gibt die ESt-Erklärung des Max für das Jahr 03 in 04 ab. Die ESt wird entsprechend der Erklärung festgesetzt.

   Zahlt Vohrer die Steuer nicht bei Fälligkeit, so haftet er bei Vorliegen der übrigen Voraussetzungen für die infolge der Pflichtverletzung (nicht rechtzeitige Zahlung der Steuerschuld) erst entstehenden Säumniszuschläge nach § 69 Satz 2 AO.

12.4.2 Haftung des Steuerhinterziehers (§ 71 AO)

12.4.2.1 Haftungsschuldner

658 Haftungsschuldner i. S. v. § 71 AO sind Täter und Teilnehmer (Rdn. 951 ff.) einer Steuerhinterziehung nach § 370 AO, sofern sie nicht bereits Schuldner der Steuer sind (Steuerschuld und Haftungsschuld in einer Person schließen sich grundsätzlich aus). Es ist jedoch möglich, gegen den Mittäter oder Teilnehmer einer Steuerhinterziehung einen Haftungsbescheid zu erlassen, wenn wegen Aufteilung der Steuerschuld gegen diesen die Steuerschuld nicht vollstreckt werden kann (§§ 268, 278 AO).

BEISPIEL: Die Ehegatten Gassner wurden zusammen zur ESt 01 veranlagt. Frau Gassner ist Betreiberin mehrerer Gaststätten, Herr Gassner ist bei ihr angestellt. Wegen der durch die Ehefrau begangenen Steuerhinterziehung wurde nun auch die ESt-Festsetzung 01 geändert. Auf Antrag des Ehemanns wurde die nachgeforderte ESt 01 nach § 268 AO aufgeteilt, so dass die gesamten Nachforderungsbeträge auf die Ehefrau entfielen. Das FA erließ nunmehr gegenüber dem Ehemann einen Haftungsbescheid hinsichtlich der ESt 01 mit der Begründung, er habe als Angestellter seiner Ehefrau an der Steuerhinterziehung in erheblichem Umfang mitgewirkt. Der Umstand, dass der Ehemann trotz Aufteilung der Gesamtschuld Steuerschuldner der ESt 01 ist, steht einer Haftungsinanspruchnahme für den auf seine Frau entfallenden Anteil an der Gesamtschuld nicht entgegen. Zwar können Haftungs- und Steuerschuldner nicht personenidentisch sein, aber nur dann, wenn der Steuerschuldner auch Zahlungsverpflichteter ist. Nach Aufteilung der Gesamtschuld trägt jeder Gesamtschuldner „seine" Steuerschuld alleine. Es handelt sich nicht mehr um eine unvereinbare Personenidentität zwischen Schuldner und Haftendem, weil es nicht zu einer doppelten Inanspruchnahme eines Steuerpflichtigen wegen Haftungs- und Steuerschuld kommt. (BFH v. 7.3.2006 X R 8/05, BStBl II 2007, 594).

12.4.2.2 Haftungstatbestand

659 Der Täter oder Teilnehmer muss **vorsätzlich** Steuern verkürzt oder **vorsätzlich** für einen Dritten einen ungerechtfertigten Steuervorteil erlangt haben (§ 370 Abs. 1 AO). Ob eine Steuerhinterziehung vorliegt, hat die Veranlagungsstelle des Finanzamts zu entscheiden.

BEISPIEL: Ein Buchhalter ist wegen Beihilfe zur Steuerhinterziehung nach § 370 AO, § 27 StGB von einem Strafgericht verurteilt worden. Da der Steuerschuldner vermögenslos war, hat das FA den Buchhalter als Haftenden nach § 71 AO in Anspruch genommen. Im strafrechtlichen Berufungsverfahren wird der Buchhalter freigesprochen.

Das FA kann den Haftungsbescheid zurücknehmen (§§ 5, 130 Abs. 1 AO).

660 § 71 AO soll den Vermögensschaden ausgleichen, der dem Fiskus durch das steuerunehrliche Verhalten entstanden ist. Daher scheidet z. B. eine Haftung aus, wenn auch

ohne die steuerunehrliche Handlung eine Steuer nicht entstanden wäre (BFH v. 13.7.1994 I R 112/93, BStBl II 1995, 198). Es muss sich daher um eine vollendete Steuerhinterziehung handeln, da nur dann ein Schaden entstanden ist.

Der Haftungstatbestand ist auch dann verwirklicht, wenn der Täter nach Vollendung der Tat wirksam Selbstanzeige nach § 371 AO (Rdn. 969 ff.) erstattet hat, so dass es nicht zu einer Verurteilung gekommen ist.

12.4.2.3 Haftungsumfang

Die Haftung erstreckt sich auf die verkürzten Steuern bzw. auf die zu Unrecht erlangten Steuervorteile sowie auf die Hinterziehungszinsen (§ 235 AO). 661

BEISPIEL: Huber hat an einer vollendeten Steuerhinterziehung in Höhe von 10 000 € teilgenommen. Sein Vorsatz hat sich allerdings nur auf Steuern in Höhe von 5 000 € gerichtet.

Huber haftet nur, soweit sein Vorsatz reicht (§ 71 AO, § 29 StGB), also in Höhe von 5 000 €.

Erfolgt durch ein und dieselbe Handlung oder Unterlassung die Verwirklichung der Tatbestände des § 69 und § 71 AO, so gelten die Grundsätze der anteiligen Haftung auch dann, wenn das FA den Haftungsbescheid nur auf § 71 AO stützt. Beide Vorschriften sollen den dem Fiskus entstandenen Schaden ersetzen. Es erscheint sachlich nicht gerechtfertigt, die Höhe der Haftung davon abhängig zu machen, auf welche Vorschrift das FA den Haftungsbescheid stützt (BFH v. 26.8.1992 VII R 50/91, BStBl II 1993, 8; v. 23.4.2014 VII R 42/12 NV). 662

12.4.3 Haftung bei Verletzung der Pflicht zur Kontenwahrheit (§ 72 AO) und die Haftung Dritter bei Datenübermittlung (§ 72a AO)

12.4.3.1 Haftungsschuldner

Als Haftungsschuldner des § 72 AO kommen alle in Betracht, die für andere Konten führen bzw. Wertsachen verwahren (§ 154 Abs. 1 AO), also Banken, Sparkassen, Privatpersonen, Kaufleute usw. 663

12.4.3.2 Haftungstatbestand

Ein **Kontenführer** bzw. **Wertsachenverwahrer** hat unter Verstoß gegen § 154 Abs. 1 AO ein Konto errichtet oder Wertsachen in Verwahrung genommen. Gegen das Verbot des § 154 Abs. 3 AO zahlt er daraufhin ohne Zustimmung des Finanzamts das Guthaben an seinen Kunden zurück bzw. händigt diesem die verwahrten Wertsachen aus. Hat er vorsätzlich oder grob fahrlässig gehandelt und dadurch eine Steuerverkürzung bewirkt, so begründet dies seine Haftung nach § 72 AO. Der Kontenführer muss sich das Verschulden seines Vertreters oder Erfüllungsgehilfen zurechnen lassen (BFH v. 17.2.1989 III R 35/85, BStBl II 1990, 263). 664

12.4.3.3 Haftungsumfang

665 Die Haftung erstreckt sich auf alle verkürzten Ansprüche aus dem Steuerschuldverhältnis (§§ 37 Abs. 1, 3 Abs. 4 AO), soweit ihre Verwirklichung durch den Verstoß gegen § 154 Abs. 3 AO vereitelt worden ist.

12.4.3.4 Haftung Dritter

Im Zusammenhang mit der elektronischen Übermittlung der Daten i. S. d. §§ 93c und 93d AO regelt der neu eingefügte § 72a AO die Haftung Dritter.

12.4.4 Haftung bei Organschaft (§ 73 AO)

12.4.4.1 Haftungsschuldner

666 Als Haftungsschuldner kommen Organgesellschaften in Betracht, bei denen bezogen auf die geltend zu machende Steuer ein Organschaftsverhältnis vorliegt.

12.4.4.2 Haftungstatbestand

667 Bei der Haftung für die KSt genügen für das Vorliegen einer Organschaft die finanzielle Eingliederung der Organgesellschaft in den Organträger sowie der Abschluss eines Gewinnabführungsvertrags (§ 14 KStG), bei der USt und GewSt ist Voraussetzung für die Haftung neben der finanziellen auch die wirtschaftliche und organisatorische Eingliederung (§ 2 Abs. 2 Nr. 2 UStG und § 2 Abs. 2 Satz 2 GewStG).

Der Grund für die Haftung ergibt sich daraus, dass bei der KSt das Einkommen der Organgesellschaft grundsätzlich dem Organträger, der Umsatz und der Gewerbeertrag ebenfalls dem Organträger zugerechnet und von diesem versteuert wird. Wird der Organträger vermögenslos, so dass er die genannten steuerlichen Verbindlichkeiten nicht mehr erfüllen kann, haften die weiterhin selbständigen Organgesellschaften, soweit die Steuern bei ihnen entstanden sind.

12.4.4.3 Haftungsumfang

668 Die Haftung erstreckt sich nur auf Steuern und Ansprüche auf Erstattung von Steuervergütungen, nicht dagegen auf steuerliche Nebenleistungen. Dies gilt auch für Zinsen, da die in § 239 Abs. 1 AO bestimmte Verweisung auf die für Steuern geltenden Vorschriften nicht die haftungsrechtlichen Bestimmungen des Zweiten Teils der AO umfassen (vgl. BFH v. 5.10.2004 VII R 76/03, BStBl II, 2006, 3).

12.4.5 Haftung des Eigentümers von Gegenständen (§ 74 AO)

12.4.5.1 Haftungsschuldner

Haftungsschuldner können sein:

- Personen, die zu mehr als 25 % an einem Unternehmen beteiligt sind. 669

BEISPIEL: Ein Unternehmer ist der einzige Gesellschafter einer GmbH. Diese besitzt 50 % der Aktien einer Aktiengesellschaft.

Der Unternehmer ist, wenn auch mittelbar, zu mehr als 25 % an der Aktiengesellschaft beteiligt (§ 74 Abs. 2 Satz 1 AO).

- Personen, die wegen ihrer familiären, wirtschaftlichen oder gesellschaftlichen Beziehungen auf die Leitung des Unternehmens einen beherrschenden Einfluss ausüben **und** durch ihr Verhalten dazu beitragen, dass fällige Steuern nicht entrichtet werden (§ 74 Abs. 2 Satz 2 AO).

12.4.5.2 Haftungstatbestand

Der wesentlich Beteiligte ist zivilrechtlicher Eigentümer eines körperlichen Gegenstan- 670
des, der einem Unternehmen nicht nur vorübergehend zur Verfügung gestellt wird und dort nicht nur von untergeordneter Bedeutung ist. Zum Begriff des Unternehmens siehe Rdn. 673 ff.

12.4.5.3 Haftungsumfang

Die Haftung des Eigentümers ist gem. § 74 Abs. 1 AO in vierfacher Hinsicht einge- 671
schränkt:

- Er haftet persönlich, aber gegenständlich beschränkt, nur mit den **Gegenständen**, die er dem Unternehmen zur Verfügung gestellt hat. Diese Beschränkung muss sich aus dem Haftungsbescheid ergeben. In Fällen der Weggabe oder des Verlustes von Gegenständen nach der Haftungsinanspruchnahme erstreckt sich die Haftung auch auf die Surrogate, wie z. B. Veräußerungserlöse oder Schadenersatzzahlungen (BFH vom 22.11.2011 VII R 63/10, BStBl II 2012, 223).
- Die Haftung erstreckt sich nur auf Steuern, deren Entstehung sich auf den **Betrieb eines Unternehmens** gründet (vgl. dazu Rdn. 618 f.). Keine Haftung besteht für Personensteuern, wie ESt, KSt oder ErbSt. Die Haftung erstreckt sich auch auf Rückzahlungen von Steuervergütungen (Rdn. 424), z. B. unrechtmäßig ausgezahlter Investitionszulagen. Sie erstreckt sich allerdings nicht auf Abzugsteuern, z. B. Lohnsteuern, wie der abweichenden Formulierung in § 75 Abs. 1 AO zu entnehmen ist (AEAO zu § 74 Nr. 2).
- Die Steuern müssen **während des Bestehens** der wesentlichen Beteiligung entstanden sein.
- Die Steuern müssen entstanden sein, während die Gegenstände dem Betrieb **gedient** haben.

672 Im Zeitpunkt der Geltendmachung der Haftung brauchen diese Voraussetzungen allerdings nicht mehr vorzuliegen, da die Haftung bereits entsteht, wenn die haftungsbegründenden Tatbestandsmerkmale verwirklicht sind, an die das Gesetz die Haftungsfolge knüpft (§ 38 AO).

BEISPIEL: Alt ist als atypischer stiller Gesellschafter zu 30 % an dem Bauunternehmen des Neu beteiligt. Am 1.1.02 stellte er dem Unternehmen einen Baukran zur Verfügung. Am 9.5.03 holt er den Kran in sein eigenes Unternehmen zurück. Eine Außenprüfung im Jahre 04 deckt erhebliche USt-Rückstände des Bauunternehmens Neu aus den Jahren 01 bis 03 auf. Neu ist zahlungsunfähig.

Eine Haftung des Alt nach § 74 AO kommt nur für die USt in Betracht, die in der Zeit zwischen 1.1.02 und 9.5.03 entstanden ist.

Hat Alt den Kran inzwischen veräußert oder verschrottet, so entfällt die Haftung.

12.4.6 Haftung des Betriebsübernehmers (§ 75 AO)

673 Diese Haftungsvorschrift hat den Zweck, die im Betriebsvermögen eines Unternehmens steckende Sicherheit für die Durchsetzung betrieblicher Steuern dem Fiskus noch eine Weile zu erhalten, selbst wenn der Betrieb mittlerweile in andere Hände übergegangen ist. Der Erwerber eines Unternehmens, der selbst aus dem Unternehmen Gewinne erwirtschaftet oder in anderer Weise aus dem Betrieb Vorteile zieht, soll in bestimmtem Umfang noch für die Betriebssteuern haften.

12.4.6.1 Haftungsschuldner

674 § 75 AO begründet eine Haftung für denjenigen, der ein Unternehmen oder einen in der Gliederung eines Unternehmens gesondert geführten Betrieb übernommen hat.

Wird ein Unternehmen von mehreren Personen zu Miteigentum nach Bruchteilen erworben, so haften diese Personen aufgrund der gemeinsamen Tatbestandsverwirklichung als Gesamtschuldner (BFH vom 12.1.2011 XI R 11/08 BStBl II 2011, 477).

12.4.6.2 Haftungstatbestand

12.4.6.2.1 Begriff des Unternehmens

675 **Unternehmen** i. S. v. § 75 AO bedeutet jede gewerbliche oder beruflich selbständig ausgeübte Tätigkeit mit Hilfe einer nicht ganz unbeträchtlichen Betriebseinrichtung. Es kann sich dabei um ein gewerbliches Unternehmen, um einen Betrieb der Land- und Forstwirtschaft oder um den Betrieb eines freiberuflich oder sonst selbständig Tätigen handeln. Auch die umsatzsteuerpflichtige Vermietung eines Grundstücks kann sich als unternehmerische Tätigkeit darstellen und zu einer Haftung nach § 75 AO führen (BFH v. 25.5.1992 VI R 146/88, BStBl II 1992, 700).

676 Ein in der **Gliederung eines Unternehmens gesondert geführter Betrieb** ist jeder organisatorisch abgegrenzte Teil eines Betriebs, der als selbständiges Unternehmen fortgeführt werden kann. Liegt einkommensteuerrechtlich ein Teilbetrieb vor (§ 16 Abs. 1

Nr. 1 EStG), so handelt es sich im Allgemeinen um einen in der Gliederung des Unternehmens gesondert geführten Betrieb.

BEISPIELE:

1. Eine Filiale ist im Allgemeinen ein gesondert geführter Betrieb.
2. Das Reisebüro eines Sporthauses sowie der Gasthof einer Brauerei sind gesondert geführte Betriebe.

Der Haftungstatbestand ist nur erfüllt, wenn ein **lebendes Unternehmen** übergegangen ist. Ein Unternehmen, das bereits monatelang stillgelegen hat, ist kein lebendes Unternehmen i. S. v. § 75 AO. Eine kurze Stilllegung von einigen Wochen ist allerdings ohne Bedeutung. Entscheidend ist, dass der Erwerber den Betrieb ohne größere zusätzliche Aufwendungen bzw. Investitionen sofort wieder eröffnen **kann** (BFH v. 18.3.1986 VII R 146/81, BStBl II 1986, 589). Die tatsächliche Fortführung ist dagegen nicht erforderlich, da sich die Haftung auf die im erworbenen Unternehmen steckende Ertragskraft gründet. 677

Schließlich muss der Erwerber das Unternehmen **im Ganzen** erworben haben. Dies bedeutet, dass die wesentlichen Grundlagen eines Betriebs übereignet worden sind. Der Betrieb muss vom Erwerber in der Weise fortgeführt werden können, wie er vom Veräußerer genutzt wurde. Daher ist es für eine Haftung unbeachtlich, wenn für den Betrieb des Unternehmens unbedeutende Gegenstände, etwa Forderungen und Verbindlichkeiten, zurückbehalten werden. 678

BEISPIELE:

1. Der Unternehmer erwirbt einen Betrieb, der von dem Veräußerer in gemieteten Räumen geführt worden war. Der Erwerber tritt in den Mietvertrag des Veräußerers ein.
2. Der Unternehmer erwirbt ein Fuhrunternehmen. Die Betriebsgrundstücke, auf denen sich die Garage und Werkstätten des Fuhrparks sowie das Geschäftsgebäude befinden, werden nicht übereignet, sondern an den Erwerber vermietet.

Im Beispiel 1 genügt es für die Übernahme des Betriebs i. S. v. § 75 AO, wenn der Unternehmer in den Mietvertrag eintritt. Dabei ist nach ständiger Rechtsprechung des BFH wesentlich, dass der Mietvertrag unter Mitwirkung des Betriebsveräußerers zustande kommt.

Im Beispiel 2 wird der Betrieb nicht im Ganzen übertragen, da die Betriebsgrundstücke als wesentliche Betriebsgrundlagen von der Übereignung ausgeschlossen bleiben (BFH v. 18.3.1986 VII R 146/81, a. a. O.).

Dies bedeutet aber andererseits nicht, dass der Erwerber den Betrieb in derselben Weise fortführen muss wie der Veräußerer. Es genügt, dass der Erwerber aus dem Unternehmen überhaupt Nutzungen zieht. 679

BEISPIELE:

1. Der Unternehmer erwirbt die wesentlichen Grundlagen eines Hotelbetriebs. Er verpachtet den Betrieb unmittelbar nach dem Erwerb.
2. Der Unternehmer erwirbt die wesentlichen Grundlagen eines Hotelbetriebs. Ihm kommt es dabei nur auf die Grundstücke an, die er, ohne sie in irgendeiner Form zu nutzen, als Spekulationsobjekte betrachtet.

Während im Beispiel 1 der Unternehmer Nutzungen aus dem Betrieb zieht, ist dies im Beispiel 2 nicht der Fall. Nur im Beispiel 1 kann daher eine Haftung nach § 75 AO in Betracht kommen.

12.4.6.2.2 Übereignung eines Unternehmens

680 Gemäß § 75 Abs. 1 AO muss ein Unternehmen **durch Rechtsgeschäft** übereignet werden. Eine Übereignung liegt vor, wenn der Erwerber in der Lage ist, **wirtschaftlich** wie ein Eigentümer über das Unternehmen zu verfügen (§ 39 Abs. 2 Nr. 1 AO; Rdn. 33). Auf eine Übereignung nach bürgerlich-rechtlichen Vorschriften kommt es dabei nicht an. Ein Erwerb unter Eigentumsvorbehalt (§ 449 BGB) sowie die Treuhänderbestellung (BFH v. 6.10.1977 V R 50/74, BStBl II 1978, 241) fallen unter § 75 Abs. 1 AO. Nicht darunter fallen die Sicherungsübereignung, der Erwerb von Todes wegen, die Anwachsung, der Erwerb aus einer Insolvenzmasse oder im Vollstreckungsverfahren (§ 75 Abs. 2 AO).

BEISPIEL: Erb ist Eigentümer eines gewerblichen Betriebs. Diesen veräußert und übergibt er zum 1.1.01 an Neu. Neu veräußert und übergibt den Betrieb zum 1.6.01 an Baier. Bei Vorliegen der übrigen Voraussetzungen kommt eine Haftung nach § 75 AO sowohl für Neu als auch für Baier in Betracht, da zwei rechtsgeschäftliche Übereignungen hintereinander durchgeführt wurden. Beide Erwerber sind neben Erb Gesamtschuldner (§ 44 Abs. 1 AO).

12.4.6.3 Haftungsumfang: „betriebsbedingte Steuern"

681 ► Sachlich
Die Haftung des Betriebserwerbers umfasst Steuern, bei denen sich die Steuerpflicht auf den Betrieb eines Unternehmens gründet, die also nur in einem Unternehmen entstehen können, wie z. B. GewSt, USt. Keine Haftung besteht für die Grunderwerbsteuer oder Kraftfahrzeugsteuer, auch wenn diese Steuern im Zusammenhang mit Betriebsgrundstücken bzw. Betriebsfahrzeugen erhoben werden.

Darüber hinaus erstreckt sich die Haftung auf Steuerabzugsbeträge, also auf die Lohnsteuer und die Kapitalertragsteuer.

Die Haftung umfasst auch Ansprüche auf Rückzahlung von Steuervergütungen, z. B. Investitionszulagen (§ 75 Abs. 1 Satz 3 AO).

682 ► Zeitlich
Die Haftung ist in zweifacher Hinsicht eingeschränkt: Sie tritt nur ein, wenn die Steuer seit dem Beginn des letzten vor der Übereignung liegenden Kalenderjahres **entstanden** ist und innerhalb eines Jahrs nach Anmeldung des Betriebs durch den Erwerber (§ 138 Abs. 1 AO) **festgesetzt** bzw. **angemeldet** wurde (§ 75 Abs. 1 Satz 1 AO). Festgesetzt wird die Steuer durch das FA, bzw. die GewSt durch die Gemeinde, angemeldet werden die Steuerabzugsbeträge durch den Erwerber oder Veräußerer. Ist die Steuer festgesetzt oder angemeldet, besteht für den Erlass des Haftungsbescheides als zeitliche Grenze nur noch der Eintritt der Festsetzungsverjährung (§ 191 Abs. 5 AO).

► Gegenständlich
Die Haftung beschränkt sich auf das übernommene Vermögen einschließlich der Surrogate (§ 75 Abs. 1 Satz 2 AO; AEAO zu § 75 Nr. 4.3). Verweigert der Haftungsschuldner die Zahlung, so muss er die Vollstreckung in die übernommenen Vermögensgegenstände dulden. Eine Haftung über den Wert des übernommenen Ver-

mögens hinaus besteht nicht. Aufwendungen für den Erwerb des Unternehmens können dabei nicht abgezogen werden (vgl. auch AEAO zu § 74 Nr. 4.3).

BEISPIEL: ▶ Ein Käufer erwirbt einen Betrieb mit Wirkung vom 1.12.08. Er führt den Betrieb fort. Kurze Zeit später eröffnet ihm das zuständige FA, es bestünden ESt- und USt-Rückstände für die Jahre 06 bis 08. Darüber hinaus seien für diese Steuern auch Säumniszuschläge verwirkt.

Der Käufer haftet nicht für die ESt, da sie keine betriebsbedingte Steuer ist. Für die USt kommt eine Haftung nur in Betracht, wenn diese Steuern in den Kalenderjahren 07 und 08 entstanden sind (§ 75 Abs. 1 AO). Die USt-Schuld für die Jahre 07 und 08 ist mit Ablauf des jeweiligen Kalendermonats (Voranmeldungszeitraumes) dieser Jahre entstanden (§§ 13 Abs. 1, 18 Abs. 1 UStG). Der Käufer haftet also für die USt-Schuld 07 und 08.

Eine Haftung für die Säumniszuschläge besteht nicht, da § 75 AO nur von Steuern spricht, nicht etwa von sonstigen Ansprüchen aus dem Steuerschuldverhältnis (§ 37 Abs. 1 AO).

12.4.7 Haftung der Gesellschafter und Vereinsmitglieder

Eine gesetzliche Haftung kann ihre Grundlage nicht nur in Vorschriften des Steuerrechts haben, sondern sich auch aus anderen Gesetzen ergeben, etwa dem Bürgerlichen Gesetzbuch oder dem Handelsgesetzbuch (vgl. § 191 Abs. 1 und 4 AO). Ergibt sich hiernach für bestimmte Personen kraft Gesetzes (§ 4 AO) eine Haftung, so umfasst sie alle Ansprüche aus dem Steuerschuldverhältnis. 683

12.4.7.1 Haftungsschuldner

Als Haftungsschuldner kommen insbesondere die Mitglieder von **rechtsfähigen Personenvereinigungen** i. S. d. § 14a Abs. 2 AO in Betracht, die als solche der Besteuerung unterliegen. Es handelt sich hier um Gesellschafter von GbR (§ 705 Abs. 2 Alt. 1 BGB), von OHG (§ 105 Abs. 1 HGB), von KG (§ 161 Abs. 1 HGB) sowie von Partnerschaftsgesellschaften (§ 1 PartGG). Nicht hierunter fallen die stillen Gesellschafter von typischen oder atypischen stillen Gesellschaften. Bei diesen „Gesellschaften" handelt es sich um reine Innengesellschaften (§ 235 HGB), die sich nicht als Gesellschaften am Rechtsverkehr beteiligen. 684

Eine Haftung der Gesellschafter von juristischen Personen, wie z. B. AG oder GmbH, für Ansprüche aus dem Steuerschuldverhältnis kommt nicht in Betracht, denn es haftet nur das Gesellschaftsvermögen (§ 1 Abs. 1 Satz 2 AktG, § 13 Abs. 2 GmbHG).

Besonderheiten gelten für die entsprechenden **Vorgesellschaften**, die in der Zeit zwischen dem Abschluss des notariellen Gesellschaftsvertrags und der Eintragung der AG oder GmbH in das Handelsregister (§ 36 AktG, § 7 GmbHG) vorliegen. Erst mit der Eintragung in das Handelsregister (§§ 8 ff. HGB) entsteht die AG (§ 41 Abs. 1 AktG) bzw. die GmbH (§ 11 Abs. 1 GmbHG). Vorgesellschaften sind ihrer Rechtsnatur nach (nicht rechtsfähige oder rechtsfähige) GbR oder, wenn sie bereits ein Handelsgeschäft betreiben, offene Handelsgesellschaften. 685

Handeln die Gründer vor Eintragung im Namen der zukünftigen Gesellschaft, so haften sie persönlich (§ 41 Abs. 1 AktG, § 11 Abs. 2 GmbHG). Man spricht von der **Haftung des**

Handelnden. Diese Haftungsansprüche erlöschen mit der Eintragung der Gesellschaft in das Handelsregister.

Davon unabhängig kann eine Haftung der Gründer für die (steuerlichen) Verbindlichkeiten nach dem Recht der GbR (§§ 705, 721, 421, 427 BGB) oder OHG-Recht (§ 126 HGB) in Betracht kommen. Die neuere Rechtsprechung unterscheidet hier zwischen der **echten** und der **unechten** Vorgesellschaft (BFH v.18.03.2010 IV R 88/06 BStBl II 2010, 991; FG Thüringen v. 7.7.2020 – 3 K 594/19).

686 Eine **echte Vorgesellschaft** liegt vor, wenn und solange die Gründer diese mit dem Ziel der Eintragung in das Handelsregister ernsthaft betreiben. Ist dies der Fall, haften sie gegenüber der Vorgesellschaft persönlich und auf Ausgleich der (steuerlichen) Verbindlichkeiten der Vorgesellschaft gegenüber den Gläubigern (Fiskus). Sie haften dabei allerdings nicht gesamtschuldnerisch, sondern anteilig und unbeschränkt (sog. Verlustdeckungshaftung). Die echte Vorgesellschaft wird zivil- und steuerrechtlich als werbende Kapitalgesellschaft behandelt und ist ein eigenständiges Rechtsgebilde.

Eine **unechte Vorgesellschaft** liegt demgegenüber vor, wenn z. B. von vorneherein nicht die Absicht bestand, die GmbH oder AG eintragen zu lassen oder diese Absicht später aufgegeben wurde. Die Gründer haften für steuerliche Verbindlichkeiten im Außenverhältnis persönlich, unbeschränkt und gesamtschuldnerisch, ähnlich wie bei rechtsfähigen Personenvereinigungen (z. B. GbR oder OHG).

BEISPIEL: Ahr und Bähr schließen einen notariellen Gesellschaftsvertrag (§ 2 GmbHG) zur Gründung einer Elektrohandels-GmbH. Ahr wird zum Geschäftsführer bestimmt und erwirbt für die GmbH die Geschäftseinrichtung und Waren für insgesamt 500 000 €. Die von den Lieferanten in Rechnung gestellte Vorsteuer wird vom FA vergütet (§ 15 Abs. 1 Nr. 1 UStG). Infolge von Unstimmigkeiten zwischen den Gesellschaftern kommt es nicht mehr zur Eintragung der GmbH. Später stellt das FA fest, dass versehentlich zu hohe Vorsteuern angemeldet worden sind (§ 168 Abs. 1 AO). Es korrigiert den Bescheid nach § 164 Abs. 2 AO.

Steuerschuldnerin für die Rückzahlung der Vorsteuern ist die Gründungsgesellschaft (§ 2 Abs. 1 UStG).

Ahr hat bei den Einkäufen im Namen der GmbH im Gründungsstadium gehandelt. Er haftet gemäß § 11 Abs. 2 GmbHG für die zu hoch ausgezahlten Steuervergütungen.

Da die Eintragung nicht erfolgt ist, lag eine unechte Vorgesellschaft vor. Die beiden Gründer haften, da ein Handelsgewerbe betrieben wurde (§ 1 HGB), der Gründungsgesellschaft gegenüber persönlich, unbeschränkt und gesamtschuldnerisch nach dem Recht der OHG.

687 Von der Vorgesellschaft ist die **Vorgründungsgesellschaft** zu unterscheiden. Sie ist in der Regel eine GbR, deren Zweck in der gemeinsamen Errichtung einer Kapitalgesellschaft besteht. Sie bezieht sich auf die Zeit vor Abschluss des notariellen Gesellschaftsvertrages und ist weder mit der Vorgesellschaft noch mit der späteren Kapitalgesellschaft identisch. Die Haftung bestimmt sich nach den Grundsätzen des Rechtes der rechtsfähigen GbR.

12.4.7.2 Haftungstatbestand

688 Die Gesellschafter haften bürgerlich-rechtlich persönlich für die Gesellschaftsschulden. Selbstverständlich besteht eine steuerrechtliche Haftung in diesen Fällen nur in dem vom bürgerlichen Recht abgegrenzten Umfang.

12.4.7.2.1 Gesellschafter der Gesellschaften des bürgerlichen Rechtes

Rechtsfähige GbR können nach den Steuergesetzen Steuerrechtssubjekte von Betriebs- 689 steuern sein, z. B. der GewSt (§ 5 Abs. 1 GewStG) oder der USt (§ 2 Abs. 1 UStG). Daraus folgt, dass für die Steuerschulden der Gesellschaft deren Gesellschafter persönlich und unbeschränkt haften (§§ 705, 721, 421 und 427 BGB bzw. nach § 191 AO, § 126 HGB).

Da es sich dabei um eine gesetzliche Haftung handelt, kann sie dem FA gegenüber nicht beschränkt werden.

Ansprüche aus der Gesellschafterhaftung bei Auflösung der Gesellschaft verjähren 690 grundsätzlich analog zu § 151 HGB. Die Verjährung beginnt, wenn das FA von der Auflösung der Gesellschaft oder seinem Ausscheiden erfährt (BFH v. 16.12.2021 IX ZR 81/21, ZIP 2022, 217).

12.4.7.2.2 Gesellschafter der Handelsgesellschaften (OHG, KG)

Alle Gesellschafter einer OHG haften persönlich und unbeschränkt (§ 126 HGB). Dassel- 691 be gilt für die Komplementäre einer KG. Kommanditisten haften dagegen nur bis zur Höhe ihrer Einlage persönlich. Haben sie ihre Einlage erbracht, so ist ihre Haftung ausgeschlossen (§ 171 Abs. 1 HGB). Wird allerdings die Einlage eines Kommanditisten zurückbezahlt, so gilt diese den Gläubigern gegenüber als nicht geleistet (§ 172 Abs. 4 HGB), die Haftung lebt daher wieder auf.

Beginnt eine KG ihre Geschäfte, bevor sie in das Handelsregister eingetragen worden ist, so haftet jeder Kommanditist, der dem Geschäftsbeginn zugestimmt hat, für die bis zur Eintragung begründeten Verbindlichkeiten der Gesellschaft wie ein persönlich haftender Gesellschafter, es sei denn, dass dem Gläubiger seine Beteiligung als Kommanditist bekannt war. Dasselbe gilt, wenn ein Kommanditist in eine bestehende OHG oder KG eintritt, für Verbindlichkeiten, die in der Zeit zwischen Eintritt und Eintragung im Handelsregister begründet wurden (§ 176 HGB).

Wer in eine OHG oder KG eintritt, haftet, wenn er die Stellung eines persönlich haftenden Gesellschafters erwirbt, entsprechend § 127 HGB, wenn er die Stellung eines Kommanditisten erwirbt, entsprechend §§ 171, 172 HGB für die vor seinem Eintritt begründeten Verbindlichkeiten der Gesellschaft (vgl. §§ 127, 173 HGB).

Ansprüche gegen einen Gesellschafter einer Personenhandelsgesellschaft aus Verbind- 692 lichkeiten der Gesellschaft verjähren grundsätzlich fünf Jahre nach der Eintragung der Auflösung der Gesellschaft in das Handelsregister (§ 151 HGB).

Scheidet ein Gesellschafter aus einer Personengesellschaft aus, so haftet er für die bis 693 dahin begründeten Verbindlichkeiten nur, wenn sie vor Ablauf von fünf Jahren nach dem Ausscheiden fällig waren und die Ansprüche in dieser Zeit durch Haftungsbescheid geltend gemacht worden sind (§ 137 HGB).

In beiden Fällen kommt eine Haftung nur für Ansprüche aus dem Steuerschuldverhältnis in Betracht, die während der Mitgliedschaft des Gesellschafters in der Gesellschaft entstanden sind. Dies gilt selbst dann, wenn das Ausscheiden des Gesellschafters aus der Gesellschaft zu spät oder gar nicht in das Handelsregister eingetragen wurde (BFH v. 13.4.1978 V R 94/74, BStBl II 1978, 490).

12.4.7.2.3 Partner einer Partnerschaftsgesellschaft

694 Die Partner einer Partnerschaftsgesellschaft haften für deren Verbindlichkeiten als Gesamtschuldner (§ 8 Abs. 1 PartGG). Die Verjährung der Ansprüche richtet sich gemäß § 10 Abs. 2 PartGG nach §§ 159, 160 HGB.

12.4.7.2.4 Nichtrechtsfähige Vereine

695 Das MoPeG hat die Haftung der Mitglieder nicht rechtsfähiger Vereine in § 54 BGB präzisiert und teilweise an die Regelung für eingetragene Vereine angepasst (§§ 54 Satz 1, 31b BGB). Die persönliche Haftung der Mitglieder ist auf die Handelnden beschränkt (§ 54 Abs. 2 BGB), während für Verbindlichkeiten des Vereins grundsätzlich das Vereinsvermögen haftet.

12.4.7.3 Haftungsumfang

696 Die Haftung erstreckt sich auf alle Verbindlichkeiten der Gesellschaft (vgl. z. B. § 126 HGB und § 8 Abs. 1 PartGG). Dazu gehören alle Ansprüche aus dem Steuerschuldverhältnis (§§ 37 Abs. 1; 3 Abs. 4 AO).

BEISPIEL: Mai ist Komplementär, Mühl ist Kommanditist einer KG. Von der Kommanditeinlage in Höhe von 20 000 € hat Mühl nur 15 000 € einbezahlt. Die KG hat USt-Schulden in Höhe von 18 000 €.

Mai haftet als Komplementär für die Schulden der KG persönlich mit seinem ganzen Vermögen (§§ 161 Abs. 2, 126 HGB). Da Mühl seine Einlage noch nicht vollständig erbracht hat, haftet er persönlich mit seinem ganzen Vermögen, allerdings nur in Höhe von 5 000 € (§ 171 Abs. 1 HGB). Dasselbe würde gelten, wenn Mühl zwar seine Einlage ursprünglich erbracht hätte, diese ihm aber später ganz oder teilweise wieder ausbezahlt worden wäre (§§ 171 Abs. 1, 172 Abs. 4 HGB).

12.4.8 Haftung des Erwerbers eines Handelsgeschäftes (§ 25 HGB)

697 Bei einer Geschäftsübernahme unter Fortführung der Firma sollen sich die Gläubiger darauf verlassen können, dass der neue Inhaber auch für die Verbindlichkeiten des Veräußerers haftet. Dies umso mehr, als die Gläubiger oftmals gar nichts von dem Übergang des Handelsgeschäftes merken.

12.4.8.1 Haftungsschuldner

698 Die Haftung nach § 25 HGB trifft daher denjenigen, der ein Handelsgeschäft, also das Unternehmen eines Kaufmanns, erworben hat.

12.4.8.2 Haftungstatbestand

699 Es muss ein rechtsgeschäftlicher Erwerb eines Handelsgeschäftes unter Lebenden vorliegen. Dabei ist es gleichgültig, ob der Kaufvertrag unter Mängeln leidet, solange die Parteien die Wirkung des Kaufvertrages nicht rückgängig machen.

Der Erwerber muss das Handelsgeschäft unter der bisherigen Firma fortführen. Die **Firma** ist der Name, unter dem der Kaufmann seine Geschäfte betreibt und seine Unterschrift abgibt (§ 17 Abs. 1 HGB). Unbeachtlich ist es, wenn der ursprünglichen Firma ein Nachfolgezusatz angefügt wird (§ 25 Abs. 1 HGB) oder wenn der Name nur unwesentlich verändert wird.

BEISPIELE:

1. Der Inhaber der Firma „Aluminium-Werk Karl Schulze" veräußert seinen Betrieb an mehrere Erwerber, die das Handelsgeschäft unter der Firma „Aluminium-Werk Karl Schulze & Co." fortführen.
2. Der Erwerber der Firma „Hermann Paulig KG" führt den Betrieb unter der Firma „H. Paulig GmbH" fort (BFH v. 21.1.1986 VII R 179/83, BStBl II 1986, 383).

In beiden Fällen ist der Name der Firma nur unwesentlich verändert. Eine Haftung nach § 25 HGB kommt in Betracht.

12.4.8.3 Haftungsumfang

Die Haftung erstreckt sich auf alle im Betrieb des Handelsgeschäftes begründeten Verbindlichkeiten des früheren Inhabers (§ 25 Abs. 1 HGB), also auch auf alle betrieblichen Steuern sowie die sonstigen Ansprüche aus diesen Steuerschuldverhältnissen (§§ 37 Abs. 1; 3 Abs. 4 AO). Die Haftung bei Firmenfortführung (§ 25 Abs. 1 HGB) umfasst nicht die Körperschaftsteuerschuld der ehemaligen Betriebsinhaberin (BFH, Urteil v. 6.4.2016 - I R 19/14 (NV), BFH/NV 2016 S. 1491). Der Erwerber haftet persönlich mit seinem gesamten Vermögen. 700

Die Haftung kann wirksam ausgeschlossen werden (§ 25 Abs. 2 HGB),

- wenn der Ausschluss in das **Handelsregister eingetragen** oder
- wenn der Ausschluss der Haftung **unverzüglich** nach der Betriebsübernahme dem Gläubiger mitgeteilt wird.

12.4.8.4 Verhältnis von § 75 AO zu § 25 HGB

Bei der Veräußerung eines Handelsgeschäfts kann unter Umständen die Haftung sowohl auf § 75 AO als auch auf § 25 HGB gestützt werden. Sind die Voraussetzungen für beide Vorschriften gegeben, so hat das FA die Wahl, welche Vorschrift es anwenden will. Allerdings bestehen Unterschiede im Haftungsumfang, da sich die Haftung nach § 25 HGB auf alle von der übernommenen Firma begründeten Verbindlichkeiten erstreckt, also auch auf die KFZ-Steuer und steuerliche Nebenleistungen (vgl. demgegenüber Rdn. 681 f. für § 75 AO). Die Haftung nach § 25 HGB unterliegt auch keiner gegenständlichen oder zeitlichen Beschränkung und erlaubt daher den Zugriff auf das gesamte Vermögen des Haftungsschuldners. Andererseits kann sie im Gegensatz zur Haftung nach § 75 AO wirksam ausgeschlossen werden. 701

12.4.9 Weitere Fälle von Haftung kraft Gesetzes

702 Neben den bereits erläuterten Haftungstatbeständen sei hingewiesen auf:

- Haftung des Ausstellers einer **Spendenquittung** (§ 10b Abs. 4 EStG);
- Haftung des **Arbeitgebers** für die richtige Einbehaltung und Abführung der Lohnsteuer (§ 42d EStG);
- Haftung des Schuldners der Kapitalerträge für die richtige Einbehaltung und Abführung der **Kapitalertragsteuer** (§ 44 Abs. 5 EStG);
- Haftung des **Unternehmers** für schuldhaft nicht abgeführte Steuer (§ 25d UStG);
- Haftung des **Erbschaftskäufers** (§ 2371 BGB) für die Nachlassschulden (§ 2382 BGB);
- Haftung des überlebenden Ehegatten **bei der fortgesetzten Gütergemeinschaft** (§ 1483 BGB) für alle Gesamtgutsverbindlichkeiten (§ 1489 BGB);
- Haftung bei **Einbringung des Geschäftes** eines Einzelkaufmannes in eine neu gebildete Personenhandelsgesellschaft (§ 28 HGB).

12.5 Dingliche Haftung nach Gesetz (Sachhaftung)

703 Ist jemand gesetzlich verpflichtet, die Zwangsvollstreckung in Vermögen, das seiner Verwaltung unterliegt, zu dulden, so kann er durch **Duldungsbescheid** (§ 191 Abs. 1 AO) in Anspruch genommen werden. Diese dingliche gesetzliche Haftung ist in folgenden Fällen von Bedeutung:

12.5.1 Verwalter fremden Vermögens (§ 77 Abs. 1 AO)

704 Die Zwangsvollstreckung zu dulden haben hauptsächlich die in §§ 34, 35 AO genannten Personen, soweit sie fremdes Vermögen verwalten und damit auch den Besitz über das fremde Vermögen ausüben. Werden Ansprüche aus einem Steuerschuldverhältnis (§§ 37 Abs. 1; 3 Abs. 4 AO) gegen einen vertretenen Stpfl. festgesetzt, so muss der Vermögensverwalter die Zwangsvollstreckung dulden. Die Zwangsvollstreckung ist auf das verwaltete Vermögen beschränkt.

BEISPIEL: Borg ist Betreuer des Alt (§ 1821 BGB) und verwaltet dessen Vermögen. Er unterlässt es grob fahrlässig, die ESt-Schuld des Alt zu bezahlen.

Das FA hat im Rahmen seines pflichtgemäßen Ermessens zwei Möglichkeiten in Betracht zu ziehen:

Es kann in das von Borg verwaltete Vermögen des Steuerschuldners vollstrecken. Durch einen **Duldungsbescheid** (§§ 77 Abs. 1, 191 Abs. 1 AO) kann es anordnen, dass Borg die Vollstreckung zu dulden hat. Er ist Vollstreckungsschuldner (§ 253 AO).

Da Borg gesetzlicher Vertreter des Alt ist (§ 34 Abs. 1 AO), kann das FA, z. B. wenn Alt inzwischen vermögenslos geworden ist, gegen Borg nach §§ 69, 191 Abs. 1 AO einen **Haftungsbescheid** erlassen.

12.5.2 Haftung des Grundstückseigentümers (§ 77 Abs. 2 AO)

Die Grundsteuer (§ 12 GrundStG) liegt als **öffentliche Last** auf dem Grundbesitz. Sie 705
entsteht kraft Gesetzes und ohne, dass es einer Eintragung in das Grundbuch bedarf (§ 54 GBO). Wegen dieser öffentlichen Last hat der jeweilige Eigentümer des Grundstückes die Zwangsvollstreckung zu dulden, auch wenn er nicht persönlicher Schuldner der Abgabe ist. Die Zwangsvollstreckung ist auf das belastete Grundstück beschränkt.

(Einstweilen frei) 706–710

12.6 Kontrollfragen

FRAGEN

		Rdn.
1.	Was unterscheidet den Haftungs- vom Steuerschuldner?	611
2.	Kann der Haftungsschuldner sein - Gesamtschuldner - Steuerentrichtungspflichtiger - Gesamtrechtsnachfolger?	428, 431 - 435, 611 f.
3.	Wann entsteht der Haftungsanspruch?	614 f.
4.	Wann entsteht der Haftungsanspruch in den Fällen der §§ 71 bzw. 75 AO?	614 f., 658 - 662, 673 - 680
5.	Was bedeutet der Grundsatz der Akzessorietät?	614 f.
6.	Das FA hat im Jahr 01 gegenüber dem Steuerpflichtigen Bauer einen wirksamen Steuerbescheid bekannt gegeben. Nach dessen Zahlungsunfähigkeit erlässt das FA im Jahr 03 gegen Huber einen wirksamen Haftungsbescheid. Mit Ablauf des Jahres 06 tritt die Zahlungsverjährung für den Steueranspruch gegenüber Bauer ein. Welchen Einfluss hat der Eintritt der Zahlungsverjährung auf den Haftungsbescheid?	614 f.
7.	Welche verfahrensrechtlichen Konsequenzen ergeben sich bei einer Haftung - aus Bürgschaft nach § 765 BGB, - als Erwerber eines Handelsgeschäfts nach § 25 HGB?	616 - 620
8.	Wer ist örtlich zuständig für den Erlass eines Haftungsbescheides?	622
9.	Welche Wirksamkeitserfordernisse hat der Haftungsbescheid?	624 - 628
10.	Welche verjährungsrechtlichen Vorschriften sind für die Festsetzung des Haftungsanspruchs anzuwenden?	631 - 634
11.	Wie wirkt sich der Steueranspruch auf die Rechtmäßigkeit und Angreifbarkeit des Haftungsbescheides aus?	635 - 637
12.	Kann der Adressat eines im Übrigen rechtmäßigen Haftungsbescheides im zulässigen Einspruch mit Erfolg einwenden, der Haftungsbescheid sei von der örtlich nicht zuständigen Behörde erlassen worden?	209 - 213, 298 f., 638 - 643
13.	Was bedeutet „Auswahlermessen" bei Erlass eines Haftungsbescheids?	638 - 643

14.	Wann ist die Anhörung der Berufskammer nach § 191 Abs. 2 AO erforderlich und welche Konsequenzen ergeben sich, wenn die Behörde bei Erlass des Haftungsbescheides dagegen verstoßen hat?	644 f.
15.	Nach welchen Vorschriften können Haftungsbescheide korrigiert werden?	646 f.
16.	Unter welchen Voraussetzungen darf die festgesetzte Haftungsschuld sofort mit einer Zahlungsaufforderung verbunden werden?	648 f.
17.	Wer kommt als Vermögensverwalter nach § 34 Abs. 3 AO in Betracht?	651
18.	Kann ein Steuerberater Verfügungsberechtigter nach § 35 AO sein?	651
19.	Wann muss eine steuerliche Hilfsperson nach § 69 AO haften?	652 - 655
20.	Worauf erstreckt sich die Haftung nach § 69 AO?	657
21.	Wer kann Haftungsschuldner nach § 71 AO sein?	658 - 662
22.	Worauf erstreckt sich die Haftung nach § 71 AO?	658 - 662
23.	Wer kann Haftungsschuldner nach § 74 AO sein?	669 - 672
24.	Welchen Einschränkungen unterliegt der Haftungsumfang nach § 74 Abs. 1 AO?	669 - 672
25.	Zech erwirbt den Obstgroßhandel des Leicht, um ihn nicht mehr zum Konkurrenten zu haben, führt den Betrieb aber nicht weiter. Kommt eine Haftung des Zech nach § 75 AO in Betracht?	673 - 679
26.	Wann liegt eine Übereignung i. S. d. § 75 AO vor?	680
27.	Welche Einschränkung der Haftung für betriebsbedingte Steuern nimmt § 75 Abs. 1 AO vor?	681 f.
28.	Wodurch unterscheidet sich die Haftung nach § 75 AO wesentlich von der Haftung nach § 25 HGB?	681 f., 697 - 701

DOWNLOAD

Lösungen zu den Kontrollfragen s. online-Version.

KAPITEL 13: AUßENPRÜFUNG, VERBINDLICHE ZUSAGE UND AUSKÜNFTE

Kapitel 13: Außenprüfung, verbindliche Zusage und Auskünfte

13.1 Außenprüfung (§§ 193 – 203 AO)

13.1.1 Allgemeines

Das FA legt den Steuerbescheiden grundsätzlich die in den Steuererklärungen enthaltenen Angaben des Steuerpflichtigen zugrunde. Die Finanzbehörde kann im Rahmen der Beweiserhebung im Besteuerungsverfahren (vgl. §§ 88, 92 ff. AO; Rdn. 151 ff.) unklare und unvollständige Eintragungen in den Erklärungen ergänzen sowie die Wahrheit der Angaben überprüfen. Darüber hinaus dienen – meist **außerhalb** der Räumlichkeiten des FA beim Stpfl. durchgeführte – Außenprüfungen der Kontrolle der Besteuerung. Hier ist neben den Vorschriften der AO auch die **Betriebsprüfungsordnung** (BpO 2000), eine allgemeine Verwaltungsvorschrift für die Betriebsprüfung (BFH v. 15.3.2000, BStBl I 2000, 368, zuletzt geändert durch Art. 1 der allgemeinen Verwaltungsvorschrift vom 20.7.2011, BStBl I 2011, 710) zu beachten. 711

13.1.2 Zulässigkeit und Prüfungszeitraum

13.3.2.1 Zulässigkeit

Bei Gewerbetreibenden, Land- und Forstwirten und bei freiberuflich Tätigen (§ 18 Abs. 1 Nr. 1 EStG) sowie Stpfl. nach § 147a AO ist eine Außenprüfung stets zulässig (**§ 193 Abs. 1 AO**). Als Begründung reicht die Angabe der Rechtsgrundlage (BFH v. 2.10.1991 X R 1/88 und II R 153/88, BStBl II 1992, 274). 712

Da die Außenprüfung aber der Ermittlung der steuerlichen Verhältnisse der Stpfl. dient, darf sich die Behörde auch nur davon leiten lassen. Die Anordnung einer Außenprüfung nach § 193 Abs. 1 AO kann daher ermessensfehlerhaft sein, wenn sich das FA maßgeblich von sachfremden Erwägungen leiten lässt und der Zweck der Prüfung der steuerlichen Verhältnisse in den Hintergrund tritt. Dies gilt auch, wenn die angeordnete Außenprüfung auch ein in irgendeiner Weise umsetzbares steuerliches Ergebnis haben könnte (BFH vom 28.9.2011 VIII R 8/09, BStBl II 2012, 395).

Die Prüfung erstreckt sich auch auf außerbetriebliche Sachverhalte (BFH v. 28.11.1985 IV R 323/84, BStBl II 1986, 437). Sollen auch die steuerlichen Verhältnisse von Gesellschaftern geprüft werden (vgl. § 194 Abs. 2 AO), ist für jeden Beteiligten eine Prüfungsanordnung zu erteilen (§ 197 Abs. 1 Satz 3 AO, § 5 Abs. 6 BpO).

§ 193 Abs. 2 Nr. 1 AO gilt für die Prüfung von Stpfl. (Rdn. 428), sofern sie nicht ohnehin unter § 193 Abs. 1 AO fallen, weil sie Arbeitnehmer beschäftigen. Diese Rechtsgrundlage kommt bei Privatpersonen, die Bedienstete haben, in Betracht. 713

Bei Stpfl., die nur Überschusseinkünfte i. S. d. § 2 Abs. 1 Nr. 4 – 7 EStG erzielen und nicht unter § 147a AO fallen, sind Außenprüfungen nur zulässig, wenn für die Besteuerung erhebliche Verhältnisse der Aufklärung bedürfen **und** eine Prüfung an Amtsstelle 714 nicht zweckmäßig ist (**§ 193 Abs. 2 Nr. 2 AO**). Dies ist in der Prüfungsanordnung zu begründen (BFH v. 9.11.1994 XI R 16/94, BFH/NV 1995, 578). So bedürfen die Verhältnisse der Aufklärung, wenn Anhaltspunkte es nach der Erfahrung der Behörde als möglich erscheinen lassen, dass die Steuererklärung den Anforderungen nicht entspricht. Unzweckmäßig ist die Prüfung an Amtsstelle, wenn es sich um umfangreiche und vielgestaltige Einkünfte handelt und die Prüfung der steuerlich erheblichen Aspekte mit großem Zeitaufwand verbunden ist (BFH v. 26.7.2007 VI R 68/04, BStBl II 2009, 338).

Nach § 193 Abs. 2 Nr. 3 ist darüber hinaus eine Außenprüfung zulässig bei Stpfl., die ihren Mitwirkungspflichten nach § 12 des Steueroasen-Abwehrgesetzes (StAbwG) nicht nachkommen.

Für jeden Stpfl. müssen dabei die Rechtsgrundlagen für eine Außenprüfung gegeben sein. So reicht bei zusammen veranlagten Ehegatten die Prüfung des Gewerbebetriebs der Ehefrau nach § 193 Abs. 1 AO nicht aus, um auch die Verhältnisse des Ehemanns zu überprüfen. Vielmehr bedarf es für ihn einer eigenen Rechtsgrundlage.

Nach Maßgabe des § 203a AO ist eine Außenprüfung auch bei einer mitteilungspflichtigen Stelle i. S. des § 93c Abs. 1 AO zulässig.

715 Bereits Anhaltspunkte für die Möglichkeit einer Steuernachforderung rechtfertigen eine Prüfung (BFH v. 17.11.1992 VIII R 25/89, BStBl II 1993, 146). Auch die Anordnung einer Außenprüfung für einen bereits geprüften Zeitraum – „Zweitprüfung" – ist zulässig (BFH v. 17.11.1992 VIII R 25/89, BStBl II 1989, 440).

716 Der Stpfl. kann die Durchführung einer Außenprüfung anregen. Über den Antrag entscheidet die zuständige Finanzbehörde (§ 195 AO) nach pflichtgemäßem Ermessen (§ 5 AO). Einen Rechtsanspruch auf Durchführung einer Außenprüfung gibt es ebenso wenig, wie den auf Prüfungspause oder Verschonung von einer Prüfung.

717 Neben Prüfungen, die sich in der Regel auf mehrere Steuerarten und Besteuerungszeiträume erstrecken (allgemeine Außenprüfung oder Betriebsprüfung), gibt es Prüfungen, die sich nur auf einzelne Steuern beschränken, z. B. **Lohnsteueraußenprüfung** oder **Umsatzsteuerprüfung** (Außenprüfung für spezielle Bereiche oder Sonderprüfung).

718 Von der Außenprüfung zu unterscheiden sind Einzelermittlungen eines Außenprüfers nach § 88 AO (sog. betriebsnahe Veranlagung), der Prüfer hat dann zu erklären, dass er Auskünfte – ohne Prüfungsanordnung – verlangen kann (BFH v. 25. 11. 1997 VIII R 4/94, BStBl II 1998, 461; AEAO zu § 193 Nr. 6, zu § 85 Nr. 2 und 3). Auch die Umsatzsteuernachschau nach § 27b UStG ist keine Betriebsprüfung nach § 193 AO.

13.1.2.2 Prüfungszeitraum

719 Der Prüfungsumfang wird von der Behörde nach pflichtgemäßem Ermessen bestimmt (§ 194 Abs. 1 Satz 2 AO). Sie entscheidet, ob und wann eine Außenprüfung durchgeführt wird (§ 2 Abs. 3 BpO).

Die Prüfungshäufigkeit hängt dabei von den Größenklassen nach § 3 BpO ab, deren einheitliche Abgrenzungsmerkmale im 3-Jahreszeitraum in Teil I der BStBl veröffentlicht werden (vgl. BMF vom 15.12.2022, BStBl I 2022 S. 1669 ab dem 1. Januar 2024).

Bei Großbetrieben soll der Prüfungszeitraum an den vorhergehenden anschließen (§ 4 Abs. 2 BpO), im Übrigen soll er nicht mehr als drei Besteuerungszeiträume umfassen (§ 4 Abs. 3 BpO). Eine ergänzende Prüfungsanordnung für weitere Veranlagungsjahre ist zulässig, wenn mit nicht unerheblichen Änderungen der Besteuerungsgrundlagen zu rechnen ist bzw. der Verdacht einer Steuerstraftat oder einer Steuerordnungswidrigkeit besteht (§ 4 Abs. 3 Satz 2 BpO), was in der Prüfungsanordnung darzulegen ist.

Da es faktisch nicht möglich ist, alle unter § 193 Abs. 1 AO fallenden Betriebe zu prü- 720
fen, entscheidet die Behörde nach pflichtgemäßem Ermessen (§ 5 AO), wobei auch die Auswahl nach Zufallsgesichtspunkten möglich ist. Es handelt sich um ein sachgerechtes Kriterium, das auch zu einer Anschlussprüfung führen kann. Weder der AO noch der BpO ist zu entnehmen, dass Außenprüfungen nur in einem bestimmten Turnus oder mit zeitlichen Abständen erfolgen dürfen (z. B. BFH-Urteil vom 15.6.2016 III R 8/15, BStBl II 2017 Seite 25, m. w. N.). Dies gilt nicht nur für Großbetriebe, sondern auch für Mittelbetriebe sowie Klein- und Kleinstbetriebe.

13.1.3 Prüfungsanordnung

13.1.3.1 Inhalt

Die Prüfungsanordnung als sonstiger Verwaltungsakt bildet die Grundlage für die Dul- 721
dung der Außenprüfung. Sie ergeht schriftlich, bei Großbetrieben vier Wochen, im Übrigen zwei Wochen vor Beginn der Prüfung (§ 5 Abs. 4 Satz 2 BpO) und enthält:

- den Adressaten,
- die Rechtsgrundlagen der Außenprüfung,
- die zu prüfenden Steuerarten,
- bestimmte zu prüfende Sachverhalte
- sowie den Prüfungszeitraum (§§ 196, 197 AO; § 5 Abs. 2 Satz 1 BpO).

Eine Prüfungsanordnung, die mehrere Steuerarten und Veranlagungs- bzw. Feststellungszeiträume betrifft, beinhaltet mehrere selbständig anfechtbare Regelungen (BFH v. 25.1.1989 X R 158/87, BStBl II 1989, 483). Mit der Prüfungsanordnung verbunden werden regelmäßig die Festsetzung des Prüfungsbeginns und des Prüfungsortes als selbständige VA (BFH v. 25.1.1989 X R 158/87, BStBl II 1987, 408 und v. 26.1.1989 IV R 151/86, BStBl II 1989, 455).

Die Prüfungsanordnung ist nach § 121 AO zu begründen (Heilung nach § 126 Abs. 1 722
Nr. 2, Abs. 2 AO möglich), mit einer Rechtsbehelfsbelehrung zu versehen (§§ 196, 355, 356 AO) und dem Betroffenen zu übermitteln (§§ 124 Abs. 1, 122 AO, VwZG). Hinweise auf die Rechte und Pflichten des Betroffenen sind beizufügen (§ 5 Abs. 2 Satz 2 BpO).

Auf Antrag kann der Beginn der Außenprüfung aus triftigen Gründen verlegt werden (§ 197 Abs. 2 AO, § 5 Abs. 5 BpO).

13.1.3.2 Besonderheiten bei der Bekanntgabe

723 Eine zusammengefasste **Prüfungsanordnung gegen Ehegatten** soll nur ergehen, wenn diese gemeinschaftlich unternehmerisch tätig sind (AEAO zu § 197 Nr. 3). Im Übrigen muss jeder Ehegatte als eigenes Prüfungssubjekt behandelt werden.

724 Bei einer an eine **Personengesellschaft** gerichteten Prüfungsanordnung ist danach zu differenzieren, ob es sich um eine **Personenhandelsgesellschaft** (AEAO zu § 197 Nr. 5.1) oder eine **sonstige nicht rechtsfähige Personenvereinigung** (AEAO § 197 Nr. 5.2) handelt.

Im Falle von **Personenhandelsgesellschaften** erfolgt die Bekanntgabe von Prüfungsanordnungen **an diese** als Inhaltsadressatin **unter ihrer Firma,** mit der sie im Wirtschaftsleben eindeutig bezeichnet werden kann; bei Zweifeln über die zutreffende Bezeichnung ist das Handelsregister maßgebend. Ein zusätzlicher Hinweis auf Vertretungsbefugnisse oder die Nennung der Gesellschafter ist zur Bezeichnung nicht erforderlich (AEAO § 122 Nr. 2.4.1.1).

Die Prüfungsanordnung für eine **sonstige nicht rechtsfähige Personenvereinigung** richtet sich im Falle von **Gewinneinkünften** an die Personenvereinigung selbst als Prüfungssubjekt (AEAO zu § 197 Nr. 5.2.1), da sie die Buchführungs- und Aufzeichnungspflichten erfüllt und daher die Prüfung zu dulden hat. Die Übermittlung erfolgt an die Personenvereinigung unter ihrem geschäftsüblichen Namen. Möglich ist auch die Übermittlung an einen gemeinsamen Empfangsbevollmächtigten oder einen vertretungsberechtigten Gesellschafter (BFH v. 16.11.1989 IV R 29/89, BStBl II 1990, 272).

Wird die Prüfung von **Überschusseinkünften** angeordnet, ist die nicht rechtsfähige Personenvereinigung nicht selbst Prüfungssubjekt. Vielmehr ist der einzelne Gesellschafter bzw. Gemeinschafter der Träger der steuerlichen Rechte und Pflichten (§ 33 Abs. 1 AO). Eine Prüfungsanordnung ist an jeden Gesellschafter zu richten und diesem bekannt zu geben (BFH v. 25.9.1990 IX R 84/88, BStBl II 1991, 120 und v. 18.10.1994 IX R 128/92, BStBl II 1995, 291; AEAO zu § 197 Nr. 5.2.2). Im Falle einer Bekanntgabe an einen gemeinsamen Empfangsbevollmächtigten ist auf dessen Funktion als Bekanntgabe-Empfänger mit Wirkung für alle Beteiligten hinzuweisen.

13.1.3.3 Fehlerhafte Prüfungsanordnungen

725 Soweit Prüfungsanordnungen angefochten werden (§ 347 Abs. 1 Nr. 1 AO), ist ergänzend Aussetzung der Vollziehung zu beantragen (§ 361 AO). Nach Unanfechtbarkeit können Prüfungsanordnungen berichtigt, zurückgenommen oder widerrufen werden (§§ 129 – 131 AO).

Wird eine Prüfungsanordnung zurückgenommen oder für nichtig erklärt, kann eine Prüfungsanordnung für eine Wiederholungsprüfung auch dann ergehen, wenn bereits Prüfungshandlungen vorgenommen wurden (BFH v. 20.10.1988 IV R 104/86, BStBl II 1989, 180). Es soll dann allerdings ein anderer Prüfer beauftragt werden (AEAO zu § 196 Nr. 3).

13.1.4 Durchführung der Außenprüfung

13.1.4.1 Ort der Prüfung

Zur Durchführung der Außenprüfung hat der Stpfl. einen geeigneten Raum oder Arbeitsplatz sowie die erforderlichen Arbeitsmittel unentgeltlich zur Verfügung zu stellen (§ 200 Abs. 2 Satz 3 AO). 726

Die Außenprüfung findet **grundsätzlich in den Geschäftsräumen** des Stpfl. statt (§ 200 Abs. 2 Satz 1 AO). Stehen geeignete Geschäftsräume nicht zur Verfügung, so kann die Prüfung – **mit Zustimmung** des Steuerpflichtigen (vgl. Art. 13 Abs. 2 GG) – in dessen Wohnräumen oder an Amtsstelle durchgeführt werden. Werden mobile Endgeräte in der Außenprüfung eingesetzt, gilt die ortsunabhängige Tätigkeit nach § 200 Abs. 2 Satz 2 AO als an Amtsstelle. Ein anderer Prüfungsort, z. B. das Büro des Steuerberaters, kommt nur ausnahmsweise und nur auf Antrag in Betracht (§ 6 BpO; AEAO zu § 200 Nr. 2).

BEISPIEL: ▸ Das FA ordnete beim inzwischen in die USA verzogenen Stpfl. eine Außenprüfung nach § 193 Abs. 2 Nr. 2 AO mit entsprechender Begründung an. Als Prüfungsort wurden mangels inländischen Wohnsitzes die Amtsräume des Finanzamtes bestimmt. Der Steuerpflichtige wendet ein, dass die Prüfungsanordnung widersprüchlich ist, weil er eine Prüfung der Verhältnisse an Amtsstelle für nicht zweckmäßig hält, andererseits aber als Prüfungsort die Amtsräume des Finanzamtes vorgesehen sind.

Die Prüfung an Amtsstelle als Teil des allgemeinen Besteuerungsverfahrens i. S. der §§ 88 ff. AO ist von der Außenprüfung als formellen Verfahren zur umfassenden Ermittlung der steuerlichen Verhältnisse zu unterscheiden. Die Außenprüfung ist regelmäßig beim Stpfl. selbst durchzuführen (vgl. § 200 Abs. 2 Satz 1 AO). Es kommt daher auch im Fall des § 193 Abs. 2 Nr. 2 AO eine Prüfung in den Amtsräumen des FA in Betracht, wenn beim Steuerpflichtigen selbst kein geeigneter Raum zur Verfügung steht. Da der Stpfl. weder über Geschäftsräume noch einen inländischen Wohnsitz verfügt, ist die Festlegung der Amtsräume als Prüfungsort ermessensgerecht. Die Wohnung des Stpfl. in den USA als Prüfungsort darf außer Betracht bleiben, weil eine Außenprüfung auf fremdem Hoheitsgebiet nur in Ausnahmefällen mit Zustimmung des betroffenen Staates zulässig ist (BFH v. 26.7.2007 VI R 68/04, BStBl II 2009, 338).

13.1.4.2 Prüfungsgrundsätze

- Der Außenprüfer hat sowohl die tatsächlichen und rechtlichen Umstände zu untersuchen, die sich steuererhöhend auswirken, als auch solche, die die bisher festgesetzten Steuern mindern (§ 199 Abs. 1 AO). 727
- Die Außenprüfung ist auf das Wesentliche zu beschränken. In erster Linie sind Sachverhalte zu erforschen, die zu endgültigen Steuerausfällen oder nicht unbedeutenden Gewinnverlagerungen führen (§ 7 BpO).
- Der Stpfl. bzw. dessen Berater ist laufend über die Ermittlungen und die steuerlichen Auswirkungen zu unterrichten (§ 199 Abs. 2 Satz 1 AO). Das FA kann mit dem Stpfl. vereinbaren, in regelmäßigen Abständen Gespräche über festgestellte Sachverhalte und mögliche steuerliche Auswirkungen zu führen (§ 199 Abs. 2 Satz 2 AO). Darüber hinaus können nach Satz 3 der Vorschrift im Einvernehmen mit den Stpfl. Rahmenbedingungen für die Mitwirkung nach § 200 AO festgelegt werden. Werden

diese vom Stpfl. erfüllt, unterbleibt ein qualifiziertes Mitwirkungsverlangen nach § 200a AO. Die Sätze 2 und 3 sind gem. Art. 97 § 37 AO für Steuern und Steuervergütungen anzuwenden, die vor dem 1.1.2025 entstehen, wenn für diese nach dem 31.12.2024 eine Prüfungsanordnung nach § 196 AO bekanntgegeben wurde.

13.1.4.3 Mitwirkungspflichten

728 Der Steuerpflichtige hat bei der Feststellung der Besteuerungssachverhalte mitzuwirken (§ 200 Abs. 1 AO), insbesondere obliegen ihm folgende Pflichten:

- Pflicht zur Erteilung von Auskünften

Er ist vor Beginn der Prüfung darauf hinzuweisen, dass er Auskunftspersonen benennen kann. Ihre Namen sind aktenkundig zu machen. Die Mitwirkungspflichten des Steuerpflichtigen erlöschen nicht mit der Benennung von Auskunftspersonen (§ 8 Abs. 1 BpO). Der Betriebsprüfer darf erforderlichenfalls auch andere Personen um Auskunft ersuchen (§ 200 Abs. 1 Satz 3 und 4 AO).

- Pflicht zur Vorlage von Aufzeichnungen, Büchern, Geschäftspapieren und anderen Urkunden (§ 200 Abs. 1 Satz 2 AO)

Die Vorlage von Büchern, die nicht unmittelbar den Prüfungszeitraum betreffen, kann ohne Erweiterung des Prüfungszeitraums verlangt werden, wenn dies zur Feststellung von Sachverhalten des Prüfungszeitraums für erforderlich gehalten wird (§ 8 Abs. 3 BpO).

- Besondere Pflichten bei Aufzeichnungen auf Datenträgern (§ 200 Abs. 1 Satz 2 letzter Teilsatz AO)
  - Unverzügliche Lesbarmachung von Aufzeichnungen auf Datenträgern (§ 146 Abs. 5 AO);
  - Unmittelbarer Datenzugriff: Überlassung des Datenverarbeitungssystems an den Betriebsprüfer zur Nutzung – einschließlich der Zurverfügungstellung von Hard- und Software sowie der Gestellung von mit dem DV-System vertrauten Personen (§ 147 Abs. 6 Satz 1 Nr. 1 AO);
  - Mittelbarer Datenzugriff: Maschinelle Auswertung der gespeicherten Daten nach den Vorgaben des Betriebsprüfers (§ 147 Abs. 6 Satz 1 Nr. 2 AO);
  - Datenübertragung in auswertbarem Format: Zurverfügungstellung der gespeicherten Unterlagen und Aufzeichnungen auf einem maschinell auswertbaren Format (§ 147 Abs. 6 Satz 1 Nr. 3 AO).
- Befinden sich die Daten bei einem Dritten, enthält § 147 Abs. 6 Satz 2 AO folgende Regelung:
  - Gewährung von Einsichtnahme in die gespeicherten Daten (Nr. 1)
  - Maschinelle Auswertung nach Vorgabe (Nr. 2)
  - Datenübertragung in auswertbarem Format (Nr. 3)
- **Pflicht zur Duldung der Besichtigung der Betriebsräume** unter Hinzuziehung des Betriebsinhabers bzw. seines Beauftragten (§ 200 Abs. 3 AO).

Das FA kann den Steuerpflichtigen erforderlichenfalls durch Zwangsmittel zur Erfüllung seiner Pflichten anhalten (§§ 328 ff. AO; vgl. Rdn. 932 ff.).

► Qualifiziertes Mitwirkungsverlangen

Zur Stärkung der Mitwirkungspflichten und der effizienteren Gestaltung von Außenprüfungen gilt für Steuern und Steuervergütungen, die nach dem 31.12.2024 entstehen ein sog. **qualifizierte Mitwirkungsverlangen** nach § 200a AO.

- Nach Ablauf von **6 Monaten** seit Bekanntgabe der Prüfungsanordnung kann die Finanzbehörde den Stpfl. schriftlich oder elektronisch **zur Mitwirkung auffordern**, § 200a Abs. 1 Satz 1 AO. Diese Aufforderung ist ein VA und muss mit einer Rechtsbehelfsbelehrung versehen sein. Der Stpfl. hat in der Regel einen Monat Zeit, um dem qualifizierten Mitwirkungsverlangen nachzukommen. In begründeten Fällen kann die Frist verlängert werden, § 200a Abs. 1 Satz 4 AO.
- Wird das qualifizierte Mitwirkungsverlangen nicht oder nicht hinreichend erfüllt, wird ein **Mitwirkungsverzögerungsgeld** von 75 € pro Tag festgesetzt, maximal für 150 Tage (Höchstbetrag 11 250 €), § 200a Abs. 2 AO.
- Unter den Voraussetzungen des § 200a Abs. 3 Satz 1 AO kann zusätzlich ein **Zuschlag** von bis zu 25 000 € pro Tag für maximal 150 Tage festgesetzt werden, § 200a Abs. 3 Satz 2 AO.

13.1.4.4 Verdacht einer Steuerstraftat oder -ordnungswidrigkeit

Ergeben sich zureichende Anhaltspunkte für eine Steuerstraftat, so ist die Bußgeld- 729
und Strafsachenstelle unverzüglich zu verständigen. Die Außenprüfung darf erst fortgesetzt werden, wenn dem Stpfl. die Einleitung des Strafverfahrens mitgeteilt worden ist. Dabei ist er darüber zu belehren, dass seine Mitwirkung im Besteuerungsverfahren nicht mehr z. B. durch Zwangsgelder erzwungen werden kann. Über die Belehrung ist ein Aktenvermerk zu fertigen. Sie ist – auf Verlangen – gegenüber dem Stpfl. schriftlich zu bestätigen (§ 10 BpO).

Wenn es zum Zeitpunkt der Schlussbesprechung möglich erscheint, dass ein Straf- oder Bußgeldverfahren durchgeführt werden muss, soll der Stpfl. in der Schlussbesprechung darauf hingewiesen werden, dass die Würdigung insoweit einem besonderen Verfahren vorbehalten bleibt (§ 201 Abs. 2 AO; AEAO zu § 201 Nr. 6).

13.1.5 Kontrollmitteilungen

Der Außenprüfer soll im Rahmen der Prüfung ermitteln, für die Besteuerung anderer 730
Personen bedeutsame Feststellungen in Kontrollmitteilungen festhalten und den zuständigen Finanzämtern bzw. auch dem Bundeszentralamt für Steuern zur Auswertung zuleiten (§ 194 Abs. 3 AO; § 9 BpO).

Der geprüfte Steuerpflichtige hat grundsätzlich nicht die Möglichkeit, sich insoweit auf ein etwa bestehendes Auskunfts- und Vorlageverweigerungsrecht (§ 101 ff. AO) zu berufen.

BEISPIEL: Das FA führt eine Außenprüfung bei einem Schreiner durch. Dabei wird festgestellt, dass er im Rahmen der Modernisierung seiner Werkstatt ein größeres Darlehen bei seinem Schwager aufgenommen hat und an diesen jährlich 6 000 € Zinsen zahlt.

Der Außenprüfer wird dem für die Besteuerung des Schwagers zuständigen FA die Einkünfte aus Kapitalvermögen mitteilen. Der Schreinermeister kann sich hier nicht auf das Auskunftsverweigerungsrecht (§§ 101 Abs. 1, 15 Abs. 1 Nr. 6 AO) berufen, weil er nicht als „andere" Person eine Auskunft erteilt, sondern selbst Beteiligter ist.

Unzulässig ist das Fertigen von Kontrollmaterial ohne besonderen Anlass, z. B. in Form einer Rasterfahndung.

13.1.6 Abschluss der Außenprüfung

13.1.6.1 Schlussbesprechung

731 Soweit sich Änderungen der Besteuerungsgrundlagen ergeben, hat der Stpfl. das Recht, diese im Rahmen einer **Schlussbesprechung** mit dem FA zu erörtern (§ 201 Abs. 1 AO, § 11 BpO). Termin und Besprechungspunkte sind – zumindest mündlich – angemessene Zeit vorher bekannt zu geben. Kommt eine Terminabsprache nicht innerhalb eines Monats nach Abschluss der Außenprüfung zustande, kann das FA den Stpfl. zur Schlussbesprechung laden. Nimmt er den Termin ohne Angabe von Gründen nicht wahr, so gilt dies als Verzicht auf die Schlussbesprechung (AEAO zu § 201 Nr. 3).

13.1.6.2 Prüfungsbericht

732 Im Prüfungsbericht sind die Feststellungen des Prüfers darzustellen (§ 202 Abs. 1 AO). Auf Antrag ist der Prüfungsbericht dem Stpfl. vor der Auswertung zur Stellungnahme zuzuleiten (§ 202 Abs. 2 AO). Der Prüfungsbericht enthält die Begründung für die Änderung der Steuerbescheide (§ 121 Abs. 1 AO), ist aber kein VA. Wird bei Erstellung der Änderungsbescheide wesentlich vom Prüfungsbericht abgewichen, so soll rechtliches Gehör gewährt werden (§ 12 Abs. 2 Satz 3 BpO). Stets ist die Außenprüfung durch geänderte Steuerfestsetzungen oder durch eine Mitteilung über die ergebnislose Außenprüfung abzuschließen (§ 12 Abs. 3 BpO).

13.1.6.3 Tatsächliche Verständigung

733 Insbesondere im Rahmen einer Außenprüfung stellt sich häufig heraus, dass ein für die Besteuerung erheblicher Sachverhalt nicht mit einem angemessenen Arbeitsaufwand aufzuklären ist. Hier können sich die Finanzbehörde und der Stpfl. über den der Besteuerung zugrunde zu legenden **Sachverhalt** und die Sachbehandlung einigen. Die tatsächliche Verständigung ist die einvernehmliche Festlegung auf den maßgeblichen Besteuerungssachverhalt, die nicht einseitig widerrufbar ist (BFH v. 1.9.2009 VIII R 78/06, BFH/NV 2020, 593). Der BFH hat die Zulässigkeit tatsächlicher Verständigungen grundsätzlich anerkannt (BFH v. 1.9.2009 VIII R 78/06, BFH/NV 2010, 593 Rz. 14 und v. 11.4.2017 IX R 24/15, BStBl II 2017, 1155, Rz. 15 m. w. N.). Zweck der tatsächlichen Verständigung ist es, zu jedem Zeitpunkt des Besteuerungsverfahrens hinsichtlich be-

stimmter Sachverhalte, deren Klärung schwierig, aber zur Festsetzung der Steuer notwendig ist, den möglichst zutreffenden Besteuerungssachverhalt i. S. d. § 88 AO einvernehmlich festzulegen und insoweit Unsicherheiten und Ungenauigkeiten zu beseitigen. Die tatsächliche Verständigung dient insbesondere zur Behebung eines Beweisnotstands des Stpfl. anstelle einer andernfalls nach § 162 Abs. 1 Satz 1 AO regelmäßig gebotenen Schätzung der Besteuerungsgrundlagen.

Die Einzelheiten zur tatsächlichen Verständigung sind dem BMF-Schreiben v. 30.7.2008, BStBl I 2008, 831, ergänzt durch BMF-Schreiben v. 15.4.2019, BStBl I 2019, 477 und v. 23.6.2023, BStBl I 2023, 1074 (Anhang 19 AO-Handbuch), zu entnehmen.

13.1.7 Abgekürzte Außenprüfung

Die abgekürzte Außenprüfung nach § 203 AO ermöglicht eine zügige Durchführung 734
der Prüfungsmaßnahmen und ist insbesondere für Fälle geeignet, in denen nur wenige Aspekte der Besteuerung überprüft werden müssen. Bei einer abgekürzten Außenprüfung unterbleibt die Schlussbesprechung; ferner entfällt die Möglichkeit vor dessen Auswertung zum Prüfungsbericht Stellung zu nehmen (§ 203 Abs. 2 AO). Die abgekürzte Außenprüfung soll sich auf die Prüfung einzelner Besteuerungsgrundlagen eines oder mehrerer Besteuerungszeiträume beschränken (§ 4 Abs. 5 Satz 2 BpO). In der Prüfungsanordnung ist die Außenprüfung ausdrücklich als „abgekürzte" zu bezeichnen (AEAO zu § 203 Nr. 3).

13.1.8 Verwertungsverbot

Das Steuerrecht kennt keine gesetzliche Regelung für ein Verwertungsverbot von Prü- 735
fungsfeststellungen (BFH, Urteil v. 23.1.2002 - XI R 10, 11/01, BStBl 2002 II S. 328). Nach der Rechtsprechung gelten in Ausprägung von Art. 1 Abs. 1 GG und in Anlehnung an § 136a StPO folgende Grundsätze (AEAO zu § 196 Nr. 2):

Erfolgen Prüfungshandlungen ohne ordnungsgemäße Prüfungsanordnung, so sind sie rechtswidrig. Die Rechtswidrigkeit führt nur zu einem **Verwertungsverbot**, wenn der Stpfl. erfolgreich gegen die fehlerhafte Prüfungsanordnung oder – soweit eine Prüfungsanordnung nicht wirksam wurde – gegen die einzelne anfechtbare Prüfungsmaßnahme vorgegangen ist (BFH v. 19.6.2007 - VIII R 99/04, BStBl 2008 II S. 7), d. h. wenn im Einspruchsverfahren oder durch gerichtliche Entscheidung die Rechtswidrigkeit einer Prüfungsmaßnahme festgestellt worden ist (BFH v. 28.8.1987 III R 189/84, BStBl II 1988, 2). Sofern die Prüfungsmaßnahme nicht selbständig angreifbar ist, muss die Rechtswidrigkeit durch Anfechtung des die rechtswidrige Feststellung verwertenden Bescheides gerügt werden.

736 Ein Verwertungsverbot besteht jedoch nicht (AEAO zu § 196 Nr. 2 Satz 4),

- wenn die bei der Prüfung festgestellten Tatsachen in eine Erstveranlagung einfließen (BFH, Urteil v. 22.2.2006 - I R 125/04, BStBl 2006 II S. 400),
- wenn der geprüfte Veranlagungszeitraum unter dem Vorbehalt der Nachprüfung (§ 164 Abs. 1 AO) veranlagt wurde (BFH v. 25.11.1997 VIII R 4/94, BStBl II 1998, 461),
- wenn das FA eine Erweiterungsprüfungsanordnung (AEAO zu § 194 Nr. 4) ohne Weiteres hätte erlassen können (BFH v. 25.11.1997 VIII R 4/94, BStBl II 1998, 461; BFH v. 4.10.2006 VII R 53/04, BStBl II 2007, 227).

BEISPIELE:

1. Das FA hat eine Prüfungsanordnung auf § 193 Abs. 2 Nr. 2 AO gestützt, ohne zu begründen, warum Besteuerungsgrundlagen der Aufklärung bedürfen und eine Erledigung an Amtsstelle nicht zweckmäßig ist.
   a) Wird die Prüfungsanordnung unanfechtbar, besteht kein Verwertungsverbot.
   b) Wird die Prüfungsanordnung angefochten und aufgehoben, dürfen die Prüfungsfeststellungen nicht verwertet werden. Dem FA ist es jedoch nicht verwehrt, nach Bekanntgabe einer ordnungsgemäßen Prüfungsanordnung verwertbare Feststellungen für denselben Prüfungszeitraum zu treffen (BFH v. 24.1.1989 VII R 35/86, BStBl II 1989, 440).
2. Das FA hat eine auf § 193 Abs. 1 AO gestützte Prüfungsanordnung für die Jahre 03 – 05 erlassen. Der Prüfer stellt aufgrund der von ihm angeforderten Unterlagen für das Jahr 01 nicht verbuchte Einnahmen fest. Das FA änderte die „unter dem Vorbehalt der Nachprüfung" stehenden Steuerbescheide nach § 164 Abs. 2 AO:
   a) für das Jahr 01 wegen der nicht erfassten Betriebseinnahmen und
   b) für das Jahr 02 – wie auch für die Jahre 03 bis 05 – wegen des bisher nicht berücksichtigten Privatanteils der Kfz-Kosten.

Für die Jahre 01 und 02 erging keine Prüfungsanordnung. Die Rechtswidrigkeit von Prüfungsmaßnahmen kann daher durch Anfechtung der Steuerbescheide geltend gemacht werden:

a) Die Steuererhöhungen für das Jahr 01 beruhen auf rechtswidrigen Prüfungsfeststellungen. Ein Einspruch hat dennoch keine Erfolgsaussichten, da die Festsetzungen für das Jahr 01 noch unter Vorbehalt der Nachprüfung standen (BFH v. 25.11.1997 VIII R 4/94, BStBl II 1998, 461).

b) Die Steuererhöhungen für das Jahr 02 beruhen nicht auf Tatsachenermittlungen des Prüfers für das Jahr 02, sondern das FA hat nach den Regeln der Lebenserfahrung aufgrund der Feststellung für die Jahre 03 – 05 Schlussfolgerungen für das Jahr 02 gezogen. Die Verwertung der rechtmäßig erlangten Kenntnisse auch für das Jahr 02 ist zulässig (BFH v. 28.8.1987 III R 189/84, BStBl II 1988, 2).

737 Ein Verwertungsverbot besteht auch, wenn sich das FA Kenntnisse durch Auskünfte eines Angehörigen ohne vorherige Belehrung (§ 101 Abs. 1 Satz 2 AO) verschafft hat (BFH v. 31.10.1990 II R 180/87, BStBl II 1991, 204).

13.1.9 Rechtsfolgen der Außenprüfung

738 Haben sich Änderungen bei den Besteuerungsgrundlagen aufgrund neuer Tatsachen ergeben, so werden die Steuerbescheide gem. § 173 Abs. 1 AO oder – soweit Steuern

unter dem Vorbehalt der Nachprüfung festgesetzt worden waren – nach § 164 Abs. 2 Satz 1 AO geändert. Darüber hinaus treten folgende Rechtsfolgen ein:

13.1.9.1 Ausschluss einer Selbstanzeige (§ 371 Abs. 2 Nr. 1c und d AO)

Sofern ein Amtsträger zur steuerlichen Prüfung (oder zur Ermittlung einer Steuerstraftat oder einer Steuerordnungswidrigkeit) erschienen ist, ist eine wirksame Selbstanzeige für die in der Prüfungsanordnung genannten Steuerarten und Veranlagungszeiträume ausgeschlossen. 739

13.1.9.2 Hemmung des Ablaufs der Festsetzungsfrist

Wird vor Ablauf der Festsetzungsfrist mit einer Außenprüfung begonnen, so wird der Ablauf der Festsetzungsfrist gehemmt, bis die aufgrund der Außenprüfung geänderten Bescheide unanfechtbar geworden sind; die Ablaufhemmung tritt auch ein, wenn der Beginn der fristgerecht angeordneten Außenprüfung auf Antrag des Steuerpflichtigen verschoben wird (§ 171 Abs. 4 AO, Rdn. 562 ff.). 740

Eine Außenprüfung hemmt den Ablauf der Festsetzungsfrist nur für Steuern, auf die sich die Prüfungsanordnung erstreckt (AEAO zu § 171 Nr. 3.2.2).

Die Außenprüfung beginnt, wenn der Prüfer konkrete Ermittlungshandlungen vornimmt, selbst wenn diese für den Steuerpflichtigen nicht erkennbar sind, z. B. Aktenstudium, Auskunftsersuchen oder Anforderung von Unterlagen unter Hinweis auf die Außenprüfung (AEAO zu § 198 Nr. 1). Er darf jedoch keine Scheinhandlungen zur Vermeidung der Festsetzungsverjährung vornehmen. 741

13.1.9.3 Aufhebung des Vorbehalts der Nachprüfung

Der Steuerpflichtige hat einen Rechtsanspruch auf die Aufhebung eines etwaigen Vorbehalts der Nachprüfung (§ 164 Abs. 3 Satz 3, Abs. 1 Satz 1 AO). 742

13.1.9.4 Erhöhte Bindungswirkung

Soweit Steuerbescheide aufgrund einer Außenprüfung geändert oder durch eine Außenprüfung bestätigt wurden, kommt ihnen eine erhöhte Bindungswirkung zu. Änderungen wegen neuer Tatsachen sind nur noch nach Aufdeckung einer Steuerhinterziehung oder einer leichtfertigen Steuerverkürzung zulässig (§ 173 Abs. 2 AO). Ob Steuerbescheide aufgrund einer Außenprüfung ergingen, ergibt sich aus dem Inhalt der Prüfungsanordnung (BFH v. 11.2.1998 I R 82/97, BStBl II 1998, 552). 743

13.1.9.5 Voraussetzung für eine Zusage nach § 204 AO

744 Die Durchführung einer Außenprüfung ist Voraussetzung für die Erteilung einer verbindlichen Zusage nach § 204 AO.

13.2 Verbindliche Zusagen aufgrund einer Außenprüfung (§§ 204 – 207 AO)

13.2.1 Voraussetzungen für die Erteilung einer verbindlichen Zusage

745 Ein Rechtsanspruch auf Erteilung einer verbindlichen Zusage besteht nach § 204 AO nur bezüglich der steuerlichen Behandlung eines Sachverhalts, der im Rahmen einer Außenprüfung für die Vergangenheit steuerlich gewürdigt wurde und im Prüfungsbericht dargestellt wird. Ferner muss der Steuerpflichtige in zeitlichem Zusammenhang mit der Außenprüfung einen Antrag stellen, und die künftige Behandlung des Sachverhaltes muss für ihn von unternehmerischer Bedeutung sein.

Liegen diese Voraussetzungen vor, so wird das FA nur in seltenen Ausnahmefällen nach Ausübung des pflichtgemäßen Ermessens (§ 5 AO) die Erteilung einer verbindlichen Zusage ablehnen können. Das wäre allenfalls denkbar, wenn gerade zu diesem Sachverhalt noch Weisungen einer vorgesetzten Dienstbehörde oder eine höchstrichterliche Entscheidung ausstehen (AEAO zu § 204 Nr. 5). Die Verweigerung der Zusage ist zu begründen (§ 121 Abs. 1 AO) und kann mit dem Einspruch angefochten werden (§ 347 Abs. 1 Nr. 1 AO).

13.2.2 Form und Wirkung

746 Die verbindliche Zusage ist schriftlich zu erteilen und hat einen vorgeschriebenen Mindestinhalt (§ 205 AO).

Die Finanzbehörde ist in den Folgejahren an die in der Zusage dargelegte steuerliche Behandlung des Sachverhaltes gebunden, soweit sich dieser nicht in steuerlich bedeutsamen Punkten ändert (§ 206 Abs. 1 AO).

Eine verbindliche Zusage kann sich jedoch niemals zuungunsten des Steuerpflichtigen auswirken. Steht die Zusage von Anfang an oder nach einiger Zeit im Widerspruch zum geltenden Recht – etwa zu einer Vorschrift oder zur Rechtsprechung – entfällt die Bindungswirkung (§ 206 Abs. 2 AO).

BEISPIEL: Das FA sagt verbindlich zu, dass bestimmte Umsätze dem Regelsteuersatz unterliegen. Kurze Zeit später entscheidet der BFH, dass für derartige Umsätze der ermäßigte Steuersatz gelten muss.

Die Bindungswirkung ist nicht eingetreten. Bei den Umsatzsteuerveranlagungen, die noch nicht unanfechtbar geworden sind, kann der Stpfl. die Umsätze dem ermäßigten Steuersatz unterwerfen.

13.2.3 Geltungsdauer

a) Aus jeder verbindlichen Zusage soll der Zeitraum ihrer Gültigkeit hervorgehen (vgl. §§ 205 Abs. 2 Nr. 3, 120 Abs. 2 Nr. 1 AO). Mit Ablauf dieses Zeitraumes tritt die Zusage außer Kraft. 747

b) Die Bindungswirkung einer Zusage endet kraft Gesetzes, wenn die ihr zugrunde liegenden Vorschriften geändert werden (§ 207 Abs. 1 AO).

c) § 207 Abs. 2 AO eröffnet dem FA die Möglichkeit, mit Wirkung für die Zukunft eine verbindliche Zusage ganz oder teilweise zurückzunehmen oder zu widerrufen. Hierdurch soll verhindert werden, dass eine zugunsten des Steuerpflichtigen fehlerhafte Zusage aufrechterhalten werden muss. Allerdings wird hier der Grundsatz des Vertrauensschutzes häufig gebieten, dass die Zusage nur für solche künftigen Besteuerungszeiträume rückgängig gemacht wird, für die der Steuerpflichtige noch wirtschaftlich frei disponieren kann.

d) Ausnahmsweise kann eine verbindliche Zusage mit Wirkung für die Vergangenheit zurückgenommen werden (§ 207 Abs. 3 AO), wenn
   - der Steuerpflichtige zustimmt,
   - die Zusage von einer sachlich unzuständigen Behörde erteilt worden ist oder
   - die Zusage durch unlautere Mittel erwirkt worden ist.

13.3 Verbindliche Auskünfte

Neben verbindlichen Zusagen im Anschluss an eine Außenprüfung erteilen die Finanzbehörden auch in anderen Fällen Auskünfte. 748

13.3.1 Anrufungsauskunft

Das örtlich zuständige Betriebsstätten-FA (§§ 41a Abs. 1, 41 Abs. 2 EStG) hat dem Arbeitgeber oder einem Arbeitnehmer auf Anfrage darüber Auskunft zu geben, ob und inwieweit in einem konkreten Fall die Vorschriften über die Lohnsteuer anzuwenden sind (§ 42e EStG). 749

13.3.2 Verbindliche Auskunft

Darüber hinaus besteht keine gesetzliche Verpflichtung der Finanzbehörden, verbindliche Auskünfte zu geben. 750

Nach § 89 Abs. 2 AO können die Finanzämter und das Bundeszentralamt für Steuern auf Antrag verbindliche Auskünfte über die steuerliche Behandlung von genau bestimmten, noch nicht verwirklichten Sachverhalten erteilen, wenn daran im Hinblick auf die erheblichen steuerlichen Auswirkungen ein besonderes Interesse besteht (vgl. auch Steuer-Auskunftsverordnung (StAuskV) v. 30.11.2007, BGBl I Seite 2783).

751 Der Antrag auf Erteilung einer verbindlichen Auskunft ist gem. § 1 Abs. 1 StAuskV schriftlich oder elektronisch bei dem FA zu stellen, das bei Verwirklichung des Sachverhalts voraussichtlich örtlich zuständig sein wird. Er muss folgende Angaben enthalten:

- die genaue Bezeichnung des Antragstellers (Name, Wohnort, ggf. Steuernummer),
- eine umfassende und in sich abgeschlossene Darstellung des zum Zeitpunkt der Antragstellung noch nicht verwirklichten Sachverhalts,
- die Darlegung des besonderen steuerlichen Interesses des Antragstellers,
- eine ausführliche Darlegung des Rechtsproblems mit eingehender Begründung des eigenen Rechtsstandpunktes,
- die Formulierung konkreter Rechtsfragen (allgemeine Fragen nach den eintretenden Rechtsfolgen reichen nicht aus),
- die Erklärung, dass über den zur Beurteilung gestellten Sachverhalt bei keiner anderen der in § 89 Abs. 2 Satz 2 und 3 AO genannten Finanzbehörden (Finanzämter oder Bundeszentralamt für Steuern) eine verbindliche Auskunft beantragt wurde, sowie
- die Versicherung, dass alle für die Erteilung der Auskunft und für die Beurteilung erforderlichen Angaben gemacht wurden und der Wahrheit entsprechen.

752 Die von der zuständigen Finanzbehörde erteilte verbindliche Auskunft ist für die Besteuerung des Antragstellers nur dann bindend, wenn der später verwirklichte Sachverhalt von dem der Auskunft zugrunde gelegten Sachverhalt nicht oder nur unwesentlich abweicht (§ 2 Abs. 1 Satz 1 StAuskV).

Ist die verbindliche Auskunft **zuungunsten** des Steuerpflichtigen rechtswidrig, tritt keine Bindungswirkung ein (§ 2 Abs. 1 Satz 2 StAuskV).

753 Die verbindliche Auskunft nach § 89 Abs. 2 AO ist ein Verwaltungsakt (vgl. AEAO zu § 89 Nr. 3.5.5). Sie kann deshalb nach den §§ 129 – 131 AO berichtigt, zurückgenommen oder widerrufen werden.

Gegen die erteilte verbindliche Auskunft wie auch gegen die Ablehnung der Erteilung ist als Rechtsbehelf der Einspruch statthaft (§ 347 AO)

754 Die verbindliche Auskunft nach § 89 Abs. 2 AO ist gebührenpflichtig (§ 89 Abs. 3 – 5 AO).

Die Gebühr wird für jeden Antrag auf verbindliche Auskunft festgesetzt. Gebühren sind daher auch dann zu entrichten, wenn die Finanzbehörde in ihrer verbindlichen Auskunft eine andere Rechtsauffassung als der Antragsteller vertritt, wenn sie die Erteilung einer verbindlichen Auskunft ablehnt oder wenn der Antrag zurückgenommen wird.

Die Gebühren werden nach dem Wert berechnet, den die verbindliche Auskunft für den Antragsteller hat (Gegenstandswert).

755–760 *(Einstweilen frei)*

13.4 Kontrollfragen

FRAGEN

		Rdn.
1.	Bei welchen Steuerpflichtigen ist eine Außenprüfung zulässig?	711 - 720
2.	Der Rentner Glück hat neben seinen Rentenbezügen umfangreiche Einkünfte aus Kapitalvermögen. Das für ihn zuständige FA richtet an ihn eine Prüfungsanordnung, die sich auf die Einkommensteuer 03 – 05 erstreckt. Außer der Rechtsgrundlage des § 193 AO enthält die Prüfungsanordnung keinerlei Begründung. Ist die Prüfungsanordnung rechtmäßig?	721 f.
3.	Das FA richtet eine Prüfungsanordnung an die zusammen veranlagten Ehegatten. Die Ehefrau ist Inhaberin eines Handelsbetriebes, der Ehemann hat Einkünfte aus Vermietung und Verpachtung aus einem vermieteten Mehrfamilienhaus. Geprüft werden soll die Einkommensteuer 01 – 03, als Rechtsgrundlage ist § 193 Abs. 1 AO angegeben. Liegt eine rechtmäßige Prüfungsanordnung vor?	711 - 720, 723
4.	Was hat die Behörde bei der Bestimmung des Prüfungszeitraumes zu beachten?	719
5.	Was ist Gegenstand der Prüfungsanordnung?	721
6.	An Baustoffhändler Ziegel wird eine „Prüfungsanordnung" des zuständigen Finanzamts gerichtet, die u. a. enthält, dass sich die Prüfung auf die Einkommensteuer 01 – 03 erstreckt, die Prüfung am 14.8.05 beginnt, in den Betriebsräumen des Baustoffhandlung durchgeführt wird und Betriebsprüferin Kettel die Prüfung durchführen wird. Welche Verwaltungsakte hat die Behörde erlassen?	721 - 725
7.	Die in der Rechtsform einer GbR zusammengeschlossenen Architekten Masur, Buder und Zenn sollen einer Außenprüfung unterzogen werden. Wem ist die Prüfungsanordnung bekannt zu geben, wenn sie sich auf die Einkünfte aus freiberuflicher Tätigkeit und die Umsatzsteuer der Jahre 01 – 03 bezieht und die Gesellschafter ihren Steuerberater Simpl dem FA gegenüber als Empfangsbevollmächtigten genannt haben?	256 - 258, 265, 724
8.	Alber, Best und Dietz erzielen als GbR Einkünfte aus der Vermietung diverser Mehrfamilienhäuser. Sie haben gemäß § 9 UStG auf die Steuerbefreiung verzichtet. An wen muss die Prüfungsanordnung gerichtet werden, wenn sie sich auf die Einkünfte aus Vermietung und Verpachtung und die Umsatzsteuer für die Jahre 01 – 03 bezieht?	721 - 724
9.	Unter welchen Voraussetzungen unterliegen die Prüfungsfeststellungen keinem Verwertungsverbot, obwohl keine wirksame Prüfungsanordnung vorliegt oder die Rechtswidrigkeit festgestellt wurde?	735 - 737
10.	Welche Rechtsfolgen sind mit einer wirksamen Außenprüfung verbunden?	738 - 744

DOWNLOAD

Lösungen zu den Kontrollfragen s. online-Version.

KAPITEL 14: RECHTSBEHELFSVERFAHREN

Kapitel 14: Rechtsbehelfsverfahren

Schaubild 21

Rechtsbehelfe in Abgabenangelegenheiten – Überblick

Rechtsbehelf ist die Möglichkeit des Bürgers, das Verwaltungshandeln des Hoheitsträgers überprüfen zu lassen

Ordentliche Rechtsbehelfe „förmlich“

außergerichtlich

Einspruch gegen Verwaltungsakte in Abgabenangelegenheiten §§ 347 Abs. 1 Nr. 1 und Abs. 2, 118 AO

Auch:

- **Ablehnung**, einen VA zu erlassen bzw. einen Realakt vorzunehmen.
- formal als VA ergangene Willenserklärungen („Schein-VA“)
- unwirksame VA

Aber:

Kein Einspruch, auch wenn VA § 348 Nr. 1, 3 – 6 AO

Untätigkeitseinspruch § 347 Abs. 1 Satz 2 AO

Zweck des außergerichtlichen Rechtsbehelfs

- Rechtsschutz des Bürgers
- Selbstkontrolle der Verwaltung
- Entlastung der Gerichte

gerichtlich

Klagen §§ 40, 41 FGO

- **Anfechtungsklage** § 40 Abs. 1 FGO Aufhebung, Änderung eines belastenden VA (ggf. § 100 Abs. 1 Satz 4 FGO, wenn sich angefochtener VA erledigt hat)
- **Verpflichtungsklage** § 40 Abs. 1 FGO Verurteilung zum Erlass eines abgelehnten oder unterlassenen **begünstigenden VA** (ggf. § 100 Abs. 1 Satz 4 FGO)

(zu Anfechtungs- und Verpflichtungsklage:) u. U. in Form einer **Untätigkeitsklage** nach § 46 FGO bzw. **Sprungklage** nach § 45 FGO

- **Allgemeine Leistungsklage** § 40 Abs. 1 FGO Verurteilung zum Tun, Dulden oder Unterlassen, das **keinen** VA darstellt
- **Feststellungsklage** § 41 Abs. 1 FGO Feststellung des Bestehens oder Nichtbestehens eines Rechtsverhältnisses bzw. der Nichtigkeit eines VA

Rechtsmittel

um Aufhebung einer nachteiligen **finanzgerichtlichen** Entscheidung und andere günstige Entscheidungen zu erreichen

- Revision §§ 115, 127 FGO
  - wenn zugelassen (Gründe § 115 Abs. 2 FGO)
  - schwere Verfahrensmängel nach § 116 Abs. 1 FGO
- Beschwerde §§ 128 – 132 FGO
  - Nichtzulassungsbeschwerde, § 115 Abs. 3 AO
  - ggf. Entscheidungen des FG, die nicht Urteile oder Gerichtsbescheide sind

Besonderheit Verfassungsbeschwerde

(Art. 93 Abs. 1 Nr. 4a GG, §§ 90 – 95 BVerfGG)

- wenn Grundrechtsverletzung durch öffentliche Gewalt gerügt wird und
- Rechtsweg ausgeschöpft (§ 90 Abs. 2 BVerfGG)

Außerordentliche Rechtsbehelfe „nicht förmlich“

Rechtsgrundlage Art. 17, 20 GG

form-, frist- und kostenlos

Arten

- Gegenvorstellung (Behörde prüft beanstandete Maßnahme **selbst**)
- Aufsichtsbeschwerde
  - als Sachaufsichtsbeschwerde wird die Entscheidung des Hoheitsträgers
  - als Dienstaufsichtsbeschwerde wird das Verhalten des Hoheitsträgers

durch den jeweiligen Dienstherren (Fachaufsichtsbehörde) geprüft

Entscheidungen hierüber sind **keine VA**, keine Überprüfungsmöglichkeit oder Anspruch auf bestimmte Entscheidung

Literaturhinweis: Lehrbuch Abgabenordnung, Rdn. 761

14.1 Grundlagen (Vorverfahren und gerichtliches Verfahren)

14.1.1 Wesen und Bedeutung

Der moderne Rechtsstaat ist im Wesentlichen dadurch gekennzeichnet, dass sowohl die Rechte der Bürger als auch die Befugnisse der Verwaltung durch die Verfassung und Gesetze begrenzt werden. Damit dieser Grundsatz verwirklicht wird, teilt man die Staatsgewalt in ihre drei Elemente, gesetzgebende, verwaltende und rechtsprechende Gewalt, auf (vgl. Art. 20 Abs. 3 GG und die Länderverfassungen, z. B. Art. 5 BayVerf) und räumt dem Staatsbürger das Recht ein, die Maßnahmen der Verwaltung durch unabhängige Richter überprüfen zu lassen. Dieser **Anspruch auf richterliche Kontrolle** ist durch Art. 19 Abs. 4 GG zum Grundrecht erhoben. 761

14.1.2 Begriffe

a) Der **Rechtsbehelf** gibt dem Bürger die Möglichkeit, die Maßnahmen oder das Verhalten eines Hoheitsträgers einer Prüfung zu unterziehen. Darunter versteht man jede Handlung, die der Bürger vornimmt, um eine Behörde zur Korrektur irgendeiner Maßnahme oder eines Verhaltens zu bewegen. Dabei unterscheidet man **förmliche** und **nicht förmliche Rechtsbehelfe**. 762

b) Nicht förmlich sind die **Aufsichtsbeschwerde** und die **Gegenvorstellung**. Sie ergeben sich aus Art. 17 GG (Petitionsrecht), wonach jedem Bürger das Recht zusteht, sich gegen Maßnahmen der Verwaltung zu wenden. Während die Gegenvorstellung sich an die Behörde richtet, deren Entscheidung sachlich beanstandet wird, richtet sich die Aufsichtsbeschwerde an die Aufsichtsbehörde. Ziel ist es dabei, entweder die sachliche Entscheidung einer Behörde (Sachaufsichtsbeschwerde) oder das Verhalten eines Hoheitsträgers (Dienstaufsichtsbeschwerde) überprüfen zu lassen. Für die nichtförmlichen Rechtsbehelfe bestehen keine Vorschriften über die äußere Form oder Fristen; der Bürger hat allerdings auch keinen Rechtsanspruch auf eine bestimmte Entscheidung. Es ist aber ständige Verwaltungsübung, gerügte Maßnahmen zu überprüfen und den Beschwerdeführer über das Ergebnis zu informieren. 763

c) Unter **förmlichen** Rechtsbehelfen werden die im Gesetz vorgesehenen form- und fristgebundenen Einwendungen verstanden, die dem Steuerpflichtigen einen Rechtsanspruch auf eine verfahrensgerechte Nachprüfung der gerügten Maßnahme einräumen. Dabei unterscheidet man gerichtliche (Klage nach §§ 40 ff. FGO) und außergerichtliche (Einspruch nach §§ 347 ff. AO) Rechtsbehelfe. 764

   Als **Rechtsmittel** werden Rechtsbehelfe gegen richterliche Entscheidungen bezeichnet.

BEISPIEL: Revision (§ 115 ff. FGO), Beschwerde (§ 128 FGO).

14.1.3 Vorverfahren und gerichtliches Verfahren

765 § 44 FGO bestimmt, dass die Klage – abgesehen von einigen Sonderfällen – nur dann zulässig ist, wenn das Vorverfahren über den außergerichtlichen Rechtsbehelf erfolglos geblieben ist. Der in Art. 19 Abs. 4 GG angesprochenen richterlichen Überprüfung wird also ein Verwaltungsverfahren vorgeschaltet. Das – zumindest teilweise – erfolglose Vorverfahren ist Prozessvoraussetzung. Fehlt es daran, darf das Gericht nicht in der Sache entscheiden; eine trotzdem erhobene Klage ist als unzulässig zu verwerfen.

766 Diese Regelung hat praktische Gründe. Der Beamte, der den ursprünglichen Verwaltungsakt erlassen hat, ist mit dem Sachverhalt vertraut. Werden nur Tatbestandsfehler gerügt oder sind bei der Entscheidung Versehen unterlaufen, kann die Vorentscheidung schnell und einfach korrigiert werden. Bestehen hingegen echte Meinungsverschiedenheiten, hat die Verwaltung Gelegenheit, ihre Rechtsansicht in einer schriftlichen Begründung (§ 366 AO) darzulegen.

Die **Einspruchsentscheidung** ist demgemäß nichts anderes, als eine sorgfältig überarbeitete und mit Gründen versehene Bestätigung bzw. Änderung des ursprünglichen Verwaltungsakts. § 44 Abs. 2 FGO unterstreicht dies mit der Feststellung, Gegenstand der Klage sei „der ursprüngliche Verwaltungsakt in der Gestalt, die er durch die Entscheidung über den außergerichtlichen Rechtsbehelf gefunden hat".

14.2 Der förmliche außergerichtliche Rechtsbehelf des Einspruchs

14.2.1 Die Zulässigkeit des Rechtsbehelfes

767 Das gesamte Verfahren besteht aus zwei Hauptteilen, nämlich der Prüfung der **Zulässigkeit** und der **Begründetheit**.

Zur Zulässigkeit gehören alle verfahrensrechtlichen und formalen Voraussetzungen (z. B., ob der richtige Rechtsbehelf eingelegt wurde, ob dies rechtzeitig geschah, ob der Antragsteller dazu befugt war u. a.).

Bei der Begründetheit geht es um Fragen des formellen oder materiellen Rechts, also darum, ob die Vorentscheidung formell und inhaltlich zutrifft (z. B. ob der richtige Steuersatz gefordert wurde, ob evtl. eine Steuerbefreiung Platz greift oder der Anspruch schon verjährt ist).

768 Die Zulässigkeit ist Voraussetzung für eine Sachentscheidung (§ 358 Satz 1 AO). Erst wenn feststeht, dass alle Zulässigkeitserfordernisse erfüllt sind, darf man auf die Begründetheit eingehen. Fehlt auch nur eine Zulässigkeitsvoraussetzung, muss der Rechtsbehelf als **unzulässig verworfen** werden (§ 358 Satz 2 AO), d. h. er wird sachlich nicht behandelt, selbst wenn er nach materiellem Recht begründet wäre.

BEISPIEL: Bergmann hatte seinen Betrieb 01 eingestellt, das FA aber nicht verständigt. Weil er nie Steuererklärungen abgab, schätzte das FA seine Umsätze in 02 gemäß § 162 AO. Drei Monate nach Bekanntgabe des Bescheids legt Bergmann Einspruch ein und begehrt, den USt-Bescheid zurückzunehmen.

Der Einspruch ist verspätet (§§ 355 Abs. 1 Satz 1, 356 Abs. 1 AO) und muss daher als unzulässig verworfen werden (§ 358 Satz 2 AO), obwohl er offensichtlich begründet wäre. Man spricht hier von der „formellen Bestandskraft“, die nach Ablauf der Rechtsbehelfsfrist eintritt.

Aus dieser Regelung ergibt sich notwendig eine **Reihenfolge,** nach der zuerst die Zulässigkeit und dann erst die Begründetheit eines Einspruchs zu prüfen ist. 769

Die AO behandelt die **Zulässigkeit** in den §§ 347 ff. AO, was die Prüfung der folgenden **Zulässigkeitsvoraussetzungen** erfordert:

a)	Statthaftigkeit	§§ 347, 348 AO
b)	Form	§ 357 Abs. 1 und 3 AO
c)	Frist	§§ 355, 356 (108 – 110) AO
d)	Beschwer	§ 350 AO
e)	Befugnis	§§ 350, 352, 353 AO
f)	Rechtsschutzbedürfnis	AEAO zu § 350 Nr. 6
g)	Keine Rücknahme	§ 362 AO
h)	Kein Verzicht	§ 354 AO

14.2.1.1 Statthaftigkeit

Der Begriff Statthaftigkeit umfasst zwei selbständige Voraussetzungen, nämlich die Fragen, 770

- ob der Finanzrechtsweg überhaupt eröffnet ist und
- ob im Einzelfall der Einspruch gegeben ist.

14.2.1.1.1 Zulässigkeit des Finanzrechtswegs

In § 347 AO (der im Wesentlichen mit § 33 FGO übereinstimmt) wird die sachliche Zuständigkeit der Rechtsbehelfsbehörden zur Nachprüfung von Verwaltungsakten dargestellt. Die Rechtsbehelfe der AO und der FGO sind danach gegeben

- **in Abgabenangelegenheiten** nach § 347 Abs. 1 Nr. 1, Abs. 2 AO, also allen mit der Verwaltung der Steuern zusammenhängenden Angelegenheiten;

BEISPIEL: Die Ermittlung, Festsetzung und Erhebung von Steuern und steuerlichen Nebenleistungen sind Abgabenangelegenheiten.

- **in anderen Angelegenheiten**, soweit sie in § 347 Abs. 1 Nr. 2 – 4 AO aufgezählt sind.

BEISPIELE: Wenn Finanzbehörden im Wege der Auftragsverwaltung andere Verwaltungsakte vollstrecken; Zulassungs- und Prüfungsangelegenheiten der Steuerberater; Streitigkeiten für die durch Spezialgesetze auf den Finanzrechtsweg verwiesen wird (§ 8 Abs. 3 WoPG).

14.2.1.1.2 Der richtige Rechtsbehelf

771 Die AO kennt im Vorverfahren als Rechtsbehelfe den **Einspruch** und den **Untätigkeitseinspruch.**

Einspruch kommt nach dem Wortlaut des § 347 Abs. 1 AO nur gegen Verwaltungsakte (§ 118 AO) der Finanzbehörden in Betracht.

Keine Verwaltungsakte sind z. B.:

- die Aufrechnungserklärung durch das FA, da es sich nach § 226 Abs. 1 AO, § 388 BGB um eine bürgerlich-rechtliche Willenserklärung handelt;
- die Niederschlagungen nach § 261 AO und Prüfungsberichte im Anschluss an Außenprüfungen (§ 202 Abs. 1 Satz 1 AO) als innerdienstliche Maßnahmen ohne Außenwirkung. (Rdn. 201).

Da nichtige Verwaltungsakte einen **Rechtsschein** der Wirksamkeit entfalten und das Vorliegen der Nichtigkeit häufig nur sehr schwer beurteilt werden kann, ist auch gegen nichtige Verwaltungsakte der Einspruch statthaft (Rdn. 292 ff.).

BEISPIEL: Albert ist im Jahre 06 verstorben. In 07 erlässt das FA den ESt-Bescheid 05 an den Verstorbenen als Inhaltsadressaten. Der Bescheid erreicht seinen Sohn Max als den Alleinerben. Max legt gegen den Bescheid Einspruch ein (§ 347 Abs. 1 Satz 1 Nr. 1 AO) mit dem Antrag, die ESt 05 herabzusetzen. Er teilt dem FA mit, dass sein Vater in 06 verstorben ist.

Wegen des Adressierungsfehlers ist der ESt-Bescheid nichtig und damit unwirksam (Rdn. 262 f.). Dennoch ist der Einspruch des Max statthaft. Das FA kann nunmehr durch einen an den richtigen Inhaltsadressaten Max gerichteten Bescheid erstmals eine wirksame Steuerfestsetzung vornehmen. Nach § 365 Abs. 3 Nr. 2 AO wird dann der neue Bescheid Gegenstand des Einspruchsverfahrens.

(1) **Der statthafte Einspruch**

772 Nach § 347 Abs. 1 Satz 1 Nr. 1 AO ist der Einspruch gegeben:

- gegen **Steuerbescheide** (§ 155 Abs. 1 Satz 1 AO), worunter auch Vorauszahlungsbescheide, Steueränderungsbescheide, Freistellungsbescheide (Rdn. 227) und Bescheide, mit denen das FA einen Antrag auf Erlass eines Steuerbescheids abgelehnt hat (§ 155 Abs. 1 Satz 3 AO) fallen;
- gegen **Steueranmeldungen** nach §§ 167, 168 AO, wie die USt-Voranmeldung und die USt-Jahresanmeldung (§ 18 UStG), die LSt- und die KapESt (§§ 41a, 45a EStG); **Feststellungsbescheide** über gesonderte Feststellungen von Besteuerungsgrundlagen nach §§ 179, 180 AO oder berücksichtigungsfähige Verluste nach § 10d Abs. 4 EStG;
- gegen **Messbescheide** nach § 184 AO wie die Gewerbe- und Grundsteuermessbescheide. Keine Abgabenangelegenheiten i. S. v. § 347 Abs. 2 AO sind dagegen die Gewerbesteuer- und Grundsteuerbescheide. Gegen diese ist der Widerspruch nach § 69 VwGO gegeben;
- gegen **Zerlegungs- und Zuteilungsbescheide** (§§ 188, 190 AO);
- gegen **Steuervergütungsbescheide** nach § 155 Abs. 5 AO, wie die Festsetzung von Eigenheimzulagen (§ 11 EigZulG) oder Investitionszulagen (§ 6 InvZulG 2010), Kindergeld (§ § 62 ff. EStG);
- gegen **Haftungs- und Duldungsbescheide** (§ 191 Abs. 1 AO);

- gegen **verbindliche Zusagen** (§ 204 AO), da sie im Anschluss an eine Außenprüfung die rechtliche Beurteilung bestimmter Tatbestände für die Zukunft festlegen (Rdn. 746), gegen die **verbindliche Auskunft** nach § 89 Abs. 2 AO. Allgemeine Auskünfte sind dagegen keine Verwaltungsakte i. S. v. § 118 AO und somit nicht einspruchsfähig;
- gegen Bescheide, die **steuerliche Nebenleistungen** (§ 3 Abs. 4 AO) festsetzen, wie Verzögerungsgeld (§ 146 Abs. 2c AO), Verspätungszuschläge (§ 152 AO), Zwangsgelder (§§ 328, 329 AO) sowie deren Androhung (§ 332 AO) und Zinsen (§§ 233a – 239 AO). Säumniszuschläge entstehen dagegen kraft Gesetzes (§ 240 Abs. 1 Satz 1 AO), ein Einspruch ist daher erst statthaft, wenn sich der Steuerpflichtige gegen das Leistungsgebot wendet; soweit er Höhe oder Grund der Säumniszuschläge bestreitet, ist durch Abrechnungsbescheid zu entscheiden (AEAO zu § 240 Nr. 8 und Rdn. 466);
- gegen **sonstige Steuerverwaltungsakte** wie die Aufforderung der Finanzämter an Steuerpflichtige und dritte Personen zur Mitwirkung, z. B. Auskünfte zu erteilen (§ 93 AO), Urkunden vorzulegen (§ 97 AO) oder Steuererklärungen einzureichen (§ 149 AO), außerdem Pfändungsverfügungen (§ 309 AO), Stundungen, Erlasse sowie deren Ablehnung, Fristverlängerungen sowie deren Ablehnung, NV-Bescheinigungen § 44a Abs. 2 EStG sowie Leistungsgebote (§ 254 Abs. 1 AO).

Besonderheiten gelten für Verwaltungsakte im **Erhebungsverfahren** nach § 218 Abs. 2 773
AO. Streitigkeiten im Erhebungsverfahren werden zunächst durch Erlass eines eigenen VA nach § 218 Abs. 2 AO, den sog. „Abrechnungsbescheid" entschieden. Ein Einspruch des Stpfl. gegen das Leistungsgebot wird als Antrag auf Erlass eines solchen Abrechnungsbescheids ausgelegt. Entscheidet das FA nicht im Sinne des Antrags, kann der Betroffene gegen diesen Bescheid Einspruch einlegen (AEAO zu § 218 Nr. 3; BFH v. 15.4.1997 VII R 100/96, BStBl II 1997, 787).

BEISPIELE:

1. Das FA hat Imhof zur ESt 04 veranlagt. Dabei hat es auf die festgesetzte Steuer LSt nach § 36 Abs. 2 EStG angerechnet (Anrechnungsverfügung). Imhof ist der Ansicht, ihm sei zu wenig LSt angerechnet worden.
   Die Anrechnungsverfügung auf dem ESt-Bescheid ist ein eigener Steuer-VA, der bereits Teil des Erhebungsverfahrens ist. Das Begehren des Imhof wird als Antrag auf Erlass eines VA nach § 218 Abs. 2 AO behandelt. Gibt das FA seinem Antrag nicht statt, ist der Einspruch gegen den ablehnenden VA statthaft (§ 347 Abs. 1 Nr. 1 AO).
2. Das FA rechnet gegen einen ESt-Erstattungsanspruch des Eger mit einem USt-Anspruch auf. Eger ist der Auffassung, dass die Aufrechnung unzulässig ist, weil die Aufrechnungslage (§ 226 AO, § 387 BGB) nicht gegeben sei.
   Die Aufrechnung ist ein Institut des Erhebungsverfahrens. Die Aufrechnungserklärung ist eine bürgerlich-rechtliche Willenserklärung. Gegen sie ist ein Einspruch nicht statthaft. Über das Begehren des Eger wird vielmehr durch Abrechnungsbescheid entschieden, wenn das FA dem Einwand des Eger nicht entspricht (§ 218 Abs. 2 AO). Dagegen ist der Einspruch statthaft (vgl. auch Rdn. 452 ff.)

(2) Der Untätigkeitseinspruch

Nach § 347 Abs. 1 Satz 2 AO ist der Untätigkeitseinspruch gegeben, wenn über einen 774
Antrag auf Erlass eines VA ohne triftigen Grund nicht binnen angemessener Frist sachlich entschieden worden ist. Welche Frist angemessen ist, muss unter Berücksichtigung des Zeit- und Arbeitsaufwands im einzelnen Fall entschieden werden.

BEISPIELE:

1. Der Stpfl. beantragt einen ESt-Erstattungsbescheid (§ 46 Abs. 2 Nr. 8 EStG). Das FA wird in angemessener Zeit nicht tätig.

   Der Stpfl. kann einen **Untätigkeitseinspruch** (§ 347 Abs. 1 Satz 2 AO) einlegen, da das FA keine Entscheidung trifft.
2. Der Stpfl. beantragt einen ESt-Erstattungsbescheid. Das FA lehnt den Erlass durch einen Verwaltungsakt ab (§ 155 Abs. 1 Satz 3 AO).

   Der Stpfl. kann gegen den ablehnenden Verwaltungsakt nur **Einspruch** nach § 347 Abs. 1 Satz 1 Nr. 1 AO einlegen, da das FA eine Entscheidung getroffen hat.

(3) **Ausschluss von Einsprüchen**

775 Nach § 348 AO ist ein Einspruch in folgenden Fällen nicht statthaft:

- gegen **Einspruchsentscheidungen** (§ 348 Nr. 1 AO).
  Die Einspruchsentscheidung ist zwar ebenfalls ein VA, aber statthafter Rechtsbehelf gegen Einspruchsentscheidungen ist die Klage zum Finanzgericht (§§ 40 ff. FGO);
- bei **Nichtentscheidung** über einen **Einspruch** (§ 348 Nr. 2 AO).
  Bei dieser speziellen Untätigkeit ist statthafter Rechtsbehelf die Untätigkeitsklage nach § 46 FGO;
- gegen VA der **obersten Finanzbehörden** des Bundes und der Länder, außer wenn ein Gesetz das Einspruchsverfahren vorschreibt (§ 348 Nr. 3 AO).
  Hier ist sofort die Klage zum Finanzgericht gegeben (§ 40 ff. FGO);
- gegen bestimmte Entscheidungen der Oberfinanzdirektionen/Landesämter in Angelegenheiten der **Zulassung zur Steuerberaterprüfung** (§§ 348 Nr. 4 AO und 35 ff. StBerG).
  Die Vorschrift hat zurzeit nicht in allen Ländern Bedeutung, da diese Angelegenheiten zum Teil von den Finanzministerien wahrgenommen und nicht nach § 158 Abs. 2 StBerG auf die Oberfinanzdirektionen/Landesämter delegiert sind;
- in den Fällen des § 172 Abs. 3 AO (§ 348 Nr. 6 AO)Hier ist sofort die Klage zum Finanzgericht gegeben (§ 40 f. FGO).

14.2.1.2 Form des Einspruches

14.2.1.2.1 Äußerlichkeiten

776 Nach § 357 Abs. 1 AO muss ein Einspruch

- **schriftlich** oder
- **elektronisch** eingereicht werden oder
- **zur Niederschrift** erklärt werden.

Unter Schriftform versteht man nach Zivilrecht, dass eine Willenserklärung niedergeschrieben und unterschrieben wird (vgl. § 126 BGB). Auch wenn die Unterschrift bei einem Einspruch fehlt, ist die Form im Vorverfahren trotzdem gewahrt, denn „es genügt, wenn aus dem Schriftstück hervorgeht, wer den Einspruch eingelegt hat" (§ 357 Abs. 1 Satz 2 AO).

BEISPIEL: Der Stpfl. vergisst auf dem Einspruchsschreiben die Unterschrift, hat aber einen Absender verwendet oder die Steuernummer und den angefochtenen Bescheid angegeben, so dass ersichtlich ist, um wen es sich handelt. Diese Vereinfachungsregelung gilt allerdings nicht für die Klage (§ 64 Abs. 1 FGO).

Bei der **Niederschrift** protokolliert ein Amtsträger die mündlich vorgebrachte Willenserklärung des Stpfl. Der Stpfl. muss die Niederschrift unterschreiben und der Amtsträger bestätigt durch seine Unterschrift den Vorgang. Die Einzelheiten sind in den „Allgemeinen Dienstordnungen" der Länder geregelt (z. B. § 19 bay. AGO). Ein Aktenvermerk reicht nicht aus. 777

Die mündliche oder telefonische Einlegung eines Einspruchs ist nicht formgerecht. Da keine Unterschrift des Stpfl. vorliegt, kann ein Telefongespräch auch nicht als Niederschrift behandelt werden. Nachdem der Stpfl. sich aber jederzeit vertreten lassen kann (§ 80 AO), ist es möglich, telefonisch einen Vertreter zu beauftragen, der einen formgerechten Einspruch für den Vertretenen einlegt. 778

BEISPIEL: Anders aus München ist auf einer Geschäftsreise in Lissabon. Abends um 19 Uhr bemerkt er, dass mit dem gleichen Tag eine Einspruchsfrist abläuft, die er wahrnehmen wollte. Er ruft sofort einen Taxi-Stand in München an und bittet den Fahrer Maier, er möge auf einen Zettel „Einspruch gegen den ESt-Bescheid St-Nr. 12/345, Maier" schreiben und dieses Schriftstück vor 24 Uhr in den Amtsbriefkasten des FA werfen.

Der Einspruch ist form- und fristgerecht.

Eine Einlegung des Einspruchs per **Fax** (BFH v. 22.6.2010 VIII R 38/80, BStBl II 2010, 1017) oder durch **E-Mail** genügt ebenfalls der Formerfordernis. Eine qualifizierte elektronische Signatur ist nicht erforderlich (AEAO zu § 87a, Nr. 3.2.4; BFH v. 13.5.2015 III R 26/14, BStBl II 2015, 790).

14.2.1.2.2 Inhalt

Hinsichtlich des Inhalts ist lediglich erforderlich, dass der Einspruchsführer erkennbar ist (§ 357 Abs. 1 Satz 2) und er in seinem Einspruchsschreiben erkennen lässt, dass er sich beschwert fühlt bzw. dass er eine Nachprüfung des Verwaltungsaktes begehrt. 779

Enthält der Einspruch neben dem sachlichen Begehren auch unsachliche oder beleidigende Äußerungen, so ist im Zweifel dennoch die Form gewahrt (BFH v. 4.6.1992 IV R 139-140/91, BStBl II 1993, 119). Um dem Rechtsunkundigen die Einlegung des Einspruchs zu erleichtern, enthält § 357 Abs. 3 AO im Übrigen nur **Sollvorschriften.**

Unrichtige Bezeichnung schadet nicht (§ 357 Abs. 1 Satz 3 AO). So kann der Stpfl. einen Einspruch auch als Beschwerde, Klage oder Berufung bezeichnen, ohne dass dies am formgerechten Einspruch etwas ändert. Auch wenn der Stpfl. sein Schreiben nicht als Einspruch bezeichnet, erfüllt es die formalen Erfordernisse eines Einspruchs.

BEISPIEL: Der Stpfl. schreibt: „Ihr Bescheid enthält verschiedene Mängel, nämlich. . . Ich bitte Sie, Ihre Fehler zu berichtigen, hochachtungsvoll X."

Ist das Schreiben nicht als Einspruch gekennzeichnet, könnte es sich auch um einen Änderungsantrag nach § 172 Abs. 1 Nr. 2a AO handeln. Im Zweifel ist jedoch ein Einspruch anzunehmen, da dieser die Rechte des Steuerpflichtigen umfassender und wirkungsvoller wahrt als ein Antrag auf „schlichte Änderung" (AEAO vor § 347 Nr. 1 a. E., AEAO zu § 350 Nr. 6 Abs. 2). Es ist aber nicht zulässig, ein Schreiben **gegen den** – auch nachträglich – erklärten **Willen** des Steuerbürgers als Einspruch zu behandeln.

780 Im Rahmen der Auslegung eines Schreibens ist auch zu berücksichtigen, welcher VA als angefochten anzunehmen ist. Richtet der Stpfl. seinen Einspruch etwa gegen einen Folgebescheid, obwohl nur Gründe vorgetragen werden, die gegen den Grundlagenbescheid gerichtet sind, ist der Antrag als Einspruch gegen den Grundlagenbescheid zu behandeln (vgl. § 351 Abs. 2 AO und Rdn. 807 ff.).

Entsprechend der zivilrechtlichen Regel des § 133 BGB, wonach Willenserklärungen nach dem mutmaßlichen Willen des Einspruchsführers auszulegen sind, wird der Einspruch gegen den VA angenommen, bei dem er erfolgreich wäre (BFH v. 8.5.2008 VI R 12 /05, BStBl II 2009, 116).

Wenn der Stpfl. im Rahmen eines Einspruchs alle VA eines Sammelbescheids in Überschrift und erstem Absatz bezeichnet, sich in der nachfolgenden Begründung aber ausschließlich auf einen der bezeichneten VA bezieht, so liegt ebenfalls eine auslegungsbedürftige Erklärung vor. Unerheblich ist dabei, dass nach § 357 Abs. 3 Satz 2 eine Begründung nicht erforderlich ist. Zur Erforschung des wirklichen Willens des Stpfl. sind vielmehr alle Umstände heranzuziehen, die für einen objektiven Erklärungsempfänger erkennbar sind (BFH vom 19.8.2013 X R 44/11, BStBl II 2014, 234). Ficht der Stpfl. verbundene Bescheide unter bloßer Wiedergabe der „Bescheid-Bezeichnung" an, ohne zunächst konkrete Einwendungen gegen einen bestimmten VA zu erheben, können bei der Auslegung des Einspruchsbegehrens auch spätere Begründungen herangezogen werden (BFH, Urteil v. 29.10.2019 - IX R 4/19, BStBl 2020 II S. 119).

781 Zur einfachen und raschen Behandlung eines Einspruchs ist es zweckmäßig, wenn der Schriftsatz den in § 357 Abs. 3 AO genannten Sollvorschriften entspricht. Es sind dies:

- die **Bezeichnung** des angefochtenen VA,
- ein **Antrag**,
- die Anfechtungs**gründe** und **Beweismittel** dafür.
- Für die Zulässigkeit des Einspruchs ist ihr Vorliegen aber nicht von Bedeutung.

14.2.1.2.3 Wahrung der Form

782 Bei einem rechtsunkundigen Stpfl. muss die Verwaltung dafür Sorge tragen, dass der Einspruchsantrag der erforderlichen Form entspricht (§ 89 AO). Andernfalls kann bei einem Irrtum über das Verfahren und damit die Einhaltung der Einspruchsfrist die Wiedereinsetzung in den vorigen Stand gerechtfertigt sein (§ 110 AO).

14.2.1.3 Einspruchsfrist

14.2.1.3.1 Dauer

Die Frist für den Einspruch beträgt nach §§ 355 Abs. 1 Satz 1, 356 Abs. 1 AO einen Monat, der Untätigkeitseinspruch ist unbefristet (§ 355 Abs. 2 AO). 783

Die Frage, ob schon eine „angemessene Frist" i. S. d. § 347 Abs. 1 Satz 2 AO verstrichen ist, gehört nicht zur Zulässigkeit, sondern zur Begründetheit des Untätigkeitseinspruchs.

14.2.1.3.2 Beginn und Ende

Die Einspruchsfrist beginnt grundsätzlich mit der wirksamen **Bekanntgabe** des VA 784 (§§ 122 Abs. 2, 2a; 122a Abs. 4 AO; Rdn. 247). Erfolgt die Bekanntgabe durch Zustellung (Rdn. 251) mit Zustellungsurkunde (§ 3 VwZG), so beginnt die Frist mit Ablauf des Tages der Zustellung. Dies gilt auch dann, wenn die Zustellung zeitlich vor dem im Bescheid angegebenen Datum erfolgt. Das Datum gehört nicht zum Inhalt des Bescheids und berührt damit auch nicht dessen Wirksamkeit. Man kann auch nicht von einem fehlenden Bekanntgabewillen der Behörde ausgehen, wenn die Bekanntgabe vor dem Bescheiddatum erfolgt (BFH v. 20.11.2008 III R 66/07, BStBl II 2009, 185 sowie Rdn. 244, 245 und Rdn. 136 zu einer möglichen Wiedereinsetzung). Weist der VA Adressierungs- oder Übermittlungsmängel auf, so kann als Folge der VA nichtig und unwirksam sein und damit keine Rechtsbehelfsfrist laufen oder diese bei Heilung eines Bekanntgabemangels erst später zu laufen beginnen (vgl. Rdn. 243 ff.). Das Ende der Frist wird nach § 108 AO, § 188 BGB berechnet (vgl. zur Berechnung von Fristen i. Ü. Rdn. 116 ff.).

Wenn ein schriftlicher oder elektronischer VA keine oder eine fehlerhafte **Rechtsbehelfsbelehrung** enthält, ist der Anlauf der Einspruchsfrist gehemmt, bis das Versäumte (schriftlich) nachgeholt wird (§ 356 Abs. 1 AO). In diesem Fall läuft eine Frist von einem Jahr ab Bekanntgabe (§ 356 Abs. 2 AO); allerdings entfällt diese Beschränkung bei höherer Gewalt oder der rechtswidrigen Auskunft, es sei gar kein Einspruch gegeben. 785

Die **Bestandteile der Rechtsbehelfsbelehrung** zählt § 356 AO auf:

- den Einspruch,
- die Anbringungsbehörde und deren Sitz sowie
- die Frist.

Eine Rechtsbehelfsbelehrung, die den Wortlaut des § 357 Abs. 1 Satz 1 AO wiedergibt und verständlich über allgemeine Merkmale des Fristbeginns sowie Fristdauer informiert, ist ordnungsgemäß (zuletzt BFH, Urteil v. 6.7.2016 - XI B 36/16, BStBl 2016 II S. 863 m. w. N.). Unrichtig i. S. von § 356 Abs. 2 Satz 1 AO ist eine Belehrung erst dann, wenn sie in wesentlichen Aussagen unzutreffend oder derart unvollständig oder missverständlich gefasst ist, dass hierdurch bei objektiver Betrachtung die Möglichkeit zur Fristwahrung gefährdet erscheint (vgl. dazu z. B. BFH, Urteile v. 29.7.1998 - X R 3/96, BStBl 1998 II S. 742; v. 20.11.2013 - X R 2/12, BStBl 2014 II S. 236 jeweils m. w. N.). Die konkrete Berechnung liegt in der eigenen Verantwortlichkeit des Betroffenen. Es ist daher nicht erforderlich, dass die Rechtsbehelfsbelehrung einen Hinweis auf die Bedeutung des § 108 Abs. 3 AO für die Ermittlung des Bekanntgabetags (§ 122 Abs. 2 Nr. 1 AO) enthält (BFH v. 7.3.2006 X R 18/05, BStBl II 2006, 455).

14.2.1.3.3 Wahrung der Frist

786 Zur Wahrung der Frist ist es erforderlich, dass der Einspruch innerhalb der Frist bei einer bestimmten Stelle, der sog. „Anbringungsbehörde", eingeht.

Wie jedes Schreiben an das FA erhält auch ein Rechtsbehelf am Tag des Eingangs einen Eingangsstempel. Solange der Rechtsbehelfsführer keinen Sachverhalt dartut, der die Unrichtigkeit des Stempels als wahrscheinlich erscheinen lässt, ist von dessen Richtigkeit auszugehen. Zweifel an der Richtigkeit des Eingangsstempels widerlegen das Datum des Stempels nicht (BFH v. 7.7.1998 VIII R 83/96, BFH/NV 1999, 475).

787 **Anbringungsbehörde** ist die Behörde, bei der der Einspruch rechtzeitig anzubringen ist und deren VA angefochten wird (§ 357 Abs. 2 Satz 1 AO), also regelmäßig das FA, das den FA erlassen hat.

Einsprüche gegen Feststellungs- und Messbescheide können auch bei der Behörde angebracht werden, die den darauf beruhenden Folgebescheid erlässt (§ 357 Abs. 2 Satz 2 AO).

BEISPIELE:

1. Ein Erlanger Metzger hat in Fürth seinen Betrieb. Er erhält vom FA Fürth seinen Feststellungsbescheid, in dem der Gewinn aus der Metzgerei gesondert festgestellt wird. Gegen diesen legt er 10 Tage später bei seinem Wohnsitz-FA Erlangen Einspruch ein.
2. Ein Weinhändler in Randersacker bekommt den GewSt-Messbescheid des FA Würzburg zusammen mit dem Gewerbesteuerbescheid von einem Gemeindeboten. Am letzten Tag der Frist legt er beim Bürgermeister von Randersacker Einspruch gegen den GewSt-Messbescheid ein.

Beide Einsprüche sind bei der richtigen Anbringungsbehörde eingelegt und damit fristgerecht (§ 357 Abs. 2 Satz 2 AO), da das FA Erlangen für die ESt und die Gemeinde Randersacker für die GewSt zuständig ist.

Der Rechtsbehelf ist in derartigen Fällen der für die Einspruchsentscheidung zuständigen Behörde (§ 367 Abs. 1 Satz 1 AO) zu übermitteln.

Ein **Steuerbescheid** kann aber mit fristwahrender Wirkung nur bei dem für den Steuerbescheid zuständigen FA angefochten werden, nicht jedoch bei den Finanzämtern, die hierfür Grundlagenbescheide erlassen haben, insoweit gilt nur § 357 Abs. 2 Satz 1 AO.

788 Schließlich ist die Anbringung bei jeder anderen Behörde möglich, wenn diese den Rechtsbehelf noch vor Ablauf der Frist der zuständigen Behörde übermittelt (§ 357 Abs. 2 Satz 4 AO).

BEISPIEL: Am 6. 8. wird ein ESt-Bescheid zugestellt. Der Stpfl. fühlt sich besonders ungerecht behandelt und wendet sich mit seinem Einspruch am 2. 9. an den Bundesfinanzminister.

Wenn der Schriftsatz noch vor Ablauf des 10. 9. bei dem FA eingeht, das den Bescheid erlassen hat, ist der Rechtsbehelf fristgerecht, andernfalls nicht.

Der Stpfl. trägt in diesen Fällen das Risiko der rechtzeitigen Übermittlung. Kann eine Behörde allerdings leicht und einwandfrei erkennen, dass sie für einen bei ihr eingegangenen Einspruch nicht und welche Finanzbehörde zuständig ist, hat sie diesen Einspruch unverzüglich an die zuständige Finanzbehörde weiterzuleiten. Geschieht dies nicht und wird dadurch die Einspruchsfrist versäumt, kommt Wiedereinsetzung in den vorigen Stand in Betracht. (BVerfG-Beschluss v. 2.9.2002 1 BvR 476/01, BStBl II 2002, 835). Das Gleiche gilt, wenn bei einem Wechsel der örtlichen Zuständigkeit nach Erlass des VA entgegen § 357 Abs. 2 Satz 1 AO bereits bei der nach § 367 Abs. 1 Satz 2 AO zur Entscheidung berufenen anderen Finanzbehörde Einspruch eingelegt wird. (Vgl. i. Ü. zur Wiedereinsetzung bei Fristversäumnis Rdn. 125 ff.)

14.2.1.4 Beschwer

Ein VA kann nur dann angefochten werden, wenn der Betroffene geltend macht, beschwert zu sein, wenn er also durch diesen VA in seinen rechtlich geschützten Interessen beeinträchtigt ist. Der Einspruchsführer muss darlegen, dass der angefochtene VA ihn in seinen Rechten verletzt oder nachteilig betrifft. 789

Die Beschwer kann sich **nur aus dem erkennenden Teil des VA** (Tenor) ergeben, also dem Teil, der unmittelbar eine Rechtsfolge anordnet.

Darunter versteht man bei einem Steuerbescheid die **Höhe der festgesetzten Steuer**, und zwar gleichgültig, ob sie dem Einspruchsführer zu hoch oder zu niedrig (Rdn. 791) ist. Bei einem Feststellungsbescheid die Höhe des festgestellten Betrags, bei einheitlichen Feststellungen auch dessen Aufteilung auf die Beteiligten, oder bei einem anderen VA die Anordnung, z. B., dass ein Stpfl. beim FA erscheinen soll. Aus den Entscheidungsgründen kann sich regelmäßig keine Beschwer ergeben, da sie den Stpfl. nicht belasten und auch nicht bestandskräftig werden (vgl. aber Rdn. 791). Unanfechtbar wird nur der entscheidende Teil eines VA; die Gründe, die eine Entscheidung tragen, sind für andere Verfahren nicht verbindlich. Die Unselbständigkeit der einzelnen Besteuerungsgrundlagen bringt das Gesetz in § 157 Abs. 2 AO zum Ausdruck.

Aus diesen Ausführungen ergibt sich, dass der Einspruchsführer nicht beschwert ist, wenn die Einwendungen als materiell-rechtlich richtig unterstellt zu keinem anderen Tenor führen.

In diesem Zusammenhang sind zwei Sonderfälle zu beachten: 790

- Ausnahmsweise liegt eine Beschwer auch dann vor, wenn sich der Einspruchsführer allein gegen den Vorbehalt der Nachprüfung (§ 164 AO) oder die Vorläufigkeit (§ 165 AO) eines Steuerbescheides wendet, ohne dabei auch die Höhe der Steuer anzugreifen. Die Beschwer ist darin zu sehen, dass in diesen Fällen der Steuerpflichtige mit einer Verböserung des Bescheids rechnen muss. Da es sich bei dem Vorbehalts- bzw. Vorläufigkeitsvermerk um eine unselbständige Nebenbestimmung handelt (§ 120 Abs. 1 AO), muss der Stpfl. mit seinem Einspruch die Steuerfestsetzung einschließlich der Nebenbestimmung angreifen und kann sich nicht nur isoliert gegen diesen wenden.
- Wurde im Rahmen der gebundenen Verwaltung (Rdn. 209 ff.) ein VA unter Verletzung von Vorschriften über das Verfahren, die Form oder die örtliche Zuständigkeit erlassen, so kann es allein wegen dieser Mängel nicht zu einer Aufhebung oder Rücknahme kommen. § 127 AO gilt auch im Einspruchsverfahren. Wird allerdings

ein Steuerverwaltungsakt wegen eines solchen Fehlers angegriffen, so fehlt dem Rechtsbehelf nicht die Beschwer. Dies bedeutet, dass die nachprüfende Behörde, wenn auch die übrigen Zulässigkeitsvoraussetzungen gegeben sind, in die Begründetheitsprüfung eintreten kann. Liegt eine materiell-rechtliche Unrichtigkeit des Bescheides vor, so ist der Einspruch ganz oder teilweise begründet. Ist dies nicht der Fall, so ist der Einspruch trotz des Verfahrensfehlers unbegründet (BFH v. 22.9.1983 IV R 109/83, BStBl II 1984, 342).

791 Von diesen Sonderfällen abgesehen, ergeben sich folgende Konsequenzen:

- Falsche Entscheidungsgründe beschweren den Steuerpflichtigen nur dann, wenn sie eine unmittelbare **Auswirkung auf die Höhe der Steuer** haben.

BEISPIELE: Häufig entsteht Streit zwischen Stpfl. und FA, welcher Einkunftsart bestimmte Einkünfte zuzuordnen sind (§ 2 Abs. 1 EStG).

1. Adams erklärt Einkünfte in Höhe von 14 000 € aus Vermietung. Das FA behandelt sie als sonstige Einkünfte nach § 20 Nr. 3 EStG.

   Adams ist nicht beschwert, da die Einordnung der Einkünfte durch das FA keine Auswirkung auf die Höhe der Steuer hat.
2. Bert erklärt 12 000 € Einkünfte aus Gewerbebetrieb. Das FA veranlagte sie als Mieteinkünfte. Wegen § 35 EStG ändert sich die ESt, Beschwer ist daher gegeben.

Die Einordnung der Einkünfte bei der ESt hat keine Auswirkung auf die GewSt. Dort muss die sachliche Steuerpflicht selbständig geprüft werden. Das Ergebnis kann durchaus von dem bei der ESt abweichen (§ 184 Abs. 1 Satz 2 AO).

- Ein **Freistellungsbescheid** kann grundsätzlich keine Beschwer enthalten.

BEISPIEL: Das FA schätzt die gewerblichen Einkünfte des Dollinger mit 10 000 €. Nach Abzug eines Pauschbetrags von 1 440 € nach § 33b Abs. 3 EStG beträgt die Steuer 0 €. Dollinger legt Einspruch ein mit der Begründung, seine Einkünfte hätten nur 8 000 € betragen. Der Einspruch ist mangels Beschwer unzulässig.

- Ein zu niedrig angesetzter **Verlust** kann den Stpfl. beschweren.

BEISPIEL: Erl macht 03 einen Verlust von 4 000 € geltend. Das FA erkennt nur 2 000 € an und setzt die ESt auf 0 € fest (Freistellungsbescheid). Erl legt gegen diesen Bescheid Einspruch ein mit der Begründung, der Verlust habe 6 000 € betragen.

Ein ESt-Bescheid, der auf Null lautet beschwert den Stpfl., wenn das FA den geltend gemachten Verlust nicht oder nur teilweise anerkannt hat; der ESt-Bescheid hat seit der Neuregelung des § 10d Abs. 4 Satz 4 EStG eine inhaltliche Bindung für den Bescheid über die gesonderte Feststellung von Verlusten gem. § 10d Abs. 4 Satz 1 EStG (BFH, Urteil v. 7.12.2016 - I R 76/14, BStBl 2017 II S. 704 und v. 22.11.2016 - I R 30/15, BStBl 2017 II S. 921).

792 Bei der **gesonderten Feststellung** von Verlusten ist die Besteuerungsgrundlage allerdings verselbständigt (§ 179 AO) und daher selbständig angreifbar; denn das Ergebnis des Feststellungsbescheids ist dem Folgebescheid verbindlich zugrunde zu legen (§ 182 Abs. 1 AO).

Die Beschwer muss also immer in der Höhe der Steuer, der Feststellung usw. liegen, wobei auch in einer zu niedrigen Steuerfestsetzung eine Beschwer liegen kann, wenn der Stpfl. dafür in einem anderen Jahr umso mehr zahlen muss.

BEISPIEL: Fritz erklärt für 04 Einkünfte aus Gewerbebetrieb in Höhe von 100 000 €. Er hat Anfang 04 eine Maschine angeschafft (Anschaffungskosten: 24 000 €). Bei einer unterstellten Nutzungsdauer von 10 Jahren macht er eine AfA (§ 7 Abs. 1 EStG) in Höhe von 2 400 € geltend. Das FA geht von einer Nutzungsdauer von nur 5 Jahren aus und lässt in 04 eine AfA von 4 800 € zu.

Die Sachbehandlung durch das FA führt zu einer niedrigeren Steuer. Dennoch kann Fritz eine Beschwer vortragen, etwa durch die Behauptung, er rechne in Zukunft mit höheren Gewinnen. Die AfA würde sich daher, eine 10-jährige Nutzungsdauer unterstellt, innerhalb der 10 Jahre für ihn günstiger auswirken.

Auch bei Feststellungsbescheiden kann sich aus einem zu niedrigen Betrag eine Beschwer ergeben.

Bei einheitlichen und gesonderten Gewinn- und Verlustfeststellungsbescheiden (§ 180 Abs. 1 Nr. 2a AO) ist zu beachten, dass die Beschwer einerseits in einem zu hohen Gewinn bzw. zu niedrigen Verlust liegen kann, andererseits darin, dass das FA einem oder mehreren der Feststellungsbeteiligten ihre Rechtsposition bestreitet.

BEISPIELE:

1. Anton, Bernd und Carl sind zu je $^1/_3$ an einer OHG beteiligt. Nachdem das FA den Gewinn auf 120 000 € festgestellt hat, begehrt die Gesellschaft in einem Einspruch die Herabsetzung des Gewinns auf 90 000 €.

   Alle drei Gesellschafter sind beschwert, da der festgestellte Gewinnanteil jedes Gesellschafters Besteuerungsgrundlage für seinen ESt-Bescheid ist (§§ 179 Abs. 2 Satz 2, 182 Abs. 1 AO). Die OHG macht in dem Einspruchsverfahren als sog. Verfahrensstandschafterin die Beschwer ihrer Gesellschafter geltend.
2. In der Feststellungserklärung der OHG wird die Verteilung des Gewinns von 90 000 € auf die Gesellschafter zu je $^1/_3$ beantragt. Das FA verteilt den Gewinn dagegen im Verhältnis 60 000 € (Anton), 15 000 € (Bernd) und 15 000 € (Carl). Die Gesellschafter legen dagegen Einspruch ein und wollen die beantragte Gewinnverteilung.

   Hier hat das FA allen Gesellschaftern die Rechtsposition bestritten, so dass alle Gesellschafter beschwert sind.

Bei Grundsteuerwertbescheiden (§ 180 Abs. 1 Nr. 1 AO, BewG) ist wegen der Langzeit- 793
wirkung dieser Bescheide immer eine Beschwer gegeben.

Es ist bei der Beschwer unbeachtlich, ob der VA einem eigenen Antrag entspricht oder 794
nicht. Deshalb ist auch die Anfechtung von Änderungsbescheiden nach § 172 Abs. 1 Nr. 2a AO (auch als Vollabhilfebescheid im Einspruchsverfahren) oder von Veranlagungen nach Erklärung zulässig.

BEISPIEL: Gert legt gegen den ESt-Bescheid vom 23. 5. zulässig Einspruch ein. Seinem Antrag auf Herabsetzung der ESt auf 1 800 € um 500 € wird vollumfänglich entsprochen; am 20. 7. ergeht ein Vollabhilfebescheid (vgl. § 367 Abs. 2 Satz 3, § 172 Abs. 1 Nr. 2a, § 132 AO). Dagegen legt Gert am 1. 8. Einspruch ein und macht als außergewöhnliche Belastungen noch die Aufwendungen für eine Zahnbehandlung geltend.

Gert ist durch die materiell-rechtlich unrichtige Festsetzung der ESt beschwert, auch wenn seinem ursprünglichen Antrag in vollem Umfang entsprochen wurde. Da der Bescheid vom 20. 7. keinen unanfechtbaren Bescheid geändert hat, steht dem zulässigen Einspruch auch nicht § 351 Abs. 1 AO entgegen (BFH v. 18.4.2007 XI R 47/05, BStBl II 2007, 736).

Bei **zusammen veranlagten Ehegatten** (§§ 26 Abs. 1, 26b EStG) ist jeder Ehegatte durch 795
die Steuerfestsetzung beschwert.

BEISPIEL: Die Hausfrau Inge Mann greift den zusammengefassten ESt-Bescheid der Eheleute Mann mit der Begründung an, das FA habe Werbungskosten ihres Ehemanns rechtsfehlerhaft nicht zum Abzug zugelassen.

Inge Mann ist beschwert. Es handelt sich bei der Zusammenveranlagung um zwei inhaltsgleiche Steuerfestsetzungen, die nach § 155 Abs. 3 AO zusammengefasst werden. Betroffen von der Steuerfestsetzung ist damit jeder Ehegatte, unabhängig davon, dass ein Gesamtschuldverhältnis vorliegt (§ 44 Abs. 1 AO).

Bei Ehegatten ist daher regelmäßig zu prüfen, ob der Einspruch nur von einem Ehegatten oder von beiden eingelegt wurde.

796 Der Einspruchsführer braucht die Beschwer nicht zu **substanziieren**.

BEISPIEL: Das FA hat die ESt auf 40 000 € festgesetzt. Der Stpfl. legt dagegen Einspruch ein, ohne diesen zu begründen.

Soweit der Stpfl. nichts anderes erkennen lässt, ist davon auszugehen, dass er eine niedrigere ESt begehrt. Die Beschwer ergibt sich mit hinreichender Deutlichkeit aus der Festsetzung. Der Einspruch ist insoweit zulässig (BFH v. 27.11.1985 II R 90/83, BStBl II 1986, 243).

Würde der Stpfl. im vorliegenden Fall eine höhere Steuer fordern, so müsste er im Einzelfall seine Beschwer schlüssig darlegen.

14.2.1.5 Befugnis

797 Unter Befugnis versteht man das Recht bestimmter Personen, einen Rechtsbehelf einzulegen. Das Steuerrecht kennt keine **„Popularklage"**, sondern beschränkt die Einspruchsbefugnis auf den Kreis derjenigen, die von dem Bescheid betroffen werden.

14.2.1.5.1 Regelfall

798 Nach § 350 AO ist zur Einlegung eines Einspruches befugt, wer geltend macht, dass er **durch einen VA beschwert** ist. Das ist in erster Linie dessen Inhaltsadressat. Wendet sich ein Bescheid inhaltlich an mehrere, dann sind grundsätzlich alle Gesamtschuldner wie z. B. zusammenveranlagte Ehegatten nach § 26b EStG befugt. Ein Bevollmächtigter kann dabei für den Vertretenen handeln (§ 80 AO).

14.2.1.5.2 Feststellungsbescheide

799 § 352 AO schränkt die Einspruchsbefugnis bei **einheitlichen** Feststellungsbescheiden (§ 179 Abs. 2 Satz 2 AO) auf bestimmte Personen ein, um eine Eindämmung der Rechtsbehelfe und eine Straffung der Einspruchsverfahren zu erreichen.

Die Vorschrift wurde durch das **Kreditzweitmarktförderungsgesetz** vom 22.12.2023 **neu geregelt**. Die Änderungen traten am 1.1.2024 in Kraft. Die Neuregelung war notwendig, um die Vorschriften an die zivilrechtlichen Änderungen durch das MoPeG anzupassen und so zwischen **rechtsfähigen** und **nicht rechtsfähigen Personenvereinigungen** differenzieren zu können.

Wird ein vor dem 1.1.2024 wirksam gewordener Feststellungsbescheid angefochten, bestimmt sich die Einspruchsbefugnis auch nach dem 31.12.2023 nach § 352 AO in der am 31.12.2023 geltenden Fassung (vgl. Art. 97 § 39 Abs. 4 Satz 1 EGAO). Das Gleiche gilt, wenn der eine rechtsfähige Personenvereinigung betreffende Feststellungsbescheid nach dem 31.12.2023 und vor dem 1.1.2026 nach Maßgabe von Art. 97 § 39 Abs. 3 EGAO dem Empfangsbevollmächtigten nach § 183 AO a. F. bekannt gegeben worden ist (vgl. Art. 97 § 39 Abs. 4 Satz 2 EGAO).

14.2.1.5.2.1 § 352 I Nr. 1 und 2 AO n. F.

In der Neufassung des § 352 Abs. 1 Nr. 1 und Nr. 2 AO wird für die Einspruchsbefugnis danach unterschieden, ob es sich um eine **rechtsfähige** (Nr. 1) oder eine **nicht rechtsfähige Personenvereinigung** (Nr. 2) handelt.

Der Begriff der Personenvereinigung wird in **§ 14a AO** definiert und mit Beispielen versehen. Personenvereinigungen sind demnach Personenzusammenschlüsse ohne Rechtspersönlichkeit zur Verfolgung eines gesetzlich zulässigen Zwecks, § 14a Abs. 1 AO. **Rechtsfähige** Personenvereinigungen werden in § 14a **Abs. 2** AO beispielhaft aufgezählt und **nicht rechtsfähige** Personenvereinigungen in § 14a **Abs. 3** AO. Auf **nicht rechtsfähige Gesellschaften** sind gem. § 14a **Abs. 4** AO die für **nicht rechtsfähige Personenvereinigungen** gelenden Vorschriften anwendbar.

- Nach § 352 I **Nr. 1** AO ist im Falle einer **rechtsfähigen** Personenvereinigung (§ 14a Abs. 2 AO) nach **Nr. 1a** die **Personenvereinigung** selbst einspruchsbefugt. Nach **Nr. 2b** kann für den Fall, dass die Personenvereinigung zivilrechtlich **nicht mehr besteht** (d. h. vollbeendet ist), **jeder Gesellschafter oder Gemeinschafter**, gegen den der Feststellungsbescheid nach § 183 Abs. 2 AO ergangen ist oder zu ergehen hätte, Einspruch einlegen.

BEISPIELE:

1. Nach dem Gesellschaftsvertrag der rechtsfähigen GbR hat der Gesellschafter Altmann die alleinige Geschäftsführungs- und Vertretungsbefugnis.

   Bei der GbR, bei der es sich um eine rechtsfähige Personenvereinigung i. S. d. § 14a Abs. 2 Nr. 2 AO handelt, ist nach § 352 I Nr. 1a AO die GbR selbst einspruchsbefugt. Die GbR wird bei der Ausübung ihrer Einspruchsbefugnis von ihrem Gesellschafter Altmann vertreten. Dieser verfügt gem. § 720 BGB n. F. in Verbindung mit dem Gesellschaftsvertrag über eine Allein-Vertretungsbefugnis.

2. Die Blau-KG besteht aus den Komplementären Blau und Grün, sowie aus dem Kommanditisten Weiß. Die KG erhält im Jahr 06 einen Feststellungsbescheid über den Gewinn des Jahres 04.

   Bei der Blau-KG handelt es sich als Personenhandelsgesellschaft (§ 161 Abs. 1 HGB) um eine rechtsfähige Personenvereinigung i. S. d. § 14a Abs. 2 Nr. 2 AO. Sie ist daher nach § 352 I Nr. 1a AO selbst einspruchsbefugt. Die Blau-KG wird bei der Ausübung ihrer Einspruchsbefugnis von ihren Gesellschaftern Blau oder Grün vertreten (§§ 161 Abs. 2, 124, 170 HGB n. F.). Kommanditist Weiß kann die KG hingegen nicht vertreten.

- Zu beachten ist, dass in diesen Fällen die Personenvereinigung das Einspruchsverfahren mit materiell-rechtlicher Wirkung für alle Feststellungsbeteiligten durchführt. Der BFH spricht in diesen Fällen von einer Verfahrensstandschaft der Gesellschaft (BFH v. 28.7.2000 X R 24/95, BFH/NV 2000, 1414).
- Nach § 352 Abs. 1 **Nr. 2** AO ist im Falle einer **nicht rechtsfähigen** Personenvereinigung (§ 14a Abs. 3 und § 183a AO) und in sonstigen Fällen (§ 14a Abs. 4 AO) nach **Nr. 2a** der **Einspruchsbefugte** i. S. d. **Abs. 2** einspruchsbefugt, wenn die Feststellungsbeteiligten entsprechend § 352 Abs. 2 Satz 3 AO **belehrt** worden sind.

- Einspruchsbefugt ist gem. § 352 Abs. 2 Satz 1 AO der von den Beteiligten **gemeinsam bestellte Empfangsbevollmächtigte** i. S. d. § 183a Abs. 1 Satz 1 AO. Soweit ein solcher nicht vorhanden ist, ist der nach § 183a Abs. 1 Satz 2 oder 3 AO von der Finanzbehörde vorgeschlagene Empfangsbevollmächtigte einspruchsbefugt, § 352 Abs. 1 Satz 2 AO.
- Falls kein Einspruchsbefugter vorhanden ist, kann gem. § 352 Abs 1 **Nr. 2b** AO **jeder Beteiligte**, gegen den der Feststellungsbescheid nach § 183a Abs. 2 AO ergangen ist oder zu ergehen hätte, Einspruch einlegen.

BEISPIEL: Die Erbengemeinschaft Inge, Rudi und Karl Frey, die Einkünfte aus Vermietung und Verpachtung bezieht, hat als nicht rechtsfähige Personenvereinigung i. S. d. § 14a Abs. 3 Nr. 3 AO den Steuerberater Hartl als Empfangsbevollmächtigten nach § 183a Abs. 1 Satz 1 AO benannt.

- Ferner können folgende Gesellschafter, Gemeinschafter oder Mitberechtigte – **unabhängig** von der Rechtsfähigkeit der Personenvereinigung – in folgenden Fällen Einspruch gegen den Feststellungsbescheid einlegen:
  - § 352 Abs. 1 **Nr. 3** AO: In den Fällen, in denen eine Übermittlung nach § 183 Abs. 2 Nr. 2 AO oder § 183a Abs. 2 Nr. 2 AO erfolgt ist oder hätte erfolgen müssen, ermöglicht die Vorschrift **jedem** ausgeschiedenen (Alt. 1) oder in ernstliche Meinungsverschiedenheiten (Alt. 2) verstrickten **Beteiligten**, Einspruch einzulegen. Dies gilt unabhängig **davon**, ob er der Bekanntgabe an die Personenvereinigung oder den Empfangsbevollmächtigten mit Wirkung für und gegen ihn widersprochen hat (vgl. AEAO zu § 352 Nr. 4b).
  - § 352 Abs. 1 **Nr. 4** AO: Diese Einspruchsbefugnis ermöglicht eine gezielte Anfechtung von Feststellungen, die die **Beteiligung** als solche und die **abstrakte Verteilung** betreffen. Sie stellt sicher, dass alle Beteiligten ihre Rechte geltend machen können.

BEISPIEL: Blau ist Komplementär, Roth und Grün sind Kommanditisten der Blau-KG. Im Feststellungsbescheid, den das FA dem Empfangsbevollmächtigten Blau übermittelt, lehnt es die Gesellschafterstellung des Grün ab, da dieser nicht Mitunternehmer, sondern Arbeitnehmer der KG sei. Den Gewinn verteilt das FA mit je $^1/_2$ auf Blau und Roth. Die Gesellschafter hatten eine Verteilung von je $^1/_3$ vorgesehen.

Als rechtsfähige Personenvereinigung (§ 14a Abs. 2 Nr. 2 AO) ist die **Blau-KG** selbst nach § 352 Abs. 1 Nr. 1a AO uneingeschränkt gegen den Feststellungsbescheid einspruchsbefugt. **Daneben** ist Blau nach § 352 Abs. 1 Nr. 4 AO selbst einspruchsbefugt, da das FA seinen Gewinnanteil gegen seinen Willen um $^1/_6$ erhöht hat. Roth ist ebenfalls nach § 352 Abs. 1 Nr. 4 AO befugt. Grün ist einspruchsbefugt, weil das FA die gewünschte Mitunternehmerschaft nicht anerkannt hat, § 352 Abs. 1 Nr. 4 AO. In diesem Falle wären 4 Einsprüche nebeneinander denkbar; Einspruch durch die KG, vertreten durch Blau, und je ein Einspruch durch Blau, Roth und Grün für sich selbst.

  - § 352 Abs. 1 **Nr. 5** AO: Die Vorschrift erlaubt es jedem Beteiligten Einspruch einzulegen, wenn die Feststellungen im Bescheid eine Frage betreffen, die ihn persönlich angeht, und er durch diese Feststellungen berührt wird. Persönlich betroffen in diesem Sinne ist ein Gesellschafter vor allem dann, wenn er von der Gesellschaft Vergütungen für seine Tätigkeit im Dienste der Gesellschaft, die Hingabe von Darlehen oder die Überlassung von Wirtschaftsgütern bezogen hat (§ 15 Abs. 1 Nr. 2 EStG).

BEISPIEL: Alf ist Komplementär, Bernd, Cäsar und Dieter sind Kommanditisten der Alf-KG. Bernd hat der KG eine Lagerhalle vermietet, Cäsar hat der KG ein Darlehen gewährt und Dieter erledigt für die KG gegen Entgelt die Buchführungsarbeiten. Beim Erlass des Feststellungsbescheids berücksichtigt das FA zu Recht die Vergütungen, die die Kommanditisten für ihre Leistungen von der KG erhalten haben, als Einnahmen aus gewerblicher Betätigung (§ 15 Abs. 1 Nr. 2 EStG). Diese Vergütungen sind Bestandteil der Gewinnverteilung und können nicht als Betriebsausgaben gewinnmindernd geltend gemacht werden.

Bernd hatte im selben Wirtschaftsjahr Reparaturaufwendungen für seine Halle zu tragen, Cäsar entstanden Aufwendungen im Zusammenhang mit der Hingabe des Darlehens, und Dieter bediente sich bei den Buchführungsarbeiten stundenweise einer Schreibkraft, die er aus eigener Tasche entlohnte. Diese Aufwendungen wurden bisher in der Gewinnfeststellung nicht berücksichtigt.

Mit Einsprüchen gegen den Gewinnfeststellungsbescheid können die drei Kommanditisten ihre Sonderbetriebsausgaben (§ 4 Abs. 4 EStG) geltend machen. Ihre Befugnis, im eigenen Namen Einspruch einzulegen, ergibt sich aus § 352 Abs. 1 Nr. 5 AO. Aber auch die KG ist nach § 352 Abs. 1 Nr. 1 AO befugt, Einspruch einzulegen; denn letztlich besteht auch ein Interesse der Gesellschaft an der Klärung dieser Rechtsfragen.

Bei Einsprüchen gegen Gewinnfeststellungsbescheide von **atypischen stillen Gesellschaften** ist ebenfalls § 352 AO anzuwenden. Ist die Höhe des Gesamtgewinnes (Verlusts) zwischen den Feststellungsbeteiligten und dem FA strittig, gilt Folgendes: Die atypisch stille Gesellschaft ist gem. § 14a Abs. 4 AO eine **nicht rechtsfähige Gesellschaft**, da sie keine eigene Rechtspersönlichkeit besitzt und steuerrechtlich den nicht rechtsfähigen Personenvereinigungen gleichgestellt wird. Die Einspruchsbefugnis steht danach gem. § 352 Abs. 1 Nr. 2a AO dem Einspruchsbefugten i. S. d. § 352 Abs. 2 AO zu, soweit die Beteiligten nach Satz 3 zuvor darüber belehrt wurden. Ist ein Einspruchsbefugter nicht vorhanden, sind nach § 352 Abs. 1 Nr. 2b AO alle Feststellungsbeteiligten einspruchsbefugt. Sowohl der Geschäftsherr als auch der stille Gesellschafter sind befugt, für sich Einspruch einzulegen. 800

Wer befugt ist, einen Einspruch gegen einen Feststellungsbescheid einzulegen, kann auch einen Einspruchsverzicht (§ 354 AO) aussprechen, seinen Einspruch zurücknehmen (§ 362 AO) oder einem Abhilfebescheid zustimmen (§§ 367 Abs. 2 Satz 3, 172 Abs. 1 Nr. 2a AO; vgl. Rdn. 345 ff.). 801

Die Befugnis nach § 352 Abs. 1 Nr. 1 bis 3 AO erstreckt sich auf alle Feststellungen im Bescheid. Die Befugnis nach § 352 Abs. 1 Nr. 4 und 5 AO ist jeweils beschränkt auf die Fragen, die den Einspruchsführer persönlich betreffen (BFH v. 28.11.1989 VIII R 40/84, BStBl II 1990, 561). 802

BEISPIEL: Kern ist Komplementär, Korn und Kirn sind Kommanditisten der Kern-KG. Die drei Gesellschafter sind zu gleichen Teilen am Gewinn der KG beteiligt. Das FA hat den Gewinnfeststellungsbescheid für 02 bekannt gegeben. Den Gewinn hat es entsprechend der Erklärung mit 20 000 € vorab dem Kirn zugerechnet, den laufenden Gewinn hat es mit je 30 000 € den drei Gesellschaftern zugerechnet. Kern entdeckt noch eine Reparaturrechnung, die bisher bei der KG nicht als Betriebsausgaben berücksichtigt wurde. Kirn hat im Zusammenhang mit dem Gewinnvoraus von 20 000 € noch bisher nicht geltend gemachte Sonderbetriebsausgaben von 1 000 € aufgewendet.

Wer ist einspruchsbefugt und wie weit reicht jeweils die Befugnis?

Die KG kann, vertreten durch ihren Komplementär Kern, nach § 352 Abs. 1a AO uneingeschränkt Einspruch einlegen. Kern kann sowohl eine Minderung des Gesamtgewinns als auch eine Minderung des Gewinnvoraus des Kirn erreichen.

Kirn hat als Kommanditist nur eine eingeschränkte Befugnis nach § 352 Abs. 1 Nr. 5 AO.

Er kann im Einspruchsverfahren nur eine Minderung seines Vorabgewinnes um 1 000 € erreichen. Würde er sich gegen die Höhe des laufenden Gewinns von 90 000 € wenden, wäre sein Einspruch insoweit unzulässig. Korn hat keine Einspruchsbefugnis.

803 Im Verfahren vor den Finanzgerichten gelten diese Grundsätze entsprechend (§ 48 FGO).

Zur Hinzuziehung bei mehreren Feststellungsbeteiligten vgl. Rdn. 844 ff.

14.2.1.5.3 Rechtsnachfolge

804 Verstirbt ein Stpfl. während einer laufenden Einspruchsfrist, geht die Einspruchsbefugnis im Rahmen der Gesamtrechtsnachfolge auf den Erben über. Der Ablauf der Frist wird davon nicht berührt.

Grundsteuerwert- und Grundsteuermessbescheide wirken auch gegen Rechtsnachfolger (§§ 182 Abs. 2, 184 Abs. 1 Satz 4 AO). Das ist hier besonders bedeutsam, weil die Hauptfeststellungszeiträume oft recht lang sind. Wenn während der Einspruchsfrist eines Grundsteuerwertbescheids eine Rechtsnachfolge stattfindet, ist neben dem Vorbesitzer auch der Nachfolger befugt, den Bescheid anzugreifen (§ 353 AO).

BEISPIEL: B hat ein Haus gebaut. Am 1. 6. wird ihm der Bescheid über den zum 1. 1. fortgeschriebenen Grundsteuerwert bekannt gegeben. Am 10. 6. verkauft B das Haus an C. B ist immer einspruchsbefugt, C zusätzlich ab 10. 6.

Im gerichtlichen Verfahren gilt wegen der dinglichen Wirkung dieser Bescheide das Gleiche.

14.2.1.5.4 Änderungsbescheide

805 VA, die unanfechtbare VA ändern, können nur, soweit die Änderung reicht, angegriffen werden (§ 351 Abs. 1 AO); es sei denn, eine Korrekturvorschrift gestattet eine weitergehende Änderung.

Nach dem Wortlaut gilt diese Vorschrift nur für änderbare Bescheide, nicht für Fälle der Rücknahme (§ 130 AO) bzw. des Widerrufs (§ 131 AO; BFH v. 28.11.1989 VIII R 40/84, BStBl II 1984, 791). Ist ein änderbarer Verwaltungsakt nach § 129 AO berichtigt worden, ist § 351 Abs. 1 AO anzuwenden.

Folgendes gilt es zu beachten:

§ 351 Abs. 1 AO gilt nur dann, wenn der ursprüngliche Bescheid bereits unanfechtbar war, als der geänderte Bescheid bekannt gegeben wurde. War der ursprüngliche Bescheid noch in vollem Umfang angreifbar oder stand er unter dem Vorbehalt der Nachprüfung nach § 164 Abs. 1 AO, kann die Anfechtung des Änderungsbescheids nicht eingeschränkt werden. Die gilt auch soweit der Bescheid nach § 165 AO vorläufig ist.

Wiedereinsetzung beseitigt die Unanfechtbarkeit nachträglich.

806 Der Änderungsbescheid kann mit allen Gründen angegriffen werden, auch mit solchen, die schon gegen den ursprünglichen Bescheid möglich waren, weil die Entscheidungsgründe des ursprünglichen Bescheids nicht an der Unanfechtbarkeit teilhaben. Alle

Fehler des Änderungsbescheids selbst können ohne Rücksicht auf die Bestandskraft des ursprünglichen Bescheids geltend gemacht werden.

Die Beschränkung der Anfechtbarkeit gilt für das zahlenmäßige Ergebnis. Die einmal unanfechtbare Steuer darf nicht unterschritten werden.

BEISPIEL:

1. Das FA hat die ESt bestandskräftig in Höhe von 40 000 € festgesetzt. Darauf berichtigte es den Steuerbescheid auf 41 000 € nach § 129 AO. Nun legt der Stpfl. form- und fristgerecht Einspruch ein mit der Begründung, das FA habe bei der ursprünglichen Steuerfestsetzung rechtsirrtümlich zu niedrige Sonderausgaben zugelassen. Die ESt mindere sich daher auf 39 500 €.

   Der Einspruch ist zulässig, da die Anwendung des § 351 Abs. 1 AO die Begründetheit des Einspruchs betrifft (BFH v. 2.9.1987 I R 162/84, BStBl II 1988, 142). Der Einspruch ist nur in Höhe von 1 000 € begründet (die Rechtsansicht des Stpfl. als richtig unterstellt). Wegen der Bestandskraft des ursprünglichen Bescheids kann der Stpfl. nur die Änderung, nicht aber die ursprüngliche Festsetzung angreifen (§ 351 Abs. 1 AO).
2. Der Stpfl. trägt im Beispiel 1 vor, er habe aufgrund eines entschuldbaren Rechtsirrtums die Sonderausgaben bisher nicht geltend gemacht (§ 173 Abs. 1 Nr. 2 AO).

   In diesem Fall kann die Bestandskraft des ursprünglichen Bescheids durchbrochen werden. Die ESt wird im Einspruchsverfahren auf 39 500 € herabgesetzt (§ 351 Abs. 1 Halbsatz 2 AO).

14.2.1.5.5 Folgebescheide

Unter Folgebescheiden versteht man solche, für die der Inhalt eines anderen, nämlich 807
eines Grundlagenbescheids, verbindlich ist (§ 182 Abs. 1 AO). Grundlagenbescheide sind die Feststellungs- und Messbescheide. Folgebescheide sind meist Steuerbescheide; es können aber auch Feststellungs-, Mess- oder Zerlegungsbescheide sein (vgl. Rdn. 379).

Nach § 351 Abs. 2 AO können Folgebescheide nicht mit der Begründung angefochten werden, dass Grundlagenbescheide Fehler enthalten. Derartige Einwendungen sind unmittelbar gegen den Grundlagenbescheid zu richten. Wer einen solchen unanfechtbar werden lässt, ist durch die Folgewirkungen nicht beschwert.

BEISPIEL: Jenny ist als Kommanditistin an der Sportmoden-KG beteiligt. Sie wurde im Jahr 06 zur ESt 05 veranlagt. Nach Bestandskraft des ESt-Bescheids ergeht der Feststellungsbescheid für den von der KG erwirtschafteten Gewinn des Jahres 05. Nach Erhalt der Gewinnmitteilung korrigiert das FA Jennys ESt-Bescheid nach § 175 Abs. 1 Nr. 1 AO. Die Korrektur führt zu einer Steuererhöhung von 15 000 €.

Jenny wendet sich mit einem zulässigen Einspruch gegen den Korrekturbescheid und trägt materiell-rechtlich richtig vor, ihr Gewinnanteil sei im Feststellungsbescheid rechtsfehlerhaft zu hoch festgestellt worden. Jennys Einspruch ist unbegründet. Der Einwand, der Feststellungsbescheid sei rechtswidrig, kann mit Erfolg nur gegen den Grundlagenbescheid vorgebracht werden (§ 351 Abs. 2 AO).

Nach § 175 Abs. 1 Nr. 1 AO geänderte Folgebescheide können nach Maßgabe des § 351 808
Abs. 1 AO angefochten werden.

BEISPIEL: Im vorigen Beispiel kann Jenny gegen den Korrekturbescheid Einspruch einlegen mit der Begründung, das FA habe bei der Erstveranlagung Sonderausgaben zu Unrecht nicht anerkannt. Die bestandskräftig festgesetzte ESt darf aber nicht unterschritten werden (§ 351 Abs. 1 AO).

Eine entsprechende Regelung enthält § 42 FGO für Klagen vor dem FG.

809 Trotz der Stellung des § 351 AO im Unterabschnitt „Zulässigkeit" ist in dieser Vorschrift nur eine sachliche Anfechtungsbeschränkung und keine Zulässigkeitsvoraussetzung zu sehen (vgl. BFH v. 2.9.1987 I R 162/84, BStBl II 1988, I42).

14.2.1.6 Rücknahme und Verzicht

14.2.1.6.1 Gemeinsame Grundlagen

810 Wer verzichtet, begibt sich von vornherein des Rechts, einen Einspruch einzulegen (§ 354 Abs. 1 Satz 3 AO); Rücknahme bedeutet dagegen den Verzicht auf die Fortführung eines bereits begonnenen Einspruchsverfahrens (§ 362 Abs. 2 AO). Der Rechtscharakter von Verzicht und Rücknahme ist im Wesentlichen der gleiche, sie unterscheiden sich nur im Anwendungsbereich: Bis zur Einlegung eines Einspruchs kann verzichtet werden; von da an gibt es die Rücknahme.

14.2.1.6.2 Form

811 Für die Rücknahme wird in § 362 Abs. 1 Satz 2 AO auf die entsprechenden Bestimmungen über die Einlegung von Einsprüchen verwiesen. Die Rücknahme kann mithin schriftlich, elektronisch oder zur Niederschrift erklärt werden.

Der Verzicht ist hingegen gem. § 354 Abs. 2 Satz 1 AO gegenüber der zuständigen Behörde schriftlich oder zur Niederschrift zu erklären. Anders als in den § 357 Abs. 1 Satz 2 und § 362 Abs. 1 Satz 2 AO genügt die Erkennbarkeit des Einspruchsführers für die Verzichtserklärung nicht. Demzufolge ist für den Verzicht eine eigenhändige Unterschrift (wie § 126 BGB) erforderlich. Grundsätzlich kann die Schriftform gem. § 87a Abs. 4 Satz 1 AO durch die elektronische Form ersetzt werden. Im Falle eines Verzichts ist jedoch die Verwendung einer qualifizierten elektronischen Signatur nach § 2 Nr. 3 des Signaturgesetzes erforderlich, da sich die Möglichkeit einer elektronischen Erklärung nicht aus dem Wortlaut des § 354 Abs. 2 Satz 1 AO ergibt. Darüber hinaus besteht beim Verzicht das Verbot einer Verbindung mit weiteren Erklärungen (BFH v. 23.2.1984 IV R 154/82, BStBl II 1984, 512): Wo er sich zusammen mit anderen Erklärungen auf einem Formular befindet (z. B. bei der USt-Voranmeldung), bedarf es einer eigenen Unterschrift (§ 354 Abs. 2 Satz 1 Halbsatz 2 AO).

Verzicht und Rücknahme müssen ausdrücklich erklärt werden; im bloßen Schweigen gegenüber der Aufforderung des Finanzamts, sich zu äußern oder in der Zustimmung zu einer Änderung nach § 172 Abs. 1 Nr. 2a AO liegt nicht auch schon ein Verzicht. Rücknahme und Verzicht sind Verfahrenshandlungen. Als solche sind sie grundsätzlich unwiderruflich und können nicht unter einer echten Bedingung erklärt werden. Teilrücknahme oder Teilverzicht sind wegen des Amtsprinzips im Vorverfahren nicht möglich.

14.2.1.6.3 Zeitlicher Rahmen

Der Verzicht ist ab „Erlass" des VA, d. h. ab seiner Bekanntgabe möglich. Bei Steueranmeldungen kann er schon mit deren Abgabe erklärt werden (§ 354 Abs. 1 Satz 2 AO), und ist dann auf den Fall beschränkt, dass das FA die Steuer nicht abweichend von der Anmeldung festsetzt. 812

Wurde ein VA angefochten, ist die Verzichtserklärung als Rücknahme auszulegen. Die Rücknahme ist möglich von der Einlegung bis zur Bekanntgabe der Entscheidung. Angesichts der Kostenfreiheit im Vorverfahren wird dieser keine große Bedeutung zukommen.

14.2.1.6.4 Wirkung

Durch den Verzicht wird der Einspruch unzulässig (§ 354 Abs. 1 Satz 3 AO); die Rücknahme hat den Verlust des **eingelegten** Einspruchs zur Folge (§ 362 Abs. 2 Satz 1 AO), d. h. der Einspruch ist dann nicht mehr anhängig. Ob nach Rücknahme ein Einspruch erneut eingelegt werden kann, ist eine Frage des Fristablaufs; wo nicht Wiedereinsetzung in Frage kommt, wird meist die Frist dafür verstrichen sein. 813

Teilverzicht und Teilrücknahme sind wegen der Gesamtaufrollung nach § 367 Abs. 2 AO grundsätzlich nicht möglich. Eine Ausnahme ergibt sich aus § 354 Abs. 1a AO und § 362 Abs. 1a AO (vgl. dazu Rdn. 389).

14.2.1.6.5 Unwirksamkeit

Nach der Rechtsprechung zu Treu und Glauben sind Rücknahme und Verzicht unwirksam, wenn sie vom FA durch **Druck** (z. B. durch Täuschung oder Drohung) oder **unrichtige Belehrung** des Stpfl. veranlasst wurden. Die Unwirksamkeit muss aber innerhalb eines Jahres geltend gemacht werden (§§ 354 Abs. 2 Satz 2 bzw. 362 Abs. 2 Satz 1 i. V. m. 110 Abs. 3 AO). Wenn der Stpfl. die Unwirksamkeit behauptet und zu erkennen gibt, dass er das Verfahren fortsetzen will, muss das FA immer eine Entscheidung erlassen. Ist das FA der Auffassung, die Rücknahme (oder der Verzicht) sei wirksam gewesen, wird es den Rechtsbehelf als bereits verbraucht und deshalb unzulässig verwerfen. 814

14.2.2 Verfahrensgrundsätze

14.2.2.1 Amtsprinzip

Im Vorverfahren gilt das Amtsprinzip unbeschränkt (§ 88 AO), d. h. das FA muss von Amts wegen den Tatbestand, die Rechtslage und alle anderen wesentlichen Umstände prüfen und daraus seine rechtlichen Schlussfolgerungen ziehen. Die Anträge, die der Einspruchsführer gestellt hat, sind lediglich ein Hinweis auf die Beschwer, sie begrenzen die Befugnisse und Pflichten der Finanzbehörde nicht. Nach § 365 Abs. 1 und 2 AO gelten auch im Einspruchsverfahren die Bestimmungen des Besteuerungsverfahrens. 815

Nach § 364a Abs. 1 AO **soll** das FA auf Antrag eines Einspruchsführers vor Erlass der Einspruchsentscheidung die Sach- und Rechtslage mit diesem erörtern. Ziel dieser Regelung ist, eine einvernehmliche Erledigung des Einspruchsverfahrens zu erreichen und 816 auf diese Weise die Finanzgerichte zu entlasten. Der Antrag ist an keine Form oder Frist gebunden. Da der Einspruchsführer den Zeitpunkt der Einspruchsentscheidung durch das FA nicht kennt, ist es zweckmäßig, den Antrag möglichst früh zu stellen.

Kommt das FA dem Antrag nicht nach, so begeht es einen Verfahrensfehler, der im Rahmen eines Klageverfahrens zur Aufhebung der Einspruchsentscheidung führt, soweit nicht ausnahmsweise § 127 AO eingreift.

817 Das FA kann zur Erörterung auch weitere Beteiligte (Rdn. 838) laden, wenn dies zweckmäßig erscheint. Dies kann der Fall sein bei Feststellungsbeteiligten, die selbst keinen Einspruch gegen den Feststellungsbescheid eingelegt haben.

Das FA kann allerdings von einer solchen Erörterung gem. § 364a Abs. 2 AO absehen, wenn mehr als 10 Verfahrensbeteiligte vorhanden sind und diese keinen gemeinsamen Vertreter bestellen.

Die Beteiligten können persönlich erscheinen oder sich durch einen Bevollmächtigten vertreten lassen, wenn das FA nicht das persönliche Erscheinen angeordnet hat (§ 364a Abs. 3 AO).

Das Erscheinen kann allerdings nicht erzwungen werden (§ 364a Abs. 4 AO).

818 Im Verfahren über den Einspruch besteht keine Bindungswirkung mehr an den angefochtenen VA. Die Bindungswirkung, die nach § 124 AO mit der Bekanntgabe eintrat, wird mit der Anfechtung wieder beseitigt. Dies kann sogar zu einer Verböserung des ursprünglichen Bescheids führen.

14.2.2.2 Präklusionsfrist

819 Um dem Missbrauch des gerichtlichen wie außergerichtlichen Rechtsbehelfsverfahrens zu rechtsbehelfsfremden Zwecken Einhalt zu gebieten, sieht § 364b Abs. 1 AO eine **Präklusionsfrist** des FA vor.

Danach kann das FA dem Einspruchsführer eine Frist setzen.

- zur Angabe von Tatsachen, durch deren Berücksichtigung oder Nichtberücksichtigung er sich beschwert fühlt (Nr. 1),
- zur Erklärung über bestimmte klärungsbedürftige Punkte (Nr. 2),
- zur Bezeichnung von Beweismitteln oder zur Vorlage von Urkunden, soweit er dazu verpflichtet ist (Nr. 3).

Die Fristsetzung ist als verfahrensleitende Verfügung ein **nicht selbstständig anfechtbarer** VA (AEAO zu § 364b Nr. 4).

Die Frist muss angemessen sein. Nach Ablauf der Frist kann das FA über den Einspruch entscheiden. Dem Einspruchsführer ist es nicht möglich, nach Ablauf der Frist Erklärungen oder Beweismittel nachzuschieben. Über diese Rechtsfolge ist der Einspruchsführer zu belehren (§ 364b Abs. 3 AO).

820 Greift die Präklusionsfrist im Einspruchsverfahren, ist vorhersehbar, dass der Einspruchsführer Klage erheben wird. Für diese Fälle bestimmt § 76 Abs. 3 FGO, dass das FG die verspätet vorgebrachten Tatsachen, Erklärungen und Beweismittel zurückweisen

kann (vgl. BFH v. 19.3.1998 V R 7/97, BStBl II 1998, 399). Dem FG ist dabei ein Ermessen eingeräumt. Es ist in diesen Fällen verpflichtet, bei der Vorbereitung der mündlichen Verhandlung alle prozessualen Maßnahmen zu ergreifen, um den Rechtsstreit nach Möglichkeit bis zum ersten Termin der mündlichen Verhandlung zur Entscheidungsreife zu bringen. Dies kann bedeuten, dass der Kläger die unterlassenen Handlungen noch bis zu diesem Zeitpunkt nachbringen kann (BFH v. 10.6.1999 IV R 23/98, BStBl II 1999, 664).

Da es sich um eine behördliche Frist handelt, kann diese grundsätzlich nach § 109 AO 821
verlängert werden. Eine rückwirkende Fristverlängerung ist allerdings ausgeschlossen. In entsprechender Anwendung des § 110 AO kann nach Ablauf der gesetzten Frist nur Wiedereinsetzung beantragt werden (§ 364b Abs. 2 Satz 3 und 110 AO; AEAO zu § 364b Nr. 4).

Nach §§ 364b Abs. 2 Satz 2 und 367 Abs. 2 Satz 2 AO können nach Fristablauf vorgebrachte Erklärungen oder Beweismittel zuungunsten des Einspruchsführers berücksichtigt werden. Durch Rücknahme seines Einspruches (§ 362 AO) kann er allerdings dieser Konsequenz entgehen.

Da § 364b AO nur im Einspruchsverfahren Anwendung findet, können verspätet vorgebrachte Erklärungen oder Beweismittel in einem anschließenden Korrekturverfahren nach §§ 172 ff. oder 130 ff. AO ohne Weiteres berücksichtigt werden. Dies wäre zum Beispiel bei nachträglich bekannt gewordenen Tatsachen (§ 173 Abs. 1 Nr. 2 AO) denkbar, wenn den Stpfl. kein grobes Verschulden am verspäteten Vorbringen trifft.

14.2.2.3 Wirkung auf die Vollziehung – Aussetzung der Vollziehung

14.2.2.3.1 Kein Suspensiveffekt

Die Einlegung eines Einspruchs führt in unserer Rechtsordnung normalerweise dazu, 822
dass die Wirkungen der angegriffenen Maßnahmen so lange aufgeschoben werden, bis über den Rechtsbehelf rechtskräftig entschieden ist. Man nennt dies den Suspensiveffekt der Rechtsmittel. Er ist vor allem dort unerlässlich, wo der Vollzug einer behördlichen Anordnung nicht wieder rückgängig gemacht werden kann oder wo dessen Folgen nicht wieder beseitigt werden können.

BEISPIELE: ▸ Vollzug einer Freiheitsstrafe; Abbruch eines verkehrsgefährdenden alten Gebäudes, dessen Erhalt der Eigentümer aus persönlichen Beweggründen wünscht.

In den meisten Prozessordnungen gibt es eine vorläufige Vollziehbarkeit als Ausnahmefall, insbesondere wenn der sofortige Vollzug eines VA im öffentlichen Interesse geboten ist und wenn die nachträgliche Beseitigung der Folgen leicht möglich ist.

BEISPIELE: ▸ § 708 ff. Zivilprozessordnung; § 80 Verwaltungsgerichtsordnung; § 86a Sozialgerichtsgesetz; § 62 Arbeitsgerichtsgesetz.

Das Steuerrecht geht in § 361 AO den umgekehrten Weg: Die Einlegung eines Ein- 823
spruchs hemmt die Vollziehung des angegriffenen Verwaltungsakts regelmäßig nicht, insbesondere wird die Erhebung einer Abgabe nicht aufgehalten. Nur als Ausnahme

besteht die Möglichkeit, die Vollziehung auszusetzen. (Für Berufsverbote gilt nach § 361 Abs. 4 AO eine Sonderregelung.)

Der Suspensiveffekt im Besteuerungsverfahren hätte zur Folge, dass jeder Stpfl. sich durch Einlegung eines Rechtsbehelfs selbst eine Stundung verschaffen könnte. Durch die Flut der dann zu erwartenden Rechtsbehelfe würde die Belastung der Rechtsbehelfstellen in so hohem Maße zunehmen, dass die Verfahren viele Jahre anhängig wären. Schon im Interesse der Gleichmäßigkeit der Besteuerung kann der Staat eine derart ungleiche Belastung nicht dulden.

Der Gesetzgeber muss also die einstweilige Vollziehung der Steuerverwaltungsakte zur Regel machen. Nachdem sich die Folgen einer unrechtmäßigen Erhebung durch Erstattung und Verzinsung (vgl. §§ 236, 237 AO) weitgehend bereinigen lassen, sind die Härten für den betroffenen Staatsbürger nicht allzu schwerwiegend, zumal dieser in echten Zweifelsfällen die Aussetzung der Vollziehung beanspruchen kann.

14.2.2.3.2 Aussetzung der Vollziehung

(1) **Voraussetzungen**

824 Die Aussetzung der Vollziehung liegt grundsätzlich im Ermessen der verfügenden Behörde. Ein Antrag des Stpfl. ist nicht erforderlich. Voraussetzung ist aber immer, dass ein Einspruchsverfahren anhängig ist; denn § 361 AO ist eine „Allgemeine Verfahrensvorschrift" für das außergerichtliche Rechtsbehelfsverfahren (vgl. die Überschrift vor § 347 AO). Daraus folgt, dass eine Aussetzung der Vollziehung immer mit der Rücknahme des Einspruchs endet (BFH v. 14.3.1986 VI B 44/84, BStBl II 1986, 475).

In den Fällen, in denen der Steuerpflichtige die Aussetzung beantragt, soll diese erfolgen, wenn

- **ernstliche Zweifel** an der Rechtmäßigkeit des angegriffenen Verwaltungsaktes bestehen oder
- die Vollziehung für den Abgabepflichtigen eine **unbillige Härte** zur Folge hätte.

825 Die ernstlichen Zweifel dürfen nicht dahin verstanden werden, dass die verfügende Behörde von den Einwendungen des Steuerpflichtigen überzeugt wäre; dann müsste sie dem Antrag nach § 172 Abs. 1 Nr. 2a AO abhelfen. Ernstliche Zweifel liegen vor, wenn in rechtlicher oder tatsächlicher Hinsicht neben für die Rechtmäßigkeit sprechende Umstände gewichtige, gegen die Rechtmäßigkeit sprechende Gründe zutage treten, die eine Unentschiedenheit oder Unsicherheit in der Beurteilung der Rechtsfragen oder Unklarheit in der Beurteilung der Tatfragen bewirken (BFH, Urteil vom 21.7.2016 - V B 37/16, BStBl 2017 II S. 28).

BEISPIEL: Das FA hat einen Steuerbescheid erlassen. Dabei ist es gemäß einer Weisung in den ESt-Richtlinien zuungunsten des Stpfl. von dessen Steuererklärung abgewichen. Dieser legt Einspruch ein und beantragt Aussetzung der Vollziehung. Er trägt vor, dass ein Teil der Kommentare wie auch einige Finanzgerichte unter Ablehnung der Auffassung der Richtlinien seine Rechtsauffassung teilen.

Es bestehen ernstliche Zweifel an der getroffenen Entscheidung, wenn Urteile von Finanzgerichten bzw. ernsthafte Stimmen in der Literatur gegen die Rechtsauffassung der Finanzverwaltung die Auffassung des Steuerpflichtigen stützen. Aussetzung der Vollziehung ist somit zu gewähren (§ 361 Abs. 2 AO).

(2) **Anwendungsbereich**

§ 361 AO gilt nicht nur für Steuerbescheide, sondern für alle VA. Insbesondere bei VA, die nicht auf eine Geldleistung gerichtet sind, sollte wegen der schwierigen Folgenbeseitigung hinsichtlich der Aussetzung großzügig verfahren werden. 826

BEISPIEL: Schwarz wird in einer Steuersache des Weber als Auskunftsperson nach § 93 AO zu einer Aussage aufgefordert. Er behauptet ein Auskunftsverweigerungsrecht nach § 101 ff. AO und legt Einspruch ein. Das FA setzt die Vollziehung nicht aus und zwingt Schwarz zur Aussage. Später bestätigt der BFH das Auskunftsverweigerungsrecht. Die Folgen der Vollziehung lassen sich praktisch nicht mehr beseitigen.

Aussetzung der Vollstreckung bedeutet, dass die im Verwaltungsakt angeordnete Rechtsfolge vorläufig nicht verwirklicht werden kann. Vollziehung ist also nicht etwa mit „Vollstreckung" gleichzusetzen. Deshalb kann die Vollziehung auch dann nachträglich aufgehoben werden (§ 361 Abs. 2 Satz 3 AO), wenn der Steuerpflichtige den VA befolgt hatte. 827

Aussetzung der Vollziehung ist allerdings nur bei VA denkbar, die nach der Logik aussetzungsfähig sind. Lehnt z. B. das FA einen beantragten Erlass (§ 227 AO) durch VA ab, so kann dieser nicht vollzogen werden. Die Regelung beschränkt sich auf die Ablehnung. Nicht aussetzungsfähig sind vor allem die Ablehnung von Erlassen (§§ 163 Satz 2, 227 AO) oder Stundungen (§ 222 AO), die Korrektur eines bestandskräftigen Steuerbescheids, von Freistellungsbescheinigungen z. B. nach § 44a Abs. 5 EStG (AEAO zu § 361 Nr. 2.3.2). In all diesen Fällen kann vorläufiger Rechtsschutz nur im Wege der **einstweiligen Anordnung** erlangt werden (Rdn. 893 ff.).

BEISPIEL: Die Südbau-GmbH beantragt Herabsetzung ihrer KSt-Vorauszahlungen. Dies lehnt das FA ab. Die GmbH legt Einspruch ein und beantragt Aussetzung der Vollziehung nach § 361 AO.

Der Antrag der GmbH auf Aussetzung der Vollziehung ist unzulässig. Unter den Voraussetzungen des § 114 FGO käme eine einstweilige Anordnung in Betracht (BFH v. 27.3.1991 I B 187/90, BStBl II 1991, 643; AEAO zu § 361 Nr. 2.3.4).

(3) **Aussetzung der Vollziehung von Feststellungsbescheiden**

Unzulässig ist ein Antrag auf Aussetzung der Vollziehung eines Folgebescheids mit der Begründung, es bestünden ernsthafte Zweifel an der Rechtmäßigkeit des Grundlagenbescheids. Dies folgt aus dem Verhältnis zwischen Grundlagen- und Folgebescheid (BFH v. 29.10.1987 VIII R 413/83, BStBl II 1988, 240; v. 24.5.2023 X B 22/22 (AdV) BFH/NV 2023, 1090). Begründet allerdings der Rechtsbehelfsführer seinen Aussetzungsantrag gegen den Folgebescheid mit ernsthaften Zweifeln an der **Wirksamkeit** des Grundlagenbescheids, z. B. weil dieser falsch adressiert sei, so kann eine Aussetzung in Betracht kommen (BFH v. 15.4.1988 III R 26/85, BStBl II 1988, 660; v. 25.7.2016 X B 20/16 BFH/NV 2016, 1736 ff. Rdn. 29). 828

Begehrt der Stpfl. im Einspruchsverfahren den Erlass eines abgelehnten Feststellungsbescheids oder einen höheren Verlust, als ihn das FA im Feststellungsbescheid zugrun- 829 de gelegt hat, so kann der Steuerpflichtige vorläufigen Rechtsschutz in Form der Aussetzung der Vollziehung erhalten (BFH v. 14.4.1987 Gr S 2/85, BStBl II 1987, 637). Dasselbe gilt, wenn das FA neben der Feststellung eines zu niedrigen Verlusts auch die Mitunternehmerschaft einzelner Personen ablehnt. Vorläufiger Rechtsschutz wird auch hier einheitlich durch Aussetzung der Vollziehung gewährt (BFH v. 10.7.1980 IV B 77/79, BStBl II 1980, 697).

BEISPIEL: Anton, Berta und Claudia sind Gesellschafter einer OHG und an dieser zu gleichen Teilen beteiligt. Das FA hat den Verlust auf 60 000 € festgestellt und zu je einem Drittel auf die Gesellschafter verteilt. Dagegen legt Anton für die Gesellschaft einen zulässigen Einspruch ein und begehrt die Feststellung eines Verlusts von 90 000 €. Gleichzeitig beantragt er Aussetzung der Vollziehung.

Kommt das FA nach Prüfung der Rechtslage zu dem Ergebnis, dass die Aussetzung antragsgemäß auszusprechen ist, so kann es folgendermaßen formulieren: Die Vollziehung des Feststellungsbescheids wird mit der Maßgabe ausgesetzt, dass vorläufig bis zur bestandskräftigen Einspruchsentscheidung statt von einem Verlust von 60 000 € von einem Verlust von 90 000 € auszugehen ist, der sich auf die Beteiligten zu je einem Drittel verteilt (BFH v. 10.7.1979 VIII B 84/78, BStBl II 1979, 567).

Nach der Aussetzung der Vollziehung von Feststellungsbescheiden müssen die darauf beruhenden Folgebescheide entsprechend ausgesetzt werden (§ 361 Abs. 3 AO).

(4) **Wirkung der Aussetzung der Vollziehung**

830 Die Aussetzung der Vollziehung beseitigt einstweilen alle Wirkungen des angefochtenen VA. Bei Steuerbescheiden kommt eine Aussetzung der Vollziehung nicht in Betracht, soweit die dem Bescheid zugrunde liegende Steuer bereits aufgrund eines bestandskräftigen Vorauszahlungsbescheides entrichtet worden ist (§ 361 Abs. 2 Satz 4 AO).

BEISPIEL: Das FA hat durch einen ESt-Bescheid die Steuer auf 100 000 € festgesetzt. Die aufgrund eines bestandskräftigen Vorauszahlungsbescheids geleisteten Vorauszahlungen betrugen für den Veranlagungszeitraum 80 000 €. Der Stpfl. legt gegen den ESt-Bescheid Einspruch ein und begehrt eine Steuerfestsetzung von 70 000 €. Gleichzeitig beantragt er insoweit Aussetzung der Vollziehung.

Aussetzungsfähig ist, sofern die sonstigen Voraussetzungen für eine Aussetzung der Vollziehung vorliegen, der Betrag von 20 000 €. Da die Vorauszahlungen bereits bestandskräftig festgesetzt sind, kommt eine Aussetzung der Vollziehung in Höhe von 30 000 € nicht in Betracht (§ 361 Abs. 2 Satz 4 AO).

831 Soweit der Einspruch keinen Erfolg hat, muss der Steuerpflichtige die von der Vollziehung ausgesetzte Steuer verzinsen (§ 237 AO).

(5) **Zuständige Behörde**

832 Zur Aussetzung ist in jeder Phase des Verfahrens die Behörde zuständig, die den angefochtenen Verwaltungsakt erlassen hat.

BEISPIEL: Der Stpfl. legt Einspruch gegen einen Steuerbescheid des FA ein. Dieses ist im Vorverfahren nach § 361 Abs. 2 Satz 1 AO, im Verfahren über die Klage oder Revision nach § 69 Abs. 2 FGO für die Aussetzung der Vollziehung zuständig.

Nach § 69 Abs. 3 FGO ist neben dem FA aber auch das Gericht der Hauptsache (oder dessen Vorsitzender) zur Aussetzung berechtigt, und zwar schon vor Erhebung der Klage.

Ein Antrag auf Aussetzung der Vollziehung an das Gericht der Hauptsache ist gem. § 69 Abs. 4 FGO erst zulässig, wenn

- das FA einen Antrag abgelehnt hat,
- das FA ohne Mitteilung eines zureichenden Grundes in angemessener Frist nicht entschieden hat,
- eine Vollstreckung unmittelbar bevorsteht.

Lehnt das FA einen Antrag auf Aussetzung der Vollziehung ab, so ist gegen diesen VA der Einspruch gegeben.

Wird der Einspruch zurückgewiesen, so kommt nur ein Antrag auf Aussetzung der Vollziehung nach § 69 Abs. 3 FGO in Betracht (§ 361 Abs. 5 AO, § 69 Abs. 7 FGO).

Gegen die Entscheidung des Finanzgerichts ist die Rechtsbeschwerde zulässig, wenn sie vom Gericht zugelassen worden ist (§ 128 Abs. 3 FGO; zu weiteren Einzelheiten vgl. die umfangreichen Anmerkungen in AEAO zu § 361.)

14.2.2.4 Rechtliches Gehör

Das rechtliche Gehör ist einer der elementaren Grundsätze des steuerlichen Verfah- 833
rensrechts und beruht auf Art. 103 Abs. 1 GG. Man versteht darunter, dass der Stpfl. in jeder Lage des Verfahrens gehört wird und die Möglichkeit hat, sich zum Tatbestand und zur Rechtslage zu äußern. Das rechtliche Gehör zieht sich durch alle Stadien des Besteuerungsverfahrens. So soll nach § 91 AO u. a. eine beabsichtigte Abweichung von der Steuererklärung angekündigt werden. Steuerbescheide müssen insoweit begründet werden, als dies zu ihrem Verständnis erforderlich ist (§ 121 AO). Verstöße dagegen können nach § 126 Abs. 3 AO einen Wiedereinsetzungsgrund nach § 110 AO darstellen. Schließlich ist das rechtliche Gehör eine Maxime des Rechtsbehelfsverfahrens. Einmal erwähnt § 364 AO ausdrücklich, dass den Beteiligten (§ 359 AO) auf Antrag oder von Amts wegen die Unterlagen der Besteuerung mitzuteilen seien. Der tatsächliche Anwendungsbereich ist aber breiter. Der Stpfl. soll nie von einer ungünstigen Entscheidung oder einem belastenden VA überrascht werden. Er muss immer Gelegenheit haben, sich vor Erlass einer behördlichen Maßnahme darauf einzulassen (§ 365 Abs. 2 und 1 AO). Schließlich verlangt § 364a AO eine Erörterung der Sach- und Rechtslage, wenn der Einspruchsführer dies beantragt (vgl. Rdn. 815 ff.). Im gerichtlichen Verfahren finden sich darüber hinaus eine ganze Reihe einzelner Vorschriften, die alle im Grundsatz des rechtlichen Gehörs wurzeln.

BEISPIELE: ▶ § 75 FGO (Mitteilung von Besteuerungsgrundlagen); § 77 FGO (Verteilung von Schriftsätzen an andere Beteiligte); § 78 FGO (Akteneinsicht); § 83 FGO (Teilnahme an Beweiserhebungen).

All diese Bestimmungen gipfeln in § 96 Abs. 2 FGO, wonach das Urteil nur auf solche Tatsachen gestützt werden darf, zu denen die Beteiligten sich äußern konnten. § 119 Nr. 3 FGO erklärt Verstöße gegen den Grundsatz des rechtlichen Gehörs zum absoluten Revisionsgrund.

Man kann diese Vorschriften zwar nicht unmittelbar auf das Vorverfahren anwenden. Der allgemeine Grundsatz, auf dem sie alle beruhen, gilt aber für das Vorverfahren ebenso.

Einen besonderen Fall des rechtlichen Gehörs regelt § 367 Abs. 2 Satz 2 AO (Rdn. 848 ff.).

14.2.2.5 Vertretung

834 Im Vorverfahren und im Verfahren vor dem FG kann der Stpfl. sich durch einen Bevollmächtigten vertreten lassen (§§ 365, 80 AO; § 62 Abs. 2 FGO). Im Einspruchs- und im Klageverfahren kann die Vollmacht auch noch nach Ablauf der Rechtsbehelfsfrist nachgereicht werden. Für das Klageverfahren folgt dies aus § 62 Abs. 6 FGO. Allerdings kann vom Finanzgericht für die Vorlage eine Frist mit ausschließender Wirkung gesetzt werden. Wird in diesem Falle die Vollmacht nach Ablauf der Frist vorgelegt, führt dies zur Unzulässigkeit des gerichtlichen Rechtsbehelfes.

Vor dem BFH muss ein fachkundiger Vertreter handeln (Postulationszwang; § 62 Abs. 4 FGO).

14.2.2.6 Aussetzung und Ruhen des Verfahrens

835 Nach § 363 Abs. 1 AO (entsprechend § 74 FGO) kann die Rechtsbehelfsbehörde die Entscheidung über das Verfahren so lange aussetzen, bis eine für den Steuerstreit verbindliche Vorfrage in einem anderen Prozess rechtskräftig entschieden ist.

BEISPIEL: Zeppelin begehrt bei der ESt-Festsetzung als Mensch mit Behinderung (Grad der Behinderung: 85) einen Pauschbetrag nach § 33b EStG. In seinem Ausweis ist ein Grad der Behinderung von 60 anerkannt. Deswegen ist ein Prozess beim Sozialgericht anhängig.

Das FA kann auf einen Einspruch des Zeppelin hin das Verfahren nach § 363 Abs. 1 AO aussetzen (oder nach § 165 Abs. 1 Satz 1 AO vorläufig entscheiden).

836 Das FA kann das Einspruchsverfahren **mit Zustimmung** des Einspruchsführers ruhen lassen, wenn dies zweckmäßig erscheint (§ 363 Abs. 2 Satz 1 AO).

Ein Ruhen **kraft Gesetzes** tritt nach § 363 Abs. 2 Satz 2 AO ein, wenn wegen der Verfassungsmäßigkeit einer Rechtsnorm oder wegen einer Rechtsfrage ein Verfahren beim

- Europäischen Gerichtshof,
- Bundesverfassungsgericht,
- Bundesfinanzhof

anhängig ist, und der Einspruchsführer seinen Einspruch mit der strittigen Rechtslage begründet.

Dies gilt allerdings dann **nicht**, wenn die Steuer nach § 165 Abs. 1 Satz 2 Nr. 3 AO vorläufig festgesetzt wurde (Rdn. 336 ff.).

BEISPIEL: In einer rechtlich zweifelhaften Frage, die viele Stpfl. betrifft, ist ein „Musterprozess" vor dem Bundesfinanzhof anhängig. Auch Langhans, der von dieser Rechtsfrage betroffen wird, legt gegen seinen endgültigen Steuerbescheid Einspruch ein.

Soweit es um die strittige Rechtsfrage geht, tritt kraft Gesetzes das Ruhen des Verfahrens ein (§ 363 Abs. 2 Satz 2 AO). Auf Antrag des Einspruchsführers ist das Verfahren allerdings fortzusetzen (§ 363 Abs. 2 Satz 4 AO).

Darüber hinaus kann durch öffentlich bekannt zu gebende **Allgemeinverfügung** (§ 118 Satz 2 AO) mit Zustimmung der obersten Finanzbehörde für bestimmte Gruppen gleichliegender Fälle ein Ruhen des Verfahrens angeordnet werden.

Dies kommt in Betracht, wenn absehbar ist, dass eine Rechtsfrage, die zahlreiche Steuerpflichtige betrifft, einem der oben genannten Gerichte in absehbarer Zeit zur Entscheidung vorgelegt werden wird.

Wird ein Antrag auf Aussetzung oder Ruhen des Verfahrens abgelehnt oder die Ausset- 837
zung bzw. das Ruhen des Verfahrens widerrufen, so ist diese Entscheidung nur durch Klage gegen die Einspruchsentscheidung angreifbar (§ 363 Abs. 3 AO). Dies gilt selbst dann, wenn die Entscheidung durch einen eigenen Verwaltungsakt und nicht im Rahmen der Einspruchsentscheidung erfolgt.

14.2.2.7 Beteiligte

§ 359 AO stellt – ähnlich wie § 57 FGO – klar, wer Beteiligter eines Einspruchsverfah- 838
rens ist, nämlich

- wer den Einspruch eingelegt hat (**Einspruchsführer**) und
- wer **hinzugezogen** worden ist (Rdn. 839 ff.).

Den Beteiligten sind die Unterlagen der Besteuerung mitzuteilen (§ 364 AO), ihnen ist Gelegenheit zu geben, an Beweisaufnahmen teilzunehmen (§ 365 Abs. 2 AO), und die Einspruchsentscheidung ist ihnen bekannt zu geben (§ 366 AO).

14.2.2.8 Hinzuziehung anderer Beteiligter

14.2.2.8.1 Grundlagen

Mitunter ist es zweckmäßig oder gar notwendig, dritte Personen, deren Interessen be- 839
rührt werden, an einem Einspruchsverfahren zu beteiligen. Dem trägt die AO durch die Hinzuziehung nach § 360 AO Rechnung (der die Beiladung der §§ 60 und 60a FGO entspricht).

Die Hinzuziehung geschieht durch einen besonderen VA, wobei der Einspruchsführer sowohl vor der einfachen als auch der notwendigen Hinzuziehung zu hören ist (§ 360 Abs. 1 Satz AO). Sie ist akzessorisch, d. h. sie steht und fällt mit dem vom Einspruchsführer begonnenen Verfahren. Wenn dieser seinen Einspruch zurücknimmt, kann der Hinzugezogene das Verfahren nicht selbst weiterführen. Hiervon muss aber der Fall unterschieden werden, dass ein im Vorverfahren Hinzugezogener selbst Klage zum Gericht erhoben hat. In dieser Instanz ist er dann selbst Kläger und somit nicht bloß Beigeladener.

Der Hinzugezogene hat dieselben Rechte und Pflichten wie der Einspruchsführer (§ 360 840
Abs. 4 AO). Will das FA den angefochtenen VA gem. § 172 Abs. 1 Nr. 2a AO ändern,

ohne dem Antrag des Einspruchsführers der Sache nach zu entsprechen, ist auch die Zustimmung des Hinzugezogenen einzuholen (AEAO zu § 360 Nr. 4). Er kann sachdienliche Anträge stellen und gegen die ihm bekannt gegebenen Entscheidungen innerhalb der für ihn selbständig zu berechnenden Frist weitere Rechtsbehelfe, z. B. Anfechtungsklage (§ 40 Abs. 1 FGO) einlegen. Das Rechtsschutzbedürfnis für die Klage zum Finanzgericht (§ 40 Abs. 2 FGO) ergibt sich für den Hinzugezogenen aus § 166 AO. Denn diese Vorschrift bewirkt, dass der Hinzugezogene alle ergangenen Entscheidungen gegen sich gelten lassen muss. Dies hat vor allem bei der Haftung Bedeutung, wo einem früher hinzugezogenen Haftungsschuldner die sonst zulässigen Einwendungen gegen den Steuertatbestand abgeschnitten werden. Ergeht keine Entscheidung, weil der Einspruchsführer das Verfahren durch Zurücknahme oder Zustimmung (§ 172 Abs. 1 Nr. 2a AO) beendet hat, existiert nichts mehr, was dem Hinzugezogenen gegenüber wirksam werden könnte, und er ist in seinen Befugnissen nicht beeinträchtigt. Insofern erleidet er keinen Nachteil durch die Akzessorietät der Hinzuziehung (vgl. die Beispiele zu Rdn. 635 ff.).

Herr des außergerichtlichen Rechtsbehelfsverfahrens bleibt allerdings auch im Falle der Hinzuziehung allein der Einspruchsführer. Der Hinzugezogene kann daher den Einspruch nicht zurücknehmen (§ 362 AO) und auch nicht eine Zustimmung zum Erlass eines Abhilfebescheids (§§ 367 Abs. 2 Satz 3, 172 Abs. 1 Nr. 2a AO) erteilen und auf diese Weise das Verfahren gegen den Willen des Einspruchsführers beenden.

841 Im Übrigen unterscheidet das Gesetz zwischen der

- einfachen Hinzuziehung (§ 360 Abs. 1 AO) und der
- notwendigen Hinzuziehung (§ 360 Abs. 3 AO).

Dasselbe gilt für die Beiladung im finanzgerichtlichen Verfahren (§ 60 FGO). Vor jeder Hinzuziehung ist der Einspruchsführer zu hören (§ 360 Abs. 1 Satz 2 AO).

14.2.2.8.2 Einfache Hinzuziehung

842 Werden die steuerlichen Interessen einer dritten Person durch die Entscheidung in einem Einspruchsverfahren berührt, so **kann** das FA im Rahmen seines pflichtgemäßen Ermessens diese Person zum Verfahren hinzuziehen (§ 360 Abs. 1 AO).

Solche Interessen sind häufig bei einem Haftungsschuldner gegeben, der bei Vermögenslosigkeit des Steuerschuldners mit seiner Inanspruchnahme rechnen muss und damit u. U. ebenfalls das Vorliegen oder die Höhe einer Steuerschuld bestreiten wird.

BEISPIEL: Der Betriebsübernehmer wird vom FA wegen einer USt-Schuld als Haftender in Betracht gezogen. In dem Rechtsbehelfsverfahren des Steuerschuldners gegen den USt-Bescheid kann das FA daher den Erwerber des Betriebs hinzuziehen (vgl. dazu Beispiel 1 zu Rdn. 635 ff.).

Auch bei gegensätzlichen Interessen mehrerer Stpfl. kann eine einfache Hinzuziehung in Betracht kommen (BFH v. 19.5.1981 VIII B 80/79, BStBl II 1981, 633).

BEISPIEL: Huber und Mai streiten, wem Einkünfte aus Kapitalvermögen zuzurechnen sind. Jeder von beiden schiebt sie dem anderen zu. Das FA veranlagt die beiden Stpfl. endgültig, wobei es die Einkünfte rechtsirrtümlich dem Huber zurechnet. Dieser legt gegen den ESt-Bescheid Einspruch ein. Das FA korrigiert seine fehlerhafte Rechtsauffassung und will dem Einspruch stattgeben.

Um sich die Möglichkeit einer entsprechenden Korrektur des bestandskräftigen Bescheids des Mai offen zu halten, kann es diesen zum Rechtsbehelfsverfahren hinzuziehen (vgl. §§ 360 Abs. 1, 174 Abs. 4 und 5 AO; Rdn. 374 ff.). Zieht das FA den Mai hinzu, so kann es später dessen Bescheid korrigieren und ihm die Kapitaleinkünfte zurechnen (§ 174 Abs. 4 und 5 AO). Unterlässt es die Zuziehung, so scheidet die Korrektur aus.

Auch bei zusammenveranlagten Ehegatten ist eine einfache Zuziehung zu empfehlen (AEAO zu § 360 Nr. 3).

BEISPIEL: Die verheirateten Angestellten Inge und Hans wurden zusammen zur ESt veranlagt (§ 26b EStG). Nur Hans legt gegen den ESt-Bescheid Einspruch ein.

Das FA kann im Rahmen seines pflichtgemäßen Ermessens (§ 5 AO) Inge zum Verfahren hinzuziehen.

Eine notwendige Zuziehung kommt nicht in Betracht. Die Ehegatten sind Gesamtschuldner (§ 44 Abs. 1 AO) und können für die Gesamtschuld einen Aufteilungsbescheid beantragen (§ 268 ff. AO, Rdn. 431 f.). Die Einspruchsentscheidung muss also nicht einheitlich gegenüber beiden Ehegatten ergehen.

Bei der Auftragsverwaltung von Steuern werden durch eine Entscheidung auch immer die steuerlichen Interessen des Steuergläubigers berührt; § 360 Abs. 2 AO verbietet jedoch, diesen als Beteiligten zum Verfahren zuzuziehen. 843

BEISPIEL: Im Rechtsbehelfsverfahren um die Höhe des Gewerbesteuermessbetrags kann die hebeberechtigte Gemeinde nicht zugezogen werden.

14.2.2.8.3 Notwendige Hinzuziehung

Wenn eine Einspruchsentscheidung mehreren gegenüber nur einheitlich ergehen kann, müssen diese hinzugezogen werden (§ 360 Abs. 3 AO). Dies kommt vor allem bei einheitlichen und gesonderten Gewinn- und Wertfeststellungen (§§ 179 Abs. 2, 180 Abs. 1 Nr. 1 und 2a AO) in Betracht. Notwendig hinzuzuziehen sind alle Feststellungsbeteiligten, die zwar nach §§ 350, 352 AO rechtsbehelfsbefugt sind, aber selbst keinen Einspruch eingelegt haben. 844

BEISPIELE:

1. Ein Kommanditist legt gegen eine einheitliche Gewinnfeststellung Einspruch ein. Er beantragt, die Zinsen für den Kredit, mit dem er seinen Gesellschaftsanteil erworben hat, als Sonderbetriebsausgaben abzusetzen und infolgedessen seinen Gewinnanteil zu mindern. Seine Befugnis ergibt sich aus § 352 Abs. 1 Nr. 5 AO.

   Die KG als Personenhandelsgesellschaft (§ 161 HGB) und damit rechtsfähige Personenvereinigung nach § 14a Abs. 2 Nr. 2 AO ist wegen ihrer Einspruchsbefugnis nach § 352 Abs. 1 Nr. 1a AO zu dem Verfahren hinzuzuziehen.
2. Das FA hat die Einkünfte einer fünfgliedrigen Hauseigentümergemeinschaft einheitlich und gesondert festgestellt (§§ 179 Abs. 2, 180 Abs. 1 Nr. 2a AO). Ein Gemeinschafter legt Einspruch ein und begehrt eine Herabsetzung der Einkünfte.

   Die übrigen Gemeinschafter einer als Bruchteilsgemeinschaft nicht rechtsfähigen Personenvereinigung i. S. v. § 14a Abs. 3 Nr. 1 AO sind nach § 352 Abs. 1 Nr. 2b AO n. F. rechtsbehelfsbefugt und damit notwendig hinzuzuziehen.

Im Falle eines gemeinsamen Empfangsbevollmächtigten nach § 183a Abs. 1 Satz 1 AO n. F. in Verbindung mit § 14a Abs. 3 Nr. 1 AO, ist dieser alleine einspruchsbefugt nach § 352 Abs. 1 Nr. 2a in Verbindung mit Abs. 2 AO n. F. Eine Hinzuziehung der übrigen Gemeinschafter scheidet dann ebenfalls aus.

3. Anton ist Komplementär, Bernd und Clemens sind Kommanditisten der A-KG. Clemens ist im Jahr 04 aus der KG ausgeschieden. Das FA erlässt im Jahr 06 den Feststellungsbescheid für 04. Anton legt für die KG (Personenhandelsgesellschaft gem. § 14a Abs. 2 Nr. 2 AO i. V. m. § 161 Abs. 1 HGB n. F.) Einspruch ein; er kann als Vertreter der KG (§§ 161 Abs. 2, 124 HGB n. F.) deren Einspruchsbefugnis nach § 352 Abs. 1 Nr. 1a AO ausüben.

   Clemens ist als ausgeschiedener Gesellschafter, dem gegenüber gem. § 183 Abs. 2 Satz 1 Nr. 2 AO eine Einzelbekanntgabe vorzunehmen ist, nach § 352 Abs. 1 Nr. 3 AO einspruchsbefugt und damit zum Einspruchsverfahren der KG notwendig hinzuzuziehen.

4. Alex war Komplementär, Britta und Conny waren Kommanditisten der A-KG. Die KG ist seit dem Ende des Jahres 05 aufgelöst. Das FA erlässt im Jahr 07 den Feststellungsbescheid für das Jahr 05. Die ehemalige Kommanditistin Conny legt Einspruch ein und begehrt eine Herabsetzung des Gewinns.

   An wen musste das FA den angefochtenen Bescheid adressieren und übersenden?

   Die Adressierung erfolgt an die Feststellungsbeteiligten (Inhaltsadressaten) Alex, Britta und Conny (§§ 179 Abs. 2 Satz 2, 122 Abs. 1 AO). Die Übermittlung erfolgt an alle Betroffenen, wenn dem FA die Auflösung der Gesellschaft bekannt war (vgl. §§ 179 Abs. 2 Satz 2, 122 Abs. 1, 183 Abs. 2 Satz 1 Nr. 1 Alternative 1 AO).

   Wer wird von dem Feststellungsbescheid beschwert?

   Beschwert sind alle ehemaligen Feststellungsbeteiligten (§§ 179 Abs. 2 Satz 2, 182 Abs. 1 AO), § 350 AO.

   Wer ist einspruchsbefugt?

   Befugt sind alle ehemaligen Gesellschafter nach § 352 Abs. 1 Nr. 1b AO.

   Wer ist zum Einspruchsverfahren der Conny hinzuzuziehen?

   Notwendig hinzuzuziehen sind alle ehemaligen Gesellschafter, soweit sie nicht selbst Einspruch eingelegt haben (§§ 360 Abs. 3, 350 AO).

Zu beachten ist, dass in den Fällen, in denen ein Feststellungsbeteiligter von seiner Befugnis nach § 352 Abs. 1 Nr. 4 oder 5 AO Gebrauch macht, sich die Wiederaufrollung entgegen dem Wortlaut des § 367 Abs. 2 AO nur auf die in diesen Vorschriften genannten und angegriffenen Feststellungen beschränkt (BFH v. 28.11.1989 VIII R 40/84, BStBl II 1990, 561). Aus einer eingeschränkten Einspruchsbefugnis folgt eine eingeschränkte Überprüfung im Rahmen der Begründetheit des Einspruchs.

So ist Gegenstand der Überprüfung im Beispiel 1 nur der Gewinnanteil des Kommanditisten. Die hinzugezogene KG könnte im Rechtsbehelfsverfahren daher nicht mit Erfolg einwenden, der Gesamtgewinn sei zu hoch, weil das FA Betriebsausgaben rechtsfehlerhaft nicht anerkannt habe.

845 Weder im Verfahren über die Aussetzung der Vollziehung noch im Verfahren über die einstweilige Anordnung kommt eine notwendige Hinzuziehung in Betracht, selbst wenn im Hauptsacheverfahren eine solche nötig ist. Denn im Verfahren über den vorläufigen Rechtsschutz wird über den materiell-rechtlichen Anspruch nicht entschieden. Damit wird keine Entscheidung getroffen, die nur einheitlich gegenüber allen ergehen kann (BFH v. 22.10.1980 I S 1/80, BStBl II 1981, 99).

Aus denselben Gründen bedarf es keiner notwendigen Hinzuziehung, wenn ein Einspruch unzulässig und als solcher zu verwerfen ist (BFH v. 16.12.1977 III R 35/77, BStBl II 1978, 383; BFH v. 29.5.2001 VIII R 10/00, BStBl II 2001, 747).

846 § 360 Abs. 5 AO (siehe auch § 60a FGO) enthält eine Regelung für die Hinzuziehung in Massenverfahren. Danach kann das FA anordnen, dass in Fällen mit mehr als 50 Hin-

zuzuziehenden nur solche Personen hinzuzuziehen sind, die dies innerhalb einer bestimmten Frist beantragen. Das FA muss allerdings diese Anordnung allen in Betracht kommenden Personen einzeln bekannt geben oder in den in § 360 Abs. 5 Satz 2 AO genannten Zeitschriften veröffentlichen. Die Kompliziertheit dieser Regelung wird dazu führen, dass diese Vorschrift kaum praktische Bedeutung erlangen wird.

14.2.2.9 Verbindung mehrerer Verfahren

Kann eine Einspruchsentscheidung mehreren Personen gegenüber nur einheitlich ergehen (vgl. § 360 Abs. 3 AO) und haben mehrere Rechtsbehelfsbefugte Einspruch eingelegt, so sind die Einspruchsverfahren miteinander zu verbinden. Dies ergibt sich aus dem Grundgedanken der Wahrung des rechtlichen Gehöres, ist aber nur für das Klageverfahren in § 73 FGO gesetzlich geregelt (BFH v. 31.5.1978 I R 76/76, BStBl II 1978, 600; BFH v. 30.3.2021 VII B 62/20). 847

BEISPIEL: Alt und Behr sind Komplementäre, Curd und Dorff Kommanditisten der KG. Gegen den Feststellungsbescheid der KG legt Alt zulässigen Einspruch ein mit der Begründung, den Gesamtgewinn wegen Zinsaufwendungen der KG herabzusetzen. Auch Dorff legt zulässigen Einspruch ein. Er hat der KG eine Lagerhalle gegen Entgelt zur Verfügung gestellt. Reparaturaufwendungen für die Lagerhalle hat das FA nicht anerkannt (§ 15 Abs. 1 Nr. 2 EStG).

Ist zu den Einsprüchen der Gesellschafter jemand hinzuziehen? Wie sind die Einsprüche verfahrensrechtlich zu erledigen?

Alt ist nach § 352 Abs. 1 Nr. 1a AO befugt, für die KG Einspruch einzulegen. Behr wäre als Komplementär ebenfalls befugt/ könnte die KG vertreten. Da die KG aber bereits Einspruchsführerin und damit Verfahrensbeteiligte (§ 359 AO) ist, braucht Behr nicht hinzugezogen zu werden; denn es würde in Wirklichkeit wieder die KG hinzugezogen. Curd ist nicht hinzuzuziehen, da er keine Befugnis nach § 352 AO besitzt. Dorff wäre hinzuziehen, weil er eine Befugnis nach § 352 Abs. 1 Nr. 5 AO hat. Zu seinem Einspruch wäre die KG hinzuzuziehen. Diese wechselseitige Hinzuziehung kann durch Verbindung beider Verfahren in analoger Anwendung des Rechtsgedankens des § 73 Abs. 2 FGO vermieden werden.

14.2.3 Verfahren über den Einspruch

14.2.3.1 Rechtsbehelfsbehörde

Über Einsprüche in Besitz- und Verkehrssteuersachen entscheidet immer das **FA** als die Behörde, die den angegriffenen Verwaltungsakt erlassen hat (§ 367 Abs. 1 Satz 1 AO). Für den Wechsel der örtlichen Zuständigkeit gelten die allgemeinen Bestimmungen (§ 367 Abs. 1 Satz 2 AO; vgl. auch AEAO zu § 367 Nr. 1). 848

14.2.3.2 Verfahren

Das FA muss die Sach- und Rechtslage in vollem Umfang erneut prüfen (§ 367 Abs. 2 Satz 1 AO). Auch wenn der Stpfl. nur einen bestimmten Punkt des angegriffenen VA rügt, ist das FA berechtigt und verpflichtet, den gesamten Fall noch einmal zu überprüfen. Kommt es dabei zu der Auffassung, bei richtiger Sachbehandlung sei die Steuer noch höher festzusetzen als in dem angefochtenen Verwaltungsakt, so ist es zur **Ver-** 849

böserung berechtigt (§ 367 Abs. 2 Satz 2 AO). Allerdings fordert das rechtliche Gehör, dass der Stpfl. vorher

- auf die Verböserung und
- die Gründe hingewiesen wurde und
- sich hierzu äußern konnte (BFH v. 21.9.1983 II R 153/82, BStBl II 1984, 177).

Damit hat der Einspruchsführer Gelegenheit, durch Rücknahme seines Einspruches die Verböserung zu vereiteln. Dies stellt keinen Verstoß gegen die Gleichmäßigkeit der Besteuerung dar. Derjenige, der einen Einspruch eingelegt hat, wird damit nur den anderen Stpfl. gleichgestellt, bei denen die Bestandskraft des bekannt gegebenen VA ohnehin eine Änderung verbietet.

BEISPIEL: Alling bekommt einen USt-Bescheid über 1 000 €. Er legt Einspruch ein und beantragt, die Steuer aus tatsächlichen Gründen auf 980 € zu ermäßigen. Bei genauerer Untersuchung des Falls kommt das FA zu dem Ergebnis, dass die Steuer wegen zu Unrecht gewährter Vorsteuerbeträge eigentlich auf 1 200 € festzusetzen sei.

Das FA darf keine Einspruchsentscheidung über eine höhere Steuer als 1 000 € erlassen, ohne Alling vorher auf diese Absicht hinzuweisen. Wenn Alling sich seiner Sache sicher fühlt, kann er weiterstreiten; wenn nicht, kann er durch Rücknahme des Rechtsbehelfs die Verböserung verhindern. (Beruhen allerdings die besseren Erkenntnisse des FA auf „neuen Tatsachen" i. S. d. § 173 Abs. 1 Nr. 1 AO, dann hätte das FA auch nach der Rücknahme noch die Möglichkeit zur Änderung des ursprünglichen Bescheids.)

850 Eine Verböserung ohne Ankündigung ist ein Verfahrensmangel, der auf Klage oder Revision hin zur Aufhebung der Vorentscheidung wegen Nichtbeachtung des rechtlichen Gehörs führen kann. Ein Verböserungshinweis ist aber ausnahmsweise entbehrlich, wenn eine erhöhte Steuerfestsetzung auch nach Rücknahme des Einspruchs möglich gewesen wäre, wenn sich die Verböserung also durch Rücknahme des Einspruchs nicht hätte vermeiden lassen. Ist allerdings **zweifelhaft, ob eine Änderung möglich ist**, muss der Verböserungshinweis erfolgen (BFH v. 22.3.2006 XI R 24/05, BStBl II 2006, 576).

14.2.3.3 Korrekturen im Einspruchsverfahren

851 Das FA kann den angefochtenen VA im Einspruchsverfahren korrigieren (§ 132 Satz 1 AO). Der Korrekturbescheid wird dann Gegenstand des Verfahrens. Der Betroffene muss ihn nicht mehr mit Einspruch angreifen (§ 365 Abs. 3 AO).

Dies gilt auch, wenn der VA im Einspruchsverfahren durch einen anderen **ersetzt** wird.

BEISPIEL: Uhl hat die USt-Voranmeldung für Oktober 05 im November eingereicht. Das FA hat es abgelehnt, bestimmte Vorsteuerbeträge anzuerkennen und deshalb die USt höher festgesetzt als beantragt (§§ 167, 168 AO, § 18 Abs. 1 UStG). Uhl legt dagegen zulässigen Einspruch ein. Während das Einspruchsverfahren noch läuft, erlässt das FA im Mai 06 den USt-Bescheid für 05. Auch hier erkennt es die Vorsteuerbeträge nicht an.

Mit der USt-Festsetzung vom Mai 06 hat das FA die Festsetzung von USt-Vorauszahlungen für das Jahr 05 ersetzt. Materiell-rechtlich sind die Festsetzungen der Vorauszahlungen in die Festsetzung der Jahressteuer eingegangen.

Der USt-Bescheid ist nunmehr Gegenstand des Einspruchsverfahrens. Uhl muss ihn nicht mehr gesondert angreifen (AEAO zu § 365 Nr. 2 Abs. 3; BFH v. 4.11.1999 V R 35/98, BStBl II 2000, 454).

Beendigung des Einspruchsverfahrens

Beendigung des Einspruchsverfahrens durch förmliche Einspruchsentscheidung und ohne förmliche Einspruchsentscheidung

Beendigung des Einspruchsverfahrens → **ohne** förmliche Einspruchsentscheidung durch sog. „Abhilfebescheid" (§§ 132, 172 Abs. 1 Nr. 2a, 367 Abs. 2 Satz 3 AO)

- wenn dem Begehren (Antrag) des Einspruchsführers in vollem Umfang entsprochen wurde
- das Einspruchsverfahren hat sich erledigt ggfs. auch Teileinspruchsentscheidung nach § 367 Abs. 2a AO

→ wird dem Begehren aber tatsächlich nicht in vollem Umfang entsprochen, gilt → **Korrektur** während eines laufenden **zulässigen** Einspruchsverfahrens

- ist nach § 132 AO möglich,
- nach § 365 Abs. 3 Satz 1 AO wird der korrigierte VA ohne Weiteres Gegenstand des Einspruchsverfahrens.

Beendigung des Einspruchsverfahrens ↓ durch **förmliche** Einspruchsentscheidung §§ 367 Abs. 1 Satz 1, 366, 122 AO und VwZG

Das Verfahren wird mit der sog. „Einspruchsentscheidung" beendet (§ 367 Abs. 1 Satz 1 AO). Gegen diese ist als weiterer Rechtsbehelf die Klage (§ 40 ff. FGO) gegeben. Wenn der Stpfl. seinen Einspruch zurückgenommen hat, bedarf es keiner weiteren Sachentscheidung mehr; das Verfahren ist in diesen Fällen mit der Rücknahme beendet. Eine förmliche Entscheidung erübrigt sich auch dann, wenn das FA bereit ist, den Anträgen des Einspruchsführers zu entsprechen (§ 367 Abs. 2 Satz 3 AO). Dann wird das Rechtsbehelfsverfahren durch Korrektur des angefochtenen Verwaltungsaktes nach § 172 Abs. 1 Nr. 2a AO beendet. Man spricht dann von einem **Abhilfebescheid**. 852

BEISPIEL: ► Angerer bekommt einen Bescheid über 1 000 €. Er legt Einspruch ein und beantragt, die Steuer auf 600 € festzusetzen. Nach eingehender Prüfung des Sachverhalts ist das FA der Ansicht, die Steuer sei richtig mit 850 € festzusetzen.

a) Wenn Angerer an seinem Antrag festhält, besteht keine Übereinstimmung zwischen seinen Anträgen und der Absicht der Behörde. Diese muss in der Form des § 366 AO eine Einspruchsentscheidung über 850 € erlassen.

b) Wenn Angerer mit dem Vorschlag des FA einverstanden ist, sind die Voraussetzungen des § 172 Abs. 1 Nr. 2a AO erfüllt; Angerer hat einem Änderungsvorschlag des FA zugestimmt. Die Änderung zu seinen Gunsten ist statthaft.

c) Erging der Bescheid gegenüber A unter dem Vorbehalt der Nachprüfung (§ 164 Abs. 1 AO), so stützt sich der Abhilfebescheid anstatt auf § 172 Abs. 1 Nr. 2a AO auf § 164 Abs. 2 AO.

Zur Erledigung von Masseneinsprüchen durch Allgemeinverfügung (vgl. § 367 Abs. 2b AO und AEAO zu § 367 Nr. 7).

14.2.4 Einspruchsentscheidung

853 Nach § 366 AO ist die Einspruchsentscheidung schriftlich zu erlassen. Sie muss begründet und mit einer Rechtsbehelfsbelehrung versehen sein. Sie ist allen Beteiligten bekannt zu geben (§ 122 AO). Wie eine Entscheidung aussieht, ist für das Vorverfahren nicht im Detail geregelt (anders für die gerichtlichen Urteile; vgl. § 105 FGO).

§ 367 Abs. 2a AO erlaubt es der Finanzbehörde, in sachdienlichen Fällen (AEAO zu § 367 Nr. 6.1) vorab über Teile des Einspruchs zu entscheiden (§ 5 AO). Dabei ist im Tenor der Teil-Einspruchsentscheidung zu regeln, hinsichtlich welcher Teile des VA Bestandskraft **nicht** eintreten soll, um die Reichweite der Teil-Einspruchsentscheidung zu bestimmen (AEAO zu § 367 Nr. 6).

In Anlehnung an die Praxis der Gerichte hat sich durch ständigen Verwaltungsbrauch und nach einigen übereinstimmenden Verwaltungsanweisungen eine bestimmte Form für Einspruchsentscheidungen entwickelt. Auf die aus logischen Gründen wesentlichen Teile einer Einspruchsentscheidung wird hier kurz eingegangen.

14.2.4.1 Rubrum (Aufschrift)

854 Die Aufschrift der Einspruchsentscheidung soll die Angelegenheit und die beteiligten Personen bezeichnen. Es sind also regelmäßig aufzunehmen:

- die entscheidende Behörde;
- die Steuernummer, Rechtsbehelfslistennummer, evtl. weitere Aktenzeichen;
- die Streitsache selbst und der angegriffene Bescheid;
- der Einspruchsführer, evtl. Bevollmächtigte und Hinzugezogene;
- das Datum der Entscheidung.

BEISPIEL:

„Finanzamt Starnberg 12. Januar 07

St. Nr. 123/45678

RBehList-Nr. 37/89

EINSPRUCHSENTSCHEIDUNG

In Sachen Einkommensteuer 04 des Landwirts Sebastian Huber in Herrsching, Kapellenweg 4 – vertreten durch den Steuerbevollmächtigten Simon Graf in Herrsching –, entscheidet das Finanzamt auf den Einspruch des Bevollmächtigten vom 4.5.05 gegen den Steuerbescheid vom 20.4.05."

In besonders gelagerten Fällen, etwa nach dem Tod eines Stpfl., bei Vermögensverwaltung oder bei einer Mehrzahl von Einspruchsführern und sonstigen Beteiligten muss die Aufschrift diesen besonderen Verhältnissen angepasst werden.

14.2.4.2 Tenor (erkennender Teil)

Der Tenor bringt in möglichst knapper Formulierung die Entscheidung über den Rechtsbehelf. 855

Hierzu sind drei Möglichkeiten denkbar:

- Wenn das FA der Auffassung ist, es fehle an einer Zulässigkeitsvoraussetzung, muss es den Einspruch nach § 358 Satz 2 AO als unzulässig verwerfen.

BEISPIEL: „Der Einspruch wird als unzulässig verworfen."

- Ist der Einspruch zulässig, aber ihm muss nach materiellem Recht der Erfolg versagt bleiben, dann wird er **zurückgewiesen** (wegen der Begriffe vgl. § 126 FGO).

BEISPIEL: „Der Einspruch wird als unbegründet zurückgewiesen."

- Wenn der Einspruch teilweise Erfolg hat, der Stpfl. aber einer Änderung nach § 172 Abs. 1 Nr. 2a AO nicht zustimmt, oder wenn die Einspruchsentscheidung gegenüber dem angegriffenen Bescheid eine Verböserung darstellt (§ 367 Abs. 2 Satz 2 AO), muss der Tenor die neue Steuerfestsetzung, Gewinnfeststellung, Haftungsschuld oder den neuen Messbetrag angeben.

BEISPIEL: „Unter Änderung des Steuerbescheids vom 20.4.05 wird die ESt 04 auf 630 € herabgesetzt."

„Unter Änderung des Feststellungsbescheids vom 1.3.04 wird der Gewinn 02 auf 25 000 € festgestellt. Davon werden dem Gesellschafter Huber 10 000 € und dem Gesellschafter Maier 15 000 € zugerechnet."

„Unter Änderung des Haftungsbescheids vom 17.5.04 wird der Haftungsbetrag für die USt 05 auf 103 000 € herabgesetzt."

„Unter Änderung des Messbescheids vom 6.2.04 wird der Gewerbesteuermessbetrag 02 auf 581 € erhöht."

Die weiteren Einzelheiten, nämlich, dass und wie weit der Einspruch teilweise begründet war, gehören im Interesse der Übersichtlichkeit nicht in den Tenor, sondern in die Entscheidungsgründe.

14.2.4.3 Rechtsbehelfsbelehrung

Die Einspruchsentscheidung muss nach § 366 AO mit einer Belehrung über den Rechtsbehelf der Klage versehen sein. Die notwendigen Bestandteile einer solchen Belehrung zählt § 55 FGO auf: 856

- Hinweis auf die Klage als solche und deren notwendigen Inhalt (Bezeichnung des Klägers, des beklagten Finanzamts, der angefochtenen Entscheidung und des Gegenstands des Klagebegehrens; § 65 FGO);
- das zuständige Gericht und die weiteren Anbringungsbehörden (vgl. § 47 Abs. 2 und 3 FGO);
- dessen Sitz (das ist der Ort, nicht unbedingt auch die volle Anschrift);
- die Klagefrist (vgl. § 47 Abs. 1 FGO).

14.2.4.4 Entscheidungsgründe

857 Nach § 366 Satz 1 AO muss die Einspruchsentscheidung begründet werden. Die Begründung soll den Stpfl. erkennen lassen, von welchem Sachverhalt das FA ausging und welche rechtlichen Schlussfolgerungen für die Entscheidung maßgeblich waren. Daraus folgt eine logische Aufteilung der Gründe in

- die Darstellung des Tatbestands und
- die rechtliche Würdigung.

Die Trennung zwischen beiden soll möglichst klar sein. Im Tatbestand dürfen keine rechtlichen Ausführungen stehen, und umgekehrt darf die rechtliche Würdigung keine Tatsachen voraussetzen, die nicht schon im Tatbestand dargestellt worden sind.

Im Folgenden werden nur die wesentlichen Grundsätze für den Aufbau der Entscheidungsgründe angeführt.

14.2.4.4.1 Tatbestand

858 Der Tatbestand muss einerseits alle Tatsachen enthalten, die für die Entscheidung bedeutsam sind; alles, was für die Entscheidung ohne Belang ist, kann weggelassen werden. Wo also ein Einspruch als unzulässig verworfen wird, erübrigt es sich, auf die Tatsachen einzugehen, die für eine Sachentscheidung bedeutsam wären. Wo der Sachverhalt unstreitig ist, kann man ihn kürzer darstellen als in solchen Fällen, in denen das FA den Angaben des Steuerpflichtigen nicht folgt. Auf den Akteninhalt sollte man nur dann verweisen, wenn feststeht, dass alle Beteiligten im Besitz der entsprechenden Urkunden sind; diese müssen allgemein verständlich bezeichnet werden und nicht mit der Fundstelle in den Akten, die dem Steuerpflichtigen nichts sagt (also nicht „. . . im Übrigen wird auf Bl. 47 der ESt-Akten verwiesen“, sondern. . . „auf den Gesellschaftsvertrag vom 25.12.05“).

Man beginnt den Sachverhalt im Allgemeinen mit der Verfahrensgeschichte und erwähnt, welcher Sachverhalt für den VA maßgeblich war. Dann folgt ein Hinweis auf den Einspruch und das Vorbringen des Einspruchsführers. Dessen tatsächliche und rechtliche Einwendungen stehen im Konjunktiv. Soweit das FA noch tatsächliche Ermittlungen angestellt hat (z. B. Zeugenvernehmungen, Einsicht in Urkunden usw.), werden diese abschließend erwähnt.

14.2.4.4.2 Rechtliche Würdigung

859 Dieser Teil der Entscheidung wird im sog. **Urteilstil** abgefasst, d. h. die Entscheidung wird immer an den Anfang gestellt, die Begründung folgt anschließend. Man soll sich hier mit allen Einwendungen des Stpfl. auseinandersetzen; denn der Zweck der Begründung ist, den Einspruchsführer davon zu überzeugen, dass seine Auffassung unzutreffend und die des FA richtig ist. Aus § 358 AO und der Fassung des Tenors ergibt sich hier eine weitere Teilung in

- Zulässigkeit und
- Begründetheit.

(1) Wenn die Zulässigkeit ohne Zweifel gegeben ist, reicht es aus, auf den nächsten Abschnitt mit einer Bemerkung überzuleiten, die erkennen lässt, dass die Zulässigkeit geprüft wurde. 860

BEISPIEL: „Der Einspruch ist zwar zulässig; er ist jedoch nur zum Teil begründet."

Ist eine Zulässigkeitsvoraussetzung nicht eindeutig erfüllt ist, muss deren Vorliegen kurz begründet werden.

BEISPIEL: Wenn die Frist des § 355 AO nicht eingehalten ist, muss angeführt werden, dass und warum keine Wiedereinsetzung gewährt wurde.

Verwirft das FA einen Einspruch wegen Fristversäumnis als unzulässig, ohne die Wiedereinsetzung geprüft zu haben, so wird auf entsprechende Klage hin das Finanzgericht die Einspruchsentscheidung wegen eines Verfahrensmangels aufheben.

Wenn die Zulässigkeit verneint wird, erschöpft sich die rechtliche Würdigung in diesem Punkt. Es muss dann eingehend dargelegt werden, warum der Einspruch unzulässig ist. Fehlt es an mehreren Zulässigkeitsvoraussetzungen, dann reicht es aus, den Mangel einer von ihnen nachzuweisen.

BEISPIEL: Ein Kommanditist legt Einspruch gegen einen Gewinnfeststellungsbescheid der Gesellschaft ein. Der Rechtsbehelf ist verspätet; ob Wiedereinsetzung in Frage kommt, ist nur schwer zu entscheiden.

Das FA kann sich schwierige, tatsächliche und rechtliche Ermittlungen wegen der Fristwahrung genauso ersparen, wie die Ausführungen hierzu in der Entscheidung. Mit dem Hinweis, dass es nach § 352 AO an der Befugnis fehle, ist das Verwerfen ausreichend begründet.

(2) Der zweite Teil stellt die Sachentscheidung an die Spitze, begründet sie mit den Rechtsvorschriften des materiellen Rechts, geht auf die Anträge des Stpfl. ein und würdigt das Beweisergebnis, wo der Sachverhalt umstritten war. 861

14.3 Das gerichtliche Rechtsbehelfsverfahren

14.3.1 Gerichtsverfassung

Die Finanzgerichtsbarkeit wird durch die Finanzgerichte und den Bundesfinanzhof ausgeübt (§ 2 FGO). 862

Bei den **Gerichten** teilen sich **Senate** nach einem vorher aufgestellten Geschäftsverteilungsplan die Arbeit. Jeder Senat eines Finanzgerichts entscheidet in der Besetzung von fünf Personen (§ 5 Abs. 3 FGO), nämlich mit drei Richtern (§§ 14, 15 FGO) und zwei ehrenamtlichen Finanzrichtern (§§ 16 – 30 FGO); im Beschlussverfahren entscheiden nur die drei Richter.

Ein Senat kann den Rechtsstreit einem seiner Mitglieder als **Einzelrichter** zur Entscheidung übertragen (§ 6 FGO), wenn

- die Sache keine besonderen Schwierigkeiten tatsächlicher oder rechtlicher Art aufweist und
- die Rechtssache keine grundsätzliche Bedeutung hat.

863 Die **Finanzgerichte** entscheiden im ersten Rechtszug über alle Streitigkeiten, für die der **Finanzrechtsweg** gegeben ist (§ 33, 35 FGO). Die örtliche Zuständigkeit ergibt sich daraus, dass der angegriffene (oder begehrte) Verwaltungsakt von einer Behörde im Gerichtsbezirk erlassen wurde (§ 38 FGO; Hilfszuständigkeiten in §§ 38, 39 FGO).

864 Der **Bundesfinanzhof** mit Sitz in München ist ein „Oberster Gerichtshof" i. S. d. Art. 95 GG. Die Senate des BFH entscheiden regelmäßig in der Besetzung von fünf Richtern, im Beschlussverfahren mit drei Richtern (§ 10 FGO). Der BFH ist sachlich zuständig zur Entscheidung über die Revision gegen Urteile und die Beschwerde gegen andere Entscheidungen der Finanzgerichte (§ 36 FGO).

Ein **Großer Senat** (§ 11 FGO) beim BFH soll verhindern, dass die einzelnen Senate gleiche Rechtsfragen verschieden beurteilen und dient damit der Rechtseinheit. Der Große Senat entscheidet, wenn ein Senat von der Entscheidung eines anderen Senats abweichen will, oder wenn er von einem Senat zur Fortbildung des Rechts oder Sicherung einer einheitlichen Rechtsanwendung angerufen wird. Die Entscheidung des Großen Senats ist in der vorliegenden Sache für den erkennenden Senat verbindlich.

Dem gleichen Zweck dient der **Gemeinsame Senat der obersten Bundesgerichte**, der die Rechtsprechung von BGH, BFH, BVerwG, BAG und BSG vereinheitlichen soll (Art. 95 Abs. 3 GG).

14.3.2 Klagen

14.3.2.1 Arten

865 §§ 40, 41 FGO nennen die drei Hauptarten, nämlich Gestaltungs-, Leistungs- und Feststellungsklagen. Im Steuerprozess begegnen uns diese Klagen meist als besondere Unterarten.

14.3.2.1.1 Gestaltungsklagen

866 Sie sind darauf gerichtet, die Gestalt eines Rechtsverhältnisses zu ändern. Im Steuerprozess nennt man sie **Anfechtungsklagen** (§ 40 Abs. 1 FGO). Mit der Anfechtungsklage begehrt der Kläger die Aufhebung oder Änderung eines VA. Die Anfechtungsklage kommt in der Praxis am häufigsten vor.

BEISPIELE: Klage gegen den Steuerbescheid auf Aufhebung oder Herabsetzung der Steuer oder gegen die Festsetzung eines Zwangsgelds.

14.3.2.1.2 Leistungsklagen

867 Sie fordern vom Beklagten eine Leistung. Hierzu gehört vor allem die **Verpflichtungsklage** (§ 40 Abs. 1 FGO), mit der die Behörde zum Erlass eines abgelehnten VA verpflichtet werden soll.

BEISPIELE: Klage auf Eintragung eines Freibetrags in die Lohnsteuerkarte, auf Erlass eines Korrekturbescheids, auf Erlass einer einheitlichen und gesonderten Gewinnfeststellung, auf Stundung oder Erlass.

Zu den Leistungsklagen zählen auch Klagen, die nicht wie die Verpflichtungsklagen auf den Erlass eines VA (§ 118 AO) gerichtet sind, sondern auf eine sonstige Leistung des FA.

BEISPIEL: Klage auf Zusendung eines Prüfungsberichts (§ 202 Abs. 2 AO).

14.3.2.1.3 Feststellungsklagen

Mit ihnen begehrt der Kläger die Feststellung, dass ein Rechtsverhältnis bestehe oder 868 nicht bestehe oder dass ein VA nichtig sei (§ 41 Abs. 1 FGO). Die Feststellungsklage setzt voraus, dass der Kläger seine Rechte nicht durch Gestaltungs- oder Leistungsklage verfolgen kann und ein berechtigtes Interesse an der Feststellung hat (§ 41 Abs. 2 FGO).

14.3.2.1.4 Untätigkeitsklagen

Sie sind möglich, wenn Verwaltungsbehörden nicht innerhalb angemessener Frist tätig 869 werden (§ 46 FGO). Die Untätigkeitsklage ist nur deshalb ein Sonderfall, weil sie auch ohne erfolglos abgeschlossenes Verfahren erhoben werden kann. Ansonsten wird sie je nach Lage des Falls zu einer der vorgenannten Klagearten gehören.

BEISPIEL: Das FA entscheidet nicht über den Einspruch gegen einen USt-Bescheid. Die daraufhin erhobene Untätigkeitsklage ist eine Anfechtungsklage.

Das FA entscheidet nicht über den Einspruch gegen die Versagung eines Erlasses nach § 227 AO. Die Untätigkeitsklage in diesem Fall gehört zu den Verpflichtungsklagen.

14.3.2.2 Zulässigkeit

14.3.2.2.1 Allgemeines

Für die Zulässigkeit der Klagen gilt im Wesentlichen das Gleiche wie für die Zulässigkeit 870 von Einsprüchen. Bevor das Gericht prüfen darf, ob eine Klage begründet ist, muss es das Vorliegen aller Prozessvoraussetzungen bejahen; anderenfalls ist die Klage als unzulässig zu verwerfen (vgl. §§ 97 und 126 Abs. 1 FGO).

Schaubild 24

Zulässigkeitsvoraussetzungen einer Klage vor dem Finanzgericht – Überblick

→ Sachurteilsvoraussetzung, d. h. ohne Zulässigkeit ergeht keine Entscheidung in der Sache: „Abweisung der Klage als unzulässig"

Zulässigkeit des Finanzrechtswegs

§ 33 FGO (Hauptanwendungsfall § 33 Abs. 1 Nr. 2 FGO)

Statthaftigkeit der gewählten Klageart

Vgl. Rdnr. 865 ff.

Form

äußere Form § 64 FGO
insbesondere *eigenhändige* Unterschrift (§ 126 Abs. 1 BGB)

notwendiger Inhalt § 65 Abs. 1 AO
Kläger und Beklagter, Gegenstand des Klagebegehrens, bei *Anfechtungs*klagen angefochtener VA und die Einspruchsentscheidung
Folgen bei Fehlern insoweit § 65 Abs. 2 AO

Frist

nur bei Anfechtungs- und Verpflichtungsklagen

Beginn
nach Bekanntgabe § 54 Abs. 1 und 2 FGO, §§ 122, 366 AO, VwZG, § 222 ZPO, § 187 Abs. 1 BGB

Dauer
§ 47 Abs. 1 FGO
1 Monat

Ende
§ 54 Abs. 2 FGO, § 222 ZPO, §§ 188 ff. BGB
rechtzeitiger Eingang bei Empfangsbehörde: FG nach § 64 Abs. 1 FGO, u. U. Finanzamt § 47 Abs. 2 und 3 FGO
Wiedereinsetzung nach § 56 FGO, sofern Frist versäumt
(Wiedereinsetzungsfrist 2 *Wochen* im Übrigen wie § 110 AO)

Befugnis § 40 Abs. 2 FGO

Beachte aber § 48 FGO eingeschränkt bei einheitlichen Feststellungsbescheiden und Anfechtungsbeschränkung bei Änderungs- und Folgebescheiden, § 42 FGO

Prozessfähigkeit § 58 FGO (§§ 104 ff. BGB)

Erfolgloses Vorverfahren § 44 FGO

d. h. wenn Einspruch als unzulässig verworfen bzw. als unbegründet (ganz oder teilweise) zurückgewiesen wurde.
Nicht Zulässigkeitsvoraussetzung bei:
allgemeiner Leistungsklage, § 40 Abs. 1 FGO, Feststellungsklage, § 41 Abs. 1 FGO, Sprungklage, § 45 FGO, Untätigkeitsklage, § 46 FGO, Ausschluss des Einspruchsverfahrens nach § 348 Nr. 3 und 4 AO

Kein Verbrauch

durch Klageverzicht (§ 50 FGO) oder Rücknahme der Klage (§ 72 Abs. 3 FGO)

Keine Rechtshängigkeit § 66 FGO

Keine entgegenstehende Rechtskraft § 110 Abs. 1 FGO

Die Beteiligten können sich bei Einlegung der Klage vertreten lassen, vgl. § 62 FGO; die Vertretungsbefugnis ist durch schriftliche Vollmacht – ggf. innerhalb einer Ausschlussfrist – nachzuweisen. Andernfalls ist die Klage unzulässig.

Literaturhinweis: Lehrbuch Abgabenordnung, Rdn. 870 ff.

14.3.2.2.2 Vertretung

Die Beteiligten können sich vor dem Finanzgericht vertreten lassen (§ 62 FGO). Die Vertretungsbefugnis ist durch schriftliche Vollmacht nachzuweisen. Gegebenenfalls ist sie innerhalb einer vom Gericht festzusetzenden Ausschlussfrist nachzureichen (§ 62 Abs. 6 FGO). Liegt die Vollmacht nicht vor oder wird sie nicht nachgereicht, ist die Klage unzulässig (BFH v. 13.11.1991 I R 58/89, BStBl II 1992, 496). 871

Für Verfahren vor dem BFH gilt § 62 Abs. 4 FGO. Zur Vertretung sind nach Abs. 2 Nr. 1 berechtigt: Steuerberater, Steuerbevollmächtigte, Rechtsanwälte, Wirtschaftsprüfer, vereidigte Buchprüfer und Steuerberatungsgesellschaften i. S. d. § 3 Nr. 1–3 StBerG. Finanzbehörden können sich durch Beamte oder Angestellte vertreten lassen, die die Befähigung zum Richteramt besitzen.

14.3.2.2.3 Das ergebnislose Vorverfahren

Nach § 44 Abs. 1 FGO ist die Klage als unzulässig zu verwerfen, wenn das Vorverfahren nicht durchgeführt worden ist oder den erstrebten Erfolg brachte. 872

Hiervon gibt es jedoch Ausnahmen:

(1) **Die Sprungklage (§ 45 Abs. 1 FGO)**

Klagen sind ohne Vorverfahren möglich, wenn das FA innerhalb eines Monats nach Zustellung der Klageschrift zustimmt. Die Sprungklage ist zweckmäßig, wenn der Sachverhalt unstreitig ist und eine rechtliche Meinungsverschiedenheit zwischen Bürger und Behörde schon vor Erlass des VA erörtert wurde. Eine erneute Entscheidung durch das FA wäre in einem solchen Fall unnötiger Aufwand. 873

Verweigert oder unterlässt das FA die Zustimmung, wird die Klage als Einspruch behandelt. Der Stpfl. hat hiergegen keinen Rechtsbehelf, weil er – abgesehen von einem gewissen Zeitverlust – keinen Rechtsnachteil erleidet.

Nach § 45 Abs. 2 FGO kann das Gericht eine Sprungklage an das FA abgeben, wenn dies wegen weiterer Tatsachenfeststellungen sachdienlich ist.

(2) **Die Untätigkeitsklage (§ 46 FGO)**

Hat die Finanzbehörde über einen Einspruch ohne Mitteilung eines zureichenden Grunds in angemessener Frist sachlich nicht entschieden, so ist die Anfechtungs- oder Verpflichtungsklage ohne Vorverfahren zulässig. 874

BEISPIEL: Ein Stpfl. beantragt die Änderung eines ESt-Bescheids zu seinen Gunsten. Das FA wird in angemessener Zeit nicht tätig.

Als außergerichtlichen Rechtsbehelf kann der Stpfl. den Untätigkeitseinspruch (§ 347 Abs. 1 Satz 2 AO; Rdn. 774) erheben. Bleibt das FA daraufhin weiter untätig, so ist ohne Vorverfahren (§§ 44 Abs. 1, 46 FGO) die Verpflichtungsklage gegeben (§ 40 Abs. 1 FGO).

(3) **Die Feststellungsklage (§ 41 FGO)**

Auch diese Klage bedarf keines Vorverfahrens. 875

BEISPIELE:

1. Das FA hat ein Zwangsgeld telefonisch angedroht, ohne dass Gefahr in Verzug vorlag (vgl. § 332 Abs. 1 AO).

   Der Adressat des androhenden VA kann ohne Vorverfahren Klage auf Feststellung der Nichtigkeit (§ 41 Abs. 1 FGO) erheben.

2. Klag hat einen Steuerbescheid bestandskräftig werden lassen.

   Da der Einspruch inzwischen unzulässig ist (§ 355 Abs. 1 AO) und wegen § 44 FGO damit auch die Anfechtungsklage, erhebt er Feststellungsklage zum Finanzgericht mit dem Antrag „festzustellen, dass die Steuerschuld statt 15 000 € nur 11 000 € betrage".

   Diese Feststellungsklage ist unzulässig, da Klag sein Recht durch eine Gestaltungsklage (hier Anfechtungsklage) hätte verfolgen können (§ 41 Abs. 2 FGO).

(4) **Die Arrestklage (§ 45 Abs. 4 FGO)**

876 Gegen die Anordnung des dinglichen Arrestes (§ 324 AO) ist wegen der Eilbedürftigkeit die Klage unmittelbar gegeben.

(5) **Zu weiteren Beispielen vgl. Rdn. 775.**

14.3.2.3 Wirkungen der Klageerhebung

14.3.2.3.1 Begriff der Rechtshängigkeit

877 Durch die Erhebung der Klage wird die Streitsache rechtshängig (§ 66 FGO), d. h. bei einem Gericht anhängig. Die Klage ist erhoben, sobald sie beim Gericht in der gehörigen Form eingeht. Die Anbringung bei einer der in § 47 Abs. 2 FGO genannten Verwaltungsbehörden führt noch nicht zur Rechtshängigkeit. Die Verwaltung muss in derartigen Fällen aber für eine unverzügliche Übersendung der Klageschrift an das Gericht sorgen (§ 47 Abs. 2 Satz 2 FGO).

14.3.2.3.2 Folgen der Rechtshängigkeit

878 (1) Eine **neue Klage** in derselben Sache ist während der Rechtshängigkeit unzulässig.

(2) Die **Zuständigkeit** des Gerichts bleibt von Umständen unberührt, die sich nach der Rechtshängigkeit ereignen.

BEISPIEL: Albers erhebt Anfechtungsklage beim Finanzgericht München gegen einen ESt-Bescheid seines Wohnfinanzamts Augsburg. Wenig später verlegt er seinen Wohnsitz nach Nürnberg.

Dass die Zuständigkeit für weitere Maßnahmen der Einkommensbesteuerung nun auf ein FA in Nürnberg übergeht (§§ 19 und 26 AO), ändert nichts daran, dass der rechtshängige Streit weiterhin vor dem Finanzgericht München (§ 38 FGO) gegen das FA Augsburg (§ 63 FGO) fortgesetzt wird.

(3) Vom Beginn der Rechtshängigkeit an werden Erstattungsansprüche des Klägers und im Falle der Aussetzung der Vollziehung die Nachholansprüche des Beklagten **verzinst** (§ 236 ff. AO).

(4) Eine **Klageänderung** ist nur zulässig, wenn die übrigen Beteiligten einwilligen oder wenn das Gericht die Änderung für sachdienlich hält (§ 67 FGO). Sachdienlich ist die Klageänderung immer dann, wenn der ursprüngliche Antrag unklar oder unstatthaft war und der neue Antrag im Rahmen des Möglichen liegt.

(5) Die Rechtshängigkeit berührt die Wirkung der angefochtenen VA nicht (§ 69 FGO), nur ausnahmsweise wird dessen Vollziehung ausgesetzt.

(6) Die Rechtshängigkeit ist auch ohne Einfluss auf die **Verfügungsbefugnis der Verwaltung** über einen Steuerfall. Auch im anhängigen Prozess bleibt das FA befugt, alle in der AO vorgesehenen Maßnahmen zur weiteren Aufklärung eines Steuerfalls zu treffen (§ 76 Abs. 4 FGO; vgl. Rdn. 819 ff. zur Präklusion). Wo das Steuerrecht eine Korrektur von VA gestattet, kann die Verwaltung diese Änderung auch während des Verfahrens über die Klage oder die Revision vornehmen. Die §§ 68, 123 und 127 FGO setzen dieses Recht der Verwaltung voraus; § 132 AO bestätigt dies.

Dabei sind folgende Fälle denkbar: 879

- Die Verwaltung erkennt das Klagebegehren ganz oder zum Teil an und ändert ihren VA gemäß dem (evtl. zurückgesteckten) Antrag des Klägers (z. B. nach §§ 132 und 172 Abs. 1 Nr. 2a oder 173 Abs. 1 Nr. 2 AO usw.). In diesem Fall werden die Beteiligten die Hauptsache für erledigt erklären.

  Das Gericht muss nur noch über die Kosten befinden, die nach § 138 FGO im Allgemeinen der Behörde auferlegt werden.

  Dieser Fall ist das Gegenstück zu der Rücknahme eines Rechtsbehelfs durch den Kläger, wenn dieser im Laufe des Prozesses erkennt, dass er keinen Erfolg haben wird.

- Andererseits ist es denkbar, dass der VA unabhängig von den Anträgen des Klägers geändert wird (z. B. nach §§ 173 oder 174 AO). In diesem Fall wird der geänderte VA Gegenstand des Verfahrens. Ein Einspruch gegen den geänderten VA ist ausgeschlossen. Das FA hat dem Gericht eine Abschrift des neuen VA zu übersenden (vgl. § 68 FGO).

14.3.2.4 Verfahren über die Klage

Das gerichtliche Verfahren beruht auf den gleichen Grundsätzen, die oben für das Vorverfahren dargelegt wurden. Es ist in den §§ 51 bis 62 und 63 bis 94a FGO eingehend geregelt. Einige für die Praxis besonders wichtige Grundsätze seien hier erläutert. 880

14.3.2.4.1 Beschränktes Amtsprinzip

Während im Vorverfahren das Amtsprinzip uneingeschränkt gilt, bestehen im gerichtlichen Verfahren gewisse Einschränkungen. 881

Der Sachverhalt wird auch beim Finanzgericht von Amts wegen erforscht (§ 76 Abs. 1 FGO). Das Gericht kann dazu die Beteiligten heranziehen und von ihnen weitere Auskünfte und Nachweise verlangen. Der Vorsitzende kann sie zur Beseitigung von Formfehlern, Unklarheiten und anderen Mängeln anhalten (Abs. 2). Das Gericht ist aber an das tatsächliche Vorbringen und die Beweisanträge der Beteiligten nicht gebunden. Das Gericht entscheidet nach seinem Ermessen, welche Maßnahmen erforderlich sind, um den ganzen und den wahren Sachverhalt festzustellen. Die Parteien können darauf keinen Einfluss nehmen.

882 Wenn das Gericht aus diesem Tatbestand seine rechtlichen Folgerungen ziehen will, sind ihm in zweifacher Weise Grenzen gesetzt:

- **Das Verböserungsverbot** – das die FGO nicht ausdrücklich erwähnt, sondern als allgemeinen Rechtsgrundsatz vorgegeben betrachtet – verbietet, den angefochtenen VA zum Nachteil des Klägers zu ändern.
- Zugunsten des Klägers darf das Gericht nicht über das Klagebegehren hinausgehen (§ 96 Abs. 1 Satz 2 FGO). Die Entscheidung des Gerichts muss also immer in dem Rahmen bleiben, den der angefochtene VA nach oben und der Klageantrag nach unten setzen, mag die Entscheidung auch noch so falsch sein.

BEISPIELE:

1. Cassius bekommt einen ESt-Bescheid über 5 000 € Steuer. Mit der Klage begehrt er eine Minderung wegen Sonderausgaben um 1 000 €. Das Gericht erkennt, dass das Klagebegehren zwar berechtigt, aber weitere Einkünfte vorhanden sind, die das FA für nicht steuerbar gehalten hatte. Deren steuerliche Auswirkung führte zu einer Steuermehrung von 1 800 €. Die objektive Steuerschuld betrüge folglich 5 800 €. Das Gericht muss die Tatsachen berücksichtigen und ihr steuerliches Ergebnis mit dem der Sonderausgaben saldieren. Wegen des Verböserungsverbots ist es aber darauf beschränkt, die Klage als unbegründet zurückzuweisen.
2. Dachser greift ihren ESt-Bescheid 01 über 10 000 € wegen strittiger Aufwendungen für eine Putzfrau an. Das Gericht stellt fest, dass Dachser in 01 eine dringend gebotene Rückstellung unterlassen hat. Im Rahmen des § 76 Abs. 2 FGO ermuntert der Vorsitzende des Gerichts Dachser insoweit zu einer Klageänderung. Dachser weiß zu diesem Zeitpunkt bereits, dass ihr Gewinn 02 wesentlich höher ist als der des Vorjahres und dass sie wegen der Progression des ESt-Tarifs keinen Vorteil von einer später wieder aufzulösenden Rückstellung hätte. Sie ändert die Klage nicht.

   Das Gericht ist an den Klageantrag gebunden. Obwohl die ESt 01 viel zu hoch festgesetzt ist, kann das Gericht keinen niedrigeren Betrag festsetzen.

14.3.2.4.2 Mündliche Verhandlung

883 Nach den §§ 90 – 94 FGO ist regelmäßig aufgrund mündlicher Verhandlungen zu entscheiden. Mit Einverständnis aller Beteiligten kann (nicht: muss) die Verhandlung unterbleiben (§ 90 Abs. 2 FGO; vgl. dazu Rdn. 891). Zur mündlichen Verhandlung werden alle Beteiligten geladen (§ 91 FGO). Der Vorsitzende des Senats leitet die Verhandlung (§ 92 FGO). Nachdem der Berichterstatter, ein vom Vorsitzenden bestimmter Richter (§ 65 Abs. 2 Satz 1 FGO), den Stand der Sache erläutert hat, wird die Angelegenheit von den Beteiligten in tatsächlicher und rechtlicher Hinsicht erörtert. Die wesentlichen Vorgänge werden in einer Verhandlungsniederschrift festgehalten (§ 94 FGO).

14.3.2.4.3 Beteiligte am Verfahren

884 § 57 FGO zählt die Beteiligten auf. Immer sind ein Kläger und ein Beklagter vorhanden.

Daneben können bzw. müssen weitere Personen beigeladen werden (§ 60 FGO). Die Beiladung entspricht weitgehend der Hinzuziehung (§ 360 AO) im Vorverfahren.

14.3.2.4.4 Aktenübersendung

Die Klageschrift wird dem beklagten FA von Amts wegen zugestellt (§ 71 Abs. 1 FGO). 885
Dieses legt daraufhin dem Finanzgericht die einschlägigen Akten vor (§ 71 Abs. 2 FGO). Alle dem Gericht übersandten Akten können von dem Beteiligten eingesehen werden (§ 78 FGO).

14.3.3 Entscheidungen

14.3.3.1 Urteile

14.3.3.1.1 Form

Über die Klage wird regelmäßig durch Urteil entschieden (§ 95 FGO). Das Urteil ergeht 886
in einer bestimmten Form, die in § 105 FGO festgelegt ist.

Das Urteil wird in der Regel in der mündlichen Verhandlung durch Verlesen der Urteilsformel verkündet und anschließend in seiner vollständigen Fassung den Beteiligten zugestellt (§ 104 Abs. 1 Satz 3 FGO). Die Verkündung kann, insbesondere wenn keine mündliche Verhandlung stattgefunden hat, durch Zustellung ersetzt werden, § 104 Abs. 3 FGO.

Urteile werden unter verschiedenen Gesichtspunkten eingeteilt. Einige dieser Gruppen spricht die FGO an.

Endurteile beenden den Steuerprozess endgültig. Teilurteile (§ 98 FGO), Zwischenurteile (§ 97 FGO) und Vorabentscheidungen (§ 99 FGO) befinden nur über einen bestimmten Teil des Streitstoffs. Es muss immer noch ein Endurteil folgen.

14.3.3.1.2 Inhalt und Wirkung

Die §§ 100 bis 102 FGO regeln Inhalt und Wirkung des Urteils in den Fällen, in denen 887
der Kläger ganz oder teilweise Erfolg hat. Der Vollständigkeit halber sei erwähnt, dass darüber hinaus, wie § 126 FGO viel klarer ausdrückt, die Möglichkeit der Verwerfung oder der Zurückweisung einer Klage besteht.

Wenn die Klage begründet ist, gelten folgende Regeln:

(1) Ist der VA rechtswidrig, so hebt das Gericht ihn samt der Entscheidung über das Vorverfahren auf (§ 100 Abs. 1 FGO).

Die Verwaltung ist an die rechtliche Beurteilung des Gerichts immer gebunden; an die tatsächliche ebenfalls, soweit nicht später neue Tatsachen zu einer anderen Beurteilung führen.

(2) Bei VA, die Geldleistungen fordern (außer Zwangsgeldern und Verspätungszuschlägen), kann das Gericht im Rahmen des Klageantrags einen anderen Betrag festsetzen (§ 100 Abs. 2 Satz 1 FGO).

(3) Diese VA kann das Gericht auch aufheben, ohne dass es in der Sache selbst entscheidet, wenn es wesentliche Mängel feststellt, einer Entscheidung aber noch erhebliche Aufklärungsarbeiten vorausgehen müssen, die eigentlich Sache der Ver-

waltung sind (§ 100 Abs. 3 FGO). Die Bindung der Verwaltung an die Beurteilung des Gerichts entspricht der unter Nr. (1).

888 (4) Bei **Leistungsklagen** spricht das Gericht die Verpflichtung der Finanzbehörde aus, den begehrten VA zu erlassen, wenn es die Sache für spruchreif hält. Meint das Gericht, es seien noch neue Ermittlungen erforderlich, beschränkt es sich darauf, seine Rechtsauffassung darzulegen und verpflichtet die Verwaltung, den Kläger auf dieser Grundlage zu verbescheiden (§ 101 FGO). Wo eine Leistung zugleich mit der Aufhebung eines VA verlangt werden kann, ist dies in einem Urteil auszusprechen (§ 100 Abs. 4 FGO).

889 (5) **Ermessensentscheidungen** der Verwaltung sind nur beschränkt nachprüfbar (§ 102 FGO), weil die Ermessensausübung Sache der Verwaltung und nicht der Gerichte ist. Wenn das Gericht eine Ermessensüberschreitung oder einen Ermessensfehlgebrauch feststellt, kann es den angefochtenen VA aufheben und die Sache zur erneuten Entscheidung an die Verwaltung zurückverweisen. Im Übrigen ist es nicht befugt, sein Ermessen walten zu lassen (Einzelheiten und Ausnahmen vgl. Rdn. 209 ff.).

890 Gerichtliche Urteile werden nicht nur formell **rechtskräftig**, d. h. unanfechtbar, sondern sie besitzen auch eine beschränkte materielle Rechtskraft, indem sie die Beteiligten, deren Rechtsnachfolger und im einheitlichen Feststellungsverfahren die nicht klagebefugten Gesellschafter binden (§ 110 FGO). Die Beschränkungen liegen in § 110 Abs. 2 FGO: Soweit die Steuergesetze eine Änderung von VA gestatten (z. B. wegen neuer Tatsachen nach § 173 AO oder wegen der Änderung eines Grundlagenbescheids nach § 175 AO), kann auch ein rechtskräftiges Urteil geändert werden.

14.3.3.2 Gerichtsbescheide

891 Wenn das Gericht eine mündliche Verhandlung für nicht nötig erachtet, kann es, ohne die Parteien hierzu gehört zu haben, durch Gerichtsbescheid entscheiden (§ 90a FGO). Dagegen können die Beteiligten:

- innerhalb eines Monats mündliche Verhandlung beantragen,
- Revision einlegen, wenn sie vom FG zugelassen wurde.

Wird Revision zugelassen, besteht die Wahl, Revision einzulegen oder mündliche Verhandlung zu beantragen. Wird rechtzeitig mündliche Verhandlung beantragt, so gilt der Gerichtsbescheid als nicht ergangen (§ 90a Abs. 2 FGO).

14.3.3.3 Beschlüsse

892 Beschlüsse sind andere Entscheidungen des Gerichts als Urteile oder Vorbescheide. Sie werden in § 113 FGO erwähnt. Bei Beschlüssen außerhalb der mündlichen Verhandlung müssen die ehrenamtlichen Finanzrichter nicht mitwirken (§ 5 Abs. 3 FGO). Eine besondere Form ist nicht vorgeschrieben. Ansonsten gelten ähnliche Grundsätze wie für die Urteile. Zu den Rechtsmitteln vgl. Rdn. 902.

14.3.3.4 Einstweilige Anordnung (§ 114 FGO)

Die einstweilige Anordnung gewährt wie die Aussetzung der Vollziehung (§ 69 FGO) vorläufigen Rechtsschutz. Gemäß § 114 Abs. 5 FGO ist die einstweilige Anordnung subsidiär zur Aussetzung der Vollziehung. Die Aussetzung der Vollziehung ist nach § 69 FGO vorrangig, wenn in der Hauptsache eine Anfechtungsklage erhoben wird. Die einstweilige Anordnung ist danach gem. § 114 FGO zulässig, wenn in der Hauptsache eine Verpflichtungsklage oder Feststellungsklage erhoben wird. 893

§ 114 Abs. 1 FGO nennt zwei Arten der einstweiligen Anordnung, nämlich 894

- Sicherungsanordnung (§ 114 Abs. 1 Satz 1 FGO) und
- Regelungsanordnung (§ 114 Abs. 1 Satz 2 FGO).

Die Trennung zwischen beiden ist unklar und schwierig. Sie ist letztlich bedeutungslos, da beide Anordnungsfälle gleich behandelt werden (BFH v. 16.10.1986 V B 3/86, BStBl II 1987, 30). Der Antrag ist bereits vor Klageerhebung beim Gericht der Hauptsache zulässig (§ 114 Abs. 1 Satz 1 und Abs. 2 FGO).

Voraussetzung für den Erlass der einstweiligen Anordnung ist ein Anordnungsanspruch und ein Anordnungsgrund.

14.3.3.4.1 Anordnungsanspruch

Grundlage des Anordnungsanspruches ist ein hinreichend begründeter Rechtsanspruch des Betroffenen, der entsprechend glaubhaft gemacht wurde. 895

BEISPIELE:

1. Die Steuerfahndung prüft eine Bank, um zu ermitteln, ob Mitarbeiter der Bank Beihilfe zur Steuerhinterziehung ihrer Kunden beim anonymen Transfer von Geldern nach Luxemburg begangen haben. Dabei werden alle Bankkunden festgehalten, die bei der Bank Tafelgeschäfte geschlossen haben oder Tafelpapiere in Depots der Bank halten (§ 208 Abs. 1 Nr. 1 und 3 AO). Die Bankkunden wollen verhindern, dass entsprechende Mitteilungen an ihre Wohnsitzfinanzämter ergehen.

   Da Rasterermittlungen durch die Steuerfahndung rechtswidrig sind (vgl. Rdn. 152 ff.), ist gegen § 30a Abs. 3 AO verstoßen worden. Die betroffenen Bankkunden haben einen Anordnungsanspruch (BFH v. 25.7.2000 VII B 28/99, BStBl II 2000, 643). Im Hauptsacheverfahren können sie ihr Begehren durch eine Leistungsklage in Form der Unterlassungsklage (§ 40 Abs. 1 FGO) durchsetzen.

2. Das FA hat eine Vollstreckung angedroht. Der Steuerschuldner hat daraufhin einen Antrag auf Aufschub der Vollstreckung (§ 258 AO) gestellt. Ohne darüber zu entscheiden, will das FA mit der Vollstreckung beginnen.

   Der Vollstreckungsschuldner trägt einen Anordnungsgrund vor.

Beide Beispiele zeigen, dass hier keine VA des FA vorliegen, die mit Anfechtungsklage angegriffen werden könnten. Damit scheidet in beiden Fällen eine Aussetzung der Vollziehung aus.

14.3.3.4.2 Anordnungsgrund

896 Zum Anordnungsanspruch muss ein Anordnungsgrund hinzukommen. Ein solcher liegt nur vor, wenn ohne einstweilige Anordnung der Anordnungsanspruch unmittelbar gefährdet wäre (§ 114 Abs. 1 FGO).

Ein Anordnungsgrund liegt nach der Rechtsprechung nur dann vor, wenn sich durch das Handeln der Finanzbehörde für den Betroffenen wesentliche und nicht rückgängig zu machende Nachteile ergeben.

BEISPIELE: ▶ Im vorigen Beispiel ist bei 1. ein Anordnungsgrund gegeben. Würden die rechtswidrigen Aufzeichnungen der Fahndung an die Wohnsitzfinanzämter weitergegeben, würde die Rechtsposition der betroffenen Bankkunden unheilbar verletzt und das Vertrauensverhältnis zwischen ihnen und der Bank unheilbar gestört.

Bei 2. lehnt die Rechtsprechung im Allgemeinen einen schwerwiegenden Nachteil ab. Ein solcher liegt nur bei außerordentlichen Umständen vor, z. B. wenn Existenzvernichtung droht.

897 Kein Anordnungsgrund liegt vor, wenn der Betroffene gezwungen ist einen Kredit aufzunehmen, Vermögensgegenstände zu veräußern oder seinen Lebensstandard einzuschränken.

Das FG entscheidet über den Antrag auf einstweilige Anordnung durch Beschluss. Dagegen ist die Beschwerde gegeben, wenn sie vom FG zugelassen wird (§ 128 FGO).

14.3.4 Rechtsmittel

14.3.4.1 Revision und Nichtzulassungsbeschwerde

898 Das Rechtsmittel der Revision steht den Beteiligten (§ 57 FGO) nur zu (§ 115 Abs. 1 FGO),

- wenn sie vom FG zugelassen wird oder
- der BFH sie auf eine Nichtzulassungsbeschwerde hin zugelassen hat.

Die Revision ist nur zuzulassen (§ 115 Abs. 2 FGO),

- wenn die Sache **grundsätzliche Bedeutung** hat,
- die **Fortbildung des Rechts** oder die **Einheitlichkeit der Rechtsprechung** des BFH es erfordert,
- ein **Verfahrensmangel** geltend gemacht wird und vorliegt, auf dem die Entscheidung beruhen kann.

899 Wenn das FG die Revision nicht zulässt, kann **Nichtzulassungsbeschwerde** eingelegt werden (§ 116 FGO). Sie ist innerhalb eines Monats nach Zustellung des Urteils beim BFH einzulegen und innerhalb von zwei Monaten nach Zustellung des Urteils zu begründen. Die Einlegung der Beschwerde hemmt die Rechtskraft des Urteils (§ 116 Abs. 4 FGO). Der BFH entscheidet durch Beschluss. Gibt der BFH der Beschwerde statt, so wird das Beschwerdeverfahren als Revisionsverfahren fortgesetzt. Der Beschwerdeführer muss keine Revision mehr einlegen (§ 116 Abs. 7 Satz 1 2. Halbsatz FGO). Die Revisionsbegründungsfrist beginnt für ihn mit der Zustellung der Entscheidung (§ 116 Abs. 7 Satz 2 FGO), sie beträgt einen Monat (§ 120 Abs. 2 Satz 1 2. Halbsatz FGO).

Die Revision kann grundsätzlich nur darauf gestützt werden, dass das angefochtene Urteil auf einer **Verletzung von Bundesrecht** beruhe (§ 118 FGO). Gegenstand der Verletzung kann sowohl das materielle Recht (z. B. UStG, EStG usw.) sein als auch das Verfahrensrecht (AO, FGO; vgl. §§ 118 Abs. 3 und 119 FGO). Von den tatsächlichen Feststellungen des Finanzgerichts kann der BFH nicht abweichen. Man sagt daher, der BFH sei eine reine „Rechtsinstanz" zum Unterschied vom Finanzgericht als „Tatsachen- und Rechtsinstanz". Der Kläger kann jedoch mit seiner Revision vortragen, das Finanzgericht habe wegen einer Rechtsverletzung (z. B. Verweigerung des rechtlichen Gehörs; § 119 Nr. 3 FGO) einen falschen Tatbestand ermittelt; dann kann der BFH das Urteil des Finanzgerichts aufheben und das Finanzgericht anweisen, den Tatbestand noch einmal auf die rechte Art und Weise festzustellen. 900

Die Revision muss beim Finanzgericht innerhalb **eines Monats** nach Zustellung des Urteils schriftlich eingelegt werden (§ 120 FGO). Sie ist innerhalb von **2 Monaten** nach Zustellung des Urteils **zu begründen**; diese Frist ist vor Ablauf verlängerungsfähig (§ 120 Abs. 2 Satz 3 FGO). 901

Beteiligte am Verfahren sind diejenigen, die schon bei der Klage beteiligt waren (§ 122 FGO).

Weitere **Beiladungen** und **Klageänderungen** sind im Revisionsverfahren nicht zulässig. Notwendige Beiladungen können vorgenommen werden (§ 123 FGO). Wenn allerdings das FA während des Revisionsverfahrens den angefochtenen VA ändert, kann der BFH das angefochtene Urteil aufheben und die Sache zurückverweisen (§ 127 FGO).

Die Revision kann wie die Klage zurückgenommen werden (§ 125 FGO).

Ist die Revision **unzulässig**, verwirft sie der BFH durch Beschluss (§ 126 Abs. 1 FGO). Ist sie **unbegründet**, weist sie der BFH durch Urteil oder Beschluss (§ 126a FGO) zurück.

Hat die Revision ganz oder zum Teil Erfolg (§ 126 Abs. 3 FGO), kann der BFH je nach Spruchreife der Sache selbst entscheiden oder die Sache an das Finanzgericht oder die Verwaltungsbehörde zurückverweisen. In diesem Falle ist das Gericht bei der neuerlichen Entscheidung an die rechtliche Beurteilung des BFH gebunden (§ 126 Abs. 5 FGO).

§ 126 Abs. 4 FGO stellt klar, dass auch die Revision eine **Beschwer** voraussetzt und dass eine im Ergebnis rechtmäßige Entscheidung nicht allein wegen eines Verfahrensfehlers oder einer falschen Begründung aufgehoben werden darf.

14.3.4.2 Beschwerde

Gegen **Entscheidungen** des Finanzgerichts oder dessen Vorsitzenden, die **nicht Urteile oder Gerichtsbescheide** sind, steht den Beteiligten die Beschwerde zu (§ 128 Abs. 1 FGO). 902

BEISPIEL: Anordnung einer Beiladung (§ 60 FGO); Versagung der Wiedereinsetzung in den vorigen Stand, wenn dies in einer selbständigen Verfügung geschieht (§ 56 FGO).

Keine Beschwerde ist gegeben, wo das Gesetz dies ausdrücklich bestimmt, also gegen die prozessleitenden Verfügungen (§ 128 Abs. 2 FGO), in Kosten- und Gebührensachen (§ 128 Abs. 4 FGO) und in verschiedenen Einzelfällen.

BEISPIEL: Gewährung der Wiedereinsetzung (§ 56 Abs. 5 FGO); Bewilligung der Prozesskostenhilfe (§ 128 Abs. 2 FGO).

Die Beschwerde gegen die Ablehnung eines Antrags auf Aussetzung der Vollziehung (§ 69 Abs. 3 und 5 FGO) und die Ablehnung einer einstweiligen Anordnung (§ 114 FGO) ist von der ausdrücklichen Zulassung abhängig (§ 128 Abs. 3 FGO).

Die Beschwerde ist innerhalb von zwei Wochen nach Bekanntgabe der Entscheidung beim Finanzgericht einzulegen (§ 129 FGO). Das Finanzgericht kann abhelfen (§ 130 Abs. 1 FGO); anderenfalls entscheidet der BFH durch Beschluss (§ 132 FGO).

14.3.4.3 Antrag auf Entscheidung des Gerichts und Anhörungsrüge

903 Die Beschwerde ist nur gegen Entscheidungen des Finanzgerichts oder seines Vorsitzenden gegeben. Darf ein anderer Richter oder der Urkundsbeamte eine Entscheidung treffen, die einen Beteiligten belastet, kann dieser innerhalb zweier Wochen die Entscheidung durch das Gericht beantragen (§ 133 FGO). Das Verfahren ist dem der Beschwerde ähnlich.

BEISPIEL: Der Antrag nach § 133 FGO ist zulässig gegen Entscheidungen eines mit der Beweisaufnahme beauftragten Richters (§ 81 Abs. 2 FGO).

Die Anhörungsrüge nach § 133a FGO ist ein außerordentlicher Rechtsbehelf, der bei Verletzung des rechtlichen Gehörs erhoben werden kann. Sie ist nur zulässig, wenn kein anderes Rechtsmittel oder Rechtsbehelf gegeben ist (§ 133a Abs. 1 FGO). Die Rüge führt zur Fortführung des Verfahrens, wenn sie begründet ist (§ 133a Abs. 5 FGO).

14.3.4.4 Erinnerung

904 Gegen die Festsetzung der an das Gericht zu zahlenden Gebühren und Auslagen („Kostenansatz") durch den Kostenbeamten des Finanzgerichts hat der Kostenpflichtige die **Erinnerung** (§ 149 Abs. 2 FGO). Über die Erinnerung entscheidet das Finanzgericht durch Beschluss (§ 149 Abs. 4 FGO), der jedoch nicht anfechtbar ist (§ 128 Abs. 4 FGO).

14.3.4.5 Wiederaufnahme

905 In ganz außergewöhnlichen Fällen kann ein rechtskräftig beendetes Verfahren wieder aufgenommen werden (§ 134 FGO). Für die Wiederaufnahme gelten die §§ 578 bis 591 ZPO. Die Wiederaufnahme ist z. B. statthaft, wenn das erkennende Gericht nicht vorschriftsmäßig besetzt war, wenn das Urteil auf einer gefälschten Urkunde beruht oder wenn ein Beteiligter nachträglich des Meineids überführt worden ist. Die einzelnen Wiederaufnahmegründe sind in den §§ 579 und 580 ZPO abschließend aufgezählt.

14.3.5 Kosten und Vollstreckung

14.3.5.1 Kosten

14.3.5.1.1 Begriff

Unter Kosten versteht § 139 FGO: 906

- die **Gerichtskosten**, das sind die Gebühren und die Auslagen des Gerichts, und
- die **Aufwendungen der Beteiligten**.

Nicht zu den Kosten in diesem Sinne zählen die Aufwendungen der beteiligten Finanzbehörden (§ 139 Abs. 2 FGO). Aufwendungen der Beteiligten für einen Bevollmächtigten sind in Höhe der gesetzlich vorgesehenen Gebühren erstattungsfähig, ausnahmsweise auch schon für das Vorverfahren (§ 139 Abs. 3 FGO).

Die Höhe der Gebühren und der Betrag der Auslagen bestimmen sich nach dem Gerichtskostengesetz (§ 1 GKG). Die einzelne Gebühr bemisst sich nach dem Streitwert und der Anlage zu § 11 GKG.

14.3.5.1.2 Kostenpflicht

Die Kosten der Klage (§ 135 Abs. 1 FGO) oder eines Rechtsmittels (§ 135 Abs. 2 FGO) 907
trägt, wer im Prozess unterliegt. Mehrere Beteiligte sind nach Kopfteilen verpflichtet (§ 135 Abs. 5 FGO). Beigeladenen werden Kosten nur auferlegt, soweit sie tätig geworden sind (§ 135 Abs. 3 FGO).

Bei **teilweisem Obsiegen** werden die Kosten verhältnismäßig geteilt oder gegeneinander aufgehoben, d. h. die Gerichtskosten werden geteilt, die übrigen Kosten trägt jeder selbst (§ 136 FGO).

Trotz Obsiegens können einem Beteiligten die Kosten auferlegt werden, wenn sie durch sein Verschulden entstanden sind oder wenn sein Erfolg auf Tatsachen beruht, die er früher hätte vorbringen können und sollen (§ 137 FGO).

Wenn die Hauptsache sich dadurch **erledigt**, dass die Finanzbehörde dem Antrag des Klägers entspricht, werden die Kosten der Behörde auferlegt (§ 138 Abs. 2 FGO).

Wer eine Klage oder ein Rechtsmittel **zurücknimmt**, trägt die Kosten insoweit (§ 136 Abs. 2 FGO). In diesem Falle – und bei Erledigung der Hauptsache – ermäßigen sich jedoch die Gebühren (Anlage 1 zu § 3 Abs. 2 GKG, insb. Nr. 6111).

14.3.5.1.3 Verfahren

Die Kostenentscheidung ist Teil des Urteils (§ 143 Abs. 1 FGO). Endet das Verfahren auf 908
andere Weise (z. B. Erledigung der Hauptsache), wird durch Beschluss über die Kosten entschieden, sog. isolierte Kostenentscheidung. Im Falle der Rücknahme bedarf es einer isolierten Kostenentscheidung nur, wenn ein Beteiligter Kostenerstattung beantragt (§ 144 FGO). Die isolierte Anfechtung der Kostenentscheidung ist nicht zulässig (§ 145 FGO).

Auf Antrag setzt der Urkundsbeamte die dem Kläger bzw. seinem Bevollmächtigten von der Finanzbehörde zu erstattenden Aufwendungen fest (§ 149 Abs. 1 FGO). Gegen diesen sog. **Kostenfestsetzungsbeschluss** ist der Rechtsbehelf der Erinnerung gegeben. Die Rechtsbehelfsfrist beträgt zwei Wochen (§ 149 Abs. 2 FGO). Über die Erinnerung entscheidet das Gericht durch Beschluss (§ 149 Abs. 4 FGO).

14.3.5.2 Vollstreckung

909 Für die Vollstreckung zugunsten einer Körperschaft des öffentlichen Rechts gelten §§ 249 ff. AO. Die Vollstreckung wird von den Finanzämtern durchgeführt (§ 150 FGO).

14.4 Die Verfassungsbeschwerde

14.4.1 Begriff

910 Über den normalen Rechtsbehelfsweg hinaus, gibt es noch einen weiteren, besonderen Rechtsbehelf zur Überprüfung der Verfassungsmäßigkeit von Verwaltungsakten und Gerichtsentscheidungen, nämlich die Verfassungsbeschwerde. Sie ist in Art. 93 Abs. 1 Nr. 4a GG und in den §§ 90 bis 95 BVerfGG geregelt. Mit der Verfassungsbeschwerde kann nur gerügt werden, der Beschwerdeführer sei durch die öffentliche Gewalt in einem seiner Grundrechte verletzt (§ 90 Abs. 1 BVerfGG). Unter Grundrechten sind hier die unabdingbaren Rechte zu verstehen, die in den Art. 1–20 GG aufgezählt werden; darüber hinaus auch die in § 90 BVerfGG angeführten ähnlichen Rechte (Art. 33, 38, 101, 103, 104 GG). Wenn der Beschwerdeführer lediglich die Gesetzwidrigkeit oder eine anderweitige Verfassungswidrigkeit behauptet, kann die Verfassungsbeschwerde nicht zum Erfolg führen.

14.4.2 Zulässigkeit

911 Die Ausschöpfung des Rechtswegs ist Prozessvoraussetzung für die Verfassungsbeschwerde (§ 90 Abs. 2 BVerfGG).

Im Bereich des Steuerrechts muss daher immer ein Urteil des Finanzgerichts oder, wo die Revision statthaft ist (§ 115 Abs. 1 FGO), eine Entscheidung des Bundesfinanzhofs vorliegen. Nur in besonders gelagerten Ausnahmefällen kann das Bundesverfassungsgericht davon absehen (§ 90 Abs. 2 Satz 2 BVerfGG).

Anträge, die ein Verfahren einleiten, sind schriftlich beim Bundesverfassungsgericht einzureichen. Sie sind zu begründen; die erforderlichen Beweismittel sind anzugeben (§ 23 Abs. 1 BVerfGG). In der Begründung der Beschwerde müssen das verletzte Grundrecht und die verletzende Handlung bezeichnet werden (§ 92 BVerfGG).

Die Verfassungsbeschwerde ist befristet (§ 93 BVerfGG). Die Frist, die einen Monat dauert, beginnt regelmäßig mit der Zustellung der vollständigen Entscheidung, in der die behauptete Beschwer enthalten sein soll. Für Steuerverwaltungsakte ist das die Zustellung des nicht mehr anfechtbaren Urteils.

14.4.3 Entscheidung

912 Nachdem das Verfahren gem. §§ 93a und 94 BVerfGG durchgeführt ist, entscheidet das Bundesverfassungsgericht (§ 95 BVerfGG). Hält es die Beschwerde für **begründet**, dann stellt es in seiner Entscheidung fest, welches Grundrecht durch den angegriffenen Akt verletzt worden ist. Es verweist die Sache an das zuständige Gericht zurück, damit dieses erneut entscheide.

913 Hält das Bundesverfassungsgericht eine **gesetzliche Vorschrift für verfassungswidrig**, so kann es im Allgemeinen zwei unterschiedliche Rechtsfolgen (§§ 78, 79 Abs. 1 BVerfGG) aussprechen: Es erklärt die Vorschrift für **nichtig**. Dies hat zur Folge, dass die Vorschrift bis zu einer Neuregelung nicht mehr angewendet werden darf (vgl. dazu die Entscheidung des BVerfG Urt. v. 15.11.2023, Az. 2 BvF 1/22, in dem es das Zweite Nachtragshaushaltsgesetz 2021 für nichtig erklärt hat). Es erklärt die Vorschrift für **unvereinbar** mit dem GG, aber nicht unmittelbar für nichtig. In bestimmten Fällen setzt es Fristen, wie lange die Vorschrift noch angewendet werden darf (so z. B. im Urteil vom BFH v. 22.6.1995 2 BvR 552/91, BStBl II 1995, 671 zum ErbStG). Dies hält das Gericht deshalb für geboten, weil der Gesetzgeber mehrere Möglichkeiten hat, den verfassungswidrigen Zustand neu zu regeln, oder weil wegen einer verlässlichen Finanz- und Haushaltsplanung vorläufig eine weitere Anwendung der Vorschrift sich als nötig erweist, oder weil die sofortige Nichtigkeitserklärung einen Zustand schaffen würde, der der verfassungsgemäßen Ordnung ferner stünde als die für verfassungswidrig erklärte Regelung (vgl. dazu BFH v. 25.9.1992 2 BvL 5/91, BStBl II 1993, 413).

914 Mit einem Urteil des BVerfG wird aber nicht anderen, bereits unanfechtbaren Verwaltungsakten die Bestandskraft entzogen. Nach § 79 Abs. 2 BVerfGG bleiben diese Entscheidungen unberührt. Die Vollstreckung aus einer solchen Entscheidung ist allerdings entsprechend dem Umfang ihrer Verfassungswidrigkeit nicht mehr zulässig (§§ 251 Abs. 2 AO, 79 Abs. 2 Satz 2 BVerfGG).

Wenn allerdings die Korrektur eines Verwaltungsaktes statthaft ist, kann nachträglich die Verfassungswidrigkeit einer Norm zugunsten des Steuerpflichtigen berücksichtigt werden (für Steuerbescheide vgl. §§ 176 Abs. 1 Nr. 1, 177 Abs. 1 AO).

(Einstweilen frei) 915–930

14.5 Kontrollfragen

FRAGEN

		Rdn.
1.	In welche zwei Gruppen werden die Rechtsbehelfe eingeteilt? Nennen Sie Beispiele.	761 - 764
2.	Welchen zwingenden Formvorschriften muss ein Einspruch genügen?	776
3.	Wie lange dauert die Einspruchsfrist und wann beginnt sie?	783 - 785

4.	Welche Folgen hinsichtlich der Einspruchsfrist hat es, wenn der schriftliche bzw. elektronische Verwaltungsakt keine oder eine unrichtige Rechtsbehelfsbelehrung enthält?	783 - 785
5.	Was ist zur Wahrung der Einspruchsfrist erforderlich?	786
6.	Welche Behörde ist grundsätzlich Anbringungsbehörde für den Einspruch?	787 f.
7.	Bei welchem FA kann der Einspruch gegen einen Feststellungsbescheid angebracht werden?	786 - 787
8.	Welche Folgen hat es, wenn der Einspruch bei einer „anderen Behörde" angebracht wird?	788
9.	Welche Folgen hat es, wenn der beim FA A eingelegte Einspruch nicht innerhalb der Einspruchsfrist an das FA B (zutreffende Anbringungsbehörde) übermittelt wird, obwohl für das FA A leicht und einwandfrei erkennbar war, dass es nicht, sondern das FA B zuständig ist?	788
10.	Woraus ergibt sich bei einem Steuerbescheid die Beschwer i. S. d. § 350 AO?	789
11.	Woraus ergibt sich die Beschwer, wenn die Steuer unter Vorbehalt der Nachprüfung (§ 164 AO) oder teilweise vorläufig (§ 165 AO) festgesetzt wurde, der Einspruchsführer die Höhe der Steuer nicht beanstandet?	790
12.	Was ist hinsichtlich der Beschwer bei Steuerbescheiden an zusammen veranlagte Ehegatten (§§ 26 Abs. 1, 26b EStG) zu beachten?	795
13.	Wer ist befugt, gegen die einheitliche und gesonderte Gewinnfeststellung für eine Personengesellschaft Einspruch einzulegen?	799 f.
14.	Wer ist einspruchsbefugt, wenn eine Personenvereinigung keinen Geschäftsführer hat?	799
15.	In welchen Fällen ist ein nicht vertretungsberechtigter Gesellschafter befugt, Einspruch einzulegen und wodurch unterscheiden sich diese Fälle hinsichtlich des Umfangs der Einspruchsbefugnis?	799
16.	Was ist unter dem Begriff „Verfahrensstandschaft" zu verstehen?	799
17.	Das FA hat die bestandskräftig auf 25 000 € festgesetzte Einkommensteuer gem. § 173 Abs. 1 Nr. 1 AO auf 26 500 € geändert. Gegen den Änderungsbescheid legt der Steuerpflichtige form- und fristgerecht Einspruch ein und trägt vor, das FA habe im ursprünglichen Bescheid zu Unrecht Betriebsausgaben nicht anerkannt. Die Einkommensteuer mindere sich deshalb auf 23 500 €. Wie wird das FA über den Einspruch entscheiden?	805 f.
18.	Unter welchen Voraussetzungen kann in Fällen des § 351 Abs. 1 AO die bestandskräftig festgesetzte Steuer unterschritten werden?	805 f.
19.	In welchen Fällen spielt § 351 Abs. 1 AO keine Rolle?	805
20.	Der Steuerpflichtige hat seinen Einkommensteuerbescheid erhalten und ist mit den darin enthaltenen Einkünften aus Gewerbebetrieb, die aus seiner Beteiligung an der X-KG stammen und einheitlich und gesondert festgestellt wurden nicht einverstanden. Kann er deshalb den Einkommensteuerbescheid erfolgreich mit einem Einspruch angreifen?	807
21.	Welche Arten der Hinzuziehung unterscheidet § 360 AO?	839 - 841
22.	Welche Wirkungen hat die Hinzuziehung?	840
23.	Was ist Voraussetzung für die Hinzuziehung?	839 - 841
24.	Wie wird die Hinzuziehung bewirkt?	839 - 841
25.	Was hat das FA im Falle eines zulässigen Einspruchs zu prüfen?	849
26.	Wie kann das Verfahren über den Einspruch enden?	852

27.	Mit welcher Klage kann die Aufhebung oder Änderung eines Steuerbescheides begehrt werden?	865 - 869
28.	Der Steuerpflichtige möchte im Klageweg den Erlass eines Korrekturbescheides erreichen. Mit welcher Klageart kann er das erreichen?	865 - 869
29.	Innerhalb welcher Frist ist die Nichtzulassungsbeschwerde - einzulegen? - zu begründen?	898 - 901
30.	Unter welchen Voraussetzungen kann gegen ein Urteil des Finanzgerichts Revision eingelegt werden?	898 - 901
31.	Wann ist die Revision zuzulassen?	898 - 901

DOWNLOAD

Lösungen zu den Kontrollfragen s. online-Version.

KAPITEL 15: VOLLSTRECKUNG WEGEN ANDERER LEISTUNGEN ALS GELDFORDERUNGEN

Kapitel 15: Vollstreckung wegen anderer Leistungen als Geldforderungen

931 Neben der Vollstreckung wegen Geldforderungen (§ 259 ff. AO) regelt die Abgabenordnung auch die Vollstreckung wegen anderer Leistungen als Geldforderungen (§ 328 ff. AO). Der Vollstreckung von Verwaltungsakten, die auf Vornahme einer Handlung bzw. Duldung oder Unterlassung gerichtet sind, erfolgt durch Zwangsmittel. Da die Behörde vor allem im steuerlichen Ermittlungsverfahren Verwaltungsakte erlässt, die auf andere als Geldleistungen gerichtet sind, wird ihre zwangsweise Durchsetzung im Folgenden dargestellt.

15.1 Zwangsmittel

15.1.1 Bedeutung

932 Damit die Finanzbehörden ihre Aufgaben erfüllen können, sind sie auf die Mitwirkung der Beteiligten sowie dritter Personen angewiesen (vgl. § 90 ff. AO). Die AO räumt den Finanzbehörden die Möglichkeit ein, diese durch Verwaltungsakte konkretisierten Mitwirkungspflichten, soweit sie nicht freiwillig erfüllt werden, zu erzwingen.

BEISPIELE:

1. Der Stpfl. kommt der Aufforderung, in seiner steuerlichen Angelegenheit eine bestimmte Auskunft zu erteilen (§ 93 Abs. 1 AO), nicht nach.
2. Der Stpfl. kommt der Aufforderung, seine Steuererklärung innerhalb einer bestimmten Frist abzugeben, nicht nach.

   Kommt der Steuerpflichtige der durch Verwaltungsakt geforderten Handlung nicht nach, kann sie von der Finanzbehörde erzwungen werden (§ 328 ff. AO).

Nicht erzwingbar sind dagegen:

- Auskünfte Dritter, soweit ein Auskunftsverweigerungsrecht besteht (§ 101 ff. AO),
- Versicherungen an Eides statt (§ 95 Abs. 6 AO),
- Geldleistungen, da für sie ein besonderes Vollstreckungsverfahren vorgesehen ist (§ 259 ff. AO).

15.1.2 Arten von Zwangsmitteln

933 Als Zwangsmittel kommen nach § 328 Abs. 1 AO in Betracht:

- Zwangsgeld (§ 329 AO),
- Ersatzvornahme (§ 330 AO),
- unmittelbarer Zwang (§ 331 AO).

15.2 Verfahren

15.2.1 Androhung des Zwangsmittels

934 Die Anwendung von Zwangsmitteln setzt stets einen **wirksamen**, auf eine **sonstige Leistung** gerichteten Verwaltungsakt voraus (sog. Anordnungsverfügung). Zwangsmittel, die der Durchsetzung des vom Adressaten des Verwaltungsaktes Verlangten dienen, dürfen erst festgesetzt werden, wenn sie vorher nach § 332 AO angedroht worden sind. Die Androhung kann dabei mit dem Verwaltungsakt, der die sonstige Leistung regelt, verbunden werden, § 332 Abs. 2 Satz 1 AO.

Die Androhung ist ein eigener Verwaltungsakt, der inhaltlich hinreichend bestimmt sein muss, um wirksam werden zu können (§ 119 Abs. 1 AO). Er muss daher am Beispiel des Zwangsgeldes:

- **schriftlich** erfolgen, es sei denn, der Vollzug des durchzusetzenden Verwaltungsaktes würde dadurch vereitelt (§ 332 Abs. 1 Satz 1 und 2 AO);
- den **Adressaten** zweifelsfrei bezeichnen (= regelmäßig der zur Handlung, Duldung oder Unterlassung Verpflichtete);
- die Art des Zwangsmittels (Zwangsgeld) bezeichnen (§ 332 Abs. 2 Satz 2 AO);
- das Zwangsgeld in **bestimmter Höhe** androhen (§ 332 Abs. 2 Satz 3 AO);
- dieses für jede zu erfüllende Verpflichtung, Duldung oder Unterlassung **getrennt** androhen; jede der durch Verwaltungsakt ausgesprochene Leistung ist gesondert zu vollstrecken (§ 332 Abs. 2 Satz 2 AO);
- dem Adressaten ist eine **angemessene**, eindeutig bestimmte **Frist** zur Erfüllung der durch Verwaltungsakt bestimmten Verpflichtung setzen (§ 332 Abs. 1 Satz 3 AO). Die Dauer der Frist richtet sich nach den Umständen des Einzelfalls. Angemessen ist regelmäßig eine Frist, innerhalb derer es dem Pflichtigen möglich ist, die Verpflichtung mit verhältnismäßigen Mitteln fristgemäß zu erfüllen. Eine Zwangsmittelandrohung ohne, nur unzureichende oder unbestimmte Fristsetzung ist nichtig. Ist die Frist unangemessen kurz, ist die Anordnung rechtswidrig.
- wirksam **bekannt gegeben** werden, §§ 124 Abs. 1 Satz 1, 122 AO.

Wird gegen den notwendigen Inhalt der Androhung verstoßen, so ist der Verwaltungsakt nichtig und damit unwirksam (§§ 125 Abs. 1, 124 Abs. 3 AO; vgl. auch Rdn. 202 und 292).

15.2.2 Festsetzung des Zwangsmittels

935 Das Zwangsmittel darf erst festgesetzt werden, wenn die in der Androhung gesetzte Frist (§ 332 Abs. 1 Satz 3 AO) erfolglos abgelaufen ist. Die Unanfechtbarkeit der Androhung braucht nicht abgewartet zu werden. Fehlt die Androhung oder ist sie nichtig und damit unwirksam, ist die Festsetzung des Zwangsmittels rechtswidrig und angreifbar, aber nicht nichtig.

BEISPIEL: Ein Stpfl. hat seine ESt-Erklärung (§ 25 Abs. 3 EStG) nicht abgegeben, obwohl der zuständige Amtsträger des FA ihn dazu mehrmals, zuletzt unter Androhung der Festsetzung eines Zwangsgeldes telefonisch aufgefordert hat. Daraufhin setzt das FA ein Zwangsgeld von 50 € fest.

Die Androhung war nichtig und damit unwirksam, da sie mündlich erfolgte; die Voraussetzungen des § 332 Abs. 1 Satz 2 AO waren nicht erfüllt (§§ 125 Abs. 1, 124 Abs. 3 AO). Die Festsetzung des Zwangsgeldes ist wegen der fehlenden vorherigen Androhung rechtswidrig und damit angreifbar, z. B. durch zulässigen Einspruch nach §§ 347 ff. AO.

Nichtig und unwirksam ist die Festsetzung des Zwangsmittels nur, wenn der Adressat nicht eindeutig und zweifelsfrei bezeichnet ist oder der notwendige Regelungsinhalt (für die Zwangsgeldfestsetzung vgl. oben Rdn. 934) fehlt.

936 Jeder der Verwaltungsakte im Zwangsverfahren (der die Leistung fordernde, der das Zwangsmittel androhende und der das Zwangsmittel festsetzende) ist gesondert zu beurteilen und muss auch gesondert angegriffen werden. Gegen die Festsetzung eines Zwangsmittels kann nicht mit Erfolg geltend gemacht werden, die zugrunde liegende Androhung sei fehlerhaft gewesen, weil etwa die darin geregelte Frist für die Erfüllung der Verpflichtung unangemessen war. Hier hätte die Androhung angegriffen werden müssen, denn die Festsetzung regelt keine Frist.

Dasselbe gilt, wenn der Einwand vorgebracht wird, der zu vollstreckende Verwaltungsakt sei rechtswidrig gewesen (vgl. § 256 AO sowie BFH v. 20.10.1981 VII R 13/80, BStBl II 1982, 371). Ist aber die Anordnungsverfügung noch nicht bestandskräftig und werden Einwendungen gegen ihre Rechtmäßigkeit erhoben, kann darüber im Verfahren gegen die Androhung oder Festsetzung von Zwangsmitteln entschieden werden, weil in diesem Fall davon auszugehen ist, dass auch die Anordnungsverfügung mit dem Einspruch angefochten worden ist (BFH v. 19.8.2021 VII R 34/20, BFH/NV 2022 S. 215).

937 Ebenso wie bei der Androhung handelt es sich auch bei der Festsetzung von Zwangsmitteln um eine eigene Ermessensentscheidung der Finanzbehörde (§ 5 AO). Die Festsetzung kann daher weniger einschneidend sein als die Androhung oder auch unterbleiben. Die wiederholte Androhung eines Zwangsmittels wegen derselben Verpflichtung ist allerdings nur zulässig, wenn das zunächst angedrohte Zwangsmittel erfolglos geblieben ist (§ 332 Abs. 3 AO).

Die Ersatzvornahme sowie der unmittelbare Zwang haben im Steuerrecht nur eine geringe praktische Bedeutung.

15.2.3 Besonderheiten bei der Festsetzung von Zwangsgeldern

938 Das einzelne Zwangsgeld darf 25 000 € nicht überschreiten (§ 329 AO). Ein Zwangsgeld zur Durchsetzung derselben Mitwirkungspflicht darf mehrmals hintereinander festgesetzt werden. Voraussetzung für die erneute Androhung ist allerdings, dass das zuerst festgesetzte Zwangsgeld bezahlt worden ist.

Ist das Zwangsgeld uneinbringlich, so kann es in Ersatzzwangshaft umgewandelt werden (§ 334 AO).

15.2.4 Berichtigung, Rücknahme und Widerruf

Festsetzungen von Zwangsgeldern können bei Vorliegen einer offenbaren Unrichtigkeit nach § 129 AO berichtigt, im Übrigen unter den Voraussetzungen der §§ 130 Abs. 1, 131 Abs. 1 AO zurückgenommen oder widerrufen werden. 939

BEISPIELE:

1. Das FA hat ohne Androhung (§ 332 AO) ein Zwangsgeld festgesetzt.

   Die rechtswidrige Festsetzung des Zwangsgeldes kann zurückgenommen werden (§ 130 Abs. 1 AO).

2. Das FA hat wegen Nichtabgabe der ESt-Erklärung (§ 25 Abs. 3 EStG) nach vorheriger ordnungsgemäßer Androhung ein Zwangsgeld in Höhe von 70 € festgesetzt. Es kommt im Rahmen seiner pflichtgemäßen Ermessensausübung zu dem Ergebnis, dass es zweckmäßiger gewesen wäre, ein Zwangsgeld von nur 50 € festzusetzen.

   Die ursprüngliche Festsetzung war rechtmäßig. Das FA kann den Verwaltungsakt daher gemäß § 131 Abs. 1 AO zum Teil widerrufen.

3. Das FA hat wegen Nichtabgabe der ESt-Erklärung (§ 25 Abs. 3 EStG) nach vorheriger ordnungsgemäßer Androhung ein Zwangsgeld in Höhe von 50 € festgesetzt. Es kommt im Rahmen seiner pflichtgemäßen Ermessensausübung (§ 5 AO) zu dem Ergebnis, dass es zweckmäßiger gewesen wäre, 70 € festzusetzen.

   Der ursprüngliche Verwaltungsakt war rechtmäßig. Begrifflich kann sich ein Widerruf eines den Stpfl. belastenden Verwaltungsakts nur zugunsten des Stpfl. auswirken. Würde das FA diesen VA widerrufen, könnte es wegen der nicht erfüllten Verpflichtung nicht wegen desselben Sachverhalts erneut ein Zwangsverfahren einleiten und das Zwangsgeld heraufsetzen.

15.2.5 Beendigung des Zwangsverfahrens

Die Durchsetzung eines Zwangsmittels ist unzulässig, wenn die zugrunde liegende Verpflichtung erfüllt worden ist (§ 335 AO). Eine nach Erfüllung der Verpflichtung erfolgende Zwangsgeldfestsetzung ist rechtswidrig. Nach Pflichterfüllung erfolgende Zahlungen kann der Steuerpflichtige als Leistung ohne Rechtsgrund nach § 37 Abs. 2 AO zurückfordern. 940

BEISPIEL: Ein Stpfl. wird am 15. 5. unter Androhung eines Zwangsgeldes von 100 € aufgefordert, bis zum 1. 7. eine Steuererklärung abzugeben. Am 10. 7. wird das Zwangsgeld in Höhe von 100 € festgesetzt. Am 15. 7. gibt der Steuerpflichtige die geforderte Erklärung ab, am 18. 7. zahlt er das festgesetzte Zwangsgeld.

Das festgesetzte Zwangsgeld kann nach dem 15. 7. nicht mehr erhoben werden, da der Stpfl. dem Finanzbefehl Folge geleistet hat. Das nach Erfüllung der Verpflichtung geleistete Zwangsgeld ist dem Stpfl. zu erstatten (§ 37 Abs. 2 AO).

Würde der Stpfl. allerdings das Zwangsgeld **vor** Erfüllung seiner Verpflichtung (etwa am 11. 7.) bezahlen, so käme es zu keiner Erstattung.

15.3 Kontrollfragen

FRAGEN

		Rdn.
1.	Welche Verwaltungsakte sind nicht erzwingbar nach §§ 328 ff. AO?	932
2.	Was ist Voraussetzung für die Vollstreckung durch Zwangsmittel?	934
3.	Was muss der Festsetzung eines Zwangsmittels stets vorausgehen?	934
4.	Welche Voraussetzungen müssen für eine wirksame Zwangsgeldandrohung erfüllt sein?	934
5.	Welche Rechtsfolge ergibt sich jeweils, wenn das angedrohte Zwangsgeld - nicht in bestimmter Höhe angedroht ist oder - mehr als 25 000 € beträgt oder - die Frist zur Erfüllung der Verpflichtung nach Ansicht des Steuerpflichtigen zu kurz ist.	934
6.	Wann darf das Zwangsmittel festgesetzt werden? Welche Voraussetzungen muss eine wirksame Zwangsgeldfestsetzung haben?	935 – 937
7.	Welche Rechtsfolge ergibt sich jeweils, wenn die Zwangsgeldfestsetzung - niedriger ist als in der Zwangsgeldandrohung oder - höher ist als in der Zwangsgeldandrohung?	935 – 937
8.	Gegen den Steuerpflichtigen Berger wurde nach Nichterfüllung eines Auskunftsersuchens in einer fremden Steuersache eine Zwangsgeldandrohung wirksam bekannt gegeben. Darin war ein Zwangsgeld von 150 € angedroht, wenn er die geforderte Auskunft nicht binnen 3 Tagen erteile. Nach Ablauf dieser Frist setzte das FA das Zwangsgeld wirksam in der angedrohten Höhe fest. Kann Berger gegen die Zwangsgeldfestsetzung einwenden, - dass die Frist in der Zwangsgeldandrohung unangemessen kurz war? - dass das FA das Auskunftsersuchen zuerst an den Beteiligten hätte richten müssen und nicht sofort an ihn als „andere Person“?	935 – 937
9.	Kann wegen der Nichterfüllung einer Verpflichtung mehrfach Zwangsgeld festgesetzt werden?	938

DOWNLOAD

Lösungen zu den Kontrollfragen s. online-Version.

KAPITEL 16: STEUERSTRAF- UND STEUERORDNUNGSWIDRIGKEITENRECHT

Kapitel 16: Steuerstraf- und Steuerordnungswidrigkeitenrecht

16.1 Einleitung

941 Im Zusammenhang mit der Besteuerung werden auch strafrechtlich oder bußgeldrechtlich relevante Sachverhalte aufgedeckt. Es ist Aufgabe der Finanzämter sowie der ordentlichen Gerichte, bei Verdacht von **Steuerstraftaten** und **Steuerordnungswidrigkeiten** zu ermitteln und gegebenenfalls Strafen bzw. Geldbußen zu verhängen. Darüber hinaus ist im Besteuerungsverfahren bei Anwendung folgender Vorschriften zu prüfen, ob die Voraussetzungen für eine Steuerstraftat bzw. Steuerordnungswidrigkeit erfüllt sind:

- Im Anschluss an eine Außenprüfung ergangene Steuerbescheide können nur geändert werden, wenn eine Steuerhinterziehung oder leichtfertige Steuerverkürzung begangen wurde (§ 173 Abs. 2 AO, Rdn. 363 ff.).
- Bei Steuerhinterziehung verlängert sich die Festsetzungsfrist auf 10 Jahre, bei leichtfertigen Steuerverkürzungen auf 5 Jahre (§ 169 Abs. 2 Satz 2 AO, Rdn. 554; für Haftungsbescheide vgl. § 191 Abs. 3 Satz 2 AO).
- Bei Steuerhinterziehung endet die Festsetzungsfrist nicht, bevor die Strafverfolgung verjährt ist (§ 171 Abs. 7 AO, Rdn. 568).
- Hinterzogene Steuern sind zu verzinsen (§ 235 AO, Rdn. 484 ff.).
- Der Täter bzw. Teilnehmer an einer Steuerhinterziehung haftet für die verkürzte Steuer nach § 71 AO (Rdn. 658 ff.). Der Haftungsbescheid kann sofort mit einer Zahlungsaufforderung verbunden werden (§ 219 Satz 2 AO, Rdn. 648 ff.).

Die in diesen Vorschriften genannten Rechtsfolgen treten immer schon dann ein, wenn die Straftat tatbestandsmäßig, rechtswidrig und schuldhaft (Rdn. 943) bzw. die Ordnungswidrigkeit tatbestandsmäßig, rechtswidrig und vorwerfbar (Rdn. 981) begangen wurde. Ob letztlich die Straftat bzw. Ordnungswidrigkeit mit Strafe oder Bußgeld **geahndet** wurde, spielt dagegen keine Rolle.

BEISPIEL: Karl Vogt hat als Vormund für sein Mündel eine Steuerhinterziehung begangen (§ 370 AO). Da er rechtzeitig eine wirksame Selbstanzeige nach § 371 AO eingereicht hat, kommt es zu keiner Bestrafung (Rdn. 969 ff.).

Dennoch kann gegen Vogt als Täter einer Steuerhinterziehung ein Haftungsbescheid nach § 71 AO erlassen werden, sofern die übrigen Voraussetzungen dieser Vorschrift erfüllt sind.

942 Bei Steuerstraftaten gelten die Vorschriften des Allgemeinen Teiles des **Strafgesetzbuchs** (§ 369 Abs. 2 AO), für Steuerordnungswidrigkeiten gelten die Vorschriften des Ersten Teiles des Gesetzes über die Ordnungswidrigkeiten (§ 377 Abs. 2 AO).

16.2 Grundbegriffe des Steuerstrafrechts

16.2.1 Voraussetzungen einer Straftat

Für das Vorliegen einer Steuerstraftat sind folgende Voraussetzungen zu prüfen: 943

- Tatbestandsmäßigkeit,
- Rechtswidrigkeit,
- Schuld.

16.2.1.1 Tatbestandsmäßigkeit

Nach Art. 103 Abs. 2 GG, § 1 StGB kann eine Tat nur bestraft werden, wenn die Strafbarkeit gesetzlich bestimmt war, bevor die Tat begangen wurde. Die Umschreibung eines strafwürdigen Sachverhalts nennt man **Straftatbestand**. 944

Man unterscheidet zwischen dem objektiven und dem subjektiven Tatbestand.

16.2.1.1.1 Objektiver Tatbestand

Dieser beschreibt die konkrete strafbare Handlung, die in einem **Tun** oder **Unterlassen** bestehen kann. Durch Unterlassen kann eine Straftat nur begangen werden, wenn ein Gesetz (§ 4 AO) eine Rechtspflicht zum Handeln vorschreibt. 945

BEISPIELE:

1. Ein Unternehmer erklärt in der USt-Voranmeldung zu niedrige Umsätze und führt dementsprechend USt ab.

   Durch sein **Handeln** wurde USt verkürzt.

2. Ein Schwarzarbeiter mit hohen Umsätzen gibt keine USt-Voranmeldungen ab.

   Nach § 18 Abs. 1 UStG ist er zur Abgabe von USt-Voranmeldungen und zur Zahlung der USt verpflichtet. Er hat durch **pflichtwidriges Unterlassen** USt verkürzt.

16.2.1.1.2 Subjektiver Tatbestand

Der objektive Tatbestand muss vom Täter bewusst **(vorsätzlich)** erfüllt werden. 946

BEISPIELE:

1. Ein Rentner, der aufgefordert wurde seine ESt-Erklärungen abzugeben, reicht die Erklärungen nicht beim FA ein. Er glaubt, bei seinem geringen Einkommen falle ESt nicht an. In Wirklichkeit ergibt sich eine geringfügige ESt.

   Obwohl der Rentner die Erklärung bewusst nicht abgibt, begeht er keine Steuerhinterziehung nach § 370 AO, da er dem FA nicht vorsätzlich Steuern vorenthalten will.

2. Ein Privatier mit erheblichen Einkünften aus Kapitalvermögen gibt seine ESt-Erklärung nicht ab, um keine ESt zahlen zu müssen.

   Der Privatier hat die Erklärung, zu deren Abgabe er verpflichtet war (§ 149 AO, § 25 Abs. 3 EStG), bewusst nicht eingereicht, da er dem FA vorsätzlich ESt vorenthalten wollte.

   Der objektive und subjektive Tatbestand der Steuerhinterziehung nach § 370 Abs. 1 Nr. 2 AO sind erfüllt.

16.2.1.2 Rechtswidrigkeit

947 Erfüllt der Täter den objektiven und subjektiven Tatbestand, dann verstößt sein Verhalten gegen die Rechtsordnung, und die Rechtswidrigkeit wird widerlegbar vermutet. Rechtfertigungsgründe (vgl. § 32 StGB: Notwehr; § 34 StGB: rechtfertigender Notstand) kommen im Steuerstrafrecht kaum vor.

16.2.1.3 Schuld

948 Ein Täter kann nur bestraft werden, wenn ihm sein Verhalten vorgeworfen werden kann; er also in der Lage war, das Unrecht der Tat einzusehen und nach dieser Einsicht zu handeln. **Schuldunfähig** (§§ 19, 20 StGB) ist demnach, wer bei Begehung der Tat

- noch nicht 14 Jahre alt war,
- an einer tiefgreifenden Bewusstseinsstörung litt oder eine Intelligenzminderung vorlag,
- unter krankhafter seelischer Störung handelte.

Ist die Fähigkeit des Täters, das Unrecht der Tat einzusehen, aus einem der angeführten Gründe erheblich vermindert, so kann die Strafe wegen **verminderter Schuldfähigkeit** gemildert werden (§§ 21, 49 StGB).

16.2.2 Ahndung der begangenen Straftat

16.2.2.1 Kein Strafaufhebungsgrund

949 Selbst wenn der Täter tatbestandsmäßig, rechtswidrig und schuldhaft gehandelt hat, kann er nicht bestraft werden, wenn **Strafaufhebungsgründe** (z. B. Selbstanzeige, § 371 AO) vorliegen.

BEISPIEL: Ein Dachdecker zeichnet seine Einnahmen bewusst nur teilweise auf, um ESt, USt und GewSt zu verkürzen. Nach der Bekanntgabe der Steuerbescheide zeigt er dem FA die nicht verbuchten Einnahmen an.

Aufgrund seines Verhaltens hat sich der Stpfl. wegen Steuerhinterziehung strafbar gemacht. Da er seine Angaben freiwillig berichtigt hat, tritt **Straffreiheit wegen Selbstanzeige** ein (vgl. Rdn. 969 f.).

16.2.2.2 Strafverfolgungsverjährung

950 Eine Bestrafung ist ebenfalls ausgeschlossen, wenn die Verfolgung der Straftat verjährt ist. Die Frist für die Verfolgung von Steuerhinterziehungen und deren Begünstigung beträgt 5 Jahre (§ 369 Abs. 2 AO, § 78 Abs. 3 Nr. 4 und Abs. 4 StGB). Die Fristberechnung ergibt sich aus § 78a ff. StGB.

16.2.3 Täterschaft und Teilnahme

16.2.3.1 Täterschaft (§ 25 StGB)

Im Bereich der Täterschaft unterscheidet das Strafgesetzbuch 951

- den Alleintäter,
- den mittelbaren Täter,
- den Mittäter.

16.2.3.1.1 Alleintäter

Täter ist, wer den gesetzlichen Tatbestand verwirklicht, also die Tat begeht (§ 25 Abs. 1 952
Alt. 1 StGB). Es kommt darauf an, dass er die Tat als **eigene** verwirklichen will. Leistet jemand nur Hilfe zur Tat eines anderen, so kann er nur wegen „Beihilfe" zu einer fremden Tat belangt werden.

BEISPIELE:

1. Ein Buchhalter weist in den für die Firma erstellten USt-Erklärungen mehrfach zu hohe Vorsteuerbeträge aus. Er veranlasst, dass die USt-Vergütungen auf sein privates Konto überwiesen werden.

   Aus dem Sachverhalt ergibt sich eindeutig, dass der Buchhalter die Hinterziehung allein begangen hat, also Alleintäter ist.
2. Ein Unternehmer fordert einen Angestellten auf, bestimmte Einnahmen nicht aufzuzeichnen. Beide wissen, dass dadurch Steuern verkürzt werden.

   Der Unternehmer will Steuern verkürzen und ist daher Täter. Der Angestellte unterstützt die Tat des Unternehmers und hat sich daher wegen Beihilfe (§ 27 StGB) strafbar gemacht.

16.2.3.1.2 Mittelbarer Täter

Als mittelbare Täter (§ 25 Abs. 1 Alt. 2 StGB) handeln Personen, die Andere zur Ausfüh- 953
rung der Tat „als Werkzeug" benutzen und dabei selbst „die Fäden in der Hand halten und das Werkzeug steuern".

BEISPIEL: Ein Fabrikant hat private Baurechnungen als Betriebsausgaben buchen lassen. Sein gutgläubiger Steuerberater erstellt die Steuererklärungen, unterschreibt diese (§ 150 Abs. 3 AO) und reicht sie ein.

Der Steuerberater weiß nicht, dass durch sein Verhalten Steuern verkürzt werden. Er kann mangels Vorsatzes weder Täter noch Gehilfe sein. Er wirkt als „Werkzeug" des Fabrikanten, der daher mittelbarer Täter ist.

16.2.3.1.3 Mittäter

Führen mehrere Personen eine Steuerstraftat aufgrund eines **gemeinsamen Tatent-** 954
schlusses gemeinschaftlich aus, so handeln sie als Mittäter (§ 25 Abs. 2 StGB). Die Tat wird durch Arbeitsteilung verwirklicht.

BEISPIEL: In einer OHG entnehmen die drei Gesellschafter laufend nicht aufgezeichnete Einnahmen für private Zwecke. Der Steuerberater gibt in Unkenntnis der Entnahmen falsche Steuererklärungen ab. Die Gesellschafter begehen als Mittäter eine Steuerhinterziehung in mittelbarer Täterschaft.

16.2.3.2 Teilnahme

955 Als Beteiligungsformen an einer Straftat sind

- Anstiftung nach § 26 StGB und
- Beihilfe nach § 27 StGB

zu unterscheiden. Beide Teilnahmeformen sind nur **bis zur Beendigung** der Tat durch den Täter möglich. Eine Tat ist beendet, wenn die gesamte Handlung abgeschlossen und der beabsichtigte Erfolg eingetreten ist.

Wird der Täter **nach Beendigung** der Tat durch Dritte unterstützt, so ist die Hilfeleistung als **Begünstigung** strafbar (Rdn. 974).

16.2.3.2.1 Anstiftung

956 Anstiften heißt, einen anderen vorsätzlich zu beeinflussen, dass er eine Straftat begeht.

BEISPIEL: Ein Anlageberater rät seinem Mandanten, größere Zinsbeträge in der ESt-Erklärung nicht anzugeben, um ESt zu sparen.
Folgt der Mandant dem Rat, und kommt es dadurch zu einer Steuerhinterziehung, so ist der Berater wegen Anstiftung zur Steuerhinterziehung strafbar.
Gibt der Mandant entgegen dem Rat die Zinsen vollständig an, so kommt es nicht zu einer Hinterziehung als „Haupttat". Daher kann der Berater nicht wegen Anstiftung belangt werden.
(Vgl. auch Beispiel zu Rdn. 968 a. E.)

Der Anstifter wird wie der Täter bestraft (§ 26 StGB).

16.2.3.2.2 Beihilfe

957 Beihilfe bedeutet vorsätzliche Hilfeleistung zu einer Straftat. Der Gehilfe muss die Haupttat fördern wollen. Der Täter braucht nicht zu wissen, dass ihm geholfen wird.

BEISPIELE:

1. Ein Handwerker will seinen Betrieb durch Steuerhinterziehung vor einem drohenden Insolvenzverfahren bewahren. Er bittet seinen Steuerberater, geeignete Möglichkeiten aufzuzeigen. Daraufhin fertigt der Berater Abschlüsse, die zu Steuerverkürzungen führen.
   Der Handwerker hat sich wegen Steuerhinterziehung strafbar gemacht. Der Berater ist wegen Unterstützung der Tat als Gehilfe der Hinterziehung strafbar.
2. Ein Bankmitarbeiter verhilft Kunden der Bank anonyme Gelder in das Ausland zu transferieren. Weiß er, dass die Kunden die Zinsen aus den Geldanlagen im Ausland später nicht versteuern werden oder hält er dies für wahrscheinlich, so leistet er Beihilfe zur nachfolgenden Steuerhinterziehung der Kunden (BGH v. 1.8.2000 5 StR 624/99, in BStBl II 2001, 79).

Im Allgemeinen wird man bei Steuerberatern, die an Steuerhinterziehungen zugunsten ihrer Mandanten beteiligt sind, nur **Gehilfenvorsatz** annehmen können, da ihr Wille darauf gerichtet ist, eine fremde Tat zu unterstützen.

Beteiligt sich ein Berater jedoch an einer Steuerstraftat in seinem eigenen Interesse, z. B. in der Befürchtung, ein wichtiges Mandat zu verlieren oder in der Hoffnung, einen finanziellen Vorteil zu erlangen, so handelt er mit **Tätervorsatz**. Er ist dann als Mittäter zu bestrafen.

Die Strafe des Gehilfen ist im Vergleich zu der des Täters zu mildern (§§ 27 Abs. 2, 49 StGB).

16.3 Steuerstraftaten

Von den in § 369 Abs. 1 AO angeführten Steuerstraftaten werden hier nur 958

- die Steuerhinterziehung nach § 370 AO und
- die Begünstigung einer Steuerhinterziehung nach § 257 StGB

besprochen.

16.3.1 Steuerhinterziehung

16.3.1.1 Objektiver Tatbestand

Eine Steuerhinterziehung liegt vor, wenn 959

- Steuern verkürzt oder
- nicht gerechtfertigte Steuervorteile erlangt werden.

Steuern sind **verkürzt**, wenn sie nicht, nicht in voller Höhe oder nicht rechtzeitig festgesetzt werden (§ 370 Abs. 4 AO). Den Umfang der Verkürzung ergibt ein Vergleich der gesetzlich geschuldeten Steuer mit der tatsächlich festgesetzten bzw. nicht festgesetzten Steuer.

BEISPIEL: Das FA setzt die ESt eines Arbeitnehmers zu niedrig fest, weil dieser zu hohe Werbungskosten für Dienstreisen erklärt hat. Nach Aufdeckung der Steuerverkürzung schiebt der Arbeitnehmer bisher nicht geltend gemachte Werbungskosten nach.

Es liegt eine Steuerverkürzung vor, selbst wenn sich die Steuerfestsetzung unter Berücksichtigung der nachgeschobenen Werbungskosten als richtig erweist (§ 370 Abs. 4 Satz 3 AO).

Zu den **Steuervorteilen** gehören Erstattungen (Rdn. 427), Vergütungen (Rdn. 425 f.), Eintragung von Lohnsteuerfreibeträgen (§ 39a EStG), Verlustrück- bzw. -vortrag (§ 10d EStG), Abschreibungen (§§ 7, 7g EStG), Erlass (§ 227 AO), Stundung (§ 222 AO) und Aussetzung der Vollziehung (§ 361 AO). **Nicht gerechtfertigt** sind Steuervorteile, die dem Steuerpflichtigen zu Unrecht gewährt oder belassen werden (§ 370 Abs. 4 Satz 2 AO).

BEISPIEL: Ein Kaufmann erreicht die Herabsetzung der ESt-Vorauszahlungen (§ 37 Abs. 3 EStG) mit der – falschen – Behauptung, seine Umsätze seien erheblich zurückgegangen.

Der Kaufmann erlangt einen nicht gerechtfertigten Steuervorteil, weil seine ESt aufgrund seiner wahrheitswidrigen Angaben zum Teil erst später fällig wird.

Der ungerechtfertigte Steuervorteil braucht nicht dem Täter selbst, er kann auch einer 960
anderen Person zugutekommen.

BEISPIEL: Ein Student der Rechtswissenschaften fertigt für seine Freundin, die einen „Modeshop" eröffnet hat, die USt-Voranmeldungen. Ohne ihr Wissen fälscht er Vorsteuerbelege und verschafft ihr dadurch nicht gerechtfertigte USt-Vergütungen.

Der Student hat eine Steuerhinterziehung begangen, wenngleich der Tatvorteil der Freundin zugutekam. (Anstiftung und Beihilfe scheiden hier aus, weil der Student der einzige Tatbeteiligte ist.)

Die Steuerhinterziehung kann im Wesentlichen durch zwei Begehungsformen bewirkt 961
werden:

- durch pflichtwidriges Verschweigen von steuerlich erheblichen Tatsachen oder

- durch unrichtige oder unvollständige Angaben über steuerlich erhebliche Tatsachen.

962 aa) In vielen Fällen kommt es zu einer Steuerverkürzung durch pflichtwidriges Unterlassen der Abgabe einer Steuererklärung.

BEISPIELE:

1. Ein Arbeitsloser wird als selbständiger Handelsvertreter tätig, ohne sein Gewerbe der Gemeinde anzuzeigen (§ 138 AO). Da er keine Erklärungen abgibt, werden Steuern nicht festgesetzt.

   Als Gewerbetreibender war er verpflichtet, Steuererklärungen abzugeben (§ 149 AO, § 14a GewStG, § 18 UStG). Durch **Unterlassen** ist es zu einer Steuerhinterziehung gekommen.

2. Ein Arzt ist im Jahre 02 zur ESt 01 erklärungsgemäß veranlagt worden. Die Versicherung, seine Erklärung nach bestem Wissen und Gewissen abgegeben zu haben (§ 150 Abs. 2 AO), hatte er unterschrieben. In 04 bemerkt er, dass er in der Erklärung eine größere Einnahme versehentlich nicht erklärt hatte, so dass die ESt zu niedrig festgesetzt wurde. Eine Berichtigung der Erklärung nach § 153 AO unterlässt er in der Hoffnung, das FA werde ihre Unrichtigkeit nicht mehr bemerken. In einer Außenprüfung wird diese allerdings aufgedeckt.

   Der Arzt war verpflichtet, die Erklärung nach § 153 AO zu berichtigen (vgl. Rdn. 179 ff.). Dies hat er nicht getan, so dass er wegen Steuerhinterziehung durch Unterlassen bestraft werden kann.

963 bb) Meist kommt es zu Steuerhinterziehungen durch ein **Tätigwerden** des Steuerpflichtigen, indem insbesondere in Steuererklärungen unrichtige oder unvollständige Angaben gemacht werden.

BEISPIEL: Ein Arbeitnehmer erklärt in seinem Antrag auf ESt-Veranlagung (§ 46 Abs. 2 Nr. 8 EStG) Aufwendungen nach § 9 Abs. 1 Nr. 4 EStG (Entfernungspauschale) für arbeitstägliche Fahrten von 150 Kilometern. In Wirklichkeit liegt seine Wohnung inzwischen am Ort der Beschäftigung.

Durch die unrichtigen Angaben ist es zu einer Steuerhinterziehung durch aktives Tun gekommen.

Ursachen für Steuerhinterziehungen durch unvollständige Angaben können insbesondere sein:

- Nichtverbuchen von Betriebseinnahmen,
- Verbuchen von privat veranlassten Ausgaben als Betriebsausgaben,
- zu niedriger Ansatz von Aktivposten des Betriebsvermögens,
- Vortäuschen von Passivposten in der Bilanz,
- mangelnde Aufzeichnungen über Privatentnahmen,
- Ausweisen von nicht erfolgten Einlagen.

16.3.1.2 Subjektiver Tatbestand

964 Die Steuerhinterziehung setzt ein **vorsätzliches Verhalten** voraus. Vorsatz bedeutet das Wissen und Wollen aller Tatbestandsmerkmale einschließlich des Erfolgs.

Bei der Steuerhinterziehung muss sich der Vorsatz also auf die Steuerverkürzung bzw. die Erlangung eines nicht gerechtfertigten Steuervorteils erstrecken (vgl. Beispiele in Rdn. 946).

Zu unterscheiden sind:

- der unbedingte Vorsatz und
- der bedingte Vorsatz.

16.3.1.2.1 Unbedingter Vorsatz

Der Täter weiß, dass sein Verhalten zu einer Steuerverkürzung führt und will diese erreichen. 965

BEISPIEL: Ein Kaufmann zeichnet seine Betriebseinnahmen bewusst unvollständig auf und reicht daher unrichtige Steuererklärungen ein, um seine Steuerlast zu verringern. Dies gelingt ihm.

Der Täter täuscht das FA bewusst. Er ist wegen unbedingter vorsätzlicher Steuerhinterziehung zu bestrafen.

16.3.1.2.2 Bedingter Vorsatz

Weiß ein Steuerpflichtiger zwar nicht bestimmt, dass er eine Straftat begeht, nimmt er 966
dies aber **billigend in Kauf**, so spricht man von bedingtem Vorsatz. Dieser reicht für eine Steuerhinterziehung aus.

BEISPIEL: Der Komplementär einer KG berücksichtigt bei der Gewinnermittlung Quittungen über private Aufwendungen als Betriebsausgaben, um die Kommanditisten zu übervorteilen. Er hält es für möglich, dass es dadurch zu ESt- und GewSt-Verkürzungen kommen kann und nimmt das in Kauf. Es kommt tatsächlich zu niedrigeren Steuerfestsetzungen.

Der Komplementär war mit dem möglichen Erfolg seines Handelns einverstanden. Er ist wegen bedingt vorsätzlich begangener Steuerhinterziehung strafbar.

Zur Abgrenzung von der bewussten Fahrlässigkeit bei der leichtfertigen Steuerverkürzung vgl. Rdn. 987.

16.3.1.3 Strafmaß

Die Steuerhinterziehung nach § 370 AO wird als Vergehen (§ 12 Abs. 2 StGB) mit Frei- 967
heitsstrafe bis zu 5 Jahren oder mit Geldstrafe – aufgrund des Tagessatzsystems (§ 40 StGB) – geahndet (§ 370 Abs. 1 AO).

In besonders schweren Fällen wird eine Freiheitsstrafe von mindestens 6 Monaten und höchstens 10 Jahren verhängt (§ 370 Abs. 3 AO).

16.3.1.4 Versuch der Steuerhinterziehung (§ 370 Abs. 2 AO)

Eine Straftat versucht, wer nach seiner Vorstellung von der Tat zur Verwirklichung des 968
Tatbestands unmittelbar ansetzt (§ 22 StGB). Ein Versuch liegt vor, wenn die Handlungen des Täters einen unmittelbaren Angriff auf das geschützte Rechtsgut – bei Steuerhinterziehung die Sicherung des Steueraufkommens – darstellen. Vom Versuch zu unterscheiden ist die **straflose Vorbereitungshandlung**.

Wenn ein Kaufmann im Rahmen der körperlichen Bestandsaufnahme Gegenstände des Umlaufvermögens zu niedrig bewertet, um den Gewinn zu schmälern, so bereitet er hier zunächst nur eine Steuerhinterziehung vor. – Erklärt er dem FA den unrichtig ermittelten Gewinn, so hat er von seiner Seite aus alles getan, um eine Steuerhinterziehung zu erreichen. Er ist wegen versuchter Steuerhinterziehung zu bestrafen, selbst wenn das FA die falschen Ansätze entdeckt, und es nicht zu Steuerverkürzungen kommt. Setzt das FA jedoch die Steuer tatsächlich zu niedrig fest, so ist die Steuerhinterziehung vollendet.

Auch **Anstiftung** und **Beihilfe** zur versuchten Steuerhinterziehung sind strafbar.

BEISPIEL: Ein Anlageberater rät seinem Mandanten, größere Zinsbeträge in der ESt-Erklärung nicht anzugeben, um ESt zu sparen. Der Mandant befolgt diesen Rat. Das FA erfährt jedoch von den Zinserträgen und setzt sie im Steuerbescheid an.

Der Mandant ist wegen versuchter Steuerhinterziehung zu bestrafen, der Berater wegen Anstiftung zum Versuch (§ 370 Abs. 2 AO, § 26 StGB).

16.3.1.5 Selbstanzeige (§ 371 AO)

969 Durch das In-Aussicht-Stellen von Straffreiheit soll für die an einer Steuerhinterziehung Beteiligten ein Anreiz zur freiwilligen Nacherklärung und Entrichtung hinterzogener Beträge geschaffen werden. Straffreiheit kann neben dem Täter einer vollendeten oder versuchten Tat auch der Anstifter oder Gehilfe erlangen.

Die Selbstanzeige setzt nach § 371 Abs. 1 und 3 AO voraus, dass

- zu allen unverjährten Steuerstraftaten einer Steuerart in vollem Umfang eine Berichtigungserklärung abgegeben wird,
- die Nachzahlung fristgerecht entrichtet wird und
- kein Ausschlussgrund nach § 371 Abs. 2 AO vorliegt.

970 aa) **Berichtigen** bedeutet, die unrichtigen oder unvollständigen Angaben zu allen unverjährten Steuerstraftaten einer Steuerart in vollem Umfang durch richtige und vollständige zu ersetzen.

BEISPIELE:

1. Ein Unternehmer hat vorsätzlich fehlerhafte USt-Erklärungen abgegeben und dementsprechend zu geringe Zahlungen geleistet. Aus Furcht vor Entdeckung überweist er an das FA den hinterzogenen Betrag unter Angabe seiner Steuernummer mit dem Vermerk „Umsatzsteuer".

   Die Nachzahlung allein bewirkt keine Berichtigung der Erklärungen. Eine wirksame Selbstanzeige liegt daher nicht vor.
2. Ein Altmetallhändler hat einen Arbeiter entlassen, der nun droht, dem FA Einnahmeverkürzungen mitzuteilen. Der Händler bittet daraufhin das FA, eine Außenprüfung bei ihm durchzuführen. Nachdem Steuerhinterziehungen aufgedeckt worden waren, erklärt der Händler, er sei straffrei, weil er durch Anregung der Außenprüfung Selbstanzeige erstattet habe.

   Durch die Anregung der Außenprüfung allein erfährt das FA nicht die richtigen Besteuerungsgrundlagen. Eine Selbstanzeige liegt nicht vor.
3. Ein Bauunternehmer zeigt dem FA an, dass er Urlaubsgelder an seine zehn Arbeitnehmer in Höhe von je 5 000 € ausgezahlt habe; Lohnsteuer habe er absichtlich weder einbehalten noch abgeführt.

Hier hat der Unternehmer dem FA zwar nicht die Höhe der hinterzogenen LSt mitgeteilt; er hat jedoch die bisher unterlassenen steuerlichen Angaben in vollem Umfang nachgeholt. Eine ordnungsgemäße Berichtigungserklärung liegt vor.

4. Durch bewusst falsche Angaben ist es einem Freiberufler gelungen, eine Herabsetzung seiner ESt-Vorauszahlungen zu erreichen. In der ESt-Jahreserklärung gibt er seine Einkünfte in richtiger Höhe an.

   Durch die Herabsetzung der ESt-Vorauszahlungen ist es zu einer Steuerhinterziehung gekommen (§ 370 Abs. 1 Nr. 1, Abs. 4 Satz 1 AO). In der zutreffenden Jahreserklärung liegt eine ordnungsgemäße Berichtigungserklärung.

   Der Täter bzw. die Teilnehmer an einer Steuerhinterziehung müssen nicht persönlich Selbstanzeige erstatten. Die Anzeige kann auch **durch Dritte**, z. B. Steuerberater oder Angehörige, **auf ausdrückliche Veranlassung des Hinterziehers erfolgen**.

   Die Anzeige muss bei dem sachlich und örtlich zuständigen FA eingegangen sein.

bb) Straffreiheit tritt nur bei **fristgerechter Nachzahlung** ein. Dies gilt nicht nur für den Täter, der die Steuer schuldet, sondern für alle an der Tat Beteiligten, zu deren „unmittelbarem wirtschaftlichen Vorteil" Steuerverkürzungen erfolgten (§ 371 Abs. 3 AO). 971

BEISPIELE:

1. Ein Prokurist hinterzieht Steuern und überweist die verkürzten Beträge auf sein Privatkonto. Er erstattet Selbstanzeige.

   Der Prokurist erlangte aus der Steuerhinterziehung unmittelbar den Vorteil. Daher tritt aufgrund der Selbstanzeige Straffreiheit nur ein, wenn er die verkürzten Steuerbeträge innerhalb der ihm vom FA bestimmten Frist nachzahlt.

2. Mit Hilfe gezielter Fälschungen in den Buchführungsunterlagen erlangt ein Kaufmann Steuervorteile. Seinem „tüchtigen Buchhalter" zahlt er vereinbarungsgemäß ein Viertel der hinterzogenen Steuern aus. Der Buchhalter erstattet Selbstanzeige.

   Aufgrund seiner Unterstützung der Tat ist der Buchhalter Gehilfe. Er hat einen unmittelbaren Vorteil aus der Hinterziehung erlangt. Straffreiheit tritt für ihn nur ein, soweit die zu seinen Gunsten hinterzogenen Steuern an das FA abgeführt werden.

3. Ein Angestellter verschafft seinem gutgläubigen Geschäftsherrn durch Erklärung zu hoher Vorsteuern ungerechtfertigte Steuervorteile. Er erstattet Selbstanzeige.

   Der Angestellte hat aus der Tat keinen Vorteil erlangt. Straffreiheit tritt für ihn unabhängig von der Nachentrichtung ein.

cc) In den Genuss der Straffreiheit soll der Täter nur kommen, wenn er aus freien Stücken zur Steuerehrlichkeit zurückfindet. In folgenden Fällen ist daher eine strafbefreiende Selbstanzeige nicht mehr möglich (§ 371 Abs. 2 AO): 972

- dem Täter oder seinem Vertreter ist eine Prüfungsanordnung nach § 196 AO bekannt gegeben worden,
- dem Täter oder seinem Vertreter ist die Einleitung eines Straf- oder Bußgeldverfahrens bekannt gegeben worden,
- ein Amtsträger der Finanzbehörde ist zur steuerlichen Prüfung, zur Ermittlung einer Steuerstraftat oder einer Steuerordnungswidrigkeit erschienen,
- ein Amtsträger der Finanzbehörde ist zu einer Nachschau nach steuergesetzlichen Vorschriften erschienen und hat sich ausgewiesen (z. B. § 27b UStG, § 42g EStG)
- eine der Steuerstraftaten war bereits entdeckt und der Täter wusste dies,

- die nach § 370 Abs. 1 AO verkürzte Steuer oder der für sich oder einen anderen erlangte nicht gerechtfertigte Steuervorteil übersteigt einen Betrag von 25 000 € je Tat.
- ein in § 370 Abs. 3 Satz 2 Nr. 2–6 AO genannter besonders schwerer Fall liegt vor.

BEISPIELE:

1. Nach Bekanntgabe der Prüfungsanordnung erstattet der Stpfl. Selbstanzeige wegen im Prüfungszeitraum hinterzogener Steuern.

   Straffreiheit tritt nicht ein (§ 371 Abs. 2 Nr. 1a AO).

2. Aufgrund einer Kontrollmitteilung (§ 194 Abs. 3 AO) ermittelt das FA gegen einen Fabrikanten. Während er sich auf einer Geschäftsreise in Amerika befindet, gibt das FA seinem steuerlichen Berater die Einleitung des Strafverfahrens (§ 397 AO) bekannt. Kurz darauf geht beim FA eine Selbstanzeige von F aus Amerika ein. Die Einleitung wirkt auch gegenüber dem Vertretenen. Straffreiheit kann nicht mehr eintreten (§ 371 Abs. 2 Nr. 1b AO).

3. Nach Erscheinen des Außenprüfers erstattet der Steuerpflichtige Selbstanzeige wegen im Prüfungszeitraum hinterzogener Steuern. Eine entsprechende Prüfungsanordnung war dem Steuerpflichtigen bisher nicht wirksam bekannt gegeben worden.

   Straffreiheit tritt nicht ein (§ 371 Abs. 2 Nr. 1c AO)

4. Ein Bauherr prahlt im Wirtshaus, dass er die Herstellungskosten für sein Haus gegenüber dem FA doppelt geltend mache; im Herstellungsjahr lege er die Rechnungen vor und in den Folgejahren beantrage er durch Vorlage von Teilzahlungsbelegen für diese Rechnungen AfA für nachträgliche Herstellungskosten. Einige Tage später wird der Bauherr vom FA aufgefordert, alle Baurechnungen und Quittungen vorzulegen. Nun erstattet er Selbstanzeige.

   Bei verständiger Würdigung musste B aufgrund der Aufforderung damit rechnen, dass die Tat entdeckt war. Eine Selbstanzeige ist nach § 371 Abs. 2 Nr. 2 AO aber nur dann nicht mehr möglich, wenn auch das FA im Zeitpunkt der Selbstanzeige die Tat bereits entdeckt hatte. Hierfür reichen Verdachtsmomente nicht aus, vielmehr muss bei vorläufiger Tatbewertung die Wahrscheinlichkeit eines verurteilenden Erkenntnisses gegeben sein, was auch den subjektiven Tatvorwurf einschließt. Liegen dem FA bereits entsprechende Erkenntnisse vor, so wird bereits die Einleitung eines Strafverfahrens erfolgen, so dass diesem Ausschließungsgrund selten praktische Bedeutung zukommen wird.

973 Die **Wirkung der Selbstanzeige** kommt nur der Person zugute, die sie erstattet. Erfolgt die Selbstanzeige durch den Gehilfen, so bleibt nur sein Tatbeitrag straffrei; der Täter kann weiterhin wegen Steuerhinterziehung bestraft werden.

Ausnahmsweise kann Straffreiheit auch für Dritte eintreten, wenn eine Anzeige gemäß § 153 AO erstattet wird (§ 371 Abs. 4 AO).

BEISPIEL: Fünf Miterben erkennen, dass sie über Jahre hinweg in der Erklärung zur einheitlichen und gesonderten Feststellung die gemeinsamen Mieteinkünfte zu niedrig angegeben haben. Obwohl sie übereinkommen, dies dem FA zu verschweigen, erstattet ein Erbe unverzüglich Anzeige gemäß § 153 AO.

Durch die fehlerhaften Feststellungsbescheide sind Steuerverkürzungen eingetreten. Da die Miterben nachträglich die Unrichtigkeit der Erklärungen erkannten, war jeder von ihnen zur unverzüglichen Richtigstellung verpflichtet. Ein Miterbe hat die Anzeige rechtzeitig erstattet. Straffreiheit tritt hier auch für die anderen Miterben ein.

Ein besonderer Fall der Straffreiheit tritt nach § 398a AO ein, auch wenn die Selbstanzeige nach § 371 Abs. 2 Satz 1 Nr. 3 oder 4 AO ausgeschlossen ist. Von einer Strafverfolgung wird abgesehen, wenn neben der Entrichtung der hinterzogenen Steuer und der darauf entfallenden Zinsen eine freiwillige Zahlung zugunsten der Staatskasse geleistet wird.
Sie beträgt 10 % der verkürzten Steuer, wenn der Hinterziehungsbetrag 100 000 € nicht übersteigt.
Bei einem Hinterziehungsbetrag von mehr als 100 000 € bis zu 1 000 000 € sind 15 % zu leisten.
Bei über 1 Mio. € verkürzter Steuer sind 20 % der hinterzogenen Steuer zu entrichten, um Straffreiheit zu erlangen.

16.3.2 Begünstigung eines Steuerhinterziehers

16.3.2.1 Objektiver Tatbestand

Eine Begünstigung begeht, wer dem Täter oder Teilnehmer einer Straftat in der Absicht 974
Hilfe leistet, ihm die Vorteile der Tat zu sichern (vgl. § 257 StGB). Hier wird nur die Begünstigung des Steuerhinterziehers behandelt. Insoweit liegt eine Steuerstraftat vor (§ 369 Abs. 1 Nr. 4 AO). Die Begünstigungshandlung muss nach Beendigung der Tat erfolgen.

BEISPIEL: Ein Unternehmer hat Steuern hinterzogen. Nachdem sich bei ihm ein Außenprüfer angesagt hat, veranlasst er seinen Buchhalter, die Hinterziehungen zu verschleiern.

Hier sichert der Buchhalter nach Beendigung der Steuerhinterziehung dem Unternehmer den Vorteil der Tat. Der objektive Tatbestand der „Begünstigung eines Steuerhinterziehers" ist erfüllt.

Hätte der Buchhalter hingegen dem Unternehmer seine Unterstützung vor Begehung der Tat zugesagt, so wäre er wegen Beihilfe zur Steuerhinterziehung zu bestrafen.

16.3.2.2 Subjektiver Tatbestand

Der Täter muss vorsätzlich handeln. Er muss also wissen, dass eine Steuerhinterzie- 975
hung begangen wurde und dass er dem Hinterzieher die Vorteile der Tat sichert.

16.3.2.3 Strafmaß

Die Strafe darf nicht schwerer sein als die für die Steuerhinterziehung angedrohte Stra- 976
fe (§ 257 Abs. 2 StGB; vgl. Rdn. 967).

16.3.2.4 Versuch

Der Versuch einer Begünstigung ist nicht strafbar (§§ 12, 23 Abs. 1, 257 StGB, § 370 977
Abs. 1 AO).

16.3.2.5 Straflosigkeit der Selbstbegünstigung

978 Wegen Begünstigung wird nicht bestraft, wer Täter, Anstifter oder Gehilfe der begünstigten Steuerhinterziehung war (§ 257 Abs. 3 StGB; vgl. Beispiel Rdn. 974).

16.4 Grundbegriffe des Ordnungswidrigkeitenrechts

16.4.1 Begriff der Steuerordnungswidrigkeit

979 „Eine Ordnungswidrigkeit ist eine rechtswidrige und vorwerfbare Handlung, die den Tatbestand eines Gesetzes verwirklicht, das die Ahndung mit einer **Geldbuße** zulässt" (§ 1 OWiG). Richtet sich die Handlung gegen ein Steuergesetz, so liegt eine Steuerordnungswidrigkeit vor (§ 377 Abs. 1 AO).

16.4.2 Abgrenzung zur Steuerstraftat

980 Der Begriff der Straftat beinhaltet den Vorwurf eines **kriminellen** Verhaltens. Durch eine Ordnungswidrigkeit wird ein **Verstoß gegen** eine Vorschrift des **Verwaltungsrechts** gerügt.

Die strafbare Handlung wird durch eine Freiheits- oder Geld**strafe** geahndet, die nur durch einen **Richter** festgesetzt werden darf. Ordnungswidrigkeiten werden durch Geld**bußen** geahndet, die von **Verwaltungsbehörden** ausgesprochen werden (§ 35 OWiG). Jedoch kann der Betroffene gegen den Bußgeldbescheid **Einspruch** einlegen, über den das Amtsgericht entscheidet (§ 67 ff. OWiG). Bei Straftaten ist die Staatsanwaltschaft bzw. die Finanzbehörde (vgl. § 386 Abs. 1 AO) zur Ermittlung verpflichtet (**Legalitätsprinzip**, vgl. § 152 Abs. 2 StPO). Die Verfolgung einer Ordnungswidrigkeit liegt im Ermessen der Behörde (**Opportunitätsprinzip**, § 47 OWiG).

16.4.3 Voraussetzungen einer Ordnungswidrigkeit

981 Bei der Ermittlung wegen einer Ordnungswidrigkeit sind – ähnlich wie bei der Straftat – folgende Voraussetzungen zu prüfen (vgl. Rdn. 943 ff):

- Tatbestandsmäßigkeit,
- Rechtswidrigkeit,
- Vorwerfbarkeit,
- kein Verfolgungsausschließungsgrund.

16.4.4 Beteiligung

982 Das Ordnungswidrigkeitsrecht kennt nur einen **einheitlichen Beteiligtenbegriff** (§ 14 OWiG). Beteiligte sind der Täter, der Anstifter und der Gehilfe. Die Art der Beteiligung wird bei der Zumessung der Geldbuße berücksichtigt.

16.4.5 Versuch

Der Versuch wird nur geahndet, wenn dies gesetzlich bestimmt ist (§ 13 Abs. 2 OWiG). 983
Die Tatbestände der Steuerordnungswidrigkeiten fordern die Verfolgung eines Versuchs nicht.

16.4.6 Verfolgungsverjährung

Die Frist für die Verfolgung der leichtfertigen Steuerverkürzung, der Steuergefährdung 984
von Abzugssteuern beträgt 5 Jahre (§ 384 AO). Der unzulässige Erwerb von Steuererstattungs- und Vergütungsansprüchen kann 3 Jahre lang verfolgt werden (§ 377 Abs. 2 AO, § 31 Abs. 2 Nr. 1 OWiG). Die Fristberechnung ergibt sich aus §§ 31 ff. OWiG.

16.5 Steuerordnungswidrigkeiten

Von den in der AO angeführten Steuerordnungswidrigkeiten werden nur dargestellt 985

- die leichtfertige Steuerverkürzung (§ 378 AO),
- die Steuergefährdung (§ 379 AO),
- die Gefährdung der Abzugssteuern (§ 380 AO) und
- der unzulässige Erwerb von Steuererstattungs- und Vergütungsansprüchen (§ 383 AO).

16.5.1 Leichtfertige Steuerverkürzung

16.5.1.1 Objektiver Tatbestand

Der objektive Tatbestand der leichtfertigen Steuerverkürzung stimmt hinsichtlich der 986
Tathandlung und des Erfolgs mit dem der Steuerhinterziehung überein (§ 378 Abs. 1 AO, Rdn. 959 f.). Als Täter kommen neben dem Stpfl. (§ 33 Abs. 1 AO) alle Personen in Betracht, die für ihn steuerlich tätig werden, also gesetzliche Vertreter, Bevollmächtigte, Buchhalter und andere Erfüllungsgehilfen.

16.5.1.2 Subjektiver Tatbestand

Der subjektive Tatbestand fordert **leichtfertiges** Handeln. Leichtfertigkeit ist mit grober 987
Fahrlässigkeit im Zivilrecht gleichzusetzen. Dabei wird jedoch auf die individuellen Fähigkeiten und Kenntnisse der handelnden Person abgestellt. Es muss sich der Person aufdrängen, dass durch ihr Verhalten eine Steuerverkürzung eintreten könnte (BFH v. 4.2.1987 R 58/86 BStBl II 1988, 215). Erforderlich ist ein besonders leichtsinniges, gleichgültiges oder nachlässiges Verhalten bei der Erfüllung steuerlicher Pflichten.

BEISPIEL: ▸ Ein Steuerberater gibt über Jahre hinweg für einen Mandanten USt-Erklärungen ab, die erhebliche Vorsteuerüberschüsse ausweisen. Durch die Auszahlung der Vergütungen ist es zu Steuerverkürzungen gekommen.

Dem Berater mussten sich hier Zweifel an der Richtigkeit der Angaben des Stpfl. aufdrängen; er durfte die Zahlen nicht kritiklos übernehmen. Er handelte daher leichtfertig.

Allerdings hätten auch dem Amtsträger bei der Veranlagung Bedenken kommen müssen. Er hat jedoch nicht in „Wahrnehmung der Angelegenheiten des Stpfl." gehandelt. Der objektive Tatbestand des § 378 Abs. 1 AO ist daher bei ihm nicht erfüllt.

16.5.1.3 Strafmaß

988 Die leichtfertige Steuerverkürzung kann mit einer Geldbuße bis zu 50 000 € geahndet werden (§ 378 Abs. 2 AO).

16.5.1.4 Selbstanzeige

989 Die Beteiligten einer leichtfertigen Steuerverkürzung können durch Selbstanzeige (vgl. Rdn. 969 ff.) eine Ahndung verhindern (§ 378 Abs. 3 AO).

BEISPIEL: Zahnarzt Dr. Gold hat bei seiner ESt-Erklärung für 06 leichtfertig Einnahmen nicht erklärt. Während bei ihm im Jahre 08 eine Außenprüfung auch für das Jahr 06 stattfindet, erkennt er seinen Fehler. Er übersendet seinem FA eine Berichtigungserklärung.

Dr. Gold hat rechtzeitig Selbstanzeige erstattet (§ 378 Abs. 3 AO). Er konnte dies noch tun, obwohl der Betriebsprüfer bei ihm bereits erschienen war, denn § 378 Abs. 3 Satz 2 AO verweist nicht auf § 371 Abs. 2 AO. Die Selbstanzeige ist daher bis zur Einleitung eines Straf- oder Bußgeldverfahrens möglich.

16.5.1.5 Zusammentreffen von Straftat und Ordnungswidrigkeit

990 „Ist eine Handlung gleichzeitig Straftat und Ordnungswidrigkeit, so wird nur das Strafgesetz angewendet" (§ 21 Abs. 1 OWiG).

BEISPIEL: Ein Stpfl. erklärt seine Einkünfte aus Kapitalvermögen vorsätzlich nicht. Außerdem vergisst er, Einkünfte aus selbständiger Tätigkeit anzugeben, auf deren Versteuerung er vom FA hingewiesen wurde.

Der Stpfl. wird nur wegen Steuerhinterziehung bestraft. Die leichtfertige Steuerverkürzung bleibt außer Betracht.

16.5.2 Steuergefährdung

16.5.2.1 Objektiver Tatbestand

991 Zu einer Steuerordnungswidrigkeit kann es auch kommen, ohne dass eine Steuer verkürzt wird, weil der Gesetzgeber in bestimmten Fällen allein die **Gefährdung des Steueraufkommens** ahndet.

Eine Steuergefährdung begeht, wer

- unrichtige Belege ausstellt,
- Belege gegen Entgelt in Verkehr bringt oder
- Falschbuchungen vornimmt

- gegen die Ordnungsvorschriften nach § 146a Abs. 1 Sätze 1, 2 und 5 AO verstößt.

und dadurch Steuerverkürzungen ermöglicht (§ 379 Abs. 1 Satz 1 AO).

Als unrichtige Belege kommen in Betracht: Gefälligkeitsrechnungen und -quittungen, Gefälligkeitsbescheinigungen, z. B. Spendenbelege, Abrechnungen über Tageseinnahmen, Eigenbelege über Geschäftsreisen und andere steuererhebliche Geschäftspapiere.

Eine Steuergefährdung i. S. von § 379 Abs. 1 Nr. 3 AO begeht insbesondere, wer offensichtliche Privatentnahmen als Betriebsausgaben verbucht, wer als gewerblicher Unternehmer den Wareneingang bzw. Warenausgang falsch aufzeichnet (§§ 143, 144 AO) oder wer als Unternehmer die Entgelte unvollständig erfasst (§ 22 UStG).

Ferner begeht eine Steuergefährdung, wer

- die in § 379 Abs. 2 genannten Mitteilungspflichten verletzt.
- nach § 379 Abs. 3 einer zum Zwecke besonderer Steueraufsicht dem Verwaltungsakt beigefügten Auflage (§ 120 Abs. 2 Nr. 4 AO) zuwiderhandelt.

16.5.2.2 Subjektiver Tatbestand

Die Steuergefährdung kann durch vorsätzliches oder leichtfertiges Handeln begangen 992
werden.

16.5.2.3 Strafmaß

Die Steuergefährdung kann mit einer Geldbuße von bis zu 25 000 € je nach Art der 993
Steuergefährdung geahndet werden (§ 379 Abs. 4–7 AO).

16.5.2.4 Zusammentreffen mit anderen Straftaten bzw. Steuerordnungswidrigkeiten

Wird durch eine Handlung sowohl der Tatbestand der Steuergefährdung als auch der 994
der leichtfertigen Steuerverkürzung erfüllt, so wird der Beteiligte nur wegen der Steuerverkürzung belangt (§ 379 Abs. 4 –7 AO).

Treffen eine Steuergefährdung und eine Steuerhinterziehung zusammen, so kommt nur eine Bestrafung aus § 370 AO in Betracht (§ 21 Abs. 1 OWiG).

BEISPIELE:

1. Ein Unternehmer kauft eine Maschine für 820 €. Er bittet den Verkäufer im Hinblick auf § 6 Abs. 2 EStG, zwei Rechnungen über je 410 € auszustellen, was auch geschieht.

   Käufer und Verkäufer sind als Beteiligte einer vorsätzlichen Steuergefährdung zu verfolgen.
2. Kommt es im obigen Fall durch die Verwendung der Rechnungen zu einer Steuerverkürzung, so ist der Käufer wegen Steuerhinterziehung, der Verkäufer wegen Beihilfe strafbar. Eine Ahndung der Steuergefährdung entfällt.
3. Entdeckt das FA im obigen Fall bei der Veranlagung die beabsichtigte Umgehung der Abschreibungspflicht, so hat sich der Käufer wegen versuchter Steuerhinterziehung, der Ver-

käufer wegen Beihilfe hierzu strafbar gemacht. Die Ahndung der Steuergefährdung tritt zurück.

Im Beispiel 1 wird eine bloße Vorbereitungshandlung nur als Steuerordnungswidrigkeit verfolgt, weil eine konkrete Gefährdung des geschützten Rechtsgutes noch nicht eingetreten ist. Im Beispiel 3 legt der Unternehmer die Rechnungen der Gewinnermittlungen zugrunde und gibt falsche Steuererklärungen ab. Hierdurch wird das Steueraufkommen unmittelbar gefährdet, wofür der Gesetzgeber eine Strafe für angemessen hält (vgl. Rdn. 968).

16.5.3 Gefährdung von Abzugssteuern

16.5.3.1 Objektiver Tatbestand

995 Wer seine Verpflichtung, Steuerabzugsbeträge einzubehalten und abzuführen, nicht ordnungsgemäß erfüllt, gefährdet Abzugssteuern (§ 380 Abs. 1 AO).

BEISPIEL: Ein Bauunternehmer zahlt Löhne an seine Arbeiter und reicht eine ordnungsgemäße Lohnsteueranmeldung ein, führt jedoch die LSt erst Monate später ab.

Da der Bauunternehmer die LSt nicht rechtzeitig bezahlt hat, ist er wegen Gefährdung von Abzugssteuern zu verfolgen. Der Unternehmer hat das FA nicht getäuscht, daher ist der objektive Tatbestand der Steuerhinterziehung nicht erfüllt.

Täter kann jeder sein, der bei einem Arbeitgeber mit der Lohnsteuer bzw. bei einer Gesellschaft mit der Kapitalertragsteuer befasst ist, also z. B. gesetzliche und gewillkürte Vertreter, kaufmännische Leiter und Buchhalter.

16.5.3.2 Subjektiver Tatbestand

996 Die Gefährdung von Abzugssteuern kann durch **vorsätzliches** oder **leichtfertiges** Handeln begangen werden.

16.5.3.3 Strafmaß

997 Die Ordnungswidrigkeit kann mit einer Geldbuße bis zu 25 000 € geahndet werden (§ 380 Abs. 2 AO).

16.5.3.4 Zusammentreffen mit einer leichtfertigen Steuerverkürzung

998 Wird durch eine Handlung sowohl der Tatbestand der Gefährdung von Abzugssteuern als auch der der leichtfertigen Steuerverkürzung erfüllt, so wird nur diese geahndet (§ 380 Abs. 2 AO).

16.5.4 Unzulässiger Erwerb von Steuererstattungs- und Vergütungsansprüchen

16.5.4.1 Tatbestand

Nach § 46 Abs. 4 AO ist der geschäftsmäßige Erwerb von Erstattungs- oder Vergütungsansprüchen zum Zwecke der Einziehung auf eigene Rechnung unzulässig. Wer **vorsätzlich** gegen dieses Verbot verstößt, begeht eine Ordnungswidrigkeit (§ 383 Abs. 1 AO). 999

16.5.4.2 Strafmaß

Die Geldbuße kann bis zu 50 000 € betragen. 1000

16.6 Straf- und Bußgeldverfahren

16.6.1 Einführung

Während im allgemeinen Strafverfahren die Staatsanwaltschaft die Ermittlungen durchführt, obliegen bei Steuerstrafverfahren die Ermittlungsmaßnahmen den **Finanzämtern** wegen deren besonderer Sachkenntnis (§ 386 AO). 1001

16.6.2 Einleitung

Die Durchführung des Steuerstrafverfahrens bzw. Bußgeldverfahrens beginnt mit der **Einleitung**. Diese ist erfolgt, sobald ein zuständiger Finanzbeamter eine Maßnahme trifft, die erkennbar darauf abzielt, gegen jemanden wegen einer Steuerstraftat bzw. -ordnungswidrigkeit vorzugehen (§§ 397 Abs. 1, 410 Abs. 1 Nr. 6 AO). 1002

BEISPIELE:

1. Der Veranlagungssachbearbeiter gibt die Akten an die Strafsachenstelle ab und bittet, wegen einer Steuerhinterziehung zu ermitteln.

   Obwohl der Stpfl. von diesem amtsinternen Vorgang zunächst nichts erfährt, ist das Strafverfahren eingeleitet.
2. Das FA gibt die Akten an die Staatsanwaltschaft ab (§ 386 Abs. 4 Satz 1 AO).

   Das Strafverfahren ist eingeleitet.
3. Der Außenprüfer weist den Stpfl. auf die Möglichkeit eines Strafverfahrens hin (§ 201 Abs. 2 AO).

   Der Hinweis allein ist keine Maßnahme, die ein Strafverfahren einleitet.

Die Einleitung ist aktenkundig zu machen und dem **Beschuldigten** mitzuteilen (§ 397 Abs. 2 und 3 AO). Sie hat folgende Konsequenzen: 1003

- Der Stpfl. kann die Aussage zur Sache verweigern. Für das Strafverfahren ergibt sich dies aus § 393 Abs. 1 AO, §§ 163a Abs. 4, 136 Abs. 1 StPO, für das Bußgeldverfahren ist dies § 46 OWiG, § 136 Abs. 1 StPO zu entnehmen.

- Über das Aussageverweigerungsrecht ist der Stpfl. zu belehren. Unterbleibt die Belehrung, so kann die Aussage im Straf- oder Bußgeldverfahren grundsätzlich nicht verwertet werden.
- Das FA darf das Aussageverweigerungsrecht nicht umgehen, indem es auf seine Befugnisse im Besteuerungsverfahren zurückgreift und Zwangsmittel anwendet (§ 393 Abs. 1 Satz 2 und 3 AO).
- Vor der Einleitung des Strafverfahrens vom Stpfl. offenbarte Tatsachen dürfen von der Staatsanwaltschaft nicht zur Verfolgung von außersteuerlichen Straftaten herangezogen werden (§ 393 Abs. 2 AO; vgl. Rdn. 70).
- Die Selbstanzeige bei Steuerhinterziehung (§ 371 AO) und bei leichtfertigen Steuerverkürzungen (§ 378 Abs. 3 AO) ist ausgeschlossen.
- Der Ablauf der Festsetzungsfrist wird gehemmt, bis die aufgrund der Ermittlungen geänderten Steuerbescheide unanfechtbar geworden sind (§ 171 Abs. 5 Satz 2 AO).

16.6.3 Steuerstrafverfahren

1004 Für das Strafverfahren gelten die Strafprozessordnung, das Gerichtsverfassungsgesetz und das Jugendgerichtsgesetz (§ 385 Abs. 1 AO).

16.6.3.1 Befugnisse des Finanzamtes

1005 **Ermittelt das FA** wegen einer Steuerstraftat, so hat es insbesondere folgende Befugnisse (§§ 386 Abs. 2, 399 Abs. 1 AO):

- Vernehmung des Beschuldigten (§ 163a StPO),
- Anhörung von Zeugen und Sachverständigen (§ 161a StPO),
- Beschlagnahme von Gegenständen bei Gefahr im Verzug (§ 98 StPO), z. B. geschäftlichen Schriftverkehr,
- Durchsuchung bei Gefahr im Verzug (§ 102 ff. StPO).

Ermittelt die Staatsanwaltschaft, so haben die Beamten des FA nur bei unaufschiebbaren Maßnahmen obige Befugnisse, sind aber im Übrigen an die Weisungen der Staatsanwaltschaft gebunden (§§ 402 Abs. 1, 399 Abs. 2 Satz 2 AO). Wegen seiner besonderen Sachkenntnis ist das FA bei Ermittlungen der Staatsanwaltschaft und der Polizei zu beteiligen (§ 403 AO). Zu jeder Zeit hat das FA das Recht auf Akteneinsicht (§ 395 AO).

Im gerichtlichen Verfahren hat das FA bis zum Erlass des Strafbefehls weiterhin die Befugnisse der Staatsanwaltschaft (§ 406 Abs. 1 AO).

Bei Vorbereitung der Hauptverhandlung und während der Verhandlung hat das FA das Recht, entscheidungserhebliche Gesichtspunkte vorzubringen (§ 407 AO).

ABB. 1: ABB. 1: Steuerstrafverfahren 1006

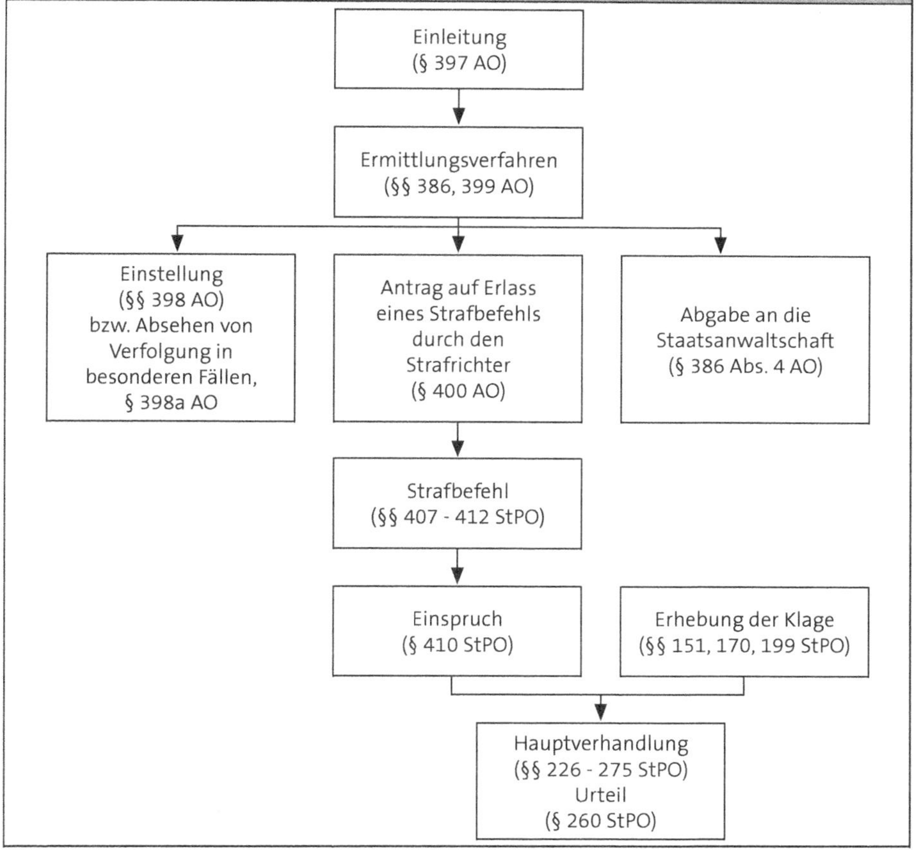

16.6.3.2 Rechtsschutz im Strafverfahren

Gegen den vom Amtsgericht erlassenen Strafbefehl kann der Beschuldigte **Einspruch** 1007
einlegen. Dieser ist innerhalb der Frist von 2 Wochen nach Zustellung beim Amtsgericht anzubringen (§ 409 Abs. 1 Nr. 7 StPO). **Wird kein Einspruch eingelegt**, so erlangt der Strafbefehl die Wirkung eines rechtskräftigen Urteils (§ 410 StPO).

Wird Einspruch erhoben, so entscheidet das Amtsgericht aufgrund einer **Hauptverhandlung** durch **Urteil** (§ 411 StPO). Dabei kann das Gericht auch die Strafe erhöhen (§ 411 Abs. 4 StPO). Auch wenn ein Strafbefehl – wegen tatsächlicher oder rechtlicher Schwierigkeiten – nicht erlassen wurde, kann das Gericht eine Hauptverhandlung anberaumen und durch Urteil entscheiden.

Gegen das Urteil des Amtsgerichtes können die Staatsanwaltschaft oder der Beschuldigte innerhalb einer Woche **Berufung** einlegen (§§ 296, 312, 314 StPO). Über die Berufung entscheidet das Landgericht (§ 74 Abs. 3 GVG).

Gegen das Urteil des Landgerichtes kann binnen einer Woche **Revision** eingelegt werden (§§ 333, 341 StPO), über die das Oberlandesgericht (§ 121 Abs. 1 Nr. 1 GVG) bzw. der Bundesgerichtshof entscheiden (§ 135 GVG).

16.6.4 Bußgeldverfahren

1008 Für das Bußgeldverfahren gelten die Abgabenordnung (§§ 409 bis 412 AO), das Gesetz über die Ordnungswidrigkeiten (§ 410 Abs. 1 AO) sowie ergänzend die Strafprozessordnung, das Gerichtsverfassungsgesetz und das Jugendgerichtsgesetz (§ 46 Abs. 1 OWiG).

16.6.4.1 Vorverfahren

1009 Das bußgeldrechtliche Vorverfahren (§ 53 OWiG) entspricht dem strafprozessualen Ermittlungsverfahren. Bei der Erforschung von Steuerordnungswidrigkeiten hat das FA dieselben Rechte und Pflichten wie bei der Verfolgung von Steuerstraftaten (§ 53 Abs. 1 Satz 2 OWiG; vgl. Rdn. 1004). Der Betroffene braucht im Vorverfahren nicht vernommen zu werden, hat aber Anspruch auf rechtliches Gehör (§ 55 Abs. 1 OWiG).

1010 ABB. 2: ABB. 2: Bußgeldverfahren

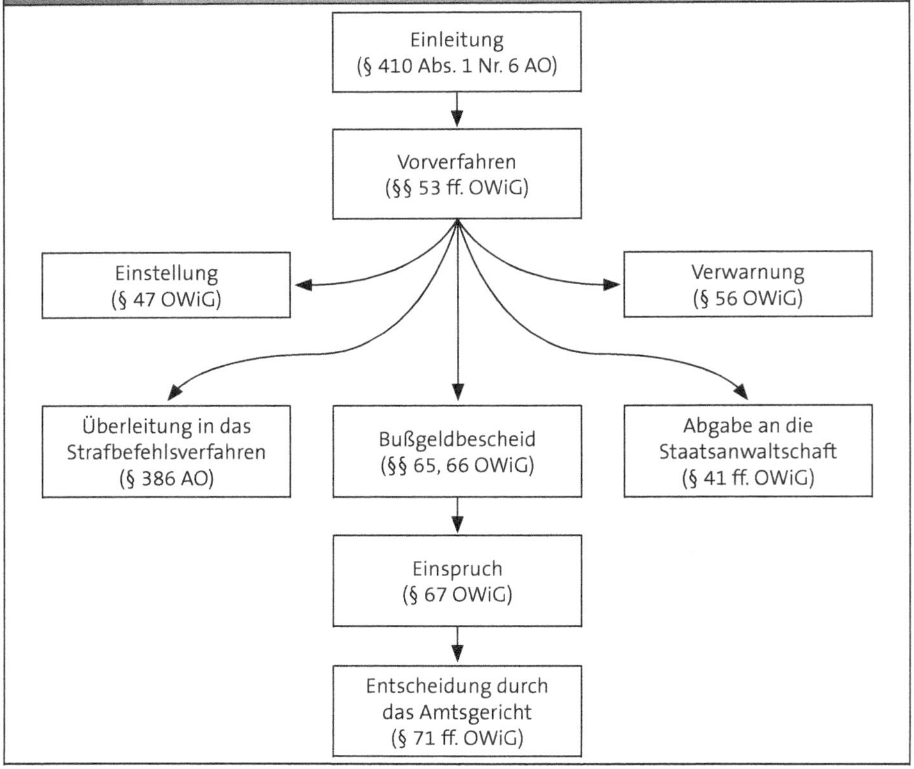

Das Vorverfahren kann abgeschlossen werden durch: 1011

- Einstellung des Verfahrens (§ 47 OWiG),
- Verwarnung u. U. mit Festsetzung eines Verwarnungsgeldes bis zu 35 € (§ 56 OWiG),
- Bußgeldbescheid (§§ 65, 66 OWiG),
- oder bei Anhaltspunkten für eine Steuerstraftat durch
- Abgabe an die Staatsanwaltschaft (§ 41 ff. OWiG) bzw. Überleitung in das Strafbefehlsverfahren (vgl. Rdn. 1007).

BEISPIEL: Im Vorverfahren ermittelt das FA gegen einen Kaufmann wegen vorsätzlicher Steuergefährdung (§ 379 AO). Dabei ergibt sich der Verdacht, dass diese Tat als Steuerhinterziehung (§ 370 AO) zu ahnden ist.

Hier kann das FA ein Ermittlungsverfahren wegen der Steuerstraftat einleiten oder die Sache an die Staatsanwaltschaft abgeben. Wird durch eine Handlung sowohl eine Steuerstraftat als auch eine Ordnungswidrigkeit verwirklicht, so findet nur das Strafgesetz Anwendung (§ 21 Abs. 1 OWiG).

16.6.4.2 Rechtsschutz im Bußgeldverfahren

Gegen den Bußgeldbescheid kann innerhalb von zwei Wochen nach Zustellung (§§ 122 Abs. 5, 412 Abs. 1 AO) **Einspruch** beim FA eingelegt werden (§ 67 OWiG). 1012

Über den Einspruch entscheidet das Amtsgericht (§ 68 Abs. 1 OWiG)

- ohne Hauptverhandlung **durch Beschluss** (§ 72 OWiG) oder
- nach einer Hauptverhandlung durch Urteil (§ 71 OWiG, § 411 Abs. 1 StPO).

Im Beschlussverfahren kann der Bußgeldbescheid nicht zum Nachteil des Betroffenen geändert werden (§ 72 Abs. 2 Satz 2 OWiG). Im Urteilsverfahren kann das verhängte Bußgeld erhöht werden (§ 71 OWiG, § 411 Abs. 4 StPO).

Gegen den Beschluss bzw. das Urteil ist unter Voraussetzungen des § 79 Abs. 1 OWiG die **Rechtsbeschwerde** statthaft. Diese ist binnen einer Woche nach Zustellung des Beschlusses bzw. Verkündung des Urteils beim Amtsgericht zu erheben (§ 79 Abs. 3 OWiG, § 341 StPO). Über die Rechtsbeschwerde entscheidet das Oberlandesgericht (§ 79 Abs. 3 OWiG, § 121 Abs. 1 Nr. 1a GVG).

16.7 Kontrollfragen

FRAGEN

		Rdn.
1.	Welchen Einfluss hat das Vorliegen einer Steuerstraftat oder Steuerordnungswidrigkeit auf das Besteuerungsverfahren?	941 f.
2.	Wann treten die steuerrechtlichen Folgen einer Steuerstraftat oder Steuerordnungswidrigkeit ein?	941 f.

3. Was ist der Tatbestand einer Straftat? 944 - 946
4. Was bedeutet Schuldfähigkeit und wann liegt Schuldunfähigkeit vor? 948
5. Welche Arten der Täterschaft gibt es und wie lassen sie sich beschreiben? 951 - 954
6. Welche Formen der Teilnahme gibt es und wie lassen sie sich beschreiben? 955 - 957.
7. Welche Steuerstraftaten sind in der Abgabenordnung geregelt? 958 ff.
8. Handelt es sich bei der Steuerhinterziehung nach § 370 AO um ein Vergehen oder Verbrechen? 967 f.
   Worin besteht der wesentliche Unterschied?
9. Welches sind die objektiven Tatbestandsvoraussetzungen der Steuerhinterziehung nach § 370 AO? 959 - 963
10. Wodurch kann der Steuerpflichtige Steuervorteile erlangen? 959 **f.**
11. Wann liegt ein pflichtwidriges Unterlassen vor? 962
12. Tierarzt Dr. Vogel eröffnet am 2.1.01 eine Tierarztpraxis. Obwohl er weiß, dass er die freiberufliche Tätigkeit dem für ihn zuständigen Wohnsitzfinanzamt anzeigen muss, unterlässt er dies bewusst zur Vermeidung möglicher Steuerzahlungen. Das zuständige FA erhält Anfang Mai 01 einen zufälligen Hinweis über die Tätigkeit des Dr. Vogel. Hat Dr. Vogel Anfang Mai den Tatbestand einer Steuerhinterziehung nach § 370 AO erfüllt? 962 f.
13. Welche Voraussetzungen sind für eine wirksame Selbstanzeige erforderlich? 969 f.
14. Welche Ausschlusstatbestände für eine Selbstanzeige nach § 371 Abs. 2 AO gibt es? 972
15. Worin unterscheiden sich die Steuerstraftat des § 370 AO und die Ordnungswidrigkeit nach § 378 AO in der Tatbestandsmäßigkeit? 964 - 966, 987

DOWNLOAD

Lösungen zu den Kontrollfragen s. online-Version.

STICHWORTVERZEICHNIS

Die Zahlen verweisen auf die Randnummern (Rdn.).

B

F

G

H

I

S

W